시나리오 공무원 모의고사

SEASON. 1

압도적 * 천재적 * 독보적

KWON LAB

들어가며

모의고사의 기본은 단언컨대 좋은 문제입니다. 좋은 문제란 정답의 근거가 확실하고, 오답의 이유도 명확한 문제지요. 그러나 안타깝게도 시중에는 이러한 기본이 부족한 모의고사도 많습니다. 문제 제작을 외부에 위탁하게 되면 더더욱 이런 결과가 나타날 수밖에 없습니다. 해가 바뀌어도 연구실의 능력이 향상된다고 볼 수 없기 때문입니다. 그러나 이 모의고사는 다릅니다. 기본 하나만큼은 확실하게 지킵니다. 돌이켜 보면 강사로 데뷔한 2008년부터 문제를 만들어 왔습니다. 벌써 20년 가까이 문제를 만들어 왔기에 누구보다 문제를 잘 만드는 강사라고 자부합니다.

모의고사의 또 다른 기본이라고 한다면 난도입니다. 우리 연구실에서 만든 모의고사는 매년 쉽다고 평가받았습니다. 그런데 막상 시험을 쳐 보면 우리 연구실 모의고사 난도가 가장 비슷했다고 합니다. 사실 난도를 정확히 측정하는 것은 쉽지 않습니다. 기출문제를 뜯어보고, 그와 엇비슷하게 문제를 제작한다고 하더라도 난도는 천차만별일 수밖에 없습니다. 이때 중요한 것이 학생들의 감수입니다. 그들의 반응을 보고, 난도가 너무 높은 문제는 배제하면서 최신 경향에 맞게끔 난도를 조정해야 합니다. 이런 노력을 기울여야 그해 기출문제와 유사한 난도로 출제할 수 있습니다. 올해도 마찬가지입니다. 뚜껑을 열어보면 누가 만든 모의고사가 가장 기출과 유사한지, 문제의 형태가 실전과 유사한지 알 수 있을 겁니다.

매년 이런 기본을 지켜왔지만 올해에는 이에 덧붙여 새로운 시도를 하나 더 했습니다. 그것은 변수를 만드는 것입니다. 연습을 한다는 것은 실전을 대비한다는 의미입니다. 실전을 대비한다는 것은 실전에서 만날 수 있는 변수를 대비한다는 뜻이고요. 실전에서는 문법이 어려울 수도 있고, 문학이 어려울 수도 있습니다. 당연히 강화·약화가 어려울 수도 있고, 과학 지문이 나와 독해 문제가 어려울 수도 있습니다. 어려울 리가 없다고 생각했던 개요나 화법 문제가 어려울 수 있습니다. 실전에서 이런 변수를 처음 만난다면 충분히 당황할 수 있습니다. 우리 모의고사에서는 그런 점을 고려하여 여러 가지 변수를 가정하여 회차별로 구성하였습니다. 따라서 이 모의고사를 풀어 보면 실전에서 어떤 변수를 만나더라도 그것은 처음이 아닐 겁니다.

그러니 여러분에게 자신 있게 말씀드립니다. 꼭 풀어 보세요. 두 번 풀어 보세요!^^

2025. 10. 31
권규호

개념 출제 목록

이 책의
차례

모의고사 01회

001

<공공언어 바로 쓰기 원칙>에 따라 수정한 것으로 적절하지 않은 것은?

〈공공언어 바로 쓰기 원칙〉

○ 주어와 서술어의 호응
　– ㉠능동과 피동의 관계를 정확하게 사용함.
○ 여러 뜻으로 해석되는 표현 삼가기
　– ㉡중의적인 문장을 사용하지 않음.
○ 명료한 수식어구 사용
　– ㉢수식어와 피수식어의 관계를 분명하게 표현함.
○ 대등한 구조를 보여 주는 표현 사용
　– ㉣'–고', '와/과' 등으로 접속될 때에는 대등한 관계를 사용함.

---

① "향로는 몸체와 받침 사이를 연결하는 부분을 금으로 장식되었다."를 ㉠에 따라 "향로는 몸체와 받침 사이를 연결하는 부분이 금으로 장식되었다."로 수정한다.

② "의사는 보호자와 환자의 입원에 대하여 상의하였다."를 ㉡에 따라 "의사는 환자의 입원에 대하여 보호자와 상의하였다."로 수정한다.

③ "성실한 나의 동생은 이번 사업에 성공하였다."를 ㉢에 따라 "나의 성실한 동생은 이번 사업에 성공하였다."로 수정한다.

④ "기업인의 경영 의욕 고취와 기업의 이미지를 개선하였다."를 ㉣에 따라 "기업의 이미지 개선과 기업인의 경영 의욕을 고취하였다."로 수정한다.

002

다음 글에서 추론한 내용으로 가장 적절한 것은?

국어의 발음 규칙 가운데 음절 끝소리 규칙은 종성에서 발음될 수 있는 자음의 수를 제한한다는 점에서 중요한 의미를 가진다. 국어의 실제 발음에서는 /ㄱ, ㄴ, ㄷ, ㄹ, ㅁ, ㅂ, ㅇ/의 7개 자음만 발음될 수 있다. 따라서 종성에 다른 자음이 올 경우 이들 7개의 자음 가운데 하나로 교체된다. 이를 홑받침 규칙이라고 한다. 예를 들어, '꽃'의 받침 'ㅊ'은 종성에서 [ㄷ]으로 발음되어 [꼳]이 되고, '부엌'의 받침 'ㅋ'은 종성에서 [ㄱ]으로 발음되어 [부억]이 된다.

또한 국어의 음절 끝에는 자음이 최대 1개만 올 수 있다. 따라서 종성에 겹받침이 올 경우 둘 중 하나의 자음은 탈락하고 나머지 하나만 발음된다. 이를 겹받침 규칙이라고 한다. 예컨대, '앉다[안따]'의 경우 받침 'ㄵ' 가운데 'ㅈ'이 탈락하여 [ㄴ]만 발음되고, '밟다[밥:따]'의 경우 받침 'ㄼ' 가운데 'ㄹ'이 탈락하여 [ㅂ]만 발음된다. 이처럼 홑받침 규칙과 겹받침 규칙은 모두 음절 끝소리 규칙의 구체적 실현 방식이다.

---

① '옷'의 받침 'ㅅ'은 종성에서 [ㅅ]으로 발음되므로 [옫]이 된다.

② '읊다[읍따]'는 홑받침 규칙과 겹받침 규칙이 모두 실현된 것이다.

③ '덮다'는 음절 종성에서 두 개의 자음이 발음되지 못하므로 [덥따]가 된다.

④ '핥다[할따]'는 겹받침을 이루는 두 자음 중 앞의 자음이 탈락한 결과이다.

003

㉠, ㉡에 해당하는 예를 <자료>에서 찾아 바르게 묶은 것은?

'살얼음'은 먼저 '살–'과 '얼음'로 나누어지고, '얼음'은 다시 '얼다'의 어간 '얼–'과 접사 '–음'으로 나누어진다. 즉, ㉠'접사+(어근+접사)'의 구조를 지니고 있다. 반면, '꿈자리'는 먼저 '꿈'과 '자리'로 나누어지고, '꿈'은 다시 '꾸다'의 어간 '꾸–'와 '–ㅁ'으로 나누어진다. 즉, ㉡'(어근+명사 파생 접사)+어근'의 구조를 지니고 있다.

┤ 자료 ├

헛웃음, 틈틈이, 통조림, 여닫이, 비빔밥

	㉠	㉡
①	헛웃음	비빔밥
②	통조림	틈틈이
③	여닫이	헛웃음
④	비빔밥	여닫이

004

다음 글에서 추론한 내용으로 가장 적절한 것은?

조선 후기는 신분 체제의 동요와 함께 사회 전반에 큰 변화가 일어난 시기였다. 이 시기에는 상공업의 발달로 인해 신흥 상공업자들이 등장하였고, 이들은 경제적 부를 바탕으로 점차 사회의 주도 세력으로 성장하였다. 이러한 변화는 기존의 봉건적 질서가 점차 해체되어 가는 과정과 맞물려, 사회 전반에 새로운 가치관과 질서가 형성되는 계기가 되었다. 「노섬상좌기(老蟾上座記)」는 이러한 시대적 변화에 대한 기대와 기존 봉건 사회에 대한 비판 의식을 보여 주는 작품이다.

작품 속 백호산군은 힘과 권위에 기반한 봉건적 질서를 상징하며, 이에 맞서는 다양한 동물들은 변화하는 사회에서 새로움을 추구하는 신흥 세력을 나타낸다. 이들의 대립과 갈등은 단순한 권력 투쟁을 넘어, 구시대와 신시대의 가치관이 충돌하는 모습을 드러낸다. 특히 「노섬상좌기」는 봉건 체제의 한계를 비판하면서도, 새롭게 등장하는 세력들에 대한 무조건적인 긍정이 아닌, 그들의 한계와 문제점 또한 지적한다. 이는 근대 지향적 성격과 더불어 변화의 이면에 존재하는 사회적 혼란과 갈등, 그리고 새로운 질서가 반드시 이상적이지 않을 수 있음을 보여준다.

① 봉건적 질서가 무너지는 현실 속에서 백호산군은 혼란과 갈등을 겪으며 무너진다.
② 백호산군에 동조하는 신흥 세력은 조선 후기에 부흥한 신흥 상공업자들을 대변한다.
③ 조선 후기 신흥 상공업자들은 경제적 부를 바탕으로 사회의 주도 세력이 되어 신분 질서를 타파하려 하였다.
④ 「노섬상좌기」는 조선 후기에 나타나는 신분 체제의 동요와 사회적 변화에 대한 기대와 우려를 동시에 표현한다.

005

다음 글의 밑줄 친 결론을 이끌어 내기 위해 추가해야 할 것은?

캠핑을 즐기는 사람은 모두 주기적으로 여행을 다니는 사람이다. 주기적으로 여행을 다니는 어떤 사람은 외향적인 사람이다. 따라서 외향적인 어떤 사람은 캠핑을 즐기는 사람이다.

① 외향적인 어떤 사람은 주기적으로 여행을 다니는 사람이다.
② 캠핑을 즐기는 어떤 사람은 주기적으로 여행을 다니는 사람이다.
③ 주기적으로 여행을 다니는 사람은 모두 캠핑을 즐기는 사람이다.
④ 외향적이지만 캠핑을 즐기지 않는 사람은 모두 주기적으로 여행을 다니는 사람이다.

006

다음 글에서 추론한 내용으로 가장 적절한 것은?

서정주의 「국화 옆에서」는 불교의 인연설을 바탕으로 자연과 인간의 관계를 섬세하게 그려낸 순수 서정시이다. 이 시에서 모든 현상은 인(因)과 연(緣)의 결합으로 이루어진다고 보며, 자연 속에서 일어나는 모든 일들이 인간의 삶과도 깊게 연결되어 있음을 강조한다. 시인은 국화 한 송이의 피어남조차 수많은 인연의 결과임을 깨닫고, 자연의 섭리와 인간 존재의 의미를 겸허하게 성찰한다. 반면 나희덕의 「어떤 출토」는 인간 존재의 근원과 삶의 의미를 탐색하는 시적 성찰이 두드러진다. 이 작품은 땅속에 묻힌 유물의 출토 과정을 통해, 우리가 잊고 지내온 기억과 내면의 진실을 다시 발견하는 과정을 그린다. 나희덕은 자연의 현상이나 사물의 출현을 개인의 내면적 경험과 연결하여, 존재의 의미와 삶의 흔적을 깊이 있게 묻는다.

두 작품 모두 자연과 인간의 관계를 중심에 두고 있지만, 접근 방식에는 차이가 있다. 서정주는 불교 철학에 기반한 인연의 법칙을 통해 세계와 인간을 이해하려 하며, 나희덕은 보다 개인적이고 내면적인 경험을 통해 존재의 의미를 탐구한다. 이러한 차이에도 불구하고, 두 시 모두 자연과 인간의 삶을 조명하며 독자에게 깊은 사유와 감동을 전한다.

① 「어떤 출토」는 종교에 기반하여 자연과 인간의 관계를 해석한다.
② 「국화 옆에서」와 달리 「어떤 출토」는 인연의 법칙을 통해 세계를 이해하려 한다.
③ 「국화 옆에서」와 「어떤 출토」 모두 존재의 의미에 대한 성찰을 담고 있다.
④ 「국화 옆에서」와 「어떤 출토」 모두 잊고 지내온 기억을 다시 발견하는 과정을 그린다.

007

(가)~(다)를 맥락에 맞게 순서대로 나열한 것은?

어느 나라든지 여러 장 찍힌 판화처럼 비슷한 풍경을 지닌 장소들이 있다. 버스 터미널도 그런 곳 중의 하나다. 매표소 창구 사이로 행선지를 묻는 매표원들과 버스표를 사려는 사람들로 길게 늘어진 줄……. 특히 소도시의 터미널은 몇 가지 인상적인 특징이 있다.

(가) 그래서 터미널은 더 이상 종점이 아니다. 전환점이기도 하고 경유지이기도 한 터미널, 수많은 사람들이 스쳐 지나가는 곳이지만, 때로는 낡고 불편한 의자에서 삶의 온기를 나눌 수 있는 곳이기도 하다.

(나) 그러다 서로의 짐이 우연히 마주 대어 있는 걸 보곤 눈웃음을 나눈다. 모르는 사람이라고 해도 무료함을 달랠 겸 세상 돌아가는 이야기를 나누는 모습이 보인다. 무언가 기다린다는 공통점만으로도 한잔의 커피를 나누기도 한다. 그 순간 서로 다른 전류가 한곳에 모이는 것과 같은 마음의 전류가 흐르기 시작할 것이다.

(다) 과거와 달라진 게 없는 시멘트 벽, 출발과 도착을 알리는 안내 소리, 벽에 걸려 있는 큰 시계……. 버스 터미널은 크고 작은 짐들이 사람들과 같이 움직이면서 어디론가 떠나는 사람, 돌아오는 사람들과 함께한다.

① (가) – (다) – (나)
② (나) – (가) – (다)
③ (다) – (가) – (나)
④ (다) – (나) – (가)

008

<개요>의 빈칸에 들어갈 내용으로 적절하지 않은 것은?

〈개요〉

○ 제목: 청소년 참여기구의 문제점과 활성화 방안
Ⅰ. 청소년 참여기구의 실태
  1. 청소년 참여기구에 대한 청소년들의 참여율 저조
Ⅱ. 청소년들의 청소년 참여기구 참여 저조 원인
  1. 청소년 참여기구들의 형식적이고 유사한 프로그램 운영
  2. 청소년 참여기구에 관한 홍보 부족과 그로 인한 사회적 인식 부족
  3. 청소년 참여기구 간의 명확한 역할 정립 미비
Ⅲ. 청소년 참여기구의 활성화 방안

□□□□□□□□□□□□□□□

① 청소년 참여기구를 활성화하기 위한 정부의 재정적 지원과 관리 감독 강화
② 청소년들의 의견을 반영한 다채로운 청소년 참여기구 프로그램 마련
③ 적극적인 홍보 활동을 통해 청소년 참여기구에 대한 사회적 인식 개선
④ 청소년 참여기구 간의 역할 정립을 통한 내실 있는 프로그램 운영

009

다음 글의 빈칸에 들어갈 말로 가장 적절한 것은?

인도에서 소를 신성하게 여기는 문화는 단순한 종교적 신념을 넘어, 오랜 농경사회와 경제적 필요에서 비롯된 복합적인 현상이다. 고대 인도는 유목에서 농경사회로 전환하면서 소가 농사에 필수적인 노동력과 우유, 비료, 연료 등 다양한 자원을 제공하는 존재로 자리매김했다. 이러한 실용적 가치 때문에 소를 보호해야 한다는 인식이 확산되었고, 점차 소를 함부로 죽이지 않는 풍습이 사회 전반에 자리 잡았다. 여기에 불교와 자이나교의 불살생 사상, 그리고 힌두교의 영향이 더해지면서 소의 신성함은 종교적·문화적으로 더욱 강화되었다.

특히 인도에서는 소의 분뇨까지도 연료와 비료로 활용하는 등, 소의 모든 부분이 경제적으로 중요한 자원으로 이용된다. 이러한 배경에서 소를 먹지 않는 풍습은 상위 계층뿐 아니라 하위 계층에게도 소가 귀중한 생계 수단이 될 수 있도록 했다. 즉 소 숭배는 □□□□□□□□□□□□□□□이었다고 볼 수 있다.

이처럼 한 사회의 문화는 그 사회의 역사, 경제, 종교와 밀접하게 연결되어 있다. 따라서 외부의 시각에서 단순히 비상식적이거나 비효율적이라고 판단하기보다는, 그 문화가 형성된 배경과 맥락을 함께 이해하는 태도가 필요하다.

① 비상식적이거나 비효율적인 판단이 아니라, 인도 사회의 종교적 신념에 기반한 신성한 선택
② 단순히 신화적 상상력에 기반한 전통이 아니라, 현대 산업화 이후 등장한 효율적 경제 현상
③ 비효율적이거나 비합리적인 전통이 아니라, 인도 사회 구조와 경제 환경에 뿌리를 둔 합리적 선택
④ 사회 발전을 저해하는 낡은 관습이 아니라, 상위 계층과 하위 계층을 아우르는 통합적 사상의 결과물

애덤 스미스는 자유로운 개인들이 모인 사회에서 질서와 조화를 가능하게 하는 인간의 본질적 특성으로 '동감(sympathy)'을 제시한다. 동감이란, 타인의 감정과 처지에 자신을 상상적으로 대입하여 행위자와 감정적으로 일치하는 능력이다. 스미스는 이때 이해관계에 치우치지 않은 '공평한 관찰자'가 행위자의 감정과 행동을 객관적으로 판단하며, 이 관찰자의 동감 여부가 도덕적 승인의 기준이 된다고 설명한다.

스미스는 동감의 원리가 개인의 도덕적 판단에도 적용된다고 본다. 즉, 한 개인은 이기적 충동에 따라 행동하는 '행위자'와, 상상력을 통해 자신을 관찰자 입장에 ⑤두고 반성하는 '관찰자'를 내면화하며, 이 관찰자가 동감을 보인다면 그 행위는 도덕적인 것으로 승인받는다. 이와 같은 동감의 범위 내에서 이타적 행위뿐 아니라 이기적 행위도 도덕적으로 인정될 수 있으며, 동감을 얻는 범위까지 이타적 행위가 확대되는 것을 '자혜', 이기적 행위가 억제되는 것을 '정의'로 구분한다.

스미스는 자혜와 정의의 사회적 의미를 강조하며, 전자는 사회의 존속에 필수적이지 않으나 후자는 사회의 기초임을 말한다. 정의가 침해되면 사회는 혼란에 빠지고 존립 자체가 불가능해지지만, 동감에 기반한 도덕적 규범이 잘 작동하면 사회는 질서와 조화를 유지할 수 있다. 따라서 인간의 동감 능력은 사회 질서와 조화를 보장하는 핵심적 역할을 한다.

010

윗글에서 추론한 내용으로 가장 적절한 것은?

① 공평한 관찰자는 사회 외부에 존재하는 구체적 인물이다.
② 자혜는 사회 존속의 필수 조건이며, 정의보다 더 중요하다.
③ 동감은 타인의 감정을 무조건 수용하는 수동적 공감을 의미한다.
④ 이기적인 행위라도 공평한 관찰자의 동감을 얻으면 도덕적으로 승인 될 수 있다.

011

문맥상 ⑤의 의미와 가장 가까운 것은?

① 기준을 어디에 두느냐에 따라 결과는 달라진다.
② 친구에게 받은 연필을 책상 위에 두었다.
③ 그는 동료들과 거리를 두고 지냈다.
④ 큰길을 두고 샛길로 갔다.

012

전제가 참일 때 결론이 반드시 참인 논증을 펼친 사람을 모두 고르면?

갑: 병원에 입원한 어떤 환자는 허리 디스크에 걸린 환자이다. 허리 디스크에 걸린 환자는 모두 휠체어를 타는 환자이다. 따라서 병원에 입원한 모든 환자는 휠체어를 타는 환자이다.

을: 이 주무관이 국문과 출신이라면 감수성이 풍부하거나 맞춤법을 잘 지킨다. 이 주무관은 국문과 출신이고 감수성이 풍부하다. 따라서 이 주무관은 맞춤법을 잘 지킨다.

병: A학생이 예방 접종을 하면 B학생도 예방 접종을 한다. C학생이 예방 접종을 하면 B학생은 예방 접종을 하지 않는다. 따라서 A학생이 예방 접종을 하면 C학생은 예방 접종을 하지 않는다.

① 갑
② 병
③ 갑, 을
④ 을, 병

013

다음 글의 ⑤~⑧ 중 어색한 곳을 찾아 가장 적절하게 수정한 것은?

금융시장이 불안정해지거나 대규모 예금 인출(뱅크 런) 등으로 인해 은행의 자금이 급격히 부족해질 경우, ⑤은행은 부족한 자금을 어떻게 마련할까?

이 경우 은행은 국공채 등 우량 채권을 담보로 중앙은행에 자금 대출을 신청한다. 중앙은행은 신청 금액 범위 내에서 담보의 가치를 심사한 뒤, 낮은 금리로 자금을 빌려준다. 이때 적용되는 이자율은 ⑥일반적으로 매우 높아 은행이 많은 이익을 얻을 수 있다.

이처럼 중앙은행의 자금 지원은 ⑥은행이 결제를 제때 처리하고, 예금 인출이나 대출 등 일상적인 금융 업무를 원활하게 수행하는 데 중요한 역할을 한다. 특히 은행이 신규 대출을 하고 싶지만 여유 자금이 부족하거나, 안전 자본이 부족한 경우에 ⑧중앙은행은 대출을 통해 은행의 유동성 위험을 해소함으로써 금융 시스템의 안정성을 유지하는 데 핵심적인 역할을 하게 된다.

① ⑤: 사람들은 부족한 자금을 어떻게 마련할 수 있을까?
② ⑥: 일반적으로 매우 낮아 은행이 부담을 최소화할 수 있다
③ ⑥: 은행이 결제를 제때 처리하지 못하고
④ ⑧: 은행은 대출을 통해 시장의 유동성 위험을 해소하고, 금융 시스템의 안정성을 유지하는

014

다음 글에 대해 평가한 내용으로 가장 적절한 것은?

1996년 영국에서 복제 양 '돌리'가 탄생한 이후, 인간 복제는 전 세계적으로 뜨거운 논쟁의 대상이 되었다. 인간 복제 기술은 생명과학의 눈부신 발전을 상징하는 동시에, 인간의 삶과 윤리에 근본적인 질문을 던지고 있다. 이에 따라 인간 복제는 금지되어야 한다는 논제에 대한 찬반 입장은 지금까지도 여전히 팽팽히 맞서고 있다.

찬성 측은 인간 복제가 생명의 존엄성을 훼손하고, 인간을 단순한 상품으로 전락시킬 수 있다고 우려한다. 이들은 복제를 통해 원하는 대로 생명체를 만들어 내는 행위가 자연의 질서를 파괴하고, 사회적 불평등과 혼란을 초래할 것이라고 주장한다. 특히 장기 이식 등 의학적 목적으로 복제가 이루어진다면 인간의 신체가 시장에서 거래되는 비윤리적 상황이 발생할 수 있음을 경계한다.

반면, 반대 측은 인간 복제가 난치병 치료와 장기 부족 문제 해결 등 인류 복지에 기여할 수 있다고 본다. 복제 기술을 통해 현재 치료가 어려운 질병을 극복하고, 수많은 환자들에게 새로운 희망을 줄 수 있다는 것이다. 또한 일부 국가는 윤리적 문제를 최소화하며 연구를 장려하고 있으며, 경제적 이익도 기대할 수 있다고 강조한다.

이처럼 인간 복제에 대한 논쟁은 생명 윤리와 과학 발전, 사회적 가치관의 충돌에서 비롯된다. 미래 사회에서 인간 복제 기술이 어떤 방향으로 나아가야 할지에 대한 깊은 논의와 사회적 합의가 필요하다.

① 동물 복제 연구에서 이미 질병 모델 동물을 만들어 신약 개발과 생명 연장 연구에 크게 기여하고 있다는 견해는 찬성 측 주장을 강화한다.
② 동물 복제 실험에서 기형, 유산, 조기 사망 등 심각한 부작용이 다수 보고되고 있으며, 성공률이 극히 낮다는 견해는 찬성 측 주장을 약화한다.
③ 대량 복제가 이루어질 경우 유전적 다양성이 감소해 인류 전체의 건강과 생존에 위협이 될 수 있다는 견해는 반대 측 주장을 강화한다.
④ 복제 기술이 난치병 치료에 본질적 한계를 가지고 있거나, 예상치 못한 부작용이 있었던 실제 사례는 반대 측 주장을 약화한다.

[015~016] 다음 글을 읽고 물음에 답하시오.

리더는 조직이나 단체의 활동을 주도하는 위치에 있는 사람을 뜻한다. 선장이 자신의 역할을 충실히 수행해야 ㉠배가 안전하게 목적지에 도달할 수 있듯, 리더 역시 구성원들을 올바르게 이끌어야 조직이 추구하는 목표를 달성할 수 있다. 따라서 리더는 조직을 이끄는 데 필요한 능력과 덕목을 갖추는 것이 필수적이다.

먼저, 리더는 구성원들을 단결시키는 능력을 가져야 한다. 현대 사회의 조직은 다양한 배경과 생각을 가진 사람들로 복잡하게 구성되어 있어, 작은 틈만 생겨도 쉽게 흩어질 위험이 있다. 이런 상황에서 리더는 어떤 어려움이나 갈등이 있어도 구성원들을 하나로 묶을 수 있는 힘을 지녀야 한다. 마치 ㉡오케스트라 지휘자가 ㉢각기 다른 악기 소리를 조화롭게 어우러지게 하여 아름다운 선율을 만들어 내는 것처럼, 리더는 구성원들의 다양한 의견을 조율해 조직 전체가 한목소리를 낼 수 있도록 해야 한다.

또한 리더는 ㉣넓은 바다를 품은 항구처럼 포용력과 공감 능력을 갖추어야 한다. "넓은 귀를 가진다"라는 표현처럼, 리더는 구성원들이 진정으로 원하는 바를 잘 듣고 그들의 마음을 헤아릴 줄 알아야 한다. 구성원들이 겪는 어려움이나 고민을 살피고, 이를 해결하기 위해 최선을 다하는 자세가 필요하다. 이러한 능력과 덕목은 단지 조직의 현재를 위한 것이 아니라, 미래 인재의 경쟁력과도 직결된다. 결국 리더는 조직의 목표를 이루기 위해 구성원들을 단결시키고 포용하며, 명확한 방향을 제시하는 중요한 역할을 수행해야 한다. 이 과정에서 리더는 구성원들과 신뢰를 쌓으며, 서로의 잠재력을 이끌어 내고 성장을 함께 이끌어 가는 ㉤길잡이 역할까지 담당하게 된다.

015

윗글을 이해한 내용으로 적절하지 않은 것은?

① 리더는 미래 인재의 경쟁력과 조직의 성장에 중요한 역할을 한다.
② 리더는 구성원들과의 신뢰를 바탕으로 서로의 잠재력을 이끌어 내는 역할을 해야 한다.
③ 리더는 조직의 목표를 달성하기 위해 구성원들을 단결시키고, 명확한 방향을 제시해야 한다.
④ 구성원 각각의 마음을 헤아리기 위해 리더는 조직 전체가 같은 의견을 내는 것을 경계해야 한다.

016

㉠~㉤ 중 문맥상 지시 대상이 같은 것만으로 묶인 것은?

① ㉠, ㉡
② ㉠, ㉢
③ ㉡, ㉤
④ ㉢, ㉣

017

다음 대화를 분석한 내용으로 적절하지 않은 것은?

> **갑:** 인터넷에서의 익명성은 사람들에게 자유로운 표현을 가능하게 해줘. 자신의 신분이 노출될 걱정 없이 자유롭게 의견을 낼 수 있으니, 다양한 목소리가 반영되는 긍정적 측면이 있어. 하지만 이런 자유로 인해 책임감이 감소하는 경향이 있지. 익명 뒤에 숨어 무책임한 행동이 나타나는 경우가 많거든.
>
> **을:** 나는 익명성이 오히려 온라인 집단행동에서 부정적인 효과를 강화한다고 봐. 책임감이 떨어지고, 무례한 댓글이나 집단 따돌림 같은 공격적 행동이 늘어나 사회적 갈등만 심화시키지. 그래서 일부에서는 실명제 도입을 통해 사용자의 책임을 강화하자는 의견이 나온 거야.
>
> **병:** 그렇지만 실명제에 무조건 찬성할 수만은 없어. 너희가 말한 것처럼 인터넷에서 익명성 뒤에 숨어 자기의 말에 책임지지 않는 경우도 많지만, 아예 익명성이 없는 상태에서는 자기 검열이 심해져 표현의 자유가 위축될 위험도 있어. 때로는 공익 제보자나 약자가 보호받기 위해 익명성이 꼭 필요하기도 하거든. 그래서 균형 잡힌 대응과 사회적 합의가 중요하다고 생각해.
>
> **갑:** 맞아. 익명성은 개인의 자유와 책임 사이에서 조화를 이뤄야 해. 온라인 커뮤니티가 건강하게 유지되려면, 익명성을 완전히 부정하지 않으면서도 책임 있는 행동을 유도하는 제도가 필요해.

① 익명성이 표현의 자유 확대와 부작용을 함께 가지는 점에 대해 갑과 병은 동의한다.

② 온라인 집단행동에서 익명성이 부정적 영향을 미친다는 점에 대해 을과 병은 동의한다.

③ 익명성으로 인해 개인의 책임감이 감소하는 점에 대해 갑과 을은 동의하지만 병은 동의하지 않는다.

④ 실명제 도입이 표현의 자유를 억압할 위험이 있다는 점에 대해 갑과 병은 동의하지만 을은 동의하지 않는다.

018

다음 진술이 모두 참일 때 반드시 참인 것은?

> ○ 평일이라면 조기 축구 모임이 없다.
> ○ 조기 축구 모임이 있다면 폭설이 내린 날이 아니다.
> ○ 이 주무관이 재택근무를 한다면 폭설이 내린 날이다.

① 조기 축구 모임이 있다면 이 주무관은 재택근무를 하지 않는다.

② 조기 축구 모임이 있다면 이 주무관은 재택근무를 한다.

③ 이 주무관이 재택근무를 한다면 평일이다.

④ 평일이라면 폭설이 내린 날이다.

[019~020] 다음 글을 읽고 물음에 답하시오.

> 아도르노는 20세기 대중문화가 자본주의 논리에 포획되어 산업으로 전락했다고 주장한다. 그는 독점자본주의 체제에서 문화가 이윤 추구를 위해 표준화된 상품으로 대량 생산되는 현상을 '문화산업'이라 ㉠명명했다. 이는 인간의 창조적 가치를 표현하는 진정한 예술의 범주를 넘어서는 것이다. 아도르노는 문화산업이 '동일성의 원리'를 강화한다고 경고하는데, 이는 구체적인 개체를 추상적 교환 가치로 ㉡환원하는 지배 원리다. 이에 따라 예술 작품은 고유한 사용 가치가 아닌, 자본의 논리에 따라 교환 가능한 상품으로 전락하며, 개인마저 체계의 기능적 부품으로 동일화된다.
>
> 문화산업의 핵심 메커니즘은 '표준화'와 '사이비 개성화'이다. 표준화는 성공한 작품의 형식을 무한히 복제하는 대량 생산 체제의 본질적 특성이다. 예를 들어 인기 음악은 청중의 익숙한 청각 패턴에 맞춰 표준화된 구성 원칙을 따르며, 성공 작품은 수많은 모방을 낳는다. 그러나 표준화만으로는 지속적 소비를 보장할 수 없기에 '사이비 개성화'가 동원된다. 이는 진정한 개성이 아닌, 소비를 유발하기 위한 차별성의 환영을 ㉢창출하는 장치다. 신제품이 새로움을 강조하지만 실제로는 기존 표준의 변형에 불과한 것이다.
>
> 이러한 메커니즘은 수용자를 정신적 불구 상태로 만든다. 표준화된 문화 상품은 반복 노출을 통해 사고력을 마비시키고, 수동적 수용을 강화한다. 대중은 비판적 사유 없이 문화 산물을 소비하며, 자유로운 상상력과 반성적 태도가 위축된다. 아도르노는 이를 '사유 능력의 불구화'라 규정하며, 문화산업이 인간을 미성숙하게 하고 문화의 본질적 가치를 ㉣훼손한다고 비판했다.

019

윗글에 대해 평가한 내용으로 가장 적절한 것은?

① 다수의 대중문화 작품이 환경과 인권, 평등과 같은 사회적 메시지를 담아내고 있다는 점은 아도르노의 주장을 강화한다.

② 대중문화가 인간의 욕구를 조작하고, 현 체제에 순응하게 만든다는 주장은 아도르노의 주장을 약화한다.

③ 웹툰 플랫폼에서 다양한 작가가 각기 다른 스타일과 주제로 창의적인 콘텐츠를 생산한다는 점은 아도르노의 주장을 강화한다.

④ 문화산업의 메시지를 소비자가 다양한 방식으로 해석하고 받아들인다고 보는 견해는 아도르노의 주장을 약화한다.

020

㉠~㉣과 바꿔 쓸 수 있는 유사한 표현으로 적절하지 않은 것은?

① ㉠: 믿었다

② ㉡: 되돌리는

③ ㉢: 만들어 내는

④ ㉣: 망가뜨린다고

모의고사 02회

001

<공공언어 바로 쓰기 원칙>에 따라 수정한 것으로 적절하지 않은 것은?

〈공공언어 바로 쓰기 원칙〉

○ 간결한 표현 사용
　– ㉠수식어가 연속되는 복잡한 표현을 삼가야 함.
○ 우리 식의 표현 사용
　– ㉡생소한 외래어나 외국어는 우리 식의 표현으로 다듬기.
○ 조사와 어미를 활용한 자연스러운 표현 사용
　– ㉢지나친 명사 나열을 피하고 적절한 조사와 어미를 활용하여 문장을 구성함.
○ 대등한 구조를 보여 주는 표현 사용
　– ㉣'–고', '와/과' 등으로 접속될 때에는 대등한 관계를 사용함.

① "신속하고 정확하며 효율적인 업무 처리를 위한 민원 응대 시스템"을 ㉠에 따라 "신속하고 정확하게 민원을 처리하는 시스템"으로 수정한다.
② "어카운트 생성 후 액세스 가능합니다."를 ㉡에 따라 "계정을 만든 후 이용할 수 있습니다."로 수정한다.
③ "신청 서류 제출 마감 안내"를 ㉢에 따라 "신청한 서류를 제출 마감일을 안내합니다."로 수정한다.
④ "공공 화장실의 청결과 기물 파손을 막아야 합니다."를 ㉣에 따라 "공공 화장실의 청결을 유지하고 기물 파손을 막아야 합니다."로 수정한다.

002

다음 글에서 추론한 것으로 적절하지 않은 것은?

'–겠–'은 미래의 일을 표현하는 역할을 하면서, 동시에 화자의 추측이나 의지와 같은 의미도 담아낸다. 예를 들어 '곧 비가 오겠구나'라는 문장은 앞으로 벌어질 일을 '추측'하는 뜻이고, '저는 꼭 목표를 이루겠습니다'라는 말은 주체의 '의지'를 강조한다. 이처럼 '–겠–'은 미래 시점 그 자체보다는 화자의 태도와 관점이 드러나는 특징을 가진다.

한편 '–겠–'은 이전의 일 또는 현재 상황을 추정할 때도 사용된다. 예를 들어 '지난주에 많이 피곤했겠지', '이 시간에 도착했겠네요' 등의 문장은 과거나 현재에 대한 '추측'의 의미로 쓰인다. 미래를 나타나는 기능에만 한정되는 것이 아니라 이러한 쓰임도 많기 때문이다.

오히려 실제 미래 사건을 평온하게 말할 때는 선어말 어미 '–ㄴ–' 또는 관형사형 어미 '–(으)ㄹ'이 쓰이기도 한다. 예를 들어 '다음 주에 여행을 간다', '내일 발표가 있을 것이다'에서 사용된 '–ㄴ–'이나 '–(으)ㄹ'이 미래 시제를 표현하는 어미로 기능하기도 한다.

① '내일 눈이 내리겠다'에서 '–겠–'은 주체의 의지를 나타낸 것이 아니다.
② '봄날이 가면서 꽃잎이 떨어진다'에서 '–ㄴ–'은 미래 시제를 표현하는 어미이다.
③ '지금은 그곳에도 바람이 많이 불겠다'에서 '–겠–'은 미래 추측의 의미가 아니다.
④ '이 일은 반드시 끝마치겠습니다'에서 '–겠–'은 화자의 태도와 관점을 드러낸다.

003

다음 중 의미 관계가 다른 하나는?

단어의 의미 관계에는 유의 관계, 반의 관계, 상하 관계가 있다. 유의 관계란 단어들이 서로 유사한 뜻을 가지고 있는 경우를 말하는데, 이 단어들을 유의어라고 한다. 예컨대 '책방–서점'과 같은 단어들이 있다. 반의 관계는 단어들이 서로 반대되는 의미를 가지는 경우를 뜻하는데, 이러한 관계를 맺고 있는 단어들을 흔히 반의어라고 한다. 예컨대 '남자–여자'와 같은 단어들이 있다. 마지막으로 상하 관계는 두 개의 단어 중 한 단어의 의미가 다른 단어의 의미에 포함될 때 이루어지는 관계를 말한다. 이때 다른 단어의 의미에 포함되는 단어를 하의어라 하고, 다른 단어의 의미를 포함하는 단어를 상의어라 한다. 예컨대 '꽃'은 '무궁화'의 상의어가 되고, '무궁화'는 '꽃'의 하의어가 된다.

① 남자–아들　　　　　　　　② 뛰다–달리다
③ 모름지기–마땅히　　　　　④ 숨지다–사망하다

004

다음 글에서 추론한 내용으로 적절하지 않은 것은?

고소설 「토끼전」은 수궁계와 지상계라는 뚜렷하게 대립되는 두 공간을 중심으로 이야기가 전개되는 작품이다. 이 두 공간은 각각 바닷속 용궁과 땅 위의 세계를 의미하며, 인물들은 공간의 이동을 통해 자신의 욕구를 충족하거나 위기를 극복하려는 모습을 보인다. 이러한 공간의 이동은 단순한 배경 변화가 아니라, 등장인물의 욕망과 생존 전략, 그리고 극적 긴장감을 형성하는 핵심 요소로 작용한다.

이 작품에서 토끼는 지상계에서의 평범한 삶에 머무르지 않고 용궁이라는 낯선 공간으로 이동한다. 이는 기존 공간에서 얻을 수 없는 무언가를 얻고자 하는 욕구에서 비롯된 행동이다. 그러나 이 과정에서 토끼는 새로운 위기에 직면하게 되고, 자신의 지혜와 기지를 발휘해 위기로부터 탈출한다. 반면 용왕이나 자라와 같이 수궁계에 고착화된 인물들은 공간 이동의 유연함을 갖추지 못해 결국 패배하게 된다. 이처럼 공간 이동의 가능성은 곧 인물의 생존과 승패를 좌우하는 중요한 요소로 작동한다. 즉 공간의 이동은 단순한 이동이 아니라, 인물의 욕망 실현과 위기 극복의 과정임을 보여주는 것이다. 또한 이 작품은 공간에 고착된 인물과 이동할 수 있는 인물의 대립 구도를 통해 변화와 적응의 중요성을 강조한다.

① 「토끼전」에서 지상계와 수궁계의 대립은 평범과 비범의 대립 양상과 연결된다.
② 「토끼전」은 변화에 능동적으로 대응하는 존재만이 살아남을 수 있음을 시사한다.
③ 「토끼전」에서 두 공간의 이동은 인물의 생존 전략과 위기 극복 과정을 효과적으로 보여준다.
④ 「토끼전」은 공간의 이동을 통해 등장인물의 욕망, 위기, 그리고 극복의 서사를 입체적으로 드러낸다.

005

다음 글의 밑줄 친 결론을 이끌어 내기 위해 추가해야 할 것은?

최신 정보에 민감한 사람은 모두 급변하는 외부 행정 환경에 대한 대응력이 높다. 급변하는 외부 행정 환경에 대한 대응력이 높은 어떤 사람은 해박한 지식을 갖추고 있다. 따라서 해박한 지식을 갖추고 있는 어떤 사람은 최신 정보에 민감하다.

① 최신 정보에 민감한 어떤 사람은 급변하는 외부 행정 환경에 대한 대응력이 높다.
② 급변하는 외부 행정 환경에 대한 대응력이 높은 사람은 모두 최신 정보에 민감하다.
③ 급변하는 외부 행정 환경에 대한 대응력이 높지 않은 사람은 모두 최신 정보에 민감하지 않다.
④ 급변하는 외부 행정 환경에 대한 대응력이 높은 어떤 사람은 해박한 지식을 갖추고 있지 않다.

006

다음 글에서 추론한 내용으로 가장 적절한 것은?

김수영의 「파밭가에서」와 고은의 「눈길」은 각기 다른 시대적 배경과 시적 개성을 지니고 있지만, 두 시 모두 인간 존재의 근원적 고뇌와 자기 성찰의 과정을 깊이 있게 다루고 있다. 두 시인은 삶의 현실에서 느끼는 허무와 방황, 그리고 그로부터 비롯된 내면의 번민을 시적 언어로 풀어낸다.

「파밭가에서」에서 김수영은 일상적인 자연 풍경, 즉 파밭의 소박함을 통해 삶의 본질과 인간의 존재 의미를 성찰한다. 그는 현실의 고단함과 사회적 억압 속에서도 자연과의 만남을 통해 잠시나마 위안을 얻고, 그 과정에서 자신을 돌아보게 된다. 파밭의 푸르름은 단순한 자연의 아름다움을 넘어 시인이 느끼는 희망과 생명력의 상징이 된다. 하지만 그 희망은 현실의 무게 앞에서 쉽게 흔들리기도 하며, 시인은 끊임없이 자기 존재의 의미를 묻는다.

반면 고은의 「눈길」은 삶의 허무와 방황을 직접적으로 드러내며, 시인이 겪는 내면의 번민과 구도적 과정을 중점적으로 그린다. 고은은 외부 세계의 문제나 불안에서 벗어나 모든 문제의 근원이 결국 자신의 내면에 있음을 깨닫는다. 그리고 방황과 번민을 거쳐 자기 성찰과 깨달음에 이르는 시인의 구도 여정을 섬세하게 보여준다. 이 시에서 눈길이라는 소재는 차가운 현실과 고독, 그리고 그 속에서 얻는 새로운 인식의 계기를 상징한다.

① 「눈길」은 「파밭가에서」와 달리 자연과 자아 사이에서 방황하는 인간의 모습을 진술하게 그려내고 있다.
② 「파밭가에서」는 「눈길」과 달리 현실에서 느낀 고통과 허무함을 자기 내면을 향한 성찰을 통해 극복하려는 의지를 보여준다.
③ 「파밭가에서」의 화자는 자연과의 만남을 통해, 「눈길」의 화자는 내면의 번민과 깨달음을 통해 삶의 의미를 모색한다.
④ 「파밭가에서」와 「눈길」 모두 화자가 바라보는 자연의 색채를 통해 희망과 생명력을 드러낸다.

007

(가)~(라)를 맥락에 맞추어 가장 적절하게 나열한 것은?

> **(가)** 특히 정당이 국민의 다양한 목소리를 제대로 반영하지 못할 때는 시민 단체와 시민사회의 역할이 더욱 중요해진다. 국민은 시민 단체를 통해 자신의 의견을 모으고 대표자들을 감시하며, 언론·집회·결사의 자유가 철저히 보장되어야만 민주주의가 국민의 뜻을 제대로 반영할 수 있다.
>
> **(나)** 민주주의는 국민이 국가의 주요 정책과 법률에 직접 참여할 수 있어야 하며, 이를 위해서는 다양한 참여 제도와 자유가 반드시 보장되어야 한다. 주민 발의, 투표, 온라인 의견 수렴 등은 국민이 자신의 목소리를 내는 대표적인 방법이다.
>
> **(다)** 한편 대의 민주주의가 올바르게 작동하려면 국민은 자신이 선출한 대표들을 지속적으로 감시하고 견제할 수 있는 장치가 필요하다. 집단 시위, 서명 운동, 공청회 등은 대표자들의 행동을 점검하고 잘못된 결정을 바로잡는 데 중요한 역할을 한다.
>
> **(라)** 더불어, 언론·집회·결사의 자유가 실질적으로 보장될 때 국민은 자유롭게 자신의 의견을 표현하고 모을 수 있다. 이렇게 모든 국민이 동등하게 정치에 참여할 수 있을 때 비로소 민주주의가 제대로 실현된다.

① (나) – (다) – (가) – (라)
② (나) – (라) – (다) – (가)
③ (다) – (가) – (나) – (라)
④ (다) – (라) – (가) – (나)

008

<개요>의 빈칸에 들어갈 내용으로 적절하지 않은 것은?

> 〈개요〉
> ○ 제목: 음식물 쓰레기 처리의 문제점과 개선 방안
> Ⅰ. 음식물 쓰레기 처리의 실태
>   – 음식물 쓰레기가 줄지 않아 처리가 어려움
> Ⅱ. 음식물 쓰레기 처리의 문제점
>   (1) 정책적 문제점
>   1. 소각과 매립 위주의 음식물 쓰레기 처리 정책
>   2. 명확하지 않은 음식물 쓰레기 처리 규정
>   (2) 환경적 문제점
>   1. 소각 방식은 대기를 오염시킴
>   2. 매립 방식은 토양을 오염시키고 비위생적임
> Ⅲ. 음식물 쓰레기 처리의 개선 방안
>   [   ]

① 무분별한 음식물 쓰레기 투기 단속 강화
② 다양한 음식물 쓰레기 처리 정책 마련
③ 명확한 음식물 쓰레기 처리 규정 확립
④ 친환경적인 음식물 쓰레기 처리 방식 개발

009

다음 글을 이해한 내용으로 적절하지 않은 것은?

> 대형 마트 의무 휴업제는 2012년 유통산업발전법 개정을 통해 도입된 제도로, 대형 마트의 급속한 확산에 따른 전통 시장과 골목상권 보호를 주된 목적으로 시행되었다. 이 제도는 대형 마트가 매달 두 차례 휴업하도록 강제함으로써, 소비자들이 전통 시장을 더 많이 이용하도록 유도하려는 취지였다.
>
> 그러나 실제 시행 결과는 당초 기대와 달리, 전통 시장 매출 증대 효과가 제한적이라는 평가가 많다. 일부 조사에서는 대형 마트뿐 아니라 전통 시장 매출도 10~20% 감소한 것으로 나타났으며, 소비자의 약 70%가 대형 마트 휴무일에 쇼핑을 아예 포기한다는 결과도 보고되었다. 이에 따라 대형 마트 영업 규제가 소비자의 선택권을 침해하고, 전체 소비 감소로 이어진다는 비판이 제기되고 있다. 반면 정부나 일부 기관에서는 대형 마트 휴무일에 전통 시장 매출이 소폭 증가했다고 발표하지만, 그 증가분은 대형 마트 매출 감소분의 20%에 불과해 전체 경제에 미치는 긍정적 효과가 크지 않다는 지적도 있다.
>
> 이러한 문제를 해결하기 위해 최근에는 의무 휴업일을 평일로 조정하거나, 영업시간을 탄력적으로 운영하는 등 다양한 대안이 논의되고 있다. 대형 마트와 전통 시장이 상생할 수 있는 제도적 보완이 필요한 시점이다.

① 대형 마트 의무 휴업제는 유통산업발전법 개정으로 도입되었다.
② 의무 휴업일 평일 전환 후 전통 시장의 매출 감소가 모든 지역에서 확인되었다.
③ 대형 마트 의무 휴업제 시행 후 전통 시장 매출이 줄어드는 역효과가 나타났다.
④ 대형 마트 휴무일에 증가한 전통 시장 매출에 대해 전체 경제에 미치는 효과가 미미하다는 지적이 제기되었다.

[010~011] 다음 글을 읽고 물음에 답하시오.

경제 성장은 장기적으로 국내총생산(GDP)이 꾸준히 증가하는 현상을 ㉠의미한다. 그러나 경제가 성장하는 과정에서도 경기 변동이 반드시 나타나며, 이는 실질 GDP가 장기 추세선에서 단기적으로 이탈해 상승과 하락을 반복하는 현상이다. 경기 변동의 원인을 설명하는 이론들은 시대와 경제 상황에 따라 다양하게 ㉡변화해 왔다. 1970년대까지는 주로 민간 기업의 투자 지출 변화 등 총수요 측면의 충격이 경기 변동의 주요 원인으로 여겨졌으며, 이에 따라 정부의 총수요 관리 정책이 경기 안정에 중요한 역할을 한다고 보았다.

이후 루카스는 경제 주체들이 '합리적 기대'를 갖고 있지만, 불완전한 정보로 인해 잘못된 판단을 내릴 수 있다는 점에 주목했다. 예를 들어, 기업이 자신의 상품 가격 상승을 전체 물가 상승이 아니라 수요 증가로 오해해 생산을 늘릴 수 있고, 이후 오류를 깨닫고 생산을 줄이면서 경기 변동이 ㉢촉발된다는 것이다. 그러나 이러한 화폐적 경기 변동 이론만으로 대규모 경기 변동을 모두 설명하기에는 한계가 있다는 비판이 제기되었다.

최근에는 기술 혁신이나 유가 상승 등 실물적 요인, 그리고 세계 경제의 글로벌화로 인한 해외 부문의 영향도 경기 변동의 주요 원인으로 주목받고 있다. 세계 각국의 경제적 상호 의존도가 높아지면서, 한 나라의 경기 변동이 국제적으로 빠르게 ㉣전파되는 현상이 자주 나타난다. 이처럼 경기 변동의 원인은 점점 다양해지고 있으며, 경제 환경과 시대에 따라 그 해석과 대응도 달라진다.

010

윗글에서 추론한 내용으로 가장 적절한 것은?

① 경기 변동은 한 국가 내에서만 발생하며, 국제적으로 전파되는 경우는 드물다.
② 정부의 총수요 관리 정책이 효과적으로 시행되면 경기 변동은 완전히 사라진다.
③ 경기 변동은 실질 GDP가 단기 추세선에서 이탈해 상승과 하락을 반복하는 현상이다.
④ 합리적 기대를 가진 경제 주체는 정부의 총수요 관리 정책 효과를 약화시킬 수 있다.

011

㉠~㉣과 바꿔 쓸 수 있는 유사한 표현으로 적절하지 않은 것은?

① ㉠: 뜻한다
② ㉡: 바뀌어
③ ㉢: 잦아진다
④ ㉣: 퍼뜨려지는

012

(가)와 (나)를 전제로 할 때 빈칸에 들어갈 결론으로 가장 적절한 것은?

> **(가)** 국가인재DB 국민추천제의 추천을 받은 사람은 모두 공직에 관심이 있는 사람이다.
> **(나)** 학계에서 전문성을 가지고 활동하는 사람 중 일부는 공직에 관심이 없는 사람이다.
> 따라서 ＿＿＿＿＿＿＿＿＿＿.

① 공직에 관심이 있는 사람은 모두 학계에서 전문성을 가지고 활동하는 사람이다
② 학계에서 전문성을 가지고 활동하는 사람은 모두 국가인재DB 국민추천제의 추천을 받은 사람이다
③ 국가인재DB 국민추천제의 추천을 받은 사람은 모두 학계에서 전문성을 가지고 활동하는 사람이다
④ 학계에서 전문성을 가지고 활동하는 사람 중 일부는 국가인재DB 국민추천제의 추천을 받지 않은 사람이다

013

다음 글의 ㉠~㉣ 중 문맥상 어색한 곳을 수정한 것으로 가장 적절한 것은?

> 현대인들은 건강을 위해 비타민 보충제를 자주 찾는다. 하지만 전문가의 의견에 따르면, ㉠일반적으로 균형 잡힌 식사를 한다면 별도의 비타민제를 복용할 필요는 없다. 대부분의 비타민과 미네랄은 일상적인 음식에서 충분히 섭취할 수 있기 때문이다.
>
> 다만 예외적인 경우도 있다. ㉡햇볕을 통해 체내에서 자연스럽게 합성되는 비타민 D는 뼈 건강과 면역력 유지에 중요한 역할을 하지만, 햇볕을 충분히 쬐지 못하는 사람들은 비타민 D가 부족해지기 쉽다. 특히 겨울철이나 흐린 날씨가 많은 시기, 또는 실내 생활이 많은 사람들은 비타민 D 보충제를 고려할 수 있다.
>
> 비타민 C 역시 많은 사람들이 피로하거나 감기 기운이 있을 때 찾는다. 그런데 ㉢감기 예방이나 증상 완화에 비타민 C가 효과적이라는 과학적 근거는 충분히 존재한다. 다만 격렬한 운동을 하거나 육체노동이 많은 사람들에게는 어느 정도 도움이 될 수 있다는 연구 결과가 있다.
>
> 비타민을 과다하게 복용하면 속쓰림, 설사 등 부작용이 나타날 수 있다. ㉣특히 자신의 몸에 맞지 않는 용량을 장기간 복용할 경우 건강에 해로울 수 있으므로 주의가 필요하다. 따라서 건강을 위해서는 음식에서 영양소를 충분히 섭취하고, 꼭 필요한 경우에만 전문가의 조언을 받아 보충제를 선택하는 것이 바람직하다.

① ㉠: 일반적으로 균형 잡힌 식사를 하기는 쉽지 않기 때문에 별도의 비타민제를 복용할 필요가 있다
② ㉡: 뼈 건강과 면역력 유지에 중요한 역할을 하는 비타민 D는 우리 몸에서 합성하지 못하므로
③ ㉢: 감기 예방이나 증상 완화에 비타민 C가 효과적이라는 과학적 근거는 부족하다
④ ㉣: 특히 자신의 몸에서 요구하는 것보다 부족한 용량을 복용할 경우 건강에 해로울 수 있으므로 주의가 필요하다

014

다음 글의 미래주의를 약화하는 주장으로 가장 적절한 것은?

1909년 이탈리아에서 시인 마리네티가 발표한 「미래주의 선언」을 기점으로 본격화된 미래주의는 전통 예술의 권위를 철저히 부정했다. "니케의 여신상보다 달리는 기차가 더 아름답다"라는 선언에서 드러나듯, 속도·기계·현대 문명을 찬미하며 대중 예술과 영화 같은 신매체를 적극 옹호했다. 르네상스 전통에 갇힌 당시 이탈리아 미술계에 반기를 든 이 운동은 보초니, 카라, 세베리니 등이 주도했으며, 기존의 박물관 예술 대신 일상의 생동감을 예술의 본질로 삼았다.

미래주의는 전통적 서구 문명을 거부한 점에서 다다이즘과 구축주의에 지대한 영향을 미쳤다. 그러나 제1차 세계대전 당시 무솔리니 파시즘과의 연계, 전쟁 참여, 무정부주의 성향으로 인해 오랫동안 저평가되었다. 특히 보초니는 조각에 '움직임'을 구현하려 시도했는데, 그의 작품 〈공간에서 연속성의 독특한 형태〉는 정적 조각에 속도감을 담아내려는 혁신적 실험이었다. 발라의 〈줄을 단 개의 역동성〉 역시 평면에서 역동성을 표현한 대표적 성과로, 이들의 실험은 예술과 기술의 융합을 선보였다.

비록 정치적 문제로 외면받았지만, 미래주의는 예술의 경계를 혁명적으로 확장했다. 보초니가 "누드 조각은 죽은 예술"이라 선언하며 전통 인체 표현을 거부한 것처럼, 예술과 일상·기술·디자인의 융합을 시도한 점에서 근대 미술사에 지속적인 영향을 미쳤다. 결국 미래주의는 과거의 틀을 깨고 현대 문명을 예술로 끌어들인 선구적 운동으로 재평가되며, 그 혁신성은 오늘날까지 이어지고 있다.

① 미술관이나 박물관에 소장된 예술은 생동감이 죽어 있는 박제화된 지식에 불과하다.
② 기차, 자동차, 도시 군중에서 느껴지는 속도와 역동적인 움직임을 담아내는 것이 예술의 본질이다.
③ 진정한 예술이란 전통을 계승하면서도 일상을 살아가는 사람들의 생동감까지도 표현할 수 있어야 한다.
④ 예술가는 사회의 변화를 주도하는 주체가 되어야 하며 이를 위해 현대 문명의 산물을 적극 활용해야 한다.

[015~016] 다음 글을 읽고 물음에 답하시오.

개인이나 집단 간의 갈등을 해결하기 위한 대표적인 전략으로는 회피형 전략과 경쟁적 전략이 있다. 회피형 전략은 문제가 생겼을 때 유머로 상황을 넘기는 경우처럼 갈등 상황에서 상대와 직접적으로 충돌하지 않으려는 소극적인 태도를 의미한다. 이 전략에는 갈등의 존재 자체를 부정하거나, 대화 주제를 바꾸고, 갈등에 큰 의미를 두지 않는 등 다양한 방법이 있다. 회피형 전략은 일시적으로 갈등을 피하고 심사숙고할 시간을 벌 수 있다는 장점이 있지만, 반복적으로 사용하면 대화가 단절되고 상대방은 소외감을 느끼게 된다. 결과적으로 작은 문제가 점점 커져 통제할 수 없는 사태에 ㉠이르게 된다.

경쟁적 전략은 갈등을 전쟁이나 투쟁으로 간주하며, 자신이 승리하기 위해 수단과 방법을 가리지 않는 적극적인 태도를 의미한다. 이 전략은 공격적인 언어 사용, 상대방에 대한 위협, 물리적 폭력까지 포함하며, 회피형 전략에 비해 확실히 적극적이지만 관계를 악화시키는 부정적 결과를 초래하기도 한다. 특히 친구처럼 단절이 가능한 관계에서는 관계가 완전히 끊어질 수 있고, 부모와 자식처럼 단절이 어려운 관계에서는 대화가 단절될 수 있다. 하지만 선의의 목적이 명확히 전달된다면 경쟁적 전략도 긍정적인 효과를 낼 수 있다. 다만 반복적으로 사용하면 그 효과는 떨어진다.

갈등 해결 전략은 상황과 관계에 따라 적절히 선택되어야 한다. 회피형 전략은 단기적으로 갈등을 피할 수 있지만 장기적으로는 관계의 소원화를 불러올 수 있고, 경쟁적 전략은 빠른 해결을 가져올 수 있으나 상대방에게 상처를 남길 위험이 있으므로 상황에 맞춰 신중하게 적용하는 것이 무엇보다 중요하다.

015

윗글에서 추론한 내용으로 가장 적절한 것은?

① 경쟁적 전략은 회피형 전략에 비해 훨씬 소극적인 전략이다.
② 회피형 전략과 달리 경쟁적 전략은 신체적인 피해를 동반할 수 있다.
③ 단절이 어려운 관계일 경우 경쟁적 전략은 긍정적 효과를 낼 수 없다.
④ 경쟁적 전략과 달리 회피형 전략은 자주 사용하면 부정적인 문제를 야기한다.

016

문맥상 ㉠의 의미와 가장 가까운 것은?

① 그가 잘 알아듣도록 일러 주었다.
② 이것을 '디지털 디톡스'라고 이른다.
③ 자정에 이르러서야 목적지에 도착했다.
④ 그의 음악성이 완숙의 단계에 이르게 되었다.

017

다음 대화를 분석한 내용으로 적절하지 않은 것은?

> **갑:** 고전음악은 구조가 엄격하고 반복적인 형식 위주야. 선율과 조성이 명확해서 청중이 음악의 전개를 쉽게 예측할 수 있지. 감정 표현도 절제된 편이라서 고요하고 균형 잡힌 미를 느끼게 해. 반면 현대음악은 너무 난해하고 무절제해서 별로야.
>
> **을:** 난 다르게 봐. 현대음악은 고전음악과 달리 감정을 훨씬 자유롭고 다양하게 표현해. 전통적인 조성이나 리듬을 넘어서 새로운 소리와 기법을 시도해서 청중에게 낯설고 신선한 경험을 주지. 그래서 청중의 반응도 다양하고 예상하기 어려운 편이야.
>
> **병:** 맞아, 양쪽 모두 독특한 가치를 가지고 있어. 고전음악은 수백 년 동안 내려온 전통과 형식을 통해 창작 동기의 깊이와 정성을 보여주고, 현대음악은 사회 변화와 개인의 내면을 반영하는 창작 동기를 대표하지. 엄격함과 절제미를 갖춘 고전음악도 매력적이고, 감정 표현이 자유롭고 듣는 사람마다 다양하게 해석할 수 있게 해주는 현대음악도 좋아. 그래서 나는 고전과 현대음악의 차이를 단순 대립으로 보지 않고, 시대적 맥락에서 서로 보완한다고 생각해.
>
> **갑:** 고전음악은 청중들이 감정을 차분히 음미하며 음악을 감상하는 데 적합해. 반면, 현대음악은 때로 불협화음으로 충격을 주는 등 청중에게 강렬한 인상만 남기려 하지. 정서적 안정감을 준다는 측면에서는 고전음악이 훨씬 뛰어나.
>
> **을:** 오히려 바로 그 점이 현대음악의 강점이야. 구조적으로 너무 엄격하고 정형화되기만 한 고전음악은 우리에게 조용히 감상하기만을 원하는 듯해. 그런 고전음악의 틀을 깨고 끊임없이 변화를 추구하는 음악적 창의성이 현대음악을 계속 발전시키는 동력이야.

① 고전음악이 청중에게 차분한 감상을 유도한다는 점에 대해 갑과 을은 동의한다.

② 현대음악은 감정 표현이 자유롭고 청중 반응도 다양하다는 점에 대해 을과 병은 동의한다.

③ 고전음악은 구조의 엄격성을 중시한다는 점에 대해 갑과 병은 동의하지만 을은 동의하지 않는다.

④ 고전음악과 현대음악의 창작 동기가 서로 다르지만 시대 맥락에서 보완적이라는 점에 대해 병은 동의한다.

018

다음 진술이 모두 참일 때 반드시 참인 것은?

> ○ 갑이 국민기자단 모집에 지원하지 않는다면, 을도 지원하지 않는다.
> ○ 갑이 국민기자단 모집에 지원하지 않는다면, 병도 지원하지 않는다.
> ○ 정이 국민기자단 모집에 지원한다면, 병도 지원한다.

① 갑이 국민기자단 모집에 지원한다면, 정은 지원하지 않는다.

② 을이 국민기자단 모집에 지원한다면, 병도 지원한다.

③ 을이 국민기자단 모집에 지원하지 않는다면, 정은 지원한다.

④ 정이 국민기자단 모집에 지원한다면, 갑도 지원한다.

[019~020] 다음 글을 읽고 물음에 답하시오.

> 서양 사상의 출발점인 고대 그리스에서는 인간의 존재와 삶의 방식에 대한 본격적 탐구가 시작되었다. 대표적으로 소피스트들은 감각적 경험과 실용성을 중시하는 상대주의적 진리관을 제시했다. 프로타고라스의 "인간은 만물의 척도이다"라는 말처럼, 소피스트들은 진리와 가치의 기준이 개인에 따라 다르다고 보았으며, 보편적 윤리나 객관적 진리를 부정했다. 이들은 경험주의와 실용주의, 상대주의, 쾌락주의의 선구자로 평가받는다.
>
> 이러한 소피스트의 사상에 반대하여, 소크라테스는 이성에 기반한 보편적 진리와 윤리적 삶을 강조했다. 소크라테스는 세속적 가치보다 정신적 가치와 참된 지식을 중시했으며, "너 자신을 알라"라는 말로 자아 성찰과 무지의 자각, 진리 추구를 역설했다. 그는 앎이 곧 선(善)이며, 참된 지식은 영혼의 수련을 통해 얻어지는 깨달음을 의미한다고 보았다. 이처럼 소크라테스는 인간이 이성적으로 사고하고 실천할 때 비로소 참된 삶을 살 수 있다고 주장했다.
>
> 이후 소크라테스의 제자인 플라톤은 이데아론을 통해 감각적 세계를 넘어선 이성적 세계, 즉 불변하는 이데아의 세계만이 진정한 실재라고 보았다. 그는 인간의 영혼을 욕망, 기개, 이성으로 구분하고, 이들의 조화를 통해 정의와 행복이 실현된다고 주장했다. 플라톤은 철인이 통치하는 이상 국가를 이상으로 ㉠삼았다. 한편 아리스토텔레스는 플라톤의 이데아와 달리, 변화와 발전 속에서 완성되는 우시아(존재) 개념을 제시했다. 그는 인간의 궁극적 목적을 최고선의 실현과 행복 추구로 보았으며, 덕은 실천과 노력을 통해 쌓아간다고 보았다.

019

윗글에 대해 평가한 내용으로 가장 적절하지 않은 것은?

① 서로 다른 문화권에서 동일한 행위가 선악으로 다르게 평가되는 경우가 많다면 소피스트들의 주장은 강화된다.

② 자신의 감정에 충실할 때 진정한 행복을 느꼈다는 사람들이 많다면 소크라테스의 주장은 약화된다.

③ 세상에는 수학적 진리처럼 변하지 않는 개념들이 존재한다는 점을 중시하는 사람이 많다면 플라톤의 주장은 강화된다.

④ 덕은 타고나는 것이 아니라 습관을 통해 형성된다고 믿는 사람들이 많다면 아리스토텔레스의 주장은 약화된다.

020

윗글의 ㉠과 문맥적 의미가 가장 가까운 것은?

① 할아버지는 새끼를 꼬아 짚신을 삼았다.

② 그녀는 딸을 친구 삼아 이야기하곤 했다.

③ 그는 늘 정직과 청렴결백을 생활신조로 삼았다.

④ 그분은 친한 친구의 딸을 며느리로 삼고 싶어 했다.

모의고사 03회

001

다음 글의 ㉠~㉣을 <지침>에 따라 수정하는 방안으로 적절하지 않은 것은?

〈공고문〉

20○○년도 동계 한자문화캠프 참가자 선착순 ㉠모집 공고

○○시에서 한자 교육을 통해 ㉡우리 선조들의 삶을 이해하고 공동체 생활을 익힘으로써 인성을 함양하는 '20○○년도 동계 한자문화캠프'에 참가할 학생을 다음과 같이 선착순으로 모집합니다.

1. 참가자 모집
○ 모집 기간: 20○○. 12. 13.(월)~12. 15.(수)
○ 모집 인원: 50명(선착순 모집)
○ 신청 방법: 전자우편 또는 ㉢방문 접수
　※ 반드시 참가 학생의 이름으로 ㉣송금해야 함.

〈지침〉
○ 제목을 불필요한 표현 없이 간결하게 쓴다.
○ 대등한 것끼리 접속할 때는 구조가 같은 표현을 사용한다.
○ 참가자의 관점을 고려하여 정확한 용어를 선택한다.
○ 고압적 표현을 삼간다.

① ㉠을 '모집'으로 수정한다.
② ㉡을 '우리 선조들의 삶을 이해와 공동체 생활의 익힘으로써'로 수정한다.
③ ㉢을 '방문 제출'로 수정한다.
④ ㉣을 '송금하시기 바랍니다'로 수정한다.

002

<보기>와 같은 글의 개요에서 ㉠, ㉡에 들어갈 내용으로 가장 적절한 것은?

┌ 보기 ┐

제목: ㉠

Ⅰ. 서론: 신용 카드 사용 인구의 증가
　– 신용 카드 사용 인구 증가에 관한 통계 자료 인용
Ⅱ. 본론
　1. 신용 카드 사용으로 인한 부작용
　　가. 개인적 측면: 불필요한 소비를 조장함
　　나. 사회적 측면: 신용 불량자가 급격히 증가함
　2. 부작용의 원인
　　가. 개인적 측면: 신용 카드에 대한 올바른 인식이 부족함
　　나. 사회적 측면: 카드 회사들이 신용 카드를 남발함
　3. 해결 방안
　　가. 개인적 측면: 능력을 고려하여 신용 카드를 사용함
　　나. 사회적 측면: 정부 차원의 지도 감독을 강화함
Ⅲ. 결론: ㉡

① ㉠: 신용 카드의 양면성
　㉡: 불필요한 소비를 억제해야 함
② ㉠: 알뜰하게 신용 카드 쓰는 법
　㉡: 법적 제도를 시급히 마련해야 함
③ ㉠: 신용 카드의 올바른 사용
　㉡: 개인과 사회, 공동의 노력이 필요함
④ ㉠: 신용 카드가 나아갈 바람직한 길
　㉡: 신용 카드에 대한 인식의 전환이 필요함

003

빈칸에 들어갈 말로 가장 적절한 것은?

파생어는 어근의 앞이나 뒤에 접사가 붙어 만들어지는 단어이다. 파생 접사는 어근에 붙어 뜻을 한정하기도 하고, 품사나 문장 구조를 바꾸기도 한다. '과일 냄새가 향기롭다'에서 '-롭-'은 어근의 품사를 바꾸는 접사이다. 그러나 '맨발로 나왔다'에서 '맨-'은 어근의 품사를 바꾸지는 못한다.
'낮다'는 본래 '담이 낮다'처럼 주동문으로 쓰인다. 그런데 '그는 담을 낮추었다'에서 '-추-'는 어근의 품사뿐만 아니라 문장의 구조까지 사동문으로 바꾸었다. 이렇게 접사가 결합하여 어근의 품사뿐만 아니라 문장의 구조까지 달라진 파생어에는 □□□□가 있다.

① 높이다　　　　　　② 막히다
③ 공부하다　　　　　④ 슬기롭다

004

다음 글에서 추론한 내용으로 적절하지 않은 것은?

　사람들은 일상에서 주변에서 일어나는 사건이나 타인의 행동에 대해 그 원인을 찾으며, 이를 통해 앞으로 일어날 일을 예측한다. 심리학에서 '귀인'이라 부르는 이러한 과정은 자신이 세상을 잘 이해하고 통제하고 있다는 느낌을 주어 심리적 안정감을 준다.

　귀인은 그 원인을 어디서 찾느냐에 따라 내부 귀인과 외부 귀인으로 나뉠 수 있다. 가령 시험을 잘 본 학생의 원인을 그의 꾸준한 노력과 지능에서 찾는 것처럼, 내부 귀인은 어떤 사건이나 행동의 원인을 사람 자체의 성격, 능력, 노력과 같은 내적인 특성에서 찾는 것을 의미한다. 반면 외부 귀인은 행동의 원인을 주변 환경, 운, 상황과 같은 외부 요인에서 찾는다. 같은 시험 결과를 놓고, 시험이 쉬웠거나 시험장에서 집중하기 좋은 환경이었기 때문이라고 설명하는 것이 여기에 해당한다.

　대개 사람들은 내적, 외적 원인을 기준으로 행동을 해석하며, 그 과정에서 자신의 기대와 감정, 편견이 해석에 영향을 미치는 경우가 많다. 예컨대 어떤 사람의 실패를 그 사람 탓으로만 돌리는 '근본적 귀인 오류'나, 자신에게는 외부 요인을, 타인에게는 내부 요인을 더 강조하는 '행위자–관찰자 편향' 같은 현상이 나타나는 것이다.

　이처럼 귀인은 인간이 자신의 경험과 타인의 행동을 이해하는 데 중요한 역할을 한다. 특히 귀인의 방식은 대인관계에 영향을 주고, 사람의 행동과 동기를 해석하는 데 활용되어, 다양한 분야에서 인간 행동과 상호작용을 이해하는 도구로 널리 사용되고 있다.

① '근본적 귀인 오류'는 실패를 오직 개인 탓으로 돌리는 인지적 편향이다.
② 귀인은 자신이 세상을 이해하고 통제한다는 심리적 안정감을 제공한다.
③ '행위자–관찰자 편향'은 자신은 외부 요인을, 타인은 내적 원인을 강조하는 경향이다.
④ 환경과 상황 중 어느 부분에 원인을 두는지에 따라 내부 귀인과 외부 귀인으로 나눌 수 있다.

005

다음 글의 빈칸에 들어갈 내용으로 가장 적절한 것은?

　오늘날 '지식인'이라는 개념을 집단적으로 형성하고 주도한 나라는 프랑스다. 이 용어가 세상에 알려진 계기는 19세기 말 일어난 '드레퓌스 사건'에서 비롯된다. 이 사건은 1894년 프랑스에서 발생한 간첩 조작 사건으로, 유태계 군인 드레퓌스 대위는 독일에 간첩 행위를 했다는 혐의로 군사재판에서 종신형을 선고받았다. 그러나 드레퓌스의 무죄를 주장하는 증거가 나타나고, 사건 조작을 지휘한 관계자가 좌천되면서 사회적 논쟁이 일어났다.

　이때 유명한 작가 에밀 졸라가 〈나는 고발한다〉라는 공개서한을 발표하며 드레퓌스의 재심과 석방을 촉구했다. 이후 문학가, 예술가, 교수, 변호사 등 다양한 사회 지도층이 자신의 전문 분야와 무관하게 '지식인'이라 자처하며 드레퓌스 사건에 목소리를 냈다. 이로써 지식인이라는 용어는 특정 분야의 전문가를 넘어서서 ＿＿＿＿＿＿＿＿＿＿＿＿＿＿ 사람들을 지칭하게 되었다.

　결국 드레퓌스 사건은 지식인이 단순한 학문적 활동을 넘어 보편적 가치와 인권을 옹호하며 사회 문제에 개입하는 존재로 자리 잡는 전환점이 되었다. 이 사건을 통해 프랑스는 근대 지식인의 출발점으로 평가받으며, 학문과 사회적 책임을 연결하는 새로운 역할을 부여받았다.

① 보편적 가치와 인권에 관한 학문적 연구를 게을리하지 않는
② 형사 사건 판결에 의문을 품고 강력하게 투쟁하고 저항하는
③ 자신의 신념을 지키기 위해 사람들을 모으고 집단을 조직하는
④ 사회적 정의와 진실에 관심을 가지고 적극적으로 의견을 표명하는

006

(가)~(라)를 맥락에 맞추어 가장 적절하게 나열한 것은?

(가) 이러한 문제를 해결하기 위해서는 수질 오염 방지, 중수도 시설 확대 등 제도적 대책이 필요하다. 또한 모든 국민이 물 절약의 중요성을 인식하고 생활 속에서 실천하는 노력이 요구된다.

(나) 전 세계적으로 물 부족 문제는 점점 심각해지고 있다. 유엔은 인구 증가와 경제 활동의 확대, 그리고 수질 오염 등으로 인해 먹는 물이 부족해지는 상황을 경고하며, 매년 3월 22일을 '물의 날'로 지정해 경각심을 일깨우고 있다.

(다) 우리나라가 물 부족 국가가 된 주요 원인으로는 좁은 국토에 비해 인구가 많다는 점과, 강우량이 여름철에 집중되는 기후 특성이 있다. 그런데 물의 공급이 불안정한 상황에서, 우리나라의 1인당 생활용수 사용량은 세계적으로 매우 높은 편에 속한다. 그로 인해 1~2년 내에 연간 20억 톤의 물이 부족해질 것이라는 전망도 나오고 있다.

(라) 우리나라도 예외가 아니다. 세계 자연 연구소의 국가별 물 부족 지수에 따르면, 우리나라의 1인당 물 재생 가능 수자원은 북한이나 일본의 절반에도 미치지 못한다. 아시아에서 우리나라보다 물이 적은 국가는 파키스탄뿐이다.

① (나) – (다) – (가) – (라)
② (나) – (라) – (다) – (가)
③ (다) – (가) – (나) – (라)
④ (다) – (라) – (가) – (나)

[007~008] 다음 글을 읽고 물음에 답하시오.

마르크스는 19세기 유럽 자본주의 사회의 모순을 ㉠날카롭게 분석한 사상가로, 자본주의의 내적 결함이 결국 사회 변화의 동력이 된다고 보았다. 그는 이전의 공산주의가 단순한 이상적 제안에 머물렀던 것과 달리, 자본주의의 작동 원리를 체계적으로 연구하여 '과학적 공산주의'라는 이론을 확립했다.

마르크스는 인류 역사의 발전이 물질적 조건의 변화, 즉 생산력과 생산관계의 변동에 의해 ㉡이루어진다는 '사적 유물론'을 주장했다. 그의 대표 저작 『자본론』에서는 자본주의가 자유 경쟁을 바탕으로 하여 강한 자본가만이 살아남는 구조임을 지적했다. 그에 따르면 이러한 경쟁의 결과, 기업 간의 생존 경쟁이 심화되면서 많은 기업이 도태되고, 남은 기업마저도 소비자 감소로 인해 어려움에 ㉢처하게 된다. 기업은 이윤을 유지하기 위해 임금을 삭감하거나 노동자를 해고하게 되고, 이는 다시 노동자들의 구매력 감소로 이어져 악순환이 반복된다. 결국 다수의 노동자는 빈곤에 시달리고, 소수의 자본가만이 부를 독점하게 된다. 그래서 마르크스는 이러한 구조적 모순이 심화되면 노동자들이 혁명을 일으켜 평등한 공산 사회가 도래할 것이라고 예측했다.

하지만 오늘날 자본주의 국가는 여전히 건재하며, 마르크스가 예언한 폭력 혁명은 현실에서 쉽게 ㉣일어나지 않는다. 그 이유는 사회적 약자를 보호하기 위한 복지 제도와 사회 안전망, 그리고 공동선의 실현이 자본주의 체제 안에서 제도적으로 정착되었기 때문이다. 결과적으로 마르크스의 사상은 자본주의가 스스로를 개혁하고 지속 가능하게 만드는 '백신' 역할을 했다고 평가할 수 있다.

007

윗글을 이해한 내용으로 적절하지 않은 것은?

① 마르크스는 생산력과 생산관계의 변동에 의해 역사가 발전된다고 보았다.
② 마르크스는 자본주의의 자기 개혁 없이는 도태될 수밖에 없다고 주장하였다.
③ 마르크스에 따르면 자본주의 사회에서 실업 문제는 구조적 원인과 관련이 깊다.
④ 마르크스는 자본주의의 내적 결함으로 인해 노동 혁명이 발생할 것으로 예측했다.

008

㉠~㉣과 바꿔 쓸 수 있는 유사한 표현으로 적절하지 않은 것은?

① ㉠: 신랄(辛辣)하게
② ㉡: 달성(達成)된다는
③ ㉢: 직면(直面)하게
④ ㉣: 기립(起立)하지

[009~010] 다음 글을 읽고 물음에 답하시오.

지하에 석유가 존재하는 위치인 유전과 그 양을 파악하기 위해 다양한 방법의 석유 탐사가 이루어진다. 주요 석유 탐사 유형에는 '지질 탐사', '지구물리 탐사', '시추 탐사' 등이 존재한다.

먼저, '지질 탐사'는 전체 ⊙지표의 암석 분포와 구조, 지형 등을 조사하여 석유가 매장될 가능성이 있는 지역을 대상으로 탐색하는 방법으로, 초기 탐사 단계에서 널리 활용되었다. 지질 탐사는 다시 '지질 조사'와 '지구화학 조사'로 나뉘는데, 지질 조사는 암석의 유형과 배열 상태를 분석하여 ⓒ유전이 예상되는 구조를 찾아내는 조사 방법이다. 반면, 지구화학 조사는 토양, 암석, 물에서 탄화수소의 흔적을 탐지하여 목표 대상의 존재 가능성을 간접적으로 판단하는 방식이다.

다음으로, '지구물리 탐사'는 지하의 구조를 물리적 특성을 통해 간접적으로 조사하는 방법이다. 대표적으로 '탄성파 탐사'와 '중력·자력 탐사'가 있는데, 탄성파 탐사는 인공적으로 지표에 충격파를 발생시켜 그 반사파를 분석하는 방식으로, ⓒ지층의 전체적인 변화를 정밀하게 파악하여 그 속에서 의미 있는 변화를 찾아낼 수 있다. 이 방식은 깊은 곳에 위치한 유전에 대한 상당히 정확한 정보를 제공하지만, 비용이 많이 들고 복잡하다는 점이 단점으로 지적된다. 반면, 중력·자력 탐사는 지하 밀도와 자기장 변화를 측정해 ⓔ대상의 매장 가능 구조를 찾는 데 사용된다.

마지막으로, '시추 탐사'는 실제로 땅을 파서 석유가 있는지 확인하는 방법으로, '탐사 시추'와 '평가 시추'로 나뉜다. 탐사 시추는 매장 후보 지역에 시추정을 직접 박아 그 존재를 직접 확인하는 초기 단계의 탐사 방식이다. 이에 비해 평가 시추는 생산 가능성을 판단하기 위해 정밀하게 실시한다. 시추 탐사는 가장 확실한 방법이지만 시간과 비용이 많이 소요된다.

009

윗글을 이해한 내용으로 가장 적절한 것은?

① 지질 탐사와 탐사 시추는 주로 석유 탐사의 초기 단계에서 활용된다.
② 중력·자력 탐사는 지하 밀도와 자기장 변화를 측정하는 시추 탐사 방식이다.
③ 탄성파 탐사는 지표에 자연 충격파를 가해 반사파를 분석하여 석유의 존재를 탐사한다.
④ 지질 조사와 지구화학 조사는 탄화수소의 흔적을 탐지함으로써 석유 존재 가능성을 판단한다.

010

윗글의 ⊙~ⓔ 중 지시 대상이 같은 것만으로 묶인 것은?

① ⊙, ⓒ
② ⓒ, ⓔ
③ ⊙, ⓒ, ⓔ
④ ⊙, ⓒ, ⓔ

[011~012] 다음 글을 읽고 물음에 답하시오.

백석의 「고향」과 허세욱의 「움직이는 고향」은 고향이라는 공간이 인간의 삶과 정체성에 어떤 의미를 가지는지 서로 다른 방식으로 보여주는 작품이다. 두 시 모두 고향을 단순한 물리적 장소가 아니라, 자아의 근원과 실존의 중심으로 바라본다는 점에서 공통점을 지닌다.

백석의 「고향」에서는 고향이 일상적 삶의 원형이자, 변하지 않는 자아의 중심으로 그려진다. 시인은 고향을 어머니와 같은 존재라고 생각하며 그곳을 상실과 결핍을 해소해 주는 근원적 장소라고 강조한다. 고향은 시인에게 존재의 뿌리이자, 언젠가 반드시 돌아가야 할 진정한 거주지로 자리매김한다. 이처럼 백석의 고향은 모든 위험과 불안으로부터 보호받을 수 있는 친밀하고 안정된 공간, 즉 **(가)실존의 안식처**로서 상징성을 지닌다.

반면 허세욱의 「움직이는 고향」은 전통적 고향의 개념에서 벗어나, 변화하는 시대와 삶의 환경 속에서 고향의 의미가 어떻게 재해석되는지를 보여준다. 이 수필에서 필자는 자신의 근원인 어머니가 고향에서 이사한 뒤, 이제 ⊙고향은 ⓒ이전 고향의 느낌을 잃어버리게 된다. 그는 타지를 떠돌면서 익숙한 향취와 인연이 자리했던 고향으로 가 보지만 ⓒ그곳에는 메주 냄새 밴 어머니의 빈방은 사라지고 서늘한 불안감만 자리 잡고 있을 뿐이다. 작가에게 이제 ⓔ고향은 과거의 기억이나 추억에만 머무르는 것이 아니라, 삶의 이동과 변화에 따라 확장되고 재구성되는 유동적인 장소가 되었다. 즉 고향은 자기 존재의 근원이자 출발점이었지만, 삶의 여정 속에서 계속 움직이고 변화하는 실존의 공간이 된다.

011

윗글에서 추론한 내용으로 가장 적절한 것은?

① 「고향」은 전통적 고향의 개념에서 벗어나 고향의 유동성과 재창조 가능성에 많은 의미를 부여한다.
② 「움직이는 고향」은 고향을 모성과 연결된 따뜻하고 안온한 공간으로 인식하며 고향의 불변성과 원형성에 집중한다.
③ 「고향」과 「움직이는 고향」 모두 고향이 현재의 삶과 경험 속에서 새로운 정체성을 형성할 수 있음을 강조한다.
④ 「고향」과 「움직이는 고향」 모두 고향이 인간에게 주는 심리적 안정감과 고향과 존재와의 관계성에 주목한다.

012

윗글의 ⊙~ⓔ 중 문맥상 (가)의 의미와 가장 가까운 것은?

① ⊙
② ⓒ
③ ⓒ
④ ⓔ

013

⊙, ⓛ의 방식에 따라 형성된 단어로 적절한 것은?

> 국어의 합성어는 어근과 어근이 합쳐져서 만들어지는 단어이다. 합성어는 어근의 배열 방식이 국어의 일반적인 문장 구성이나 품사의 결합 방식과 일치하느냐에 따라 통사적 합성어와 비통사적 합성어로 나눌 수 있다. 비통사적 합성어는 '나는 오늘 덮밥을 먹고 싶다'에서처럼 ⊙관형사형 어미가 생략된 채 결합한 것과, '사람들의 입에 오르내릴 행동은 하지 마라'에서처럼 ⓛ각 단어의 어간이 직접 결합한 것, '아침부터 부슬비가 내려 시원하다'에서처럼 부사어와 체언이 결합한 것 등으로 나누어 볼 수 있다.

① ⊙: 샘솟는 열정은 젊음이 지닐 수 있는 특권이다.
② ⊙: 나의 첫사랑은 그렇게 어이없이 끝나고 말았다.
③ ⓛ: 타고난 재능을 살릴 수 있다면 참 행복한 것이다.
④ ⓛ: 그의 이마에 흐르는 검붉은 피에서 비장함이 느껴졌다.

014

다음 글에서 추론한 내용으로 적절하지 않은 것은?

> 인간이 시각적으로 인지할 수 있는 빛, 즉 가시광선은 약 380~800나노미터의 파장 범위에 해당한다. 프리즘을 통과한 빛은 파장이 짧은 보라색에서부터 긴 빨간색까지 일곱 가지 색으로 분리된다. 흥미롭게도 인간은 가시광선 전체에서 색 변화를 동일하게 구분하지는 않는다. 예를 들어 파란색과 초록색, 노란색과 주황색의 경계 근처에서는 극히 미세한 파장 차이도 색 차이로 감지할 수 있지만, 보라색이나 빨간색의 양쪽 끝에서는 두 색을 구별하는 능력이 떨어진다. 이론적으로는 수백 가지 색을 구별할 수 있을 것 같지만, 실제로는 약 200~250가지 단색광만 구분해 낼 수 있다.
>
> 색의 구분에는 색상, 명도, 채도 등 세 가지 속성이 영향을 미친다. 똑같이 보이는 두 색도 세 속성 중 하나가 다르면 구분이 가능하다. 색을 감지하는 망막에는 세 종류의 원뿔세포가 있다. 이 세포들은 각각 빨강, 초록, 파랑 계열의 빛에만 반응하며, 이들의 반응을 종합하여 뇌에 신호가 전달된다. 그러나 어떤 종류의 원뿔세포에 이상이 있으면 특정 색 구분이 어렵게 된다. 예를 들어 적추체나 녹추체에 이상이 있으면 적녹색을 식별하는 시각에 이상이 나타나며, 세포 두 종류가 모두 제대로 기능하지 않으면 색의 밝기만 느낄 수 있는 색맹이 될 수 있다. 이런 색을 식별하지 못하는 시각 이상은 성별, 인종, 개인마다 다르게 나타난다.

① 빛의 파장이 아주 길거나 아주 짧은 경우 색 구분이 어려워질 수 있다.
② 녹색과 빨강 계열의 색을 구별하는 데에는 별도의 세포들이 관여한다.
③ 파장 차이에 따른 색 구별이 전혀 안 된다면 색의 밝기 구별 역시 불가능하다.
④ 특정 색을 정확히 못 보는 사람이 있다면, 원뿔세포 기능 이상이 원인일 수 있다.

015

(가)~(라)를 전제로 할 때 빈칸에 들어갈 결론으로 적절하지 않은 것은?

> **(가)** 김 주무관과 이 주무관 둘 모두가 학사야간과정 교육비를 지원받지는 못한다.
> **(나)** 김 주무관, 박 주무관 가운데 적어도 한 명은 학사야간과정 교육비를 지원받는다.
> **(다)** 최 주무관이 학사야간과정 교육비를 지원받는다면, 김 주무관도 학사야간과정 교육비를 지원받는다.
> **(라)** 이 주무관이 학사야간과정 교육비를 지원받지 않는다면, 김 주무관도 학사야간과정 교육비를 지원받지 않는다.
> 따라서 [   ].

① 이 주무관은 학사야간과정 교육비를 지원받지 않는다
② 박 주무관은 학사야간과정 교육비를 지원받는다
③ 네 명 가운데 적어도 한 명은 학사야간과정 교육비를 지원받는다
④ 김 주무관과 최 주무관 모두 학사야간과정 교육비를 지원받지 않는다

016

다음 대화의 빈칸에 들어갈 말로 가장 적절한 것은?

> **갑:** 산불진화 드론 개발이 추진되는 동시에 AI 드론을 상용화 개발하는 사업자가 선정되는 경우가 있어요.
> **을:** 한편 조류대응 드론 개발이 추진된다면, AI 드론을 상용화 개발하는 사업자가 선정돼요.
> **병:** 산불진화 드론 개발이 추진되면 초기 화재 대응 능력이 강화된다는 것은 이미 밝혀진 사실이에요.
> **정:** 반면 조류대응 드론 개발이 추진되지 않는다면, AI 드론을 상용화 개발하는 사업자가 선정되지 않아요.
> **무:** 그렇다면 결론적으로 [   ].

① 산불진화 드론 개발이 추진된다면, 조류대응 드론 개발도 추진되겠군요
② 초기 화재 대응 능력이 강화된다면, 산불진화 드론 개발이 추진되겠군요
③ 조류대응 드론 개발이 추진되는 동시에 초기 화재 대응 능력이 강화되는 경우도 있겠군요
④ 초기 화재 대응 능력이 강화되지 않으면서 AI 드론을 상용화 개발하는 사업자가 선정되는 경우도 있겠군요

유전자 결정론은 인간의 행동과 능력, 성격이 모두 유전자에 의해 결정된다는 주장으로, 이론의 오용으로 인해 역사적으로 많은 불행과 차별이 벌어졌다. 대표적으로 나치가 유태인을 학살한 일은 유전자 결정론이 얼마나 위험한 이데올로기로 작용할 수 있는지 극명하게 보여준다. 그로 인해 인간 행동에 대한 연구는 새로운 방향으로 나아가게 되었고, 유전자만으로 인간의 모든 특성이 결정된다는 주장은 점차 설득력을 ㉠잃게 되었다.

이러한 변화에 힘을 실어준 것은 유전자 연구의 진전이었다. 리처드 르원틴과 같은 과학자들은 유전자가 단백질의 청사진 역할을 할 뿐이며, 실제로는 세포 내 다양한 요소들과 상호 작용해야만 그 역할이 ㉡나타날 수 있다고 밝혔다. 즉 유전자를 '마스터 분자'로 여기며 모든 것을 설명하려는 시도는 잘못된 이데올로기적 오류임을 강조하였고, 이로써 유전자 결정론에 대한 반대 입장은 더욱 공고해졌다.

크레이그 벤터 박사는 "유전자 결정론은 더 이상 설 자리를 잃었다"라고 말하며, 단순한 신체적 특성조차 여러 유전자의 영향 아래 있으며, 심지어 유전병처럼 특수한 경우가 아니라면 단일 유전자에 의해 인간의 특성이 좌우되기는 ㉢어렵다고 주장하였다. 또한 (가)최근 연구 결과는 유전자가 외부 환경과 끊임없이 상호 작용하며, 이러한 외부 환경의 영향에 의해 새로운 발현 과정이 형성될 수 있다는 것을 보여주고 있다. 즉 인간 행동에 미치는 유전자의 영향은 일부에 불과하며, 환경 등 다양한 요인과 분리해 생각할 수 없다는 점이 최근 연구를 통해 명확히 ㉣드러난 것이다.

017

윗글의 (가)를 강화하는 사례만을 <보기>에서 모두 고르면?

| 보기 |

ㄱ. 사과와 오렌지의 유전자를 조합하여 두 가지 과일 맛이 나는 새로운 과일을 만들었다.

ㄴ. 동일한 유전자를 가진 복제 동물들이 태어난 후 다른 지역에서 성장하면서 서로 전혀 다른 신체적 특성이 발현되었다.

ㄷ. 저소득층 아프리카계 미국인 아동이 산업 지대에 거주하며 공해에 더 많이 노출될수록 유전병인 천식의 유병률이 높아졌다.

① ㄱ, ㄴ   ② ㄱ, ㄷ
③ ㄴ, ㄷ   ④ ㄱ, ㄴ, ㄷ

018

㉠~㉣과 바꿔 쓸 수 있는 유사한 표현으로 적절하지 않은 것은?

① ㉠: 상실(喪失)하게
② ㉡: 발현(發現)될
③ ㉢: 난해(難解)하다고
④ ㉣: 구명(究明)된

019

다음 대화에 대한 평가로 적절한 것만을 모두 고르면?

갑: 최근 정치 양극화가 심해지면서 국민 간 갈등이 깊어지고 사회 통합이 어려워진 것 같아요. 서로 대화보다는 상대방을 배척하는 태도가 늘어나서 민주주의가 위협받는다고 봐요. 이런 상황이 지속되면 사회 전체의 분열과 불신이 더욱 심화될 수밖에 없죠.

을: 저는 시민 사회가 열린 토론과 참여 확대를 통해 그런 갈등을 충분히 완화할 수 있다고 생각해요. 특히 최근에는 지역 사회와 온라인 커뮤니티에서 소통의 장을 넓히는 프로그램들을 통해 사회 각계각층의 다양한 의견을 수렴하고 조정하는 역할을 잘 수행하고 있고요.

갑: 하지만 대표적인 시민 참여 프로그램의 장인 인터넷과 SNS에서는 더 극단적이고 편향된 정보가 빠르게 확산되어, 오히려 양극화를 심화시키고 있어요. 그래서 시민 사회의 역할이 제한적일 수도 있다는 우려가 있어요. 가짜 뉴스나 혐오 표현이 확산되는 점도 큰 문제고요.

을: 그런 문제는 정보 활용 능력 교육과 소통 플랫폼 구축 같은 노력을 통해 충분히 대비할 수 있어요. 그러기 위해서는 시민들이 스스로 정보의 진위를 판단하고 서로를 이해하는 문화를 만들어야 하고요. 이런 교육과 환경 조성이 민주 사회 발전에 필수적이라고 생각해요.

ㄱ. 일부 국가에서 인터넷 검열이 심화되어 시민 표현의 자유가 위축되었다는 주장은 갑과 을의 입장을 강화한다.

ㄴ. 유럽의 시민 참여 프로젝트가 주민 간 대화를 활성화하고 갈등을 줄인 사례는 갑의 입장을 약화한다.

ㄷ. 공공 토론회에서 소수 의견이 묵살되고 다수의 강한 주장만 강조되어 일부 집단의 불만·갈등이 심화된 사례는 을의 입장을 약화한다.

① ㄷ   ② ㄱ, ㄴ
③ ㄱ, ㄷ   ④ ㄴ, ㄷ

020

다음 진술이 모두 참일 때 반드시 참인 것은?

○ A가 김포 센터와 천안 센터에 모두 방문한다면, B는 군산 센터에 방문한다.
○ C가 울산 센터에 방문한다면, A는 김포 센터와 천안 센터에 모두 방문한다.
○ C나 D 가운데 적어도 한 사람은 울산 센터에 방문한다.
○ B는 군산 센터에 방문하지 않는다.

① A는 김포 센터와 천안 센터에 모두 방문한다.
② B는 군산 센터에 방문한다.
③ C는 울산 센터에 방문한다.
④ D는 울산 센터에 방문한다.

모의고사 04회

시작 시간	시	분	초
종료 시간	시	분	초
총 소요 시간		분	초

001

<공공언어 바로 쓰기 원칙>에 따라 <공문서>의 ㉠~㉣을 수정한 것으로 적절하지 않은 것은?

〈공공언어 바로 쓰기 원칙〉

○ 중복되는 표현을 생략하여 간결하게 표현할 것.
○ 주어와 서술어의 관계를 명확하게 표현할 것.
○ 문맥에 맞는 정확한 어휘를 사용할 것.
○ 지나친 명사 나열을 피하고 적절한 조사와 어미를 활용하여 문장을 구성할 것.

〈공문서〉

수신: ○○시청 귀하

제목: 시설 수리 요청의 건

---

1. 귀 기관의 무궁한 발전을 기원합니다.
2. 본 건은 ○○시설의 ㉠하자로 인한 수리 요청과 고장으로 인한 수리 요청과 관련된 사항입니다. 아래와 같이 시설의 하자가 발생하였으니, ㉡신속한 점검 및 수리 조치가 요청됩니다.
3. 하자 발생 현황
   • 위치: ○○시설(예: 지하 주차장 102동 측벽 등)
   • 내용: 벽면 균열 및 누수 현상 발생, 빗물 및 이물질 유입, ㉢저장 양호 등
   • 기타: 안전 및 이용에 지장이 우려됨
   • 붙임: 하자 현장 사진 1부(해당 시)
4. ㉣주차장 이용 시민들 불편함을 해소 및 시설을 안정적으로 이용하기 위해 상기와 같이 요청드리니, 신속한 점검 및 수리 조치를 부탁드립니다.

---

① ㉠: 하자 및 고장으로 인한 수리 요청
② ㉡: 신속하게 점검한 후 수리해 주시기를 요청드립니다
③ ㉢: 누수 불량
④ ㉣: 주차장을 이용하는 시민들의 불편함을 해소하고

002

다음 중 '안은문장'의 예로 보기 어려운 것은?

문장은 '철수가 밥을 먹는다'처럼 주어와 서술어 관계가 한 번 나타나는 홑문장과 두 번 이상 나타나는 겹문장으로 나뉘는데, 겹문장에는 안은문장과 이어진문장이 있다.

'그림 그리기는 재미있다', '그건 이미 끝난 일이다', '비가 소리도 없이 내린다', '코끼리는 코가 길다', '그는 지금 떠난다고 말했다' 등 이상의 겹문장들 속에 밑줄 친 부분들은 전체 문장에서 특정 문장 성분으로 안겨 있다. 이를 절이라고 하는데 예문의 절을 순서대로 소개하자면 명사절, 관형절, 부사절, 서술절, 인용절이 된다. 이렇게 절을 안은 문장을 안은문장이라고 한다.

한편 이어진문장은 둘 이상의 문장이 연결 어미에 의해 대등하게 혹은 종속적으로 결합된 문장을 말한다. 가령 '영수는 집에 있지만 영희는 학교에 있다'는 앞뒤 절이 대등하게 이어진 것이고, '공부를 열심히 하면 합격할 수 있다'는 앞뒤 절이 종속적으로 이어진 것이다. 이어진문장은 절이 전체 문장에서 특정 문장 성분으로 자리 잡지 못하고 서로 연결만 된다는 점에서 안은문장과 차이가 있다.

---

① 나는 동생이 시험에 합격하기를 고대한다.
② 해진이는 울산에 살고 초희는 광주에 산다.
③ 착한 영호는 언제나 친구들을 잘 도와준다.
④ 아버지께서는 나에게 내일 가족 여행을 가자고 말씀하셨다.

003

㉠에 해당하는 예로 적절하지 않은 것은?

문장 속에서 서술어가 필요로 하는 문장 성분의 수는 정해져 있다. 이처럼 문장 속에서 서술어가 갖추어야 하는 문장 성분의 수를 서술어 자릿수라고 한다. 서술어 자릿수에 따라 서술어를 분류하면 '한 자리 서술어, 두 자리 서술어, 세 자리 서술어'로 나눌 수 있다. 그런데 ㉠같은 서술어라고 하더라도 서술어 자릿수가 달라지는 경우가 있다. 가령 '움직이다' 같은 경우 '결국 그녀의 마음이 움직였다.'에서는 한 자리 서술어지만 '그 장군은 군사를 아무도 모르게 움직였다.'에서는 두 자리 서술어이다.

---

① ┌ 벌써 차의 기름이 다했다.
  └ 그 선수들은 본인의 몫을 다했다.
② ┌ 어제 산 기계가 잘 돌았다.
  └ 다람쥐가 쳇바퀴를 빠르게 돌았다.
③ ┌ 출석률이 절반 정도에 그쳤다.
  └ 하루 종일 내리던 비가 그쳤다.
④ ┌ 차가 결국 웅덩이에 빠졌다.
  └ 그녀는 저 사람에게 매우 빠졌다.

004

다음 글을 이해한 내용으로 적절하지 않은 것은?

이청준의 「소리의 빛」에서 '사내'는 누이와 함께 의붓아비인 노인을 따라다니다가, 결국 노인의 강렬한 소리를 견디지 못해 도망치게 된다. 하지만 그는 도망친 이후에도 운명처럼 소리를 찾아 헤매는 삶을 살게 된다. 이러한 사내의 모습은 예술가가 예술을 추구하는 과정과 닮아 있다. 즉 예술의 길은 완성이나 도달이 아닌, 끊임없이 추구하고 갈망하는 여정임을 작품은 알레고리적으로 보여준다. 예술가의 길에는 수많은 시련과 고통이 따르지만, 그럼에도 불구하고 예술가는 그 길을 멈추지 않는다.

작품에서 '소리'는 예술적 진리나 궁극적 아름다움에 대한 동경을, '햇덩이'는 그 동경의 빛과 희망을 상징한다. 사내는 노인의 소리를 견디지 못해 도망쳤지만, 결국 그 소리에 이끌려 다시 예술의 길로 돌아오고 만다. 이는 예술가가 때로는 현실의 고통과 한계 앞에서 좌절하지만, 결국 예술에 대한 갈망을 버리지 못하고 다시 그 길을 걷게 되는 운명과도 같다. 「소리의 빛」은, 예술가의 길이란 결코 쉽지 않지만, 그 끝없는 추구와 갈망 속에서 인간은 자신의 존재 의미와 삶의 가치를 발견하게 된다는 점을 상징적으로 드러내는 작품이다.

① '소리'는 예술적 진리나 궁극적 아름다움에 대한 동경을 상징한다.
② 사내가 겪는 시련과 고통은 예술가가 마주하는 현실의 한계와 닮아 있다.
③ 사내가 소리를 찾아다니는 모습은 예술가가 예술을 끊임없이 추구하는 과정을 상징한다.
④ 「소리의 빛」은 예술은 끊임없이 추구하고 갈망하는 여정을 통해 완성될 수 있음을 보여준다.

005

(가)와 (나)를 전제로 할 때 빈칸에 들어갈 결론으로 가장 적절한 것은?

(가) 바이올린의 음색을 좋아하는 사람은 모두 클래식에 조예가 깊다.
(나) 기타를 잘 치는 사람 중 일부는 클래식에 조예가 깊지 않다.
따라서 [   ].

① 바이올린의 음색을 좋아하는 사람은 모두 기타를 잘 친다
② 기타를 잘 치는 사람 중 일부는 바이올린의 음색을 좋아한다
③ 클래식에 조예가 깊은 사람은 모두 바이올린의 음색을 좋아한다
④ 기타를 잘 치는 사람 중 일부는 바이올린의 음색을 좋아하지 않는다

006

다음 글을 이해한 내용으로 적절하지 않은 것은?

강은교의 시 「우리가 물이 되어」와 유안진의 수필 「쇠붙이와 강철 시대의 봄을 맞으면서」는 현대 문명에 대한 비판적 시각과 더불어, 인간 본연의 긍정적 가치를 강조한다는 점에서 공통점을 지닌다. 두 작품 모두 풍요로움을 제공하는 현대 물질문명이 인간의 순수함과 따뜻함에서 멀어져 있다는 문제의식을 바탕에 두고 있다. 강은교의 시는 '물이 되어' 서로를 감싸안는 유연함과 포용, 그리고 자연과의 조화를 통해 인간다움의 회복을 노래한다. 시에서는 물처럼 스며들어 서로를 이해하고, 타인의 아픔을 함께 느끼는 연대의 모습을 구체적으로 그리고 있다.

한편 유안진의 수필은 '쇠붙이와 강철'이라는 산업 문명의 상징을 통해, 인간성이 점차 경직되고 차가워지는 현실을 비판한다. 수필에서는 봄의 따스함이 차가운 쇠붙이와 강철을 녹이듯, 인간 사회에도 온기와 배려가 필요함을 강조하며, 구체적으로 이웃과의 정, 자연의 변화에 대한 감수성을 언급한다.

두 작품은 모두 현대 문명의 한계를 지적하면서, 인간 본연의 따뜻함과 연대, 그리고 자연과의 조화를 회복하는 것이 궁극적으로 추구해야 할 문명임을 제시한다. 이러한 점에서 시와 수필은 장르적 차이를 넘어, 인간 중심의 새로운 문명관을 제안한다.

① 「우리가 물이 되어」는 물의 유연함과 포용을 통해 인간다움을 회복할 필요성을 노래한다.
② 「우리가 물이 되어」는 「쇠붙이와 강철 시대의 봄을 맞으면서」와 달리 연대와 사랑의 가치를 상기시킨다.
③ 「쇠붙이와 강철 시대의 봄을 맞으면서」는 냉온 감각의 대비를 통해 물질적 풍요보다 인간적 온기가 중요함을 제안한다.
④ 「우리가 물이 되어」와 「쇠붙이와 강철 시대의 봄을 맞으면서」 모두 인간다움의 회복이 현대 문명의 대안임을 제시한다.

007

(가)~(라)를 맥락에 맞추어 가장 적절하게 나열한 것은?

> (가) 자동차가 도로 위에서 선회를 한다고 생각해 보자. 우선 알아야 할 점은 이때 선회하는 중심점을 기준으로 자동차의 안쪽 바퀴와 바깥쪽 바퀴가 꺾이는 각도가 다르다는 것이다.
>
> (나) 마치 나란히 길을 가던 사람들이 선회를 할 때 안쪽에 서 있는 사람은 큰 각도로 꺾어 회전을 해야 하는 반면, 바깥쪽에 서 있는 사람은 안쪽 사람보다 작은 각도로 꺾어 회전하는 것과 같다.
>
> (다) 자동차의 조향 장치는 자동차의 진행 방향을 바꾸는 장치이다. 이러한 조향 기능을 제대로 수행하기 위해서는 자동차가 커브를 돌 때 좌우 바퀴의 꺾이는 각도와 회전수를 서로 다르게 해 주어야 한다.
>
> (라) 언뜻 생각하면 자동차가 선회할 때 안쪽 바퀴와 바깥쪽 바퀴가 똑같은 각도로 꺾인다고 생각하기 쉽다. 하지만 선회하는 자동차의 안쪽 바퀴는 바깥쪽 바퀴보다 더 많이 꺾여야 한다.

① (가) - (나) - (라) - (다)
② (가) - (라) - (나) - (다)
③ (다) - (가) - (라) - (나)
④ (다) - (라) - (가) - (나)

008

<개요>의 빈칸에 들어갈 내용으로 적절하지 않은 것은?

> 〈개요〉
> ○ 제목: 어린이 제품의 안전성을 높이기 위한 방안 마련
> Ⅰ. 서론
>   1. 어린이 제품의 개념과 안전사고 발생의 증가 현황
> Ⅱ. 어린이 제품에서 안전사고가 발생하는 원인
>   [   ]
> Ⅲ. 어린이 제품의 안전성을 높이기 위한 방안
>   1. 어린이 제품의 유해한 물질이 어린이 건강에 미치는 위해성 홍보 강화
>   2. 정부 당국의 어린이 제품의 안전 관리 체계 강화
>   3. 안전한 어린이 제품을 생산하는 기업에 대한 세제 혜택

① 정부 당국의 어린이 제품의 안전 관리 체계 미흡
② 어린이 제품에 함유된 유해 물질의 허용 기준치가 낮음
③ 안전한 어린이 제품의 생산 단가가 높아 제조하는 기업이 적음
④ 어린이 제품의 유해한 물질이 어린이 건강에 미치는 위해성에 대한 인식 미흡

009

다음 글을 이해한 내용으로 적절하지 않은 것은?

> 작품 내에서 조력자는 작품의 중심인물들에게 일정한 영향력을 미치는 인물을 말한다. 조력자는 대개 주동 인물에게 호의적이고, 주동 인물이 성장하는 계기로 작용하는 경우가 대부분이다. 그러나 조력자는 주동 인물이 지닌 부정적인 면모나 잘못된 언행을 비판하는 인물로 제시되기도 하는데, 이를 통해 주동 인물의 권위는 추락하여 희화화된다.
>
> 「적벽가(赤壁歌)」에서도 이러한 조력자의 역할이 두드러진다. 이 작품에서 조조는 주동 인물로 등장하며, 유비, 관우, 장비, 조조의 부하들이 조력자로서 다양한 역할을 한다. 특히 유비와 관우, 장비는 조조의 오만함과 허세를 비판적으로 바라보며 그의 약점을 드러내는 데 중요한 역할을 한다. 예를 들어 적벽 전투에서 조조가 강을 건너려다 실패하는 장면에서 조력자들은 조조의 무모함을 지적하고, 그의 실수를 풍자함으로써 조조의 권위를 희화화한다. 이 과정에서 조조는 더 이상 절대적인 권력자가 아니라 인간적인 약점과 실수를 가진 인물로 그려진다.
>
> 이처럼 「적벽가」의 조력자는 단순히 주동 인물을 돕는 데 그치지 않고, 때로는 그들의 잘못을 비판하고 풍자함으로써 작품에 유머와 풍자를 더한다. 이를 통해 관객은 주동 인물의 인간적인 면모를 발견하고, 작품의 극적 긴장감과 재미를 동시에 느낄 수 있다.

① 「적벽가」의 주동 인물인 조조의 무모함은 조력자인 유비, 관우에 의해 지적되고 풍자된다.
② 조력자는 주동 인물의 부정적인 면모를 비판함으로써 주동 인물의 권위를 희화화할 수 있다.
③ 「적벽가」에서 조력자는 작품 내에서 주동 인물의 권위를 추락시킴으로써 주동 인물의 성장을 방해하는 역할을 한다.
④ 「적벽가」에서 조력자는 단순한 조력자 역할을 넘어 유머와 풍자를 더함으로써 작품의 극적 긴장감과 재미를 높인다.

[010~011] 다음 글을 읽고 물음에 답하시오.

척사파의 저항에도 불구하고 시대의 변화에 따라 개화의 흐름은 막을 수 없는 대세가 되었다. 개항 이전에는 개화가 통치자가 지식을 넓히고 백성을 교화하는 차원에 ㉠머물렀으나, 이후에는 서구의 문명 자체를 수용하는 개념으로 확장되었다.

개항이 이루어지고 서양 문명에 대한 긍정적 인식이 확산되면서, 개화는 서구 기술과 제도 도입, 국민 의식과 풍속 진보, 국가 독립 의식 고취까지 그 의미가 넓어졌다. 임오군란 이후 고종은 자강 정책을 펼치며 반서양 정서를 바로잡기 위해 한성순보를 발간했다. 이 신문에서 개화는 서구식 제도 도입, 국민 의식 변화, 국가의 독립과 발전을 위한 방향을 ㉡담았다.

이후 개화당에서는 서양식 근대 국가의 통치 방식, 특히 법적 절차와 제도의 도입을 주장했고, 왕을 개화의 주체로 ㉢보았다. 그러나 갑신정변을 계기로 왕 중심의 개화 개념은 약화되었고, 개화는 통치권에 대한 도전이나 개인 사욕으로 비쳐지기도 했다. 이후 개화 개념은 부정적 이미지에서 벗어나 국민 전체가 근대화의 주체임을 강조하는 방향으로 재정립되었다. 가령 대한매일신보 등에서는 국민 모두가 근대 국가 건설의 주체임을 강조했다.

을사늑약 이후 개화 논의는 문명화 논의로 심화되었다. 대한자강회의 주요 인사들은 서양 근대 문명을 ㉣받아들여 근대 국가를 세워야 한다고 주장했으며, 일본의 지도를 받아야 한다고 보았다. 그러나 이 과정에서 민족의 주체성이 약화되는 문제가 제기되었다. 이에 박은식은 근대 국가 건설과 새로운 주체 형성에 주목하며, 과학은 서양에서, 철학은 유학의 혁신에서 찾아야 한다고 주장했다. 그는 과학 연구의 중요성을 강조하면서도, 가치관 정립과 인격 수양을 위한 철학의 필요성을 함께 강조한 것이다.

010

윗글에서 추론한 내용으로 가장 적절한 것은?

① 개화 개념이 확장되면서 국민의 정치 참여와 주체성에 대한 인식이 점차 높아졌다.
② 개화당은 서구식 통치 방식의 도입을 주장하면서 왕 중심의 개화에서 벗어나고자 했다.
③ 대한매일신보와 달리 한성순보가 발간된 것은 서양 문물에 대한 반감을 확대하기 위한 조치였다.
④ 박은식은 근대 국가 건설을 위해 유학을 폐기하고 과학과 철학 모두 서양에서 수용해야 한다고 주장했다.

011

윗글의 ㉠~㉣과 문맥적 의미가 가장 가까운 것은?

① ㉠: 여행 중에 작은 호텔에 며칠 머물렀다.
② ㉡: 어머니께서는 과일을 접시에 담아 놓으셨다.
③ ㉢: 도대체 사람을 뭐로 보고 그런 말씀을 하십니까?
④ ㉣: 추수기인 가을에 백성들에게서 곡식을 받아들였다.

012

다음 빈칸에 들어갈 말로 가장 적절한 것은?

녹내장 환자는 급성 녹내장 환자와 만성 녹내장 환자로 나뉜다. 녹내장 환자는 안압을 내리는 안약을 점안하거나, 안압 하강제를 복용하거나, 수술을 받는 환자이다. 수술을 받는 환자는 만성 녹내장 환자이다. 이때 갑은 녹내장 환자이고, 안압을 내리는 안약을 점안하는 환자가 아니다. 또한 [＿＿＿＿＿＿＿＿＿＿]. 따라서 갑은 수술을 받지 않는 환자이다.

① 갑은 만성 녹내장 환자이다
② 갑은 만성 녹내장 환자가 아니다
③ 갑은 급성 녹내장 환자가 아니다
④ 갑은 급성 녹내장 환자 또는 만성 녹내장 환자이다

013

다음 글의 ㉠~㉣의 어색한 곳을 찾아 수정한 내용으로 적절하지 않은 것은?

빅데이터는 디지털 환경에서 만들어지는 방대한 정보를 말한다. PC, 인터넷, 스마트폰 등 다양한 기기의 사용이 일상화되어 ㉠사람들의 생활 일부분이 데이터로 기록되면서 빅데이터는 점점 늘어나고 있다. 예전에는 상점에서만 데이터가 남았지만, 지금은 온라인 쇼핑몰 방문, 검색, 머문 시간 등 모든 행동이 자동으로 저장된다. 이렇게 쌓인 데이터는 ㉡소비자의 관심사와 쇼핑 패턴을 파악하기 어렵게 만들며, 금융 거래나 여가 활동, 교육 등 다양한 영역에서도 데이터가 계속해서 늘어나고 있다.

㉢빅데이터는 민간과 공공 부문 모두에서 다양하게 활용되고 있다. 아마존에서는 고객의 도서 구매 데이터를 분석해 맞춤형 추천을 하고, 공공 부문에서는 감기나 독감 관련 검색어 빈도를 분석해서 감염병 확산을 미리 예측한다. 이처럼 빅데이터는 데이터 기반 의사결정과 맞춤형 서비스 제공, 효율성 향상 등 다양한 분야에서 중요한 역할을 하고 있다. 따라서 ㉣앞으로는 빅데이터의 활용이 조금씩 축소될 것으로 보인다.

① ㉠: 사람들의 생활 대부분이 데이터로 기록되면서
② ㉡: 소비자의 관심사와 쇼핑 패턴을 쉽게 파악할 수 있게 해주며
③ ㉢: 빅데이터는 민간 부문과 달리 공공 부문에는 활용되지 못하고 있다
④ ㉣: 앞으로도 빅데이터의 활용은 더욱 확대될 것으로 보인다

014

다음 글에 대해 평가한 내용으로 가장 적절한 것은?

최근 ○○ 지역의 교통 체증이 심각해지면서 주민들의 불만이 높아지고 있다. 이 지역은 최근 2년 사이 1만여 세대에 달하는 대규모 아파트 단지가 들어섰고, 대형 쇼핑센터와 영화관 등 편의 시설도 함께 조성되었다. 인구와 차량이 급증하면서 교통량이 20% 이상 증가했고, 주요 도로는 출퇴근 시간마다 극심한 정체를 겪고 있다. 이에 대응해 도로를 4차로에서 6차로로 확장했지만, 교통 체증 해소에는 큰 효과를 보지 못했다.

'김 교수'는 인구 증가에 따른 교통량 증가는 예측 가능한 문제임에도 불구하고, 단순히 도로 확장 계획만으로 대비하려 한 것에 대해 문제를 제기했다. '구청 대표'는 전문가의 교통 영향 분석 결과에 따라 도로를 확장했다고 설명하면서, 최근에는 인근 고속화 도로 공사로 인해 우리 지역을 우회하는 차량이 늘어난 것도 교통 체증의 원인 중 하나라고 덧붙였다. 이에 '김 교수'는 앞으로 더 많은 인구가 유입될 예정임을 감안할 때, 도로 확장으로는 한계가 명확하므로 교통 신호 체계 개선과 같은 추가적인 대책이 반드시 필요하다고 강조했다. 한편 '주민 대표'는 장기적으로 대중교통망, 특히 지하철 등 대중교통 인프라 확충이 근본적인 해결책이 될 것이라고 주장했다.

① 도로 확장이 장기적으로 교통 체증을 해소하지 못하고 오히려 수요를 증가시킨다는 교통경제학 이론은 김 교수의 주장을 강화한다.
② 도로 차로 수를 줄이고 교통 신호, 보행 환경을 개선한 결과, 교통사고와 혼잡이 줄어든 도시 사례는 김 교수의 주장을 약화한다.
③ 도로 확장보다 지하철, 버스 등 대중교통 인프라 확충이 교통 체증 완화에 더 효과적임이 입증된 연구는 구청 대표의 주장을 강화한다.
④ 지하철, 버스 등 대중교통망 확충이 자동차 이용 억제와 교통 체증 완화에 더 효과적임을 보여주는 연구는 주민 대표의 주장을 약화한다.

[015~016] 다음 글을 읽고 물음에 답하시오.

현대 예술 철학자 아서 단토는 예술의 종말을 선언하며 예술의 본질에 대한 새로운 해석을 제시했다. 그는 1964년 앤디 워홀의 〈브릴로 상자〉 전시에서 일상의 상자와 예술 작품이 시각적으로 구분되지 않음에 주목했다. 이 경험을 통해 단토는 예술 작품이 되기 위해서는 '무엇에 관함'과 '㉠구현'이라는 두 가지 요소가 필수적임을 강조했다. 즉, 예술 작품은 ㉡해석될 수 있는 의미와 주제를 담고 있어야 하며, 이를 적절한 방식으로 표현해야 한다는 것이다.

단토는 예술 작품의 정체성은 단순히 외형이나 미적 자질에 있지 않고, 그 작품이 만들어지는 맥락과 시대적 ㉢예술계에 있다고 보았다. 〈브릴로 상자〉가 예술이 될 수 있었던 것은, 당시 예술계가 일상적 사물도 예술로 인정할 수 있는 이론과 분위기를 갖추고 있었기 때문이다. 그는 예술사를 하나의 내러티브(이야기)로 파악하며, 시대마다 예술이 추구해야 할 ㉣목표와 규범이 변화해 왔음을 지적했다. 예를 들어 고전주의에서는 모방과 재현이, 모더니즘에서는 매체의 순수성이 당대 예술이 얽매여 왔던 규범이었던 것이다.

단토의 예술 종말론은 예술이 더 이상 특정한 방향이나 과업 없이 자유롭게 전개될 수 있는 시대가 도래했음을 의미한다. 이는 예술이 철학적 자기반성의 단계에 접어들어, 미적 기준이나 ㉤규범에 얽매이지 않고 다양한 방식으로 존재할 수 있음을 말한다. 단토의 주장은 예술의 사멸이 아니라, 예술이 해방되고 다원화되는 새로운 가능성을 열었다는 점에서 낙관적으로 해석될 수 있으며, 이는 현대 예술의 무한한 가능성을 시사한다. 따라서 오늘날 예술은 더 이상 과거처럼 하나의 ㉥길에 얽매이지 않는다.

015

윗글에서 추론한 내용으로 가장 적절한 것은?

① 단토가 선언한 예술 종말론은 오늘날 예술 자체가 완전히 사라졌음을 의미한다.
② 예술 작품의 정체성은 그 작품이 만들어진 시대의 예술계라는 맥락과 이론적 배경에 따라 결정된다.
③ 고전주의에서와는 달리 현대에 이르러서는 예술에서 모방과 재현이 하나의 내러티브가 될 수 없다.
④ 앤디 워홀의 〈브릴로 상자〉는 일상의 상자와 예술 작품이 주제와 표현 측면에서 동일하다는 것을 보여 준다.

016

㉠~㉥ 중 문맥상 의미가 같은 것만으로 묶인 것은?

① ㉠, ㉡
② ㉡, ㉢
③ ㉡, ㉣, ㉤
④ ㉣, ㉤, ㉥

017

갑~병의 주장을 분석한 내용으로 적절한 것만을 <보기>에서 모두 고르면?

> **갑:** 현대 언론은 가능한 한 객관적이고 사실에 입각한 정보를 전달하는 데 중점을 둬야 한다. 특히 정확성과 공정성이 더욱 우선시되어야 한다. 객관적 보도는 사회 구성원들이 올바른 판단을 할 수 있도록 돕고, 민주사회의 건강성을 유지하는 기반이 된다. 따라서 언론은 선정적 보도나 편파적 주장을 경계해야 한다.
>
> **을:** 언론은 공정성과 신속성을 갖추어야 하며, 자신만의 관점을 갖고 있어야 한다. 다만, 그 관점이 객관적 사실에서 벗어나서는 안 되고, 독자의 비판적 시각을 촉진하는 데 집중해야 한다. 선정적 보도는 자제되어야 하며, 균형과 책임감을 바탕으로 사회적 역할을 수행해야 한다.
>
> **병:** 언론이 독자의 관심을 끌고 빠르게 정보를 전달하기 위해 때로는 선정적인 요소가 포함될 수밖에 없는 것이 현실이다. 모든 정보가 객관적으로 전달되어야 한다는 생각은 현실을 고려하지 않는 이상에 가깝다. 오히려 기자의 관점이 확실하게 반영된 사건 해석은 흥미를 유발하고 독자가 사건을 이해하는 데 큰 도움을 준다. 신속성과 흥미 유발은 언론 생존에 필수적인 요소다.

─┤ 보기 ├─

ㄱ. 갑의 주장과 을의 주장은 대립하지 않는다.
ㄴ. 을의 주장과 병의 주장은 대립하지 않는다.
ㄷ. 병의 주장과 갑의 주장은 대립하지 않는다.

① ㄱ   ② ㄴ
③ ㄱ, ㄴ   ④ ㄴ, ㄷ

018

다음 결론을 도출하기 위해 빈칸에 들어갈 전제로 가장 적절한 것은?

> 지역의 소아진료 협력체계가 현장에서 어떻게 이루어지는지 점검하기 위해 현장 간담회를 개최하고자 한다.
> **(가)** 보건의료정책실장이 간담회에 참석한다면, 담당 사무관도 간담회에 참석한다.
> **(나)** 보건의료정책실장이나 심평원 부장이 간담회에 참석하지 않는다.
> **(다)** 심평원 부장이 간담회에 참석하지 않는다면, A 병원 병원장은 간담회에 참석한다.
> **(라)** [   ]
> 따라서 보건의료정책실장은 간담회에 참석하지 않는다.

① 담당 사무관은 간담회에 참석한다.
② 보건의료정책실장은 간담회에 참석한다.
③ 심평원 부장은 간담회에 참석하지 않는다.
④ A 병원 병원장은 간담회에 참석하지 않는다.

[019~020] 다음 글을 읽고 물음에 답하시오.

> 고대 그리스에서는 노예를 제외한 남성 시민들이 직접 정책을 결정하는 직접 민주주의가 이루어졌다. ㉠이는 민주주의의 기본 원리에 부합하는 형태였으나, 현대 사회가 복잡해지고 인구가 증가하면서 직접 민주주의의 구현은 현실적으로 어려워졌다. ㉡이에 따라 시민이 대표자를 선출해 정책 결정을 맡기는 대의제 민주주의가 기본 원리로 자리 잡게 되었으며, ㉢이는 오늘날 대부분의 민주주의 국가에서 채택되고 있는 정치 체제다.
>
> 그러나 대의제 민주주의는 여러 한계를 내포하고 있다. 시민들은 선거를 통해서만 주권을 행사할 수 있고, 평소에는 대표자들의 결정에 영향을 미치기 어렵다. 또한 (가)대의제 민주주의는 실질적인 평등을 보장하지 못한다. 대표자들이 시민의 의사와 다르게 정책을 결정하더라도 ㉣이를 제어할 수 있는 실질적 수단이 부족하며, '1인 1표' 원칙에도 불구하고 사회적 약자의 이익이 충분히 반영되지 못하는 경우가 많기 때문이다. 더욱이 ㉤이 제도는 지리적 범위 내의 유권자만을 기준으로 하기 때문에 다양한 이해관계 조정이 어렵고, 정치적 무관심과 허무주의를 유발해 시민을 정치에서 소외시키는 결과를 낳는다.
>
> 이러한 대의제 민주주의의 한계를 극복하기 위해서는 시민이 직접 정치의 주체로 나서는 참여 민주주의가 필요하다. 비록 고대 그리스의 ㉥그것과 같은 형태는 어렵더라도, 최대한 시민들이 정책 과정과 행정 업무에 적극적으로 참여하고 국가 권력을 감시할 수 있도록 해야 한다. 더불어 시민 스스로 성숙한 시민 의식을 갖추고 사회적 약자와 연대하는 노력도 필요하다.

019

윗글의 (가)를 강화하는 주장만을 <보기>에서 모두 고르면?

─┤ 보기 ├─

ㄱ. 국회의원이 자기 지역에만 이로운 정책을 입안함으로써 다른 지역에 피해를 주기도 한다.
ㄴ. 노동자가 인구의 절대 다수를 차지하지만 노동자의 입장을 대변하는 정당의 힘이 여전히 미약하다.
ㄷ. 정당의 정책 결정 과정에서 저소득층이 선호하는 정책보다 소수의 고소득층의 이익이 더 많이 반영된다.

① ㄱ, ㄴ   ② ㄱ, ㄷ
③ ㄴ, ㄷ   ④ ㄱ, ㄴ, ㄷ

020

㉠~㉥ 중 문맥상 지시하는 바가 같은 것만으로 묶인 것은?

① ㉠, ㉡
② ㉡, ㉢
③ ㉢, ㉤
④ ㉣, ㉥

모의고사

05회

정답과해설 019쪽

시작 시간	시	분	초
종료 시간	시	분	초
총 소요 시간		분	초

001

<공공언어 바로 쓰기 원칙>에 따라 <공문서>의 ㉠~㉣을 수정한 것으로 적절하지 않은 것은?

〈공공언어 바로 쓰기 원칙〉

○ 한자어에 대응하는 외국어 표기를 아울러 보일 때는 대괄호를 쓸 것.
○ 문맥에 맞는 정확한 어휘를 사용할 것.
○ 목적어와 서술어를 호응시킬 것.
○ 능동과 피동의 관계를 정확하게 사용할 것.

〈공문서〉

전열 기구 및 난방용품 안전하게 사용하기

– 전기용품 ㉠안전 인증 표시(KC)가 있는 제품을 사용합니다.
– 라텍스 매트리스와 전기장판을 함께 사용하면 열이 잘 ㉡축적되기 때문에 불꽃 없이 불이 날 수 있습니다.

㉢담뱃불과 전자 담배 안전하게 사용하기

– 담뱃불의 온도는 약 500℃나 되므로 담배를 피운 후에는 ㉣담뱃불을 꺼졌는지 확인합니다.
– 전자 담배의 배터리는 보호 장치에 보관하여 폭발 또는 화재를 예방합니다.

---

① ㉠: 안전 인증 표시[KC]
② ㉡: 축적되기
③ ㉢: 담배 안전하게 피우고
④ ㉣: 담뱃불이 꺼졌는지

002

다음 글을 이해한 내용으로 가장 적절한 것은?

조선 중기 정치적으로 혼란스러운 시기에 윤선도는 권력자 이이첨의 부패와 부정을 강력히 비판하는 상소문을 올렸다가, 이에 대한 반격으로 억울하게 모함을 받아 먼 함경도로 유배되었다. 당시 조선 사회는 권신들이 권력을 독점하고 부패가 만연했으며, 이를 견제하기 힘든 현실이었기에 윤선도의 상소는 매우 용기 있는 저항이었다. 하지만 결국 윤선도는 개인적인 희생을 치러야 했고, 연시조 「견회요」는 이러한 상황에서 탄생했다.

이처럼 「견회요」가 탄생한 배경에는 정치적 부조리와 권력 남용에 대한 깊은 분노와 저항 정신이 담겨 있다. 유배지에서 외롭고 고통스러운 상황 속에서도 윤선도는 자신의 신념과 원칙을 굽히지 않고 굳건히 지켜내려 애썼다. 작품 제목인 '견회'가 '시름을 쫓다'라는 뜻을 지닌 것처럼, 그는 고통을 견디며 마음속 시름을 달래고자 했으며, 이를 통해 억압적인 현실을 극복하려는 의지를 드러냈다.

「견회요」에는 조선 시대 유교 사상에서 가장 중요한 가치인 충과 효에 대한 윤선도의 깊은 신념이 작품 곳곳에 배어 있어, 단순한 정치적 저항을 넘어 인간으로서 지켜야 할 도리와 도덕성을 강조하고 있다. 이러한 배경은 「견회요」가 단순한 문학 작품을 넘어 윤선도의 정신적 투쟁과 시대의 아픔을 함께 담아내는 의미 있는 기록임을 강화한다.

① 「견회요」에는 작가의 유학자로서의 신념과 인간적 도리가 담겨 있다.
② '견회'라는 말에는 억압적인 현실을 마주한 윤선도의 억울함과 자조가 담겨 있다.
③ 「견회요」는 윤선도의 정신적 투쟁과 시대의 아픔이 함께 담겨 있는 가사 작품이다.
④ 조선 중기 권력자 이이첨은 윤선도를 비판하는 상소를 올렸고, 그로 인해 윤선도는 함경도로 유배되었다.

003

다음 글에 대한 이해로 적절하지 않은 것은?

표준 발음법에서는 전통적인 표준어 발음을 합리성과 실제 발음 실태에 맞추어 정하고 있다. 서울말을 기준으로 하더라도, 실제 서울 사람들의 발음 전부가 표준 발음법에 부합하지는 않는다. 예를 들어 '밟-'과 같이 자음이 연이어 있는 단어의 경우, 표준 발음법에서는 '밟다'를 길게 발음하는 것을 원칙으로 한다. 따라서 '밟다'는 [밥:따]로 발음하는 것이 원칙이다. 그러나 일상생활에서 대부분의 사람들은 '밟다'를 [밥따]처럼 짧게 발음하는 경우가 많다.

일반적으로 표준 발음법을 제정할 때에는 합리성을 중요 기준으로 삼는다. 이때의 합리성은 국어의 음운 규칙인 음운론을 뜻한다. 가령 '한여름'과 같이 접사가 붙을 때 우리나라 음운론에서는 'ㄴ'을 첨가해 [한녀름]으로 발음하게 되는데, 표준 발음법에서는 이를 존중해 표준 발음으로 삼는다.

하지만 표준 발음법에서는 합리성만을 기준으로 삼는 것은 아니다. 때로는 언중의 실제 발음을 존중하여 표준 발음 규칙 이외에 관용적으로 굳어진 발음을 추가로 인정하기도 한다. 예컨대 '맛있다'의 합리적인 발음은 [마딛따]지만, 실제로는 [마싣따]처럼 발음되기도 한다. 표준 발음법에서는 이 둘 모두를 표준 발음으로 인정한다.

① 표준 발음법은 합리성, 관용을 모두 고려하여 규정을 정하고 있다.
② '맛있다'의 경우, 음운 규칙에 따라 발음하면 [마딛따]로 소리 난다.
③ '맛있다'의 표준 발음은 [마딛따]뿐만 아니라 [마싣따]도 인정된다.
④ '한여름'의 표준 발음은 [한녀름]이고, '밟다'의 표준 발음은 [밥따]이다.

004

<지침>에 따라 <개요>를 작성할 때 (가)~(라)에 들어갈 내용으로 적절하지 않은 것은?

〈지침〉

○ 서론은 보고서 작성의 배경과 필요성을 포함할 것.
○ 본론은 제목에서 밝힌 내용을 2개의 장으로 구성하되, 2장의 하위 항목이 3장의 하위 항목과 서로 대응하도록 할 것.
○ 결론은 기대 효과와 향후 과제를 순서대로 제시할 것.

〈개요〉

○ 제목: 고령층 약물 의존의 현황과 해소 방안
1장 서론
  1. 고령층 약물 의존의 심화에 따른 건강 문제 대두
  2. _____(가)_____
2장 고령층 약물 의존의 현황
  1. _____(나)_____
  2. 고령층 약물 장기 복용에 따른 위험 경고 시스템 부재
3장 고령층 약물 의존의 해소 방안
  1. 고령층에 대한 약물 처방 지침 강화
  2. _____(다)_____
4장 결론
  1. _____(라)_____
  2. 체계적인 고령층 건강 관리 시스템 구축

① (가): 고령층 약물 의존의 시급한 개선의 필요성
② (나): 고령층 약물 복용을 관리하는 전문 의료 인력 부족
③ (다): 고령층 약물 장기 복용자에 대한 위험 경고 시스템 도입
④ (라): 고령층 약물 의존의 완화를 통한 건강 증진

005

다음 글에서 추론한 내용으로 적절하지 않은 것은?

우리나라는 국민이 노후에 소득을 잃을 위험에 대비해 국민연금 제도를 시행하고 있다. 18세 이상 60세 미만의 국민은 원칙적으로 가입 대상이며, 일정 기간 보험료를 납부한 후 만 65세부터 연금을 받을 수 있다. 이 연금 제도는 국민이 소득 활동을 할 때 연금 보험료를 납부하고, 퇴직 등으로 소득원이 끊겼을 때 매월 일정 금액을 지원받아 안정적인 생활을 할 수 있도록 설계되어 있다.

연금액은 소득이 많은 사람일수록 연금 수급액이 본인의 소득 대비 낮은 비율이 적용된다. 즉 상대적으로 저소득자는 자신이 낸 금액에 비해 더 유리한 연금을 받을 수 있으며, 소득이 높은 사람은 받는 연금액이 소득 대비 적은 비율을 차지한다. 이는 사회적 형평성을 고려하고 소득 재분배 기능을 갖춘 체계다. 다만 소득이 전혀 없거나 보험료를 납부하지 않은 기간이 많으면 연금을 받을 수 없거나 받는 금액이 적어진다. 이를 보완하기 위해 정부에서 별도로 기초연금 제도를 운영하여 저소득 노인 계층의 기본 생활을 지원하고 있다.

우리나라 국민연금은 연금 지급에 필요한 기금이 부족할 경우, 국가가 국가 재정을 통해 부족분을 보충하도록 법적으로 규정되어 있다. 이는 연금 지급의 안정성을 확보하기 위한 국가의 책임을 명확히 한 것이다. 이러한 이유로 연금 제도의 재정 안정성 문제는 꾸준히 논의되고 있으며, 고령화 및 경제 구조 변화에 대응하기 위해 국고 지원 확대, 보험료율 조정, 지급 개시 연령 변경 등 다양한 개혁 방안이 검토되고 있다.

① 소득이 적은 사람은 본인의 소득 대비 높은 비율의 연금 수급액이 적용된다.
② 국민연금은 노후 소득 보장을 위한 제도로, 18세 이상 60세 미만 국민이 가입 대상이다.
③ 연금 지급의 안정성 확보 방안으로 보험료율 조정, 지급 개시 연령 변경이 논의되고 있다.
④ 국민연금에 보험료를 납부할 수 없는 저소득층은 국가에서 기본 생활을 지원받을 수 없다.

006

다음 문장들을 하나의 단락으로 재구성할 때, 자연스러운 배열 순서는?

ㄱ. 차량은 다리의 확장이며, 의복은 피부의 확장이란 점에서 모두 미디어라고 할 수 있다.
ㄴ. 인간의 신체 및 감각 기관의 기능을 확장하는 것은 모두 미디어라고 할 수 있다.
ㄷ. 이러한 의미의 미디어는 그 자체가 메시지라고 할 수 있다.
ㄹ. 그리고 이런 의미의 미디어는 그것 자체가 인간의 삶과 발전 양상을 변화시킨다.
ㅁ. 미디어는 단순히 매스 미디어에 국한되지 않으며, 훨씬 넓은 의미에서 인간이 고안한 도구나 기술까지 포함하는 개념이다.

① ㄴ-ㄱ-ㄷ-ㅁ-ㄹ ② ㄴ-ㅁ-ㄱ-ㄹ-ㄷ
③ ㅁ-ㄱ-ㄴ-ㄹ-ㄷ ④ ㅁ-ㄴ-ㄱ-ㄷ-ㄹ

[007~008] 다음 글을 읽고 물음에 답하시오.

가사는 운문과 산문의 특성을 모두 지닌 독특한 문학 장르로, 형식적 선율과 자유로운 서술이 어우러진다. 이러한 가사의 특징은 조선 후기 창작된 「용부가」에서 잘 드러난다. 「용부가」는 어리석은 부인의 행적을 풍자적으로 그린 작품으로, '저 부인'이 도박에 빠져 가산을 탕진하고, '뺑덕어미'가 거짓으로 남편을 속이는 등 인간의 어리석음과 세태를 구체적으로 드러낸다.

「용부가」는 익명의 '저 부인'과 '뺑덕어미'라는 두 인물을 중심으로 전개된다. 이 두 인물의 등장에 따라 작품은 크게 두 부분으로 나눌 수 있다. 앞부분에서는 '저 부인'이 주인공으로 등장하며, 이 부분은 뒷부분의 '뺑덕어미' 서사와 구별되는 독특한 구조를 가진다. 특히 '저 부인'이 등장하는 앞부분은 3가지 층위의 서사 구조를 보이는데, 이는 단순한 일대기적 전개를 ⊙넘어 다양한 이야기 요소가 중첩되어 있음을 의미한다. 이러한 서사 구조는 가사가 단순한 운문이나 산문이 아닌, 복합적인 서술 방식을 지닌 장르임을 보여준다. 이렇듯 「용부가」는 풍자적 시각을 바탕으로 어리석은 인물의 행적을 해학적으로 풀어내면서, 조선 후기 사회의 인간상을 비판적으로 조명한다.

007

윗글을 이해한 내용으로 적절하지 않은 것은?

① 「용부가」는 도박에 빠져 가산을 탕진하는 주인공의 행적을 풍자하며 세태를 비판한다.
② 「용부가」는 조선 후기 창작된 가사 작품으로 운문과 산문의 특성을 모두 지니고 있다.
③ 「용부가」에서 앞부분의 다층적 서사 구조는 복합적인 서술 방식을 지닌 가사의 특성을 잘 보여준다.
④ 「용부가」에서 앞부분의 주인공 '저 부인'의 이야기는 뒷부분에 등장하는 '뺑덕어미' 이야기와 긴밀히 연결된다.

008

문맥상 ⊙의 의미와 가장 가까운 것은?

① 오늘 기온은 30℃를 훨씬 넘은 것 같다.
② 우리 가족은 삼팔선을 넘어 남으로 내려왔다.
③ 그의 노래 실력은 아마추어 수준을 넘지 못한다.
④ 이 시기만 무사히 넘으면 재도약할 수 있을 것이다.

009

다음 중 ⑤의 사례로 보기 어려운 것은?

> 도상(圖像, icon)이란 기호와 지시 대상 간의 관계가 '유사성'을 바탕으로 이루어진 것을 말한다. 도상은 그것이 상징하는 사물과 비슷해 보이거나 닮은 기호이다. 따라서 도상은 비교적 해석하기 쉽다. 언어의 경우에도 언어 형태와 그것이 가리키는 지시 대상 간에 존재하는 유사성을 개념화하고 있다. 여기에는 순서의 원리와 거리의 원리 같은 하위 원리가 있다.
> ⑤순서의 원리란, 시간적인 사건의 현상과 언어 구성 요소의 배열이 유사하게 관련된다는 원칙이다. 예를 들어 '뜯어먹다'와 같은 합성 동사를 구성하는 방식도 대부분 사건의 순서를 반영한다. 거리의 원리란, 개념적으로 함께 속하는 것들은 언어적으로 함께 놓이고, 그렇지 않은 것들은 함께 놓이지 않는 것을 의미한다. 예를 들어 '아주 유명한 중국 물만두'는 자연스럽지만, '아주 유명한 물중국만두'는 어색하다. 이는 만두를 수식하는 어휘들 중 '요리 방법'이 '지방(나라)'보다 개념적으로 긴밀하다는 것을 반영하는 것이다.

① 말아먹다 ② 집어먹다 ③ 물어보다 ④ 잡아먹다

010

다음 글의 논지를 약화하는 것으로 가장 적절한 것은?

> 현대 의학 기술의 발전으로 인간의 모든 유전적 특성을 인위적으로 조작하여 원하는 대로 설계할 수 있는 기술을 유전자 편집 기술이라고 부른다. 이론적으로 유전자 편집 기술은 질병 예방부터 신체 능력 향상까지 모든 인간의 생물학적 특성을 자유롭게 변경할 수 있게 될 것이다. 그런데 유전자 편집 기술의 상용화가 인간 사회의 평등 원칙을 훼손할 것이라고 우려하는 사람들이 있다. 그렇다면 유전자 편집 기술의 상용화는 허용되어야 하는가?
> 유전자 편집 기술의 상용화가 허용된다면 머지않아 유전자 편집 기술은 널리 보급된다. 이로 인해, 경제적 여유가 있는 계층은 자신의 후손에게 우월한 유전적 특성을 부여할 수 있게 되고, 그렇지 못한 계층과의 생물학적 격차가 발생함으로써 인간 사회의 평등 원칙이 훼손된다. 또한 유전자 편집 기술이 상용화된다면 인간은 더 이상 자연적 존재가 아니라 인위적으로 설계된 존재가 된다. 이는 모든 인간이 자연적 존재로서 지닌 고유한 가치와 존엄성이 훼손될 위험을 내포하고 있다.

① 현재 유전자 편집 치료는 최소 억대 비용이 필요하며, 유전자 편집 기술을 적용하기 위한 체외수정도 한 번에 약 천만 원 정도의 비용이 소요된다.

② 복제 인간에 대한 존엄성이 존중되어야 하는 문제는 여전히 상존하며, 유전자 조작으로 태어난 인간이 과연 그 존엄성을 인정받을 수 있는지는 아직까지 의문이다.

③ 선진국과 개발도상국 간 기술 격차로 인해 유전자 치료 접근성에 큰 차이가 발생하고 있으며, 같은 국가 내에서도 대도시와 농촌 지역 간 의료 인프라 차이가 존재한다.

④ 대부분의 신기술은 초기에는 비싸지만 시간이 지나면서 대중화되는 경향이 있다. 컴퓨터, 스마트폰에서 일어난 이러한 변화는 의학 기술에도 마찬가지로 적용된다.

[011~012] 다음 글을 읽고 물음에 답하시오.

> 김시습의 「만복사저포기」는 한(恨)의 발생과 해소가 반복되는 구조를 통해 인간 욕망의 좌절과 그로 인한 비극을 깊이 있게 드러낸 작품이다. 소설은 배필을 원하는 양생과 귀신이 된 아름다운 처녀가 등장한다. 양생은 만복사에서 외롭게 지내다가 부처님 앞에서 저포놀이를 하고, 이긴 대가로 배필을 얻게 해 달라고 기도한다. 그의 소원은 이루어졌지만 그의 ⑤배필은 사실 이승의 사람이 아니었다. 여인은 왜구의 난으로 가족과 이별하고, 정절을 지키며 외롭게 살아가다 죽음을 맞이했던 것이다. 이 때문에 여인은 한이 맺히고, 저승에서 ⑥양생과의 만남을 통해 사랑을 이루며 한을 일시적으로 해소한다. 하지만 양생과의 이별, 그리고 ⑥자신의 존재가 드러나면서 다시 여인의 한이 발생하고, 마지막에는 환생을 통해 새로운 삶을 얻으며 한은 일정 부분 해소된다.
> 이처럼 「만복사저포기」에서 ⑥주인공의 한은 현실적 제약과 시대적 한계로 인해 발생한 것이다. 이때의 한은 반복적으로 발생하고 해소되는 과정을 통해 인간의 욕망이 현실적 한계에 부딪혀 좌절되는 비극적 운명을 보여준다. 또한 ⑩죽은 여인과 ⑪산 자의 사랑이라는 비현실적 소재를 통해 현실과 초월, 삶과 죽음의 경계를 넘나드는 전기소설의 특징을 잘 드러낸다. 여인의 한은 단순한 개인적 슬픔을 넘어, 부당한 현실과 사회적 제약에 맞서고자 하는 의지의 표현이기도 하다. 이 작품은 한의 해소가 완전하지 않음을 보여주면서도, 환생과 윤회라는 불교적 세계관을 통해 궁극적 구원과 초월의 가능성을 암시한다.

011

윗글을 이해한 내용으로 적절하지 않은 것은?

① 「만복사저포기」에서 여인의 한은 사회적 제약과 부당한 현실에서 비롯된다.

② 「만복사저포기」에서는 사랑의 성취와 이별이 반복적으로 한의 발생과 해소를 이끈다.

③ 「만복사저포기」에서 여인의 한은 환생을 통해 새로운 삶을 얻으며 완전히 해소된다.

④ 「만복사저포기」에서는 현실과 초월, 삶과 죽음의 경계를 넘나드는 전기적 요소가 드러난다.

012

윗글의 ⑤~⑪ 중 문맥상 지시 대상이 같은 것만으로 묶인 것은?

① ⑤, ⑥, ⑥
② ⑤, ⑥, ⑩
③ ⑥, ⑥, ⑩
④ ⑤, ⑥, ⑪

[013~014] 다음 글을 읽고 물음에 답하시오.

생체 시계는 우리 몸속에 있는 시계처럼, 시간이 지나면서 몸 안의 여러 리듬을 조절해 주는 장치다. 이 시계 덕분에 우리 몸은 하루 24시간을 주기로 일정하게 움직이거나 쉬는 행동과 생리 변화가 생긴다. ㉠흥미로운 점은 생체 시계가 온도나 계절 변화에 크게 영향을 받지 않는다는 점이다. 그래서 몸의 온도가 달라지는 변온 동물들도 생체 시계는 계절에 따라 변하지 않고 일정하게 작동한다.

1954년에 생체 시계의 존재와 그 성질이 처음 발견되었지만, 어떻게 작동하는지는 오랫동안 밝혀지지 않아 과학자에게 큰 숙제였다. 최근에는 미분 방정식을 이용한 수학 모델 덕분에 그 원리를 밝혀냈고, 듀크대와 싱가포르 국립 의과 대학 연구팀의 실험 결과가 이 모델과 잘 맞아 과학적 신뢰를 높였다.

생체 시계가 제대로 작동하기 위해 중요한 역할을 하는 것은 '피리어드 2'라는 단백질이다. 이 단백질은 약 12시간을 주기로 만들어졌다가 분해되는 과정을 반복한다. 분해되는 방법은 빠르게 분해되는 것과 느리게 분해되는 것 두 가지가 있다. 이 두 방법의 비율을 조절하는 장치가 '인산화 스위치'이다. 예를 들어, 체온이 37도 이상으로 올라가면 이 스위치는 느리게 분해되는 쪽을 더 많이 활성화해서 전체 분해 속도를 늦추고, 체온이 30도 이하로 내려가면 반대로 빠른 쪽 분해를 늘려 분해 속도를 조절한다. 결국 인산화 스위치 덕분에 우리 몸 생체 시계는 환경에 상관없이 일정한 리듬을 유지할 수 있다.

013

윗글에서 추론한 내용으로 가장 적절한 것은?

① '피리어드 2'라는 단백질은 하루를 주기로 생성과 분해를 반복한다.
② 생체 시계가 정상적으로 작동하는 이유는 단백질 분해 조절 때문이다.
③ 변온 동물과 달리 인간의 생체 시계는 계절 변화와 상관없이 늘 일정하게 작동한다.
④ 미분 방정식을 이용한 수학 모델 덕분에 생체 시계의 존재와 성질이 발견될 수 있었다.

014

윗글에서 ㉠의 이유를 추론한 것으로 가장 적절한 것은?

① 체온에 따라 단백질의 분해 속도가 달라지므로
② 단백질의 분해 속도는 계절과 상관없이 일정하므로
③ 단백질의 분해 속도는 체온에 영향을 받지 않으므로
④ 몸의 온도가 일정한 경우에만 생체 시계가 작동하므로

015

다음에 설명한 공감적 대화로 가장 적절한 것은?

대화는 화자와 청자 간에 이루어지는 상호 교섭적 행위이다. 공감적 대화를 하기 위해서는 상대방이 무엇을 생각하고 느끼고 필요로 하는지에 대해 귀 기울여 들을 수 있어야 한다. 진정한 공감은 상대방에게 잘못을 지적하거나 해결책을 제시하거나 조언을 해 주는 것이 아니라 상대방의 경험을 존중하고 이해하는 것이다.

① 가: 이번 공모전에 입선하지 못해 아쉬워.
  나: 공모전이 이번만 있는 것이 아니니, 다음에도 도전해 봐.
② 가: 대학 전공이 나에게 맞지 않는 것 같아.
  나: 네가 고민해서 선택한 학과인데, 적성에 맞지 않아 속상하겠구나.
③ 가: 회사에서 일을 잘해서 인정받는 선배가 부러워.
  나: 너도 회사에서 인정받고 싶으면 부러워만 하지 말고, 그 선배의 장점을 배워 보는 건 어때?
④ 가: 며칠 전 친구에게 모진 말을 하며 다툰 게 마음에 걸려.
  나: 나도 친구와 다툴 땐 마음에 없는 모진 말이 나오기도 했어. 그럴 땐 먼저 사과하는 게 좋더라.

016

빈칸에 들어갈 말로 가장 적절한 것은?

베카리아는 형법과 형벌 제도가 범죄자에게 고통을 주기 위해 행해져서는 안 된다고 보았다. 그는 범죄자가 다시는 타인에게 손해를 끼치지 않도록, 그리고 다른 사람들이 이와 유사한 범죄를 저지르지 않도록 하기 위해 형벌을 내려야 한다고 보았다. 이러한 입장에 따르면 형벌의 고통은 범죄의 정도를 웃도는 정도로 가해져야 하며, 응분의 대가를 넘어서는 극악무도한 처벌은 형벌의 목적에 부합하지 않게 된다. 또한 베카리아는 법 앞에서 만인이 평등해야 하고, 법이 만인에게 이해될 수 있게끔 쓰여야 한다고 보았다. 형벌이 사회적 위치에 따라 다르게 작용하거나 모든 사람이 형벌의 내용을 제대로 알지 못한다면 형법이 사회의 안정성 내지는 사회 안전을 수호할 수 없기 때문이다. 이러한 생각에 따라 그는 엄격하고 잔인한 처벌보다 확실하고 예외 없는 처벌이 이뤄져야 한다고 주장했다. 즉, 베카리아는 형법과 형벌의 목적이 [   ]에 있다고 본 것이다.

① 범죄에 대한 징벌과 규범 확립
② 범죄 예방과 사회적 안전의 확보
③ 범죄자의 인권 보호와 심리 교화
④ 범죄자의 격리를 통한 사회 질서 확립

017

다음의 네 명제가 모두 참일 경우 반드시 참인 것은?

> ㄱ. 온라인 플랫폼에서 유통되는 상품은 모두 AI 모니터링 대상이다.
>
> ㄴ. 위조 상품으로 적발되지 않는 상품은 모두 단속 강화 대상이다.
>
> ㄷ. 온라인 플랫폼에서 유통되지 않는 상품은 어떤 것도 AI 모니터링 대상이 아니다.
>
> ㄹ. 위조 상품으로 적발되는 상품 가운데 AI 모니터링 대상인 상품이 있다.

① 단속 강화 대상인 상품 중에는 AI 모니터링 대상인 상품이 있다.

② 온라인 플랫폼에서 유통되는 상품은 모두 위조 상품으로 적발된다.

③ 온라인 플랫폼에서 유통되는 상품 중에는 위조 상품으로 적발되는 상품이 있다.

④ 위조 상품으로 적발되지 않는 상품은 모두 온라인 플랫폼에서 유통되지 않는다.

018

다음 대화를 분석한 내용으로 가장 적절한 것은?

> 갑: 패션은 단순한 옷차림 그 이상이야. 옷을 통해 자신의 개성을 표현하고, 동시에 어떤 집단에 속해 있다는 소속감을 나타내기도 하지. 예를 들어, 특정 유행을 따르는 사람들은 그 문화의 일부로 인식돼.
>
> 을: 맞아, 하지만 유행을 따르는 것이 항상 진정한 자기표현은 아니야. 때로는 사회적 압력이나 소비문화 때문에, 억지로 인기를 좇기도 해. 그래서 개성과 유행 사이에는 항상 긴장이 존재한다고 생각해.
>
> 병: 그렇지만 유행과 개성은 서로 대립하는 개념이 아니야. 오히려 유행 안에서 어떻게 자신만의 스타일을 만들어 가느냐가 중요해. 패션은 사회적 정체성을 드러내는 동시에 개인의 독특함을 존중하는 매개체라고 봐.
>
> 갑: 옷차림은 사회적 메시지를 전달하기도 해. 어떤 옷은 권위나 전문성을 강조하고, 어떤 옷은 반항적이거나 혁신적인 태도를 나타내지. 그래서 패션은 사회적 신호로서 중요한 역할을 한다고 생각해.
>
> 을: 그러니까 패션을 통해 우리는 자신을 표현하면서도 타인을 이해할 수 있기도 해. 즉 패션은 사회적 상호작용의 일환인 셈이지. 사회적 관계 속에서 옷차림의 의미는 끊임없이 재구성되는 거야.

① 화제에 대해 남들과 다른 관점으로 탐색하는 사람이 있다.

② 전문가의 견해를 제시해 자신의 주장을 뒷받침하는 사람이 있다.

③ 사례의 공통점을 종합하여 자신의 주장을 강화하는 사람이 있다.

④ 대화가 진행되면서 논점에 대한 찬반 입장이 바뀌는 사람이 있다.

019

다음 밑줄 친 결론을 이끌어 내기 위해 추가해야 할 전제는?

> 항공 보안 분야 전문가 그룹 회의는 각국의 전문가가 모여 항공 보안 위협 요소를 분석하고 대응 방안을 모색한다. 해당 회의의 개최와 관련하여 몇 가지 사실이 알려졌다. 항공 보안 분야 패널국으로 진출하고 이전 회의에서 개최를 지지받는 국가는 자국에서 항공 보안 국제회의를 개최한다. 그러나 A국은 자국에서 항공 보안 국제회의를 개최하지 못한다. 한편, 항공 보안 분야 전문가 간의 갈등이 없는 국가는 항공 보안 분야 패널국으로 진출한다. 따라서 <u>A국은 항공 보안 분야 전문가 간의 갈등이 있다.</u>

① A국은 이전 회의에서 개최를 지지받는다.

② A국은 항공 보안 분야 패널국으로 진출한다.

③ 자국에서 항공 보안 국제회의를 개최하는 국가는 항공 보안 분야 패널국으로 진출한다.

④ 항공 보안 분야 전문가 간의 갈등이 있는 국가는 자국에서 항공 보안 국제회의를 개최하지 못한다.

020

다음 글에 대해 평가한 내용으로 가장 적절한 것은?

> 최근 ○○ 기업은 △△산에 산악 체험형 놀이 시설을 건설할 계획을 발표했다. 이 시설은 산림을 최대한 원형 그대로 활용하며 지역 경제 활성화에 이바지할 것으로 기대되고 있다. △△산 주변 마을 주민들도 시설 설치를 강력히 요청해 긍정적인 기류가 형성되고 있다. 특히 기존의 골프장 건설과 달리 산림 훼손이 상대적으로 적다는 점도 찬성 측의 주요 근거에 해당한다.
>
> 하지만 이러한 계획에 반대하는 목소리도 만만치 않다. 놀이 시설 건설은 필연적으로 구조물 설치와 기계 소음 등으로 인한 산림 훼손을 초래할 수밖에 없으며, 이는 환경에 큰 손해를 가져온다. 특히 △△산에는 천연기념물로 지정된 동물이 서식하고 있어 이들의 서식 환경에 미치는 부정적 영향이 우려되고 있다. 소음과 인간 활동 증가로 동물들은 스트레스를 받고 번식에도 악영향을 받게 될 위험이 크다.
>
> 이에 대해 찬성 측에서는 동물 서식지와 시설 설치 구역을 철저히 분리하고, 획기적인 소음 저감 공법을 적용할 것이라고 강조한다. 또한 과거에 유사 시설에서 소음 문제가 크게 발생하지 않았던 점을 들어 신기술 적용에 자신감을 드러내고 있다.

① 울릉도 관광 인프라 확충 과정에서 유입된 관광객이 외래종 식물·곤충을 지역 산림에 퍼뜨려 생태계 붕괴로 이어진 사례는 찬성 측 입장을 강화한다.

② 최근 신기술 적용으로 소음과 진동, 환경 훼손을 획기적으로 줄인 친환경 놀이 시설을 건설한 사례들이 늘어나고 있다는 사실은 찬성 측 입장을 약화한다.

③ 산림 지역에 인위적 소음이 가해지면 멸종위기 야생동물의 번식률과 서식 안정성이 현저히 감소한다는 국내외 생태학 연구 결과는 반대 측 입장을 강화한다.

④ 산림 내 부분적 개발만 있더라도 기존의 연속적 생태계가 단절되어 동식물 이동·번식·생존에 치명적 영향을 준다는 이론은 반대 측 입장을 약화한다.

모의고사
06회

시작 시간	시	분	초
종료 시간	시	분	초
총 소요 시간		분	초

001

<공공언어 바로 쓰기 원칙>에 따라 수정한 것으로 적절하지 않은 것은?

〈공공언어 바로 쓰기 원칙〉
○ 여러 뜻으로 해석되는 표현 삼가기
 – ㉠명료한 수식어구를 사용함으로써 중의적인 의미 없애기.
○ 주어와 서술어의 호응
 – ㉡능동과 피동의 관계를 정확하게 사용하면서 간결하게 표현함.
○ 우리 식의 표현 사용
 – ㉢전문적이거나 생소한 외래어나 외국어는 우리 식의 표현으로 다듬기.
○ 필요한 문장 성분이 생략되지 않도록 할 것
 – ㉣생략된 문장 성분을 채워 분명하게 표현하되, 적절한 조사와 어미를 활용하여 문장을 구성함.

① "민원실에서 안내를 받은 직원의 요청만 처리합니다."를 ㉠에 따라 "민원실에서 안내한 직원의 요청만 처리합니다."로 수정한다.
② "민원 접수가 진행하고 있습니다."를 ㉡에 따라 "민원을 접수하고 있습니다."로 수정한다.
③ "유비쿼터스 기반의 도시 관리 시스템"을 ㉢에 따라 "언제 어디서나 관리할 수 있는 도시 관리 시스템"으로 수정한다.
④ "신분증을 지참하지 않은 방문객은 제한됩니다."를 ㉣에 따라 "신분증을 지참하지 않은 방문객은 입장이 제한됩니다."로 수정한다.

002

다음 글에 대한 이해로 적절하지 않은 것은?

어떤 말들은 그 함축하는 바가 긍정적 · 우호적이고, 어떤 말들은 그 함축하는 바가 부정적 · 적대이다. 예컨대, '중매인'이 맡은 역할은 점잖지만 '뚜쟁이'가 하는 짓은 천하다. '밀정'이나 '간첩'이나 '첩자'는 '첩보원'이나 '정보원'보다 더 경멸받는다. 비교 대상이 된 단어들의 개념적 의미는 같지만, 감정적 의미는 판이하다. 이렇게 우리가 일상적으로 사용하는 말들은 정보적 기능과 표현적 기능을 함께 수행하고, 그래서 그 말 속에는 개념적 의미와 감정적 의미가 중첩되어 있다. 그 표현적 기능이 커질수록, 그래서 감정적 의미를 포함한 함축적 의미가 더 커질수록 우리가 사용하는 말은 으르렁말이나 가르랑말에 가까워진다. 으르렁말은 남을 위협하거나 모욕하는 언어이며, 가르랑말은 남의 호감을 사려는 언어 행위다. 이 두 언어에서는 중립적 정보 기능이 거의 사라지고 표현적 기능이 두드러지게 나타난다.

① '첩자'와 '첩보원'은 표현적 기능의 측면에서 유사성을 띤다.
② '중매인'의 개념적 의미와 '뚜쟁이'의 개념적 의미는 동일하다.
③ 단어에 내재된 감정적 의미가 커질수록 으르렁말이나 가르랑말에 가까워진다.
④ 일상생활에서 사용하는 말에는 개념적 의미뿐만 아니라 감정적 의미도 내포돼 있다.

003

다음 글을 읽고 추론한 내용으로 적절하지 않은 것은?

한국어는 높임 표현이 발달한 언어이다. 그런데 한국어 높임 표현의 선택을 결정하는 사회적 요인으로는 '서열', '친분' 등이 있다. 일반적으로 '서열'이란 화자와 청자의 나이나 직위, 친족 항렬 등의 차이를 말하는데, 이러한 서열에 따라 높임 표현의 선택이 달라진다. 가령 사과나 부탁을 하는 상황에서 쓰는 '미안하다'와 '죄송하다'의 경우, 상위자에게는 '죄송하다'를, 하위자에게는 '미안하다'를 써야 한다. 이러한 언어적 사실을 뒷받침해 주는 것 가운데 하나로, 두 단어가 쓰일 수 있는 높임의 등급에 상당한 차이가 있다는 점을 들 수 있다. 즉 '미안하다'는 '하십시오체'에서부터 '해라체'까지 특별한 제약 없이 자연스럽게 쓰이는 반면, '죄송하다'는 '하십시오체'나 '해요체'에서 쓰이며, '하오체' 이하에서는 쓰이지 않는 제약이 있다.

그러나 사람들은 대부분 서열상으로 높은 신분에 속하는 사람이라고 하더라도 상대와의 '친분', 곧 상대와 얼마나 가까운 사이인가에 따라 높임 표현을 달리 선택한다. 따라서 윗사람에게는 '죄송하다'를 쓰는 것이 더 적절하지만 같은 윗사람이더라도 친밀감을 갖는 사람에게는 '미안하다'를 쓸 수 있다. 또한 아랫사람이더라도 별로 친하지 않거나 심리적으로 거리감을 느끼는 사람에게는 '죄송하다'를 쓸 수 있는 것이다.

① 상대가 화자보다 상위자이고 친분이 없으면 '죄송합니다' 대신 '미안합니다'를 쓸 수 없다.
② 상대가 화자보다 상위자이면 친분이 있어도 '죄송합니다' 대신 '미안합니다'를 쓸 수 없다.
③ 상대가 화자보다 하위자이면 친분에 따라서 '죄송합니다' 또는 '미안해요'를 쓸 수 있다.
④ 상대가 화자보다 하위자이어도 친분이 없으면 '미안합니다' 대신 '죄송합니다'를 쓸 수 있다.

004

다음 글을 이해한 내용으로 가장 적절한 것은?

「조웅전」은 영웅적 주인공 조웅과 역신 이두병의 대결을 중심으로 전개되는 고전 소설이다. 이 작품의 서사는 역신 이두병의 모함으로 인해 조웅의 부친이 억울하게 죽음을 당하고, 이에 대한 복수 의식이 조웅의 행동을 이끄는 원동력이 된다. 개인적 복수를 주목적으로 다루는 다른 고소설에서와 달리 조웅의 복수 의식은 단순한 개인적 감정에 머무르지 않고, 국가에 대한 충성이라는 대의명분과 결합하여 더욱 강력한 힘을 얻게 된다.

작품의 전개는 일반적인 영웅 전개 방식을 따라 네 단계로 구체화된다. 첫 번째 단계는 간신 이두병의 득세와 조웅의 시련이 시작되는 부분이다. 이두병의 모함으로 인해 조웅은 가족을 잃고, 고난의 길에 들어선다. 두 번째 단계에서는 조웅이 다양한 시련을 극복하며 자신의 대결력을 키워나간다. 이 과정에서 조웅은 다양한 조력자와의 만남을 통해 성장하고, 복수와 정의 실현을 위한 힘을 축적한다. 세 번째 단계는 외적의 침입 등 국가적 위기 상황에서 조웅이 대결력을 발휘해 외적을 격퇴하고, 자신의 존재 가치를 입증하는 부분이다. 마지막 네 번째 단계에서는 조웅이 정적인 이두병과 다시 맞서 최종적으로 승리함으로써 복수와 정의를 완성한다.

① 「조웅전」에서 조웅은 시련을 겪지만 조력자 없이 스스로의 힘으로 위기를 극복한다.
② 「조웅전」에서 주인공이 여러 시련을 극복하며 능력을 기르는 과정은 세 번째 전개 단계에 해당한다.
③ 「조웅전」은 영웅 서사의 전형을 따르면서도, 사적 복수와 공적 충성이 결합된 독특한 영웅상을 제시한다.
④ 「조웅전」에서 역신 이두병은 주인공의 존재 가치를 입증하는 요소로 작용하며 최종 대결에서 승리하는 모습을 보인다.

005

다음 진술이 모두 참일 때 반드시 참인 것은?

○ 김 주무관이 인재정책과 배정을 희망한다면, 이 주무관은 공개채용과와 경력채용과 배정을 희망한다.
○ 이 주무관이 공개채용과와 경력채용과 배정을 희망한다면, 박 주무관은 시험출제과 배정을 희망한다.
○ 박 주무관은 시험출제과 배정을 희망하지 않는다.
○ 김 주무관, 최 주무관 중 최소 한 명은 인재정책과 배정을 희망한다.

① 김 주무관은 인재정책과 배정을 희망한다.
② 이 주무관은 공개채용과와 경력채용과 배정을 희망한다.
③ 박 주무관은 시험출제과 배정을 희망한다.
④ 최 주무관은 인재정책과 배정을 희망한다.

006

다음 글을 이해한 내용으로 가장 적절한 것은?

신동엽의 「향아」는 화자가 시적 대상에게 직접 말을 건네는 청유형 구조를 지닌 시이다. 그로 인해 화자의 모든 말은 시적 대상에게 집중되며, 부탁과 설득의 의미가 자연스럽게 드러난다. 이러한 말하기 방식은 특정한 형식의 반복을 통해 더욱 강조되는데, 이는 독자에게 시의 의미를 강하게 각인시키는 효과를 준다. 또한 화자가 시적 대상의 이름을 직접 부르는 것은 독자의 관심을 환기시키고, 전하는 말에 더욱 몰입하게 만드는 기능을 한다.

이 작품에서 화자가 전하는 말은 단순한 개인적 감정의 표현을 넘어, 작가가 지닌 전형적인 인식을 반영한다. 즉 화자는 인간적 모순이 없었던 과거의 생활과 풍습을 떠올리며, 참다운 인간 생활이 사라진 오늘날의 모순된 현실을 부각시키고 있다. 이는 현대 사회의 고립되고 복잡한 부정적 현실을 벗어나, 대지와 더불어 살아가는 소박하고 순수한 삶의 공간을 지향하는 태도를 통해 잘 드러난다. 이러한 시적 태도는 독자들에게 잊혀 가는 전통의 소중함과 인간다운 삶의 본질에 대해 다시 한번 생각해 보게 만든다.

① 「향아」에서 명령형 어미와 반복적인 형식은 화자의 의도를 강화하는 역할을 한다.
② 「향아」에서 화자가 대상의 이름을 부르는 것은 시의 흐름을 방해하는 기능을 한다.
③ 「향아」는 과거의 순수했던 삶을 이상적으로 바라보며 현대의 소외되고 복잡한 현실을 비판한다.
④ 「향아」는 어두운 현실이었지만, 현대 사회에 비해 인간적 모순이 적었던 과거의 삶을 동경하며 전통의 부활을 소망한다.

007

(가)~(다)를 맥락에 맞게 순서대로 나열한 것은?

난방을 하거나 전기를 만들려면 석탄이든 휘발유든 연료를 태워야 하는데 금속도 연료로 사용할 수 있다. 금속 연료는 항공 우주 산업이나 군수 산업 등 특정 분야에서 쓰여 왔다.
(가) 로켓이 생성하는 에너지가 커질수록 화염이 불안정해지는데, 금속 분말은 주 연료나 산화제보다 무겁기 때문에 화염의 관성력을 크게 하여 추진체를 안정시키는 역할을 한다.
(나) 대표적인 예가 고체 로켓 추진체이다. 고체 로켓 추진체는 분말 상태의 산화제와 연료를 혼합해 만드는데, 여기에 10%가량의 금속 분말을 첨가한다.
(다) 또한 금속 연료는 무기에도 응용되고 있다. 차세대 무기로 꼽히는 열압력탄은 공중에서 폭발하면서 그 충격으로 회색 가루를 퍼뜨린다. 그 가루가 바로 알루미늄 분말이다. 이것을 한 번 더 점화시키면 엄청난 충격파가 발생하는데, 이를 이용하여 동굴 내부나 건물을 무너뜨리고 적을 공격하거나 기계를 파괴한다.

① (가) - (다) - (나)
② (나) - (가) - (다)
③ (나) - (다) - (가)
④ (다) - (나) - (가)

008

<지침>에 따라 <개요>를 작성할 때 ㉠~㉣에 들어갈 내용으로 적절하지 않은 것은?

〈지침〉

○ 서론은 중심 소재의 개념 정의와 문제 제기를 1개의 장으로 작성할 것.

○ 본론은 제목에서 밝힌 내용을 2개의 장으로 구성하되 각 장의 하위 항목끼리 대응되도록 작성할 것.

○ 결론은 기대 효과와 향후 과제를 1개의 장으로 작성할 것.

〈개요〉

○ 제목: 청년 고용 불안정의 원인과 해결 방안

Ⅰ. 서론

  1. 청년 고용 불안정의 정의

  2. [㉠]

Ⅱ. 청년 고용 불안정의 원인

  1. 급변하는 산업 구조로 인한 일자리 감소

  2. [㉡]

Ⅲ. 청년 고용 불안정의 해결 방안

  1. [㉢]

  2. 대학 전공과 산업 현장 수요를 연계한 교과 과정 개편

Ⅳ. 결론

  1. [㉣]

  2. 청년 고용 안정화를 위한 장기적 정책 기반 마련

① ㉠: 청년 실업률 증가에 따른 사회적 문제 심화

② ㉡: 청년의 전공과 노동 시장 수요 간의 괴리

③ ㉢: 기업의 이윤 확대를 위한 세제 혜택 강화

④ ㉣: 안정적인 청년 고용을 통한 사회적 통합 강화

009

다음 글의 빈칸에 들어갈 말로 가장 적절한 것은?

경쟁 배타의 원리는 비슷한 자원을 두고 여러 종이 경쟁할 경우 결국 한 종만 살아남는다는 생태학의 기본 이론이지만, 실제 자연 생태계에서는 이 원리가 항상 적용되지는 않는다. 예를 들어 바다에는 다양한 식물성 플랑크톤이 공존하는데, 이는 실험실에서 두 종만 경쟁시켰을 때 한 종만 살아남는 결과와는 다르다. 이러한 현상은 생태계에 다양한 종이 존재함으로써 서로가 복잡하게 얽혀 경쟁의 결과가 한 종의 독점으로 귀결되지 않음을 시사한다.

미국 스탠퍼드 대학교 연구팀은 세 종류의 변종 대장균을 대상으로 실험을 진행하여, 이들 사이에 복잡한 경쟁 관계가 존재함을 밝혀냈다. 각각의 대장균은 독소와 해독제를 모두 만드는 종류, 해독제만 만드는 종류, 그리고 둘 다 만들지 못하는 종류로 나뉘며, 이들 사이에는 상호 우열 관계가 순환적으로 형성된다. 바닥에 울퉁불퉁한 돼지 내장을 깐 배양 접시에서 이 세 종류를 함께 키운 결과, 시간이 지나면서 우위가 바뀌긴 했지만 결국 세 종류 모두 살아남았다. 반면, 배양 접시가 아니라 플라스크 속의 배양액에 넣어 키운 경우에는 해독제만 만드는 종류만이 살아남았다. 연구팀은 세 종류가 잘 섞이는 플라스크 속 배양액에서는 해독제를 만들지 못하는 종류가 바로 죽고 두 종만 남기 때문에 결국 해독제만 만드는 종이 우세해지며, 배양 접시처럼 어느 정도 종들이 쉽게 섞이지 못하는 조건이 종의 다양성을 유지하는 데 중요하다고 설명했다. 이 연구를 통해, 생태계에서 다양한 종이 살아남는 것은 [ ] 알 수 있다.

① 단순한 경쟁이 아니라 복잡하게 얽힌 상호작용 덕분임을

② 서로 경쟁하지 않고 협력하여 열악한 환경을 극복했기 때문임을

③ 소수의 우수한 종이 다수의 열등한 종의 생존에 도움을 준 덕분임을

④ 환경에 적응하지 못한 종은 도태되고 적응하는 종만 살아남았기 때문임을

영화는 이야기가 단계적으로 쌓여가는 구조를 갖고 있으며, 대부분 '발단-전개-결말' 세 단계로 ㉠나뉜다. 발단부는 영화의 첫인상을 결정짓는 중요한 역할을 하며, 사건의 원인을 제시하고 주요 등장인물과 배경을 소개한다. 관객은 첫 장면에서 영화의 분위기와 방향성을 파악하게 되므로 발단부는 영화 전체의 기반이 되며 짧지만 강렬한 인상을 남기는 경우가 많다. 그래서 관객의 관심을 끌고 이야기의 시작을 자연스럽게 이끌어 내는 역할을 한다.

이후 이야기가 본격적으로 전개된다. 전개부는 영화의 중심을 이루며, 주인공이 목표를 이루기 위해 다양한 갈등에 직면하고 그것을 해소하는 과정을 담는다. 갈등은 개인과 개인, 자신과 자신, 개인과 사회, 인간과 자연 등 네 가지 유형으로 구분할 수 있으며, 갈등이 심화되면 위기 상황이 발생한다. 이때 위기와 이완이 반복되며 긴장과 휴식이 교차하고, 이러한 과정을 거쳐 갈등의 극대점이자 해소점인 절정에 이르게 된다. 대위기라고도 불리는 절정은 영화의 가장 강렬한 순간을 만들어 내며, 주인공의 성장과 변화가 두드러지면서 관객의 몰입이 극대화된다.

결말부는 이야기의 최종적 결과를 보여주며, 해피 엔딩(긍정적 결말), 언해피 엔딩(부정적 결말), 그리고 애매모호한 결말로 나뉜다. 이 중 애매모호한 결말은 긍정도 부정도 아닌 결론이어서 영화가 끝나지 않은 채 지속되는 듯한 느낌을 주며, 관객에게 지적인 성찰이 가능하도록 하고 관객을 능동적으로 참여시키는 기법의 하나로 간주된다. 또한 영화 속에서 제기된 문제가 영화가 끝난 후에도 계속되기 때문에 '열린 결말, 오픈 엔딩' 등으로 부르기도 한다.

010

윗글을 이해한 내용으로 가장 적절한 것은?

① 영화에서 사건의 원인을 제시하면서 이야기를 본격적으로 진행하는 단계는 발단부이다.
② 오픈 엔딩은 해피 엔딩도 언해피 엔딩도 아닌 결말이므로 관객의 참여를 수동적으로 만든다.
③ 영화에서 주인공의 성장이 극적으로 이루어지며 관객의 몰입이 극대화되는 단계는 전개부이다.
④ 주인공이 다양한 갈등에 직면하게 되는 과정은 전개부에서 일어나며 이야기가 진행될수록 갈등이 심화된다.

011

문맥상 ㉠과 바꿔 쓰기에 가장 적절한 것은?

① 분배(分配)된다
② 분류(分類)된다
③ 취합(聚合)된다
④ 조절(調節)된다

012

다음 글의 밑줄 친 결론을 이끌어 내기 위해 추가해야 할 것은?

신체의 면역력이 약해진 사람은 모두 염증이 잘 일어나는 사람이다. 염증이 잘 일어나는 어떤 사람은 건강 관리에 신경을 쓰지 않는 사람이다. 따라서 건강 관리에 신경을 쓰지 않는 어떤 사람은 신체의 면역력이 약해진 사람이다.

① 신체의 면역력이 약해진 어떤 사람은 염증이 잘 일어나는 사람이다.
② 염증이 잘 일어나는 사람은 모두 신체의 면역력이 약해진 사람이다.
③ 건강 관리에 신경을 쓰지 않는 어떤 사람은 염증이 잘 일어나는 사람이다.
④ 건강 관리에 신경을 쓰지 않지만 신체의 면역력이 약해지지 않은 사람은 모두 염증이 잘 일어나는 사람이다.

013

다음 글의 ㉠~㉣ 중 문맥상 어색한 곳을 수정한 것으로 가장 적절한 것은?

바로크 시대에 '감정 이론'을 집대성한 사람이 마테존이다. 음악을 통해 인간의 감정이 표현되고 움직인다고 보았던 그는 ㉠음악이 인간을 순화하고 잘못을 교정하는 등 교육적인 효과를 가진다고 생각했다. 그런데 그는 작곡가가 자신의 내면과 직접적으로 관련된 극히 개인적이고 주관적인 감정을 곡에 담는 것이 아니라 공동체적인 기반을 전제로 하여 유형화된 감정을 곡에 표현한다고 보았다. 그리고 이러한 전제하에 감정은 일정한 음악의 양식과 형식, 박자, 조성 등의 ㉡보편적인 음악적 수단을 통해 정형화될 수 있다고 보았다. 예를 들어 C장조는 축제나 기쁨을 표현하고, F단조는 깊고 무거운 절망과 불안감 등을 표현한다는 것이다.

감정의 예술로서의 음악에 대한 예찬은 쇼펜하우어에 이르러 철학적 위엄을 부여받는다. 그는 ㉢음악에 드러나는 선율적, 화성적 특성은 인간의 감정의 흐름을 표현하지 못한다고 보았다. 그렇지만 그는 음악이 구체적이고 개별적으로 드러나는 감정을 표현하는 것이 아니라 추상적인 감정, 즉 인간 내면의 본질을 표현한다는 점을 강조한다. 쇼펜하우어에 따르면 음악은 인간의 감정 자체와 직접적인 관계가 없다. 왜냐하면 ㉣음악은 결코 현상을 표현하는 것이 아니기 때문이다.

① ㉠: 음악이 인간을 순화하고 잘못을 교정하는 등의 교육적인 효과는 가지지 못한다고 생각했다
② ㉡: 보편적인 음악적 수단을 통해 정형화될 수 없다고 보았다
③ ㉢: 음악에 드러나는 선율적, 화성적 특성이 인간의 감정의 흐름을 표현하는 것이라고 보았다
④ ㉣: 음악은 현상을 표현하는 것이기 때문이다

014

다음 글의 ㉠과 ㉡에 대해 평가한 내용으로 가장 적절한 것은?

> 복지 확대를 위한 재원 마련 방안에 대한 논의는 사회적 합의가 필요한 중요한 과제이다. 최근 열린 공청회에서는 복지 재정을 확충하기 위해 세금을 더 걷자는 주장과, 불필요한 예산을 줄여 재원을 마련하자는 주장이 첨예하게 맞섰다.
>
> ㉠세금 인상론자들은 고령화와 저출산 등 복지 수요가 급증하는 현실에서 국민 모두가 조금씩 더 부담을 나누어야 한다고 본다. 특히 소득세, 부가가치세, 건강보험료 등 직접·간접세의 점진적 인상과, 고소득자 및 대기업에 대한 증세가 필요하다는 의견이 제기되었다. 반면 ㉡예산 효율화론자들은 기존 예산의 낭비를 줄이고 비효율적 사업을 구조 조정하는 것이 우선이라고 주장한다. 실제로 사회간접자본(SOC) 등 일부 분야의 예산은 긴축 기조가 유지되고 있으며, 불필요한 행정 비용이나 중복 지원을 줄이는 방안도 논의되고 있다는 것이다.
>
> 2025년 정부 예산안에서도 복지 지출이 크게 늘었지만, 국가 채무와 세수 부족에 대한 우려도 커지고 있다. 복지 확대와 재정 건전성 사이에서 균형을 잡기 위해서는 정책의 투명성 강화와 사회적 합의, 그리고 실질적 성과 평가가 반드시 병행되어야 한다.

① 국민 다수가 복지 확대를 위해 세금을 더 내는 것에 소극적이며, 실제로 62%가 증세에 반대한다는 여론조사 결과는 ㉠의 주장을 강화한다.

② 부가가치세 인상 등으로 마련된 재원을 복지에만 사용하도록 법적으로 지정하면 국민 신뢰와 정책 효과가 높아진다는 견해는 ㉠의 주장을 약화한다.

③ 일부 국가나 지방자치단체에서 예산 구조 조정만으로 복지 지출을 늘린 사례는 ㉡의 주장을 강화한다.

④ 예산 효율화는 재원 마련뿐만 아니라 공공 부문 혁신과 행정 효율성 제고로 이어질 수 있다는 견해는 ㉡의 주장을 약화한다.

[015~016] 다음 글을 읽고 물음에 답하시오.

> 무역 규제는 수입품의 가격을 올려 그 수입량을 줄임으로써 자국 산업을 보호하는 것이 기본 목적이다. 그중에서도 가장 대표적인 방법은 관세 부과로, 수입품에 일정 비율의 세금을 ㉠매겨 가격을 인상시키고, 이로 인해 소비자들이 수입품을 덜 구매하게 만들어 수입을 억제하는 효과를 낸다. 예를 들어, 미국산 자동차에 20%의 관세를 부과할 경우 국내 판매 가격이 크게 ㉡올라가 소비자들의 구매가 줄고, 이는 곧 국내 자동차 산업의 피해 완화로 이어질 수 있다.
>
> 관세 외에도 무역 규제에는 반덤핑 관세와 상계 관세가 ㉢있다. 반덤핑 관세는 외국 기업이 국내 시장에 일부러 저가로 제품을 수출(덤핑)할 때 이를 막기 위해 부과되는 것으로, 실제로 덤핑 여부를 판단하는 것은 쉽지 않아 국제 분쟁이 자주 발생한다. 상계 관세는 외국 정부가 자국 기업에 보조금을 지급하여 가격 경쟁력을 높일 경우, 그 효과를 상쇄하기 위해 수입국 정부가 해당 수입품에 추가로 부과하는 특별 관세이다. 이들 관세는 겉으로는 공정 무역을 위한 조치로 내세우지만, 실제로는 자유로운 무역을 방해하는 목적으로 남용되는 경우도 많다.
>
> 이러한 반덤핑 관세와 상계 관세는 교역 상대국의 불공정 무역 관행에 대한 보복적 성격을 지니며, 한 나라가 관세를 부과하면 상대국도 보복 관세를 부과하는 등 국제 무역 분쟁의 씨앗이 되기도 한다. 미국 등 주요 국가들은 자국 산업 보호를 위해 이 제도를 활용해 왔으나, 무역 장벽을 구축하려는 악용 논란도 끊이지 않고 있다. 이처럼 무역 규제는 자국 산업 보호와 국제 무역 질서 유지라는 긍정적 목적이 있지만, 보복과 갈등을 ㉣낳을 위험도 함께 내포하고 있다.

015

윗글을 이해한 내용으로 가장 적절한 것은?

① 관세는 불필요한 가격 경쟁을 줄여서 국제 무역을 활성화하려는 조치이다.

② 무역 규제는 교역 상대국의 불공정 무역 관행을 사전에 막기 위해 시행된다.

③ 반덤핑 관세는 자국 정부의 보조금을 받아 저가로 수출하는 외국 기업에 부과하는 세금이다.

④ 상계 관세는 자국 정부의 도움으로 경쟁력을 높이려는 외국 기업에 대한 보복적 성격을 지닌다.

016

㉠~㉣과 바꿔 쓸 수 있는 유사한 표현으로 적절하지 않은 것은?

① ㉠: 부과해

② ㉡: 상승해

③ ㉢: 포함된다

④ ㉣: 주조할

017

갑~병의 주장을 분석한 내용으로 적절한 것만을 <보기>에서 모두 고르면?

> **갑:** 국제관계에서 갈등이 발생하더라도 도덕과 윤리, 그리고 국제법과 국제기구의 역할을 통해 충분히 해결 가능하다고 생각해요. 예를 들어, 국제연맹이나 유엔 같은 기구를 통해 국가들이 대화하고 협상하면, 평화적 해결이 가능해진다고 믿습니다. 실제로 칸트나 루소 같은 사상가들도 이성적 인간의 집합인 국가가 이성적으로 행동할 수 있다고 주장했고, 민주주의 국가 간에는 전쟁이 적다는 연구 결과도 있습니다.
>
> **을:** 국제관계에서 도덕적 규범을 통해 갈등이 해결될 수 있다고 생각할 수도 있겠지만, 실제 현실에서는 국제 정치가 힘의 논리와 국가 이익에 따라 움직인다는 것을 알아야 해요. 특히 현실주의자들은 국제 사회가 무정부 상태로, 각국이 자신의 생존과 안보를 위해 경쟁하고 있다고 보기 때문에 법이나 기구를 통해 평화를 유지할 수는 없다고 생각해요. 실제로 2차 세계대전이나 냉전 시기처럼 국제기구가 평화를 보장하지 못한 사례가 많죠. 힘의 균형이 깨지면 갈등과 전쟁이 발생할 수밖에 없어요.
>
> **병:** 국제 사회에서 도덕적 기준이 점차 확산되는 추세지만 이를 현실적으로 실현하려면 각국의 이해관계와 힘의 관계에 대한 이해가 필수적으로 고려되어야 해요. 조약이나 국제법은 명목적으로는 모든 국가에 공평하게 작용하는 것처럼 말하지만, 실제 국제법이나 국제기구는 힘 있는 국가들에 매우 유리하게 작용하는 경우가 대부분이에요. 국가 간 갈등이 발생했을 때 강대국들은 국제법을 지키지 않아도 큰 불이익이 없는 반면, 힘없는 국가들은 자국에 불리한 점이 있어도 그들의 눈치를 볼 수밖에 없으니까요.

┤ 보기 ├
> ㄱ. 갑의 주장과 을의 주장은 대립하지 않는다.
> ㄴ. 을의 주장과 병의 주장은 대립하지 않는다.
> ㄷ. 병의 주장과 갑의 주장은 대립하지 않는다.

① ㄱ
② ㄴ
③ ㄱ, ㄷ
④ ㄴ, ㄷ

018

다음 빈칸에 들어갈 말로 가장 적절한 것은?

> 갑, 을, 병, 정 네 사람의 외교관 후보자 선발과 관련하여 다음과 같은 사실들이 알려졌다.
> ○ 을이 외교관 후보자로 선발되지 않으면, 갑과 정도 선발되지 않는다.
> ○ 병이 외교관 후보자로 선발되면, 갑은 선발되지 않는다.
> ○ 정이 외교관 후보자로 선발되면, 병도 선발된다.
> ○ 갑은 외교관 후보자로 선발된다.
> 이를 통해 갑, 을, 병, 정 중 [____]이 외교관 후보자로 선발된다는 것을 알 수 있게 되었다.

① 갑, 을
② 갑, 정
③ 갑, 을, 병
④ 갑, 병, 정

[019~020] 다음 글을 읽고 물음에 답하시오.

> 우리는 과거에 일어난 사건을 기록하는 것이 역사라고 여기지만, 사실 모든 역사는 현재의 시각과 요구에 따라 해석되는 (가)'현재의 역사'임을 이해해야 한다. 과거에 일어난 모든 ㉠사실(事實)이 곧 역사가 되는 것은 아니며, 역사는 그중에서 의미와 가치가 있다고 판단되는 ㉡사실(史實)만을 선택하여 기록하는 과정이다. 이 선택은 역사가의 주관적 안목과 시대적 요구에 따라 이루어지며, 같은 시대 사람들의 동의를 얻을 수 있을 때 비로소 객관성을 인정받게 된다.
>
> 역사가가 과거의 사실들 중에서 무엇을 역사적 사실로 선택할지는 시대와 사회의 요구에 따라 달라진다. 예를 들어 조선 시대에는 문익점이 목화씨를 가져온 일이 역사적 ㉢사실로 기록된 반면, 그가 책을 읽거나 글씨를 쓴 일은 평범한 사실로 여겨졌다. 이처럼 역사적 사실이란 단순히 과거에 일어난 ㉣사건이 아니라, 그 시대가 필요로 하는 의미와 가치를 담고 있는 사건만이 선택되어 역사에 남는 것이다. 따라서 역사가가 시대적 요구를 정확히 파악하고, 의미 있는 ㉤사건을 선별하는 일이 역사를 만드는 데 핵심적인 역할을 한다.
>
> 역사는 과거의 기록이지만, 현재의 관점과 요구에 따라 해석되고 선택된다는 점에서 '현재성'을 지닌다. 과거에는 당연시되던 계급에 따른 신분 차별이, 자유와 평등을 중시하는 오늘날에는 절대 간과해서는 안 되는 문제로 인식되는 것처럼, 과거에 역사가와 그 시대 사람들의 현실적 필요에 따라 선택된 ㉥사실만이 역사로 남으며, 이는 역사가 단순한 과거의 기록이 아니라 현재와 소통하는 살아 있는 지식임을 보여준다. 바로 이 점에서 역사의 현재성은 역사를 이해하는 핵심적인 요소로 작용한다.

019

윗글의 (가)를 강화하는 사례만을 <보기>에서 모두 고르면?

┤ 보기 ├
> ㄱ. 대량의 역사적 데이터를 현대적 디지털 도구로 분석해 당대와는 다른 새로운 해석을 도출하였다.
> ㄴ. 뉴욕타임스는 미국의 전체 역사를 노예제와 인종 문제를 중심으로 재해석하는 '1619 프로젝트'를 진행하였다.
> ㄷ. 미국 대법원은 과거의 법적 맥락을 오늘날 정치적 논쟁에 활용하지 않고, 당시의 법과 관행을 중시하여 판결하였다.
> ㄹ. 랑케는 사료 비판의 방법을 종합하여, 1차 사료인 고문서 자료를 분석하면 그 시대에 살았던 사람들의 눈으로 당시를 바라볼 수 있다고 믿었다.

① ㄱ, ㄴ
② ㄱ, ㄷ
③ ㄴ, ㄷ
④ ㄴ, ㄷ, ㄹ

020

윗글의 ㉠~㉥ 중 문맥상 지시하는 바가 유사한 것끼리 짝지은 것은?

① ㉠, ㉢
② ㉡, ㉣
③ ㉠, ㉣, ㉤
④ ㉡, ㉢, ㉥

모의고사 07회

001

<공공언어 바로 쓰기 원칙>에 따라 수정한 것으로 적절하지 않은 것은?

〈공공언어 바로 쓰기 원칙〉

○ 주어와 서술어의 호응
 – ㉠행위의 주체인 주어에 호응하는 서술어를 사용함.
○ 여러 뜻으로 해석되는 표현 삼가기
 – ㉡중의적인 문장을 사용하지 않음.
○ 조사와 어미를 활용한 자연스러운 표현 사용
 – ㉢지나친 명사 나열을 피하고 적절한 조사와 어미를 활용하여 문장을 구성함.
○ 단어나 문장을 연결할 때 자연스러운 구조와 표현 사용
 – ㉣'–고', '와/과' 등으로 접속될 때에는 대등한 관계를 사용하되, 의미가 자연스럽게 전달될 수 있도록 표현함.

① "민원인은 신분증을 지참 필수입니다."를 ㉠에 따라 "민원인은 신분증을 반드시 지참해야 합니다."로 수정한다.
② "기념행사에 참석한 시장은 모자를 쓰고 있는 중이다."를 ㉡에 따라 "기념행사에 참석한 시장은 모자를 쓰고 있다."로 수정한다.
③ "방문 예약 신청 필수"를 ㉢에 따라 "방문하시려면 반드시 예약 신청을 해 주시기 바랍니다."로 수정한다.
④ "결과 발표와 문자가 발송됩니다."를 ㉣에 따라 "결과가 발표되면 문자가 발송됩니다."로 수정한다.

002

다음 글을 이해한 내용으로 가장 적절한 것은?

언어학에서 음성과 음운은 구별하여 이해해야 한다. 음성은 실제 발화 과정에서 구체적으로 실현되는 소리로서, 화자의 발음 습관이나 환경에 따라 달라진다. 예를 들어 같은 '바람'이라 하더라도 말하는 사람의 목소리 크기, 음색에 따라 발음되는 소리는 조금씩 다를 수 있다. 반면 음운은 의미를 변별하는 최소 단위로서, 개인의 발음 차이를 넘어 언어 공동체가 공유하는 추상적 단위이다. 예컨대 '달'과 '탈'은 [ㄷ]과 [ㅌ]의 차이에 의해 의미가 달라지는데, 이는 두 자음이 서로 다른 음운임을 보여 준다. 그러나 '달'의 [ㄷ]을 크게 소리 내어 발음하든 작게 속삭이듯 발음하든 동일한 음운으로 인식된다. 따라서 음성은 변이 가능성이 큰 실현적 요소이고, 음운은 의미 변별에 기여하는 체계적 요소라 할 수 있다.

① 음성은 의미 변별 기능을 담당하는 추상적 단위이다.
② 음운은 발화자의 상황에 따라 달라지는 구체적 소리이다.
③ '달'과 '탈'의 차이는 음운이 의미 변별 기능을 하는 사례이다.
④ 한 음운이 소리의 크기에 따라 다른 음운으로 구별될 수 있다.

003

다음은 학생들의 담화이다. ㉠~㉾에 대한 설명으로 적절한 것은?

학생 1: (볼펜을 가리키며) ㉠그것 좀 빌려줄 수 있니?
학생 2: ㉡이 볼펜은 잉크가 다 닳아서 잘 안 나와. ㉢다른 것을 빌려줄게.
학생 1: (볼펜을 다 쓰고 돌려주며) 빌려줘서 고마워. 그나저나 볼펜을 다 쓰다니 대단하다. 나는 다 쓰기도 전에 잃어버리는 경우가 많은데.
학생 2: 고마워. ㉣이것이 나한테 소중한 물건이라서 그런가 봐. ㉤시골에 계신 ㉥할아버지께서 주신 선물이거든.
학생 1: 저번에 ㉦너희 집에서 뵈었던 그분이지?
학생 2: 맞아. 할아버지 당신께서는 도시 한가운데에 위치한 ◎여기가 싫다고 하시면서도, 가끔 내가 보고 싶다며 ㉾우리 집에 오셔.

① ㉠, ㉡, ㉢은 모두 동일한 대상을 가리키는 표현이다.
② ㉠, ㉢, ㉣은 모두 청자의 관점에서 사용한 표현이다.
③ ㉤, ㉦, ◎은 모두 동일한 장소를 가리키는 표현이다.
④ ㉦, ◎, ㉾은 모두 동일한 장소를 가리키는 표현이다.

004

다음 진술이 모두 참일 때 갑, 을, 병, 정, 무 다섯 학생 중 학교 운동장 개방을 찬성하는 최소 인원수는?

갑, 을, 병, 정, 무 다섯 학생의 학교 운동장 개방 찬성과 관련하여 다음과 같은 사실들이 알려졌다.
○ 갑이 학교 운동장 개방을 찬성하면, 을은 반대한다.
○ 갑이 학교 운동장 개방을 찬성하면, 정이 반대하는 경우 을도 찬성한다.
○ 을이 학교 운동장 개방을 찬성하거나 병이 반대하는 경우, 갑은 찬성한다.
○ 갑은 학교 운동장 개방을 찬성한다.

① 1명
② 2명
③ 3명
④ 4명

005

다음 글을 이해한 내용으로 적절하지 않은 것은?

「반씨전」은 조선 시대 가문 내에서 벌어지는 갈등과 그 이면에 깔린 사회적 의식을 잘 보여주는 작품이다. 이 소설에서는 동서 간, 고부 간의 갈등이 주요하게 등장하는데, 이러한 갈등의 근본 원인은 유교적 가치관을 중시하는 양부인의 태도에서 비롯된다. 양부인은 출세한 위윤 부부를 편애하며, 그로 인해 두 며느리 사이에 경쟁과 갈등이 촉발된다.

그러나 표면적인 갈등 이면에는 각 가문의 미묘한 대립과 긴장이 자리하고 있다. 이는 단순히 가족 내의 불화가 아니라, 가풍과 가문의 명예를 중시하는 가문주의 의식이 깊이 작용한 결과이다. 결국 이러한 가문주의 의식은 집안의 사소한 문제도 쉽게 정쟁으로 비화시키며, 극단적인 대결로까지 이어진다. 「반씨전」은 가문의 명예가 훼손되는 것을 결코 용납하지 않으려는 태도가 얼마나 집안의 평화를 해칠 수 있는지 보여준다. 실제로 당대에는 이처럼 가문 간의 명예와 체면을 둘러싼 갈등이 빈번하게 발생했으며, 이는 사회 전반에 걸쳐 큰 영향을 미쳤다. 이 작품은 가족과 가문을 둘러싼 갈등을 통해 조선 시대의 사회적 가치관과 인간관계를 깊이 있게 조명한다.

① 「반씨전」에서는 특정 자식을 편애하는 양부인의 태도로 인해 며느리들 사이에 갈등이 촉발된다.
② 「반씨전」에서 나타나는 가문주의 의식은 집안의 사소한 문제도 극단적인 대결로 치달을 수 있음을 보여준다.
③ 「반씨전」에서 나타나는 갈등은 유교적 가치관보다는 당대의 명예와 체면을 중시하는 사회적 태도에 기인한다.
④ 「반씨전」은 출세 지향적 사고가 가족과 가문을 둘러싼 갈등을 조장하여 집안의 평화를 해칠 수 있음을 보여준다.

006

다음 글에서 추론한 내용으로 가장 적절한 것은?

자연은 문학에서 인간의 삶을 비추는 거울이자, 다양한 감정과 사유를 투영하는 대상이다. 김소월의 「산유화」와 김관식의 「거산호Ⅱ」는 자연을 소재로 삼았다는 점에서 공통점을 지닌다. 그러나 두 작품은 자연을 바라보는 시각과 그 의미 부여에서 뚜렷한 차이를 보인다.

「산유화」에서 자연은 외로운 존재로 그려진다. 산에 핀 꽃은 누구에게도 환영받지 못하고, 홀로 피었다가 조용히 사라진다. 이는 인간의 외로움과 쓸쓸함, 그리고 삶의 무상함을 상징적으로 드러낸다. 소월은 자연의 소멸 과정에서 인간의 내면적 슬픔과 고독을 읽어낸다. 자연은 화자의 감정과 깊이 연결되어, 그 존재 자체가 인생의 쓸쓸함을 대변한다.

반면 「거산호Ⅱ」에서 자연은 평온과 안식의 공간으로 나타난다. 산에 거주하며 자연과 더불어 살아가는 삶은 세속의 번잡함에서 벗어나 평화와 만족을 누리는 모습으로 그려진다. 여기서 자연은 단순한 배경이 아니라, 인간에게 쉼과 위로, 그리고 삶의 본질을 일깨워주는 존재다. 화자는 자연과의 조화를 통해 내면의 평온을 얻는다.

① 문학에서 자연은 인식의 대상이기보다는 분석의 대상이다.
② 「산유화」와 「거산호Ⅱ」 모두 자연을 통해 인간의 삶을 성찰하고 있다.
③ 「거산호Ⅱ」와 달리 「산유화」에서는 자연이 인간에게 쉼과 위로를 준다.
④ 「산유화」는 자연에서 평온과 만족을, 「거산호Ⅱ」는 삶의 쓸쓸함과 허무를 발견한다.

007

다음 글을 이해한 내용으로 적절하지 않은 것은?

서정주와 법정의 글에 드러난 가난에 대한 인식과 이에 대한 대응 방식은 다르다. 서정주는 「무등을 보며」에서 가난은 인간의 본성을 가릴 수 없기 때문에 긍정적인 삶의 태도를 지니고 서로를 위로하며 현재의 고난을 극복해야 한다고 밝히고 있다. 한편 법정은 「적은 것으로 만족하라」에서 가난의 긍정적인 기능과 풍요의 부정적인 면을 언급하며 분수를 지키며 사는 바람직한 삶의 자세를 밝히고 있다.

이처럼 두 작가는 가난을 단순히 결핍이나 불행으로 보지 않는다. 서정주는 가난 속에서도 인간다운 따뜻함과 긍정적인 태도를 강조하며, 어려운 현실을 함께 이겨내는 공동체적 위로의 중요성을 말한다. 이는 물질적 부족함이 오히려 인간 본연의 모습을 드러내는 계기가 될 수 있음을 시사한다. 반면 법정은 지나친 풍요가 오히려 인간의 욕망을 키우고 삶을 불안하게 만든다고 지적한다. 그는 적은 것에 만족하는 삶이야말로 진정한 자유와 평화를 가져다준다고 본다. 즉 법정은 가난을 통해 삶의 본질을 깨닫고, 욕심을 줄임으로써 마음의 여유를 얻는 태도를 강조한다. 이렇듯 두 작가 모두 가난을 통해 인간다운 삶의 가치를 재조명한다. 이들의 시각은 현대 사회가 물질적 풍요만을 추구하는 경향에 대한 깊은 성찰을 던져준다.

① 법정은 역경을 긍정적으로 받아들이며 서로 격려할 것을 제안한다.
② 법정은 분수에 맞는 생활이 더 평온하고 자유로운 삶으로 이어진다고 본다.
③ 서정주는 가난 속에서도 인간다운 따뜻함을 부각하며 작품의 주제를 표출한다.
④ 서정주는 고난 속에서 긍정과 위로를, 법정은 절제와 만족을 통해 바람직한 삶의 자세를 제시한다.

008

<지침>에 따라 <개요>를 작성할 때 (가)~(라)에 들어갈 내용으로 적절하지 않은 것은?

〈지침〉
○ 서론은 보고서 작성의 배경과 필요성을 포함할 것.
○ 본론은 제목에서 밝힌 내용을 2개의 장으로 구성하되, 2장의 하위 항목이 3장의 하위 항목과 서로 대응하도록 할 것.
○ 결론은 기대 효과와 향후 과제를 순서대로 제시할 것.

〈개요〉
○ 제목: 방송 촬영진의 현장 훼손 실태와 그 방지를 위한 대책
1장 서론
  1. 방송 촬영진의 현장 훼손 사례의 지속적 발생
  2. [(가)   ]
2장 방송 촬영진의 현장 훼손 실태
  1. [(나)   ]
  2. 문화재 훼손으로 문화유산 보존 및 활용에 관한 법률 위반
3장 방송 촬영진의 현장 훼손 방지를 위한 대책
  1. 촬영 허가 시 청결 유지 서약서 작성 및 책임자 지정
  2. [(다)   ]
4장 결론
  1. [(라)   ]
  2. 방송 제작과 촬영 현장 보존의 균형을 위한 장기 대책 마련

① (가): 촬영 현장 훼손 방지를 위한 체계적 관리의 필요성
② (나): 촬영 과정에서 발생한 쓰레기의 인근 지역 무단 투기
③ (다): 문화재 촬영 지침 배포를 통한 문화재 보존 의식 제고
④ (라): 자원 활용 극대화에 따른 방송 제작 비용의 효율적 절감

009

다음 글의 빈칸에 들어갈 말로 가장 적절한 것은?

사회학자들 사이에 논쟁이 되어 온 쟁점들 중에 '행위에 대한 가정'과 '사회 구조에 대한 가정'이 있다. 먼저, 행위에 대한 가정은 행위의 핵심적 속성이 합리적인가 아니면 규범적인가에 대한 논란에서 비롯된다. 합리적 행위는 어떤 목적을 효율적으로 달성하기 위한 계산적이고 전략적인 행위를 말하고, 규범적 행위는 규범, 윤리 혹은 감정에 의해 이루어지는 행위를 말한다. 한편 사회 구조가 어떻게 만들어지는가에 대한 가정은 크게 '집합주의'와 '개인주의'로 대립된다. 집합주의는 사회 구조가 개인 행위에 앞서 존재하며 사회 구조가 역사의 산물이라고 간주한다. 반면 개인주의는 사회 구조를 개인들이 상호 작용하는 과정 속에서 발생한 결과물에 불과한 것으로 본다.

일반적으로 사회학자들은 '행위'에 대한 두 가지 가정, 그리고 '사회 구조'와 관련된 두 가지 가정 중에서 각각 어느 하나를 선택하여 자신의 이론적 바탕으로 삼고 사회학의 이론적 전통으로 발전시켜 왔다. 예컨대 '집합주의-행위의 합리성'을 조합하여 이론의 기본으로 삼는 것이다. 그런데 각각의 이론에는 장단점이 존재하므로 그 어떠한 이론도 완벽하다고 보기 어렵다. 즉 행위의 합리성을 선택하게 되면 행위의 전략적 차원을 잘 포착할 수 있지만 인간 행위에 내재된 규범성을 간과하게 된다. 반대로 행위의 규범성을 선택하게 되면 행위에 수반되는 합리성을 제대로 파악하기가 어렵다. 또한 집합주의를 선택하게 되면 개인의 능동성을 분석에서 놓치게 되며, 개인주의를 선택하면 [   ] 따라서 어느 한 관점만을 고집하기보다 이를 잘 조화시키고 절충하는 지혜가 필요하다.

① 사회 구조 속에서 개인의 역할을 과소평가하게 된다.
② 개인에게 미치는 사회 구조의 구속력을 간과하게 된다.
③ 행위의 규범성을 사회 구조에 종속된 것으로 보게 된다.
④ 인간이 가진 합리적 판단의 기준을 세우기 어렵게 된다.

[010~011] 다음 글을 읽고 물음에 답하시오.

우리나라 북부 지역은 겨울이 길고 추운 기후적 특징을 가지고 있어, 외부에서 활동하기가 쉽지 않다. 이러한 환경은 가옥 구조에 큰 영향을 미쳤다. 북부에서는 모든 생활을 집 안에서 할 수 있도록, 방과 마루 등 주거 공간이 하나의 건물에 모여 있는 집중형 주거가 발달하였다. 집중형 주거는 외부와 닿는 면적을 최소화하여 난방의 효율을 높이고, 열 손실을 줄이기 위해 외벽을 두껍게 하고 창이나 문의 면적을 줄인 것이 특징이다. 또한 살림채의 뒷마당이 널문과 담장으로 폐쇄적 형태를 이루는 경우가 많다. 그리고 산지가 많고 외부 위협에 대응해야 하는 환경 때문에 방어적 성격도 ㉠강하게 나타난다.

반면, 남부 지역은 평야가 많고 여름이 길고 무더운 기후적 특성을 가지고 있다. 그래서 남부에서는 무더운 여름을 시원하게 보내기 위해 바람이 잘 통하는 가옥 구조가 발달하였다. 대표적으로 마당을 중심으로 여러 채의 건물이 분산되어 있는 분산형 주거가 많으며, 각 건물 사이의 이동이 편리하도록 툇마루가 널리 사용된다. 툇마루는 출입의 편리함뿐만 아니라 햇볕을 피하고 바람을 쐴 수 있어 여름철 생활에 매우 유용하다. 또한 대문과 담장이 발달하여 외부와의 경계를 명확히 하는 것도 남부 분산형 주거의 특징이다.

이처럼 우리나라의 북부와 남부는 기후와 지형에 따라 주거 구조와 공간 활용 방식이 뚜렷하게 달랐다. 즉 북부는 난방과 방어를 중시하는 집중형 주거가, 남부는 환기와 외부 활동을 중시하는 분산형 주거가 발달하였다.

010

윗글에 대해 평가한 내용으로 가장 적절하지 않은 것은?

① 서북 지역 대부분의 민가에서 온돌과 두꺼운 외벽이 발견된다면 글쓴이의 주장은 강화된다.
② 남부 지역에서 건물 하나에 마루와 방이 모두 있는 민가가 다수 발견된다면 글쓴이의 주장은 약화된다.
③ 강원도와 달리 경기 남부 상당수 민가에서 대청과 툇마루가 발견된다면 글쓴이의 주장은 강화된다.
④ 남부와 북부 지역 대부분의 민가에서 담장이 발견된다면 글쓴이의 주장은 약화된다.

011

문맥상 ㉠의 의미와 가장 가까운 것은?

① 바람이 강해서 얼굴을 들 수가 없다.
② 그는 약자에게는 강하고 강자에게는 약했다.
③ 그는 집념이 강해서 좀처럼 포기하지 않는다.
④ 형사는 범인의 손을 강하게 잡고 수갑을 채웠다.

012

(가)~(다)를 전제로 결론을 이끌어 낼 때, 빈칸에 들어갈 말로 가장 적절한 것은?

> (가) 공예에 뛰어난 소질이 있는 모든 사람은 도예 솜씨가 좋다.
> (나) 공예에 뛰어난 소질이 없는 사람만 도예 솜씨가 좋지 않다.
> (다) _____.
> 따라서 도예 솜씨가 좋은 어떤 사람은 시끄러운 음악을 듣지 않는다.

① 공예에 뛰어난 소질이 있는 어떤 사람은 도예 솜씨가 좋지 않다
② 공예에 뛰어난 소질이 있는 모든 사람은 시끄러운 음악을 듣는다
③ 시끄러운 음악을 듣지 않는 어떤 사람은 공예에 뛰어난 소질이 있다
④ 시끄러운 음악을 듣지 않는 모든 사람은 공예에 뛰어난 소질이 없다

013

다음 글의 ㉠~㉢의 어색한 곳을 찾아 수정한 내용으로 적절하지 않은 것은?

> 최근 서구 언론들이 '에어포칼립스'라는 말을 만들어 중국 베이징의 대기 오염을 경고하고 있다. 에어포칼립스는 공기를 의미하는 '에어'와 종말을 의미하는 '아포칼립스'를 합쳐 만든 말로, ㉠미세 먼지로 인한 대기 오염을 정화할 수 있다는 인식이 반영된 말이다. 실제로 최근 베이징의 미세 먼지 농도는 ㉡세계 보건 기구 권고 기준인 ㎥당 25μg의 약 40배보다는 조금 낮았다. 미세 먼지는 자동차 배기가스나 공장의 매연 등 화석 연료를 사용할 때 발생하는데, 베이징을 비롯한 중국의 많은 지역에서 ㉢화석 연료의 사용을 꺼리기 때문에 주변국에 비해 미세 먼지가 많아질 수밖에 없었던 것이다.
>
> 그런데 ㉣이는 비단 중국만의 문제가 아니다. 왜냐하면 중국의 미세 먼지가 우리나라에 당장 영향을 주기 때문이다. 특히 화석 연료인 석탄 사용이 증가하는 겨울철에 미세 먼지가 많이 발생하는데 이것이 서풍 또는 북서풍 계열의 바람을 타고 우리나라로 오게 된다. 그러면 국내에서 배출한 미세 먼지와 함께 혼합, 축적되어 미세 먼지의 농도가 높아지게 되는 것이다.

① ㉠: 미세 먼지로 인한 대기 오염으로 인해 종말이 도래했다
② ㉡: 세계 보건 기구 권고 기준인 ㎥당 25μg의 약 40배에 달할 정도로 매우 높았다
③ ㉢: 화석 연료를 주로 사용하기 때문에
④ ㉣: 이는 중국만의 문제로 국한된다

014

다음 글에 대해 평가한 내용으로 적절하지 않은 것은?

어린이집에 CCTV를 설치할 것인가에 대한 논의는 아동 인권 보호와 보육 교사의 인권 보장이라는 두 쟁점 사이의 균형을 요구한다. 찬성 측은 어린이들이 자기표현이 서툴기 때문에 외부에서의 감시 장치가 반드시 필요하다고 본다. 특히 아동 학대 사건이 반복되는 현실 속에서 CCTV는 예방 효과뿐 아니라 학대 발생 시 증거 확보 수단이 되며, 부모들도 일종의 안심 장치를 갖게 된다는 점에서 유익하다고 주장한다. 실시간 공개를 통해 학대 가능성을 더 낮출 수 있다는 의견도 제시되었다.

반면 반대 측은 CCTV가 있다고 해서 아동 학대가 사라지는 것이 아니며, 기존 사건들도 CCTV가 설치된 현장에서 발생했다는 점을 근거로 든다. 또한 실시간 영상 공개는 다수의 선량한 보육 교사를 잠재적 범죄자로 대우하는 결과를 낳고, 열악한 노동 환경에서는 오히려 보육 품질 저하를 초래할 수 있다는 우려를 드러낸다. 이에 따라 보육 교사의 인권과 근무 여건 개선이 먼저 고려되어야 한다는 주장이 제기된다.

결국 이 논쟁은 감시와 신뢰, 보호와 처우 개선의 균형 속에서 해법을 모색해야 할 사회적 과제를 드러낸다.

① 자기표현이 어려운 영유아가 피해자가 되는 사안에서, 불평등한 증언 환경을 보완하는 객관적 기록이 중요하다는 견해는 찬성 측의 주장을 강화한다.

② 지속적인 감시 속에서 긴장과 피로가 가중되어, 교사 이직률 상승·직무 스트레스 유발을 보고한 노동 연구는 찬성 측의 주장을 약화한다.

③ 영유아 사망 또는 상해 사고 발생 시 CCTV 영상이 책임 소재 명확화 및 신속 대응에 기여한 사례는 반대 측의 주장을 강화한다.

④ 교사에 대한 신뢰성이 이미 낮은 사회적 분위기에서 CCTV라는 제 3의 객관적 증거가 갈등을 최소화해 주는 역할을 했다는 보고는 반대 측의 주장을 약화한다.

[015~016] 다음 글을 읽고 물음에 답하시오.

젠트리피케이션은 도심의 노동계급 거주 지역이나 낙후된 지역이 중산층의 주거지나 상업지로 ⊙변화하는 현상을 의미한다. 이 과정에서 기존 주민과 상인들이 이주하거나 배제되는 사회적 변화가 동반된다. 서구와 한국 모두 이러한 젠트리피케이션이 도심의 낙후된 지역에서 ⓛ발생하며, 기존 공간이 새로운 계층이나 상업적 요소에 의해 재구성되는 공통점을 지닌다. 서구에서는 주로 도심부의 노후 주거지역에서 중산층이 저소득층을 대체하는 주거 젠트리피케이션이 주를 이루고, 한국 역시 서울 삼청동, 신당동, 한남동 등에서 젠트리피케이션이 활발하게 일어나고 있다.

그러나 서구와 한국의 젠트리피케이션은 진행 방식과 결과에서 뚜렷한 차이를 보인다. 서구의 젠트리피케이션은 10~20년에 걸쳐 점진적으로 주거지 중심으로 변화하며, 고급 부티크나 레스토랑 등 소규모 상업화가 ⓒ동반된다. 반면 한국의 젠트리피케이션은 정부의 도시재생 정책, 미디어 영향, 대형 프랜차이즈 중심의 상업화 등으로 인해 3~5년 만에 급격하게 상업지역과 관광지로 변모하는 경향이 강하다. 특히 임대료 상승 폭이 크고, 기존 소상공인과 예술가가 빠르게 밀려나는 점이 두드러진다.

또한 서구에서는 중산층의 이주와 정착이 젠트리피케이션의 핵심이지만, 한국에서는 중산층의 이주보다는 유동적인 방문객과 소비 중심의 상업화, 관광지화가 더욱 강조된다. 이로 인해 한국의 젠트리피케이션은 장소의 가치가 유행과 트렌드에 따라 급격히 변동하는 특징을 보이며, 주거지보다는 상업지와 관광지에서 더욱 뚜렷하게 나타난다. 이러한 차이는 도시화와 사회 변화의 속도, 정책 방향, 상업 문화 등 각국의 사회적·문화적 맥락에서 ⓔ기인된 것이다.

015

윗글의 중심 내용으로 가장 적절한 것은?

① 젠트리피케이션은 기존 주민과 상인이 새로운 환경에 서서히 적응할 수 있도록 변화 속도가 느린 것이 특징이다.

② 서구의 젠트리피케이션은 주로 주거지에서 점진적으로 진행되며, 한국은 상업지와 관광지에서 급격하게 일어난다.

③ 젠트리피케이션은 도시와 농촌 지역 모두 발생할 수 있으며, 그 결과 하층계급의 거주지가 중산층의 주거지나 상업지로 변화하게 된다.

④ 젠트리피케이션은 도심의 낙후된 지역이 주로 중산층의 주거지로 변화하는 현상으로, 이러한 변화가 한국에 비해 서구에서는 급격하게 발생한다.

016

윗글의 ⊙~ⓔ과 바꿔 쓸 수 있는 유사한 표현으로 적절하지 않은 것은?

① ⊙: 바뀌는
② ⓛ: 일어나며
③ ⓒ: 겹쳐진다
④ ⓔ: 비롯된

017

갑~병의 주장을 분석한 내용으로 적절한 것만을 <보기>에서 모두 고르면?

> **갑**: 자연환경을 보존하는 것은 인류의 생존에 무척 중요하다. 현실적으로 성장을 위해서는 개발을 피할 수 없겠지만, 지금처럼 무분별한 개발은 생태계 파괴를 초래하여 결국 인류의 지속적인 생존을 어렵게 만들 것이다. 인간 역시 자연의 일부이므로, 우리는 환경을 보호할 책임이 있다. 따라서 자연을 파괴하는 무분별한 개발 행위를 자제하고, 지속 가능한 개발 계획을 세워 자연과의 공존을 모색해야 한다.
>
> **을**: 개발은 성장에 필요하다. 하지만 환경을 해치지 않도록 신중하게 계획되어야 한다. 환경 파괴가 계속되면 인간 사회도 위기를 맞을 수밖에 없기 때문이다. 성장이 환경보다 우선한다는 생각은 단기간의 이익을 위해 장기간의 이익을 포기하는 것이나 다를 바가 없다. 그런 우를 범하지 않기 위해서 생태학적 관점에서 현 상황을 바라보는 태도가 중요하다.
>
> **병**: 자연을 보호하자는 데 동의하지 않는 사람은 없을 것이다. 하지만 자연환경을 보존하자는 생각이 지나치게 강조되면 발전이 지체되고 인류는 지금과 같은 문명의 혜택을 누릴 수 없게 될 것이다. 따라서 인간의 생존과 번영보다 자연을 우선시하는 태도는 경계해야 한다. 경제 발전을 위한 개발은 불가피하며, 때로는 환경 변화도 불가항력적인 현상으로 이해할 수 있다.

┌─ 보기 ─────────────────────────────────────┐
ㄱ. 갑의 주장과 을의 주장은 대립하지 않는다.
ㄴ. 을의 주장과 병의 주장은 대립하지 않는다.
ㄷ. 병의 주장과 갑의 주장은 대립하지 않는다.
└──┘

① ㄱ
② ㄴ
③ ㄱ, ㄴ
④ ㄴ, ㄷ

018

(가)와 (나)를 전제로 결론을 이끌어 낼 때, 빈칸에 들어갈 말로 가장 적절한 것은?

> (가) 금값이 오르면, 금융 시장의 변동성이 확대된다.
> (나) [ ].
> 따라서 금값이 오르면, 순금을 선호하는 소비자가 늘어난다.

① 금값이 오르지 않는다
② 금융 시장의 변동성이 확대된다
③ 금융 시장의 변동성이 확대되면, 순금을 선호하는 소비자가 늘어난다
④ 순금을 선호하는 소비자가 늘어나면, 금융 시장의 변동성이 확대되지 않는다

[019~020] 다음 글을 읽고 물음에 답하시오.

> 역차별은 기존의 차별적 구조를 바로잡기 위해, 오히려 기존의 우위 집단에 불이익을 주는 방식으로 실질적 평등을 추구하는 정책이나 제도를 의미한다. 이러한 논의는 미국에서 실제로 있었던 캘리포니아 의대 입학 사건을 통해 사회적으로 큰 쟁점이 되었다. 캘리포니아 의대에 지원한 ⊙베키는 일반전형에서 높은 점수를 받았음에도 불합격 통보를 받았다. 이는 100명 정원 중 8명을 흑인 학생 특별전형으로 선발하는 제도가 있었기 때문이다. 베키는 자신의 점수가 특별전형 합격생보다 높았음에도 불구하고, 인종을 이유로 불합격한 점을 들어 역차별이라고 주장하며 법원에 제소했다.
>
> 이 사건을 두고 베키의 주장을 반대하는 측은 대학의 학생 선발권과 사회적 약자에 대한 배려를 강조하면서, 흑인 학생들이 사회 구조적으로 불리한 환경에 놓여 있기 때문에 ⓒ특별전형을 통한 실질적 평등 실현이 필요하다고 주장했다. 또한 대학의 교육 목적에 따라 선발 기준이 다양해질 수 있음을 들어, ⓒ성적만을 절대적 기준으로 삼는 전형은 옳지 않다고 강조하였다. 그러나 그의 주장을 지지하는 측은 성적이 학생의 능력을 가장 객관적으로 보여주는 지표이기 때문에, ⓔ인종과 무관하게 동일한 기준을 적용하는 전형이 공정하다고 주장했다. 특별전형으로 인해 성적이 더 높은 지원자가 불합격하는 것은 오히려 (가)새로운 형태의 차별이라고 지적한 것이다.

019

윗글을 이해한 내용으로 적절하지 않은 것은?

① 사회적 약자는 교육·경제적 자본에서 구조적으로 불리한 위치에 있으므로 동일한 성적 기준이 오히려 불평등을 심화시킬 수 있다는 사회학적 분석은 베키를 반대하는 입장을 강화한다.
② 다양한 배경의 인재를 선발함으로써 사회 전체의 창의성·포용성을 높이고, 집단 내 소수자의 목소리를 반영할 수 있다는 주장은 베키를 반대하는 입장을 약화한다.
③ 특별전형으로 인해 오히려 사회적 약자 집단에 대한 반감이나 편견이 심화되는 부작용은 베키의 입장을 강화한다.
④ 동일 기준 적용이 겉보기에만 공정할 뿐, 실제로는 구조적 불평등을 방치한다는 비판은 베키의 입장을 약화한다.

020

⊙~ⓔ 중 (가)의 문맥적 의미와 유사한 것을 모두 고르면?

① ⓒ
② ⊙, ⓒ
③ ⓒ, ⓒ
④ ⓒ, ⓔ

모의고사
08회

시작 시간	시	분	초
종료 시간	시	분	초
총 소요 시간		분	초

001

다음 글의 ㉠~㉣을 <지침>에 따라 수정하는 방안으로 적절하지 않은 것은?

제목: ㉠동물보호의 날 기념을 위한 "동물보호의 날 기념행사"

1. 목적: ㉡민관 협력 추진과 업무 협약 체결로 올바른 반려 문화 확산
2. 행사 개요
   가. 일자: 2026. 9. 25.
   나. 장소: 부산 벡스코 제2전시장
   다. 주요 행사:반려가족 100팀이 참여하는 반려견 운동회, ㉢펫 케어 기업의 펫보험 · 장례 상담 운영
3. 신청 방식:㉣온라인 사전 신청

〈지침〉
○ 제목을 중복된 표현 없이 간결하게 쓴다.
○ 목적과 행사 개요를 행사의 주요 대상인 국민과 유관 기업을 중심으로 작성한다.
○ 신청할 수 있는 방식을 다양하게 제시한다.

---

① ㉠을 '동물보호의 날 기념행사 개최'로 수정한다.
② ㉡을 '국민의 동물복지 인식 제고와'로 수정한다.
③ ㉢을 '동물복지 헌장 선언식'으로 수정한다.
④ ㉣을 '온라인 사전 신청 및 현장 등록'으로 수정한다.

002

㉠~㉣ 중 적절하지 않은 것은?

제목: 국제 표준 획득을 위해 박차를 가하자.

Ⅰ. **서론**
   – 국제 표준의 개념과 의의

Ⅱ. **본론**
   1. **국제 표준 획득의 필요성**
      가. 국제 표준 선점을 통한 국가 발전의 기반 확보
      나. 국제 표준 획득을 통한 기업의 시장 장악력 확보 ·············· ㉠

   2. **우리나라의 국제 표준 획득 현황**
      가. 국제 표준 제안 및 획득 건수의 부족 ······························ ㉡
      나. 국제 표준이 될 수 있는 새로운 기술 개발 미흡
      다. 국제 표준 제정 기구 및 관련 국가와의 협력 부족

   3. **국제 표준 획득을 위한 방안**
      가. 체계적인 국제 표준 획득 프로그램 마련 및 실행
      나. 국제 표준을 획득할 수 있는 신기술 개발 장려 ··············· ㉢
      다. 수출 기업의 생산성 향상과 경쟁력 강화 ····················· ㉣

Ⅲ. **결론**
   – 제언: 국제 표준 획득을 위해 국가적 역량을 기울여야 한다.

---

① ㉠
② ㉡
③ ㉢
④ ㉣

003

다음 글에서 추론한 내용으로 가장 적절한 것은?

언어 사용자는 일상생활에서 적은 노력과 시간을 들여 최대의 효과를 낼 수 있는 의사소통을 추구하는 경향이 있다. 그러한 심리가 주된 동인이 되어 만들어지는 말 중의 하나가 '줄임말'이다. '줄임말'은 형식적인 감소 과정이 어떻게 이루어지느냐에 따라 2가지의 대표적인 유형으로 나눌 수 있다.

ㄱ. 가지다 → 갖다, 견디어 → 견뎌
ㄴ. 노동조합 → 노조, 몰래카메라 → 몰카

ㄱ은 음운론적인 과정을 통해 음절 수가 감소된 경우이다. 음운론적 차원에서 음절이 줄어든 준말은 음운이 '탈락'되거나 '축약'되면서 형성된다. 전자는 모음 중 한 모음이 생략됨으로써 형성되는 것으로, '마음 → 맘'과 같은 예가 이에 해당한다. 후자는 두 모음이 결합하면서 두 모음과는 다른 제3의 모음으로 바뀜으로써 형성되는 것으로, '사나이 → 사내'와 같은 예가 이에 해당한다. 이와 달리 ㄴ은 형식적인 감소 과정이 음운론적으로는 설명될 수 없는 예들이다. ㄴ은 단어와 단어가 연쇄되어 있을 때, 각각의 첫음절만을 연결해서 만든 것으로, 이러한 유형의 줄임말을 '두자어(頭字語)'라고 한다.

① '조심스러이 → 조심스레'는 ㄱ의 예에 해당한다.
② '디디고 → 딛고'는 ㄴ의 예에 해당한다.
③ '사나이 → 사내'는 음운의 탈락으로 인한 준말이다.
④ '한국은행 → 한은'은 음운의 축약이나 탈락으로 설명된다.

004

다음 글에 대한 이해로 적절하지 않은 것은?

능력주의는 실은 전통 사회에서의 귀속주의에 비하면 아주 근대화된 사회 풍토의 모습이다. 즉 한 개인의 사회적 진출, 지위, 보수가 그 개인의 능력이나 업적이 아닌 그가 속해 있는 생득적인 계급, 가문, 지연에 따라 결정되는 귀속주의보다는 근대화된 모습이라는 것이다. 때로는 아직도 여러 기관에서 능력 자체를 평가하기보다는 학벌을 따져서 직원을 채용하는 경우가 있는데, 이것도 귀속주의의 응어리라고 할 수 있다.

또 한편 우리는 '실력껏, 능력껏, 마음대로, 생각대로'라는 능력주의의 가치가 정치적 민주주의에서의 자유의 개념과 경제적 자본주의에서의 자유 경쟁의 원리와도 원칙적으로 불가분의 관계에 있다는 것에도 생각이 미쳐야 한다. 즉 능력주의가 바탕을 두고 있는 자유 없이는 정치적 민주주의도 그 빛을 잃고, 자유 경쟁 없이는 경제적 자본주의도 그 힘을 잃는다. 따라서 전통적 귀속주의의 청산을 위해서만 아니라, 우리가 선택한 민주적, 자본주의적 정치·경제 체제를 유지, 발전시키기 위해서도 능력주의는 적절하게 옹호될 수밖에 없다.

① 자유로운 경쟁 없이는 경제적 자본주의는 성립할 수 없다.
② 능력주의는 귀속주의에 비해 진보한 사회 체계로 볼 수 있다.
③ 학벌을 중시하는 풍토 역시 귀속주의의 한 면모로 볼 수 있다.
④ 선천적 재능에 따라 인력을 채용하는 것은 귀속주의의 관습으로 볼 수 있다.

005

다음 글에 대한 수정 방안으로 가장 적절한 것은?

모더니즘 예술가들은 예술의 순수성과 독자성을 강조하여 서로 다른 문화 간의 양식이나 이미지 차용을 ㉠활용했다. 이와 달리 개념 미술가들은 예술적 메시지의 전달을 위해 통속적이라 인식되었던 기성품들까지 작품의 오브제로 사용함으로써 기존의 예술 작품과 다른 양식의 작품을 ㉡창조했다. 특히 볼탕스키는 비전문가가 사적 일상이나 행사를 기록할 목적으로 찍은 아마추어 사진을 자신의 작품에 오브제로 사용하여 전시 공간으로 옮김으로써 새로운 미적 기능을 가지게 했다.

볼탕스키가 아마추어 사진을 오브제로 활용한 것은 그것이 갖는 특징인 이데오그램과 소시오그램에 주목했기 때문이다. 이데오그램은 사회가 공유하는 사진의 전형적 스타일을 의미하는데, 아마추어 사진에서의 정면을 바라보는 모습, 고정된 시선, 상황에 따른 정형화된 자세와 같은 전형적인 포즈 등을 예로 들 수 있다. 그리고 소시오그램은 개인들 간의 관계 양상을 드러내는 ㉢사회적 지표이다. 결혼식이나 축제 등을 기록하고 기념할 목적으로 찍은 아마추어 사진은 가족이나 사회 구성원들 간의 관계를 드러냄으로써 그들이 공동체의 구성원으로서 가지는 감정을 재확인하고 공동체의 결속을 ㉣이끄는 역할도 한다.

① ㉠: 거부했다   ② ㉡: 파괴했다
③ ㉢: 자의적   ④ ㉣: 파괴하는

006

(가)~(라)를 맥락에 맞추어 가장 적절하게 나열한 것은?

(가) 이처럼 일상에서 얻은 긍정적인 인식과 공감은 단순히 순간적인 감정에 그치지 않는다. 반복되는 일상에서 우리는 다양한 경험을 축적하며, 그 과정에서 점차 자기 성찰과 성장을 이룬다.

(나) 예컨대 평소에 무심코 지나쳤던 풍경이나 사람의 말 한마디가 어느 날 문득 마음에 깊은 울림을 주기도 한다. 이러한 순간적인 공감은 우리의 감정과 사고에 변화를 일으키고, 자신이 소중하게 여기는 가치나 태도를 내면화하는 계기가 된다.

(다) 긍정적인 경험뿐 아니라 때로는 실망이나 아쉬움도 내면의 변화를 촉진하는 중요한 자원이 된다. 결국 우리는 일상에서 얻은 크고 작은 깨달음을 통해 이전보다 더 성숙한 자아로 발전하게 되므로 일상적인 경험을 소홀히 여기지 않고 그 속에서 의미를 찾으려는 태도가 중요하다.

(라) 우리의 일상은 흔히 특별할 것 없는 반복의 연속처럼 느껴지지만, 실제로는 그 속에서 다양한 의미와 새로운 인식을 발견할 수 있다. 일상의 경험은 때로는 의식하지 못한 채 저장되었다가, 특정한 순간에 갑자기 떠오르며 우리에게 신선한 자극을 준다.

① (다) - (나) - (가) - (라)
② (다) - (라) - (나) - (가)
③ (라) - (나) - (가) - (다)
④ (라) - (다) - (나) - (가)

[007~008] 다음 글을 읽고 물음에 답하시오.

왕패 논쟁으로 불리는 주자와 진량의 사상 논쟁은 오랜 세월 동안 ㉠지속되었으며, 두 사람은 도(道)에 대한 해석에서 근본적으로 대립했다. 주자는 도가 인간의 노력이나 역사적 변화에 흔들리지 않는 초월적 실재이자, 영원불멸하는 존재라고 보았다. 그는 도가 인간 세상에 내재하지만, 사람이 도를 벗어나 살면 도가 ㉡훼손되어 멀어질 수 있다고 생각했다. 이런 관점에서 주자는 삼대(三代) 시대에는 도가 온전히 구현되었으나, 한당(漢唐) 이후로는 도가 훼손된 암흑기라고 규정했다. 즉 주자는 도의 본질적 항존성과 지상에서의 실현 가능성 사이의 격차를 중시했던 것이다.

반면 진량은 도의 내재와 지속에 대해 주자와는 다른 시각을 ㉢제시했다. 그는 도가 내재하는 방식이나 군주가 도를 경영하는 방법은 시대에 따라 달라질 수 있지만, 도 자체가 갑자기 사라지거나 도통(道統)이 단절될 수 있다고는 생각하지 않았다. 그래서 한당 이후 천오백 년을 도의 전수가 끊어진 암흑기로 간주하는 주자의 입장을 비판하면서, 그 시기 역대 군주들이 성취한 업적들을 단순히 비가 새는 구멍을 막는 초라한 행위로 치부하는 것은 ㉣부당하다고 주장했다. 비록 도가 삼대만큼 완벽하게 구현되지는 못했어도, 한당 이후에도 나름의 방식으로 모습을 갖추며 내재성이 지속적으로 보존·발전되었다는 것이다.

이처럼 주자와 진량의 논쟁은 도의 본질과 인간 사회에서 도가 어떻게 실현되고 변화하는가에 대한 깊은 사유를 담고 있다. 주자는 도의 초월성과 이상적 실현을 중시하여 역사를 엄격하게 평가한 반면, 진량은 도의 유동성과 현실적 실천 가능성을 강조하며 역사의 연속성과 발전을 긍정적으로 해석했다.

007

윗글에서 추론한 내용으로 가장 적절한 것은?

① 주자는 도가 인간의 노력에 의해 쉽게 변화한다고 보았다.
② 진량은 도의 내재성은 인정하였지만 도의 초월성은 부정했다.
③ 진량과 달리 주자는 군주가 도를 경영하는 방식의 변화를 긍정했다.
④ 주자와 달리 진량은 도의 실현 방식이 시대에 따라 달라질 수 있다고 보았다.

008

㉠~㉣과 바꿔 쓸 수 있는 유사한 표현으로 적절하지 않은 것은?

① ㉠: 이어졌으며
② ㉡: 망가져
③ ㉢: 마련했다
④ ㉣: 잘못되었다

[009~010] 다음 글을 읽고 물음에 답하시오.

일반 상대성 이론의 핵심은 절대적인 시공간이 존재하지 않고, 물질의 질량이 시공간을 휘게 한다는 것이다. 이 이론에 따르면 큰 질량을 가진 은하단은 시공간을 심하게 ㉠비틀고, 이 공간을 지나는 빛의 경로도 함께 휘게 만든다. 이처럼 은하와 같은 거대한 천체의 강력한 중력은 마치 렌즈와 같은 역할을 해서 멀리서 오는 빛을 휘어지게 하는데, 이를 중력 렌즈 현상이라 부른다. 이는 천체에서 방출된 빛이 지구에 ㉡다다르는 과정에 강력한 중력을 가진 은하가 마치 렌즈와 같은 역할을 하여, 천체가 여러 개로 보이거나 원래의 밝기보다 더 밝게 보이는 등 다양한 방식으로 왜곡되어 보이는 현상이다.

중력 렌즈 현상은 광원인 초신성과 렌즈 역할을 하는 천체, 그리고 관측자 간의 상대적 위치에 따라 다양하게 왜곡된다. 먼저 빛의 광원인 초신성, 렌즈 역할을 하는 거대 은하, 그리고 지구가 일직선으로 있으면 초신성의 빛이 강력한 중력을 가진 은하를 지나면서 은하의 바깥쪽으로 균일하게 휘어지게 되는데, 이 경우 지구에서 보면 초신성이 마치 둥근 고리처럼 보인다. 이와 달리 초신성과 은하, 지구가 일직선에 있지 않으면 초신성 빛은 네 갈래로 갈라져, 지구에서 보면 각기 다른 네 개의 별이 십자가 모양으로 ㉢흩어져 있는 것처럼 관측된다.

이 외에도 중력 렌즈 역할을 하는 천체의 질량이 복잡하게 분포할 경우에는 초신성이 여러 개의 잘린 원호로 보이기도 한다. 한편 빛이 볼록 렌즈를 통과하여 한데 ㉣모이는 것처럼 중력 렌즈 현상으로 인해 천체의 밝기가 증폭되어 보이기도 한다. 그리고 이러한 중력 렌즈 현상을 이용하면 수십억 광년 떨어진 천체들을 관측할 수 있다.

009

윗글을 이해한 내용으로 적절하지 않은 것은?

① 천체의 밝기는 중력 렌즈 현상으로 인해 원래보다 증폭되어 보일 수 있다.
② 일반 상대성 이론에 따르면 물질의 질량에 따라 시공간의 왜곡 정도가 달라진다.
③ 중력 렌즈 역할을 하는 은하단의 질량이 클수록 중력 렌즈 현상이 두드러지게 나타난다.
④ 초신성의 빛이 중력 렌즈 역할을 하는 은하의 바깥쪽으로 고르게 휘어지면 지구에서는 십자가 형상처럼 보인다.

010

㉠~㉣과 바꿔 쓸 수 있는 유사한 표현으로 적절하지 않은 것은?

① ㉠: 왜곡시키고
② ㉡: 경유하는
③ ㉢: 분포돼
④ ㉣: 합쳐지는

성선설을 주장한 맹자는 모든 인간은 내면에 선한 마음을 지니고 있어 스스로 도덕적 행위를 실현할 수 있다고 보았다. 이 관점은 국가권력이나 사회 규범과 같은 외부적 통제를 불필요하게 여겼으며, 후대 지식인들이 왕권에 저항하는 논리로 활용되기도 했다. 그러나 순자는 이러한 맹자의 입장을 비현실적이라 비판하며, 인간 본성이 악하다는 성악설을 제시했다. 순자에 따르면 인간은 타고난 욕망은 ㉠끝없으나 재화는 한정되어 있어, 방치 시 사회적 혼란과 갈등이 필연적으로 발생한다고 보았다.

순자는 사회 질서 유지를 위해 외부적 강제력이 필수적이라고 강조했다. 인간의 악한 본성을 교화하기 위해 선왕(聖王)이 제정한 예의와 전장법도－규범, 법률, 제도－가 필요하다고 주장했다. 특히 서로 다투어 재화가 바닥나는 상황을 ㉡막으려면, 욕망을 분수에 맞게 조절하는 예(禮)의 시스템이 핵심적이라 보았다. 이는 맹자의 자력에 의존한 도덕 실현론과 대비되며, 혼란한 전국 시대 현실을 직시한 현실주의적 접근이었다. 당시 순자의 사상은 맹자보다 더 광범위한 영향력을 ㉢드러냈는데, 이는 전쟁과 분열 속에서 실용성 있는 해법을 제시했기 때문이다.

한나라 통일 이후 이상주의적 색채가 강한 맹자의 유학이 공식 이데올로기로 채택되면서, 순자의 사상은 이단으로 밀려났다. 그러나 통일 제국 이전의 혼란기에는 순자의 현실 감각이 더욱 효과적이었다. 자원 갈등과 사회적 불평등이 점점 ㉣격해지는 현대 사회에서도 순자가 주장한 강력한 제도와 공정한 분배 메커니즘을 통한 욕망의 관리는 여전히 유효한 해석 틀을 제공한다.

011

윗글의 순자의 주장을 강화하는 것만을 <보기>에서 모두 고르면?

―┤ 보기 ├―
ㄱ. 인간은 외적 작용이 없더라도 도덕적 행위를 실천할 수 있다.
ㄴ. 인간이 가진 욕망이 도덕적 행위를 가로막는 원인이 될 수 있다.
ㄷ. 정치 제도의 질서를 통해 인간의 본성은 화평하게 교화될 수 있다.

① ㄱ
② ㄴ
③ ㄱ, ㄷ
④ ㄴ, ㄷ

012

㉠~㉣과 바꿔 쓸 수 있는 유사한 표현으로 적절하지 않은 것은?

① ㉠: 무한(無限)하나
② ㉡: 예단(豫斷)하려면
③ ㉢: 발휘(發揮)했는데
④ ㉣: 첨예화(尖銳化)되는

원시적 언어 단계는 언어와 사고가 독립적으로 발달하는 만 2세까지의 영아기에 해당한다. 이 시기는 '지능 이전의 말' 혹은 ㉠'말 이전의 지능'이 서로 공존하는 단계로, 언어와 사고 발달이 모두 미약한 상태이다. 이 단계에서 언어는 갓난아기의 울음과 같은 정서적 형태를 띠거나, ㉡'엄마'나 '맘마'와 같이 부모가 반복적으로 들려주는 특정 단어에 반응하는 정도로만 나타난다.

외적 언어 단계는 사고가 단어나 문장과 같은 언어의 형태로 변형되어 나타나는 단계이다. 외적 언어란 타인과 의사소통을 하기 위해서 우리가 일상생활에서 사용하는 언어를 가리키는데, 만 2세경부터 시작되어 이후 언어 단계에 들어서도 지속된다. 아동은 이 단계에 들어서 비로소 사회적 의사소통이 가능해진다. 외적 언어 단계에서 아동은 문법에 대한 이해 없이 문장을 만들어 사용할 수 있다는 점이 특징적이다. 예를 들어 아동은 인과 관계나 시제에 대한 이해 없이도 자연스럽게 ㉢'왜냐하면'과 같은 부사나 과거 시제를 사용하여 문장을 만들 수 있다.

자기중심적 언어 단계는 만 3세에서 6세 사이에 나타난다. 자기중심적 언어란 아동이 자신의 사고 과정을 마치 중얼거리듯이 ㉣혼잣말로 표현하는 것으로, 주로 아동의 놀이 장면에서 많이 발견된다. 이 단계의 아동은 타인과 의사소통을 할 때는 외적 언어를 사용하지만, 스스로의 문제를 해결하는 과정에서 자기중심적 언어를 사용하는 경향이 나타난다. 자기중심적 언어는 단어나 문장을 사용하여 자신의 생각을 표현한다는 점에서 형태상 외적 언어와 같지만, (가)타인과의 의사소통을 위한 언어가 아니라는 점에서 외적 언어와 구분된다.

013

윗글에서 추론한 것으로 적절하지 않은 것은?

① 청자의 유무에 따라서 자기중심적 언어냐 외적 언어냐를 구별할 수 있다.
② 외적 언어 단계에 접어든 아이의 경우 자신의 의사를 상대에게 전달할 수 있다.
③ 만 4세 아이의 혼잣말은 스스로의 문제를 해결하기 위한 외적 언어로 볼 수 있다.
④ 만 1세 미만의 아이에게서 나타나는 언어 활동은 지능과 무관하게 나타날 수 있다.

014

㉠~㉣ 중 (가)와 문맥적 의미가 유사한 것은?

① ㉠
② ㉡
③ ㉢
④ ㉣

015

다음 글의 내용이 참일 때, 반드시 참인 것은?

'내일로 2.0'은 전 국민 누구나 7일간의 자유여행을 즐길 수 있도록 KTX와 일반열차의 좌석을 지정하여 이용할 수 있는 패스이다. KTX, ITX-마음, ITX-청춘, ITX-새마을, 무궁화호, 누리로의 좌석 이용과 관련하여 다음 사실들이 알려졌다.

○ KTX 좌석을 이용한 사람은 ITX-마음 좌석도 이용한다.
○ 무궁화호 좌석을 이용한 사람은 누리로 좌석도 이용한다.
○ ITX-청춘 좌석을 이용한 사람은 ITX-새마을 좌석도 이용한다.
○ ITX-새마을 좌석과 누리로 좌석 가운데 적어도 한 좌석을 이용한 사람은 ITX-마음 좌석을 이용하지 않는다.

① 누리로 좌석을 이용한 사람은 KTX 좌석도 이용한다.
② ITX-청춘 좌석을 이용한 사람은 KTX 좌석도 이용한다.
③ KTX 좌석을 이용한 사람은 무궁화호 좌석을 이용하지 않는다.
④ ITX-새마을 좌석을 이용하지 않은 사람은 누리로 좌석도 이용하지 않는다.

016

다음 빈칸에 들어갈 말로 가장 적절한 것은?

국립농산물품질관리원은 농산물우수관리 인증을 활성화하고 농산물의 판로를 확대하기 위하여 우수사례를 발굴하고 홍보하는 경진대회를 개최하려고 한다. 생산, 유통, 지자체 세 부문별로 우수사례들이 선정될 예정이다. 주최 측에 따르면 생산 부문을 평가하는 심사 위원은 모두 유통 부문을 평가한다. 그런데 유통 부문을 평가하지만 지자체 부문은 평가하지 않는 심사 위원이 있다. 또한 ⬚⬚⬚⬚⬚⬚⬚⬚⬚⬚⬚⬚⬚⬚⬚. 따라서 유통 부문만 평가하는 심사 위원이 적어도 한 사람은 있다.

① 유통 부문을 평가하는 심사 위원은 모두 생산 부문을 평가한다
② 지자체 부문을 평가하는 심사 위원은 모두 생산 부문을 평가한다
③ 유통 부문을 평가하는 심사 위원은 누구도 생산 부문을 평가하지 않는다
④ 지자체 부문을 평가하는 심사 위원은 누구도 생산 부문을 평가하지 않는다

017

다음 진술이 모두 참일 때 반드시 참이라고 할 수 없는 것은?

○ 갑이 점심 메뉴로 김밥을 주문하면 라면도 주문한다.
○ 갑이 점심 메뉴로 비빔밥을 주문하면 된장찌개도 주문한다.
○ 갑이 점심 메뉴로 김밥과 비빔밥 중 적어도 하나는 주문한다.

① 갑이 점심 메뉴로 김밥을 주문하지 않으면 라면도 주문하지 않는다.
② 갑이 점심 메뉴로 라면을 주문하지 않으면 비빔밥을 주문한다.
③ 갑이 점심 메뉴로 비빔밥을 주문하지 않으면 김밥을 주문한다.
④ 갑이 점심 메뉴로 된장찌개를 주문하지 않으면 라면을 주문한다.

018

다음 글을 이해한 내용으로 가장 적절한 것은?

조선 후기의 가사는 개인의 삶과 내면을 섬세하게 조명하는 문학 양식으로, 화자가 자신의 현실을 어떻게 인식하고 대응하는지를 잘 보여준다. 이 시기 가사 작품들은 사회적 혼란이나 개인적 고난 등 다양한 현실 문제를 배경으로 삼으면서도, 단순한 고통의 호소에 머물지 않고 화자의 정서적 반응과 태도를 중점적으로 드러낸다.

예를 들어, 화자는 자신이 처한 곤궁한 상황이나 사회적 제약을 한탄하면서도, 그 현실을 냉철하게 인식하고 스스로의 삶을 성찰하는 태도를 보인다. 때로는 세속적 욕망이나 외부 환경에 휘둘리지 않으려는 의지, 또는 자연이나 소박한 일상에서 위안을 찾으려는 모습도 나타난다.

이러한 대응 태도는 단순히 현실을 도피하거나 체념하는 것이 아니라, 자신의 내면을 돌아보고 삶의 의미를 재정립하려는 적극적 자세로 해석할 수 있다. 조선 후기 가사에서 화자는 종종 자연과의 교감을 통해 마음의 평온을 찾거나, 절제와 인내를 통해 현실의 고통을 극복하려는 의지를 드러낸다. 이는 당시 사회의 변화 속에서 개인이 겪는 불안과 갈등을 문학적으로 승화시키는 과정이라 할 수 있다.

① 조선 후기 가사에서는 자연과의 교감에 집중하며 현실의 고통을 외면하려는 태도가 나타난다.
② 조선 후기 가사에서는 사회적인 문제보다는 개인적 고난에 초점을 둔 대응 태도를 중점적으로 드러낸다.
③ 조선 후기 가사에서는 소박한 일상적 모습보다는 인내와 절제를 통해 내면을 다지는 모습이 주를 이룬다.
④ 조선 후기 가사는 사회 변화 속에서 고통받는 개인의 내면과, 대응 방안으로서의 성찰적 태도를 보여준다.

019

다음 글의 논지를 약화하는 것으로 가장 적절한 것은?

고도화된 로봇 자동화 기술은 생산 효율성을 혁신적으로 높이고 각종 산업의 비용을 절감할 것으로 기대된다. 이론적으로 이러한 기술을 도입하면 제조업, 유통, 서비스 등 다양한 분야에서 기업들은 인건비·운영비 부담을 대폭 줄일 수 있고 제품과 서비스의 품질 또한 향상시킬 수 있다. 하지만 로봇 자동화 기술의 무분별한 확산이 사회 경제적 불평등을 심화시킬 것이라는 우려가 제기된다. 그렇다면 로봇 자동화 기술의 전면적 도입은 정당화될 수 있는가?

로봇 자동화 기술이 무제한적으로 도입된다면, 대기업과 첨단 기술을 소유한 기업들은 막대한 자본력으로 빠르게 자동화 설비를 구축하여 경쟁 우위를 선점하게 된다. 그러나 중소기업과 저소득 노동자들은 기술과 자본의 부족으로 자동화 흐름에 쉽게 편입되지 못하고 경제적 불이익을 겪게 된다. 이로 인해 사회 내 계층 간 소득 격차가 더욱 커지고, 자동화의 혜택은 소수에게 집중되는 결과를 낳는다. 이는 사회 전체의 지속적인 경제 성장과 포용적 발전을 저해하는 결과로 이어질 것이다.

① 모 유통기업은 대규모 자동화 로봇을 물류센터에 도입해 운영 효율은 대폭 올라갔지만, 저임금 일자리는 대폭 축소되고 남은 사람들에게는 높은 강도의 노동이 요구되고 있다.

② 몇몇 유럽 국가는 로봇세, 자동화 이익 공유 기금 등을 통해 자동화 도입에 따른 이익을 사회 전체에 환원하고, 구조조정 대상자 지원 정책으로 사회적 불평등을 최소화하고 있다.

③ 한국에서는 무인 편의점, 키오스크 확산 등으로 청년·고령층 아르바이트 일자리가 크게 줄어들고 있으며, 저소득층이 자동화 흐름에 밀려 일자리와 소득 확보에 어려움을 겪고 있다.

④ 독일·일본 등 선진국 자동차 대기업들은 대규모 자동생산라인 구축으로 생산단가를 낮추고 시장 점유율을 확대할 수 있었으나, 중소 협력사들은 투자자본 부족 등으로 자동화에 적응하지 못해 도태되는 사례가 잦아졌다.

020

다음 대화에 대한 평가로 적절한 것만을 모두 고르면?

갑: 복지 사각지대는 우리 사회에서 여전히 심각한 문제로 작용하고 있어. 저소득층이나 노인, 장애인과 같은 취약계층이 복지 혜택에서 소외되는 경우가 많아. 그러니 정부가 지역사회 복지 인프라를 강화하는 데 집중해야 한다고 생각해.

을: 복지 사각지대 문제는 단순한 서비스 부족 때문이 아니라 사회 구조적인 문제와 얽혀 있어. 따라서 경제적 불평등, 고용 불안과 정보 접근성 문제까지 포함해 포괄적인 사회 안전망 강화와 복지 체계 전반의 혁신이 필요하다고 봐. 특히 단기적인 지원은 중복 지원의 원인이기도 하기 때문에 이보다는 각 서비스 간의 연계와 관리에 중점을 둔 지속 가능한 정책을 도입하는 것이 매우 중요하다고 생각해.

갑: 물론 복지 체계의 전반적 혁신이 필요하지만, 현재 즉각적인 지원이 필요한 위기 가구가 많아. 이들은 당장 하루하루가 힘든 사람들이야. 이들을 위해 정부는 신속하게 복지 사각지대를 파악한 후 그들을 위한 긴급 지원을 확대해야 한다고 생각해.

ㄱ. 경제적 불평등과 정보 격차 해소보다는 단기적인 취약계층 복지 지원 확대에 집중한 결과, 근본적 문제 해결이 이루어지지 않고 있다는 주장은 갑과 을의 입장을 약화한다.

ㄴ. 긴급복지지원 제도를 통한 단기 지원 확대로 많은 가구가 위기 상황을 벗어난 사례는 갑의 입장을 강화한다.

ㄷ. 복지 서비스 간 연계가 부족하여, 지원 대상에서 누락되거나 중복 지원되는 경우가 발생하는 등 정책 효율성이 떨어진 사례는 을의 입장을 강화한다.

① ㄴ
② ㄱ, ㄴ
③ ㄱ, ㄷ
④ ㄴ, ㄷ

모의고사
09회

001

<공공언어 바로 쓰기 원칙>에 따라 수정한 것으로 적절하지 않은 것은?

〈공공언어 바로 쓰기 원칙〉
○ 간결하고 명료한 문장 사용
  ㉠불필요한 피동 표현을 사용하지 않음.
○ 여러 뜻으로 해석되는 표현 삼가기
  ㉡하나의 뜻으로 해석되는 문장을 사용함.
○ 조사 · 어미 등 생략 시 어법 고려
  ㉢조사, 어미, '-하다' 등을 지나치게 생략하지 않음.
○ 영어 번역 투 삼가기
  ㉣스스로 움직이지 않는 사물이나 추상적 대상이 능동적 행위의 주어로 나오는 문장을 사용하지 않음.

① "약물 복용에 각별히 주의해야 합니다."를 ㉠에 따라 "약물 복용에 각별히 주의가 요구됩니다."로 수정한다.
② "국장은 의료계 관계자들과 국민의 건강에 관하여 논의하였다."를 ㉡에 따라 "국장은 의료계 관계자들을 만나 국민의 건강에 관하여 논의하였다."로 수정한다.
③ "한미 정상회담 계기 공동성명 발표하여 전략 동맹 발전의 원칙과 방향을 제시하였다."를 ㉢에 따라 "한미 정상회담을 계기로 공동성명을 발표하여 전략 동맹 발전의 원칙과 방향을 제시하였다."로 수정한다.
④ "이 설문조사 결과는 실업난 해소 정책을 시급히 마련해야 한다는 점을 말해 주고 있다."를 ㉣에 따라 "실업난 해소 정책을 시급히 마련해야 한다는 점을 이 설문조사 결과에서 알 수 있다."로 수정한다.

002

다음 글을 이해한 내용으로 가장 적절한 것은?

김광균은 시의 회화성을 중요하게 여겼다. 그는 시 창작 과정에서도 회화적 표현을 의식하며 시 속 장면과 대상들을 생생하게 묘사하고자 노력했다. 이러한 시인의 노력은 시가 단순한 언어 나열이 아니라 한 폭의 그림처럼 독자의 눈앞에 펼쳐지는 이미지임을 보여 준다.

대표적인 작품인 「외인촌」에서는 산협촌의 풍경을 다양한 대상물을 통해 묘사하고 있다. 이 시에서는 명암과 색채, 선과 면의 대비가 다채롭게 활용되어 감각적이고 입체적인 이미지를 형성한다. 이를 통해 단순한 자연 묘사를 넘어 시각적 효과가 극대화되며, 독자는 시를 읽으면서 마치 그림을 감상하는 듯한 심미적 경험을 하게 된다. 김광균은 이러한 회화적 기법을 통해 시적 공간에 깊이와 생명력을 부여하며, 시어 하나하나가 시각적 인상을 강하게 남기도록 시를 구성하였다.

김광균의 시는 회화성을 바탕으로 한 묘사력을 통해 독자의 감각을 자극하고, 시와 회화의 경계를 허문 독특한 미학적 가치를 지닌다. 그의 시가 지닌 이러한 특성은 한국 현대 시에서 시각적 이미지의 중요성을 새롭게 인식하게 하는 계기가 되었다.

① 김광균은 시에서 그림의 효과를 내기 위해 언어를 배제하려 노력했다.
② 김광균은 시각 이미지를 중시하여 회화적 기법을 활용해 시를 창작하였다.
③ 「외인촌」은 명암과 색채의 대비를 줄여 감각적이고 입체적인 이미지를 형성한 작품이다.
④ 김광균의 시적 경향은 단순한 자연 묘사를 넘어 시와 회화의 경계를 분명히 하는 양상을 보인다.

003

다음 글에서 추론한 내용으로 적절하지 않은 것은?

'이것', '저것', '그것'은 말할 때 화자와 청자의 위치나 상황에 따라 뜻이 달라지는 지시어다. '이것'은 화자가 가까이 있는 대상을 가리킬 때 쓰이며, 화자의 관점이 반영된다. 예를 들어 "이것은 내가 만든 케이크야."라고 할 때처럼 말이다. 반면 '저것'은 화자와 청자 모두에게서 멀리 떨어진 대상을 지칭하며, "저것은 오래된 다리야."와 같은 문장에서 볼 수 있다. 한편 '그것'은 주로 청자에게 가까운 대상을 나타내거나, 이미 대화 속에서 언급되어 서로 알고 있는 대상을 가리키는 경우가 많다. "그것에 대해서는 내가 자세히 설명할게."라는 표현이 여기에 해당한다.

이처럼 각각의 지시어는 담화 상황과 관련 인물들의 위치, 그리고 대화의 맥락에 따라 의미가 달라진다. 따라서 말할 때 이 지시어들을 어떻게 쓰느냐에 따라 의사소통의 정확성과 자연스러움이 크게 좌우되며, 화자와 청자 모두가 상황과 맥락을 잘 파악해야 서로 오해 없이 효과적인 대화가 이루어진다. 이런 점에서 '이것', '저것', '그것'은 단순한 지시어를 넘어 담화의 중요한 역할을 담당한다.

① "이것은 에펠탑이다."에는 화자의 관점이 반영된 지시어가 사용되었다.

② "저것은 내 물건이야."에서 '물건'은 청자에게서 멀리 떨어진 공간에 위치해 있다.

③ '이것', '저것' 등의 지시어를 사용하면 상황을 모르더라도 의사소통의 정확성이 높아진다.

④ "그것은 세상에서 나만 알고 있는 생명체야."에서 '그것'은 이미 대화 속에서 언급되어 서로 알고 있는 대상을 나타낸다.

004

다음 글의 내용이 참일 때, 반드시 참인 것은?

친환경 주택 건설 기준은 공동 주택이 소비하는 에너지를 줄일 수 있게 건설하도록 규정한 것이다. 이와 관련하여 다음과 같은 사실들이 알려졌다.

○ 공공부문에서 친환경 주택 건설 기준을 강화한다면 공동 주택이 소비하는 에너지를 줄인다.

○ 민간에서 친환경 주택 건설 기준을 개정하면서 공동 주택이 소비하는 에너지를 줄이는 경우도 있다.

○ 공공부문에서 친환경 주택 건설 기준을 강화하지 않는다면 공동 주택이 소비하는 에너지를 줄이지 못한다.

○ 민간에서 친환경 주택 건설 기준을 개정한다면 탄소 중립을 실현하기 위한 온실가스 감축 노력에 부응한다.

① 민간에서 친환경 주택 건설 기준을 개정한다면 공공부문에서 친환경 주택 건설 기준을 강화한다.

② 공동 주택이 소비하는 에너지를 줄이면서 민간에서 친환경 주택 건설 기준을 개정하지 않는 경우도 있다.

③ 탄소 중립을 실현하기 위한 온실가스 감축 노력에 부응한다면 민간에서 친환경 주택 건설 기준을 개정한다.

④ 공공부문에서 친환경 주택 건설 기준을 강화하면서 탄소 중립을 실현하기 위한 온실가스 감축 노력에 부응하는 경우도 있다.

005

<지침>에 따라 <개요>를 작성할 때 ㉠~㉣에 들어갈 내용으로 적절하지 않은 것은?

〈지침〉

○ 서론은 중심 소재와 관련된 실태와 문제 제기를 1개의 장으로 작성할 것.

○ 본론은 제목에서 밝힌 내용을 2개의 장으로 구성하되 각 장의 하위 항목끼리 대응되도록 작성할 것.

○ 결론은 기대 효과와 향후 과제를 1개의 장으로 작성할 것.

〈개요〉

○ 제목: 청년층 대장암의 증가 원인과 해소 방안

Ⅰ. 서론
 1. 청년층 대장암의 개념 및 현황
 2. ㉠
Ⅱ. 청년층 대장암의 증가 원인
 1. ㉡
 2. 가족력에 대한 인식 부족 및 건강 검진 지원 미비
Ⅲ. 청년층 대장암의 해소 방안
 1. 건강한 생활 습관 형성을 위한 캠페인 추진
 2. ㉢
Ⅳ. 결론
 1. ㉣
 2. 청년층 대장암의 실질적이고 지속적인 해소 방안 마련

① ㉠: 청년층 대장암의 증가에 따른 사회적 비용의 증가

② ㉡: 서구화된 식습관과 운동 부족 등 생활 습관의 변화

③ ㉢: 가족력 기반 맞춤형 안내 제공 및 정기 검진 지원 확대

④ ㉣: 대장암 환자의 치료 접근성 강화를 위한 전문 병원 설립

006

다음 문장에 이어질 글의 순서로 가장 적절한 것은?

한국 전통 건축의 목구조는 못을 안 쓰고도 서로 맞물리는 독특한 결구 방식으로 구성되어 있다.

(가) 그런데 한국 목구조의 참멋은 이 모든 장점을 숨기지 않고 그대로 드러내 놓는 데에 있다. 한국의 전통 건물은 외관은 물론이고 실내에서도 건물의 구성 원리를 과다한 장식물로 가리거나 기교적으로 변형시키지 않고 있는 그대로 노출시키고 있다.

(나) 그러나 발가벗었다고 모든 건물이 구조 미학의 가치를 갖는 것은 아니다. 여기에 추가하여 구조 미학은 군더더기 없는 최소성과 이로부터 얻어지는 구조적 효율성을 조건으로 갖는다.

(다) 목구조는 수많은 부재들끼리 서로 의존하는 절묘한 균형력을 기초로 만들어지기 때문에 한번 잘 짜이기만 하면 돌덩이보다도 더 단단한 구조적 안정성을 갖는다는 장점이 있다.

(라) 이것을 통해 우리는 하나의 구조물이 자리 잡게 되는 구조와 원리를 알 수 있게 되는데, 이처럼 건축물 구조의 뼈대에서 느낄 수 있는 아름다움을 구조 미학이라고 부른다.

① (가) - (다) - (나) - (라) ② (가) - (라) - (다) - (나)

③ (다) - (가) - (라) - (나) ④ (다) - (나) - (가) - (라)

[007~008] 다음 글을 읽고 물음에 답하시오.

「삼대」는 조씨 집안 삼대의 인물들을 통해 1920년대 한국 사회의 급격한 변화와 그 이면에 깔린 갈등을 사실적으로 그려 낸 소설이다. 이 작품은 봉건적 유교 가치관이 여전히 남아 있으면서도, 근대 자본주의의 논리가 점차 사회 전반에 ㉠퍼지는 과도기를 배경으로 한다. 조 의관은 전통적 신분과 지위를 중시하는 인물이지만, 동시에 자본에 대한 집착이 강해진 모습을 보인다. 그는 과거의 권위와 체면을 지키려 하면서도, 현실적으로는 돈의 힘을 인정하고 이에 의존한다. 반면, 그의 아들 조상훈은 근대적 교육을 받은 개화기의 세대를 대표하지만, 실제로는 위선적이고 자본을 다루는 방식에서도 아버지와 크게 다르지 않다.

이처럼 두 인물 간의 갈등은 표면적으로는 가치관의 차이, 즉 전통과 근대, 유교와 자본주의의 대립으로 보이지만, 그 근본에는 '자본'이라는 새로운 가치가 자리 잡고 있다. 특히 '돈을 어떻게 사용할 것인가'에 대한 이견은 가족 내 갈등을 넘어, 당대 사회 전체의 혼란과 변화를 상징한다. 손자 세대에 이르면 전통과 근대, 자본과 도덕 사이에서 혼란을 ㉡겪으며 새로운 정체성을 ㉢찾는 모습이 나타난다.

「삼대」는 이처럼 세대별 인물들의 갈등과 변화를 통해, 전통적 질서가 해체되고 자본이 새로운 사회적 기준으로 떠오르는 과정을 생생하게 보여준다. 또한 가족 내 갈등을 통해 근대 사회로의 이행기 한국인의 정체성 혼란과 가치관의 재편 과정을 깊이 있게 ㉣바라본다. 이러한 점에서 「삼대」는 단순한 가족사 소설을 넘어, 시대적 변동 속에서 인간과 사회가 겪는 복합적 갈등을 섬세하게 그려 낸 근대문학의 대표작이라 할 수 있다.

007

윗글을 이해한 내용으로 적절하지 않은 것은?

① 조 의관은 전통적 신분과 지위를 중시하면서도 자본에 집착하는 이중적인 모습을 보인다.

② 「삼대」는 가족사 소설을 넘어 근대 사회로의 이행기 한국인의 정체성 혼란과 가치관 재편 과정을 조명한다.

③ 조상훈은 근대적 교육을 받았음에도 불구하고 위선적이고 자본을 다루는 방식에서도 아버지와 크게 다른 면을 보인다.

④ 「삼대」의 세대별 인물들의 갈등은, 시대적 변동 속 전통과 근대, 자본과 도덕 등 인간과 사회의 복합적 갈등을 반영한다.

008

㉠~㉣과 바꿔 쓸 수 있는 유사한 표현으로 적절하지 않은 것은?

① ㉠: 확산(擴散)되는

② ㉡: 경험(擴散)하며

③ ㉢: 모색(摸索)하는

④ ㉣: 관측(觀測)한다

009

다음 글의 ㉠~㉣ 중 어색한 곳을 찾아 수정한 것으로 적절하지 않은 것은?

㉠고속도로에서 발생하는 교통 정체는 차량을 많이 운행해서 발생하는 현상이다. 실제로 신호등이 없는 고속도로에서도 자주 정체가 발생하는데, 이를 '유령 정체'라고 부르기도 한다. ㉡교통 전문가들은 고속도로 정체의 가장 큰 원인으로 차선 변경 없이 한 차선으로만 운행하는 것을 꼽는다. 고속도로에 차량이 진입하면 일단 정렬이 이루어지기 때문에, 단순히 차량이 많아서가 아니라, ㉢한 차량의 차선 변경이 연쇄적으로 다른 차량의 차선 변경을 유발하면서 전체 도로에 정체가 발생하는 것이다. 예를 들어, 4차선 고속도로에서 한 차량이 2차선에서 3차선으로 이동하면, 3차선 차량은 속도를 유지하기 위해 4차선으로, 4차선 차량은 다시 3차선으로 이동하는 등 차선 변경이 이어진다. 실험 결과, 한 차량의 차선 변경이 시작된 후 20분이 지나지 않아 도로 전체에 정체가 발생하는 것으로 나타났다.

그런데 ㉣많은 운전자들은 자신이 추월한 차량은 잊지 못하고, 자신보다 더 빨리 가는 차량은 금방 잊는 경향이 있다. 이로 인해 더 빠르게 가기 위해 차선을 자주 바꾸게 되고, 결국 전체적인 교통 흐름이 느려진다. 실제로는 어느 차선이든 주행 환경은 거의 동일하므로, 운전자들이 차선 변경을 자제하고 자신의 차선을 꾸준히 유지한다면 모두가 더 빠르고 원활하게 목적지에 도착할 수 있다.

① ㉠: 고속도로에서 발생하는 교통 정체 현상은 단순히 차량이 많아서 생기는 것만은 아니다

② ㉡: 교통 전문가들은 고속도로 정체의 가장 큰 원인으로 차선 변경을 꼽는다

③ ㉢: 다른 차량이 자신의 차량 앞으로 차선 변경하는 것을 허용하지 않는 행위로 인해 전체 도로에 정체가 발생하는 것이다

④ ㉣: 많은 운전자들은 자신이 추월한 차량은 금방 잊고, 자신보다 더 빨리 가는 차량만 기억하는 경향이 있다

윤선도의 「몽천요」와 최현의 「명월음」은 모두 임진왜란이라는 격동의 시대를 배경으로 하여 현실 정치에 대한 비판과 임금에 대한 염원을 ㉠담고 있지만, 표현 방식과 주제의 초점에서 차이를 보인다. 이러한 차이는 두 시인이 처한 사회적 위치와 개인적 경험, 그리고 작품 창작 시기의 상황에 따라 달라진 문학적 태도와 표현 방식의 차이로 ㉡볼 수 있다.

「몽천요」는 윤선도가 고산에 은거하며 현실 정치에서 ㉢벗어나 초야에 묻혀 지내던 상황에서 창작되었다. 그는 자신을 질시하는 세력들을 의식해 임금의 부름을 사양했으나, 여전히 임금을 도와 부정을 바로잡고 올바른 정치를 하고자 하는 마음을 품고 있었다. 이 작품은 현실의 부정과 혼란을 직접적으로 다루기보다는, 꿈속 천상계의 일에 빗대어 표현함으로써 이상적인 정치와 도덕적 질서를 상징적으로 그려 낸다. 이를 통해 윤선도는 현실 정치의 한계를 우회적으로 비판하면서도 이상적 정치에 대한 희망과 염원을 담아 냈다.

반면 최현의 「명월음」은 임진왜란 당시의 혼탁하고 암담한 현실을 직접적으로 반영한다. 작가는 신분의 제약으로 인해 자신이 적극적으로 현실에 개입할 수 없음을 안타까워하며, 피란길에 ㉣오르는 임금을 달에 비유하여 임금에 대한 걱정과 염원을 드러낸다. 「명월음」은 현실의 고통과 불안, 그리고 임금에 대한 충성심과 걱정을 솔직하게 표현하는 데 초점을 맞추고 있다. 이는 당시 신분제 사회에서 개인이 느끼는 무력감과 동시에 임금에 대한 기대를 상징적으로 나타낸 것이다.

010

윗글을 이해한 내용으로 적절하지 않은 것은?

① 「명월음」에는 임금에 대한 걱정과 충성심이 솔직하게 드러난다.
② 「몽천요」와 달리 「명월음」에는 임금에 대한 염원이 드러나지 않는다.
③ 「명월음」과 달리 「몽천요」는 현실의 부정과 혼란을 우회적으로 비판한다.
④ 「몽천요」는 꿈속 천상계를 통해 이상적 정치와 도덕적 질서를 상징적으로 표현한다.

011

㉠~㉣과 바꿔 쓸 수 있는 유사한 표현으로 적절하지 않은 것은?

① ㉠: 반영(反映)하고
② ㉡: 이해(理解)할
③ ㉢: 탈피(脫皮)해
④ ㉣: 등반(登攀)하는

'공공 선택'은 우리가 일상생활에서 접하는 시장과는 달리, 정부가 재화나 서비스 공급에 직접 개입하여 결정하는 방식을 말한다. 예를 들어, 도로나 교량 같은 사회 기반 시설 건설은 시장에서 자유롭게 결정되기 어려우므로 정부가 나서서 선택하고 실행한다. 이런 경우에 효율적인 의사 결정을 위해 여러 종류의 투표 제도가 활용된다.

첫 번째로 전원 합의제는 모든 투표자가 찬성해야 안건이 통과되는 방식이다. 이 방식은 가장 이상적인 결정 방법으로 모두의 의견을 존중하지만, 한 사람이라도 반대하면 다시 논의를 거쳐야 하므로 시간과 비용이 많이 소요된다.

두 번째로 과반수 투표제는 전체 투표자의 절반 이상이 찬성하면 안건을 채택하며, 실제로 가장 많이 사용되는 방법이다. 그러나 간신히 절반을 넘긴 안건은, 반대하는 거의 절반에 가까운 소수 의견을 충분히 반영하지 못한다는 단점이 있다. 따라서 중요한 사안일 때는 보다 엄격하게 적용하여, 2/3 또는 3/4 이상의 찬성을 요구하기도 한다.

마지막으로 점수 투표제는 투표자들이 각각의 안건에 점수를 주어 가장 높은 점수를 얻은 안건을 선택하는 방식이다. 이 방법은 단순 찬반 투표보다 각자의 선호도를 세밀하게 반영할 수 있다는 장점이 있다. 그래서 다양한 의견을 고려하여 보다 만족스러운 결정을 내리는 데 도움을 준다.

공공 선택의 과정은 곧 공익을 위한 것이다. ㉠이상적으로는 만장일치로 선택의 결과가 도출되는 것이 옳지만 이는 불가능하다. 따라서 다수결의 원칙을 따르되, 소수의 의견을 존중하는 식으로 투표를 진행하는 것이 현실적으로 적절하다. 다수결로만 진행된다면 특정 구성원을 배척하게 되어 사회적 갈등이 증폭될 수 있기 때문이다. 특히 소수의 의견이 정당할 경우, 이러한 현상은 더욱 심화될 것이다.

012

윗글을 이해한 내용으로 가장 적절한 것은?

① 공공 선택은 정부가 재화나 서비스 공급에 간접 개입하는 방식이다.
② 전원 합의제는 과반수 투표제보다 많이 사용되는 공공의 의사 결정 제도다.
③ 전원 합의제와 과반수 투표제는 정부의 효율적인 의사 결정을 위해 활용되는 투표 제도다.
④ 점수 투표제에는 투표자마다 하나의 안건을 선택해 가장 높은 점수를 부여하는 방법이 활용된다.

013

윗글에서 ㉠의 이유에 대해 추론한 것으로 가장 적절한 것은?

① 구성원들의 찬반 여부가 논의할 때마다 달라지므로
② 결과를 얻기 위해서는 상당한 논의를 반복해야 하므로
③ 소수의 의견을 존중하여 투표를 진행하는 것이 어려우므로
④ 찬반 외의 다양한 의견을 수렴하는 데 많은 시간이 소모되므로

014

다음 글을 이해한 내용으로 적절하지 않은 것은?

> 결핵은 결핵균이 신체 내에서 염증을 일으키는 만성 전염병으로, 주로 환자의 호흡이나 기침을 통해 전파된다. 결핵의 유형 중 85%는 폐에서 증상이 나타나는 폐결핵이 차지하고 있다. 결핵의 대표적인 증상은 2주 이상 지속되는 기침이며, 각혈, 무력감, 발열, 체중 감소 등이 동반된다. 건강할 때는 결핵균이 몸에 들어와도 증상이 나타나지 않지만, 면역력이 약해지면 발병한다. 특히 학생들의 경우 밀폐된 공간에서 장시간 생활하고 입시 스트레스와 운동 부족으로 면역력이 떨어져 결핵에 취약하다.
>
> 우리나라는 결핵 발병률과 사망률이 여전히 높아 결핵 후진국으로 불리고 있다. 증상이 감기와 비슷해 결핵을 조기에 발견하지 못하는 경우가 흔하며, 치료 기간이 최소 6개월에서 최대 18개월까지 걸린다는 이유로 치료 중 증세가 호전되면 환자가 약을 임의로 중단하는 사례가 잦기 때문이다. 그런데 이 경우 재발 시 위험하고 치료 기간도 더 길어지므로 주의해야 한다.
>
> 결핵을 예방하기 위해서는 자주 환기하고, 기침할 때 입을 가리며, 2주 이상 지속되는 기침 증상이 있으면 반드시 진료를 받아야 한다. 꾸준한 운동으로 면역력을 키우는 것도 중요하다. 그리고 결핵은 적절히 치료하면 일반적인 접촉으로는 전염되지 않지만, 결핵 환자에 대한 편견과 오해는 심각한 상황이다. 따라서 결핵에 대해 정확히 이해하고 널리 홍보하는 것도 매우 중요하다.

① 결핵균이 몸에 들어와도 건강할 때는 결핵균이 몸에서 생존하지 못한다.
② 결핵은 적절한 치료를 받으면 일반적인 접촉으로는 전염이 일어나지 않는다.
③ 결핵은 결핵균에 의한 만성 전염병으로, 주로 환자의 호흡이나 기침을 통해 전파된다.
④ 우리나라에서 결핵 발병률이 높은 이유로, 환자들이 증세 호전 시 약 복용을 임의로 중단하는 사례가 많다는 것을 들 수 있다.

015

다음 대화 내용이 참일 때, ㉠으로 적절한 것은?

> 갑: 우리 부처 공무원을 대상으로 영어권인 미국, 영국, 캐나다, 호주 중에서 국외 훈련을 가고 싶은 나라에 대한 설문 조사를 실시했는데, 미국을 선호하지 않는 사람 중 일부는 영국을 선호해요.
> 을: 그리고 캐나다를 선호하지 않는 사람은 모두 호주도 선호하지 않아요.
> 갑: 그럼, ㉠병이 말한 것이 참이라면, 미국을 선호하지 않는 사람 중 캐나다를 선호하는 사람이 있겠군요.

① 미국을 선호하지 않는 사람은 모두 영국을 선호한다.
② 영국을 선호하는 사람 중 캐나다를 선호하는 사람이 있다.
③ 호주를 선호하지 않는 어떤 사람은 영국을 선호하지 않는다.
④ 호주를 선호하지 않는 사람 중 영국을 선호하는 사람은 없다.

016

다음 대화에 대한 평가로 적절한 것만을 모두 고르면?

> 갑: 미세먼지와 환경 오염 문제는 우리 건강과 삶의 질에 직접적인 영향을 미치고 있습니다. 정부가 산업 규제를 강화하고 대기오염 배출 감축 정책을 도입하지 않으면, 국민의 건강에 심각한 문제가 발생하고 경제적 피해가 계속될 겁니다. 따라서 이 문제를 해결하려면 정부는 강력한 환경 정책을 마련해야 하고, 국민도 환경 문제에 적극적으로 참여해야 한다고 생각해요.
> 을: 환경 보호는 중요하지만, 지나친 규제는 산업 경쟁력을 저하하고 경제 성장을 둔화시킬 수 있어요. 특히 기업과 국민의 부담이 커지면 정책 수용성이 떨어져 오히려 역효과가 발생할 수도 있고요. 그러니 효율적이면서도 합리적인 규제가 필요하다고 봐요. 그리고 기술을 혁신하고 민간이 참여함으로써 문제를 해결하는 게 더 효과적이라고 생각해요.
> 갑: 국민의 건강을 지키고 환경 파괴를 막기 위한 산업 규제 강화는 선택이 아니라 필수예요. 이는 곧 국민 삶의 질 향상으로 이어질 거고요. 단순히 경제 측면만 보는 것은 근시안적 태도라고 생각해요. 지금은 후세를 위한 투자가 필요한 시점입니다.

> ㄱ. 환경 규제 강화로 지역 거점 산업 중 다수가 해외로 이전하자, 실업과 소비 감소로 해당 지역민의 삶의 질이 급격히 감소했다는 주장은 갑의 입장을 약화한다.
> ㄴ. 국제적 산업 경쟁력을 확보하기 위해 기존의 엄격한 대기오염 관련 규제를 완화하자, 대기질이 악화되어 병원 방문 환자 수가 늘어난 사례는 을의 입장을 약화한다.
> ㄷ. 정부의 강력한 환경 정책 추진으로 일시적으로는 산업 생산량 감소가 발생했으나, 중장기적으로 국민 건강이 증진되고 생산성이 향상된 사례는 갑과 을의 입장을 모두 강화한다.

① ㄷ   ② ㄱ, ㄴ   ③ ㄱ, ㄷ   ④ ㄱ, ㄴ, ㄷ

[017~018] 다음 글을 읽고 물음에 답하시오.

피아제는 아동의 개념 획득에서 언어의 역할을 이차적인 것으로 ⑦보았다. 그는 언어 발달이 개념 획득의 과정에서 부차적으로 이루어진다고 설명하며, 아동의 사고 발달이 자폐적 사고에서 자기중심적 사고를 거쳐 사회적 사고로 이어진다고 보았다. 자폐적 사고는 현실에 적응하지 못하는 자기중심적 욕구 충족의 경향이 ⓛ강하고, 사회적 사고는 객관적이고 지적이며 언어를 통해 의사소통이 가능한 사고를 의미한다. 이 사이에 있는 자기중심적 사고는 현실에 적응하려는 시도이지만, 여전히 타인의 관점을 이해하지 못하는 사고 유형이다. 아동은 다양한 경험을 통해 점차 자기중심성을 벗어나 객관성을 갖추게 된다.

자기중심적 언어는 자기중심적 사고 단계의 아동이 사용하는 언어로, 타인의 입장이나 관점을 고려하지 않고 자신의 생각을 반복적으로 표현하는 특징이 있다. 피아제는 자기중심적 언어가 아동의 행위와 사고를 단순히 반복하는 것에 불과하며, 사고의 표현 수단 이상의 역할을 하지 않는다고 보았다. 즉 언어는 사고의 발달을 촉진하는 핵심적 도구라기보다는, 이미 형성된 사고 구조를 드러내는 매개체로 ⓒ여겨진다. 이러한 관점에서 피아제는 언어가 사고에 필수적이지 않으며, 사고의 발달이 언어 발달에 선행한다고 (가)주장한다. 즉 언어 없이도 인간은 사고하고 기억할 수 있으며, 단지 언어를 배우면 그러한 기억이나 사고를 외부로 표출할 수 있을 뿐이라고 말한다. 나아가 피아제는 발달의 논리가 곧 논리의 발달이라고 ⓔ말하며, 인간은 조작적 정신 구조를 점점 더 완전하게 실현해 가는 존재임을 강조하였다.

017

윗글의 (가)를 강화하는 사례만을 <보기>에서 모두 고르면?

> **보기**
> ㄱ. 3세 아동이 언어 습득 후 한 살 때 사건을 회상하여 말하였다.
> ㄴ. 아동이 성인과의 대화를 통해 문제 해결 전략을 배울 수 있었다.
> ㄷ. 언어 능력이 없는 침팬지, 돌고래, 코끼리 등이 거울을 통해 자신을 인식하였다.
> ㄹ. 서로 다른 언어를 사용하는 사람들은 시간을 세는 방식이나 인지하는 방식에서 큰 차이를 보인다.

① ㄱ, ㄴ   ② ㄱ, ㄷ
③ ㄴ, ㄹ   ④ ㄴ, ㄷ, ㄹ

018

⑦~ⓔ과 바꿔 쓸 수 있는 유사한 표현으로 적절하지 않은 것은?

① ⑦: 간주했다
② ⓛ: 강인하고
③ ⓒ: 이해된다
④ ⓔ: 주장하며

019

다음 글의 빈칸에 들어갈 말로 가장 적절한 것은?

역사에서 각각의 사건은 그 자체로 중요한 의미를 지닌다. 어떤 사건도 그냥 지나치거나 무시할 수 없으며, 각 사건이 우리에게 주는 사실과 교훈을 잘 살펴야 한다. 이러한 개별 사건들은 역사를 구성하는 작은 조각으로 소중한 역할을 한다. 그래서 역사 연구자는 사건 하나하나에만 집중하지 않고, 그것들이 어떻게 이어지고 서로 어떤 영향을 주는지를 살펴본다. 사건들 사이에는 연결고리와 이유가 있으며, 이런 관계를 이해할 때 역사는 단순히 흩어진 일이 아니라 한 방향으로 흐르는 이야기처럼 보이게 된다.

하지만 역사의 흐름은 항상 일직선이 아니다. 강물이 땅의 모양과 장애물에 따라 굽이치며 흐르듯, 역사적 사건들도 상황과 특징에 따라 다양한 길을 만들어 간다. 그만큼 역사의 흐름은 예측하기 어렵고, 다양하게 발전할 수 있다. 그래서 우리는 각각의 사건이 가진 의미를 소중히 하면서도, 여러 사건이 모여 만들어 내는 큰 역사의 흐름도 함께 이해해야 한다.

결국 역사는 서로 연결된 사건들이 만들어 내는, 복잡하지만 의미 있는 이야기임을 알 수 있다. 이러한 관점으로 역사를 바라보면, 과거를 더욱 잘 이해할 수 있고, 현재와 미래를 생각하는 데 큰 도움이 된다. ＿＿＿＿＿＿＿＿＿＿＿이 역사 공부의 핵심이다.

① 개별 사건들의 독립적인 의미에 집중하는 것
② 역사적 사건들을 현재 시점으로 해석하는 것
③ 개별적인 사실과 전체적인 흐름을 함께 살펴보는 것
④ 역사의 흐름에서 우연성이나 복잡성을 단순화하는 것

020

다음 진술이 모두 참일 때 반드시 참인 것은?

> ○ 갑이 인공지능 디지털교과서 전면 도입에 찬성하면, 을도 찬성한다.
> ○ 을이 인공지능 디지털교과서 전면 도입에 찬성하면, 병도 찬성한다.
> ○ 병이 인공지능 디지털교과서 전면 도입에 찬성하지 않으면, 정도 찬성하지 않는다.

① 갑이 인공지능 디지털교과서 전면 도입에 찬성하면, 병은 찬성하지 않는다.
② 을이 인공지능 디지털교과서 전면 도입에 찬성하지 않으면, 정은 찬성한다.
③ 병이 인공지능 디지털교과서 전면 도입에 찬성하지 않으면, 갑도 찬성하지 않는다.
④ 정이 인공지능 디지털교과서 전면 도입에 찬성하면, 을도 찬성한다.

모의고사 10회

001

<공공언어 바로 쓰기 원칙>에 따라 수정한 것으로 적절하지 않은 것은?

〈공공언어 바로 쓰기 원칙〉

○ 주어와 서술어의 호응
 – ㉠이중 피동 표현을 삼감.
○ 여러 뜻으로 해석되는 표현 삼가기
 – ㉡중의적인 문장을 사용하지 않음.
○ 우리 식의 표현 사용
 – ㉢어렵거나 생소한 외래어나 외국어는 우리 식의 표현으로 다듬기.
○ 대등한 구조를 보여 주는 표현 사용
 – ㉣'-고', '와/과' 등으로 접속될 때에는 대등한 관계를 사용함.

① "본인이 아닐 경우 이용을 제한되어질 수 있습니다."를 ㉠에 따라 "본인이 아닐 경우 이용을 제한될 수 있습니다."로 수정한다.
② "문의가 많은 경우, 답변이 지연될 수 있습니다."를 ㉡에 따라 "앞서 문의를 한 분들이 많을 경우, 고객님이 문의하신 질문에 대한 답변이 지연될 수 있습니다."로 수정한다.
③ "서포트 데스크에 해당 문제를 문의해 주시기 바랍니다."를 ㉢에 따라 "지원 창구에 해당 문제를 문의해 주시기 바랍니다."로 수정한다.
④ "신청서 작성과 신분증을 꼭 준비해 주시기 바랍니다."를 ㉣에 따라 "신청서를 작성하시고, 신분증도 꼭 준비해 주시기 바랍니다."로 수정한다.

002

밑줄 친 사례 중 '낮 한때'와 동일한 음운 변동이 나타나는 것은?

음운 변동의 유형으로는 교체, 탈락, 축약, 첨가가 있다. 음운 변동은 한 단어를 단독으로 발음하는 경우에만 일어나는 것이 아니라 둘 이상의 단어를 이어서 한 마디로 발음하는 경우에도 일어날 수 있다. 예를 들어 '낮 한때'를 각각 단독으로 발음하는 경우에 '낮[낟]'은 교체가 일어나고, '한[한]'과 '때[때]'는 음운 변동이 일어나지 않는다. 그런데 '낮 한때'를 이어서 한 마디로 발음하는 경우에는 교체와 축약이 일어나 '낮 한때[나탄때]'로 발음된다. 즉 '낮'의 'ㅈ'이 대표음 [ㄷ]으로 바뀐 후 '한'과 결합하여 [탄]이 되는 것이다.

① 오늘은 그녀에게 장미꽃 한 송이를 건네줘야지.
② 여기에 안개꽃 장식이 들어간 꽃다발은 없나요?
③ 밤낮 고민해 봤자 뾰족한 수가 생기는 것은 아니었다.
④ 대낮 지난 지가 언제인데 이제야 기어 나오는 것이냐?

003

㉠~㉣을 바탕으로 <보기>의 ⓐ~ⓓ를 분석한 내용으로 적절하지 않은 것은?

둘 이상의 어근과 접사가 결합한 단어를 복합어라고 한다. 기본적으로 '첫눈'처럼 ㉠어근과 어근이 결합한 합성어를 형성하거나 '풋나물'처럼 ㉡어근과 접사 또는 접사와 어근이 결합하여 파생어를 형성할 수 있다. 그런데 합성어와 파생어에 다시 어근과 접사가 결합하여 복합적인 단어의 구조를 갖추기도 한다. 예컨대 '곁눈질'처럼 ㉢합성어가 접사와 결합하여 파생어를 형성하기도 하고, '볶음밥'처럼 ㉣파생어가 어근과 결합하여 합성어를 형성하기도 한다. 또 파생어가 다시 접사와 결합하여 또 다른 파생어를 형성하기도 한다.

┤ 보기 ├
ⓐ 꽃다발   ⓑ 드높다   ⓒ 살얼음   ⓓ 놀이터

① ⓐ는 어근 '꽃'과 어근 '다발'이 결합한 합성어로, ㉠의 예에 해당한다.
② ⓑ는 접사 '드–'와 어근 '높–'이 결합한 파생어로, ㉡의 예에 해당한다.
③ ⓒ는 합성어 '살얼다'와 접사 '–음'이 결합한 파생어로, ㉢의 예에 해당한다.
④ ⓓ는 파생어 '놀이'와 어근 '터'가 결합한 합성어로, ㉣의 예에 해당한다.

004

다음 글에서 추론한 내용으로 가장 적절한 것은?

김만중의 「사씨남정기」는 주변 인물과 다양한 소재의 활용을 통해 이야기의 전개를 풍성하게 만드는 대표적인 고전 소설이다. 이 작품에서 주변 인물들은 주동 인물인 사씨와 반동 인물인 교씨의 갈등 구조 속에서 중요한 역할을 한다. 예를 들어, 사씨의 시어머니나 집안의 하인들은 때로는 사씨를 돕거나, 때로는 교씨의 계략에 휘말려 사건의 전개에 긴장감을 더한다. 이처럼 주변 인물들은 주인공의 고난을 심화시키거나, 위기에서 구해내는 역할을 하면서 이야기의 흥미를 높인다.

또한 「사씨남정기」에서는 소재의 역할도 두드러진다. 가령 사씨가 쫓겨나 남정으로 내려가는 과정에서 등장하는 물건이나 편지, 꿈과 같은 소재들은 주동 인물의 심리 변화에 영향을 주거나, 갈등을 유발하고 사건 해결의 실마리를 제공한다. 이러한 소재들은 앞으로 벌어질 사건을 암시하거나 독자가 인물의 처지를 이해하는 데 중요한 단서가 된다.

이처럼 「사씨남정기」는 주변 인물과 다양한 소재를 적절히 활용해 인물 간의 갈등과 사건의 전개를 더욱 입체적으로 그려낸다. 이를 통해 독자는 작품 속 인물들의 심리와 갈등, 그리고 사건의 흐름을 더욱 생생하게 느낄 수 있다.

① 「사씨남정기」에서 주변 인물의 개입은 사건의 전환점이 되기도 한다.
② 「사씨남정기」에서 소재의 등장은 갈등 유발의 계기로 작용하여 사건의 긴장감을 해소한다.
③ 「사씨남정기」에서 주변 인물은 주동 인물에는 영향을 주지만, 반동 인물에는 영향을 미치지 않는다.
④ 「사씨남정기」에서 편지나 꿈 등의 소재가 인물의 심리 변화에 영향을 주며 사건 전개를 평면적으로 만든다.

005

다음 빈칸에 들어갈 말로 가장 적절한 것은?

갑, 을, 병, 정 네 사람의 반려견 견종과 관련하여 다음과 같은 사실들이 알려졌다.
○ 갑과 을 중 적어도 한 사람은 보더콜리를 키운다.
○ 을이 보더콜리를 키우면, 병은 푸들과 골든 리트리버를 키운다.
○ 병이 푸들과 골든 리트리버를 키우면, 정은 웰시코기를 키운다.
○ 정은 웰시코기를 키우지 않는다.
이를 통해 갑이 [   ]을/를 키운다는 것을 알 수 있게 되었다.

① 보더콜리
② 푸들
③ 골든 리트리버
④ 웰시코기

006

다음 글을 이해한 내용으로 적절하지 않은 것은?

김광규의 「상행」은 1970년대 근대화의 이면과 그 속에서 살아가는 소시민의 안일한 삶을 비판적으로 그린 작품이다. 시의 화자는 서울로 올라가는 상행 열차 안에서 청자인 '너'에게 되도록 생각을 하지 말아 달라며 현실에 무관심할 것을 요구하지만, 이는 반어적 표현으로 사회 문제에 관심을 가져야 한다는 메시지를 담고 있다. 시는 겉으로는 근대화의 풍요로움을 찬양하는 듯하지만, 농촌과 서민의 고통, 언론 통제, 사회적 소외 등 부정적 현실을 외면하는 소시민의 태도를 비판한다.

이 작품에서 풀벌레의 울음과 전파 소리 등은 근대화의 그늘에 놓인 농민과 서민의 고통을 상징한다. 반면 기차 안 사람들은 오징어를 씹으며 화투판을 벌이고, 주간지 기사와 증권 시세에만 관심을 두는 등 현실의 본질을 외면한 채 안일하게 살아간다. 화자는 이러한 삶을 자기반성적, 냉소적 어조로 비판하며, 진정한 근대화란 외형적 성장만이 아니라 사회의 본질적 문제에 대한 비판적 태도가 필요함을 강조한다.

① 「상행」은 1970년대 근대화의 이면과 소시민의 안일한 삶을 비판적으로 다룬다.
② 청자에게 현실에 무관심할 것을 요구하는 화자의 목소리는 반어적 표현에 해당한다.
③ 화자는 현실 문제에 적극적으로 관심을 가지는 태도가 필요하다는 것을 직설적인 어조로 강조한다.
④ 화자는 현실의 본질을 외면한 채 오락과 경제적 정보에만 관심을 두는 열차 안 인물들을 냉소적 어조로 비판한다.

007

(가)~(라)를 맥락에 맞추어 가장 적절하게 나열한 것은?

> **(가)** 퍼퓨머는 화장품이나 향수처럼 먹을 수 없는 향을 만드는 조향사로, 원료의 식용 여부에 제한이 없기 때문에 다양한 향을 자유롭게 창조할 수 있다. 반면 플래버리스트는 과자나 음료수 등 식품에 들어가는 향료를 만드는 조향사로, 반드시 먹을 수 있는 원료만을 사용해야 한다.
>
> **(나)** 전문 조향사는 약 3,000가지의 향을 구분할 수 있을 정도로 뛰어난 후각을 지녀야 하며, 단순히 향을 구별하는 능력만으로는 좋은 조향사가 될 수 없다. 앞서 설명한 조향사의 개념처럼, 여러 향을 조화롭게 섞어 새로운 향을 창조하는 능력이 반드시 필요하다.
>
> **(다)** 조향사는 다양한 향료를 조합해 새로운 향을 창조하고, 향수·화장품·식품 등 여러 제품에 어울리는 향기를 개발하는 향 전문가이다. 조향사는 크게 퍼퓨머와 플래버리스트로 나뉘는데, 두 분야 모두 각각의 특성과 역할이 분명하게 구분된다.
>
> **(라)** 향을 조합하는 과정은 화학적 결합에 해당하기 때문에, 성분 간의 비율이나 궁합이 맞지 않으면 좋은 향이 아니라 오히려 불쾌한 냄새가 날 수 있다. 따라서 조향사는 다양한 향을 자유롭게 다루는 기술과 함께, 향의 조화를 이루는 섬세한 감각과 창의성이 필수적이다.

① (나) – (다) – (가) – (라)
② (나) – (라) – (다) – (가)
③ (다) – (가) – (나) – (라)
④ (다) – (라) – (가) – (나)

008

<개요>의 빈칸에 들어갈 내용으로 적절하지 않은 것은?

> 〈개요〉
>
> ○제목: 픽시 자전거 이용의 실태와 안전 문제 대책
>
> Ⅰ. 픽시 자전거 이용의 실태
>   1. 젊은 층을 중심으로 한 도심 내 이용 증가
>   2. 기어와 브레이크 장치가 없는 모델의 유행
>   3. 교통 법규 위반 사례 및 사고 발생 건수 증가
>
> Ⅱ. 픽시 자전거 이용의 안전 문제 발생 원인
>   1. 제동 장치 미설치에 따른 제어 능력 부족
>   2. 이용자의 안전 의식 부족 및 교통질서 미준수
>   3. 픽시 자전거 관련 안전 규제 및 관리 제도의 미비
>
> Ⅲ. 픽시 자전거 이용의 안전 문제 대책
>   [   ]

① 제동 장치 설치 의무화와 정기 안전 점검 실시
② 이용자 대상 교통안전 교육 시행 및 교통질서 확립
③ 픽시 자전거 관련 교통 법규 및 관리 감독 체계 마련
④ 픽시 자전거 동호회 활동 지원을 통한 이용자층 확대

009

다음 글에서 추론한 내용으로 적절한 것은?

> 도덕적 이상주의자들은 국제관계에서 목적과 수단을 결정할 때 도덕적·윤리적 규범이 매우 중요한 역할을 한다고 주장한다. 그들은 국제 사회의 평화와 조화가 이성적이고 도덕적인 합의를 통해 달성될 수 있다고 본다. 즉, 국가 간의 갈등은 대화와 타협, 국제법 및 국제기구를 통한 협력으로 해결될 수 있다고 믿는다.
>
> 이상주의는 18세기 계몽주의의 낙관적 전통에 뿌리를 두고 있다. 이성적 인간이 언제나 이성적으로 행동할 수 있다는 믿음에 기반하여, 국가 역시 이성적 존재의 집합이므로 국제 정치에서도 이성적으로 행동할 것이라고 보는 것이다. 또한 19세기 자유주의 전통에서처럼 보이지 않는 손에 의해 사회가 조화를 이루듯이, 국제 정치에서도 각국의 자연스러운 조화와 이익의 조화가 가능하다고 여긴다.
>
> 이상주의는 인간의 이성을 신뢰하며, 국제 여론을 중시하고, 법과 국제기구를 기반으로 하는 국제적 행위 규범의 발전을 강조한다. 이들은 국제 사회에서 도덕과 윤리, 그리고 제도적 장치가 중요한 역할을 할 수 있다고 보며, 이를 통해 평화로운 국제 질서가 실현될 수 있다고 주장한다.

① 이상주의는 인간의 이성을 신뢰하므로 법을 여론보다 우위에 둔다.
② 이상주의자들은 국제관계에서 윤리보다 이성의 중요성을 강조한다.
③ 이상주의는 국제관계에서 평화를 유지하기 위해 국가의 힘도 중요하다고 간주한다.
④ 이상주의에 따르면 국가는 인간의 집합체이므로 국제 정치에는 인간의 특성이 반영된다.

우리나라의 성장 소설 가운데에는 전쟁으로 인한 아버지의 부재를 모티프로 ㉠삼고 있는 작품이 많다. 남자 어른이 중심이 된 세계의 질서 속에서 '아버지의 부재'는 가족 구성원의 힘을 위축시키고, 그로 인해 가족의 순결성이 쉽게 훼손된다. 또한 그 과정에서 가족의 일부는 그러한 폭력적 세계의 질서 속에 편입되기도 한다. 이에 저항할 힘을 갖추지 못한 어린아이는 이러한 상황을 지켜보면서 심한 충격과 고통을 느끼며 자신이 맞서고 있는 폭력적인 세계와 갈등하게 된다. 김승옥의 「염소는 힘이 세다」는 이러한 측면을 잘 표현하는 작품이다.

이 소설에서 아버지의 부재는 단순히 가족 구성원의 한 사람이 사라진 상황이 아니라, 남성 중심의 세계 질서가 흔들리면서 가족 전체의 힘이 약화되고, 가족의 순결성과 안정성이 위협받는 계기가 된다. 특히 소설 속 어린 주인공은 폭력적이고 불안정한 세계를 마주하게 되지만, 이를 극복할 힘이나 저항할 수단이 부족하다. 아버지의 부재로 인해 보호막이 사라진 가족은 외부의 질서, 즉 폭력과 불안이 지배하는 세계에 쉽게 노출된다. 주인공은 이러한 현실 속에서 심한 충격과 고통을 경험하며, 자신이 속한 세계와 갈등하게 된다.

이 과정에서 가족의 일부가 폭력적 질서에 편입되거나, 어쩔 수 없이 그에 순응하는 모습도 드러난다. 이는 가족의 결속력이 약해지고, 각 구성원이 각자도생의 태도로 살아가야 하는 현실을 반영한다. 주인공이 겪는 내적 갈등과 성장통은 바로 이와 같은 가족 해체와 사회적 불안정성에서 비롯된다. 「염소는 힘이 세다」는 전쟁 속에서 아버지의 부재가 남긴 상흔, 그로 인해 변화하는 가족과 아이의 내면 풍경을 통해 성장 소설의 본질을 잘 보여준다.

010

윗글을 이해한 내용으로 적절하지 않은 것은?

① 「염소는 힘이 세다」에서 전쟁으로 인한 아버지의 부재는 가족의 순결성과 안정성을 위협한다.

② 「염소는 힘이 세다」에서 주인공은 폭력적이고 불안정한 세계에 순응하지 않고 맞서 저항한다.

③ 「염소는 힘이 세다」에서 주인공이 겪는 내적 갈등은 가족 해체와 사회 불안정성에서 비롯된다.

④ 「염소는 힘이 세다」에서 아버지의 부재로 인해 가족 구성원 간에는 각자도생의 태도가 나타나고, 일부는 폭력적 질서에 편입된다.

011

문맥상 ㉠의 의미와 가장 가까운 것은?

① 이제 와서 그것을 굳이 문제 삼을 것까지는 없다.

② 할아버지는 전쟁고아 여럿을 양자로 삼아 기르셨다.

③ 그녀는 진수를 사위로 삼았으면 하고 은근히 바랐다.

④ 베개가 안 보여서 나는 팔을 베개 삼아 베고 누웠다.

012

다음 진술이 모두 참일 때 반드시 참인 것은?

○ 다양한 경험을 하지 않는 아이는 겁이 많다.
○ 겁이 많은 아이는 놀이 기구를 잘 타지 못한다.
○ 다양한 경험을 하는 아이는 상상력이 풍부하다.

① 상상력이 풍부한 아이는 다양한 경험을 한다.

② 놀이 기구를 잘 타는 아이는 상상력이 풍부하다.

③ 겁이 많지만 놀이 기구를 잘 타는 아이가 있다.

④ 겁이 많지 않지만 상상력이 풍부하지 않은 아이가 있다.

013

다음 글의 ㉠~㉣ 중 문맥상 어색한 곳을 수정한 것으로 가장 적절한 것은?

식기세척기에 필수적으로 적용되는 '제균 미스트'라는 기술에는 '초음파 안개 발생기'가 사용된다. ㉠초음파란 우리의 귀로 들을 수 있는 주파수보다 높은 음파를 말한다. 우리 귀로 들을 수 있는 주파수는 20Hz부터 20kHz이므로 20kHz 이상을 초음파라고 한다. 주파수는 진동수라고도 하는데, 20kHz의 음파는 1초에 2만 번 진동한다. ㉡이 초음파의 진동 에너지를 물에 가하면 그 진동에 의해 안개가 발생한다.

'제균 미스트' 기술이 적용된 식기세척기에서는 세제를 초음파로 진동시켜 아주 미세한 안개로 만들어 안쪽에 분무한다. ㉢이 세제의 안개는 매우 큰 물방울이라 할 수 있으며 직경이 3lm 정도이다. 물방울은 표면 장력과 내부 압력이 균형을 이루어 둥근 공 형태를 유지한다. 이 미스트는 찌꺼기의 표면에 부딪치게 되면 내부의 압력을 이기지 못하고 파열하게 되는데, ㉣이때 파열하면서 찌꺼기에 미스트의 수만큼 무수하게 많은 구멍을 만든다. 바로 그 구멍으로 고농도의 세제를 침투시키면 찌꺼기가 떨어진다. 이 찌꺼기를 떼어 내 제균한 후 물로 식기를 씻은 다음 히터로 건조시키는 것이다.

① ㉠: 초음파란 우리의 귀로 들을 수 있는 주파수보다 낮은 음파를 말한다

② ㉡: 이 초음파의 진동 에너지를 안개에 가하면 그 진동에 의해 물이 발생한다

③ ㉢: 이 세제의 안개는 극히 작은 물방울이라 할 수 있으며 직경이 3lm 정도이다

④ ㉣: 이때 파열하면서 찌꺼기에 미스트의 수만큼 매우 적은 구멍을 만든다

014

다음 글의 논지를 강화하는 것으로 가장 적절한 것은?

현대 사회에서 인간의 삶의 질 향상과 생명 연장이라는 명분 아래 수많은 동물 실험이 이루어지고 있다. 그러나 동물도 인간과 마찬가지로 고통을 느끼는 생명체이며, 생명은 존중받아야 할 대상이라는 것을 잊어서는 안 된다. 인간 중심의 사고방식은 오만과 독선일 수 있으며, 동물 실험은 생명 공동체의 균형을 해치는 행위다. 실제로 설문 조사를 통해 많은 사람들이 동물 실험을 비윤리적으로 인식하고 있음이 드러났다.

또한 동물 실험은 과학적 안전성 면에서도 완벽하지 않다. 예컨대 '탈리도마이드' 약물은 동물에게는 안전했어도 인간에게는 심각한 부작용을 일으켰다. 이는 동물 실험이 반드시 인간에게도 긍정적인 결과로 이어지지는 않음을 보여 준다. 이러한 사례는 인간의 생명을 지키기 위해 행한 행동이 오히려 인간을 위협할 수 있음을 시사한다.

더 나아가 동물 실험은 단지 의학적 필요에 국한되지 않는다. 화장품과 같이 생명과 직접적인 관계가 없는 산업에서도 동물 실험이 이루어지고 있다. 이는 생명 경시 풍조를 조장할 위험이 있으며, 결국 인간 생명의 존엄성마저 훼손할 수 있음을 의미한다. 우리는 진정으로 필요한 경우에만 엄격한 조건 속에서 동물을 사용하는 방식으로 나아가야 하며, 더 나아가 동물 실험을 대체할 과학적 방법을 적극적으로 개발하고 수용해야 한다.

① 인간 대상 실험은 윤리적으로 문제가 되기 때문에, 비교적 도덕적 고려가 적은 동물을 통해 안전성을 우선 확인해야 한다.

② 최근에는 인간 세포로 만든 인공적인 '장기 유사체'나 3D 바이오프린팅 기술로 동물 없이도 약물 효과를 예측할 수 있게 되었다.

③ 인간의 생명을 구하는 것이 무엇보다 중요하다는 의료 윤리의 관점에서는, 제한된 상황에서 동물의 희생이 불가피하다고 본다.

④ 일부 국가에서는 윤리 기준이 여전히 낮고 대체 기술 접근성도 떨어지며, 의료 기술 발전을 위해 동물 실험이 불가피하다는 현실이 존재한다.

[015~016] 다음 글을 읽고 물음에 답하시오.

뇌우구름(적란운)은 대기 하층이 따뜻하고 상층이 차가워 대기가 불안정할 때, 그리고 공기의 상승 작용과 높은 습도 조건에서 잘 ㉠발생한다. 이때 지표면의 따뜻하고 습한 공기가 상승하면서 냉각되어 수증기가 응결하고, 구름이 만들어지며, 이 과정에서 방출되는 잠열이 구름 내부의 상승 기류를 더욱 ㉡강화한다. 높은 습도가 필수적이며, 습도가 낮으면 구름이 잘 형성되지 않는다.

뇌우구름은 발달기, 성숙기, 소멸기의 세 단계로 나뉘며, 각 단계는 약 15분 정도로 매우 짧다. 발달기에는 상승 기류가 주를 이루며 구름이 수직으로 성장하고, 성숙기에는 강한 상승·하강 기류가 동시에 나타나 강수와 번개가 가장 활발하게 일어난다. 구름의 높이는 12km 이상까지 발달하며, 번개는 구름과 땅, 또는 구름과 구름 사이에서 전하의 전위차가 커질 때 방전이 일어나 발생한다. 특히 성숙기에는 5~10초마다 번개가 반복적으로 일어날 정도로 대기 현상이 격렬하게 ㉢진행된다. 소멸기에는 상승 기류가 약해지고 하강 기류가 강해지면서 강수 입자의 생성이 멈추고 비가 약해진다. 약 15분이 지나면 강수 입자가 모두 내리고 뇌우구름 세포는 완전히 ㉣소멸된다.

이처럼 뇌우구름은 짧은 시간 동안 번개와 강한 비를 동반하며, 이는 대기 불안정, 상승 기류, 높은 습도, 그리고 전하 분리에 의해 결정된다. 번개는 구름 내부에서 얼음 입자와 빙정이 충돌하며 전하가 분리되는 과정에서 생기며, 이 전기적 불균형이 해소되는 과정에서 우리가 보는 번개가 나타난다.

015

윗글에서 추론한 내용으로 적절하지 않은 것은?

① 구름이 만들어지면서 잠열이 많이 방출되면 공기의 상승 작용은 커질 것이다.

② 습도가 대단히 낮은 사막 같은 지역에서는 뇌우구름이 만들어지기 어려울 것이다.

③ 구름 내부에서 상승 기류와 하강 기류가 공존하면 뇌우구름이 성숙기에 접어들 것이다.

④ 대기가 불안정하고 구름과 땅 사이의 습도 차이가 클수록 번개 발생이 잦아질 것이다.

016

문맥상 ㉠~㉣과 바꿔 쓸 수 있는 유사한 표현으로 적절하지 않은 것은?

① ㉠: 생긴다

② ㉡: 키운다

③ ㉢: 나아간다

④ ㉣: 없어진다

017

다음 대화를 분석한 내용으로 적절하지 않은 것은?

> **보은**: 나는 우정의 가장 중요한 조건이 신뢰라고 생각해. 서로 믿을 수 있어야 깊은 관계가 유지될 수 있고, 작은 어려움도 견딜 수 있지. 믿음이 없으면 금세 관계가 흔들리기 마련이야.
>
> **소현**: 나는 의리와 이해심이 함께 가야 한다고 봐. 단순히 신뢰만 있으면 부족해. 상대방의 입장을 헤아리고 어려울 때 꼭 곁에 있어 주는 의리가 진짜 우정을 만든다고 생각해.
>
> **보은**: 물론 나도 의리와 이해심도 중요하다고 생각해. 하지만 그런 요소들도 결국 신뢰가 바탕이 될 때 의미가 있다고 봐. 신뢰가 없으면 의리도, 이해심도, 오래 가지 못하니까.
>
> **은주**: 나는 사회적 배경 차이가 우정에 큰 영향을 준다고 봐. 가치관이나 생활 환경이 다르면 서로 이해하기 어려워 갈등이 생길 확률도 높고 이 때문에 우정이 무너질 수 있지. 사회적 배경이 비슷해야 더 오래 우정을 유지할 수 있어.
>
> **영민**: 내 생각엔 갈등 해결 방법이 우정을 지속하는 데 가장 중요한 것 같아. 어떤 관계든 갈등은 생기기 마련인데, 이를 어떻게 풀어나가느냐가 우정을 더 단단하게 만들거나 무너뜨리는 결정적 요인 아닐까?

① 갈등이 우정을 무너뜨리는 요인이 된다는 점에 은주와 영민은 견해를 같이한다.

② 의리와 이해심을 우정의 주요 조건으로 본다는 점에서는 보은과 소현은 견해를 같이한다.

③ 우정을 지속하기 위한 가장 중요한 요소로 보은은 신뢰를, 영민은 갈등 해결 방식을 제시한다.

④ 우정을 형성하기 위해서는 상대에 대한 이해심이 필요하다는 점에 대해 소현과 은주는 서로 견해가 다르다.

018

다음 밑줄 친 결론을 이끌어 내기 위해 추가해야 할 전제로 적절하지 않은 것은?

> 기획재정부는 아시아 고위 공무원을 대상으로 한 연수를 개최하여 우리나라와 아시아 재무부 · 중앙은행 간 인적 교류와 금융 분야 협력을 강화해 나갈 계획이다. 말레이시아, 베트남, 인도네시아, 캄보디아, 태국, 필리핀 6개국 가운데 5개국 이하의 국가가 연수에 참석하기로 하였다. 만약 캄보디아나 필리핀이 연수에 참석하지 않는다면, 베트남도 연수에 참석하지 않는다. 말레이시아가 연수에 참석한다는 것은 이미 확인된 사실이다. 따라서 <u>베트남은 연수에 참석하지 않는다.</u>

① 필리핀이 연수에 참석한다면, 인도네시아는 연수에 참석하지 않는다.

② 말레이시아가 연수에 참석한다면, 필리핀은 연수에 참석하지 않는다.

③ 캄보디아가 연수에 참석한다면, 인도네시아와 태국도 연수에 참석한다.

④ 캄보디아가 연수에 참석한다면, 말레이시아는 연수에 참석하지 않는다.

[019~020] 다음 글을 읽고 물음에 답하시오.

근대 자유주의의 대표 사상가인 존 로크는 인간이 자연 상태에서 노동을 통해 얻은 ㉠재산을 보유할 권리를 중시했다. 그는 이러한 권리의 보장을 위해 국가가 필요하며, 국가의 역할은 시민의 기본적인 안전을 보호하는 데 그쳐야 한다고 주장하였다. 이를 바탕으로 로크와 같은 자유주의자들은 국가의 간섭을 최소화하고, 종교나 가치문제와 관련해 국가가 중립적인 태도를 보일 것을 강조한다. 왜냐하면 시민이 가치 있는 삶을 ㉡각자 선택할 수 있어야 자율성이 보장된다고 보기 때문이다.

하지만 마이클 샌델은 이러한 로크의 해석이 오늘날 사회의 공동체적 기반을 약화한다고 비판한다. 샌델이 보기에 자유는, 단순히 타인에게 간섭받지 않는 권리가 아니라, 공동의 삶에 참여하고 책임지는 ㉢자치적 행위가 전제되어야 하기 때문이다. 그는 사익만을 중시하는 자유는 결과적으로 공동체의 해체와 유대의 상실을 초래하고, 시민 간의 연대와 책임 의식을 약화해, 아무도 믿을 수 없는 불신 사회를 초래한다고 보았다. 이 경우 개인의 자유 역시 보장받을 수 없게 된다고 우려했다.

샌델은 최대 다수의 최대 행복을 추구하는 공리주의 역시 비판한다. 그는 공리주의가 ㉣다수의 이익이라는 결과 중심적 사고에 치우쳐 소수의 권리를 충분히 고려하지 않고, 공동체를 단지 개인 이익의 총합으로만 본다고 지적한다. 이에 대한 대안으로 그는 공동선에 기반한 **(가)**'공동체주의적 공화주의'를 제시하며, 시민의 참여, 도덕적 시장 규제, 정의로운 분배를 통해 진정한 공동체 회복을 추구해야 한다고 주장하였다.

019

윗글에 대해 평가한 내용으로 가장 적절한 것은?

① 시장 실패로 인해 전 세계가 경제 위기를 겪었을 때, 자유 시장의 대명사인 미국조차 정부가 금융 기관을 구제해야 했다는 사실은 로크의 주장을 강화한다.

② 급격한 양극화 속에서 연대 의식이 약화되어 공동체 해체를 야기했다는 현실 인식은 샌델의 주장을 약화한다.

③ 코로나19 시기에 많은 사람들의 마스크 사재기로 값이 폭등해 시민들이 불편을 겪자 결국 정부가 나서 규제하고 단속했던 사례는 샌델의 주장을 강화한다.

④ 현대 정치는 본질적으로 다수결에 기반하고 있다는 견해는 공리주의의 주장을 약화한다.

020

㉠~㉣ 중 (가)와 문맥적 의미가 가장 유사한 것은?

① ㉠ ② ㉡

③ ㉢ ④ ㉣

모의고사 11회

001

<공공언어 바로 쓰기 원칙>에 따라 수정한 것으로 적절하지 않은 것은?

〈공공언어 바로 쓰기 원칙〉
○ 주어와 서술어의 호응
　– ㉠맥락에 어울리는 능동/피동 표현을 사용함.
○ 여러 뜻으로 해석되는 표현 삼가기
　– ㉡중의적인 문장을 사용하지 않음.
○ 번역 투의 표현 삼가기
　– ㉢번역 투의 문장 대신 자연스러운 우리 식의 표현을 사용함.
○ 필요한 문장 성분이 생략되지 않도록 할 것.
　– ㉣생략된 문장 성분을 모두 채워 분명하게 표현하되, 적절한 조사와 어미를 활용하여 문장을 구성함.

① "이 프로그램은 참가자에게 도움을 제공합니다."를 ㉠에 따라 "이 프로그램은 참가자에게 도움이 됩니다."로 수정한다.
② "나는 매장에 웃으면서 들어오는 손님에게 인사했다."를 ㉡에 따라 "나는 웃으면서 매장에 들어오는 손님에게 인사했다."로 수정한다.
③ "신청은 인터넷을 통하여 가능합니다."를 ㉢에 따라 "인터넷으로 신청할 수 있습니다."로 수정한다.
④ "문의는 언제든 가능합니다."를 ㉣에 따라 "신청자께서는 언제든 대표번호로 궁금한 점을 문의하실 수 있습니다."로 수정한다.

002

㉠, ㉡에 해당하는 예로 적절한 것은?

단어의 의미는 중심적 의미와 주변적 의미로 나눌 수 있다. "인간의 몸의 70% 이상은 물로 구성된다."에서 '물'은 '자연계에서 존재하는 액체로서의 물'을 의미하고, "그녀는 외국 물을 먹더니 말씨가 달라졌다."에서 '물'은 '그곳에서의 경험이나 영향을 비유적으로 이르는 말'을 뜻한다. 이는 ㉠해당 단어가 지니는 가장 기본적이고 객관적인 의미라고 할 수 있는 사전적 의미와 ㉡사전적 의미에 덧붙어서 연상이나 관습 등에 의하여 형성되는 의미가 다르게 활용되는 경우이다. 이렇게 여러 의미를 지닌 단어를 다의어라고 한다.

① ┌ ㉠: 공원에 꽃이 많이 피었다.
　└ ㉡: 꽃이 피었으니 열매가 맺히겠지.
② ┌ ㉠: 오늘 손에 물집이 잡혔다.
　└ ㉡: 결국 장사꾼의 손에 놀아났군.
③ ┌ ㉠: 그들의 사랑에 불이 붙었다.
　└ ㉡: 불이 너무 뜨거워 물러섰다.
④ ┌ ㉠: 계속 이용당하면 그의 밥이 돼.
　└ ㉡: 오늘 저녁은 고깃국에 밥이다.

003

다음 글에서 추론한 것으로 적절하지 않은 것은?

한글 맞춤법에서 수컷을 나타내는 접두사는 원칙적으로 '수–'로 표기한다. 그렇기 때문에 '수사자, 수개미, 수꿩'으로 표기해야 하는 것이다. 하지만 일부 단어에서는 역사적 이유로 인해 거센소리가 나는 '숳–' 형태도 인정된다. 그래서 '수캉아지, 수퇘지'처럼 표기하는 것이다. 한편 발음상 사이시옷 소리와 비슷한 느낌이 있을 때에도 '숫–'으로 표기하는 경우가 있다. 그렇기 때문에 '수+양'은 '숫양'으로 표기하는 것이다.

① '수사자'나 '수개미'의 경우 한글 맞춤법의 원칙에 따른 표기로 볼 수 있다.
② '수+닭'을 '수탉'으로 표기하는 것은 역사적인 이유가 표기에 반영되기 때문일 것이다.
③ '수+기와'를 '수키와'로 표기하는 까닭은 그 소리가 사이시옷 소리와 비슷하기 때문일 것이다.
④ '수+쥐'를 '숫쥐'로 표기하는 것은 '수+염소'를 '숫염소'로 표기하는 것과 같은 이유 때문일 것이다.

004

다음 글의 빈칸에 들어갈 내용으로 가장 적절한 것은?

이강백의 희곡 『북어 대가리』는 산업 사회 속에서 인간이 겪는 소외와 불안을 날카롭게 포착한 작품이다. 작품의 배경이 되는 창고는 외부와 단절된 폐쇄적 공간으로, 이곳에서 일하는 자앙과 기임은 반복적이고 기계적인 노동을 수행한다. 자앙은 주어진 상황에 순응하며 책임을 다하지만, 기임은 창고를 떠나고 싶어 하며 변화와 탈출을 꿈꾼다.
　이들의 대비는 산업 사회에서 인간이 처한 딜레마를 상징적으로 보여준다. 반복되는 일상 속에서 인간성은 점차 상실되고, 옳고 그름조차 명확히 판단할 수 없는 혼란과 불안이 지배하게 된다. 자앙과 기임의 갈등은 변화에 대한 욕구와 현실 순응의 무력감이 현대인의 내면에서 충돌하는 모습을 드러낸다. 작가는 이를 통해 산업화된 사회에서 개인이 느끼는 소외, 무력감, 정체성의 위기를 심도 있게 조명한다. 즉, ＿＿＿＿＿＿＿＿＿＿.

① 『북어 대가리』에서는 산업 사회 속에서 창고를 떠나 자유를 추구하는 자앙에 주목한다
② 『북어 대가리』는 옳고 그름조차 판단하기 어려운 현대인의 불안과 소외를 상징적으로 드러낸다
③ 『북어 대가리』에서는 인물 간의 갈등을 통해 변화에 대한 욕구와 현실 순응의 충돌이 인간의 본능임을 보여준다
④ 『북어 대가리』는 두 인물을 통해 산업 사회에서 인간이 주체적으로 변화와 혁신을 이끌 수 있다는 것을 보여준다

005

다음 밑줄 친 결론을 이끌어 내기 위해 추가해야 할 전제를 고르면?

> 건설업종을 등록하는 업체는 건설업 조사 대상으로 선정된다. 또한 건설업 조사 대상으로 선정되고 건설공사 실적이 있는 업체는 국가통계포털에 수록된다. 그런데 A 업체는 국가통계포털에 수록되지 않는다. 따라서 <u>A 업체는 건설업종을 등록하지 않는다.</u>

① A 업체는 건설공사 실적이 있다.
② A 업체는 건설업 조사 대상으로 선정된다.
③ 건설업종을 등록하는 업체는 국가통계포털에 수록되지 않는다.
④ 국가통계포털에 수록되는 업체는 건설업 조사 대상으로 선정된다.

006

다음 글을 이해한 내용으로 가장 적절한 것은?

> 조선시대 시가 문학에서는 자연에 귀의하여 살아가는 삶을 노래한 작품들이 자주 나타난다. 특히 산수의 아름다움을 예찬하거나 초가삼간의 소박한 삶을 찬미하는 시가들은 시대적 맥락과 깊이 연결되어 있다. 사화와 당쟁이 잦았던 당시 조선 사회에서는 벼슬길에 나섰다가 뜻하지 않게 가문 전체가 위기를 맞는 일이 종종 있었기 때문이다.
>
> 이처럼 정치적 혼란 속에서 많은 사대부들은 세속을 벗어나 자연과 함께하는 삶을 선택했다. 자연 속에서의 삶은 단순히 은둔이 아닌, 현실 세계의 혼탁함으로부터 벗어나 정신적 평온과 자아 성찰을 얻는 수단이었다. 그들은 자연 속 삶을 스스로 선택한 이상적 생활이라 여기며, 그것을 소재로 한 시가를 통해 자부심과 만족감을 드러냈다.
>
> 이런 문학적 경향은 단순한 자연 찬미를 넘어선 의미를 지닌다. 사대부들이 추구한 자연 속 삶은 정치적 위험을 피하고자 하는 현실적 방편인 동시에, 격조 높은 문화와 정서를 반영한 삶의 철학이기도 했다. 따라서 조선시대 자연 예찬 시가는 그 시대 지식인들의 시대 인식과 삶의 태도를 담고 있는 중요한 문학적 표현 양식으로 평가할 수 있다.

① 자연에 귀의한 삶은 현실적 방편이면서 이상적 생활을 실현하기 위한 선택이었다.
② 조선시대 자연 예찬 시가는 정치적 불만을 우회적으로 드러내려는 의도로 창작되었다.
③ 사화와 당쟁이 잦았던 당시 조선 사회에서 정계 진출은 피할 수 없는 현실적 의무였다.
④ 정치적 위험에서 벗어나기 위해, 사대부들은 풍경 묘사에만 국한된 자연 예찬을 노래하였다.

007

다음 글을 이해한 내용으로 적절하지 않은 것은?

> **(가)** 이 한 폭의 그림에는 조선 시대의 복식 문화, 군사 문화, 건축 양식 등 다양한 문화 요소가 담겨 있다. 서양의 르네상스 시대 종교화 역시 그 시대의 기독교적 가치관과 사회상을 반영한다.
>
> **(나)** 이처럼 회화 작품은 글로 남지 않은 과거의 문화와 역사를 구체적으로 보여주는 역할을 한다. 단순히 미술적 아름다움만이 아니라, 그 안에 담긴 시대의 생활상과 사상, 사회적 분위기를 읽어내는 것이 가능한 것이다.
>
> **(다)** 우리는 미술관에서 그림을 감상할 때 흔히 눈앞에 보이는 형태나 색채, 작가의 기법에만 주목한다. 하지만 그림은 단순한 시각적 대상이 아니라, 그 시대의 문화와 사회, 사람들의 삶을 반영하는 소중한 기록이기도 하다.
>
> **(라)** '문화의 반영으로서의 회화'라는 관점에서 그림을 바라보면, 미술 작품은 역사의 빈틈을 메워 주는 생생한 자료가 된다. 예를 들어 궁중 기록화인 〈정조 대왕 능행차도〉를 보면 당시 왕의 행차 모습, 수행원들의 복장, 거리의 풍경과 군사들의 무기, 구경꾼들의 모습까지 한눈에 살필 수 있다.

① (나) – (다) – (가) – (라)
② (나) – (라) – (다) – (가)
③ (다) – (가) – (나) – (라)
④ (다) – (라) – (가) – (나)

008

㉠~㉣에 들어갈 말로 적절하지 않은 것은?

> 제목: ○○ 물류 센터의 고객사 만족도 제고 방안
> Ⅰ. 고객사 불만 현황
>   1.   ㉠
>   2. 고객사 문의 접수 및 처리 지연
> Ⅱ. 고객사 불만 발생의 원인
>   1.   ㉡
>   2. 고객사 지원 서비스 인력 및 전문성 부족
> Ⅲ.   ㉢
>   1. 자동화 설비 도입 및 물류 프로세스 개선
>   2. 고객사 지원 서비스 인력 충원 및 전문 교육 강화
> Ⅳ. 기대 효과와 향후 과제
>   1. 고객사 불만 해소 및 신뢰도 회복
>   2.   ㉣

① ㉠: 물류 작업 및 배송 오류 발생 증가
② ㉡: 수작업으로 인한 물류 작업 및 배송 오류 발생
③ ㉢: 고객사 불만 발생의 주요 사례
④ ㉣: 고객사 만족도 향상을 위한 물류 관리 체계의 개선

009

빈칸에 들어갈 내용으로 가장 적절한 것은?

이스라엘 와이즈만연구소의 연구진은 개미와 인간의 협력 능력을 비교하는 흥미로운 실험을 진행했다. 연구팀은 세 개의 방이 나란한 직사각형 공간을 만들고 방과 방 사이 좁은 틈으로 알파벳 T모양의 물체를 한쪽 끝에서 다른 쪽 끝으로 옮기는 실험을 설계했다. 이 문제를 풀려면 T 모양 물체를 여러 차례 회전하며 옮겨야 하는데, 마치 좁은 복도나 문 틈새를 지나 피아노를 옮기는 것과 비슷해 '피아노 이동 문제'라고 불린다.

실험에 참여한 개미는 열대긴수염개미로, 개미들에겐 T자 모양 막대를 고양이 사료에 절여 먹이로 착각하게 했다. 실험에선 개미를 한 마리, 7마리, 80마리의 세 가지 조합으로 구성했고, 실험 결과 실험에 참여하는 개미의 수가 증가할수록 막대를 옮기는 시간이 급속히 줄어들었다. 한편 사람의 경우 1명, 9명, 26명으로 구성했다. 사람 쪽은 대화나 몸짓을 이용한 의사소통을 하지 않도록 했고, 수술용 마스크와 선글라스를 착용해 입과 눈을 가린 상태에서 실험을 진행했다. 실험 결과 1명의 사람이 막대를 옮긴 시간은 1마리의 개미가 막대를 옮긴 시간보다 월등히 빨랐다. 그리고 9명이 실험에 참가했을 때에는 1명의 사람이 막대를 옮긴 시간보다는 줄어들었지만, 개미 7마리가 막대를 옮긴 시간보다는 늘어났다. 심지어 26명이 참가했을 때에는 1명의 사람이 막대를 옮긴 시간보다 더 늘어났다. 이상의 결과를 통해 연구진들은 [   ]을 알 수 있었다.

① 개인의 힘보다는 집단의 힘이 항상 우월하다는 사실
② 인간이 개미보다 일을 하는 능력이 떨어진다는 사실
③ 개미의 협업 능력이 인간의 협업 능력보다 뛰어나다는 사실
④ 협업에 참여하는 사람이 늘어날수록 협업의 효율성이 개선된다는 사실

[010~011] 다음 글을 읽고 물음에 답하시오.

'적강화소'란 천상의 존재가 인간 세상에 내려오는 설정으로, 「심청전」은 우리 고전 소설에서 자주 등장하는 적강화소를 뚜렷하게 보여주는 작품이다. 이 소설에서 심청은 단순한 인간이 아니라, 천상계의 선녀가 지상으로 내려온 존재로 설정되어 있다. 이러한 설정은 작품의 전개와 의미에 깊은 영향을 미친다.

㉠심청의 삶에 닥치는 시련들은 현실 세계의 논리나 경험적 인과 관계에 따라 발생하는 것이 아니라, 이미 천상적 질서에 의해 운명적으로 예정된 사건들로 볼 수 있다. 즉 ㉡심청이 하계로 내려오게 된 것은 인물의 자유의지에 의한 사건이지만 그 이후에 적강자가 겪는 고난과 희생은 개인적 선택의 결과라기보다는, 초월적 세계의 계획 속에서 필연적으로 주어진 것이다. 이와 같은 운명적 시련은 ㉢극복의 과정에서도 예비된 운명의 흐름을 통해 진행된다. 심청이 제물로 바쳐진 뒤 ㉣용왕의 도움을 받아 다시 살아나는 과정, 그리고 맹인 잔치에서 주인공이 아버지와 재회하는 기적적인 결말 모두 인간의 힘을 넘어선 신비로운 힘이 작용한 결과라 할 수 있다.

「심청전」에서 지상계와 천상계는 단순히 대립하는 두 세계로만 그려지지 않는다. 오히려 (가)천상계의 질서와 힘이 지상 현실에 깊이 개입하며, 궁극적으로는 지상계가 초월적 무한성에 포괄되는 구조를 보여준다. 이러한 세계관은 인간의 삶과 운명이 신의 뜻이나 초월적 질서에 의해 좌우된다는 전통적 인식을 반영한다.

010

윗글에서 추론한 내용으로 적절하지 않은 것은?

① 「심청전」은 인간의 운명이 개인의 의지에 달려 있다는 전통적 세계관을 반영한다.
② 「심청전」에서 지상과 천상은 완전히 분리된 세계가 아니라 한쪽이 다른 쪽에 영향을 미친다.
③ 「심청전」에서 심청의 시련은 천상적 질서에 의해 미리 정해진 운명으로 적강화소와 관련 있다.
④ 「심청전」에서 지상의 삶이 초월적 무한성에 포함된다는 점에서 두 세계는 포괄적 관계에 있다.

011

㉠~㉣ 중 (가)의 문맥적 의미와 이질적인 것은?

① ㉠   ② ㉡
③ ㉢   ④ ㉣

012

(가)~(다)를 전제로 결론을 이끌어 낼 때, 빈칸에 들어갈 말로 가장 적절한 것은?

> **(가)** 영화관 방문 횟수가 줄어들면, 최신 상영 영화를 즐겨 보지 않는다.
>
> **(나)** OTT 서비스를 구독하면, 콘텐츠 소비량이 늘거나 영화관 방문 횟수가 줄어든다.
>
> **(다)** _____.
>
> 따라서 OTT 서비스를 구독하면, 최신 상영 영화를 즐겨 보지 않는다.

① 영화관 방문 횟수가 줄어든다
② 최신 상영 영화를 즐겨 보지 않는다
③ OTT 서비스를 구독하지 않는다
④ 콘텐츠 소비량이 늘지 않는다

013

다음 글의 ㉠~㉣ 중 문맥상 어색한 곳을 수정한 것으로 가장 적절한 것은?

> 한계효용은 재화나 서비스를 하나 더 이용할 때 각자가 느끼는 만족도(효용)를 말하며 객관적 수치로 표현된다. 그런데 ㉠재화나 서비스를 한 번 더 이용하면 각자가 느끼는 만족도는 점점 줄어든다. 이를 가리켜 '한계효용 체감의 법칙'이라고 한다. 예를 들어 평소 라면을 한 개밖에 못 먹는 사람이, 어느 날 라면 세 개를 끓여 먹는다고 가정해 보자. 처음엔 맛있다가 점점 만족도가 떨어지고 어느 지점부터는 너무 배가 불러 맛을 하나도 못 느낄 수도 있다. 이처럼 한계효용은 ㉡한 상품의 소비량이 점차 늘어감에 따라 점차 그 값이 떨어지지만 0이 되지는 않는다. 이런 한계효용 개념의 도입으로 ㉢인간이 경제 활동에서 얻는 만족도를 객관적 수치로 표현할 수 있게 되었다.
>
> 그렇다면 여러 가지 물건을 살 때 어떻게 구매해야 가장 큰 만족도를 얻을 수 있을까? '한계효용 균등의 법칙'에서 답을 찾을 수 있다. 한계효용 균등의 법칙이란 일정한 소득으로 여러 가지 상품을 소비하는 경우, 효용이 극대화되도록 하기 위해서는 각 상품의 한계효용이 균등하게 되도록 소비를 배분하는 것이 가장 유리하다는 법칙이다. 즉 ㉣각 상품의 1원당 한계효용이 같을 때 소비자는 최대의 효용을 얻게 된다는 것이다.

① ㉠: 재화나 서비스를 한 번 더 이용할수록 각자가 느끼는 만족도는 점점 늘어난다
② ㉡: 한 상품의 소비량이 점차 늘어감에 따라 점차 그 값이 떨어지다가 0이 되기도 한다
③ ㉢: 인간이 경제 활동에서 얻는 만족도를 주관적 수치로 표현할 수 있게 되었다
④ ㉣: 각 상품의 1원당 한계효용이 같을 때에는 소비자가 최대의 효용을 얻을 수 없다는 것이다

014

다음 글의 논지를 약화하는 것만을 <보기>에서 모두 고르면?

> 대부분의 생물은 같은 종의 개체들이 모여 살아가며, 이들을 '개체군'이라고 한다. 예를 들어 논에서 자라는 벼 무리나 연못에 사는 붕어들도 각각 하나의 개체군이다. 한 서식지에는 다양한 개체군이 함께 살아가는데, 이 집단을 '군집'이라고 한다.
>
> 동물들은 군집 내에 있는 다른 생물들을 먹고 산다. 따라서 개체군 간에 먹고 먹히는 포식과 피식이 나타나게 된다. 포식에는 사자가 영양을 공격하여 잡아먹는 것과 같은 육식과, 토끼가 풀을 뜯어 먹는 것과 같은 초식이 모두 포함된다. 피식자는 포식자를 피하기 위해 경고색을 띠거나, 방어 물질을 분비하는 것과 같은 적응 형질을 갖는 것으로 진화하고, 포식자는 더 빨리 달리거나 매복하는 등 더 잘 사냥할 수 있도록 진화한다.
>
> 그렇다면 이와 같은 포식과 피식을 통해 이익을 얻는 쪽은 포식자뿐일까? 아마 대부분 그렇게 생각할 것이다. 하지만 포식과 피식은 포식자와 피식자 모두의 생존을 위해 꼭 필요하다. 포식과 피식에 의해 피식자의 개체수가 조절되지 않으면 피식자는 오히려 군집 내에서 더 큰 생존의 위협을 받을 수 있기 때문이다. 따라서 포식과 피식은 포식자와 피식자 모두에게 환경에 적응하고 진화하는 힘이 된다고 할 수 있다.

┤ 보기 ├

ㄱ. 오스트레일리아에서 포식자인 딩고를 제거하였지만 피식자인 캥거루는 늘지 않았고, 오히려 질병, 먹이 제한 등이 원인이 되어 캥거루 개체수가 조절되었다.

ㄴ. 늑대의 멸종으로 사슴 개체군이 급증하여 초원이 황폐화되었지만, 외부에서 들여온 늑대 무리를 초원에 풀어 놓자, 사슴 개체수가 조절되어 초원이 복원되었다.

ㄷ. 갈라파고스 제도의 일부 섬에서는 대형 포식자가 없어도 다양한 생물종이 경쟁과 공생으로 균형을 유지하였다.

① ㄱ, ㄴ
② ㄱ, ㄷ
③ ㄴ, ㄷ
④ ㄱ, ㄴ, ㄷ

[015~016] 다음 글을 읽고 물음에 답하시오.

한국 전통 건축은 서구 건축과 달리 여러 건물들이 모여 하나의 전체 공간을 이루는 집합적 구성을 특징으로 한다. 서양 건축이 지붕 아래 내부 공간과 지붕 밖 외부 공간을 명확히 구분하는 데 반해, 한국 전통 건축은 각 건물의 내부와 외부 영역이 유기적으로 연결되어 연속된 공간을 ㉠만든다. 이때 각 건물의 내부는 주변 외부 영역의 성격까지 규정하며, 건축물 주변의 자연까지도 공간 범주에 포함되는 독특한 공간 체계를 보여준다.

이러한 집합적 구성은 다양한 공간적 전이 현상을 내포한다. 공간적 전이는 한 영역에서 다른 영역으로 이동하거나 시각적으로 연결되는 현상으로, 경계 요소(담장, 벽, 문턱, 계단 등)를 통해 영역이 분리되면서도 동시에 접근이 가능하게 설계된다. 이처럼 전통 건축의 경계는 완전히 단절되지 않고, 분리와 연결이 동시에 이루어져 '열린 듯 닫힌' 모호한 공간 경험을 제공한다. 이러한 전이점은 대문, 문턱, 계단, 처마 밑 등에서 두드러지며, 인간의 이동과 시각적 감각을 모두 자극한다. 전이점들은 서로 결합되어 복합적인 공간 경험을 만들어 내기도 한다.

한국 전통 건축의 공간적 전이는 매우 자연스럽게 이루어져, 이용자가 전이 현상을 의식하지 못할 정도로 공간이 유기적으로 연결된다. 이처럼 전통 건축은 여러 영역이 유기적으로 결합되어 하나의 전체를 이루며, 내부와 외부의 경계가 모호하고 자연과의 조화가 뛰어난 것이 특징이다. 실제로 한국 전통 건축은 공간의 연속성과 경계의 유연함을 통해 독창적이고 아름다운 공간을 창출해 냈으며, 이러한 공간적 특성은 한국 전통 건축이 가진 독창적이고 뛰어난 성취로 평가받는다.

015

윗글의 중심 내용으로 가장 적절한 것은?

① 한국 전통 건축은 경계 요소를 통해 공간적 전이 현상을 구현함으로써 자연과 조화를 이룬다.
② 한국 전통 건축의 특징은 각 건물에 딸린 외부 영역이 건물의 내부 영역의 성격까지 규정한다는 것이다.
③ 한국 전통 건축에서 나타나는 전이점은 감각을 차단함으로써 내부 공간을 관념적으로 접근할 수 있게 한다.
④ 한국 전통 건축은 서구 건축과 마찬가지로 접근과 차단이 가능한 각 영역들로 인해 공간적 전이가 이루어질 수 있다.

016

문맥상 ㉠의 의미와 가장 가까운 것은?

① 상대를 꼼짝 못 하게 만들었다.
② 넌, 괜한 일을 만들어서 사람을 귀찮게 하니?
③ 그녀는 커피 한 잔을 마실 시간도 만들지 않았다.
④ 오랫동안 공사를 벌인 끝에 마침내 터널을 만들었다.

017

다음 대화를 분석한 내용으로 가장 적절한 것은?

갑: 감정 표현 방식은 문화에 따라 크게 달라. 어떤 사회에서는 감정을 직접적으로 드러내는 것이 솔직함의 미덕으로 받아들여지지만, 또 다른 사회에서는 감정을 에둘러 표현하거나 숨기는 것이 예의로 간주돼.

을: 맞아, 예를 들어 동아시아 문화권에서는 불편한 감정을 직접 표현하는 걸 피한다는 점에서 간접적 표현이 더 흔한 것 같아. 하지만 이런 방식이 때때로 솔직하지 못하다는 오해를 불러오기도 해.

병: 그런데 서구 문화에서는 감정이나 불만을 바로 표현하는 것이 오히려 상대에 대한 존중이라고 여겨지는 경우가 많지. 타문화 사람들이 그런 태도를 지나치게 공격적이라고 오해하기도 하는데, 사실은 사회적 규범이 다르기 때문이야.

갑: 그렇지. 문화마다 감정을 표현하는 규범이 다르다는 점을 이해하지 못하면, 국제적인 소통 과정에서 실수나 갈등이 생길 수 있어.

을: 그래서 감정 표현의 방식은 단순히 개인의 성향 문제가 아니라, 각기 다른 문화적 배경에서 비롯된 규범의 차이라는 점도 무시할 수 없다고 생각해.

병: 나는 상황과 상대에 따라 적절한 표현 방식을 선택하는 것이 중요하다고 봐. 직설적이든 간접적이든, 상대방의 문화와 규범을 이해하려는 노력이 필요하지.

① 감정 표현이 문화적 규범에 따라 달라진다는 점에 대해 갑은 동의하지만 을은 동의하지 않는다.
② 간접적 감정 표현이 오해를 불러올 수 있다는 점에 대해 을은 동의하지만 병은 동의하지 않는다.
③ 문화적 차이를 이해하지 못하면 오해나 갈등이 생길 수 있다는 점에 대해 갑, 을, 병 모두 동의한다.
④ 상황과 상대에 따라 감정 표현 방식을 달리해야 한다는 점에 대해 병은 동의하지만 갑은 동의하지 않는다.

[018~019] 다음 글을 읽고 물음에 답하시오.

'모든 사람들이 아름답다고 인정한다.'라는 명제에는 두 가지 해석이 있다. 하나는 누구나 보면 아름답다고 느끼는 주관적 기준이고, 다른 하나는 보는 사람이 없더라도 존재하는 절대적 기준이다. 전자는 아름다움이 인간의 내면에 기준이 있음을, 후자는 인간의 판단과 무관하게 아름다움이 존재함을 의미한다.

그리스 철학자 플라톤의 이데아론은 후자에 해당하는 사고의 전형이다. 이데아는 모든 존재와 인식의 근거가 되는 변하지 않으며 초월적인 실재로, 플라톤은 현실 세계의 대상이 이데아로서의 아름다움을 얼마나 반영하느냐에 따라 미적 판단이 ㉠이루어진다고 보았다. 그는 아름다움을 인간의 의지와 무관하게 존재하는 절대적 가치로, 인종, 문화, 경험 등과 무관한 보편적인 아름다움이 자연뿐만 아니라 예술에서도 동일하게 존재한다고 주장하였다.

한편 중세 철학자 아퀴나스도 아름다움이 절대적 가치를 지닌다고 보았지만, 아름다움을 판단할 인간이 없다면 대상은 무의미하다고 생각했다는 점에서는 플라톤과 생각을 달리한다. 그는 아름다움이란 즐거움을 주는 것이며, 인간과 무관한 실재가 아니라고 생각했다. 즉 미적 판단의 기준을 인간의 내면으로 끌고 들어옴으로써 아름다움이 주관적인 가치로 인정받을 수 있는 계기를 마련한 것이다. 다만 아름다움이란 즐거움이 유발되기 위해서는 완전성, 조화, 명료함이라는 세 가지 조건이 반드시 필요하다고 제시함으로써 미적 판단 기준이 불분명해지는 것을 경계하였다.

018

윗글에 대해 평가한 내용으로 가장 적절한 것은?

① 솔방울의 구조나 뛰어난 조각 작품에서 나타나는 황금비율이 다양한 문화권에서 아름다움의 기준으로 인정받는다는 점은 플라톤의 주장을 강화한다.

② 완벽한 삼각형이나 원은 현실에는 존재하지 않지만, 모든 사람이 그 완벽함을 인지하고 아름답다고 느끼는 현상은 플라톤의 주장을 약화한다.

③ 추상 미술 작품은 조화로움과 완전성에서 벗어난 경우가 많음에도 불구하고 많은 이들이 아름답다고 여긴다는 점은 아퀴나스의 주장을 강화한다.

④ 예술 작품을 감상할 때 느끼는 즐거움이 아름다움의 본질임을 체험적으로 확인할 수 있다는 점은 아퀴나스의 주장을 약화한다.

019

문맥상 ㉠의 의미와 가장 가까운 것은?

① 평생토록 원하던 소원이 드디어 이루어졌다.
② 인간은 환경에 의하여 성격 형성이 이루어진다.
③ 지구 대부분의 암석은 퇴적암으로 이루어져 있다.
④ 그 교향악단은 최정상급의 연주자들로 이루어졌다.

020

다음 진술이 모두 참일 때 반드시 참인 것은?

○ 취미가 다양한 사람은 행복감을 크게 느낀다.
○ 취미가 다양하지 않은 사람은 주변 사람들을 잘 챙긴다.
○ 주변 사람들을 잘 챙기는 사람은 자기주장이 강하지 않다.

① 자기주장이 강한 사람은 행복감을 크게 느낀다.
② 행복감을 크게 느끼는 사람은 취미가 다양하다.
③ 주변 사람들을 잘 챙기지만 자기주장이 강한 사람이 있다.
④ 주변 사람들을 잘 챙기지만 행복감을 크게 느끼는 사람이 있다.

모의고사
12회

001

<공공언어 바로 쓰기 원칙>에 따라 수정한 것으로 적절하지 않은 것은?

〈공공언어 바로 쓰기 원칙〉

○ 쉬운 말로 쓰기
  ㉠어려운 용어 대신 이해하기 쉬운 표현을 씀.
○ 불필요한 표현 덧붙이지 않기
  ㉡의미를 전달하는 데 필요하지 않은 표현을 덧붙여 쓰지 않음.
○ 조사를 정확하게 쓰기
  ㉢부적절한 조사를 쓰거나 조사를 과도하게 생략하지 않도록 주의함.
○ 어법에 맞는 문장 쓰기
  ㉣문장 간의 올바른 호응 관계를 유지함.

① "내구연한을 설정하였다."를 ㉠에 따라 "사용 가능 햇수를 설정하였다."로 수정한다.

② "호수는 마을에서 차로 10분 거리에 위치하고 있다."를 ㉡에 따라 "호수는 마을에서 차로 10분 거리에 있다."로 수정한다.

③ "첨부한 파일 설명서 참고하시기 바랍니다."를 ㉢에 따라 "첨부한 파일 설명서를 참고하시기 바랍니다."로 수정한다.

④ "이 사업의 지원 대상 선정 방법은 서류 심사 이후 위원회의 심의를 거쳐 지원 대상자를 결정한다."를 ㉣에 따라 "이 사업의 지원 대상 선정 방법은 서류 심사 이후 위원회의 심의를 거쳐 지원 대상자를 결정하기로 했다."로 수정한다.

002

다음 빈칸에 들어갈 말로 가장 적절한 것은?

○○경찰병원은 비수도권에 최초로 건립되는 전문병원으로, 전문진료센터를 운영하고자 한다.
(가) 심뇌혈관센터가 운영되지 않는다면, 정신건강센터가 운영된다.
(나) 호흡기전문진료센터가 운영된다면, 근골격센터가 운영된다.
(다) 비뇨의학센터가 운영된다면, 근골격센터가 운영된다.
(라) 심뇌혈관센터가 운영된다면, 근골격센터가 운영되지 않는다.
따라서 _____.

① 근골격센터가 운영된다면, 비뇨의학센터가 운영된다
② 심뇌혈관센터가 운영된다면, 호흡기전문진료센터가 운영된다
③ 비뇨의학센터가 운영된다면, 정신건강센터가 운영되지 않는다
④ 정신건강센터가 운영되지 않는다면, 호흡기전문진료센터가 운영되지 않는다

003

다음 글을 이해한 내용으로 가장 적절한 것은?

김만중이 『사씨남정기』를 집필한 숙종 재위 시기는 조선 후기의 정치적 혼란이 극심했던 시기였다. 당시 조선 사회는 붕당정치의 영향 아래 서인과 남인, 두 당파가 치열하게 권력을 다투고 있었다. 특히 예송 논쟁 이후 붕당 간의 갈등이 더욱 고조되었고, 핵심 관직이나 정국 운영이 바뀌는 일이 빈번하게 일어났다. 이런 내분은 궁궐 내부의 후궁 세력, 왕과 신하들 사이의 미묘한 정치적 역학 구도와 결합하여 더욱 복잡한 양상을 띠었다. 실제로 장희빈을 등에 업은 남인들이 숙종을 움직여 인현왕후를 폐위시키고 권력을 장악하면서 사회 전체에 불안과 불신이 팽배했다. 이 시기 조선 왕조는 명목상 성리학적 질서를 유지했지만, 현실에서는 부패와 권력 투쟁이 일상화되어 백성의 삶과 사회 질서에까지 큰 영향을 미쳤다.

김만중은 이러한 불안정한 시대 상황과 권력 다툼, 그에 따른 진실과 정의의 왜곡을 배경으로 삼아, 인현왕후의 복위와 서인 세력의 권력 회복을 갈망하며 『사씨남정기』를 집필했다. 이 작품은 직접적인 정치 비판이 어려운 시대적 한계 속에서 우회적으로 숙종의 정책과 당시 체제를 비판하는 목적을 가졌으며, 권력 구조의 변화와 궁중 암투, 사회적 혼절이 문학 속 갈등과 인물 묘사에 녹아들며, 그 시기의 현실을 은유적으로 드러냈다.

① 서인은 장희빈을 앞세워 숙종의 의사에 영향력을 행사하고 인현왕후를 내쫓았다.
② 『사씨남정기』 창작 시기 조선은 명목상으로도 성리학적 질서를 유지하는 데 실패하여 부패와 권력 투쟁이 일상화되었다.
③ 『사씨남정기』는 예송 논쟁 이후 붕당 간의 갈등이 더욱 고조된 상황을 반영하여 그 시기의 현실을 직접적으로 드러낸 작품이다.
④ 김만중은 숙종 재위 붕당정치하에서 인현왕후 복위를 염원하고 숙종의 정책과 당시 체제를 비판하기 위해 사씨남정기를 집필했다.

004

다음 글을 이해한 내용으로 적절하지 않은 것은?

한글은 소리와 글자가 정확히 대응하는 체계적인 구조를 가지고 있어 세계적으로도 그 우수성이 인정받고 있으며, 우리 민족의 자부심이자 소중한 문화유산이다. 그래서 10월 9일을 한글날로 제정하여 우리나라의 소중한 문자, 한글의 창제와 반포를 기념하고 있다.

한글날이 10월 9일인 이유는 훈민정음 해례본 원본에 기록된 '9월 상한'이라는 반포 시기를 양력으로 환산한 데에서 비롯된다. 한글이 언제 창제되었는지 정확한 날짜는 기록되어 있지 않았다. 그래서 애초에 학자들은 한글이 반포된 시기인 1446년 9월의 마지막 날을 양력으로 환산하여 10월 29일을 한글날로 정했지만, 해례본의 기록이 발견되면서 20일가량 앞당겨져 현재의 날짜로 바뀌었다.

한글날의 역사는 여러 변화를 겪었다. 처음에는 '가갸날'로 불렸고, 해방 이후 법정 공휴일로 지정되었다. 하지만 1990년에는 국경일에서 제외되어 단순 기념일이 되었고, 2006년 국경일로 다시 승격된 뒤 2012년에 법정 공휴일로 재지정되었다. 오늘날 한글날에는 전국적으로 다양한 기념식과 행사가 열리며, 세종대왕의 훈민정음 어지가 낭독되어 한글 창제의 정신과 의미를 되새긴다.

① 1990년에 국경일에서 제외된 한글날은 2006년에 국경일로 재승격되었다.

② 한글날은 국경일로 다시 승격된 후 2012년에 처음으로 법정 공휴일로 지정되었다.

③ 한글날은 처음에 '가갸날'로 불렸으며, 세종대왕의 훈민정음 어지가 한글날에 낭독된다.

④ 10월 29일로 지정되었던 한글날이 20일 앞당겨진 이유는 훈민정음 해례본 원본의 기록 때문이다.

005

〈개요〉의 ㉠~㉣에 들어갈 내용으로 적절하지 않은 것은?

〈개요〉

O 제목: 아파트 단지 내 주차난의 원인과 해소 방안

Ⅰ. 서론
  1. 아파트 단지 내 주차난의 정의
  2.   ㉠

Ⅱ. 아파트 단지 내 주차난의 원인
  1. 세대 수 증가에 비해 주차 공간 확충 미흡
  2.   ㉡

Ⅲ. 아파트 단지 내 주차난의 해소 방안
  1.   ㉢
  2. 가구당 추가 차량 요금제 강화를 통한 주차 수요 억제

Ⅳ. 결론
  1.   ㉣
  2. 아파트 단지 내 주차 환경 개선을 위한 지속적 점검

① ㉠: 아파트 단지 내 주차난에 따른 문제 증가

② ㉡: 가구당 차량 보유 증가로 인한 주차 수요 급증

③ ㉢: 지하 주차장 증설을 통한 주차 공간 확충

④ ㉣: 주차비 무료화를 통한 아파트 분양 경쟁력 강화

006

다음 글의 ㉠~㉣ 중 어색한 곳을 찾아 수정한 것으로 적절하지 않은 것은?

아침에 신문을 읽던 중 ㉠한 잔에 5,000원이나 하는 커피의 원가가 실제로는 146원에 불과하다는 사실은 그리 놀랍지는 않았다. 여러 가지 비용을 감안하더라도 원가의 30배가 넘는 가격에 커피가 판매된다는 점은 쉽게 납득하기 어려웠다. 특히 커피를 생산하는 사람들이 실제로 받는 대가는 몇 원에 불과하다는 사실을 떠올리니 더욱 씁쓸했다. 이때 책에서 본 '공정무역'과 '윤리적 소비'라는 개념이 머릿속을 스쳤다. ㉡공정무역은 개발도상국 생산자에게 불리한 무역 조건을 제시해 선진국에 경제적으로 의존하도록 만드는 무역 방식이며, 윤리적 소비는 상품의 생산과 유통 과정에서 노동자의 권리와 환경을 고려하여 소비하는 태도를 의미한다.

인터넷을 통해 알아본 결과, 우리가 즐겨 먹는 초콜릿이나 설탕 역시 ㉢생산자에게 돌아가는 임금이 제품 가격의 극히 일부에 불과하다는 사실을 알게 되었다. 공정무역의 목적은 저개발국 노동자들이 최소한의 생계를 유지할 수 있도록 돕고, ㉣나아가 세계 어디에서나 공평한 생산과 판매가 이루어지는 윤리적 소비 문화를 개선하는 데 있다. 평생을 일해도 생존이 보장되지 않는 현실을 바꾸기 위해, 공정무역과 윤리적 소비는 점차 전 세계적으로 확산되고 있다.

① ㉠: 한 잔에 5,000원이나 하는 커피의 원가가 실제로는 146원에 불과하다는 사실을 알게 되어 놀라움을 금치 못했다

② ㉡: 공정무역은 개발도상국 생산자에게 유리한 무역 조건을 제공해 경제적 자립을 돕는 무역 방식이며

③ ㉢: 생산자에게 돌아가는 임금이 제품 가격의 상당 부분을 차지하고 있다는 사실을 알게 되었다

④ ㉣: 나아가 세계 어디에서나 공평한 생산과 판매가 이루어지는 윤리적 소비 문화를 확산하는 데 있다

007

다음 진술이 모두 참일 때 반드시 참인 것은?

정부는 핵심 전략산업뿐 아니라 국내 제조업 기반 산업까지 맞춤형 금융지원을 제공해 공급망 회복력을 높일 계획이다.

O 희토류 산업에 금융지원을 제공한다면, 이차전지 산업에 금융지원을 제공한다.

O 반도체 산업에 금융지원을 제공하지 않는다면, 철강 산업에 금융지원을 제공한다.

O 석유화학 산업에 금융지원을 제공한다면, 이차전지 산업에 금융지원을 제공한다.

O 반도체 산업에 금융지원을 제공한다면, 이차전지 산업에 금융지원을 제공하지 않는다.

① 반도체 산업에 금융지원을 제공한다면, 희토류 산업에 금융지원을 제공한다.

② 이차전지 산업에 금융지원을 제공한다면, 석유화학 산업에 금융지원을 제공한다.

③ 석유화학 산업에 금융지원을 제공한다면, 철강 산업에 금융지원을 제공하지 않는다.

④ 철강 산업에 금융지원을 제공하지 않는다면, 희토류 산업에 금융지원을 제공하지 않는다.

008

(가)~(라)를 맥락에 맞추어 가장 적절하게 나열한 것은?

> (가) 또한 기아 체험은 단순한 모금 행사를 넘어서, 청소년과 일반 시민들이 지구촌의 빈곤 및 영양 결핍 실태에 대한 관심과 공감을 키울 수 있도록 돕는다. 체험 후에는 참가자들이 소감문을 작성하거나 강연에 참여하면서 기아 문제의 심각성과 국제적 연대의 필요성을 스스로 고민해 보는 시간도 마련된다.
>
> (나) 기아 체험은 전 세계적으로 널리 진행되는 교육적 실천 활동으로, 참가자들이 일시적으로 식사를 제한하거나 간단한 대용식만을 섭취함으로써 굶주림의 현실을 간접적으로 경험하는 프로그램이다. 이러한 체험은 보통 하루 한 끼 혹은 세 끼 정도의 식사를 건너뛰는 방식으로 이뤄진다.
>
> (다) 체험 기간 동안 절감된 식비나 참가비는 기아와 빈곤으로 고통받는 아동과 지역사회를 돕는 데 사용된다. 참가자들은 실제로 배고픔을 참는 과정에서 식사의 소중함을 다시 느끼고, 평소에는 쉽게 간과했던 음식의 가치와 전 세계적으로 확산된 식량 불균형 문제를 깊이 생각하게 된다.
>
> (라) 이런 과정을 통해 기아 체험은 개인의 공감 능력과 사회적 책임 의식을 높이는 데 기여하며, 더 나아가 세계 시민으로서 연대와 실천의 가치를 생활 속에서 실현할 수 있도록 자극한다. 무엇보다 이러한 활동은 지속적으로 이어질 때 더욱 큰 변화를 일으킬 수 있다.

① (나) – (다) – (가) – (라)
② (나) – (라) – (다) – (가)
③ (다) – (가) – (나) – (라)
④ (다) – (라) – (가) – (나)

009

다음 글의 빈칸에 들어갈 말로 가장 적절한 것은?

> 우리는 흔히 적은 양의 음식을 먹었을 때 "간에 기별도 안 간다"라는 표현을 사용한다. 이는 주로 허기를 해결하지 못했을 때의 아쉬움을 나타낸다. 그런데 왜 하필이면 '위'나 '장'이 아닌 '간'일까? 단순한 옛 표현 같지만, 실제로 과학적 맥락과도 관련이 있다는 점에서 흥미롭다.
>
> 소화는 우리가 섭취한 음식물을 몸이 흡수할 수 있을 정도로 잘게 분해하는 과정이다. 이 과정은 입에서 시작돼 식도, 위, 소장을 거쳐 대장으로 이어지며 단계적으로 이루어진다. 특히 소장에서는 탄수화물, 단백질, 지방 등이 영양소로 분해되어 흡수되며, 이 영양분들은 곧바로 모세 혈관을 타고 간으로 들어간다. 간은 이 영양소들을 저장하고 필요에 따라 다시 방출하는 '영양 저장고' 역할을 한다.
>
> 이러한 생리학적 사실을 고려할 때, "간에 기별도 안 간다"라는 표현은 단순히 상징적인 말이 아니라, 실제로 소화된 영양분이 간에 전달되지 않을 만큼 양이 적었다는 의미로 해석될 수 있다. 옛사람들이 소화기관의 역할을 과학처럼 알지는 못했겠지만, 경험을 통해 체득한 진실을 언어로 간명하게 표현했다는 점에서 깊이 있는 민간 언어철학이라 할 수 있다. 이러한 예는 ☐☐☐☐☐ 보여 준다.

① 언어가 지닌 모호성과 한계를
② 일상 언어에 담긴 과학적 통찰을
③ 대화에서 문학적 상상력이 중요한 요소임을
④ 일상 언어가 항상 논리적으로 쓰이지는 않음을

[010~011] 다음 글을 읽고 물음에 답하시오.

> 조세희의 연작 소설 「난장이가 쏘아올린 작은 공」은 사회적 약자와 정상인들 사이의 단절과 대립, 그리고 그로 인한 인간 내면의 갈등을 섬세하게 그려낸 작품이다. 이 소설에서 '난쟁이'와 그의 가족은 ㉠사회의 주류와 어울릴 수 없는 존재로 그려지며, 그들의 삶은 끊임없는 소외와 적대, 그리고 절망으로 점철되어 있다.
>
> 작품 속 인물들은 뚜렷하게 대립하는 두 집단으로 나뉜다. 한쪽은 부유하고 권력을 가진 자들이고, 다른 한쪽은 가난하고 사회적 약자에 속하는 난쟁이 가족과 같은 이들이다. 이들 사이의 대립은 단순한 경제적 격차를 넘어 사회 구조의 모순을 드러내는 중요한 장치로 작용한다. 특히 법정 장면에서는 ㉡등장인물들이 서로를 적대시하며, 정의와 불의, 힘과 약함이 첨예하게 맞부딪힌다.
>
> 연작 소설 「난장이가 쏘아올린 작은 공」의 한 편인 「내 그물로 오는 가시고기」에서도 이러한 대립 구조는 뚜렷하게 드러난다. 주인공과 가족은 가난이라는 절대적 한계에 갇혀 있으며, 사회적 약자로서의 고통과 좌절을 경험한다. 이 과정에서 가족 구성원들은 서로를 지키기 위해 애쓰지만, 결국 사회의 벽 앞에서 무력함을 느낀다. ㉢큰아들의 살인이라는 극단적 선택 역시 이러한 대립과 단절의 현실에서 비롯된 비극으로 해석할 수 있다. 작가는 인물들을 부자 편, 가난한 자 편, 그리고 중간자 편으로 명확히 구분하여, 사회 구조의 모순과 불평등을 더욱 선명하게 드러낸다. 이러한 대립적 구도는 단순한 살인 사건의 피해자와 ㉣가해자의 관계를 넘어서, 인간 존재의 본질적 고통과 연대를 사유하게 한다.

010

윗글을 이해한 내용으로 가장 적절한 것은?

① 「내 그물로 오는 가시고기」에서 큰아들은 절대적 한계에 직면한 후 가족을 버리는 극단적 선택을 한다.
② 「난장이가 쏘아올린 작은 공」과 달리 「내 그물로 오는 가시고기」에서는 사회적 약자의 고통과 좌절이 나타난다.
③ 「난장이가 쏘아올린 작은 공」에서 난쟁이와 그의 가족은 사회 주류와 어울리지 못하는 인간성이 상실된 존재로 그려진다.
④ 「내 그물로 오는 가시고기」는 사회적 약자의 목소리를 통해 우리 사회의 구조적 문제와 연대의 필요성을 환기시킨다.

011

㉠~㉣ 중 지시하는 대상이 동일한 것끼리 묶은 것은?

① ㉠, ㉡
② ㉠, ㉣
③ ㉡, ㉢
④ ㉢, ㉣

012

다음 글을 이해한 내용으로 적절하지 않은 것은?

케인스는 주식 시장이 지나치게 발달하면 오히려 경제에 해가 될 수 있다고 경고했다. 실제로 최근 우리나라 주식 시장의 상황을 보면 그의 경고가 현실이 되고 있다는 우려가 커지고 있다. 정부는 과거 국가−은행−재벌 중심의 경제 체제를 해체하고 주식 시장 중심의 체제를 도입했다. 당시에는 주식 시장의 발전이 기업의 자금 조달을 원활하게 해주고, 차입 경영의 문제를 해결할 것이라는 기대가 컸다.

실제로 2010년까지는 주식 상장과 증자를 통해 기업으로 유입되는 자금이 크게 늘었으나, 이후에는 오히려 기업에서 주식 시장으로 빠져나가는 자금이 더 많아지는 역전 현상이 나타났다. 기업들은 주주들의 요구에 따라 현금 배당과 자기주식 매입에 더 많은 돈을 쓰게 되었고, 이는 기업의 투자 여력을 약화시키는 결과를 낳았다. 이러한 현상은 금융과 자본 시장의 개방, 주주 권리 강화, 헤지펀드의 자유로운 기업 인수 · 합병 등이 복합적으로 작용한 결과다. 기업들은 경영권 방어와 주주 만족을 위해 위험을 감수하는 투자보다는 단기적인 주주 이익에 집중하게 되었고, 이는 장기적인 성장 동력 약화로 이어질 수 있다.

따라서 지금은 주식 시장의 역할과 금융 시장에 대한 정부의 개입 필요성을 다시 한번 근본적으로 고민해야 할 시점이다. 주식 시장이 기업의 건전한 성장과 경제 발전에 기여할 수 있도록 제도적 보완과 정책적 재정립이 필요하다.

① 기업들은 주주 만족을 위해 현금 배당과 자기주식 매입을 늘렸다.
② 주식 시장 중심 체제 도입 후 기업의 자금 조달이 계속 급격히 증가했다.
③ 자본 시장의 개방과 헤지펀드의 자유로운 기업 인수 · 합병이 기업 경영에 영향을 미쳤다.
④ 케인스의 경고처럼 주식 시장이 지나치게 발달할 때 기업의 투자 여력이 줄어드는 현상이 나타난다.

[013~014] 다음 글을 읽고 물음에 답하시오.

기행문은 수필의 일종이므로 형식은 자유롭지만 내용은 견문과 여정, 감상의 3요소를 지니고 있다. 또한 나그네로서 객지를 여행하며 느끼는 정서와 그 지방 특유의 지방색 등이 드러나기도 한다. 옛 사람들의 기행문 역시 이러한 일반적인 기행문의 특징을 그대로 따른다. 단지 여행의 목적이나 여행 주체의 계층과 성별에 따라 내용이나 표현이 조금씩 달라질 뿐이다. 김인겸의 「일동장유가」와 의유당 의령 남씨의 「동명일기」는 모두 기행문의 형식적 자유로움과 지방색, 나그네의 정서를 보여주지만, 여행 목적과 주체의 차이로 인해 시각과 감정 표현에서 뚜렷한 개성을 드러낸다.

「일동장유가」는 조선 후기의 사신 김인겸이 일본에 다녀온 후 쓴 기행문으로, 외교적 사명과 공식적 임무를 띤 남성 관료의 시각이 잘 드러난다. 그는 일본의 풍경과 문화, 사람들을 관찰하며 객관적이고 사실적인 견문을 기록하는 동시에, 조선과 일본의 문물 비교, 사대부로서의 자부심, 타국에 대한 경계심 등도 함께 담아낸다. 반면 「동명일기」는 여성인 의유당 의령 남씨가 가족과 함께 동명으로 여행하며 쓴 기행문으로, 일상적이고 섬세한 감정과 가족에 대한 애정, 여성 특유의 세심한 관찰이 두드러진다. 남씨는 여행지의 자연 풍경과 풍속, 소소한 일상에 대한 감상을 따뜻하고 정감 있게 ㉠풀어낸다.

013

윗글을 이해한 내용으로 가장 적절한 것은?

① 「동명일기」는 남성 관료의 시각과 외교적 임무가 반영되어 있다.
② 「일동장유가」는 자연 풍경과 소소한 일상에 대한 감상을 따뜻하게 풀어낸다.
③ 「일동장유가」와 달리 「동명일기」는 견문과 감상을 통해 여행의 의미를 전달한다.
④ 「동명일기」와 달리 「일동장유가」는 객관적이고 사실적인 견문 기록에 비중을 둔다.

014

다음 밑줄 친 부분 중 ㉠의 문맥적 의미와 가장 유사한 것은?

① 두 사람 사이에 있었던 오해를 말끔히 풀어냈다.
② 내가 느낀 감동을 짧은 시간 동안 풀어낼 수는 없었다.
③ 이제 겨우 도착했으니 짐부터 풀어낸 후에 청소를 합시다.
④ 그들은 서로 힘을 합쳐 엉킨 실뭉당이를 풀어낼 수 있었다.

[015~016] 다음 글을 읽고 물음에 답하시오.

'장소'와 '공간'은 인간이 세계를 이해하고 경험하는 방식에서 매우 중요한 개념적 축을 이룬다. '장소'는 누군가에게 특별한 의미와 가치가 부여되어 있으며, 그 안에 정체성과 안정감, 그리고 소속감이 깃들어 있다. 예를 들어, 추억이 담긴 공원은 단순한 물리적 위치를 넘어서 한 인간 또는 집단의 삶과 결합된 '장소'가 된다. 반면, '공간'은 아직 의미가 부여되지 않은 빈 상태, 혹은 누구에게나 동일하게 열려 있는 추상적 영역으로 간주된다. 이처럼 장소는 구체적이고 현실적인 반면, 공간은 열려 있고 추상적이다.

이러한 공간이 장소로 변화하는 과정은 인간의 경험, 기억, 상호작용에 의해 이루어진다. 한 학교의 빈 강당은 처음에는 단순한 공간일 뿐이지만, 학생들이 그곳에서 여러 행사를 거치며 추억을 쌓고 의미를 부여함에 따라 점차 '우리의 장소'로 인식된다. 이러한 변화는 사회적 맥락이나 개인의 경험에 따라 달라질 수 있다. 어떤 공간은 한 집단에게는 장소로 여겨지지만, 다른 집단에게는 여전히 무의미한 공간일 수 있다. 이처럼 공간이 장소로 전환되는 과정은 인간의 주관적 경험과 사회적 맥락이 상호 작용하는 결과로 볼 수 있다.

장소와 공간의 관계는 정적이지 않고, 항상 변화하는 동적인 성격을 ㉠지닌다. 한때 의미 있던 장소가 시간이 흐르면서 그 의미를 잃고 다시 공간으로 돌아갈 수도 있다. 반대로, 새로운 경험이나 사회적 변화에 힘입어 공간이 장소로 다시 태어날 수도 있다. 이러한 과정을 통해 우리는 세계를 단순한 물리적 공간의 집합이 아니라, 의미와 가치가 중첩된 다양한 장소들로 경험하게 된다.

015

윗글에서 추론한 내용으로 가장 적절한 것은?

① 장소에 부여한 의미가 사라지더라도 장소의 정체성은 유지될 수 있다.
② 공간은 장소가 될 수 있지만, 장소가 공간이 되는 경우는 일어나지 않는다.
③ 동일한 공간을 각각 다른 장소로 인식하는 서로 다른 집단이 존재할 수 있다.
④ 어떤 공간을 장소로 인식하는 데에는 그 사람의 객관적 인식과 사회적 맥락이 중요하게 작용한다.

016

문맥상 ㉠의 의미와 가장 가까운 것은?

① 사람은 저마다 자기중심적인 고정 관념을 지닌다.
② 나는 친구가 준 목걸이를 늘 몸에 지니고 다닌다.
③ 그녀는 여전히 어릴 때의 모습을 그대로 지니고 있었다.
④ 그는 여전히 돌아가신 어머니의 유언을 마음에 지니고 있었다.

017

다음 대화를 분석한 내용으로 적절하지 않은 것은?

갑: 인간의 기억력에는 분명 한계가 있어. 아무리 노력해도 모든 정보를 완벽하게 기억할 수는 없지. 그래서 중요한 정보만 선별해서 저장되는 거야.

을: 나는 그보다 외부 자극이 기억에 큰 영향을 미친다고 생각해. 소음을 비롯한 주변 환경이나 갑작스러운 변화가 기억 형성 과정에 방해를 줄 수 있잖아.

병: 너희 의견 모두 타당하지만, 집중력이야말로 기억을 좌우하는 핵심 요소라고 봐. 집중하지 않으면 아무리 자극이 좋고 정보가 중요해도 기억으로 남지 않지.

갑: 실제로 기억상실증 사례를 보면, 뇌 손상 외에도 심리적 충격이 외부 자극처럼 기억상실을 일으킬 수 있어.

을: 일상적인 망각은 몰입하지 못해서 발생하기도 하지만, 주로 자극이 지나치게 많거나, 정보가 덜 중요할 때 더 자주 나타나는 것 같아.

병: 결국 인간의 기억은 기억력의 한계나 외부 자극, 그리고 집중력이 서로 복합적으로 작용해서 정해지는 것 같아. 뇌 손상, 외부 자극, 심리적 충격 어느 요인에 의해서든 기억상실이 일어날 수 있다고 봐.

① 외부 자극이 기억 형성에 방해가 된다는 점에 대해 갑과 을은 동의한다.
② 집중력이 기억의 핵심 요소라는 점에 대해 을은 동의하지 않지만 병은 동의한다.
③ 기억력의 한계가 기억의 저장 방식에 영향을 준다는 점에 대해 갑과 병은 동의한다.
④ 기억상실의 원인으로 뇌 손상뿐만 아니라 외부 자극과 심리적 충격도 있을 수 있다는 점에 대해 갑과 병은 동의한다.

018

다음 글에 대해 평가한 내용으로 적절한 것만을 모두 고르면?

고대부터 사회는 뛰어난 개인을 영웅으로 떠받드는 경향이 있었다. 당시에는 공동체의 발전이 미약했기에 뛰어난 힘과 능력을 지닌 인물이 약자를 곤경에서 벗어나게 해 주는 역할이 당연하게 여겨졌다. 실제로 역사가들도 오랫동안 "좋은 임금이 좋은 시대를 만든다"라며, 위대한 인물의 존재를 시대 변화의 주된 동력으로 보았다. 특히 거대한 환경적 위기를 맞닥뜨렸을 때 영웅이 문제 해결의 핵심이 된다는 믿음이 강했다.

19세기에는 칼라일이 영웅적 개인의 역할을 적극적으로 주장했다. 그는 크고 작은 혼란을 극복하고 더 나은 미래를 이끌어가는 힘이 탁월한 지도자, 즉 영웅에게 있다고 보았다. 칼라일은 통찰력과 기품, 이상을 지닌 영웅만이 역사의 방향을 바꿀 수 있다고 생각했다. 반면, 심리학자 프로이트는 모든 위대한 인물의 탄생을 개인의 무의식적 심리와 대중의 카리스마적 추종 심리에서 비롯된 현상일 뿐이라고 봤다. 그는 특별한 타고남이 위대한 인물을 만드는 것은 아니라고 주장했다.

이처럼 개인의 영향력을 강조하는 영웅주의와 달리, 헤겔은 한 시대의 사회 전체를 지배하는 정신인 '시대정신'이 이미 역사의 흐름을 결정하며, 시대의 요구에 맞는 인물을 만들어 낸다고 주장했다. 그에 따르면 위인이 역사를 만드는 것이 아니라, 집단적 조건이나 구조적 요인과 같은 시대의 흐름이 위인을 만드는 것이다.

ㄱ. 사회 변화의 원동력이 계급, 생산관계 등 구조적 요인임을 강조하는 마르크스의 이론은 칼라일의 주장을 강화한다.
ㄴ. 숱한 반대에도 불구하고, 뛰어난 천재 군주 세종대왕의 의지와 업적이 문자 생활과 문화 전반에 실질적인 혁신을 가져왔다는 사례는 프로이트의 주장을 약화한다.
ㄷ. 나폴레옹의 탁월한 리더십과 전략이 직접적으로 유럽의 정세 및 법제 변화에 영향을 끼친 사실은 헤겔의 주장을 강화한다.

① ㄴ
② ㄱ, ㄴ
③ ㄴ, ㄷ
④ ㄱ, ㄴ, ㄷ

019

다음 정보를 토대로 바르게 추론한 것은?

기업에 중대재해가 발생한다면, 기업의 공공입찰 참여가 엄격히 제한된다. 안전관리 체계가 강화되고 기업에 중대재해가 함께 발생하는 경우가 아니라면, 기업부담 완화 지원책이 시행된다. 반면 기업에 중대재해가 발생하지 않는다면, 기업부담 완화 지원책이 시행되고 안전관리 체계는 강화되지 않는다. 그런데 기업에 중대재해가 발생하지 않거나 기업의 공공입찰 참여가 엄격히 제한되지 않는다.

① 기업에 중대재해가 발생한다.
② 기업의 공공입찰 참여가 엄격히 제한되는지에 대해서 알 수 없다.
③ 안전관리 체계가 강화된다.
④ 기업부담 완화 지원책이 시행되지 않는다.

020

다음 글의 논지를 약화하는 것으로 가장 적절한 것은?

초콜릿의 달콤함 이면에는 가혹한 현실이 존재한다. 초콜릿의 주재료인 카카오 열매를 수확하기 위해, 제3세계의 농민들은 뙤약볕 아래에서 하루 종일 고된 노동을 해야 한다. 그러나 그들이 초콜릿을 직접 맛보는 일은 드물다. 초콜릿은 그들에게 너무 비싼 사치품이기 때문이다. 이는 카카오 농가가 초콜릿 유통 구조에서 1% 미만의 수익만을 가져가기 때문이다. 대부분의 이익은 중간 상인과 다국적 기업의 몫으로 돌아간다. 결과적으로 가나와 같은 나라의 농민들은 빈곤, 착취, 열악한 노동 환경에 시달리게 된다.

이러한 구조를 바꾸기 위한 대안으로 등장한 것이 '공정 무역'이다. 공정 무역은 생산자에게 적정한 수익을 보장하고, 지속 가능한 생산 환경을 마련해 준다. 미국과 유럽 일부 지역에서는 이미 공정 무역이 널리 확산되었지만, 우리나라에서는 아직까지 활성화되지 못하고 있다. 공정 무역 제품의 가격이 다소 높은 데다, 소비자 인식도 부족하기 때문이다.

공정 무역을 널리 퍼지게 하려면 소비자에게 공정 무역의 의미를 널리 알리고, 유통 구조를 개선해 가격 부담을 줄이며, 정부 차원의 인증 제도 등을 통해 소비자의 신뢰를 얻어야 한다. 소비자는 이제 '가장 싼 값'이 아니라 '가장 공정한 값'을 고민해야 할 때다. 우리의 작은 선택이 생산자의 삶과 더불어 세계의 공정을 바꿀 수 있다.

① 글로벌 브랜드의 공정 무역 참여는 기업 이윤과 윤리적 소비가 양립할 수 있음을 보여 준다.
② MZ세대를 중심으로 '착한 소비', '비건 윤리', '지속 가능성' 등의 가치 소비 철학이 확산하고 있다.
③ 페루의 커피 농민 협동조합은 공정 무역 참여 후 소득이 두 배 이상 증가하고, 아이들의 교육 기회도 넓어졌다.
④ 일부 경제학자들은 공정 무역을 통해 지속적인 외부 지원에 기대게 되면 지원 시스템에 대한 의존이 고착될 수 있다고 주장한다.

모의고사
13회

001

<공공언어 바로 쓰기 원칙>에 따라 수정한 것으로 적절하지 않은 것은?

〈공공언어 바로 쓰기 원칙〉
○ 표현의 정확성
 ㉠의미에 맞는 정확한 단어 쓰기.
 ㉡부적절한 피·사동 표현에 유의함.
○ 여러 뜻으로 해석되는 표현 삼가기
 ㉢하나의 뜻으로 해석되는 문장을 사용함.
○ 대등한 것끼리 접속
 ㉣'-고', '-(으)며', '와/과' 등으로 접속되는 말에는 구조가 같은 표현을 사용함.

① "이 증명서는 재산 소유 여부를 확인하는 용도로 사용할 수 없다."를 ㉠에 따라 "이 증명서는 재산 소유 유무를 확인하는 용도로 사용할 수 없다."로 수정한다.

② "정부는 외환 위기를 초래한 기존의 차관경제구조를 투자경제체제로 전환시켰다."를 ㉡에 따라 "정부는 외환 위기를 초래한 기존의 차관경제구조를 투자경제체제로 전환하였다."로 수정한다.

③ "그 교수는 부교수와 연구 조교를 급구한다고 게시판에 공지하였다."를 ㉢에 따라 "그 교수는 부교수와 논의하여 연구 조교를 급구한다고 게시판에 공지하였다."로 수정한다.

④ "이용률 저조와 시스템이 손상되었다는 이유로 운영을 중지하였다."를 ㉣에 따라 "이용률이 저조하고 시스템이 손상되었다는 이유로 운영을 중지하였다."로 수정한다.

002

<보기>를 고려할 때, 다음 중 가장 적절한 토론 논제는?

─ 보기 ─

토론은 논제에 대해 찬반으로 나뉘어 자신의 주장을 내세우고, 상대측 주장의 부당함을 밝히는 화법의 한 형태이다. 따라서 원활한 토론이 이루어지기 위해서는 토론의 논제가 올바르게 설정되어야 한다. 토론의 논제는 긍정 평서문으로 제시되어야 하며, 한 가지 쟁점만을 포함해야 한다. 그리고 찬성과 반대의 대립이 분명하게 나타나야 하는데, 이때 양측 중 어느 한편에 유리하게 작용하는 표현을 사용해서는 안 된다.

① 담뱃값을 인상하고 주류세를 높여야 한다.
② 학생의 개성을 억압하는 교복을 폐지해야 한다.
③ 대형 마트 강제 휴업 제도를 폐지해서는 안 된다.
④ 인공 지능 창작물에도 저작권을 인정해 주어야 한다.

003

<보기>를 참고할 때, 음운 변동의 성격이 다른 하나는?

─ 보기 ─

한 단어 내부나 혹은 두 단어 사이에서 각기 별개의 음절에 속한 모음이 나란히 이웃할 때 모음 충돌이 일어난다. 모음 탈락이나 음절 축약은 이러한 모음 충돌을 회피하기 위한 음운 변동이다. 예를 들어 모음 충돌을 회피하기 위해 '쓰-+-어 → 써', '가-+-아서 → 가서'와 같이 모음을 탈락시키거나, '이기-+-어 → 이겨', '오-+-았-+-다 → 왔다'와 같이 음절을 축약시키는 것이다.

① 그녀와 나는 말없이 강을 따라(따르-+-아) 걸었다.
② 민호는 주말마다 사격장에서 총을 쐈다(쏘-+-았-+-다).
③ 어머니가 식탁 위에 메모를 남겨(남-+-기-+-어) 놓았다.
④ 고기를 양념장에 버무려 30분을 쟁여 뒀다(두-+-었-+-다).

004

다음 실험에서 알 수 있는 것은?

친밀한 인간관계의 욕구가 강한지 약한지는 개인의 성격 특성에 속한다. 이러한 개성을 형성하는 데 영향을 주는 환경적 요소와 유전적 요소를 구분하는 가장 좋은 방법은 쌍둥이를 장기간에 걸쳐 연구하는 것이다. 도레트 붐스마라는 학자는 일란성 쌍생아 수천 명을 선정해 몇 가지 제시문을 주고 그 문장이 자신들의 삶을 얼마나 정확하게 묘사하고 있는지를 조사했다. 이 제시문 중 두 가지가 직접적으로 외로움과 관련이 있었다. '아무도 나를 사랑하지 않아.'와 '나는 외롭다.'라는 제시문이었다. 그는 이런 제시문에 대한 쌍둥이의 반응이 12년 동안 어떻게 달라졌는지 조사했다. 그 결과 연구 초기에 외로움을 느낀다고 말한 사람은 2년, 6년, 심지어 10년 뒤에도 똑같이 대답한 경우가 많았다. 연구 초기에 대인 관계에서 만족하는 사람들도 거의 비슷한 수준으로 만족도를 유지했다. 그런데 일란성 쌍생아 중 한쪽이 외롭다고 말할 때 다른 쪽도 외로울 것이라는 예측이 옳은 경우는 48퍼센트 정도였다.

① 외로움은 개인적 특성이고 인간의 유전자는 이러한 특성에 지대한 영향을 준다.

② 대인 관계의 만족도는 개인적 특성과 밀접한 관련을 지니기 때문에 고정되지 않는다.

③ 오랫동안 외로움을 느낀 사람들은 최근에 외로움을 느낀 사람들보다 더 외로움을 느낀다.

④ 대인 관계에서 인간이 느끼는 외로움은 유전자와 밀접한 관련이 없으며, 연속적인 특성을 지닌다.

005

다음 글의 내용에 부합하는 것은?

코끼리 무리는 대체로 여러 가족으로 구성된 집단을 이룬다. 새끼를 가진 부모들은 새끼를 돌보는 데 전력을 다하며 매우 헌신적이다. 이들은 어느 한 우두머리에 의해 지배받지 않으며, 가족 나름으로 커다란 서식지 안에 흩어져 자유롭게 살아간다. 이런 코끼리 사회에서도 나이와 경험이 많고, 보통은 체격도 매우 큰 암컷 한 마리가 이른바 촌장 노릇을 한다.

먹이가 절대적으로 부족해지면 촌장 코끼리는 이곳저곳을 다니며 큰 나무를 쓰러뜨려 키 작은 코끼리들이 먹이를 먹을 수 있게 돕는다. 여러 어미들과 힘을 합쳐 깊은 샘을 파서 물을 얻어 내기도 한다. 그래도 먹이와 물이 부족하면 다른 서식지를 찾아 먼 여행을 떠날 것을 결정해야 하는 것도 촌장의 임무다. 먼 곳으로의 여행에는 많은 희생이 따른다. 특히 어린 새끼들이 지쳐서 주저앉게 되면, 그 어미는 곁에 남을 것인지 무리를 따라 떠날 것인지 망설이는 모습이 역력하게 드러난다. 물론 그 자리에 남는 것은 곧 죽음을 의미한다. 나이 든 촌장 코끼리의 몸에는 밀렵꾼의 총알이 여러 발 박혀 있는 경우도 있다. 촌장은 상아를 노리고 오는 밀렵꾼을 향해 돌진해 무리를 지킨다.

① 코끼리 사회에서도 약육강식의 원리에 따라 서열이 나누어진다.
② 자식에게 헌신적인 코끼리들도 촌장의 결정에는 무조건 수긍한다.
③ 코끼리들은 촌장의 지배를 받으며 절대적인 복종으로 무리를 유지한다.
④ 코끼리의 지도자는 무리가 위기에 처했을 때 단호한 결단으로 자신을 희생하기도 한다.

006

(가)~(라)를 맥락에 맞추어 가장 적절하게 나열한 것은?

(가) 이는 연령대나 건강 상태에 따라 필요한 추가 선별 검사를 간과했기 때문이다. 예를 들어, 40~50대는 대장암 위험이 높아 대장 내시경 검사가 권장되고, 만성 간염 보균자는 간암에 대비해 복부 초음파나 복부 CT 검사가 필요하다. 또한 50세 이상 비만자나 흡연자는 심장 질환 예방을 위한 심장 CT 검사를 고려해야 한다.

(나) 무엇보다 건강 검진 결과를 받았을 때, 위험 요인에 대한 사후 관리가 반드시 뒤따라야 한다. 검진을 받는 것에 그치지 말고, 건강한 생활 습관을 실천하는 노력이 100세 시대에 삶의 질을 높일 수 있다.

(다) 건강 검진은 질병을 조기에 발견하고 예방할 수 있는 중요한 기회다. 국민건강보험공단에서는 직장인과 40세 이상 성인에게 2년마다 일반 건강 검진을 권장하고 있다. 건강 검진을 꾸준히 받으면 사망 위험이 줄고, 장기적으로 의료비 부담도 크게 낮아진다.

(라) 실제로 검진을 받은 사람은 그렇지 않은 사람에 비해 병원비 지출이나 입원 일수에서도 유리함이 확인된다. 그러나 건강 검진에서 아무 문제가 없었다고 해서 모든 질병에서 안전하다고 단정할 수는 없다. 최근에는 정기 검진에서 이상이 발견되지 않았던 사람들이 폐암, 대장암 등 질환을 뒤늦게 진단받는 경우가 종종 보도된다.

① (나) – (다) – (가) – (라)
② (나) – (라) – (다) – (가)
③ (다) – (가) – (나) – (라)
④ (다) – (라) – (가) – (나)

[007~008] 다음 글을 읽고 물음에 답하시오.

최근 자동차 분야의 대세는 에너지와 친환경 기술 개발이다. 이에 따라 업계는 대기 오염 및 이산화탄소 배출을 줄일 수 있는 전기 자동차와 하이브리드 자동차 개발에 주력하고 있다. 초기 전기 자동차는 배터리 무게와 주행 거리, 충전 시간의 한계로 널리 보급되지 못했기 때문에 이러한 단점을 보완하여 하이브리드 기술이 ㉠나왔다.

하이브리드 자동차는 전기 모터와 내연 기관을 조합해 효율적으로 동력을 사용하는 시스템으로, 대표적으로 직렬, 병렬, 혼합 방식으로 구분된다. 직렬 방식은 엔진이 발전기 역할만 하고, 바퀴 구동은 전적으로 모터가 ㉡맡는다. 이 방식은 구조가 단순하지만, 가속 성능이나 에너지 회수 측면에서 한계가 있다. 병렬 방식은 엔진과 모터가 동시에 바퀴를 구동하며, 주행 상황에 따라 두 동력원의 장점을 최대한 활용해 연비와 효율을 높인다. 혼합 방식은 직렬과 병렬의 장점을 모두 결합해, 출발이나 저속 주행에는 전기 모터만 사용하지만, 고속이나 가속에는 엔진을 사용하는 등 다양한 운전 조건에 맞춰 최적의 동력 조합을 선택한다.

하이브리드 자동차는 내연 기관 차량 대비 연비가 우수하고, 배기가스 배출을 크게 ㉢줄일 수 있다는 장점이 있다. 특히 출발 시 모터의 최대 토크가 빛을 발해 효율적으로 동력을 공급하며, 엔진이 저속으로 ㉣돌아가는 구간에서는 모터가 대신해 유해 배기가스를 줄인다. 최근에는 경사로 하강 시 바퀴가 구르는 힘으로 발전기를 작동시켜 배터리를 충전하는 '회생 제동' 기술도 도입되어 에너지 효율이 더욱 높아졌다. 이처럼 하이브리드 자동차는 친환경과 효율이라는 두 마리 토끼를 잡는 데 크게 기여하고 있다.

007

윗글에서 추론한 내용으로 가장 적절한 것은?

① 하이브리드 자동차에서 혼합 방식은 저속 주행일 경우에는 직렬 방식으로 구동한다.
② 회생 제동 기술이 탑재된 하이브리드 자동차는 오르막 주행 시 에너지 효율을 높일 수 있다.
③ 하이브리드 자동차에서 직렬 방식은 병렬 방식에 비해 연비는 떨어지지만 가속 성능은 뛰어나다.
④ 하이브리드 자동차는 내연 기관 차량에 비해 배기가스 배출을 크게 줄일 수 있으나 연비는 다소 떨어진다.

008

㉠~㉣과 바꿔 쓸 수 있는 유사한 표현으로 적절하지 않은 것은?

① ㉠: 출몰(出沒)했다
② ㉡: 담당(擔當)한다
③ ㉢: 축소(縮小)할
④ ㉣: 작동(作動)하는

[009~010] 다음 글을 읽고 물음에 답하시오.

미디어는 우리가 현실을 바라보는 데 있어 중요한 역할을 담당한다. 미디어는 현실의 모든 문제를 ㉠다루지 않고, 일부를 선택적으로 강조함으로써 사람들이 그것을 중요한 사안으로 인식하게 만든다. 이를 '의제 설정 효과'라고 하며, 리프만이 말한 것처럼 미디어는 '우리 머릿속의 그림'을 구성하는 데 큰 영향력을 행사한다. 실제로 미디어가 중시하는 '미디어 의제'는 곧 사회가 중시하는 '공중 의제'로 이어진다. 이처럼 미디어는 현실을 규정하는 존재로서 우리가 사회적 현실을 어떻게 이해할지 결정하는 데 중요한 역할을 한다.

그런데 미디어가 어떤 사안을 부각시키는 과정을 이해할 수는 있지만, 사람들이 그 사안에 대해 어떻게 구체적으로 생각하게 될지는 미디어가 사안을 어떤 '틀'로 보여주는가에 따라 달라진다. 결국 뉴스가 사건을 전달하는 방식, 즉 '뉴스 프레임'은 수용자의 해석과 인식에 결정적 영향을 미친다. 예를 들어 일화적 프레임은 사건을 개인의 책임으로 돌리는 경향이 있는 반면, 주제적 프레임은 사회적 요인이나 제도에 초점을 맞춘다. 이러한 뉴스 프레임에 따라 사람들은 같은 사건을 완전히 다르게 받아들일 수 있다.

그러나 미디어가 제공하는 뉴스 프레임이 곧바로 수용자의 인식으로 옮겨지는 것은 아니다. 인간은 자신만의 인지 구조를 가지고 있어, 외부 정보를 능동적으로 해석한다. 즉 뉴스 프레임과 개인적 프레임이 상호작용하면서 사회적 현실이 구성된다. 두 프레임이 일치할 경우 미디어의 인지적 효과는 극대화되지만, 불일치할 경우 그 효과는 사안의 특성이나 대안적 정보의 존재 등에 따라 달라진다. 결국 미디어와 수용자의 상호작용이 사회적 현실 인식의 핵심임을 알 수 있다.

009

윗글에서 추론한 내용으로 가장 적절한 것은?

① 수용자의 능동적 해석은 뉴스 프레임이 사건을 전달하는 방식을 달라지게 한다.
② 의제 설정 효과에 의해 사회가 중시하는 공중 의제는 미디어가 중시하는 의제를 형성시킨다.
③ 수용자 개인적 프레임과 뉴스 프레임이 다른 경우 미디어의 인지적 효과는 감소할 수 있다.
④ 일화적 프레임은 수용자의 인지 구조에 영향을 미쳐 사회 구조적 요인에 주목하도록 만든다.

010

문맥상 ㉠의 의미와 가장 가까운 것은?

① 회의에서 물가 안정을 당면 과제로 다루었다.
② 무고한 사람을 범인으로 다루는 일은 절대 없어야 한다.
③ 그는 한 번도 제대로 배운 적이 없는 악기도 잘 다룬다.
④ 이 상점은 다른 곳과는 달리 주로 전자 제품만을 다룬다.

판소리는 우리나라의 전통 공연 예술로, 소리꾼인 창자와 관객이 가까이 마주하는 연행 현장에서만 느낄 수 있는 특별한 분위기를 자아낸다. 이러한 현장성은 판소리만의 독특한 특징을 만들어 낸다. 창자는 ㉠관객과 눈을 맞추고, 때로는 관객의 반응에 따라 ㉡말투를 바꾸거나 익살스러운 몸짓을 더해 이야기를 풀어나간다. 이는 모두 (가)창자가 관객과의 거리를 좁히려는 노력이다. 둘 사이의 거리가 좁혀져야 창자와 관객의 호흡이 맞게 되고, 서로 소통하며 같은 감정을 공유할 수 있게 된다.

판소리 공연에서는 정해진 형식에 얽매이지 않고, 즉흥적으로 대사를 바꾸거나 상황에 맞게 ㉢설명을 덧붙이기도 한다. 관객이 웃거나 감탄하면 창자도 이에 맞춰 소리의 강약을 조절하거나 새로운 이야기를 덧붙이는 등 유연하게 공연을 이끌어간다. 이러한 상호작용은 판소리의 가장 큰 매력 중 하나로, 관객은 단순한 청자가 아니라 공연의 일부가 된다.

또한 판소리에서는 '추임새'라는 독특한 청중의 반응이 중요한 역할을 한다. 주위에서 '좋다', '얼씨구'와 같은 ㉣추임새를 넣으면, 창자는 더욱 힘차게 소리를 내거나 이야기를 더욱 흥미롭게 전개한다. 이처럼 창자와 관객이 함께 호흡하며 만들어 가는 판소리 공연은, 단순한 예술 감상을 넘어 소통과 공감의 장이 된다.

011

윗글에서 추론한 내용으로 적절하지 않은 것은?

① 판소리 공연에서 창자의 대사나 말투는 관객의 태도에 따라 변할 수 있다.
② 추임새와 같은 관객의 적극적인 반응이 이야기 전개에 영향을 주기도 한다.
③ 판소리는 창자의 독창적인 해석에 따라 내용이 대폭 변경되는 것이 일반적이다.
④ 판소리는 일정한 틀보다는 창과 반응 사이의 살아 있는 상호작용을 중시한다.

012

윗글의 ㉠~㉣ 중 문맥상 (가)의 의미와 가장 거리가 먼 것은?

① ㉠   ② ㉡
③ ㉢   ④ ㉣

013

다음 글에서 추론한 내용으로 적절하지 않은 것은?

한글은 세계적으로도 그 구조가 독창적이며 합리적으로 설계된 문자로 평가받는다. 특히 자음의 경우, 'ㄱ, ㄴ, ㅁ, ㅅ, ㅇ'의 다섯 기본 글자가 중심이 되어 다른 자음들을 만들어 내는 체계를 가지고 있다. 이 기본 글자들은 단순히 외워야 하는 기호가 아니라, 각각의 결과물이 발음할 때 사용되는 발음기관의 모습을 본떠 만들어졌다는 점에서 차별화된다.

예를 들어 'ㄱ'은 혀뿌리가 목구멍을 막는 동작을 형상화한 것이고, 'ㅁ'은 입술이 닫히는 모양이다. 'ㅅ'은 이의 모습을, 'ㄴ'은 혀가 윗잇몸에 닿는 모양을, 'ㅇ'은 목구멍의 둥근 형태를 상징한다. 이처럼 발음의 원리를 시각적으로 상형화한 창제 방식 덕분에 누구나 배우기 쉽고 기능적으로 뛰어난 문자가 탄생했다.

모음의 경우에는 'ㆍ, ㅡ, ㅣ'의 세 기본 모음이 각각 하늘, 땅, 사람을 상징하며, 직선과 점의 형태로 이루어져 있다. 이 기본 모음을 조합함으로써 다양한 모음이 만들어진다.

한편, 한글은 효율적이면서도 정확한 표현이 가능한 문자다. 자음이나 모음에 획을 더하거나 여러 기본 글자를 조합하는 방식으로 다양한 음을 표현할 수 있게 설계되어, 누구나 쉽게 배워 사용할 수 있다. 이렇듯 한글 창제에 반영된 원리는 한글을 단지 우리말을 적기 위한 도구를 넘어, 과학적 사고와 논리성이 반영된 창조적 유산으로 전 세계에 인식될 수 있게 하였다.

① 'ㄱ'과 'ㅇ'은 'ㅁ'과 달리 목구멍과 연관하여 제작된 기본 글자다.
② 'ㅈ'에 획을 추가하면 'ㅉ'이 되어 더 강한 소리를 낸다는 점에서, 한글이 발음기관의 모습을 본떠 만들어진 글자라고 할 수 있다.
③ 'ㄱ'과 'ㅅ'을 조합해 'ㄳ' 같은 복합 받침을 만들 수 있다는 점은, 한글이 여러 기본 글자를 조합하는 방식으로 설계되었음을 알려준다.
④ 모음 'ㅜ'와 'ㅓ'를 결합해 'ㅝ'라는 이중모음을 만들 수 있다는 점에서, 한글이 모음의 조합을 통해 다양한 음을 표현할 수 있게 설계되었음을 알 수 있다.

014

글쓴이의 입장으로 가장 적절한 것은?

우리말은 논리적 표현에 부적합하다고 생각하는 사람들이 있다. 그런 사람들은 우리말을 어떤 외국어와 비교하면서 우리말 자체가 논리적 표현을 위해서는 부족하다고 주장한다. 가령 영어로 글을 쓰거나 말을 할 때는 논리적으로 정확하게 표현하게 되는데, 우리말을 사용할 때에는 그렇게 되지 않는다는 것이다. 이러한 체험적 견해는 사용하는 사람 자신이 그렇게 느끼는 것이기 때문에 어느 정도는 수긍할 수 있다. 그러나 우리가 느끼는 바가 하나의 심리적, 주관적 사실로서 인정될 수 있다 하더라도 그것이 곧 객관적, 일반적 사실인지에 대해서는 의문을 가질 수 있는 것이다.

우리말이 논리적 표현에는 부적합하다고 하는 것은, 우리말을 어떻게 이해하느냐에 따라서 수긍할 수도 있고 그렇지 않을 수도 있다. 그러나 우리말이 결코 논리적 표현에 부적합한 것은 아니다. 우리말을 논리적으로 정확하고 자유롭게 표현할 수 있는 사람들이 많이 있고, 또한 영어를 사용하는 사람들 중에도 논리적 표현을 잘 못하는 사람들이 많이 있다. 심지어 미국의 대학 교과 과정 중에도 자기 나라말을 논리적으로 사용할 수 있도록 하는 훈련 과목이 중요시되고 있는 실정이다.

① 우리말이 논리적 표현에 부적합한 것은 사실이나 그것은 다른 나라의 언어도 마찬가지이다.
② 실제로 경험하지 않고서 우리말이 논리적 표현에 부적합하다고 말하는 사람들이 상당수 있다.
③ 우리말로 논리적 표현을 하는 데 어려움을 느끼는 사람도 있겠지만 그것만으로 우리말의 특성을 일반화해서는 안 된다.
④ 영어를 사용하는 사람들 중에서 논리적 표현을 잘 못하는 것을 보았을 때 우리말만 논리적 표현에 부적합한 것은 아니다.

015

갑~정의 진술을 평가한 내용으로 적절한 것만을 <보기>에서 모두 고르면?

갑: 어떤 수험생은 기본 강좌를 수강한다.
을: 어떤 수험생은 모의고사에 응시하지 않는다.
병: 기본 강좌를 수강하지 않는 수험생은 모의고사에 응시한다.
정: 기본 강좌를 수강하는 수험생은 모의고사에 응시하지 않는다.

┌ 보기 ├
ㄱ. 갑과 을의 진술이 모두 참일 때 병의 진술은 반드시 참이다.
ㄴ. 을과 병의 진술이 모두 참일 때 갑의 진술은 반드시 참이다.
ㄷ. 을과 정의 진술이 모두 참일 때 갑의 진술은 반드시 참이다.

① ㄴ   ② ㄷ
③ ㄱ, ㄴ   ④ ㄴ, ㄷ

016

다음 진술이 모두 참일 때 반드시 참인 것은?

○ 갑이나 을이 부처 간 전보 형식으로 소속을 옮기면, 정은 소속을 옮기지 않는다.
○ 병이 부처 간 전보 형식으로 소속을 옮기면, 정도 소속을 옮긴다.
○ 무가 부처 간 전보 형식으로 소속을 옮기지 않으면, 갑은 소속을 옮긴다.

① 갑이 부처 간 전보 형식으로 소속을 옮기면, 정도 소속을 옮긴다.
② 을이 부처 간 전보 형식으로 소속을 옮기면, 병도 소속을 옮긴다.
③ 병이 부처 간 전보 형식으로 소속을 옮기면, 무도 소속을 옮긴다.
④ 무가 부처 간 전보 형식으로 소속을 옮기지 않으면, 정은 소속을 옮긴다.

017

다음 대화의 빈칸에 들어갈 말로 가장 적절한 것은?

갑: 국토교통부는 국가 균형성장을 실현하기 위해 도시재생사업을 공모한다고 합니다. 도시재생혁신지구 유형을 공모한다면, 지역특화재생 유형도 공모해요.
을: 도시재생혁신지구, 지역특화재생, 인정사업, 노후주거지정비 지원사업 중 최소 한 유형을 공모해요.
병: 도시재생혁신지구 유형을 공모하는 경우에만 인정사업과 노후주거지정비 지원사업을 모두 공모해요.
정: 그런데 지역특화재생 유형을 공모하지 않는다는 것은 이미 밝혀진 사실이에요.
무: 그렇다면 _____.

① 도시재생혁신지구와 인정사업 유형을 모두 공모하겠군요
② 도시재생혁신지구 유형을 공모하는지에 대해서는 알 수 없겠군요
③ 지역특화재생과 노후주거지정비 지원사업 유형을 모두 공모하지 않겠군요
④ 인정사업 유형을 공모하지 않는다면, 노후주거지정비 지원사업은 공모하겠군요

[018~019] 다음 글을 읽고 물음에 답하시오.

윤리의 발전은 크게 세 시기로 구분할 수 있다. 도덕 원칙을 한 번도 확립하지 못한 무질서 시기, 하나의 윤리적 체계가 사회를 지배하는 정상윤리 시기, 기존 윤리 체계가 새 윤리 체계로 교체되는 윤리변화 시기가 그것이다.

윤리적 원칙은 사회 구성원 모두에게 유사한 가치관 및 평가 기준을 적용하게 하여, 사회적 갈등을 줄이고 윤리적 성숙을 가능하게 한다. 윤리 원칙을 확립하지 못한 무질서 시기의 사회는 각자 다른 기준에 따라 판단한다. 그렇기에 ⊙이 시기는 윤리적 성숙 단계에 도달하지 못한다. 어떤 사회라도 윤리적 체계를 정립하면 정상윤리 시기에 들어서게 되고, 그 뒤에 다시 무질서 시기로 되돌아갈 수는 없다. 따라서 윤리적 원칙이 정립된 시기에 도달하면 ⓒ이 시기는 반드시 윤리적 원칙이 변화하는 시기로 이어지며, 새 윤리 체계로 자리를 잡게 되는 ⓒ이 시기는 다시 새로운 정상윤리 시기로 이어진다.

정상윤리 시기의 사회 구성원은 동일한 윤리 원칙에 따라 행동하기에 윤리적으로 성숙한 단계에 도달한 것이다. 윤리변화 시기의 사회는 기존 혹은 새로운 윤리 원칙에 따라 행동하기 때문에 사회 구성원들의 가치관이 동일한 상태는 아니지만 윤리적 원칙에 따라 행동을 하기에, ⓔ이 시기 역시 윤리적으로 성숙한 단계에 도달한 것이다. 이 구분에 따르면, (가)일부 사회는 아직 윤리적 성숙 단계에 도달하지 못했다는 진단이 가능해진다.

018

윗글의 (가)를 강화하는 것으로 가장 적절한 것은?

① 윤리적 원칙이 교체되는 중이고 사회 구성원들의 가치관이 동일한 사회가 있다.
② 윤리적 원칙이 정립된 적이 없고 사회 구성원들의 가치관이 서로 다른 사회가 있다.
③ 윤리적 원칙이 정립된 적이 있지만 사회 구성원들의 가치관이 서로 다른 사회가 있다.
④ 윤리적 원칙이 교체된 적이 여러 번 있지만 사회 구성원들의 가치관이 동일한 사회가 있다.

019

문맥상 ⊙~ⓔ 중 지시 대상이 같은 것만으로 묶인 것은?

① ⊙, ⓒ
② ⓒ, ⓔ
③ ⊙, ⓒ, ⓒ
④ ⊙, ⓒ, ⓔ

020

다음 대화를 분석한 내용으로 적절하지 않은 것은?

갑: 깨진 유리창 이론은 명확한 사실을 보여줘. 경범죄를 방치하면 더 큰 범죄가 발생하게 되어 있어. 뉴욕에서 지하철 무임승차나 낙서 같은 사소한 범죄를 엄격하게 단속했더니 살인이나 강도 같은 강력범죄도 크게 줄었잖아. 환경이 사람의 행동을 결정하는 거야.

을: 그건 단순한 상관관계를 인과관계로 착각하는 거야. 뉴욕의 범죄율 감소는 경제 상황 개선, 인구 구조 변화, 경찰력 증가 등 여러 요인이 복합적으로 작용한 결과지, 깨진 유리창 이론 때문이 아니야.

병: 깨진 유리창 이론 자체에는 어느 정도 타당성이 있어. 실제로 무질서한 환경이 사람들의 일탈 행동을 유발할 가능성은 있거든. 하지만 이론을 맹신해서 사소한 일탈도 강력하게 단속하는 건 문제가 있어. 싱가포르처럼 지나친 단속 사회가 되면 시민의 자유가 제약받을 수 있으니까.

갑: 환경 심리학적으로 봤을 때도 무질서한 공간은 사람들의 반사회적 행동을 증가시켜. 공원에 쓰레기가 버려져 있으면 다른 사람들도 쓰레기를 버리게 되고, 벽에 낙서가 있으면 더 많은 낙서가 생기게 되는 거지.

을: 그런 현상이 있다고 해서 강력한 처벌이 해답은 아니야. 근본적인 사회 문제, 즉 빈곤이나 불평등, 교육 부족 같은 것들을 해결하지 않고 겉으로 드러나는 증상만 억압하는 건 임시방편에 불과해.

병: 중요한 건 균형 잡힌 접근이야. 물리적 환경 개선과 사회적 감시는 필요하지만, 동시에 근본적인 사회 문제 해결과 시민들의 자발적 참여를 유도하는 방향으로 가야 해.

① 깨진 유리창 이론만으로는 사회 문제를 근본적으로 해결할 수 없다는 데 대해 을은 동의하지만 병은 동의하지 않는다.
② 무질서한 환경이 사람들의 일탈을 조장할 수 있다는 점에 대해 갑과 병은 동의하지만 을은 동의하지 않는다.
③ 물리적인 환경이 범죄율 감소의 원인으로 작용한다는 점에 대해 갑은 동의하지만 을은 동의하지 않는다.
④ 환경의 차이가 행동의 차이를 낳는다는 점에 대해 갑과 병은 동의한다.

모의고사
14회

시작 시간	시	분	초
종료 시간	시	분	초
총 소요 시간		분	초

001

<공공언어 바로 쓰기 원칙>에 따라 <공문서>의 ㉠~㉣을 수정한 것으로 적절하지 않은 것은?

〈공공언어 바로 쓰기 원칙〉
○ 대등한 것끼리 접속할 때는 구조가 같은 표현을 사용할 것.
○ 조사, 어미 등을 지나치게 생략하지 않을 것.
○ 필요한 문장 성분이 생략되지 않도록 할 것.
○ 중복되는 표현을 삼갈 것.

〈공문서〉

불법 관광 행위 예방 계도문

우리 정부는 불법 관광 행위로 인한 ㉠국가 이미지 추락 방지 및 우리나라 관광객을 보호하기 위하여 불법 행위를 알선하는 우리 국내 여행사를 ㉡대상, 「관광진흥법」에 따라 강력한 행정처분 조치를 취할 예정입니다.
또한 외국에서의 위법한 행위 등으로 국위를 크게 손상시켜 ㉢통보를 받은 사람은 「여권법」 제12조 3항 규정에 따라 1년 이상 3년 이하 동안 여권 신규 발급이나 재발급에 ㉣제한이나 제약이 있을 수 있음을 알려 드립니다.

① ㉠: 국가 이미지 추락을 방지하고 우리나라 관광객 보호를 위하여
② ㉡: 대상으로
③ ㉢: 관계 행정기관으로부터 통보를 받은 사람은
④ ㉣: 제한

002

<지침>에 따라 <개요>를 작성할 때 ㉠~㉣에 들어갈 내용으로 적절하지 않은 것은?

〈지침〉
○ 서론은 중심 소재와 관련된 실태와 문제 제기를 1개의 장으로 작성할 것.
○ 본론은 제목에서 밝힌 내용을 2개의 장으로 구성하되 각 장의 하위 항목끼리 대응되도록 작성할 것.
○ 결론은 기대 효과와 향후 과제를 1개의 장으로 작성할 것.

〈개요〉
○ 제목: 호우 피해의 발생 원인과 해소 방안
Ⅰ. 서론
  1. 기후 변화에 따른 집중 호우의 발생 빈도 증가
  2. ㉠
Ⅱ. 호우 피해의 발생 원인
  1. ㉡
  2. 사전 경보 시스템 미비 및 주민 대피 체계 미흡
Ⅲ. 호우 피해의 해소 방안
  1. 노후 배수관 교체 및 댐·저수지 관리 강화
  2. ㉢
Ⅳ. 결론
  1. 호우 피해 예방을 통한 주민 안전과 재산 보호
  2. ㉣

① ㉠: 집중 호우로 인한 인명·재산 피해의 심각성
② ㉡: 인접 지자체 간 자원 활용에 대한 공조 부족
③ ㉢: 실시간 경보 시스템 구축 및 주민 대피 훈련 정례화
④ ㉣: 효율적 호우 피해 예방을 위한 정부 차원의 종합 대책 수립

003

<보기>의 내용을 참고할 때, '상보 반의어'에 해당하지 않는 것은?

┤ 보기 ├

상보 반의어는 양분적 대립 관계에 있기 때문에 두 단어가 상호 배타적인 영역을 갖는다. 따라서 상보 반의어는 한 단어의 긍정이 다른 단어의 부정을 함의하는 관계에 있다. 또한 상보 반의어는 두 단어를 동시에 긍정하거나 부정하면 모순이 된다. 가령 상보 반의어인 '남자-여자'의 경우 남자라고 긍정하면, 여자가 아니게 된다. 또한 남자이면서 여자라고 모두 긍정하거나, 남자도 아니면서 여자도 아니라고 모두 부정하게 되면 모순이 발생한다.

① 기혼(旣婚) - 미혼(未婚)　　② 성공(成功) - 실패(失敗)
③ 출석(出席) - 결석(缺席)　　④ 확장(擴張) - 축소(縮小)

004

다음 글을 이해한 내용으로 적절하지 않은 것은?

17세기 유럽은 르네상스와 종교개혁을 거치며 개인의 자유와 이성에 주목하는 사회적 변화가 일어난 시기였다. 이러한 흐름은 개인의 권리와 자발적 선택을 중시하는 자유주의 및 개인주의 사상의 확산으로 이어졌다. 이 같은 배경에서 정부와 국가권력의 정당성을 개인 간의 계약에서 찾으려는 사회계약론이 등장했다. 홉스, 로크, 루소 등 대표적인 사상가들은 사회계약론을 통해 국가의 권력이 개인의 자발적인 동의와 합의, 그리고 이익 추구의 욕구에 기반한다고 설명했다.

홉스에 따르면 자연 상태에서는 인간의 생존과 이익 추구가 위협받으므로, 개인들은 자신들의 권리를 하나의 국가에 양도하여 절대적 권력을 갖는 통치자를 세우게 된다. 국가권력의 목적은 시민의 안전과 평화 보장에 있으므로, 권력은 무제한적이지 않고, 인명의 위협 등 일부 사안에서는 한계를 가진다.

로크는 국가권력을 입법권, 행정권, 연합권으로 구분했다. 특히 입법권을 가장 중요한 권한으로 보았으나, 공공선이라는 목적 달성을 위해 행정부에도 대권을 일부 인정하는 등 권력의 분립과 견제가 필요함을 직시하였다.

루소에 이르면 사회계약은 모든 인민의 자발적 합의로 이루어지며, 절대 주권은 인민 전체에게 귀속된다. 하지만 루소 또한 법 제정권과 집행권의 분리를 주장하며, 주권의 행사는 법 제정에만 국한되어야 함을 강조했다.

① 사회계약론은 개인보다는 국가나 사회를 우선시하였다.
② 로크는 국가권력을 나누어 권력의 분립과 견제를 강조했다.
③ 홉스는 개인의 안전과 평화 보장을 국가권력의 목적으로 여겼다.
④ 루소는 절대 주권의 행사는 일부 영역에 국한해야 한다고 보았다.

005

빈칸에 들어갈 말로 가장 적절한 것은?

소리란 물리학적으로 볼 때 단순한 진동일 뿐이다. 그러나 심리학적으로 보면 소리는 두뇌가 주변 환경에서 이끌어 내는 일종의 경험이다. 인간이 동물과 달리 음악을 들을 수 있는 한 가지 이유는 인간의 두뇌가 다른 동물들의 두뇌가 처리할 수 있는 것보다 훨씬 더 복잡한 소리의 유형들을 다룰 수 있기 때문이다. 우리는 음악의 다양한 유형들을 맞추어 교향곡의 한 악장을 만든다. 서로 다른 음들이 묶여 단편적인 멜로디들을 만들고, 긴 악절을 형성한다. 동시에 발생하는 음들은 음정으로 합쳐지고 음정은 다시 화음으로, 화음은 화성 진행으로 통합된다. 유형화한 악센트들은 리듬을 형성하고 긴장감의 대비는 크레셴도(점점 크게)와 데크레셴도(점점 약하게)로 융합된다. 금붕어에게 왈츠를 연주해 주고 나서 무슨 일이 벌어지는지 살펴보라. 아무 일도 일어나지 않는다. 왜냐하면 _____.

① 동물은 음파의 진동을 느낄 수 없기 때문이다
② 음의 높낮이는 동물이 구별할 수 없기 때문이다
③ 동물은 소리의 관계를 분석하지 못하기 때문이다
④ 물이 소리를 방해하여 소리가 전달되지 않기 때문이다

006

다음 글의 전개 순서로 가장 자연스러운 것은?

(가) 일할 권리는 일할 능력을 가진 사람들이 일할 기회를 사회에 요구할 수 있음을 의미하고, 일할 의무는 일의 괴로움이 그것을 거부할 이유가 될 수 없음을 의미한다.

(나) 이때 이 경쟁이 규범에 따르도록 노력하는 것은 우리 모두의 책임이다. 그리고 힘들고 많은 일을 맡은 사람이 적절한 보수를 받게 하는 사회를 만들어 가는 것도 우리 모두의 책임이다.

(다) 일을 바라보는 올바른 태도의 기반이 되는 것은 일의 사회성에 대한 투철한 인식이다. 우리는 일을 통하여 사회에 참여하기도, 봉사하기도 한다.

(라) 따라서 일이 수고롭더라도 그것을 피할 수 없다. 다만 일에 따라 노고의 정도에는 차이가 있으므로, 힘들고 괴로운 일을 피하고 그 반대의 일을 맡고자 하는 경쟁이 불가피하다.

(마) 전자는 우리에게 일할 권리가 있음을 함축하고, 후자는 우리에게 일할 의무가 있음을 의미한다.

① (다) – (가) – (마) – (나) – (라)
② (다) – (마) – (가) – (라) – (나)
③ (라) – (나) – (다) – (마) – (가)
④ (라) – (마) – (가) – (나) – (다)

[007~008] 다음 글을 읽고 물음에 답하시오.

　2025년 한국을 방문할 외국인 관광객 수는 약 1,870만 명에 이를 것으로 예상되며, 이는 코로나19 이전인 2019년보다 약 7% 증가한 역대 최고 수준이다. 최근에는 중국, 일본, 미국, 대만 등 아시아 주요국 관광객 비율이 높아지고 있으며, 특히 중국 관광객이 전체의 약 28%를 차지할 것으로 전망된다.

　이러한 변화는 아시아 신흥국의 경제 성장과 소득 증가에 힘입은 결과로, 1인당 국민 소득이 오를수록 해외 출국 관광객 수가 급격히 늘어난다는 점이 통계적으로 확인된다. 소득 수준이 낮은 구간에서는 소득이 조금만 올라가도 해외여행 수요가 크게 증가하는 경향이 추세선에서 뚜렷하게 나타난다. 2025년 기준 아시아 신흥국 인구는 약 37억 명에 달하며, 이 중 해외 관광을 위해 출국하는 인구도 꾸준히 증가하고 있다. 한국을 방문할 아시아 신흥국 관광객 역시 2025년 1,500만 명에 이를 것으로 추정된다.

　관광 산업은 외화 획득, 내수 진작, 고용 창출 등 경제적 파급 효과가 매우 ㉠크다. 2025년 아시아 신흥국 관광객의 방한으로 약 80조 5,000억 원의 생산 유발 효과와 37조 5,000억 원의 부가가치, 105만 명의 취업 유발 효과가 기대된다. 이러한 관광 산업의 경제 효과는 명목 GDP의 약 1.7%에 해당하는 규모다. 이러한 성장세를 이어가기 위해서는 아시아 신흥국 관광객을 겨냥한 매력적인 관광 상품 개발, 서비스 질 향상, 1인당 지출 확대를 위한 세부 전략 마련이 필수적이다.

007

윗글을 이해한 내용으로 적절하지 않은 것은?

① 2025년 관광 산업의 경제 효과는 명목 GDP의 약 1.7%에 달한다.
② 소득 증가가 해외여행 수요에 미치는 영향은 통계적으로 확인된다.
③ 2025년 방한 관광객 유치로 약 80조 5,000억 원의 부가가치가 발생할 것으로 기대된다.
④ 2025년 아시아 신흥국 관광객 비율은 최소 전체 방한 관광객의 과반을 차지할 것으로 예상된다.

008

문맥상 ㉠의 의미와 가장 가까운 것은?

① 가구가 너무 커서 방에 들어가지 않는다.
② 허리 치수가 커서 바지가 내려갈 것 같다.
③ 가치가 큰 일을 선택하는 것이 만족감이 높다.
④ 음악 소리가 너무 커서 앞사람의 말소리도 들리지 않는다.

[009~010] 다음 글을 읽고 물음에 답하시오.

　근대 화학의 초창기에는 연소 현상을 과학적으로 명확히 설명하기 어려웠다. 이때 등장한 이론이 바로 플로지스톤설이다. 이 이론에 따르면 가연성 물질이나 금속은 '플로지스톤'이라는 ㉠특정 물질을 포함하고 있으며, 연소란 이 플로지스톤이 빠져나가는 과정이라는 것이다. 실제로 나무를 태우면 ㉡재만 남으면서 무엇인가 사라진 듯 보이기에 이 가설은 그럴듯했다. 그러나 금속을 태울 경우 오히려 무게가 증가하는 현상은 이 이론으로 설명되기 어려웠다.

　정밀 측정을 중시한 라부아지에는 주석 연소 실험을 통해 연소의 개념에 변화를 일으켰다. 그는 ㉢외부 공기가 차단된 플라스크 안에서 주석을 가열했을 때 주석의 무게는 늘지만 전체 플라스크의 무게는 변하지 않음을 확인했고, 외부 공기가 들어온 상태에서는 플라스크 전체의 무게가 추가로 증가된다는 것을 밝혀냈다. 이를 통해 그는 연소란 ㉣어떤 성분과의 결합이라는 결론에 도달했다.

　한편 프리스틀리는 수은 재를 가열해 촛불을 더 세차게 타오르게 하는 기체를 발견했지만, 그것을 '플로지스톤이 없는 공기'로 해석했다. 라부아지에는 이 실험을 주목했고, 이 기체의 본질이 바로 (가)연소에 관여하는 공기 성분임을 확인한 후, 이 기체가 산(酸)의 생성에 영향을 준다는 사실을 근거로 그는 이를 '산소'라고 명명하였다. 이렇게 플로지스톤설은 폐기되고 현대적 연소 이론, 즉 산소 결합 이론이 확립되며 화학은 새로운 전기를 맞게 되었다.

009

윗글에서 추론한 내용으로 가장 적절한 것은?

① 라부아지에는 플로지스톤설을 보완하기 위해 산소 이론을 제안했다.
② 라부아지에는 플로지스톤이 없는 공기를 활용해 불을 끄는 실험을 진행했다.
③ 라부아지에는 정밀한 측정을 통해 연소의 본질이 산소와의 결합임을 밝혀냈다.
④ 프리스틀리와 라부아지에는 연소에 대한 동일한 해석을 내리며 협력 관계를 유지했다.

010

윗글의 ㉠~㉣ 중 문맥상 (가)의 의미와 가장 가까운 것은?

① ㉠
② ㉡
③ ㉢
④ ㉣

[011~012] 다음 글을 읽고 물음에 답하시오.

고려 속요 '동동'과 '가시리'는 모두 민간의 사랑 노래가 궁중악으로 수용되어 정제된 형태로 전승된 대표적인 작품이다. 두 작품 모두 후렴구를 반복적으로 사용하여 음악적 통일성을 부여하고, 궁중 연향에 적합하도록 형식적 장치를 갖추고 있다.

'동동'은 한 해의 열두 달을 배경으로 하여 임을 향한 그리움과 기다림의 정서를 노래한다. 매 연마다 '아으 동동다리'라는 후렴이 반복되어, 계절의 순환과 함께 임에 대한 변함없는 사랑과 간절함을 강조한다. 이 작품은 민간의 애틋한 정서가 궁중의 송축적 의미와 결합된 점이 특징적이다. 반면 '가시리'는 이별의 정서를 중심으로 하면서도, '위 증즐가 대평성대'라는 후렴을 통해 이별의 아픔과 더불어 상대의 안녕과 평안을 기원하는 송축적 의미를 덧붙인다. '가시리'의 화자는 떠나는 임을 붙잡고 싶은 마음과, 그럼에도 불구하고 임의 뜻을 존중하며 ⊙보내려는 마음 사이에서 갈등한다.

이처럼 '동동'과 '가시리'는 모두 사랑과 이별이라는 민간의 진솔한 감정을 바탕으로 하면서도, 궁중악으로 편입되는 과정에서 국가적 의미가 더해진 점이 공통적이다. 그러나 '동동'이 계절의 흐름과 기다림의 정서를 중심으로 하는 반면, '가시리'는 이별의 순간에 집중하여 감정의 갈등과 절제를 드러낸다는 점에서 차이를 보인다.

011

윗글을 이해한 내용으로 가장 적절한 것은?

① '동동'과 달리 '가시리'는 임을 향한 그리움과 기다림의 정서를 노래한다.
② '가시리'와 달리 '동동'은 이별의 순간에 집중하여 감정의 갈등과 절제를 드러낸다.
③ '동동'과 '가시리' 모두 계절의 순환을 배경으로 임에 대한 사랑을 강조한다.
④ '동동'과 '가시리' 모두 민간의 애틋한 정서와 송축적 의미가 결합된 작품이다.

012

문맥상 ⊙의 의미와 가장 가까운 것은?

① 그는 그녀에게 추파를 보냈다.
② 그는 방학이면 아이를 시골에 보냈다.
③ 다친 새를 치료하여 멀리 보내 주었다.
④ 염탐꾼을 적지로 보내어 적의 동정을 살피게 했다.

013

⊙의 사례로 가장 적절한 것은?

요청의 적정성을 판단하는 기준에는 세 가지가 있다. 예비 조건, 진지성 조건, 기본 조건이 바로 그것이다. 일반적으로 이 세 가지 모두가 전부 충족되어야 적절한 발화로 인정받는다. 여기서 예비 조건이란 그 행위를 할 능력이 있음을 믿는 것을 말한다. 가령 40대의 남자가 '20대로 돌아가게 해 주세요'라고 했다면, 이는 예비 조건에서 어긋나기 때문에 적절한 발화가 되지 않는다. 한편 진지성 조건이란 청자가 그 행위를 하기를 화자가 원하는 것과 관련된다. '이것 좀 옮겨 주세요'는 진지성 조건에 적합하지만, 시험 성적이 나쁜 아이에게 '계속 이런 식으로 시험 치세요'는 진지성 조건을 어긴 요청이 된다. 마지막으로 기본 조건은 화자가 청자로 하여금 그 행위를 하게 하고자 하는 것과 관련된다. 앞서 언급했던 '계속 이런 식으로 시험 치세요'라는 요청은 청자가 정말 그렇게 행동하도록 화자가 시키지 않을 것이기 때문에 기본 조건에서 어긋난 발화가 된다. 이처럼 ⊙둘 이상의 조건을 어긴 요청도 있다.

① 중학생이 된 아들이 엄마에게 "생일 선물은 돈으로 주세요"라고 말한다.
② 사랑하는 연인에게 장난으로 "날 사랑한다면 저 달도 따다 줘"라고 말한다.
③ 두 손에 짐을 가득 들고 있는 사람이 다른 사람에게 "문 좀 열어주세요"라고 말한다.
④ 초인이 있다고 믿는 어린아이가 아빠에게 "스파이더맨과 만나게 해 주세요"라고 말한다.

014

다음 글에서 추론한 내용으로 가장 적절한 것은?

> 외래어 표기법은 외래어 표기를 통일하기 위해 마련한 규정으로, 다음과 같은 몇 개의 기본 원칙으로 이루어져 있다. 우선 외래어는 국어의 현용 24자모만으로 적는다. 즉 외래어 표기법을 위한 별도의 글자를 따로 만들지 않겠다는 것이다. 그리고 외래어의 1개 음운은 1개의 기호로만 적기로 한다. 가령 'f'의 경우 'file'의 'f'는 'ㅎ'으로 적어 '화일'로 표기하고, 'fan'의 'f'는 'ㅍ'으로 적어 '팬'으로 표기하면 혼란이 생길 수 있으므로, 모두 [f]의 근사음인 'ㅍ'으로 적기로 한 것이다.
>
> 그리고 받침에는 'ㄱ, ㄴ, ㄹ, ㅁ, ㅂ, ㅅ, ㅇ'만을 쓴다. 우리말에서 음절의 끝소리가 7개로 제한되어 있기 때문이다. 예를 들어 국어의 음절 끝에 [t] 음이 오는 'racket' 등의 단어를 적을 때에는 '라켇'처럼 'ㄷ' 받침으로 적는 대신 '라켓'처럼 'ㅅ' 받침으로 적는다. 또한 파열음 표기에는 된소리를 쓰지 않는 것을 원칙으로 한다.
>
> 그 밖에도 몇 가지 표기 세칙을 더 정해 두고 있는데, 예를 들어 어말의 [ʃ]는 '시'로, 자음 앞의 [ʃ]는 '슈'로, 모음 앞의 [ʃ]는 뒤따르는 모음에 따라 '샤, 섀, 셔, 쇼, 슈, 시'로 적는다. 또한 어말 또는 자음 앞의 [ʒ]는 '지'로 적고, 모음 앞의 [ʒ]는 'ㅈ'으로 적는다.

① 'file'은 외래어 표기법 규정에 따라 '화일'이라고 적어야 한다.
② 'flash[flæʃ]'의 [ʃ]는 외래어 표기법 규정에 따라 '시'로 표기해야 한다.
③ 'mirage[mirɑːʒ]'의 [ʒ]는 외래어 표기법 규정에 따라 'ㅈ'으로 적어야 한다.
④ 'racket'을 '라켇'으로 쓰지 않는 까닭은 외래어를 현용 24자모만으로 써야 하기 때문이다.

015

다음 조건에 따를 때, 5개 직위 중 인사 교류자로 발령될 수 있는 최대 직위의 수는?

> 정부가 부처 간 칸막이를 허물고 협업 행정 체계를 강화하고자 전략적 인사 교류를 시행하였다. 고용노동부 기업일자리지원과장, 중소벤처기업부 인력정책과장, 기획재정부 기업환경과장, 산업통상자원부 해외투자과장, 보건복지부 공공보건정책관 등 5개 직위의 인사 교류자 발령과 관련하여 다음 사실들이 공개되었다.
> ○ 기획재정부 기업환경과장이 인사 교류자로 발령되거나 산업통상자원부 해외투자과장이 인사 교류자로 발령되지 않는다.
> ○ 보건복지부 공공보건정책관이 인사 교류자로 발령되는 경우에만 고용노동부 기업일자리지원과장도 인사 교류자로 발령된다.
> ○ 산업통상자원부 해외투자과장이 인사 교류자로 발령되지 않으면, 중소벤처기업부 인력정책과장도 인사 교류자로 발령되지 않는다.
> ○ 기획재정부 기업환경과장은 인사 교류자로 발령되지 않는다.

① 1개 　　② 2개 　　③ 3개 　　④ 4개

016

다음 글의 밑줄 친 결론을 이끌어 내기 위해 추가해야 할 것은?

> 회사에서 저녁을 먹는 사원은 모두 야근을 하는 사원이다. 야근을 하는 어떤 사원은 커피를 즐겨 마시는 사원이다. 따라서 <u>커피를 즐겨 마시는 어떤 사원은 회사에서 저녁을 먹는 사원이다.</u>

① 커피를 즐겨 마시는 어떤 사원은 야근을 하는 사원이다.
② 회사에서 저녁을 먹지 않는 사원 중 누구도 야근을 하지 않는다.
③ 회사에서 저녁을 먹지 않는 사원은 모두 커피를 즐겨 마시는 사원이다.
④ 커피를 즐겨 마시지만 회사에서 저녁을 먹지 않는 사원은 모두 야근을 하는 사원이다.

017

다음 대화에 대한 평가로 적절한 것만을 모두 고르면?

> **갑:** 청년 창업은 새로운 일자리를 만들고 혁신을 촉진하는 중요한 동력이야. 그러므로 정부가 청년 창업에 초기 자금을 지원하고 창업 인큐베이팅 프로그램을 더 확대해야 한다고 생각해. 특히 현재로서는 자본력이 부족한 청년들이 새로운 아이디어를 실현할 수 있는 환경이 절실해.
>
> **을:** 창업 자금 지원만으로는 성공할 수 없다고 봐. 실제로도 철저한 창업 준비 없이 단순히 지원금만 받아 시작하는 경우엔 실패하는 비율이 매우 높았어. 실전 경험과 철저한 시장 검증을 거친 기업도 시장에서 살아남기 힘든데, 단순히 지원금을 받는다고 해서 그 기업이 생존할 수 있겠어? 게다가 시장 경쟁력이 없는데도 아이디어만 그럴듯하게 포장해 정부 지원금만 뽑아먹은 사업이 급증하면서 창업 지원 생태계에 대한 신뢰도가 급락한 것도 문제야. 정부 지원금은 한정돼 있는데, 이런 일이 반복되면 정작 지원금이 필요한 창업에는 지원할 수 없는 일도 발생할 거야.
>
> **갑:** 글쎄. 나는 젊은 세대의 도전 자체가 생태계 성장에 활력을 줘서 산업 전반에 긍정적 요인으로 작용한다고 봐. 꼭 성공하는 것만이 중요할까? 오히려 실패를 통한 학습도 분명 가치가 있지 않을까? 나는 정부의 역할은 다양한 아이디어를 실현할 기회를 제공하는 데 있다고 생각해. 그러니 자금 지원은 더 늘리는 게 맞아. 여기에 멘토링과 네트워킹 기회를 추가한다면 성공적으로 창업할 확률도 높아질 거야.

> ㄱ. 검증 시스템 미비로 창업 자원이 남용되고 지원 활동이 부실하게 운영되어, 전체 창업 지원 생태계에 대한 신뢰도가 낮아졌다면 갑의 입장이 약화된다.
> ㄴ. 창업 지원금과 인큐베이팅을 받은 청년들이 혁신 제품을 개발해 해외 시장에 성공적으로 진출한 사례는 을의 입장을 약화한다.
> ㄷ. 철저한 심사를 통과한 후에만 창업 지원이 제공되는 제도의 도입으로, 부실하게 창업하는 비율이 이전보다 대폭 줄어들었다면 갑과 을의 입장은 강화된다.

① ㄱ 　　　　　　　　② ㄱ, ㄴ
③ ㄱ, ㄷ 　　　　　　④ ㄴ, ㄷ

018

다음 글의 논지를 강화하는 것으로 가장 적절한 것은?

A국은 전국적으로 대학생들의 취업률이 낮아지고 있다는 점을 심각하게 받아들이고 있다. 이를 해결하기 위해 A국 정부는 대학 졸업자들의 취업 알선 프로그램을 확대하고, 단기 직무 교육 과정을 지원하는 정책을 추진하고 있다. 하지만 이러한 접근은 효과적인 해결책이 되기 어렵다. 대학생들의 취업률을 효과적으로 높이기 위해서는 단순히 취업 지원 프로그램이나 단기 교육을 늘리는 것보다, 산업계와 연계된 실무 중심의 장기 인턴십 기회를 더 많이 마련하고, 기업과 대학 간 협업을 통해 학생들이 실제 산업 현장에서 요구하는 역량을 기를 수 있게 하는 것이 우선적으로 필요하다. 현재 많은 대학 졸업생들은 자신의 전공 이론 지식만으로는 실무에 바로 투입되기 어렵다고 느끼고 있으며, 대학을 다니는 동안 충분한 현장 실습 기회가 부족해 취업을 망설이는 경우가 많다고 지적한다.

① A국의 B기술교육대학교의 장기 현장 실습 프로그램에서는 참여 학생의 약 70%가 실제 채용으로 이어지고 있다.

② A국 정부 주도의 단기 직무 교육 프로그램 참여자들이 빠른 시간 내에 취업에 성공한 사례들이 보고되고 있다.

③ 개별 학생의 특성에 맞는 진로 상담과 취업 컨설팅을 통해 학생들이 자신에게 적합한 직업을 찾는 사례가 증가하고 있다.

④ A국 정부에서 주최하는 기업 설명회를 통해 학생들이 기업 담당자와 직접 만나 면접 기회를 얻고, 바로 채용되는 경우가 늘어나고 있다.

019

다음 글에서 추론한 내용으로 적절하지 않은 것은?

우리나라 전기(傳奇)소설은 중국의 전기와 우리의 고유한 설화 전통이 결합하면서 형성된 독특한 서사 양식이다. 중국의 전기는 주로 당나라 시기에 유행했으며, 문인들이 자신의 문학적 재능을 드러내기 위한 하나의 수단으로 활용되었다. 그 속에서는 현실에서 벗어난 기묘한 이야기가 중요하게 다루어졌지만, 흥미 위주의 구성이 주가 됨으로써 사건들이 긴밀하게 이어지지 못하고 다양한 결말로 흘러가는 경우가 많았다. 이러한 측면에서 중국 전기의 특징은 문학적 기교는 뛰어났으나 이야기의 통일성과 완결성에서는 한계를 보여 주었다.

반면 우리 전기소설은 단순한 기이함을 넘어 작가 개인의 심리적 상황이 반영되었다는 특징이 있다. 특히 사회적 성공을 얻지 못한 지식인들이 작품 속 인물을 통해 자신의 처지를 투영하곤 했다. 이러한 작품에서 남자 주인공은 특별한 사건을 겪으면서 잠시 능력을 인정받거나 삶의 위안을 찾지만, 끝내 비극적 결말로 마무리되는 경우가 일반적이었다. 이와 같은 전개는 독자에게 단순한 재미가 아닌 자기 성찰과 사회적 현실에 대한 문제의식을 불러일으키는 효과를 주었으며, 나아가 좌절된 현실 속에서 인간 존재의 덧없음과 비극성을 드러내는 장치로 기능했다.

① 우리나라 전기소설은 외국의 문학과 우리 고유의 전통이 결합하여 만들어졌다.

② 중국의 전기와 우리나라 전기소설은 모두 기이한 내용을 다룬다는 점에서는 공통적이다.

③ 흥미 위주로 구성된 중국 전기와 달리 우리의 전기소설은 현실에 대한 문제의식을 불러일으킨다.

④ 당나라 시기에 처음으로 발생한 중국의 전기는 문인들이 자신의 재능을 드러내는 수단으로 활용되었다.

020

다음 빈칸에 들어갈 말로 가장 적절한 것은?

갑, 을, 병, 정 네 주무관의 해외 출장지와 관련하여 다음과 같은 사실들이 알려졌다.
○ 갑과 을 가운데 적어도 한 사람은 일본으로 해외 출장을 간다.
○ 을이 일본으로 해외 출장을 가면 병은 두바이로 해외 출장을 간다.
○ 병이 두바이로 해외 출장을 가면 정은 영국이나 독일로 해외 출장을 간다.
○ 정은 영국과 독일 어느 나라로도 해외 출장을 가지 않는다.
  이를 통해 갑이 ☐☐☐ (으)로 해외 출장을 간다는 것을 알 수 있게 되었다.

① 일본
② 두바이
③ 영국
④ 독일

모의고사
15회

001

<공공언어 바로 쓰기 원칙>에 따라 수정한 것으로 적절하지 않은 것은?

〈공공언어 바로 쓰기 원칙〉

○ 명료한 수식어구 사용
  - ㉠수식어와 피수식어의 관계를 분명하게 표현함.
○ 주어와 서술어의 호응
  - ㉡능동과 피동의 관계를 정확하게 사용함.
○ 간결한 표현 사용
  - ㉢수식어가 연속되는 복잡한 표현을 삼가야 함.
○ 필요한 문장 성분이 생략되지 않도록 할 것
  - ㉣과도하게 생략된 필수 문장 성분을 채워 분명하게 표현함.

① "화려한 모자의 장식물이 돋보였다."를 ㉠에 따라 "모자의 화려한 장식물이 돋보였다."로 수정한다.
② "주요 안건에 대한 회의를 진행될 예정입니다."를 ㉡에 따라 "주요 안건에 대한 회의를 진행할 예정입니다."로 수정한다.
③ "신속하고 체계적이며 효율적인 재난 대응 매뉴얼"을 ㉢에 따라 "신속하고 체계적인 재난 대응 매뉴얼"로 수정한다.
④ "안내문을 참고하여 작성해 주시기 바랍니다."를 ㉣에 따라 "신청자는 안내문을 참고하여 작성해 주시기 바랍니다."로 수정한다.

002

다음 글을 이해한 내용으로 가장 적절한 것은?

김광규의 「묘비명」과 김교신의 「조와(弔蛙)」는 각기 다른 시대적 배경과 문제의식을 담고 있는 작품이다. 「묘비명」은 현대 사회의 소시민적 속물근성과 이기주의, 의식의 마비, 물질만능주의 등 본질적 가치의 상실을 냉철하게 비판한다. 김광규는 사회 구성원들이 지향해야 할 참된 가치가 점점 훼손되어 가는 현실을 성찰적 시선으로 바라보며, 인간성의 회복과 본질적 가치의 중요성을 강조한다. 이에 비해 김교신의 「조와」는 일제 강점기라는 암울한 시대 상황 속에서 쓰인 글로, 중일전쟁과 태평양전쟁 등으로 점점 극악해지는 일제의 탄압과 암흑기 현실을 배경으로 한다. 이 작품은 절망적인 현실에도 불구하고 결코 희망을 포기하지 말아야 한다는 메시지를 은유적으로 전달한다. 김교신은 현실의 억압과 고통 속에서도 희망과 용기를 잃지 말 것을 독자들에게 당부한다.

두 작품은 각기 다른 방식으로 시대의 어둠을 직시하고 비판하면서도, 인간다운 삶과 희망의 가치를 일깨운다는 점에서 공통점을 지닌다. 하지만 「묘비명」이 인간 내면의 각성과 본질적 가치의 회복을 강조한다면, 「조와」는 외부의 억압적 현실 속에서도 희망을 잃지 않는 태도를 강조한다는 점에서는 차이를 보인다.

① 「조와」는 인간성의 회복과 본질적 가치의 중요성을 강조한다.
② 「묘비명」은 내면의 각성을, 「조와」는 희망의 가치를 강조한다.
③ 「묘비명」은 외부의 억압적 현실 속에서도 용기를 잃지 말 것을 당부한다.
④ 「조와」는 「묘비명」과 달리 물신주의가 팽배한 사회를 비판적으로 바라본다.

003

다음 글의 ㉠의 사례가 포함되어 있지 않은 것은?

문장은 종결 표현에 따라 평서문, 의문문, 명령문, 청유문, 감탄문으로 나누어진다. 이 중에서 명령문과 청유문은 감화 및 설득의 기능을 지니고 있어, 청자의 행동 변화를 요구한다. ㉠명령문은 화자가 청자에게 자기의 의도대로 행동해 줄 것을 요구하는 문장 유형인데 주로 '-아라/어라'와 같은 명령형으로 성립된다. "마음에 드는 것을 하나 골라라."처럼 신분이 아주 낮은 사람에게 물건을 고를 것을 화자가 청자에게 직접 요구하고 있는 것이다. 한편 청유문은 화자가 청자에게 같이 행동할 것을 요청·제안하는 문장 유형인데 '-자'와 같은 청유형으로 성립된다. 가령 "어서 가자. 시간이 얼마 남지 않았다."처럼 청자에게 함께 이동할 것을 요구하고 있는 것이다.

① 이것 좀 드십시오.　　② 거참 밥 좀 먹읍시다.
③ 이것 좀 옮겨 주세요.　　④ 체할라 천천히 먹거라.

004

다음 개요의 (가)~(라)에 들어갈 말로 적절하지 않은 것은?

```
제목: 도시 폭염 피해의 발생 원인과 대응 방안
Ⅰ. 서론
   1. 도시 폭염 피해의 정의와 관련 개념
   2. 도시 폭염 피해의 심각성과 체계적 대응 필요성
Ⅱ. ┌──────── (가) ────────┐
   1. 고령층·노약자의 온열 질환 및 사망 증가
   2. 전력 수요 급증에 따른 정전 위험
Ⅲ. 도시 폭염 피해의 발생 원인
   1. ┌──────── (나) ────────┐
   2. 에너지 수요 관리 미흡으로 인한 전력 수급 불안정
Ⅳ. 도시 폭염 피해의 대응 방안
   1. 도심 내 녹지 공간 확충을 통한 열섬 현상 완화
   2. ┌──────── (다) ────────┐
Ⅴ. 결론
   1. ┌──────── (라) ────────┐
   2. 도시 폭염 피해를 예방하기 위한 다각적 노력 촉구
```

① (가): 도시 폭염 피해의 실태
② (나): 도심 내 녹지 공간 부족으로 인한 온도 상승 가중
③ (다): 노후 건축물 단열 개선 및 냉방 시설 지원 확대
④ (라): 도시 폭염 피해 완화에 따른 국민 건강 보호와 도시 환경 개선

005

다음 글의 ㉠~㉢ 중 문맥상 어색한 곳을 수정한 것으로 가장 적절한 것은?

대개 보험사는 보험금 지급을 줄이기 위해 ㉠위험률이 낮은 고객을 가입시키려 하지만, 실제 현실에서는 위험 발생 확률이 높은 불량 고객이 보험에 주로 가입하는 '역선택 현상'이 자주 발생한다. 그 이유는 보험사가 개별 고객의 위험을 정확히 파악하지 못하는 정보 비대칭성 때문이다. 역선택은 노동 시장에서도 나타나는데, ㉡기업이 채용 전 노동생산성을 평가하지 못할 경우, 생산성이 공시 임금보다 낮은 인력이 주로 지원하게 되어 불량 인력이 모이는 결과를 초래한다.

한편 조립이 잘못된 자동차는 부품을 자주 교체해야 하는데, 이러한 불량 자동차를 '레몬'이라고 한다. 그런데 중고차 구매 시 차량 상태에 대한 ㉢정확한 정보는 구매자만이 알고 있어 정보 비대칭성이 발생한다. 예컨대 판매자는 자기 차량의 가치를 잘 알고 있으므로 100의 가격으로 차량을 내어놓는다. 그러나 차를 사려는 사람은 그 차의 가치를 정확히 알 수가 없다. 그래서 차를 구매하려는 사람은 그 차가 레몬 차량일 수도 있기 때문에 실제 가치보다 낮은 가격인 70 정도만 제시하려 한다. 이에 100의 가치를 지닌 차량 판매자는 차를 시장에 내놓지 않게 되고, 결국 시장에는 레몬 차량만 남는 시장 실패 현상이 나타난다. 이러한 시장 실패를 해결하기 위해서는 ㉣정보 소통이 필수적이다.

① ㉠: 위험률이 높은 고객을 가입시키려 하지만
② ㉡: 기업이 채용 전 노동생산성을 제대로 평가할 경우
③ ㉢: 정확한 정보는 판매자만이 알고 있어
④ ㉣: 정보의 비밀 엄수가 필수적이다

006

(가)~(다)를 맥락에 맞게 순서대로 나열한 것은?

(가) 물론 소개한 활동 외에도 청각 장애인들을 이해하고 그들과 공감하는 활동은 다양할 수 있다. 하지만 그들의 '언어'를 이해하지 못한다면 상대방의 진심은 보지 못하고 겉만 훑는 것과 다를 바 없다. '손말'은 봉사 활동을 단순하게 여기지 않고 청각 장애인들과 동등한 위치에서 그들의 언어로 이야기하고 마음 깊숙한 곳까지 이해하려고 노력하고 있다.

(나) 상대방이 도움을 필요로 할 때 그를 돕는 것은 '나눔'의 기본이지만 진정한 나눔은 단순히 남을 돕기만 하는 것이 아니라 서로 대화하고 공감하는 데서 출발한다. 이 모두를 갖춘 '진정한 나눔'을 할 수 있는 방법 중의 하나가 바로 수화를 배우는 일이다.

(다) 동아리 '손말'은 수화를 배운 후 진정한 나눔을 실천하는 모임이다. '손말' 동아리원들은 수화를 배우면서 청각 장애인의 언어와 그 안에 담긴 문화를 익힌다. 평일에는 간단한 수화 표현들을 배우고, 주말에는 지역 수화 교실에 참석하면서 실력을 늘려나가기도 한다. 또한 봄, 가을에는 정기적으로 청각 장애인을 위한 통역 봉사자로 참여하고 있다. 이처럼 '손말'에서 수화를 배운다면 단지 도움을 베푸는 데 그치지 않고 소통과 공감의 소중함까지도 느끼게 되는 값진 경험을 할 수 있을 것이다.

① (가) – (다) – (나)
② (나) – (가) – (다)
③ (나) – (다) – (가)
④ (다) – (나) – (가)

최일남의 소설 「노새 두 마리」는 급격한 근대화의 흐름 속에서 소외된 농민과 서민들의 현실을 사실적으로 그려낸 작품이다. 작가는 산업화와 도시화가 빠르게 진행되는 시대적 배경 아래, 전통적 농촌 공동체가 해체되고 그 속에서 ㉠밀려난 이들의 궁핍과 고통, 그리고 시대 변화에 적응하지 못한 채 살아가는 서민들의 비애를 섬세하게 포착한다.

이 작품에서 ㉡두 마리의 노새는 단순한 동물이 아니라, 변화의 흐름에 휩쓸려 소외된 인물들의 상징으로 읽힌다. 주인공을 비롯한 농민들은 생계의 어려움과 사회적 무관심 속에서 점점 더 소외되어 간다. 최일남은 이들의 삶을 연민과 따뜻한 시선으로 바라보면서도, 현대 사회가 보여주는 물질만능주의와 인간성 상실, 소외된 이들에 대한 무관심과 냉대를 날카롭게 비판한다.

특히 그는 이러한 비판을 노골적으로 드러내기보다는 역설적이고 모순적인 표현을 통해 독자에게 깊은 울림을 준다. 예를 들어 노새가 끌고 가는 수레의 무거움과 그 뒤를 따르는 ㉢인물들의 삶의 무게를 대비시키며, 인간과 동물의 처지가 뒤바뀐 듯한 상황을 통해 사회의 부조리와 인간 소외의 문제를 풍자한다. 이러한 서술 방식은 독자로 하여금 인물들의 고통을 더 깊이 공감하게 만드는 동시에 ㉣현대인의 냉정한 시선과 가치관에 대해 성찰하게 한다.

007

윗글을 이해한 내용으로 적절하지 않은 것은?

① 「노새 두 마리」에서 노새가 끄는 수레의 무게와 인물의 삶의 무게가 서로 대비되어 사회적 부조리를 드러낸다.
② 「노새 두 마리」에서 작가는 인간성 상실을 심화시키는 현대 사회의 물질만능주의를 직접적으로 비난함으로써 우리의 성찰을 유도한다.
③ 「노새 두 마리」에서 농민들의 궁핍은 시대의 변화와 사회 구조적 문제에서 비롯되었고, 현대인의 냉담한 태도로 인해 그들의 소외는 깊어진다.
④ 「노새 두 마리」에서 두 마리의 노새는 사회적 약자나 소외된 인물들을 상징적으로 나타내며, 작품 속 인물들은 시대 변화에 적응하지 못해 경제적 어려움을 겪는다.

008

㉠~㉣ 중 문맥적 의미가 이질적인 것은?

① ㉠
② ㉡
③ ㉢
④ ㉣

009

다음 글의 밑줄 친 결론을 이끌어 내기 위해 추가해야 할 것은?

직장인들을 대상으로 한 설문 조사 결과에 따르면, 식후에 커피 한 잔을 마시는 습관을 갖고 있는 사람은 모두 아이스 아메리카노를 좋아한다. 따라서 위염으로 치료를 받는 사람은 모두 식후에 커피 한 잔을 마시는 습관을 갖고 있지 않다.

① 위염으로 치료를 받는 사람은 모두 아이스 아메리카노를 좋아한다.
② 아이스 아메리카노를 좋아하는 사람만 위염으로 치료를 받지 않는다.
③ 아이스 아메리카노를 좋아하지 않는 사람은 모두 위염으로 치료를 받는다.
④ 위염으로 치료를 받는 사람은 누구도 아이스 아메리카노를 좋아하지 않는다.

010

다음 글을 이해한 내용으로 가장 적절한 것은?

조선 시대 대표적인 자연 예찬 가사인 윤선도의 「어부사시사」와 송순의 「면앙정가」는 모두 자연 속에서의 삶을 노래하지만, 주제 의식과 표현 방식에서 뚜렷한 차이를 보인다.

「어부사시사」는 사계절의 변화를 따라 어부의 소박한 삶과 자연과의 조화로운 일체감을 강조한다. 윤선도는 자연을 삶의 터전이자 이상적 공간으로 그리며, 속세의 욕망을 벗어난 무욕의 경지를 추구한다. 이 작품은 각 계절의 풍경을 반복적이고 소박한 언어로 묘사하며, 자연물에 인간의 감정을 이입하는 의인화와 대구법을 활용해 운율감을 높인다. 담담하고 평온한 분위기, 절제된 감정 표현이 특징이다.

반면 송순의 「면앙정가」는 면앙정이라는 정자에서 누리는 풍류와 자연 경관, 벗들과의 교유를 중심으로 인간적 즐거움과 교감의 가치를 드러낸다. 송순은 자연을 단순한 배경이 아니라 인간의 정서와 깊이 교감하는 대상으로 인식하며, 화려한 수사적인 표현, 다양한 비유와 감각적 이미지를 적극적으로 활용한다. 작품 전반에 유쾌하고 풍류적인 정서가 흐르며, 벗과의 교유에서 오는 즐거움이 강조된다. 두 작품의 이러한 차이는 각각의 작가가 추구한 자연관과 삶의 이상에서 비롯된다고 할 수 있다.

① 「어부사시사」는 자연에서 느낀 호탕한 정서를 화려한 수사적 표현으로 드러내는 작품이다.
② 「면앙정가」는 자연을 인간과 교감하는 대상으로 인식하여 감정 이입을 통해 사계절의 변화를 드러내었다.
③ 「어부사시사」는 자연과의 일체감과 무욕의 경지를, 「면앙정가」는 자연에서의 풍류를 통한 즐거움과 교유의 가치를 표현하였다.
④ 「어부사시사」는 다양한 비유와 감각적 이미지를, 「면앙정가」는 의인법과 대구법을 활용하여 자연에서 느낀 절제된 감정을 표현하였다.

011

다음 글을 이해한 내용으로 가장 적절한 것은?

최근 발표된 자료에 따르면 2025년 한국을 찾은 외국인 관광객 총수는 약 1,873만 명에 이를 것으로 예상되며, 그중 중국인 관광객인 '유커'가 차지하는 비중이 압도적으로 크다. 코로나19 팬데믹 회복세, 한중 무비자 제도 확대, K-팝 등 한류의 인기로 유커 수가 지속적으로 늘어난 것이다. 하지만 관광의 질 및 재방문율 등의 지표는 여전히 개선이 필요하다.

여전히 많은 유커의 활동이 단기 쇼핑 중심으로 한정되고, 서울과 제주 등 일부 지역에 집중하는 현상이 해소되지 않고 있다. 게다가 숙박, 교통, 관광 서비스 등 인프라가 합리적이지 못한 점과 불법 숙박업소의 난립 등 구조적인 한계도 남아 있다. 다만 올해는 디지털 전환, 맞춤형 웰니스·미식·로컬 체험 등 다양한 관광 트렌드가 확대되며 유커 유치 전략도 변화하는 추세다.

결국 쇼핑 위주의 단기 방문에서 벗어나, 지역별 관광자원 분산, 서비스 질 제고, 합리적 숙박 인프라 확충 등 지속 가능한 관광 생태계 조성이 시급하다. 따라서 정부와 업계, 지역사회가 협력해 관광의 질적 성장과 국제적 경쟁력을 동시에 모색해야 한다.

① 2025년 한국을 찾은 외국인 관광객 중 가장 큰 비중은 일본인 관광객이 차지하고 있다.

② 국내 유커 관광의 문제점은 특정 지역에만 집중되고 쇼핑 중심의 단기 방문이라는 점이다.

③ 현재 국내 외국인 관광 인프라는 합리적이지 않고, 외국인 맞춤형 서비스와 다양한 체험도 이루어지지 않고 있다.

④ 한류의 인기로 유커 수는 지속적으로 늘고 있어 국내 관광의 질적 성장과 국제적 경쟁력이 동시에 확보되고 있다.

012

다음 글에서 추론한 내용으로 가장 적절한 것은?

AIDA 광고 모형은 소비자가 광고를 접한 뒤 실제로 제품을 구매하기까지의 심리적 과정을 네 단계로 구분해 설명하는 대표적인 광고 이론으로, 최근 신용 카드 광고나 각종 캠페인에서도 이 모형이 널리 활용되고 있다.

이 모형의 첫 번째 단계는 '주의'로, 광고가 소비자의 시각이나 청각을 자극해 관심을 끌어당기는 것을 의미한다. 예를 들어 광고의 시작 부분에서 강렬한 문구나 이미지, 소리로 시선을 집중시키는 것이 여기에 해당한다. 두 번째 단계인 '관심'은 제품의 개요나 특징을 소개해 소비자가 해당 제품에 대해 더 알고 싶어 하도록 만드는 과정이다. 이 단계에서는 제품의 디자인, 기능, 사용 방법 등을 보여주며 소비자의 호기심을 자극한다. 세 번째 단계인 '욕구'는 제품의 장점이나 혜택을 강조해 소비자가 그 제품을 갖고 싶다는 욕구를 느끼게 하는 것이다. 예를 들어 할인 혜택이나 포인트 적립 등 실질적인 이점을 부각시켜 구매 의욕을 높인다. 마지막 단계인 '행동'은 소비자가 실제로 제품을 구매하도록 유도하는 것으로, 구체적인 구매 방법이나 연락처, 신청 절차 등을 안내한다.

① 신용 카드 광고에서 "why not?"이라는 문구는 소비자의 주의를 끄는 역할을 한다.

② 구체적인 구매 방법이나 연락처를 안내하는 것은 AIDA 모형의 '관심' 단계에 해당한다.

③ 제품의 장점을 강조해 구매 욕구를 자극하는 것은 AIDA 모형의 네 번째 단계에 해당한다.

④ 광고에서 강렬한 문구로 소비자의 시선을 끄는 것은 AIDA 모형의 '욕구' 단계에 해당한다.

진화는 생명체가 환경에 맞춰 변화하며 생존을 ㉠꾀하는 과정으로, 그 결과 생명체는 본래 불완전했던 구조에서 점차 최적화된 형태로 ㉡나아가야 한다. 하지만 실제로는 환경에 완벽히 적응하지 못한 것처럼 보이는 신체 구조도 존재하는데, 대표적인 예가 척추동물의 눈이다.

척추동물의 눈은 망막에 모여 있는 수많은 광수용체세포(시세포)와 이를 뇌로 연결하는 시신경으로 구성되어 있으며, 이들 조직이 복잡하게 얽혀 있어 매우 정밀하고 효율적인 기관으로 평가된다. 그러나 척추동물의 눈 구조는 이상적이지 않다는 비판도 ㉢받아왔다. 특히 빛을 감지하는 시세포가 앞이 아니라 뒤에 위치하고, 빛이 아무런 간섭도 받지 않고 시세포를 만나는 것이 아니라 신경 섬유들을 먼저 통과해야 한다는 점이 지적되었다.

하지만 최근 들어 이를 반박하는 연구 결과가 나왔다. 눈의 구조는 결코 불합리하지 않고 오히려 생존에 유리한 방향으로 진화한 합리적 구조라는 것이다. 최근 연구에 따르면, 척추동물의 눈에서 시신경이 빛의 경로에 위치함으로써 수정체와 광수용체세포 사이에 적절한 간격이 ㉣마련되어 선명한 화상이 맺히는 데 기여한다는 사실이 밝혀졌다. 또한 신경 세포들이 고밀도로 압축되어 있어 시각 정보를 빠르고 정확하게 분석할 수 있다는 점도 새롭게 발견되었다. 이로 볼 때 생명체가 지니고 있는 불합리하게 보이는 신체 구조는 _____.

013

윗글의 빈칸에 들어갈 말로 가장 적절한 것은?

① 완전한 신체 구조보다 생존에 유리한 방향으로 진화한 결과임을 보여 준다.
② 생존을 위한 진화 과정에서 발생하는 어쩔 수 없는 부작용이라 할 수 있다.
③ 자신이 처한 환경에서 적응한 결과로 얻게 된 최적화된 구조라 할 수 있다.
④ 진화가 반드시 생명체에 이익이 되는 방향으로 진행되지 않는다는 사실을 보여준다.

014

㉠~㉣과 바꿔 쓸 수 있는 유사한 표현으로 적절하지 않은 것은?

① ㉠: 도모(圖謀)하는
② ㉡: 발전(發展)해야
③ ㉢: 수용(收用)됐다
④ ㉣: 확보(確保)되어

015

다음 진술이 모두 참일 때 반드시 참인 것은?

○ 갑, 을, 병 가운데 적어도 한 사람은 정부투자기관으로 파견을 간다.
○ 갑, 을, 병은 모두 한 기관으로만 파견을 간다.
○ 갑과 을은 국내 연구기관으로 파견을 간다.

① 갑과 병은 국내 연구기관으로 파견을 간다.
② 을과 병은 모두 정부투자기관으로 파견을 간다.
③ 갑, 을, 병 모두 국내 연구기관으로 파견을 간다.
④ 갑, 을, 병 가운데 병만 정부투자기관으로 파견을 간다.

016

다음 대화를 분석한 내용으로 적절하지 않은 것은?

은호: 스포츠는 건강 증진에 큰 역할을 한다고 생각해. 규칙적인 운동은 몸과 마음 모두를 튼튼하게 만들어 주고, 개인의 삶의 질을 높이는 데 이바지하지. 또한 사람들에게 긍정적인 생활 습관을 심어 준다는 점에서 긍정적이야.

이슬: 나는 스포츠가 경쟁적 문화를 심화시키는 문제도 있다고 봐. 상대를 존중하지 않는 지나친 승부욕과 이기심은 스포츠맨십을 훼손하고, 갈등과 폭력 문제로 이어질 수도 있어. 스포츠가 건강에 도움을 준다는 건 인정하지만, 사회적 책임감 없는 스포츠 행위는 경계해야 한다고 생각해.

성현: 은호와 이슬이의 의견에 모두 공감해. 하지만 나는 스포츠가 사회 통합에 기여하는 점에 더 주목하고 싶어. 다양한 배경과 인종, 성별의 사람들이 스포츠를 통해 하나로 뭉칠 수 있잖아? 스포츠는 공동체 의식을 키우는 좋은 수단이라고 생각해.

은호: 맞아, 성현이의 말에 동의해. 스포츠는 단순한 신체 활동을 넘어 문화와 사회를 연결하는 다리 역할을 하기도 해. 물론 스포츠가 과도한 경쟁을 유발하여 스포츠맨십을 훼손하는 측면이 있지만, 스포츠맨십을 되살리고 페어플레이하려고 노력한다면 건강한 사회적 관계도 만들 수 있다고 봐.

민규: 나도 모두의 의견에 동의해. 스포츠는 개인 건강 증진과 사회적 통합 모두에 긍정적인 영향을 줄 수 있어. 그러려면 경쟁 속에서도 서로 존중하는 스포츠맨십을 잊지 않는 것이 중요하고. 사회 전반에 그런 문화가 자리 잡는 것이 진정한 스포츠의 가치일 거야.

① 스포츠가 건강 증진에 기여한다는 점에 대해 은호와 민규는 견해를 같이한다.
② 스포츠가 사회 통합에 중요한 역할을 한다는 점에 대해 은호와 성현은 견해를 같이한다.
③ 스포츠에서 상대를 존중하는 태도가 필요하다는 점에 대해 이슬과 민규는 견해를 같이한다.
④ 경쟁적 문화가 스포츠맨십 훼손으로 이어질 수 있다는 점에 대해 은호와 이슬의 견해는 서로 다르다.

017

다음 글의 (가)~(다)의 주장을 평가한 내용으로 가장 적절한 것은?

> 첨성대는 신라 선덕여왕 때 만들어진 동양 최고(最古)의 천문대로, 그 용도에 대해 다양한 견해가 있다. 우선 첨성대를 천문 관측을 위한 과학적 시설로 보는 시각이 (가)주류 입장이다. 신라의 왕과 귀족들은 첨성대를 통해 천체의 움직임을 관찰하고, 이를 바탕으로 농사 시기를 결정하거나 국가의 중요 사건을 예측했다는 것이다. 이는 첨성대가 신라 사회의 조직적이고 체계적인 관리에 큰 역할을 했음을 의미한다. 실제로 첨성대가 세워진 이후 신라의 천문관측 기록이 급격히 늘었다는 점에서, 첨성대가 천문대의 기능을 했으리라는 주장은 설득력을 얻는다.
>
> 그러나 첨성대가 단순히 천문 관측만을 위한 시설이었는지에 대해서는 의문을 제기하는 시각도 존재한다. (나)일부 학자들은 첨성대가 토착 종교의 제단이거나 종교적 상징물이었다고 주장한다. 가령 첨성대의 모습이 동남아시아 불교 국가에 존재하는 여러 불탑과 형태가 상당히 유사하므로, 첨성대를 불탑으로 볼 수 있다는 것이다. 한편 (다)어떤 학자들은 첨성대가 왕권 강화와 국가의 정당성 확보, 신라의 문화적 역량 과시를 위한 상징적 건축물이었다는 견해를 제시하였다. 실제로 첨성대의 단 수나 돌의 개수 등이 신라 왕조와 관련된 숫자와 맞닿아 있다는 점에서 정치적 의미를 강조하는 것이다.

① 첨성대의 내부가 좁고 복잡해 어두운 밤에는 위로 올라가기 힘든 구조였다는 점을 근거로 든다면 (가)의 주장은 강화된다.

② 첨성대 주변에서 유성을 쉽게 관측할 수 있다는 사실이 밝혀진다면 (가)의 주장은 약화된다.

③ 첨성대는 생명의 근원과 풍요를 상징하는 우물 모양으로 건축되었다는 연구 논문을 인용한다면 (나)의 주장은 강화된다.

④ 첨성대가 신라 궁궐과 왕릉 사이에 위치하고 있다는 보고서를 근거로 제시한다면 (다)의 주장은 약화된다.

018

갑, 을, 병, 정 네 사무관의 특별승진 여부를 두고, A부처가 다음과 같은 기본 방침을 정했다고 하자. 이에 따를 때 네 사무관 중 특별승진을 하는 사람의 수는?

> ○ 을이 특별승진을 하지 않으면, 갑과 정도 특별승진을 하지 않는다.
> ○ 병이 특별승진을 하면, 갑은 특별승진을 하지 않는다.
> ○ 정이 특별승진을 하면, 병도 특별승진을 한다.
> ○ 갑은 특별승진을 한다.

① 1명   ② 2명

③ 3명   ④ 4명

[019~020] 다음 글을 읽고 물음에 답하시오.

> 미추(美醜)와 관련된 예술에 대한 감상이 과연 주관적인지, 아니면 예술은 객관적으로 평가될 수 있는지에 대해 다양한 논의가 이어진다. ㉠일부는 예술 감상이 본질적으로 각자의 경험과 감정에 따라 달라지는 행위라 주장하지만 다른 한편에서는 보편적 기준과 원칙에 근거해 객관적 평가가 가능하다고 본다.
>
> (가)찬성하는 측은 예술 작품에 적용할 수 있는 구조, 기술, 미학, 역사적 의의와 같은 다양한 평가 기준이 존재한다고 주장한다. ㉡그들에 따르면 이 기준들은 전문가, 교육기관 그리고 다양한 문화적 검증을 통해 다수가 공유하는 지침으로 정착된 것이다. 그러나 (나)반대하는 입장에서는 객관적 기준이라고 불리는 것조차 특정 사회와 시대가 만들어 낸 일종의 합의에 불과하고, 궁극적으로 모든 예술의 의미와 가치 평가는 주관에 좌우된다고 강조한다.
>
> 이에 대해 찬성하는 측은 기존 명화나 클래식 음악 등은 많은 이들에게 오랜 시간 동안 꾸준하게 뛰어난 작품으로 인정받았음을 증거로 내세운다. ㉢그들은 이것이 가능한 까닭이 훈련된 감상력과 합의된 판단 기준이 존재하기 때문이라고 주장한다. 그러나 예술 감상은 결국 각 개인의 경험과 심리, 문화적 배경에 따라 전혀 다르게 전개된다고 보는 사람들은 이를 거부한다. ㉣그들은 똑같은 작품이라도 어떤 이에게는 깊은 감동이 되고 또 다른 이에게는 무의미하거나 불쾌하게 다가올 수 있다고 말한다.
>
> 이처럼 예술 감상에 대한 객관성과 주관성의 논쟁은, 작품의 가치를 규정하는 방식과 예술의 본질을 둘러싼 깊은 질문으로 남아 있다.

019

윗글에 대한 평가로 적절하지 않은 것은?

① 예술계 전문가들이 작품을 평가할 때의 기준이 통일되지 않는다면 (가)의 주장은 약화될 것이다.

② 과거에는 가치를 인정받지 못한 작품이 현재에서는 명화로 인정받는 사례가 많다면 (가)의 주장은 강화될 것이다.

③ 예술에 대한 감상 경험이 서로 다른 사람들이 동일한 작품을 보고 모두 아름답다고 인정했다면 (나)의 주장은 약화될 것이다.

④ 같은 사람이라도 그날의 기분에 따라서 작품의 평가가 달라진다면 (나)의 주장은 강화될 것이다.

020

문맥상 ㉠~㉣ 중 지시 대상이 같은 것만으로 묶인 것은?

① ㉠, ㉣

② ㉢, ㉣

③ ㉠, ㉡, ㉢

④ ㉠, ㉡, ㉣

모의고사
16회

001

<공공언어 바로 쓰기 원칙>에 따라 수정한 것으로 적절하지 않은 것은?

〈공공언어 바로 쓰기 원칙〉
○ 주어와 서술어의 호응
 – ⊙생략된 주어를 고려하여 특정 성분의 조사를 정확하게 사용함.
○ 번역 투의 표현 삼가기
 – ⓛ번역 투의 문장 대신 자연스러운 우리 식의 표현을 사용함.
○ 조사와 어미를 활용한 자연스러운 표현 사용
 – ⓒ지나친 명사 나열을 피하고 적절한 조사와 어미를 활용하여 문장을 구성함.
○ 대등한 구조를 보여 주는 표현 사용
 – ⓔ'-고', '와/과' 등으로 접속될 때에는 대등한 관계를 사용함.

① "신청서가 6월 10일까지 제출해 주시기 바랍니다."를 ⊙에 따라 "신청서를 6월 10일까지 제출해 주시기 바랍니다."로 수정한다.

② "회의는 10시에 시작될 예정에 있습니다."를 ⓛ에 따라 "회의는 10시에 열릴 예정입니다."로 수정한다.

③ "주민등록증 사본 제출 필수 요망."을 ⓒ에 따라 "주민등록증 사본을 반드시 제출해 주시기 바랍니다."로 수정한다.

④ "이름 작성과 연락처를 남겨 주세요."를 ⓔ에 따라 "이름 작성과 연락처를 모두 남겨 주세요."로 수정한다.

002

다음 글의 빈칸에 들어갈 말로 가장 적절한 것은?

국어의 경음화는 특정한 자음 환경에서 예사소리가 된소리로 바뀌어 발음되는 음운 현상을 말한다. 먼저, 받침 'ㄱ(ㄲ, ㅋ, ㄳ, ㄺ), ㄷ(ㅅ, ㅆ, ㅈ, ㅊ, ㅌ), ㅂ(ㅍ, ㄼ, ㄿ, ㅄ)' 뒤에 'ㄱ, ㄷ, ㅂ, ㅅ, ㅈ'이 연결되면 반드시 경음으로 발음된다. 예컨대 '국밥'은 [국빱], '밭갈이'는 [받까리], '값지다'는 [갑찌다]와 같이 발음된다. 이는 표면적으로 다른 받침이 오더라도 음절 종성에서 대표음 [ㄱ, ㄷ, ㅂ]으로 실현되기 때문에 동일하게 경음화가 적용되는 것이다. 이러한 규정은 어떠한 예외도 없이 반드시 적용되는 국어의 대표적인 현상이다.
다음으로, 용언 어간 받침이 'ㄴ(ㄵ), ㅁ(ㄻ)'일 때 그 뒤에 어미 첫소리가 'ㄱ, ㄷ, ㅅ, ㅈ'으로 시작하면 역시 된소리로 발음된다. 예를 들어 '앉고'는 [안꼬], '닮고'는 [담ː꼬]로 발음된다. 그러나 이러한 용언 어간 뒤에 피동·사동 접미사 '-기-'가 결합하는 경우에는 예외적으로 경음화가 일어나지 않는다. 따라서 '신기다'의 경우 현실 발음에서 흔히 들을 수 있는 [____]이라는 데 주의할 필요가 있다.

① [신기다]와 [신끼다]가 모두 표준 발음
② [신기다]는 표준 발음이 아니며 [신끼다]가 표준 발음
③ [신끼다]는 표준 발음이 아니며 [신기다]가 표준 발음
④ [신끼다]는 표준 발음이 아니며 [싱기다]가 표준 발음

003

다음 글의 ⊙~ⓒ에 해당하는 예로 적절하지 않은 것은?

동작상이란 발화시를 기준으로 동작이 일어나는 모습을 나타낸 것을 말한다. 동작상은 '-고 있다', '-아/어 있다' 등과 같은 보조 용언 구성으로 나타내는데, '지금 듣고 있다'처럼 ⊙진행상을 나타내는 경우와 '수박이 아주 잘 익어 있네'처럼 ⓛ완료상을 나타내는 경우로 구분할 수 있다. 진행상은 동작이 현재 일어나고 있음을 나타내고, 완료상은 동작이 끝나서 그 결과가 남아 있음을 나타낸다.
한편 '엄마가 아이를 안고 있다'와 같은 경우는 다르다. 이는 '엄마가 아이를 안고 있는 동작을 하는 중'이라는 진행상의 의미로 받아들일 수도 있고, '엄마가 아이를 안은 상태로 유지되고 있다'라는 완료상의 의미로 받아들일 수도 있다. 이처럼 한 문장이 ⓒ진행상으로 해석되기도 하고 완료상으로 해석되기도 하는 경우가 있어 중의성을 띠기도 한다.

① ⊙ ┌ A: 무척 바빠 보이는데 뭐해?
     └ B: 나는 국어 숙제를 하고 있어.

② ⊙ ┌ A: 눈이 와서 길이 미끄럽겠어.
     └ B: 그러게, 길에 눈이 쌓이어 있네.

③ ⓛ ┌ A: 민수는 어디 갔니?
     └ B: 아니, 저기에 앉아 있어.

④ ⓒ ┌ A: 저분들 중 네 선생님은 누구시니?
     └ B: 버스에 타고 있는 사람이 제 선생님입니다.

004

<지침>에 따라 <개요>를 작성할 때 (가)~(라)에 들어갈 내용으로 적절하지 않은 것은?

〈지침〉
○ 서론은 보고서 작성의 배경과 필요성을 포함할 것.
○ 본론은 제목에서 밝힌 내용을 2개의 장으로 구성하되, 2장의 하위 항목이 3장의 하위 항목과 서로 대응하도록 할 것.
○ 결론은 기대 효과와 향후 과제를 순서대로 제시할 것.

〈개요〉
○ 제목: 가을철 전력 공급 과잉 문제의 원인과 대책
1장 서론
  1. 가을철 전력 수요 감소와 공급 과잉 현상 발생
  2. ___(가)___
2장 가을철 전력 공급 과잉 문제의 원인
  1. 온화한 기후로 인한 냉난방 수요 감소
  2. ___(나)___
3장 가을철 전력 공급 과잉 문제의 대책
  1. ___(다)___
  2. 발전량 감축을 통한 수급 균형 확보
4장 결론
  1. ___(라)___
  2. 계절별 전력 수급 관리 대책의 정례화

① (가): 전력 공급 과잉에 따른 안정적 수급 관리의 필요성
② (나): 태양광 발전 설비의 발전량 증대
③ (다): 재생 에너지 설비 확충을 통한 전력 공급 확대
④ (라): 가을철 전력 수급 관리에 따른 전력망의 안정적 운영

005

다음 글의 ㉠~㉣ 중 문맥상 어색한 곳을 수정한 것으로 가장 적절한 것은?

아우라는 한 사람이 예술 작품이나 대상을 깊이 감상하는 과정에서 경험하는 특별한 심리적 분위기이자 주관적 경험이다. ㉠주체와 대상이 정서적으로 교감하고 감상자가 작품에 몰입할 때, 아우라가 일어난다. 연극처럼 관객이 배우와 한 공간에서 직접 만나 소통하는 예술에서 아우라는 뚜렷하게 드러난다. 하지만 영화는 카메라라는 기계를 매개로 배우의 연기가 촬영되고, 여러 각도와 장소에서 촬영된 영상들이 편집 과정을 거쳐 한 장면이 만들어지는 예술이다. ㉡이런 이유로 영화 관객은 더 이상 배우와 직접적으로 소통하거나 교감하는 경험을 얻기 어렵다.

이 점에서 벤야민은 영화라는 매체가 전통적 예술의 고유한 아우라, 즉 예술적 숭고함과 직접 체험의 효과를 상실하게 만든다고 보았다. 영화 관객은 배우와 직접 관계를 맺지 않기에, ㉢연기를 객관적으로 바라보고 평가하는 비평가적 태도를 취하는 대신, 배우에게 적극적으로 감정을 이입하며 몰입하려 노력하는 경우가 많다. 또한 영화에서는 끊임없이 장면이 전환되어 관객의 사고 흐름이 잦은 자극에 방해받는다. 벤야민은 이런 영상의 연쇄가 관객에게 일으키는 경험을 '충격 체험'으로 정의했다. ㉣이는 빠르게 변화하는 대도시의 일상처럼 정신없이 변화하는 현대인의 경험과도 닮아있다.

① ㉠: 주체와 대상이 정서적으로 교감하고 감상자가 작품에 몰입할 때, 아우라는 사라진다
② ㉡: 이런 이유로 영화 관객은 배우와 직접적으로 소통하거나 교감하는 경험을 하게 될 가능성이 높다
③ ㉢: 배우에게 감정을 이입하며 몰입하는 대신, 연기를 객관적으로 바라보고 평가하는 비평가적 태도를 취하는 경우가 많다
④ ㉣: 이는 빠르게 변화하는 대도시의 일상처럼 정신없이 변화하는 현대인의 경험과는 확연히 동떨어져 있다

006

우리 기관 직원들의 유연근무 선호도와 관련하여 다음과 같은 조사 결과가 나왔다. 김 주무관이 시차출퇴근형을 선호하는 경우에만 이 주무관이 근무시간선택형을 선호하지 않는다는 결론을 이끌어 낼 수 있는 추가 정보는?

〈조사 결과〉
김 주무관이 시차출퇴근형을 선호하지 않는다면, 박 주무관은 집약근무형을 선호하고 최 주무관은 재택근무형을 선호한다. 그런데 박 주무관이 집약근무형을 선호한다면, 정 주무관은 스마트워크근무형을 선호한다.

① 정 주무관이 스마트워크근무형을 선호한다면, 이 주무관은 근무시간선택형을 선호한다.
② 박 주무관이 집약근무형을 선호하는 경우에만 이 주무관이 근무시간선택형을 선호한다.
③ 김 주무관이 시차출퇴근형을 선호한다면, 이 주무관은 근무시간선택형을 선호하지 않는다.
④ 이 주무관이 근무시간선택형을 선호한다면, 정 주무관은 스마트워크근무형을 선호하지 않는다.

007

(가)~(라)를 맥락에 맞추어 가장 적절하게 나열한 것은?

(가) 두 대립 유전자가 서로 같은 경우를 '동형 접합'이라고 하고, 서로 다를 때는 '이형 접합'이라 한다. 예를 들어, 두 유전자가 모두 검은 머리 유전자라면 동형 접합, 검은 머리 유전자와 갈색 머리 유전자를 같이 가졌다면 이형 접합이 된다.

(나) 이형 접합인 경우, 둘 중 한쪽 유전자가 실제로 겉모습에 나타나면 그 유전자를 '우성 대립 유전자'라고 부른다. 반대로, 눈에 보이지 않는 유전자는 '열성 대립 유전자'라고 한다. 예를 들어, 검은 머리와 갈색 머리 유전자가 함께 있을 때, 검은 머리가 보인다면 검은 머리 유전자가 우성이 된다.

(다) 우리 몸을 이루는 세포에는 염색체라는 실처럼 생긴 구조가 들어 있다. 이 염색체는 모양과 크기가 같은 것끼리 두 개씩 쌍을 이루고 있는데, 이런 염색체 쌍을 '상동 염색체'라고 부른다. 상동 염색체 중 하나는 아버지에게서, 다른 하나는 어머니에게서 물려받은 것이다.

(라) 상동 염색체의 같은 위치에는 같은 형질, 예를 들어 머리카락 색이나 눈 색을 결정하는 유전자가 한 쌍 있다. 이처럼 서로 짝이 되는 유전자를 '대립 유전자'라고 한다. 사람은 각 유전자 쌍 중 하나를 아버지, 다른 하나를 어머니에게서 물려받아 갖게 된다.

① (가) - (나) - (라) - (다) ② (가) - (다) - (라) - (나)
③ (다) - (가) - (나) - (라) ④ (다) - (라) - (가) - (나)

008

다음 글의 논지를 약화하는 것으로 가장 적절한 것은?

공공주택 공급 확대와 주거비 지원 정책이 동시에 시행될 때, 서민의 주거 안정이 실질적으로 보장될 것이라는 기대가 높아지고 있다. 공공주택 공급 확대로는 중저소득층이 안정적으로 머물 수 있는 주거 공간을 제공할 수 있으며, 주거비 지원 정책은 임대료 부담을 덜어 경제적 여유를 만들어 준다. 두 정책은 각각 긍정적 효과를 가져올 수 있으나, 하나만으로는 한계가 뚜렷하다.

실제로 공공주택만 늘어난다면 집은 공급되겠지만 임대료가 여전히 높아 취약계층이 그 집에 살기가 쉽지 않다. 반대로 주거비만 지원하면 단기적으로 부담이 줄 수 있어도, 공공주택 자체가 충분치 않으면 저렴하고 질 좋은 주거 공간의 지속적 공급이 어렵다. 따라서 공공주택 공급 확대와 주거비 지원이라는 두 정책이 함께 이루어질 때에야 반드시 서민들이 장기적으로 안정된 환경에서 거주할 수 있다.

① 공공주택 공급이 확대되거나 주거비 지원 정책이 시행되었지만 서민의 주거가 안정되지 않은 경우가 있다.
② 공공주택 공급이 확대되고, 주거비 지원 정책이 시행되었지만 서민의 주거가 안정되지 않은 경우가 있다.
③ 주거비 지원 정책이 시행되었지만 공공주택 공급이 확대되지 않아 서민의 주거가 안정되지 않은 경우가 있다.
④ 주거비 지원 정책이 시행되지 않고, 공공주택 공급이 확대되지 않아 서민의 주거가 안정되지 않은 경우가 있다.

[009~010] 다음 글을 읽고 물음에 답하시오.

한국 전후 소설은 1950년대 한국전쟁 이후 등장한 문학적 흐름으로, 전쟁이 남긴 상흔과 공동체의 붕괴 그리고 이를 극복하려는 심리를 깊이 있게 다룬다는 특징이 있다.

먼저 이 시기 소설들은 전쟁의 비극성과 참상을 이데올로기적 시각보다는 인간의 보편적 고통과 부조리로 형상화하는 경향이 뚜렷하다. 많은 작품에서 전쟁의 직접적인 피해자인 ⊙개인이 겪는 상실, 트라우마와 같은 심리적 변화가 세밀하게 그려진다. 이와 더불어 분단 상황에서 민족적 아픔과 공동체의 붕괴, 가족 해체의 문제가 반복적으로 조명된다.

또한 서구의 실존주의, 허무주의가 국내에 유입되면서 ⓒ인간의 불확실한 존재와 세계에 대한 불신, 그리고 이에 따른 기존 가치관의 붕괴, 사람들 간의 연대 의식 약화를 고발하는 작품들도 많이 출현한다. 이 때문에 소설 속 주인공들은 종종 냉소적이고 무기력한 태도를 취하거나, 전후 사회에 적응하지 못하는 모습을 보인다.

1950년대 후반에서 1960년대에 접어들면서 전후 작가들은 전쟁 체험을 바탕으로 근대적 가치와 윤리, 그리고 기존의 전통에 대한 탐구와 해체에 집중하였다. 이 과정에서 전쟁 이후 ⓒ사회질서 복원에 대한 열망, 현실 극복 의지, 새로운 주체로서의 인간상 모색 등이 문학적으로 표현되었다.

요컨대 한국 전후 소설은 전쟁이 남긴 피해와 상처, ㉣개인과 공동체의 분열, 그리고 그것을 극복하려는 인간의 다양한 심리를 사실적이면서도 내면적으로 포착하는 데 주력한 시대의 산물이라 할 수 있다.

009

윗글을 이해한 내용으로 적절하지 않은 것은?

① 한국 전후 소설에서는 전쟁으로 인해 개인이 겪는 상실감이 세밀하게 다루어진다.
② 한국 전후 소설은 전쟁의 참상을 이데올로기적 시각으로 형상화하려는 경향이 많다.
③ 전후 작가들은 전통에 대한 탐구와 해체에 주목하며 새로운 주체로서의 인간상을 모색하였다.
④ 서구 허무주의의 유입으로, 한국 전후 소설의 주인공들은 무기력하고 냉소적인 경향을 보인다.

010

㉠~㉣ 중 문맥적 의미가 유사한 것끼리 묶은 것은?

① ㉠, ㉡
② ㉠, ㉣
③ ㉡, ㉢
④ ㉡, ㉣

011

빈칸에 들어갈 말로 가장 적절한 것은?

문자의 역할은 인류 문명이 발전함에 따라 더욱 중요해졌다. 문자 없는 사회에서는 주로 말로 의사소통하지만, 현대 사회에서는 신문, 책, 메일, 공문서 등 다양한 형태로 문자 언어가 우리 생활 곳곳에 깊숙이 스며 있다. 이러한 문자 언어는 음성 언어에 비해 더욱 체계적이고 공식적인 특성을 지니고 있다. 말은 순간적으로 사라지지만, 글로 남은 언어는 오랜 시간 보존되어 점차 더 깔끔하고 세련된 형태로 다듬어지며 후세에 중요한 정보를 전달한다. 고대부터 많은 연구자들이 문자 언어를 주된 연구 대상으로 삼은 것도 이런 이유에서다.

하지만 음성 언어가 문자 언어보다 우선이라는 사실은 변함없다. 문자가 없는 사회는 있을 수 있으나, 말이 없는 사회는 존재하지 않으며, 아이들은 글을 배우기 전에 말을 먼저 익힌다. 또한 일상생활에서는 듣고 말하는 행위가 읽고 쓰는 것보다 훨씬 더 빈번히 이루어진다. 말은 즉각적이고 생동감 있는 의사소통을 가능하게 하며, 인간의 감정과 태도를 더욱 풍부하게 전달한다.

이처럼 문자 언어와 음성 언어는 각각의 역할과 중요성을 가지면서 서로 보완하며 현대인의 소통을 이끌고 있다. _____.

① 문자 언어는 음성 언어보다 우선적이지는 않지만 공감을 나누는 대화 상황에 더욱 적합하다
② 문자 언어는 정보를 전달하고 정리하는 데, 음성 언어는 감정과 즉각적인 반응을 주고받는 데 뛰어나다
③ 문자 언어는 공식적인 언어생활에서, 음성 언어는 고대 언어를 연구하는 데에서 중요한 도구로 사용된다
④ 문자 언어와 음성 언어 모두 감정을 세련된 형태로 드러내며 자연스러운 대화 상황을 이끌어 나간다는 점에서 중요하다

[012~013] 다음 글을 읽고 물음에 답하시오.

김만중의 「사씨남정기」는 천상계와 지상계, 그리고 이 둘을 매개하는 '꿈속'이나 '비몽사몽간'과 같은 반(半)현실적 공간이라는 세 개의 공간적 층위 위에 전개된다. 이러한 공간 설정은 단순한 배경을 넘어 이야기 전개와 인물 형상화에 중요한 서사적 기능을 한다. 천상계는 신적 존재와 초월적 힘이 개입하는 세계로, 인간의 운명과 도덕적 질서의 근원을 상징한다. 지상계는 인물들이 실제로 살아가는 현실 세계로, 인간의 욕망, 갈등, 시련이 구체적으로 펼쳐지는 무대이다. 그리고 꿈이나 비몽사몽간은 두 세계를 연결하는 중간 지대로, 인물들이 위기 상황에서 계시를 받거나, 조력자를 만나 도움을 얻는 공간으로 기능한다.

특히 꿈속 공간은 주인공 사씨와 유연수가 위기를 극복하는 데 결정적 역할을 한다. 꿈속에서 인물들은 미래에 닥칠 위기나 해결책을 암시받아 현실의 고난을 극복하는 실마리를 얻는다. 이처럼 꿈은 단순한 환상이 아니라 현실을 변화시키는 계기이자 독자들에게 흥미와 교훈을 동시에 전달하는 장치로 활용된다. 또한 사씨와 유연수, 천자 등 주요 인물들은 각기 다른 공간에서 시련을 ㉠겪고 성장하며, 결국 가문과 국가의 질서를 회복하는 데 이른다. 이 과정에서 '분리−전이−통합'의 구조적 흐름이 나타나며, 인물들은 시련을 통해 한층 성숙한 존재로 거듭난다. 이러한 공간적 층위와 구조는 「사씨남정기」가 단순한 권선징악의 서사를 넘어, 인간과 사회, 그리고 세계에 대한 깊은 성찰을 담아내는 데 기여하고 있다.

012

윗글을 이해한 내용으로 적절하지 않은 것은?

① 공간적 층위의 설정은 이야기 전개와 인물의 성숙에 중요한 역할을 한다.
② 천상계는 초월적 힘이 개입하는 세계이며 인간의 운명과 도덕적 질서의 근원을 상징한다.
③ 「사씨남정기」에서 꿈속 공간은 단순한 환상이 아니라 현실을 변화시키는 계기 역할을 한다.
④ 「사씨남정기」의 주요 인물들은 같은 공간에서 시련을 겪으며 성장해 가문과 국가의 질서를 회복한다.

013

문맥상 ㉠의 의미와 가장 가까운 것은?

① 혁재는 하루 종일 손님을 겪느라고 몹시 지쳤다.
② 그를 얼마 겪어 보진 않았지만 매우 미더워 보였다.
③ 부모님은 가난을 겪었던 지난날의 이야기를 해 주셨다.
④ 그녀는 호영이를 겪고 난 후 사람에 대한 인식이 바뀌었다.

[014~015] 다음 글을 읽고 물음에 답하시오.

> 직지심체요절은 우리나라가 세계에 자랑할 만한 문화유산 중 하나로, 공식적으로 현존하는 가장 오래된 금속 활자 인쇄본이다. 1377년 고려 말에 간행된 이 책은 불교 관련 서적으로, 상·하권으로 구성되어 있다. 직지심체요절이 특별한 이유는 금속을 재료로 한 활자라는 첨단 인쇄 기술이 적용되었기 때문이다. 이전에는 나무를 깎아 만든 ㉠활자가 사용되었으나, 기술의 발전으로 우수한 ㉡활자 제작이 가능해져, 직지심체요절을 인쇄하는 데 쓰일 수 있었던 것이다.
>
> 목활자를 만들 때에는 인쇄에 사용할 글자 원본을 정한 후, 크기와 규격에 맞도록 글씨를 잘 쓰는 사람이 본을 써낸다. 그 후 견고한 목재를 활용해 ㉢활자를 깎아낸다. 반면 금속 활자 제작 과정은 매우 복잡하다. 먼저 밀랍에 한 글자씩 새겨 ㉣활자를 만든 뒤, 이를 흙으로 감싸 주형틀을 만들고, 그 안에 쇳물을 부어 활자를 만든다. 마지막으로 활자를 미세하게 다듬는 과정을 거친다. 이처럼 금속 활자는 다른 활자에 비해 제작이 어렵지만, 한 번 만들면 오래 사용할 수 있고, ㉤활자를 재배치해 다양한 책을 인쇄할 수 있다.
>
> 그러나 아쉽게도 직지심체요절은 현재 프랑스 국립 도서관에 보관되어 있다. 구한말 프랑스 공사가 구입해 여러 경로를 거쳐 프랑스로 넘어갔기 때문이다.

014

윗글을 이해한 내용으로 가장 적절한 것은?

① 직지심체요절 제작 과정에는 밀랍과 흙이 필요하다.
② 직지심체요절은 공식적으로 가장 오래된 목활자본이다.
③ 직지심체요절은 조선 시대에 간행된 불교 관련 서적이다.
④ 직지심체요절의 가치는 프랑스인에 의해 처음 발견되었다.

015

㉠~㉤ 중 지시하는 대상이 동일한 것을 모두 고르면?

① ㉠, ㉡
② ㉠, ㉣
③ ㉡, ㉢
④ ㉡, ㉤

016

다음 글의 밑줄 친 결론을 이끌어 내기 위해 추가해야 할 것은?

> 심폐 지구력이 좋은 사람은 모두 유산소성 운동을 장시간 수행하거나 심혈관계 질환 발생 위험이 낮다. 심혈관계 질환 발생 위험이 낮은 사람은 모두 스트레스 관리 능력이 뛰어나다. 따라서 심폐 지구력이 좋은 사람은 모두 스트레스 관리 능력이 뛰어나다.

① 스트레스 관리 능력이 뛰어난 사람은 모두 유산소성 운동을 장시간 수행한다.
② 유산소성 운동을 장시간 수행하는 사람은 모두 스트레스 관리 능력이 뛰어나다.
③ 유산소성 운동을 장시간 수행하는 사람 중에 심혈관계 질환 발생 위험이 낮은 사람은 없다.
④ 유산소성 운동을 장시간 수행하고 심혈관계 질환 발생 위험이 낮은 사람 중에 스트레스 관리 능력이 뛰어난 사람은 없다.

017

다음 글에서 추론한 내용으로 적절하지 않은 것은?

> 어떤 기업의 사원들은 별도의 사원증을 기기에 대지 않고도 출입할 수 있다. 이는 출입구에 설치된 카메라가 사원들의 얼굴을 실시간으로 인식하여 미리 등록된 얼굴 정보와 대조하는 기술 덕분이다. 이러한 얼굴 인식 기술은 초기부터 주로 출입 통제와 같은 보안 분야에 사용되었으며, 건물 출입구나 사무실 입구에서 안전을 확보하는 데 큰 역할을 해왔다.
>
> 최근에는 얼굴 인식 기술 활용 범위가 급격히 넓어지고 있다. 상품 결제나 마케팅을 위한 고객 데이터 구축에까지 적용되면서 다양한 산업 분야에서 광범위하게 이용 중이다. 얼굴 인식은 비밀번호나 출입 카드처럼 도용될 위험이 적고, 비접촉 방식으로 위생적이며 지문 인식처럼 간단히 위조하기 어려워 보안성이 높다.
>
> 그러나 이와 같은 기술 발전은 개인의 사생활 침해 우려를 낳기도 한다. 얼굴 인식 시스템의 정확도가 99%에 달하는 사례도 있어, 사용자의 동의 없이 얼굴 데이터가 저장되고, 이를 기반으로 개인 정보가 무분별하게 노출될 위험이 있다는 지적이다. 실제로 학계와 업계는 딥페이크 탐지 기술을 통해 조작된 얼굴 영상을 96%에서 99% 정확도로 판별하는 등 기술적 대응도 활발히 진행 중이다. 그러므로 얼굴 인식 기술 활용의 균형 잡힌 발전을 위해서는 안전성과 프라이버시 보호가 병행되어야 한다.

① 얼굴 인식 시스템은 실시간 모니터링, 범죄 예방 등 공공 안전 분야에 유용할 수 있다.
② 얼굴 인식 기술을 활용하면 보안에는 유용하지만, 결제나 인증 시스템의 효율성은 떨어진다.
③ 비밀번호나 출입 카드와 달리, 얼굴 인식은 위조나 도용 위험이 상대적으로 낮아 보안성이 높다.
④ 균형 잡힌 기술 발전을 위해서는 기술의 편의성뿐 아니라 개인 프라이버시 보호도 함께 고려되어야 한다.

018

다음 대화를 분석한 내용으로 적절하지 않은 것은?

> 갑: 사회에서 협동이 중요한 이유는, 구성원들이 힘을 합쳐야 더 큰 성과를 낼 수 있기 때문이야. 각자 역할을 분담하고 상호 신뢰를 바탕으로 협력할 때 사회 전체의 발전이 가능하지. 경쟁이 지나치면 오히려 집단 내 갈등과 분열을 부를 수 있어.
>
> 을: 나는 경쟁이 사회 발전의 핵심 동력이라고 생각해. 개인이 최고의 성과를 내고자 경쟁할 때 혁신과 발전이 이루어진다고 봐. 물론 이를 위해서는 협동도 필요하지만, 협동만 강조하면 발전이 정체될 위험도 있지.
>
> 병: 협동과 경쟁은 배타적인 것이 아니라 서로 결합될 때 긍정적 효과를 내는 경우가 많아. 예를 들어 집단 내에서 목표를 위해 협동하면 결속력이 강해지고, 집단 간에는 적절한 경쟁이 주어지면 동기도 커지고 집단과 개인 모두 발전할 수도 있어. 너무 협동만, 혹은 경쟁만 강조하면 오히려 문제가 생겨.
>
> 갑: 집단 내에서 모두가 협동하면 갈등도 줄고, 사회적 유대도 강해져. 반대로 경쟁이 심화되면 상대적으로 소외되거나 스트레스를 받는 사람이 발생해.
>
> 을: 그런데 지나친 협동은 구성원들이 안주하거나 노력하지 않는 풍토를 만들 수도 있어. 적절한 경쟁은 각자의 능력을 최대한 끌어올릴 수 있는 계기야.
>
> 병: 결국 협동과 경쟁이 어떻게 균형을 이루며 상호 작용하는지가 중요하다고 생각해. 이 균형이 깨지면 집단 내 갈등이 커지거나, 발전이 정체될 수 있지.

① 경쟁이 개인 또는 집단의 발전을 이끈다는 점에 대해 을과 병은 동의한다.

② 협동이 집단 결속에 긍정적으로 작용한다는 점에 대해 갑과 병은 동의한다.

③ 사회의 발전에 협동이 필요하다는 점에 대해 갑은 동의하지만 을은 동의하지 않는다.

④ 협동과 경쟁의 균형이 사회 발전에 중요하다는 점에 대해 병은 동의한다.

019

다음 빈칸에 들어갈 말로 가장 적절한 것은?

> 한국소비자원은 실내 스포츠화에 대한 소비자 설문조사를 진행하였다. 이에 갑, 을, 병, 정 네 사람은 실내 스포츠화의 품질을 평가할 수 있는 항목 중 가장 중요시하는 한 항목을 다음과 같이 답변하였다.
>
> ○ 갑과 을 중 적어도 한 사람은 기능성을 중요시한다.
>
> ○ 을이 기능성을 중요시한다면, 병은 착용 만족도와 내구성을 중요시한다.
>
> ○ 병이 착용 만족도와 내구성을 중요시한다면, 정은 안전성을 중요시하지 않는다.
>
> ○ 정은 안전성을 중요시한다.
>
> 이를 통해 갑은 [   ]을/를 중요시한다는 것을 알 수 있게 되었다.

① 기능성
② 착용 만족도
③ 내구성
④ 안전성

020

다음 글의 ⊙과 ⓒ에 대해 평가한 내용으로 가장 적절한 것은?

> 최근 뉴질랜드에서 강에 법적 인격을 인정하는 선례가 생겼다. 이 사례는 인간과 자연의 관계를 새롭게 정의하고, 환경 보호에 대한 새로운 접근법을 제시했다는 긍정적인 평가를 받는다. 하지만 동시에 법적 시스템이 더 복잡해지고 실제 보호 효과가 미흡하다는 비판도 제기되고 있다. 이에 따라 현대 사회에서 자연의 법적 지위에 대한 논란이 점점 커지고 있다.
>
> 먼저, 자연에 법적 인격을 부여해야 한다는 주장은 강, 산, 숲과 같은 자연 요소들이 독립적인 권리를 갖게 함으로써 환경 보호를 한층 강화할 수 있다는 생각에 근거한다. ⊙이들은 자연은 인간과 별개로 존중받아야 하는 존재이므로, 법적 권리를 통해 무분별한 개발이나 착취로부터 보호받아야 한다고 믿는다. 이러한 시각은 인간과 자연이 서로 깊이 연결되어 있다는 생태주의적 관점에서 출발한다.
>
> 반면 자연에 법적 인격을 부여하자는 주장에 반대하는 측은, 법적 인격은 책임과 의무를 질 수 있는 주체에게만 부여되어야 하는데, 자연은 스스로 결정을 내리거나 권리를 행사할 능력이 없으므로 자연에 법적 인격을 부여할 수 없다고 주장한다. ⓒ이들은 기존의 환경 보호법과 정책을 엄격하게 시행하는 것만으로도 자연 보호를 충분히 달성할 수 있다고 본다. 또한 자연에 법적 인격을 부여하는 것은 법률 체계를 불필요하게 복잡하게 만든다고 우려한다.

① 법적 인격의 개념을 지나치게 확장하면 본래의 주체와 객체 구분이 사라져 법제적 실효성이 약화된다는 주장은 ⊙의 주장을 강화한다.

② 자연과 인간이 평등하며, 자연을 법적으로 보호함으로써 인간의 삶도 근본적으로 안전해진다는 마오리족의 사상은 ⊙의 주장을 약화한다.

③ 자연의 권리를 현실에서 인정하여, 자연에 후견인을 지정하여 관리권을 행사한다면 ⓒ의 주장은 강화된다.

④ 환경 보호법을 엄격히 시행하는 국가에서조차 환경 오염이 줄어들지 않는다면 ⓒ의 주장은 약화된다.

모의고사
17회

시작 시간	시	분	초
종료 시간	시	분	초
총 소요 시간		분	초

001

<공공언어 바로 쓰기 원칙>에 따라 <공문서>의 ㉠~㉣을 수정한 것으로 적절하지 않은 것은?

〈공공언어 바로 쓰기 원칙〉
○ 생소한 외래어나 외국어는 우리말로 다듬을 것.
○ 주어와 서술어의 관계를 명확하게 표현할 것.
○ 문맥에 맞는 정확한 어휘를 사용할 것.
○ 지나친 명사 나열을 피하고 적절한 조사와 어미를 활용하여 문장을 구성할 것.

〈공문서〉
□□환경연구원

수신　수신처 참조

제목　지역 환경 관리 현황 조사 협조 요청

1. 귀 기관의 지속적인 발전을 기원합니다.
2. 본원은 ㉠그린 비즈니스 추진을 위해 최근 3년간의 지역 환경 관리 현황을 조사하고자 합니다. 조사 대상은 각 지방자치단체가 수행한 환경 관련 ㉡사업을 조사합니다.
3. 별도의 전문 조사 기관에 해당 조사를 ㉢의뢰하며, 이 결과를 바탕으로 ㉣오염 지역 환경 개선 정책 수립 및 지속 가능한 관리 체계를 마련하고자 합니다. 귀 기관의 협조를 부탁드립니다.

① ㉠: 친환경 사업
② ㉡: 사업입니다
③ ㉢: 발주하며
④ ㉣: 오염된 지역 환경을 개선하는 정책을 수립하고

002

다음 글을 이해한 내용으로 가장 적절한 것은?

　바닷물이 일정한 방향과 속도로 계속 흐르는 현상을 '해류'라고 한다. 해류가 형성되는 주요 원인 중 하나는 바람이다. 바람이 바다 표면에 불면, 바람과 바닷물 사이의 마찰력 때문에 표면의 바닷물이 일정한 방향으로 밀려가면서 해류가 만들어진다. 이때 단순히 바람이 부는 방향으로 해수가 움직이는 것이 아니라 다양한 요인이 작용한다는 점이 중요하다.

　특히 지구의 자전이 해류의 방향과 흐름에 큰 영향을 미친다. 지구가 자전하면서 물체의 운동 방향에 오른쪽 또는 왼쪽으로 힘이 작용하는 '코리올리 효과'가 발생한다. 북반구에서는 물체가 운동할 때 그 방향이 오른쪽으로, 남반구에서는 왼쪽으로 휘어지게 된다. 그로 인해 바람이 부는 방향과 해류의 흐름 방향이 달라진다.

　이와 관련해 노르웨이의 과학자 겸 탐험가인 프리드쇼프 난센은 북극 항해 중 빙산들이 바람과 동일한 방향이 아니라 바람 방향에서 약 20도에서 40도 정도 오른쪽으로 휘어져 움직이는 것을 관찰하였다. 난센의 발견은 해수가 바람과 다른 방향으로 움직인다는 사실을 알려 주었고, 후일 스웨덴 과학자 에크만이 이를 연구해 바람, 지구 자전, 해수의 흐름이 복합적으로 작용하는 원리를 밝혀냈다.

① 난센이 관찰한 빙산은 바람 방향의 왼쪽으로 20~40도 정도 휘어져 움직였다.
② 표면의 바닷물은 바람과 바닷물 사이의 마찰력과 원심력에 의해 일정 방향으로 움직인다.
③ 바람과 지구 자전이 복합적으로 영향을 끼쳐 바람이 부는 방향과 다른 방향으로 해류가 흘러갈 수 있다.
④ 지구의 공전으로 발생하는 코리올리 효과로 인해 남반구에서 운동하는 물체는 운동 방향의 왼쪽으로 휘어진다.

003

다음 글의 핵심 논지로 가장 적절한 것은?

역사 서술은 과거의 사실 중 의미 있는 것만을 골라 기록하는 과정이며, 이때 반드시 사료(史料)가 필요하다. 사료가 없다면 과거의 사실은 단지 가능성에 불과하므로, 사료가 보여주는 것 이상의 과거 사실은 원칙적으로 존재할 수 없다. 한편 역사 서술에 활용되는 사료는 동시대에 기록된 것일수록 신뢰받는데, 문헌 사료는 과거 사실과의 관련 정도에 따라 1등, 2등 사료로 구분되기도 한다.

역사가는 수집한 사료를 근거로 과거를 재구성한다. 물론 역사가에게도 상상력은 필요하지만 소설가처럼 상상한 내용을 사실로 기록해서는 안 된다. 사료는 객관적으로 과거 사실을 전달하는 것이어야 하기 때문이다. 따라서 필요한 작업이 바로 사료 비판이다. 사료 비판은 사료의 원형 여부와 기록의 진실성을 꼼꼼히 검토하는 작업이다. 기록자가 인간이기에 완전히 객관적일 수 없어 역사가는 신중해야 하며, 유물 사료도 활용되지만 문헌 사료와 함께 써야 한다. 이처럼 사료 비판은 역사 연구의 핵심이며, 비판적 사고를 통해 역사의 진실에 한 걸음 더 다가설 수 있다.

① 사료가 없다면 과거의 사실은 단지 가능성에 불과하기 때문에 사료가 사료 비판보다 더 중요하다.
② 사료 비판은 객관적인 검토가 중요하기 때문에 유물 사료를 배제하고 문헌 사료를 사용해야 한다.
③ 역사 서술은 과거의 사실 중 의미 있는 것만을 골라 기록하는 과정으로 사료 비판이 반드시 요구된다.
④ 모든 사료가 객관적인 것은 아니므로 반드시 사료 비판을 거쳐야만 완벽하게 객관적인 역사 서술이 가능하다.

004

<보기>에 제시된 ㉠~㉣의 예로 옳지 않은 것은?

─┤ 보기 ├─

㉠ 제13항 홑받침이나 쌍받침이 모음으로 시작된 조사나 어미, 접미사와 결합되는 경우에는, 제 음가대로 뒤 음절 첫소리로 옮겨 발음한다.
㉡ 제14항 겹받침이 모음으로 시작된 조사나 어미, 접미사와 결합되는 경우에는, 뒤엣것만을 뒤 음절 첫소리로 옮겨 발음한다.(이 경우, 'ㅅ'은 된소리로 발음함.)
㉢ 제15항 받침 뒤에 모음 'ㅏ, ㅓ, ㅗ, ㅜ, ㅟ' 들로 시작되는 실질 형태소가 연결되는 경우에는, 대표음으로 바꾸어서 뒤 음절 첫소리로 옮겨 발음한다.
㉣ [붙임] 겹받침의 경우에는, 그중 하나만을 옮겨 발음한다.

① ㉠: 밭에[바테]
② ㉡: 넋이[넉씨]
③ ㉢: 꽃 위[꼬뒤]
④ ㉣: 닭 앞에[달가페]

005

다음 글의 주제로 가장 적절한 것은?

죽음을 앞둔 사람들 중 "좀 더 일을 열심히 할걸"이라고 후회하는 사람은 거의 없다고 한다. 하지만 "○○에게 좀 더 잘할걸" 혹은 "사람들에게 좀 더 착하게 대했어야 하는데"라고 후회하는 사람은 정말 많다. 왜일까? 행복의 중요한 원천 중 하나가 사람들과의 관계이기 때문이다. 그런데 우리는 먼 미래의 행복을 위해서라며 무언가를 열심히 할 때 현재의 내 주위에 있는 많은 사람들과의 관계를 소홀히 하곤 한다. 목표를 향해 달려가는 삶은 가치 있다고 할 만하다. 그런데 그 목표를 향해 달려가는 과정과 그 과정을 함께 하는 사람들 또한 마땅히 존중받아야 한다. 이것은 무엇인가를 열심히 하지 말라는 이야기가 당연히 아니다. 그 무엇인가를 열심히 하기 위해 소중한 가치를 잊는 실수를 범하지 말라는 것이다.

① 살아가면서 목표한 바를 이루도록 열심히 노력하라.
② 남에게 대우받고 싶다면 나부터 남을 소중히 대하라.
③ 진정으로 행복해지고 싶다면 후회하지 않도록 노력하라.
④ 우리가 주변 사람으로부터 행복을 얻는다는 사실을 기억하라.

006

다음 빈칸에 들어갈 말로 가장 적절한 것은?

'분지계통학'은 생물의 분류에서 광범위하게 활용되는 핵심적 방법론으로, 진화의 흐름을 설명하는 데 중요한 역할을 한다. 이 방법은 찰스 다윈의 진화론, 특히 유전적 특징이 세대를 거치며 후손에게 전해진다는 점을 이론적 근거로 삼는다. 분지계통학에서는 한 집단 내부에서 새롭게 나타난 형질, 즉 '공유 파생 형질'이 계통 분류에서 매우 중요한 지표로 여겨진다. 반면 조상에게서 이미 존재하던 기존의 특징은 '공유 조상 형질'이라고 한다.

포유류를 예로 들면, 모든 포유류가 척추를 가지고 있지만 이는 포유류뿐 아니라 다른 척추동물에서도 발견되는 조상 형질이다. 그래서 등뼈 유무로 포유류를 따로 구분하지 않는다. 반면 '털'이라는 특징은 포유류에서만 새롭게 진화한 것으로, 이를 공유 파생 형질이라 할 수 있다. 이러한 형질의 구별은 생물의 진화 경로를 추적하고, 분류군의 연관성을 평가하는 데 중요한 기준이 된다.

분지계통학은 기본적으로 특정 종들과 그 조상들이 어떤 특징을 공유하고 있는지에 집중한다. 이 과정에서 내집단과 외집단의 비교가 결정적인데, 내집단은 앞의 예의 포유류처럼 분석 대상 집단을 의미하고, 외집단은 파충류처럼 분석 대상 집단보다 앞서 갈라져 나간 집단을 말한다. 이 경우 [   ]을 확인할 수 있다.

① 척추와 같은 구조적 특징은 내집단 내에서 공유되므로 공유 조상 형질임
② 척추와 같은 구조적 특징은 내집단과 외집단 모두에 존재하므로 공유 조상 형질임
③ 털과 같은 특징은 외집단과 달리 내집단에는 존재하지 않으므로 공유 파생 형질임
④ 털과 같은 특징은 외집단과 내집단을 가르는 기준이 되지 못하므로 공유 파생 형질임

007

(가)~(라)를 맥락에 맞게 순서대로 나열한 것은?

(가) 국민 총소득은 한 나라의 국민이 나라 안에서는 물론 외국에서 일정 기간 동안에 벌어들인 소득액까지 모두 합한 것이므로 국민 총소득을 보면 나라 전체의 소득 수준을 알 수 있다. 하지만 국민의 평균적인 생활 수준은 파악하기 어렵다. 이때 국민들의 평균적인 생활 수준을 알아보기 위해서 사용되는 지표가 '1인당 국민 소득'으로, 국민 총소득을 총인구수로 나눈 것이다.

(나) 한 나라의 경제 성장을 가늠할 수 있는 대표적인 지표로 '국민 총소득'을 들 수 있다. 이는 한 국가의 국민이 생산 활동에 참가한 대가로 받은 소득을 모두 합한 것이다.

(다) 그 이유는 첫째 국민 총소득에는 기업 소득도 포함되는데 이 부분의 비중이 높아지고 있기 때문에 국민 개개인의 생활 수준에 대해서는 정확히 알기 어렵기 때문이다. 둘째 1인당 국민 소득이 시장에서 거래되는 서비스의 부가 가치만을 계산하므로, 행복한 삶을 사는 데 필수적인 여가 활동은 여기에 포함되지 않기 때문이다.

(라) 그런데 1인당 국민 소득은 한 나라의 국민이 경제적으로 얼마나 잘 살고 있는지를 보여 주는 유용한 지표임에는 틀림없지만 그렇다고 복지 수준을 정확히 나타내는 척도는 될 수 없다.

① (가) - (나) - (라) - (다)
② (가) - (라) - (다) - (나)
③ (나) - (가) - (다) - (라)
④ (나) - (가) - (라) - (다)

008

다음 글을 이해한 내용으로 적절하지 않은 것은?

연료 전지는 명칭과는 다르게 사실 발전기의 하나이다. 전지가 외부에서 생산한 전기를 충전하여 전기 에너지를 화학 에너지로 보관하고 있다가 필요할 때마다 방전이라는 역반응을 통해 전기 에너지를 사용할 수 있게 만든 장치인 데 반해, 연료 전지는 수소를 공기 중의 산소와 화학 반응시켜 전기를 생성하는 에너지 변환 장치이기 때문이다.

연료 전지에서는 물의 전기 분해 과정을 역으로 이용하여 전기를 생성한다. 연료 전지는 기본적으로 $50 \sim 150 \mu m$(마이크로미터) 두께의 전해질 막을 사이에 두고 화학 반응을 도와주는 백금 촉매가 도포된 전극이 각각 연료극(양극)과 공기극(음극)을 구성하는 구조로 되어 있다. 연료극에 공급된 수소는 산화 반응이 일어나 수소 이온과 전자로 분리된다. 수소 이온은 전해질이라는 통로를 통해, 전자는 외부 회로를 통해 공기극으로 이동한다. 그러면 공기극에서는 산소 이온과 수소 이온이 만나 환원 반응이 일어나면서 반응 생성물인 물이 만들어진다. 이 두 반응으로 양극 사이에는 1.2V의 전위차가 발생하여 전기가 만들어지게 되는 것이다.

① 연료 전지는 에너지를 변환하여 저장하는 장치이다.
② 연료 전지의 전극에는 백금을 도포하여 화학 반응을 돕는다.
③ 연료극에 수소를 주입하면 연료극에서 산화 반응이 일어난다.
④ 전해질은 연료극에서 공기극 방향으로 이온 전달이 이루어지는 통로가 된다.

[009~010] 다음 글을 읽고 물음에 답하시오.

최근 발표된 2024년 통계에 따르면, 우리나라 성인의 평생 학습 참여율은 약 32.3%로 OECD 평균인 40%에 크게 못 미치는 수준이다. 특히 핀란드, 노르웨이 등 북유럽 국가들이 58% 이상의 높은 참여율을 ㉠보이는 것과 비교하면, 한국의 평생 학습 참여는 여전히 저조하다. 더욱이 지난 10년간 국내 평생 학습 참여율은 정체 또는 감소 추세를 보이고 있어, 사회적·국가적 차원에서 경각심을 가져야 할 문제로 지적된다.

평생 학습 참여율을 저해하는 요인으로는 시간 부족, 근무 시간과의 중복, 비용 부담, 가까운 학습 기관의 부재 등이 꼽힌다. 실제로 소득이 높을수록 평생 학습 참여율이 높고, 저소득층이나 비정규직, 저학력층의 참여는 매우 낮은 것으로 나타났다. 이러한 격차는 평생 학습이 개인의 자기 계발과 사회적 이동성, 국가 경쟁력 강화에 중요한 역할을 한다는 점에서 더욱 심각하게 받아들여진다.

한편, 평생 학습에 참여한 성인들의 만족도는 매우 높다. 공식 학위 과정이나 교육 프로그램을 통해 교양 함양, 지식 습득, 정신적 건강 유지, 취업 및 이직·창업 지원 등 다양한 긍정적 효과를 경험했다고 응답했다. 특히 비형식 교육에서도 정신적 건강 유지와 자기 계발 측면에서 높은 만족도가 확인된다.

이처럼 급변하는 정보화·세계화 시대에 평생 학습은 삶의 질 향상과 국가 경쟁력 제고에 필수적이다. 정부와 기업은 시간·비용·접근성 등 구조적 장벽을 해소하고, 소외계층의 참여 확대를 위한 맞춤형 정책과 지원을 강화해야 한다.

009

윗글을 이해한 내용으로 가장 적절한 것은?

① 소득 수준이 낮을수록 평생 학습에 적극적으로 참여하는 경향이 있다.
② 정부와 기업의 제도적 지원보다는 금전적 지원이 평생 학습 활성화에 중요한 역할을 한다.
③ 평생 학습을 통한 자기 계발은 정신적 만족감뿐 아니라 사회적 이동성에도 긍정적 영향을 미친다.
④ 우리나라의 평생 학습 참여율은 다른 선진국에 비해 낮은 편이지만 최근 몇 년간 꾸준히 증가하고 있다.

010

문맥상 ㉠의 의미와 가장 가까운 것은?

① 아내는 국을 한 수저 떠서 내게 맛을 보였다.
② 그녀는 정치부 기자로서 눈부신 활약을 보이고 있다.
③ 친구가 나에게 보인 청자는 인간문화재의 작품이었다.
④ 그녀는 아침에 잠깐 얼굴을 보이고는 종일 자리에 없다.

[011~012] 다음 글을 읽고 물음에 답하시오.

인상주의 화가들은 자신의 감정을 배제하고, 오로지 찰나에서 얻은 인상만을 표현하려 하였다. 그러려면 재빠른 손놀림으로 짧고 두껍게 끊듯이 붓질을 해야 했다. 그래서 화면은 매끄럽지 않고 거친 경우가 많았다. 때로는 화면에 튜브를 대고 직접 물감을 짜서 사용하기도 하고, 회색이나 검은색을 쓰지 않고 주로 원색을 사용했으며, 보색을 활용하여 그림자 같은 어두운 분위기를 ㉠나타내었다.

반면 1886년, 신인상주의 화가인 쇠라는 점묘법이라는 새로운 기법을 도입하여 그림을 그렸다. 점묘법은 마치 컴퓨터의 픽셀처럼 화면에 무수한 색점을 찍어서 이미지를 표현하는 기법을 말한다. 이전의 인상주의 화가들이 빛나는 빛을 그리려 했지만 팔레트 위에서는 색을 섞을수록 탁해져 원하는 밝은색을 얻을 수가 없었는데, 점묘법은 원색만을 사용하되 일절 색을 섞지 않고 대신 화면 위에 작은 점으로 찍어나가는 방법으로 이러한 문제를 해결하려 했다.

이러한 점묘법은 분광색과 빛의 합성에 대한 과학적 지식을 토대로 시도되었다. 화면 위에 빨강과 노랑의 작은 점을 무수히 찍어 주황색을 표현할 수 있다는 물리학자 루드의 〈근대 색채학〉 이론을 그림에 적용한 것이다. 이렇게 하면 색의 순도는 유지하면서 보는 이의 망막 위에서 색이 혼합되는 효과를 낳게 된다.

011

윗글에서 추론한 내용으로 가장 적절한 것은?

① 인상주의 화가들은 대상에 대한 정밀 묘사를 통해 작가의 의도를 드러냈다.
② 신인상주의 화가들은 인상주의 화가들과 달리 원색을 사용하여 이미지를 표현했다.
③ 점묘법에는 망막이 서로 다른 색을 혼합하여 새로운 색으로 인식하는 특성이 반영되었다.
④ 쇠라는 과학적 지식을 도입하여 기존의 점묘법을 발전시킴으로써 색을 섞지 않고도 밝은색을 표현할 수 있었다.

012

문맥상 ㉠의 의미와 가장 가까운 것은?

① 그는 엉뚱한 일에 관심을 나타내기 시작했다.
② 이 작가는 소설 속에 이국적인 봄의 정취를 나타냈다.
③ 지난해 추진했던 사업이 서서히 그 결실을 나타내고 있다.
④ 신비에 싸인 인물이 드디어 그 모습을 사람들에게 나타냈다.

013

다음 대화를 분석한 내용으로 적절하지 않은 것은?

갑: 여행을 하면서 새로운 문화를 접하는 경험이 내게 큰 변화를 줬어. 익숙한 일상에서 벗어나 다른 사람들의 생각과 생활 방식을 보니 내 가치관이 훨씬 넓어진 걸 느꼈거든.

을: 나도 공감해. 특히 여행 중에 자신을 돌아보는 순간들이 늘어나면서, '내가 진짜 중요하게 생각하는 게 무엇인가?'를 다시 생각하게 되었지. 그 과정에서 삶의 우선순위도 바뀌었어.

병: 맞아, 여행은 단순한 휴식이나 관광을 넘어서, 자기 자신과 마주하는 시간이라고 봐. 새로운 곳에서 경험하는 낯섦과 도전은 우리를 성장하게 하고, 더 깊은 자기 이해와 가치관의 확장을 돕는다고 생각해.

갑: 하지만 현실에 돌아오면, 다시 예전 습관과 사고방식으로 쉽게 돌아갈 때가 많아 아쉬워. 그래서 여행이 삶에 미치는 영향이 지속되려면 일상에서 의식적인 노력이 필요하다는 생각도 들어.

을: 그렇지. 여행에서 얻은 깨달음이 일상의 가치관과 행동으로 이어지려면, 경험을 반추하고 새로운 시선을 유지하는 자세가 필요해. 그렇지 않으면 여행은 단순한 일탈에 그칠 뿐이야.

① 화제와 관련해 유의점을 제시하는 사람이 있다.
② 화제의 의미를 고찰하며 화제의 가치를 부각하는 사람이 있다.
③ 타인의 견해에 공감한 후 자신의 경험과 연결 짓는 사람이 있다.
④ 상대의 견해에 의문을 제시하며 화제에 대한 새로운 관점을 제시하는 사람이 있다.

014

(가)와 (나)를 전제로 할 때 빈칸에 들어갈 결론으로 가장 적절한 것은?

(가) 고전역학을 수강하는 모든 학생은 전자기학을 수강한다.
(나) 고전역학을 수강하는 어떤 학생은 양자역학을 수강한다.
따라서 [   ].

① 양자역학을 수강하는 학생은 반드시 전자기학도 수강한다
② 고전역학을 수강하지 않는 학생은 전자기학도 수강하지 않는다
③ 전자기학을 수강하는 학생 중 양자역학을 수강하는 학생이 있다
④ 고전역학을 수강하면서 양자역학을 수강하지 않는 학생이 있다

015

다음 글의 논지를 약화하는 것으로 가장 적절한 것은?

의대 정원이 확대되면 의료 서비스를 포함한 국민 건강 증진에 긍정적 영향이 있을 것이라는 기대가 높아지고 있다. 의대 정원을 늘린다는 것은 더 많은 의사를 배출해, 지역 의료 현장의 인력 부족 문제를 해소하고 더 나은 진료 환경을 만든다는 목표를 담고 있다. 실제로 의대 정원이 늘어나면 단기간 내에 의사 수가 증가하고, 일부 의료 분야나 지역의 의료 서비스가 개선될 가능성이 높다.

그러나 의대 정원 확대만으로 의료 서비스의 질이나 의료 불균형 문제가 원천적으로 해결된다고 단정할 수는 없다. 의료 서비스의 개선에는 근무 환경 개선, 지역 의료 인프라 지원, 의료 체계의 효율적 관리 등 여러 조건이 복합적으로 영향을 미치기 때문이다. 또한 지역 간 의료 불균형이 해소됐다고 해서 반드시 의대 정원이 확대된 결과라고 볼 수만도 없다. 지역 가산점, 공공의료 확대, 인센티브 정책 등 다양한 원인이 복합적으로 작용할 수 있기 때문이다.

① 해외 선진국에서는 의사 수가 증가하면서 진료 대기 시간이 단축되고, 의료 접근성이 높아져 긴급 환자에 대한 신속한 처치가 가능해졌다.

② 의사 수가 많이 늘어났지만 수도권 밖으로 나가지 않으려는 의사들이 많아서 지방에서는 여전히 의료 자원이 부족하여 환자들이 제대로 치료받지 못하고 있다.

③ 특정 국가에서는 배출되는 의사 수는 많지만 국가 재정 악화로 최신 의료 기계를 도입할 수 없어서 중증 질환 환자에 대한 처치가 제대로 이루어지지 않고 있다.

④ 의사 수의 증가로 인해 의료 경쟁이 촉진되었지만 경쟁이 심화된 만큼 능력 있는 자가 의료계 외의 직업을 가지게 되어서 결과적으로 전체적인 의료 수준이 저하되었다.

016

다음 글의 논지를 약화하는 것을 <보기>에서 모두 고르면?

베이컨이 한 "아는 것이 힘이다"라는 말은, 무언가를 잘 알면 그 대상을 통제하거나 다룰 수 있다는 의미다. 그런데 현대에는 "힘이 곧 지식이다"라는 말도 많이 쓰인다. 이는 권력이나 돈 등 힘을 가진 사람들이 지식을 자신의 뜻대로 활용하거나 조작할 수 있음을 말한다.

이와 관련해, 지식이라는 것은 단순히 사용하는 사람에 따라 달라지는 것뿐만 아니라, 그 지식 자체가 진짜인지 아닌지도 권력과 관련되어 있다는 견해도 있다. 그들은 지식이 정치나 사회적 힘과는 관계없이 완전히 객관적이고 중립적이라는 믿음은 순진한 생각이며, 오히려 그렇게 믿도록 만든 것 자체가 권력의 영향일 수 있다고 설명한다.

이처럼 지식과 권력은 서로 깊은 관계를 맺고 있다. 지식이 어떻게 만들어지고 전해지며 받아들여지는지 그 모든 과정에 권력이 작용한다. 그래서 지식은 단순한 정보의 모음이 아니라, 사회적 배경과 정치적 힘에 따라 다양한 의미와 쓰임을 가지게 된다.

┤ 보기 ├

ㄱ. 과학은 엄격한 실험과 검증 과정을 통해 지식의 객관성과 중립성을 확보한다.

ㄴ. 미셸 푸코는 지식과 권력은 분리될 수 없으며, 권력은 지식을 생산하고 통제한다고 주장했다.

ㄷ. 수치, 통계에 관한 지식은 감정이나 정치적 해석과 무관하게 사실 자체를 나타내는 보편적 지식이다.

ㄹ. 권력자나 특정 집단이 언론 보도를 조작하거나 검열해 대중이 접하는 정보를 자신에게 유리하게 바꾸는 경우가 많다.

① ㄱ, ㄴ
② ㄱ, ㄷ
③ ㄴ, ㄷ
④ ㄴ, ㄷ, ㄹ

음악은 전통적으로 인간의 감정을 자극하고 정서적 쾌락을 제공한다고 여겨져 왔다. 그러나 베르톨트 브레히트는 음악이 사회적 의미와 기능을 가져야 한다고 주장했다. 그는 예술이 사회와 밀접하게 연결되어야 하며, 사회의 구조적 문제를 드러내고 관객이 사회 현실을 비판적으로 성찰할 수 있도록 ㉠이끌어야 한다고 생각했다. 이에 따라 브레히트는 감정의 혼란을 유도하는 전통 오페라를 거부하고, 관객의 사고력을 자극하는 서사적 오페라를 창안했다.

브레히트는 전통 오페라 아리아의 서정적 선율 대신 '송(Song)'이라는 새로운 형식을 도입했다. '송'은 단순한 조성과 화성으로 구성되어 있으며, 배우들은 극중 인물에서 한 발 떨어져 사회적 맥락에서 사건을 해석했는데, 이를 통해 관객은 극 중 인물과 거리를 두고 사회 비판적 인식을 가질 수 있도록 유도되었다. 또한 브레히트는 감성적 몰입을 방지하기 위해 오케스트라 인원을 줄이고 현악기 사용을 제한했으며, 음악이 공간을 꽉 채우지 않도록 음량을 조절해 관객의 감정적 기대를 의도적으로 무너뜨렸다. 이는 음악이 감정의 과잉을 유발하지 않도록 하기 위한 조치였다.

무대 연출에서도 브레히트는 혁신을 시도했다. 객석에 조명을 비추어 무대와 객석의 경계를 허물고, 오케스트라를 무대 위에 배치해 관객이 연주를 직접 볼 수 있게 했다. 이를 통해 극 중 몰입을 방해하고 관객이 스스로 사고할 수 있는 공간을 마련함으로써 음악과 연극이 사회적 성찰과 비판의 도구로 기능할 수 있게 노력하였다.

017

윗글의 브레히트가 옹호할 만한 작품을 <보기>에서 모두 고르면?

⊣ 보기 ⊢

ㄱ. 오페라 「오텔로」는 질투와 편견, 배신으로 이어지는 비극적 이야기로, 관객은 인물의 운명에 몰입하는 가운데 인간 본성과 사회적 편견에 대해 비판적으로 생각할 수 있었다.

ㄴ. 오페라 「마하고니 시의 흥망성쇠」는 자본주의 사회의 탐욕을 비판하는 작품으로, 단순한 조성과 반복적인 멜로디의 사용은 관객의 감정적 몰입을 차단함으로써 관객이 사회 구조를 객관적으로 성찰하도록 만들었다.

ㄷ. 「서푼짜리 오페라」는 부르주아 사회의 위선과 불평등을 풍자하는 작품으로, 오케스트라를 무대 위에 배치해 관객이 음악과 연극을 동시에 인식하도록 하여 관객이 극 중 사건을 사회적 맥락에서 해석할 수 있게 만들었다.

① ㄱ, ㄴ   ② ㄱ, ㄷ   ③ ㄴ, ㄷ   ④ ㄱ, ㄴ, ㄷ

018

문맥상 ㉠의 의미와 가장 가까운 것은?

① 그는 범죄자들을 갱생의 길로 이끌었다.
② 그녀는 남은 가족을 이끌고 부산으로 내려갔다.
③ 그는 피곤한 몸을 이끌어 근처 지하철역으로 향했다.
④ 명선은 인호의 두 손을 잡고 그를 협실로 이끌어 들였다.

019

갑~정의 진술을 평가한 내용으로 적절한 것만을 <보기>에서 모두 고르면?

갑: 공직자는 모두 국민에게 신뢰를 받는다.
을: 어떤 공직자는 국민에게 신뢰를 받는다.
병: 공직자는 누구도 국민에게 신뢰를 받지 못한다.
정: 공직자이지만 국민에게 신뢰를 받지 못하는 경우가 있다.

⊣ 보기 ⊢

ㄱ. 갑의 진술이 참일 때 병의 진술은 거짓이다.
ㄴ. 을의 진술이 참일 때 정의 진술은 반드시 참이다.
ㄷ. 병의 진술이 참일 때 을의 진술은 반드시 참이다.
ㄹ. 정의 진술이 참일 때 갑의 진술은 거짓이다.

① ㄱ, ㄴ
② ㄱ, ㄹ
③ ㄴ, ㄷ
④ ㄷ, ㄹ

020

다음 글의 빈칸에 들어갈 말로 가장 적절한 것은?

동화는 하나의 음운이 다른 음운의 영향을 받아, 그 음운과 비슷하게 바뀌는 음운 변동이다. 가령 어떠한 음절의 끝 자음이 그 뒤에 오는 음절의 첫 자음과 만날 때, 어느 한쪽이 다른 쪽 자음을 닮아서 그와 비슷하거나 똑같은 자음으로 바뀔 수 있다. 이런 동화에는 대표적으로 비음화와 유음화가 있다.

비음화와 유음화는 각각 'ㄴ, ㅁ, ㅇ' 같은 비음이나 'ㄹ'인 유음이 인접한 자음에 영향을 주어 음을 변화시킨다. 구체적으로 비음화는 파열음인 /ㅂ, ㄷ, ㄱ/이 비음의 영향을 받아 동일 조음 위치의 /ㅁ, ㄴ, ㅇ/으로 바뀌며, 유음화는 /ㄴ/이 유음의 영향을 받아 /ㄹ/로 바뀐다. 따라서 '밥물'은 (가) 이 /ㅂ/에 영향을 주어 [밤물]로 발음되고, '대관령'은 (나) 이 /ㄴ/에 영향을 주어 [대ː괄령]으로 발음된다.

	(가)	(나)
①	비음	비음
②	비음	유음
③	유음	비음
④	유음	유음

모의고사
18회

시작 시간	시	분	초
종료 시간	시	분	초
총 소요 시간		분	초

001

<공공언어 바로 쓰기 원칙>에 따라 수정한 것으로 적절하지 않은 것은?

〈공공언어 바로 쓰기 원칙〉

○ 주어와 서술어의 호응
 – ㉠이중 피동 표현을 삼가야 함.
○ 우리 식의 표현 사용
 – ㉡생소한 외래어나 외국어는 우리 식의 표현으로 다듬기.
○ 조사와 어미를 활용한 자연스러운 표현 사용
 – ㉢지나친 명사 나열을 피하고 적절한 조사와 어미를 활용하여 문장을 구성함.
○ 단어나 문장을 연결할 때 자연스러운 구조와 표현 사용
 – ㉣'–고', '와/과' 등으로 접속될 때에는 대등한 관계를 사용하되, 의미가 자연스럽게 전달될 수 있도록 필수적인 성분을 모두 표현함.

① "요청하신 신청이 완료되어겠습니다."를 ㉠에 따라 "요청하신 신청이 완료되었습니다."로 수정한다.
② "인큐베이팅 프로그램 참가자를 모집합니다."를 ㉡에 따라 "창업 지원 프로그램 참가자를 모집합니다."로 수정한다.
③ "시설 이용 시간 제한"을 ㉢에 따라 "시설 이용 시간이 제한됩니다."로 수정한다.
④ "안내문 확인과 문의 바랍니다."를 ㉣에 따라 "안내문을 확인하고 문의해 주시기 바랍니다."로 수정한다.

002

다음 글을 이해한 내용으로 적절하지 않은 것은?

인간은 욕구가 충족되지 않는 상황에 직면하면서 자연스럽게 좌절을 경험하게 된다. 이때 좌절감은 개인이 원하는 목표가 달성되지 못한 상황, 환경의 방해, 사회적인 제약, 자신의 한계 등 여러 요인으로 인해 발생할 수 있다. 그중에서도 가장 큰 원인은 목표가 차단되는 상황으로, 사람이 이루고자 하는 바가 장애물에 막히거나 불가능해질 때 좌절감은 심해진다.

좌절한 사람들은 일반적으로 불안과 분노를 느끼며, 때로는 그런 감정이 공격적인 행동으로 표출되기도 한다. 예를 들어, 좌절된 상황에서 분노를 표출하거나 타인에게 화를 내는 경우가 있다. 이러한 공격적 반응은 감정의 분출인 동시에 좌절 상황을 벗어나려는 방어적 수단 역할을 한다. 즉 공격성은 좌절감으로 인한 심리적 불편을 해소하거나 자신의 상황을 돌파해 보려는 시도라고 볼 수 있다.

한편, 좌절에 대한 반응은 개인마다 다를 수 있다. 어떤 사람은 좌절을 극복하기 위해 자신을 다잡고 문제 해결에 집중하지만, 다른 사람은 좌절감에 갇혀 무기력해지거나 사회적 갈등을 일으키기도 한다. 따라서 좌절 상황을 잘 관리하고 예방하는 노력은 매우 중요하며, 이를 위해서는 자신의 감정을 인식하고 표현하는 법과, 좌절을 겪을 때 건강하게 대처할 수 있는 법을 배워야 한다.

① 자신의 감정을 인식하고 표현하는 법을 배우는 것은 좌절 예방과 극복에 도움이 된다.
② 자신이 추구했던 목표가 차단되는 상황이, 좌절을 겪는 가장 큰 원인으로 지목된다.
③ 공격 행동은 파괴와 해악만이 목적이므로, 좌절로 인한 공격성은 결코 좌절을 극복하는 수단이 될 수 없다.
④ 좌절에 대한 반응은 개인마다 달라서 문제 해결에 집중하는 사람도 있지만 사회적 갈등을 일으키는 사람도 있다.

003

다음 글을 읽고 추론한 내용으로 가장 적절한 것은?

어떤 지역이 언어적으로 분화하여 그 지역 안에 각각 다른 언어 특징을 지닌 소지역들이 있다면 그 지역을 몇 갈래의 지역으로 나눌 수 있다. 이처럼 어떤 지역을 언어 차에 의해 나누는 것을 방언구획이라고 하며, 이러한 방언구획에 의해 나누어진 각 지역을 방언권이라 한다. 그리고 방언권들 사이의 경계를 방언경계라고 한다.

방언경계 지역에는 두 방언권의 언어 특징들이 뒤섞여 나타나는 접촉지대가 있는데, 이를 전이지대(轉移地帶) 또는 전이지역(轉移地域)이라고 한다. 가령 벼를 한 방언권에서는 '베'라 하고 그 이웃 방언권에서는 '나락'이라고 할 때, 전이지대에서는 '베'와 '나락'이 거의 같은 세력으로 뒤섞여 쓰인다. 그곳에서 한쪽으로 가면 점차 '베'의 세력이 커지다가 드디어 '베'만 쓰이는 지역이 나오고, 그 반대쪽으로 가면 '나락'의 세력이 커지다가 마찬가지로 '나락'만 쓰이는 지역이 나온다.

그런데 전이지대에서는 독특한 의미 분화가 일어나는 경우도 있다. 예를 들어 '베'와 '나락'이 다 쓰일 때 '베'는 논에 있을 때의 벼를 가리킴에 반해 '나락'은 볏단에서 턴 다음의 벼만을 가리키는 따위의 의미 분화가 그것이다. 이것은 '베'와 '나락'이 비록 형태는 달라도 그 의미는 같던 것과는 다른 현상으로, 전이지대에서 생기는 특이한 현상이다.

① 전이지대에서는 다른 의미의 '베'와 '나락'이 함께 쓰일 수 있다.
② 전이지대에서는 다른 의미의 '베'와 '나락'이 함께 쓰일 수 없다.
③ 전이지대에서는 같은 의미의 '베'와 '나락'이 뒤섞여 쓰일 수 없다.
④ 전이지대에서는 같은 의미의 '베'와 '나락'은 모두 쓰일 수 없다.

004

<개요>의 빈칸에 들어갈 내용으로 적절하지 않은 것은?

〈개요〉

○제목: 비만 치료제 사용의 실태와 부작용 문제 개선 방안

Ⅰ. 비만 치료제 사용의 실태
  1. 온라인 불법 유통 및 무허가 제품의 확산
  2. 심혈관계 이상, 소화기 장애 등 부작용 사례 증가
  3. 실제 발생 건수 대비 저조한 부작용 보고율
Ⅱ. 비만 치료제 사용의 부작용 문제 발생 원인
  [   ]
Ⅲ. 비만 치료제 사용의 부작용 문제 개선 방안
  1. 온라인 불법 유통 및 무허가 제품 단속 강화
  2. 개인별 특성을 반영한 세부 복용 지침 제공
  3. 부작용 발생 시 보고 의무화 및 관리 시스템 구축

① 의사 처방 없이 온라인 불법 유통 및 무허가 제품 구매
② 개인별 건강 상태와 약물 상호 작용 고려 부족
③ 부작용 사례에 대한 보고·관리 체계 미비
④ 신약의 장기 안전성 검증 부족

005

다음 글의 ㉠~㉣ 중 문맥상 어색한 곳을 수정한 것으로 가장 적절한 것은?

면접시험을 앞둔 사람들은 종종 긴장과 불안으로 어려움을 겪는다. 특히 사람들 앞에서 말한 경험이 부족한 경우, ㉠떨림과 자신감 부족이 더 크게 나타날 수 있다. 이러한 상황에서 혼자만의 준비는 한계가 있으므로, 심리적 안정과 더불어 효과적인 대비 전략이 필요하다.

면접 준비에서 중요한 것은 자신에 대한 믿음과 긍정적인 마음가짐이다. ㉡그동안 쌓아 온 노력과 준비 과정에 자만하지 말고, 이제 결승선에 다가왔다는 생각으로 마무리에 집중하는 것이 도움이 된다. 그리고 예상 질문을 미리 선별하여 친구나 가족과 역할극처럼 연습하면 실전 감각을 익히는 데 효과적이다.

또한 과거 발표나 말하기에서 자신감을 잃은 경험이 있다면, ㉢이를 극복하기 위한 심리적 훈련이 필요하다. 말하기 전 심호흡을 통해 신체를 이완시키고, '㉣내가 말하는 내용을 상대방이 주의 깊게 들어줄 것이다'와 같은 긍정적 자기 암시를 하는 것이 좋다. 실제로 심호흡과 자기 암시는 말하기 능력을 향상하는 데 도움이 된다는 연구 결과도 있다.

① ㉠: 떨림과 자신감이 더 크게 나타날 수 있다
② ㉡: 그동안 쌓아 온 노력과 준비 과정을 신뢰하며
③ ㉢: 이를 극복하기 위한 반복 훈련이 필요하다
④ ㉣: 연습했던 대로 하지 못하면 불합격하고 말 것이다

006

다음 글의 전개 순서로 가장 자연스러운 것은?

(가) 그것은 바로 오랜 세월이 지났음에도 미술품이 살아 숨 쉬는 데서 느끼는 긴장된 느낌, 즉 생명력이다. 길거리에서 파는 유명 작가의 아류작과 오랜 세월 창작의 고통을 겪은 작품의 생명력이 같을 수는 없다.

(나) 반면, 9세기 조각처럼 기하학적 형상으로 단순화되는 시기에도 살아 있는 듯한 분위기를 내뿜는 작품이 있을 수 있다. 결국 생명력에 의한 작품의 완성도가 중요한 것이다.

(다) 미의식은 변하기 마련이고 시대에 따라 유행하는 미술의 풍조도 변하기는 마찬가지다. 그렇다면 유행에 좌우되지 않고 미술 작품을 평가할 수 있는 보편타당한 기준은 무엇인가?

(라) 생명력은 미술 문화의 황금기라고 해서 넘치는 것도, 쇠퇴기라고 해서 쇠잔해지는 것도 아니다. 석굴암같이 완벽한 조형미를 과시하던 8세기 조각 작품들 중에도 의외로 생명력이 약한 작품이 존재할 수 있다.

① (다) – (가) – (라) – (나)   ② (다) – (라) – (나) – (가)
③ (라) – (다) – (나) – (가)   ④ (라) – (다) – (가) – (나)

[007~008] 다음 글을 읽고 물음에 답하시오.

고소설 「용문전」은 조선 시대의 성리학적 가치 체계에서 중심적인 덕목으로 여겨졌던 '충(忠)' 개념이 어떻게 변화하고 있는지를 잘 보여 주는 작품이다. 전통적인 성리학에서는 '충'이란 ⊙한 임금에게만 충성을 다하는 것을 뜻하며, '두 임금을 섬기지 않는다'라는 불사이군(不事二君)의 절대적 원칙을 바탕으로 삼았다. ⓛ이 원칙은 조선 사회에서 정치적 · 도덕적 질서 유지의 핵심으로 여겨져 왔다.

하지만 「용문전」에서는 이러한 '충'의 절대성이 약화하여 충성을 다하는 방식이 상대적으로 변모하는 모습을 볼 수 있다. 작품 속 주인공은 고루하게 원칙을 고수하기보다는 ⓒ임금을 현명하게 선택하는 지혜를 중요하게 여긴다. 이는 절대적 가치로서의 '충'이 현실 상황에 따라 해석되며 상대적인 성격을 띠게 된 변화를 의미한다.

이런 '충' 개념의 변동은 당시 사회가 처한 복잡한 정치적 상황과 밀접한 관련이 있다. 특히 「용문전」이 창작된 시기는 명나라를 섬기면서도 자국의 안전과 자존감에 대한 고민이 깊었던 때였다. 당대 독자들은 명국에 대한 충성과 동시에 조국을 지키려는 이중적인 의식을 가지고 있었기에, '충'의 개념도 ⓔ단순한 복종이 아니라 복합적인 판단과 선택의 문제로 다가왔다. 이러한 배경 아래 「용문전」은 충의 가치가 고정불변하지 않고 시대 상황에 따라 변화할 수 있음을 보여 준다.

007

윗글에서 추론한 내용으로 가장 적절한 것은?

① 「용문전」에서는 주인공이 한 임금에게만 충성을 다하는 태도를 보인다.
② 「용문전」은 성리학적 가치가 시대에 따라 변화할 수 있음을 보여 주는 작품이다.
③ 「용문전」 창작 이후 불사이군의 원칙은 조선 사회 질서 유지의 핵심으로 자리 잡았다.
④ 「용문전」이 창작된 시기에는 나라의 안전을 위해 명나라에 절대적으로 충성하려는 생각이 지배적이었다.

008

⊙~ⓔ 중 지시하는 대상이 다른 하나는?

① ⊙   ② ⓛ   ③ ⓒ   ④ ⓔ

009

다음 글의 밑줄 친 결론을 이끌어 내기 위해 추가해야 할 것은?

행정안전부는 다양한 민간 앱에서 모바일 신분증을 발급할 수 있도록 할 예정이다. 그런데 일부 국민은 모바일 신분증을 발급받을 의향이 없다. 따라서 <u>일부 국민은 모바일 신분증 민간 개방 참여 은행을 이용하지 않는다.</u>

① 모바일 신분증을 발급받을 의향이 있는 일부 국민은 모바일 신분증 민간 개방 참여 은행을 이용한다
② 모바일 신분증을 발급받을 의향이 있는 모든 국민은 모바일 신분증 민간 개방 참여 은행을 이용한다
③ 모바일 신분증을 발급받을 의향이 없는 국민 중 모바일 신분증 민간 개방 참여 은행을 이용하는 국민은 없다
④ 모바일 신분증을 발급받을 의향이 없는 국민 중 모바일 신분증 민간 개방 참여 은행을 이용하지 않는 국민이 있다

[010~011] 다음 글을 읽고 물음에 답하시오.

이현보는 조선 시대의 대표적인 문신이자 문인으로, 그의 삶은 평탄치 않은 관직 생활과 고단한 시대적 현실을 함께 담고 있다. 32세에 관직에 진출한 그는 ⊙여러 지방을 전전하며 행정과 정치적 임무를 수행하였고, 그 과정에서 관리로서 백성을 잘 다스리려는 유교적 이상과 정치적 다툼이 극심했던 복잡한 현실 사이에서 끊임없는 고민과 갈등을 겪었다. 특히 당파 싸움과 정치적 변동 속에서 자신의 포부와 반하는 현실에 부딪히며 내적으로 번민하는 시간이 많았다. 비록 높은 벼슬자리에 오르기도 했지만, 그 자리에서 오는 책임감과 무게 역시 그를 늘 부담스럽게 했다. 그렇게 장기간 관직에 몸담은 끝에, 그는 76세가 되어서야 관직에서 물러나 ⓛ은거의 공간으로 돌아오게 된다.

「어부가」는 이처럼 오랜 세월 굴곡진 관직 생활을 마치고 고향에 은거하게 된 이현보의 삶의 배경에서 탄생했다. 이 작품에는 현실에서 벗어나 ⓒ자연에 의지하고자 했던 작가의 마음이 담겼으나, 임금과 나라를 끝내 완전히 잊지 못하는 조선 사대부의 내면 또한 간접적으로 스며 있다. 이현보는 ⓔ탈속에서의 평온함을 꿈꾸면서도 한편으로는 정치와 사회 문제에 대해 깊은 고민을 멈추지 않았다. 당시 사회가 겪는 혼란과 민중의 고통을 외면할 수 없었던 그의 사대부적 책임감이 작품에 배어 있어, 자연과 인간, 개인과 사회가 얽혀 복잡한 감정을 드러낸다.

010

윗글에서 추론한 내용으로 가장 적절한 것은?

① 이현보는 당파 싸움과 정치적 변동으로 인해 높은 벼슬자리에 오르지 못했다.
② 이현보는 자신의 포부를 펼칠 수 없는 현실 때문에 나라를 원망하는 마음을 품었다.
③ 「어부가」에는 속세를 떠나려고 하면서도 여전히 속세를 잊지 못하는 이중적인 정서가 담겨 있다.
④ 「어부가」에는 유교적 이상에서 벗어나 사회적 책임을 다하려는 이현보의 사대부로서의 모습이 나타난다.

011

⊙~ⓔ 중 문맥적 의미가 다른 것은?

① ⊙   ② ⓛ   ③ ⓒ   ④ ⓔ

[012~013] 다음 글을 읽고 물음에 답하시오.

'숭고'는 위대하고 거대하며 초월적인 것에 대한 미적 감정으로, 이 개념은 고대 그리스의 롱기누스가 처음 제시한 이래 다양한 학자들에 의해 해석되어 왔다. 롱기누스는 숭고를 단순한 언어적 기교가 아니라, 위대한 사상과 강렬한 감정이 ㉠결합되어 청중의 마음을 움직이는 힘이라고 보았다. 그는 숭고함이 신적인 완전성이나 인간 정신의 고양과 연결된다고 강조하며, 숭고한 문체가 독자에게 경외와 감동을 불러일으킨다고 설명했다.

이와는 달리 18세기 영국의 에드먼드 버크는 숭고를 미와 구분되는 독자적인 미적 범주로 ㉡확립했다. 버크는 숭고의 본질을 공포, 불확실성, 그리고 자연의 거대함과 위력에서 찾았다. 인간은 폭풍이나 깊은 골짜기, 광대한 바다와 같은 자연의 위대함이 실질적으로 자신을 위협할 때에는 공포와 긴장만 느끼지만, 그러한 위험이 없는 상황에서는 오히려 감정이 안도로 ㉢전환되어 숭고의 감정이 생겨난다고 본 것이다.

한편 독일의 임마누엘 칸트는 숭고에 대한 체험의 본질을 인간의 정신 능력에서 찾았다. 그는 숭고가 단순히 대상의 속성에서 비롯되는 것이 아니라, 인간의 정신이 한계에 부딪혔을 때 이성에 의해 그 한계를 넘어서는 주관적 체험을 통해서만 생겨날 수 있음을 강조했다. 자연의 위대함 앞에서 인간은 상상력의 한계를 느끼지만, 이성을 통해 초월적 존재로서의 자신을 인식하게 되고, 그로 인해 더욱 고양된 쾌감을 경험하게 된다는 것이다. 그에 따르면 숭고는 감성적 경험을 넘어 이성적, 도덕적 차원으로 ㉣확장되며, 인간이 자신의 한계를 인식하면서도 이를 초월하려는 도덕적 이상을 자각하게 만드는 것이었다.

012

윗글에 대해 평가한 내용으로 가장 적절하지 않은 것은?

① 셰익스피어의 비극적 대사에서 단순한 기교를 넘어서는 정신적 깊이를 통해 숭고함을 느꼈다면 롱기누스의 주장은 강화된다.
② 고요한 밤하늘의 은하수를 바라보며 무한한 공간에 대한 경외와 두려움, 안도감이 공존하는 가운데 숭고함을 느꼈다면 버크의 주장은 약화된다.
③ 홀로 광활한 사막을 여행하면서 무한함과 한계, 이성적 사유의 확장을 통해 숭고함을 느꼈다면 칸트의 주장은 강화된다.
④ 아버지가 돌아가신 후 평소 아버지가 자신에게 보였던 묵묵한 희생과 헌신에서 숭고함을 느꼈다면 칸트의 주장은 약화된다.

013

㉠~㉣과 바꿔 쓸 수 있는 유사한 표현으로 적절하지 않은 것은?

① ㉠: 합쳐져
② ㉡: 정했다
③ ㉢: 바뀌어
④ ㉣: 넓어지며

[014~015] 다음 글을 읽고 물음에 답하시오.

인상파의 미술은 사실주의 전통을 이어받으면서도, 단순히 대상을 닮게 그리는 데 그치지 않고 시각적 감각에 충실한 새로운 사실주의를 추구했다. 이들은 머릿속의 관념을 벗어던지고, 눈앞에 펼쳐진 순간의 풍경을 순수한 시각 경험으로 ㉠포착하고자 했다. 전통적인 사실주의가 사물의 고유한 특성과 불변의 형태를 그렸다면, 인상파는 빛과 시간에 따라 변화하는 대상을 그려 내며, 하늘조차도 고정된 파란색이 아니라 순간마다 달라지는 색으로 ㉡표현했다.

인상파의 목표는 영원한 것보다는 순간을 포착하는 데 있었으며, 이로 인해 기존 회화의 규칙이 새롭게 재해석되었다. 정확한 데생이나 명암법, 사물의 고유색 등 전통적 요소는 더 이상 절대적 기준이 아니게 되었다. 야외에서의 강렬한 빛 속에서 사물의 경계는 흐릿해지고, 형태는 유동적으로 변했다. 인상파는 빛의 변화와 대기의 움직임이 색에 미치는 영향을 인식했고, 이를 위해 색을 섞지 않고 화면에 ㉢병치하는 색채분할 기법을 사용해 더욱 생생한 색감을 구현했다. 사물의 색이 빛에 의해 결정된다는 사실을 회화에 적용했던 것이다.

19세기 인상주의 화가들은 부르주아와 중산층의 일상과 도시 풍경을 화폭에 담으며, 회화의 자율성과 현대성을 강조했다. 그들은 전통 풍속화처럼 교훈적이거나 종교적 메시지를 담지 않고, 단순히 눈에 비치는 장면을 포착하는 데 ㉣집중했다. 이는 회화가 문학, 역사, 종교 등에서 벗어나 스스로의 언어를 갖추게 되었음을 의미한다. 무엇을 그릴 것인가보다는 어떻게 바라보고 표현할 것인가가 중요해졌으며, 이러한 변화는 근대 미술의 새로운 흐름을 이끌었다.

014

윗글을 이해한 내용으로 가장 적절한 것은?

① 인상파 화가들은 정확한 데생과 명암법을 중시하였다.
② 인상파 화가들은 대상이 고유색을 지니고 있음을 부정하였다.
③ 인상파 화가들은 풍속화적 관점에서 중산층의 삶을 소재로 삼았다.
④ 인상파는 사실주의 전부를 부정하고 빛에 따라 변화하는 대상을 표현하려 했다.

015

㉠~㉣과 바꿔 쓸 수 있는 유사한 표현으로 적절하지 않은 것은?

① ㉠: 붙잡으려
② ㉡: 나타냈다
③ ㉢: 합치는
④ ㉣: 몰두했다

016

그린리더십 참여 대학생들과 관련하여 다음과 같은 정보를 얻었다. 환경부 소속·산하 기관에서 현장 실습을 하는 대학생 중 현업 전문가의 지도를 받지 않는 대학생이 있다는 결론을 이끌어 낼 수 있는 추가 정보는?

> 그린리더십이란 대학생들이 전공에 구애받지 않고 지속 가능한 발전 분야의 소양을 갖추고 관련 진로를 탐색할 수 있도록 구성된 교육 과정이다. 그린리더십에 참여하는 모든 대학생은 환경부 소속·산하 기관에서 현장 실습을 한다. 그리고 그린리더십에 참여하지 않는 대학생만 환경부 소속·산하 기관에서 현장 실습을 하지 않는다.

① 그린리더십에 참여하는 모든 대학생은 현업 전문가의 지도를 받는다.
② 현업 전문가의 지도를 받지 않는 어떤 대학생은 그린리더십에 참여한다.
③ 현업 전문가의 지도를 받지 않는 모든 대학생은 그린리더십에 참여하지 않는다.
④ 그린리더십에 참여하는 어떤 대학생은 환경부 소속·산하 기관에서 현장 실습을 하지 않는다.

017

다음 대화에 대한 평가로 적절한 것만을 모두 고르면?

> 갑: 글쓰기에 있어서 일정한 규범, 예를 들어 맞춤법과 문장 구조 같은 기본적인 틀을 지키는 것이 중요하다고 생각해요. 기본 규범이 무너지면 읽는 사람이 글쓴이의 의도를 잘못 해석하거나 의사소통이 어려워질 수 있거든요. 글쓰기가 창의적이어야 한다는 건 동의하지만, 그 전에 정확한 기본기가 탄탄해야 한다고 봅니다.
>
> 을: 창의성도 글쓰기의 핵심이라고 생각해요. 너무 규범에 얽매이면 표현의 자유가 제한될 수 있어요. 오히려 문법적으로는 완벽하지 않아도 독창적이고 감성적인 표현이 때로는 독자에게 강한 인상을 줄 수 있다고 봐요. 때로는 새로운 언어 사용과 파격적 표현이 언어 발전의 원동력으로 작용하기도 하고요. 따라서 글쓰기 교육에서도 규범 교육과 창의적 표현 사이의 균형이 필요하다고 생각해요.
>
> 갑: 네, 양쪽을 모두 살리는 학습은 필요합니다. 다만 글쓰기 규범이 너무 느슨해지면, 독자는 어떤 게 옳은 표현인지 혼란스러워져요. 특히 공식 문서나 학술 글이라면 더 엄격한 기준이 필요해요. 이 같은 글의 경우, 창의성은 그 후에 고민할 문제라고 봐요.

> ㄱ. 교육 기관에서 기본 문법 교육과 창의적 글쓰기 프로젝트를 병행해 학생들의 전반적 글쓰기 능력을 향상시킨 사례는 갑과 을의 입장을 강화한다.
> ㄴ. 규범을 너무 엄격하게 적용한 공문서가 이해하기 어렵다며 시민이 집단 불만을 제기한 사례는 갑의 입장을 약화한다.
> ㄷ. 독자와의 소통을 위해 문법 규범을 완화한 신문 기사들의 일부 내용이 독자에게 오해를 불러일으키고 불편을 초래했다는 주장은 을의 입장을 약화한다.

① ㄴ   ② ㄱ, ㄴ   ③ ㄴ, ㄷ   ④ ㄱ, ㄴ, ㄷ

018

다음 글을 이해한 내용으로 적절하지 않은 것은?

> 꿀벌은 단순히 꿀을 생산하는 곤충이 아니라 지구 생태계와 인류의 식량 생산에 매우 중요한 역할을 한다. 꿀벌은 꽃가루를 옮기며 식물의 수분을 도와주는데, 이로 인해 주요 농작물이 열매를 맺을 수 있다. 전 세계적으로 꿀벌의 수분 활동은 연간 약 380조 원의 경제적 가치를 창출하는 것으로 평가된다. 그러나 최근 들어 꿀벌의 개체수가 급격히 감소하는 현상이 나타나고 있다. 미국에서는 2009년 이후 매년 꿀벌 군집 수가 큰 폭으로 줄었으며, 이러한 현상은 '군집붕괴현상'으로 불린다. 이는 꿀과 꽃가루를 채집하러 나간 일벌들이 벌집으로 돌아오지 못해 벌집에 남은 여왕벌과 유충, 미성숙한 벌들까지 집단으로 죽는 현상이다.
>
> 이 현상은 농약과 화학물질, 무선 장비에서 발생하는 전자파 등이 꿀벌의 신경계를 마비시키거나 방향 감각을 방해하기 때문에 발생한다. 꿀벌이 사라지면 꽃의 수분 활동이 줄어들어 농산물의 생산량과 종류가 감소하고, 결국 인류는 식량 부족 문제에 직면하게 된다. 이러한 문제를 해결하기 위해 미국과 유럽연합 등에서는 꿀벌 보호를 위한 정책과 살충제 사용 제한 등의 노력을 기울이고 있다. 하지만 무엇보다 시민들의 인식 변화와 친환경적인 생활 방식이 절실히 요구된다.

① 꿀벌의 군집붕괴현상은 벌집에 남은 여왕벌과 유충까지 위협한다.
② 농약과 살충제의 남용은 꿀벌 군집붕괴현상의 주요 원인 중 하나로 지목된다.
③ 꿀벌이 사라지면 농작물의 수분이 줄어들어 식량 부족 문제가 발생할 수 있다.
④ 살충제 사용을 제한하는 미국과 달리 유럽에서는 아직 꿀벌 보호 정책이 마련되지 않았다.

다음 글을 이해한 내용으로 가장 적절한 것은?

한국어에서 독립어는 문장 내 다른 성분과 독립적으로 쓰이는 특별한 말로, 형태 변화가 없으며 문법적 필수성이 낮다. 독립어는 대화에서 상대를 부르거나 감정을 전달하는 등 소통의 중요한 기능을 한다. 예를 들어, "영희야, 여기에 와 봐."에서 '영희야'는 상대방을 직접 부르는 독립어로, 문장 속 다른 요소와 문법적으로 연결되지 않고 독립적인 역할을 한다.

독립어는 여러 유형으로 나뉜다. 감탄사와 같은 느낌말은 화자의 감정을 나타낸다. 가령 "아! 정말 멋지다."와 같은 표현에서는 감정을 즉각 전달한다. 호칭어는 상대를 부르는 말로, "할머니, 안녕하세요."라는 문장에서 '할머니'처럼 사용된다. 한편, 응답이나 반응을 나타내는 대답하는 말도 독립어에 속하며, "네, 알겠습니다."에서 '네'가 대표적이다. 이밖에 '그리고', '그러나'처럼 문장과 문장을 이어주는 접속부사도 독립어로 다루어진다.

이처럼 독립어는 문법적으로 독립적이면서도 의사소통에서 중요한 기능을 한다. 독립어는 단순히 부가적인 표현이기보다 화자의 의도, 감정, 그리고 대화의 흐름을 세밀하게 조절하는 장치이며, 이를 통해 한국어 대화의 생동감과 풍부함이 유지된다.

① 호칭어는 화자를 직접 부르는 독립어로 사용될 수 있다.
② 감탄사는 감정을 직접 전달하는 독립어로, 문장 속 다른 요소와 문법적으로 연결된다.
③ 문장 사이를 이어주는 접속부사는 독립어로 사용되며 의사소통에서 중요한 기능을 담당한다.
④ "네, 알겠습니다."에서 '네'는 상대의 말에 대답하는 기능을 하는 독립어로 문법적 필수성이 높다.

다음 글의 논지를 강화하는 것으로 가장 적절한 것은?

A국은 주요 도시 외곽 지역에서 의료진 부족 현상이 심각하게 나타나고 있다. 이를 해결하기 위해 A국 정부는 외곽 지역 병원의 의사와 간호사에게 15%의 급여 인상과 의료 인력 양성 프로그램을 확대하는 정책을 추진하고 있다. 하지만 이런 정책은 근본적인 해결책이 되기 어렵다. 외곽 지역의 의료진 충원 문제를 해결하려면 단기간에 인력 수를 늘리거나 급여를 인상하는 것보다, 외곽 지역 병원에 최신 의료 장비와 쾌적한 근무 환경, 지역 사회의 생활 시설을 갖추어 이직률을 낮추는 것이 우선적으로 필요하다. 실제로 현직 의료진뿐 아니라 의대와 간호대 졸업생 대부분이 외곽 지역의 열악한 병원 시설과 생활 환경 때문에 해당 지역에서 일하기를 꺼리고 있다.

① A국의 대도시의 B병원은 의료진 급여를 시급히 20% 인상한 뒤, 단기간 내에 필요한 인력 대부분을 충원했다.
② A국의 지방의 C병원은 근무시간 유연화, 휴게실 리뉴얼 등 근무 환경을 대폭 개선하자, 전년도 대비 의료진의 이직률이 크게 감소했다.
③ A국 정부가 의료 인력 양성 장학금 · 취업 연계 프로그램을 한시적으로 시행하자, 외곽 지역 근무를 희망하는 의대 졸업생 수가 크게 늘었다.
④ A국 내에서도 순수하게 지역 환자 돌봄 의지와 사명감이 높은 의료진들이 시설과 상관없이 외곽 지역에 자원해 근무한 사례가 발생해 주목받고 있다.

모의고사
19회

001

<공공언어 바로 쓰기 원칙>에 따라 수정한 것으로 적절하지 않은 것은?

〈공공언어 바로 쓰기 원칙〉

○ 수식어와 피수식어의 호응
　－㉠관형절이나 부사절과 같은 수식어를 적절하게 씀.
○ 어법에 맞는 문장
　－㉡대등 접속문에서는 두 접속 성분의 형태를 일치시킴.
○ 중복 표현 삼가기
　－㉢비슷하거나 같은 의미의 표현을 사용하지 않음.
○ 낯선 외래어나 외국어 사용 삼가기
　－㉣외래어나 외국어는 우리말로 바꿔 씀.

---

① "구청 소식지에는 구에서 하고 있는 많은 정보가 실려 있다."를 ㉠에 따라 "구청 소식지에는 지역 소식 같은 많은 정보가 실려 있다."로 수정한다.

② "유려한 곡선 형태의 기둥과 한쪽 벽면 전체를 유리창으로 채우고 있음도 특징적이다."를 ㉡에 따라 "기둥을 유려한 곡선 형태로 세움과 한쪽 벽면 전체를 채우고 있는 유리창도 특징적이다."로 수정한다.

③ "10년 전 사고로 반 이상이 함몰되었던 건물이 다시 재건되었다."를 ㉢에 따라 "10년 전 사고로 반 이상이 함몰되었던 건물이 재건되었다."로 수정한다.

④ "정부는 개별 아동에게 직접 보육료를 지원하는 바우처 방식을 도입하였다."를 ㉣에 따라 "정부는 개별 아동에게 직접 보육료를 지원하는 이용권 방식을 도입하였다."로 수정한다.

002

다음 글을 이해한 내용으로 적절하지 않은 것은?

소금은 인류의 역사에서 오랜 기간 중요한 역할을 해 온 물질이다. 소금은 음식의 맛을 내는 데 필수적일 뿐만 아니라, 음식의 부패를 막는 방부제 역할도 해왔다. 예로부터 우리 조상들은 소금을 이용해 음식을 저장하거나, 치통이나 피부병 등 다양한 질병을 치료하는 데에도 소금을 활용했다.

그러나 현대에 들어와서는 소금의 과다 섭취가 건강에 해롭다는 인식이 확산되었다. 특히 소금의 주성분인 나트륨이 고혈압을 유발한다는 사실이 과학적으로 밝혀지면서, 소금은 건강을 위협하는 대표적인 식품으로 여겨지기도 하였다. 나트륨이 체내로 들어가면 세포가 수분을 흡수해 혈관을 압박하고, 그로 인해 혈압이 상승하기 때문이다.

하지만 소금이 무조건 해로운 것은 아니다. 땀을 많이 흘린 뒤 염분 섭취가 부족하면 체내 염도가 지나치게 낮아져 건강에 문제가 생길 수 있다. 최근에는 소금이 면역력 증진에도 도움을 준다는 연구 결과도 발표되었다. 독일과 미국의 연구진은 소금이 세균 감염에 대한 저항력을 높여준다는 사실을 밝혔으며, 다만 소금을 과도하게 섭취하는 것은 여전히 건강에 위험하므로, 먹는 것보다는 바르는 방식의 활용이 더 바람직하다는 의견을 제시했다. 이처럼 소금은 적절히 섭취해야 건강에 이롭다는 점을 기억할 필요가 있다.

① 체내로 유입된 나트륨은 세포를 압박해 혈압 상승을 불러일으킨다.
② 땀을 많이 흘리면 체내 염도가 낮아져 건강에 문제가 생길 수 있다.
③ 소금이 세균 감염에 대한 저항력을 높여준다는 사실이 규명되었다.
④ 소금은 음식으로 이용될 뿐 아니라 음식을 보존하는 역할로도 활용되었다.

003

다음 글을 이해한 내용으로 가장 적절한 것은?

> 서울시는 도심의 기온을 낮추고 대기 오염을 줄이기 위해 바람길과 도시 숲 조성 사업을 꾸준히 확대해 왔다. 2017년의 초기 계획 이후, 최근에는 기후 변화와 도시화의 가속화로 도시 열섬 현상이 더 심화되자, '바람길숲' 사업의 범위와 규모를 크게 확장했다.
>
> 2025년 현재, 서울시는 북한산·관악산 등 외곽 산림에서 생성된 시원한 공기를 도시 중심부까지 끌어들일 수 있도록 바람길숲을 37곳에 조성하는 2차 사업을 진행하고 있다. 올해 상반기까지 남산 등 23곳이 추가로 만들어져 현재 총 30곳, 연내 목표는 37곳이다. 이 바람길숲에는 대기 오염 물질을 흡착하고 도시 환경에 강한 나무와 관목을 다양하게 심을 계획이다. 실제로 도시 숲 1ha는 연간 168kg의 미세먼지를 흡수하고, 한낮 평균기온을 3~7℃ 낮추는 효과를 보였다. 동대문구 홍릉숲 등에서는 미세먼지 농도 역시 도심 평균보다 25% 이상 낮은 것으로 확인된다. 서울시는 바람길숲 조성과 함께 옥상 녹화, 쿨링로드(도로에 물 뿌리기), 쿨링포그(보행로 물안개) 등 다양한 친환경 도시 대책도 병행한다.

① 바람길숲 1차 사업은 총 37곳 조성이 목표이며, 상반기까지 30곳이 완공되었다.
② 서울시는 도시 숲 사업의 효과가 미미해 스마트 도시관리 시스템을 도입하고 있다.
③ 바람길숲에는 미세먼지 저감 효과가 높고 도시 환경에 내성이 높은 나무가 활용된다.
④ 서울시의 바람길숲이 조성된 곳들은 한낮 평균기온이 도심 평균보다 25% 이상 낮게 나타난다.

004

다음 글쓴이의 입장에 부합하는 것은?

> 한국어와 연변어는 같은 글자(한글)를 사용함에도 불구하고 의사소통에 혼란이나 오해를 일으킬 만한 언어들이 상당히 많이 존재한다. 예컨대 한국에서 신문(新聞)이란 종이로 된 것만을 의미하지만, 연변에서는 TV 뉴스를 신문이라 한다. 한편 한국에서는 공작한다는 것이 대체로 좀 나쁜 일을 꾸민다는 의미인데, 연변에서는 공작한다는 것이 노동하는 것을 가리킨다. 그리고 한국에서 정형 수술은 뼈가 부러졌을 때 하는 수술인데, 연변에서는 정형 수술이 한국의 성형 수술과 같은 의미로 사용된다.
>
> 이들 중에는 한국어보다 더 정확한 표현도 있다. TV 뉴스를 신문(新聞)이라 한다고 했는데, 사실 신문이라는 말이 더 일리가 있다. 뉴스란 새로운 소식을 전하고 듣는 것이기 때문이다. news는 본래 영어로서 이를 한국에서는 소리 나는 그대로 받아들여 표기하고 있을 뿐이다. 어쨌든 연변어는 한국어를 토대로 하되 인접의 중국어와 혼합되어 발달했기에 이는 분명 또 하나의 독특한 언어 영역을 갖고 있다.

① 언어는 언중들의 사고에 지대한 영향을 끼친다.
② 서로 다른 언어라도 그 속에는 보편적인 규칙이 있다.
③ 언어는 해당 언어의 사회적 배경과 밀접한 관련이 있다.
④ 영어에서 차용한 말 중에는 의미 파악이 어려운 말도 있다.

[005~006] 다음 글을 읽고 물음에 답하시오.

> 한국인은 서구인에 비해 날씬하다는 인식이 널리 ⊙퍼져 있지만, 최근 보건복지부 발표에 따르면 남성 38.7%, 여성 28.1%가 비만으로 분류되어 미국보다 오히려 비만 인구 비율이 더 높다는 조사 결과가 나왔다. 그러나 이는 비만 분류 기준이 다르기 때문으로, 한국과 아시아·태평양 지역은 체질량지수(BMI) 25 이상을 비만으로 보는 반면, 미국과 세계보건기구(WHO)는 BMI 30 이상을 기준으로 한다. 만약 동일하게 BMI 30을 적용한다면 한국의 비만 인구 비율은 미국보다 훨씬 낮아질 것이며, 실제로 한국인은 미국인보다 더 뚱뚱하다고 단정할 수 없다.
>
> 비만 기준의 차이는 아시아인들이 비만으로 인한 질병에 더 취약하다는 특성에서 비롯되었으나, 최근 연구에 따르면 아시아인은 BMI 22.8~27.5 구간에서 사망률이 가장 낮았다는 결과가 나와 현재 한국의 엄격한 비만 기준이 불필요하게 사회적 불안과 부작용을 유발하고 있다는 지적이 있다.
>
> 그런데 같은 아시아권 국가인 일본은 지난해 일본인의 비만 BMI 기준을 남자 27.7, 여자 26.1로 조정했다. 따라서 이를 참고로 하여, 우리나라의 비만 기준도 [   ] 것이 바람직하다는 의견이 제기되고 있다. 이러한 기준 조정은 비만 문제에 대한 사회적 인식의 왜곡을 바로잡고, 국민 건강 관리에도 긍정적인 영향을 줄 것으로 기대된다.

005

윗글의 빈칸에 들어갈 말로 가장 적절한 것은?

① 다소 상향 조정되어야 하며, 일본과 동등한 수준까지는 아니더라도 서구의 사례처럼 BMI 30 정도로 조정하는
② 다소 하향 조정되어야 하며, 일본과 동등한 수준까지는 아니더라도 서구의 사례처럼 BMI 30 정도로 조정하는
③ 다소 상향 조정되어야 하며, 서구와 동등한 수준까지는 아니더라도 일본의 사례처럼 BMI 27 정도로 조정하는
④ 다소 하향 조정되어야 하며, 서구와 동등한 수준까지는 아니더라도 일본의 사례처럼 BMI 27 정도로 조정하는

006

문맥상 ⊙의 의미와 가장 가까운 것은?

① 그 소문은 순식간에 마을 전체에 퍼졌다.
② 라면이 순식간에 푹 퍼져서 탱탱 불었다.
③ 강의 하류에는 삼각지가 넓게 퍼져 있다.
④ 지친 아이는 방에 아무렇게나 퍼져 잠이 들었다.

007

다음 글의 중심 내용을 담은 제목으로 가장 적절한 것은?

파괴적 혁신은 단순하고 저렴한 제품으로 시장 밑바닥을 공략하며 빠르게 시장 전체를 장악하는 기업 전략이다. 이러한 파괴적 혁신은 기본 제품을 개선하여 이전보다 더 나은 제품을 높은 가격에 제공하는 존속적 혁신과 상반된다. 파괴적 혁신을 시행하는 기업은 이전 기업을 제치며 기존 시장을 파괴하고 시장의 중심이 된다.

이러한 예로 온라인 스트리밍 콘텐츠 사업을 들 수 있다. 기존 시장에서 오래전에 개봉한 영화를 보기 위해서는 DVD를 구매하거나 대여해야 했다. 그러나 스트리밍 콘텐츠 기업은 낮은 가격으로 다양한 영화를 감상할 수 있는 플랫폼을 제공했고, 다수의 소비자를 형성하며 시장에 진입했다. 그리고 일정 정도로 안정화된 이후에는 동시접속이 가능한 인원수에 따라 가격을 높이는 방식으로 더 많은 소비자를 끌어당겼고, 마침내 새로운 시장의 중심 세력이 되었다.

① 스스로를 와해하는 혁신의 명과 암, 파괴적 혁신의 양면성
② 혁신 기업의 딜레마, 존속적 혁신과 파괴적 혁신 사이
③ 기존의 시장을 무너뜨리는 경쟁자, 파괴적 혁신 전략
④ 밑바닥으로부터의 반란을 막아라, 존속적 혁신의 생존

008

(가)~(라)를 맥락에 맞추어 가장 적절하게 나열한 것은?

(가) 예를 들어 학교 입학식 때 상공에서 촬영된 학교 소개 영상 역시 드론으로 촬영된 것이다. 드론 촬영의 이러한 특징과 장점을 이해하면, 다양한 영상을 더욱 흥미롭게 감상할 수 있을 것이다.

(나) 드론은 무선 전파로 조종할 수 있는 무인항공기로, 여러 개의 프로펠러를 가진 '멀티콥터'로 불린다. 본래 군사용으로 개발된 드론은 최근 다양한 분야에서 활용되고 있으며, 특히 드론에 카메라를 장착해 촬영하는 '드론 촬영'이 주목받고 있다.

(다) 드론 촬영은 조종 기술을 익히기가 비교적 쉽고, 헬기 등 유인 항공 촬영에 비해 비용이 적게 든다는 점도 큰 장점이다. 이러한 이유로 최근 방송이나 영화 등 다양한 매체에서 드론 촬영이 활발히 사용되고 있다.

(라) 드론 촬영은 일반 항공 촬영과 여러 면에서 차별화된다. 예를 들어 드론은 헬기보다 훨씬 낮은 고도에서 비행할 수 있어 피사체에 가까이 접근한 역동적이고 다채로운 화면을 촬영할 수 있다.

① (나) – (다) – (가) – (라)
② (나) – (라) – (다) – (가)
③ (다) – (가) – (나) – (라)
④ (다) – (라) – (가) – (나)

[009~010] 다음 글을 읽고 물음에 답하시오.

1,000조 분의 1초 정도로 극히 짧은 시간 안에 일어나는 현상은 어떻게 관찰할 수 있을까? 펨토초 레이저 기술을 이용하면 가능하다. 1펨토초는 1,000조 분의 1초로, 펨토초 레이저 기술을 이용하면 ㉠우리 눈으로 볼 수 없는 미세한 분자의 구조를 파악할 수도 있다. 다만 우리가 생각하듯이 사진처럼 볼 수 있는 것은 아니다. 분자의 크기가 너무 작기 때문에 간접적인 방법으로 ㉡분자 구조를 추측해야만 한다. 그래서 보다 정확한 분자 구조를 알기 위해 '다차원 분광법'이라는 방법을 사용한다.

다차원 분광법은 적어도 3면 이상의 방향에서 펨토초 레이저를 분자에 쬐어 준 후 빛이 반사되거나 산란되는 모양을 측정하여 분자의 구조를 파악하는 방법이다. 이때 펨토초 레이저의 수를 늘려 보다 많은 방향에서 ㉢레이저 펄스를 쬐어 줄수록 보다 정확한 분자의 구조를 추리할 수 있다. 빛은 물체에 닿으면 반사되고, 이와는 달리 좁은 틈을 지나면 회절 현상을 일으켜서 산란된다. 그런데 빛이 반사되거나 흩어지는 모양은 빛이 닿는 물체의 구조와 아주 가까운 연관이 있다. 빛을 한 방향에서만 비추면 그 그림자로는 한쪽에서 바라본 모양에 대한 정보만을 얻을 수 있을 것이다. 그러나 여러 방향에서 ㉣동시에 비춘 빛들이 만들어 낸 그림자를 종합하여 분석하면 (가)물체의 입체 정보를 얻을 수 있다. 따라서 레이저 펄스를 쏘아서 얻은 빛의 스펙트럼을 분석하면 직접 눈으로 볼 수 없는 분자라도 그 구조를 확인할 수 있다.

009

윗글을 이해한 내용으로 가장 적절한 것은?

① 빛이 산란되는 모양은 분자 구조와 밀접한 관련이 있다.
② 펨토초 레이저는 분자에 열을 가해 대상의 구조를 파악한다.
③ 좁은 틈을 지난 빛은 반사되어 회절 현상을 일으키며 흩어진다.
④ 시간 차를 두고 여러 방향에서 레이저 펄스를 쬐면 분자 구조 분석의 정확도가 높아진다.

010

윗글의 ㉠~㉣ 중 문맥상 (가)의 의미와 가장 가까운 것은?

① ㉠   ② ㉡
③ ㉢   ④ ㉣

[011~012] 다음 글을 읽고 물음에 답하시오.

물은 인간을 비롯한 모든 생명체의 생존에 필수적인 자원이다. 산업이 발달하면서 수자원의 활용 범위와 중요성은 더욱 ㉠커졌고, 양질의 수자원 확보는 국가의 생존과 직결되는 중요한 과제가 되었다. 하지만 2025년 현재 우리나라는 대수층 발달이 미약해 지하수 개발이 어렵고, 연 강수의 2/3가 여름철과 특정 지역에 집중되는 등 물 자원의 계절적·지역적 편중이 심각하다.

최근 몇 년간 우리나라는 극심한 가뭄과 홍수 등 물 관련 재난을 반복적으로 ㉡겪고 있다. 2023년 전라남도와 광주 지역에서는 4개월 이상 가뭄이 지속되어 주요 저수지의 수위가 절반 이하로 떨어졌다. 반면 2023년 여름에는 115년 만에 기록적인 폭우로 전국적으로 47명이 사망하고, 수만 명이 대피하는 등 심각한 홍수 피해가 ㉢일어났다. 이처럼 이상 기후로 인한 물 재해가 빈발하며, 한강·낙동강·금강 등 주요 하천에서는 물 배분과 수질 문제로 지역 간 분쟁도 심화되고 있다.

이러한 상황에 대응하기 위해 정부는 2025년 기준, 인공지능 기반 홍수 예측 시스템 도입, 지하수 저수지 댐 신설, 공공 하수도 및 배수 시설 확충 등 다양한 물 관리 정책을 추진하고 있다. 그러나 물이 오염되면 회복에 막대한 시간과 비용이 소요되므로, 사태가 악화되기 전에 효율적으로 관리하고 절약하는 것이 무엇보다 중요하다. 결국 사회 전체가 물 관리 체계의 혁신과 물 절약 실천에 적극적으로 ㉣나서야 하며, 안정적인 수자원 확보와 효율적 관리가 한국 사회의 지속 가능한 미래를 위한 핵심 과제임을 인식해야 한다.

011

윗글에서 추론한 내용으로 가장 적절한 것은?

① 대규모 댐은 식수 공급뿐 아니라 에너지 생산에도 이바지한다는 평가가 있다.

② 수질이 나빠지면 복구에 많은 시간과 자원이 필요하므로 예방적 관리가 중요하다.

③ 2023년에 발생한 가뭄으로 광주 전 지역에서는 수돗물 공급이 일정 기간 제한되어 시민들이 불편을 겪었다.

④ 우리나라는 지하수 자원이 풍부하지만, 연 강수의 2/3가 여름철과 특정 지역에 집중되므로 물 공급에 한계가 있다.

012

㉠~㉣과 바꿔 쓸 수 있는 유사한 표현으로 적절하지 않은 것은?

① ㉠: 증대(增大)되었고

② ㉡: 경험(經驗)하고

③ ㉢: 발생(發生)했다

④ ㉣: 간섭(干涉)해야

013

다음 대화를 분석한 내용으로 적절하지 않은 것은?

갑: 모든 갈등에는 창의적인 해결책이 존재한다고 봐. 윈-윈 상황은 충분히 가능해. 우리 지역의 공장 신설 논란을 보자. 처음에는 환경단체와 기업이 완전히 대립했지만, 결국 친환경 기술을 도입한 스마트팩토리를 건설하기로 합의했잖아. 고정관념에서 벗어나 제3의 대안을 찾으면 모든 당사자가 만족할 수 있다고 생각해.

을: 그건 너무 이상적인 얘기야. 대부분의 갈등은 제로섬 게임이야. 자원이 한정되어 있는 상황에서 누군가 더 많이 가져가면 다른 사람은 그만큼 덜 가져갈 수밖에 없어.

병: 갈등의 성격에 따라 다르다고 봐야 해. 단기적으로는 을의 말이 맞을 수도 있지만, 장기적 관점에서 보면 협력이 모든 당사자에게 더 큰 이익을 가져다주는 경우가 많아.

갑: 어떤 갈등이든 중요한 건 상대방의 진짜 욕구가 뭔지 파악하는 거야. 겉으로 드러나는 입장 대립 뒤에 숨어있는 근본적 이해관계를 찾으면 창의적 해결책이 나올 수 있어. 모든 사람이 진정으로 원하는 핵심 가치를 충족시키는 방향으로 해법을 찾으면 돼.

을: 하지만 현실에서는 권력관계가 개입하잖아. 결국 힘이 센 쪽이 유리해. 이상적인 해법을 찾는 것보다 현실적인 권력 균형을 맞추는 게 먼저야.

병: 권력 불균형 문제는 중요한 지적이야. 하지만 그렇다고 해서 상호 이익적 해법의 가능성을 포기할 필요는 없어. 제도적 장치를 통해 공정한 협상 환경을 만들면 일방적 승리보다는 지속 가능한 협력을 선택할 수 있어.

① 현실적으로는 모두에게 유리한 결과를 낳는 협상이 진행되기 어렵다는 점에 대해 을은 동의하지만 갑은 동의하지 않는다.

② 갈등 상황에서 모두에게 유리한 결과가 도출될 수 있다는 점에 대해 갑은 동의하지만 병은 동의하지 않는다.

③ 갈등 상황에서 양측 간의 권력 차이가 협상에 개입될 수 있다는 점에 대해 을과 병은 동의한다.

④ 상대방의 이해관계를 탐색하면 갈등 상황을 원만하게 해결할 수 있다는 점에 대해 갑은 동의한다.

014

다음 대화 내용이 참일 때, ㉠에 들어갈 말로 가장 적절한 것은?

> **갑:** 행정 복지 센터에서는 대민 서비스 개선 차원에서 민원인에게 음료를 제공하기로 했대요.
> **을:** 네, A센터에서 음료를 제공하면 B센터와 E센터 모두 제공하지 않는다고 해요.
> **병:** 만약 B센터에서 음료를 제공하면 E센터에서는 제공하지 않기로 했어요.
> **을:** 그런데 C센터나 D센터에서 음료를 제공하면 E센터에서도 제공해요.
> **병:** F센터에서 음료를 제공하지 않으면 E센터에서도 제공하지 않는다던데요.
> **갑:** 그렇다면   ㉠

① B센터에서 음료를 제공하면 D센터에서는 제공하지 않겠네요.
② A센터에서 음료를 제공하지 않으면 B센터에서는 제공하겠네요.
③ C센터에서 음료를 제공하지 않으면 E센터에서는 제공하겠네요.
④ F센터에서 음료를 제공하면 C센터와 D센터 모두 제공하지 않겠네요.

015

다음 글의 논지를 약화하는 것으로 가장 적절한 것은?

> 효과적인 외국어 학습을 위해서는 꾸준한 반복 학습과 실제 활용 기회의 확보가 모두 필요하다는 주장이 힘을 얻고 있다. 반복 학습을 통해 어휘와 문법을 머릿속에 각인시키는 것이 필수적이지만, 반복만으로는 실제 상황에서 자연스럽게 언어를 구사하기 어렵다. 반면 원어민과의 대화나 해외 경험 등 실제 활용 기회가 많더라도 복습과 체계적인 정리가 부족하다면 실력이 금방 퇴보하거나 일상적 회화를 넘어서기 어렵다. 반복 훈련과 실전 활용 이 두 조건이 모두 충족될 때 학습자는 외국어를 자유롭고 유창하게 구사할 수 있다. 어느 하나만 부족해도 언어 구사 능력의 완성도가 떨어진다. 성공적인 언어 교육은 이 두 요소가 균형 있게 병행될 때 비로소 결실을 맺을 수 있다.

① 민영은 원어민을 만나서 실제로 대화를 나누었지만 외국어를 유창하게 구사하기 어려웠다.
② 철수는 반복 학습 후 원어민을 많이 만나 실제로 활용한 경험을 늘렸더니 외국어를 유창하게 구사할 수 있게 되었다.
③ 정혁은 같은 문장을 복습하면서 실제 회화에도 적용해 봤지만 1년이 지나도록 외국어를 유창하게 구사하지 못했다.
④ 희지는 외국에서 실제로 생활하면서 외국어로 대화하고, 새로운 문장을 반복해서 사용했더니 외국어를 유창하게 구사할 수 있게 되었다.

016

다음 글의 논지를 약화하는 것을 <보기>에서 모두 고르면?

> 그리스 철학자 헤라클레이토스는 '하나 즉 여럿'이라는 말로 '하나'와 '여러 개'의 관계를 깊이 생각했다. 그는 우주가 무한한 가능성과 모순, 서로 다른 것들, 그리고 끊임없는 변화로 가득하지만, 이 모든 것이 결국 하나로 이어져 있다고 보았다. 즉 겉으로는 여러 가지 모습이 계속 변해도, 그 복잡한 여러 가지가 하나의 통일된 전체를 이루고 있다는 뜻이다. 이런 생각은 서로 다르면서도 서로 연결되어 있다는 것을 보여 준다.
>
> 그는, 철학자는 이런 '여러 개' 속에 숨은 '하나'를 찾아야 한다고 말했다. 이는 단순히 많은 것들을 나열하는 것이 아니라, 다양한 현상들 속에서 근본적인 원리나 공통점을 발견하는 노력을 의미한다. 그의 생각은 서양 철학에서 매우 중요한 역할을 하였고, 오래전부터 지금까지 철학자들이 계속 연구해 온 중요한 주제가 되었다.
>
> 오늘날에도 '하나와 여러 개' 문제는 과학이나 사회학, 심리학 등 여러 분야에서 계속 연구되고 있다. 예컨대 과학자는 복잡한 현상을 하나의 이론으로 설명하려 하고, 사회학과 심리학에서는 많은 사람들의 다양성 속에서 공통점이나 전체적인 구조를 찾아내려 한다. 이처럼 헤라클레이토스의 '하나 즉 여럿' 사상은 오랜 시간을 지나 오늘날까지도 우리가 세상을 이해하는 데 중요한 바탕이 되고 있다.

┤ 보기 ├

ㄱ. 포스트모더니즘은 절대적 진리나 통일된 본질을 부정하며, 다원성과 분열성을 강조한다.
ㄴ. 헬레니즘 철학에서는 다양한 개별 사물들이 하나의 이상적 형태를 통해 통일성을 갖는다고 본다.
ㄷ. 일부 복잡계에서는 질서 없는 무질서 또는 혼돈 상태가 지속되며, 전체를 아우르는 원리가 존재하지 않을 수 있다.
ㄹ. 입자는 상황에 따라 입자의 특성을 보이거나 파동의 특성을 보이는데, 양자역학에서는 이러한 입자의 두 가지 상반된 특성을 하나의 현상으로 설명한다.

① ㄱ, ㄴ
② ㄱ, ㄷ
③ ㄴ, ㄷ
④ ㄴ, ㄷ, ㄹ

[017~018] 다음 글을 읽고 물음에 답하시오.

'비극적 애정 소설'은 사랑하는 남녀가 외적 요인이나 사회적 규범, 우연한 사건 등 자신들의 힘으로 극복할 수 없는 장애에 부딪혀 결국 비극적 결말에 이르는 이야기를 담는다. 이러한 작품들은 개인의 순수한 사랑이 사회적 관습이나 운명, 전쟁과 같은 거대한 힘 앞에서 좌절되는 과정을 통해 인간의 욕망과 한계, 시대적 억압을 드러낸다. 『위경천전』은 이러한 비극적 애정 소설의 전형을 잘 보여 주는 작품이다.

이 소설에서 두 주인공 위경천과 ㉠소숙방은 우연히 만나 사랑에 빠지지만, 임진왜란이라는 역사적 사건과 사회적 규범, 부모의 결단 등 다양한 외적 요인에 의해 사랑이 방해받는다. 두 사람은 이별과 재회를 반복하며 사랑의 좌절로 인해 병을 얻고, 결국 ㉡위경천은 전쟁터에서 죽음을 맞이한다. 규방에 있을 수밖에 없었던 소숙방 역시 ㉢정인(情人)의 죽음을 듣고 자결함으로써 두 사람의 사랑은 비극적으로 끝난다. 이처럼 『위경천전』은 사랑이 개인적 욕망에 그치지 않고, 사회적·역사적 조건과 긴밀하게 연결되어 있음을 보여준다.

특히 이 작품은 남녀 주인공이 자신의 욕망과 사회적 규범 사이에서 겪는 내적 갈등을 사실적으로 묘사한다. ㉣남주인공은 자신의 감정과 사회적 한계 사이에서 방황하다 전쟁터에서 죽음을 맞이하고, ㉤여주인공 역시 적극적으로 사랑을 쟁취하려 하지만 결국 시대의 벽을 넘지 못하고 자결하고 만다. 이러한 갈등과 좌절은 단순한 연애담을 넘어 인간의 본질적 고독과 한계를 성찰하게 한다.

017

윗글을 이해한 내용으로 적절하지 않은 것은?

① 비극적 애정 소설은 인간의 본질적 고독과 한계, 시대적 억압을 드러낸다.
② 비극적 애정 소설은 개인적 욕망과 사회적 조건의 충돌을 사실적으로 묘사한다.
③ 『위경천전』에서 임진왜란은 남녀의 사랑을 더욱 돈독하게 만들어 주는 계기로 작용한다.
④ 『위경천전』에서 소숙방은 위경천의 죽음을 듣고 자결함으로써 사랑의 좌절을 극적으로 보여준다.

018

문맥상 ㉠~㉤ 중 지시 대상이 같은 것만으로 묶인 것은?

① ㉠, ㉢
② ㉡, ㉤
③ ㉠, ㉢, ㉤
④ ㉡, ㉢, ㉣

019

갑~병의 진술이 모두 참일 때 반드시 참인 것만을 <보기>에서 모두 고르면?

> **갑:** 공무원 시험에 합격한 사람은 모두 집중력이 좋다.
> **을:** 공무원 시험에 합격한 어떤 사람은 매일 일기를 쓴다.
> **병:** 매일 일기를 쓰는 사람 중 집중력이 좋지 않은 사람이 있다.

┤ 보기 ├

ㄱ. 매일 일기를 쓰는 사람 중 집중력이 좋은 사람이 있다.
ㄴ. 공무원 시험에 합격하지 않은 사람은 집중력이 좋지 않다.
ㄷ. 매일 일기를 쓰는 사람 중 적어도 한 명은 공무원 시험에 합격한다.

① ㄱ, ㄴ
② ㄱ, ㄷ
③ ㄴ, ㄷ
④ ㄱ, ㄴ, ㄷ

020

㉠~㉣의 사례로 적절하지 않은 것은?

> 한국어에서는 비슷한 의미를 지닌 단어들이 높임의 여부에 따라서 구별되어 쓰이는 경우가 많다. 이러한 단어들이 보이는 높임의 차이는 단어의 종류와 관련이 있다. '나이'와 '연세'처럼 ㉠고유어와 한자어의 의미가 비슷할 경우에는 고유어보다는 한자어가 더 높은 말로 쓰인다. '생일'과 '생신'처럼 ㉡같은 한자어지만 높임의 정도에 차이를 보이는 경우도 있고, '밥'과 '진지'처럼 ㉢같은 고유어인데도 높임의 정도가 다른 경우도 있다. 또한 ㉣서열이나 친분 또는 상황의 격식성 등으로 어휘나 문장의 쓰임이 구별될 때가 많다. 가령 가정 내에서는 '아빠'라고 지칭하다가 직장에서는 '아버지'라고 지칭하는 경우나, 상위자에게는 '식사하셨습니까'라고 쓰지만 하위자에게는 '밥 먹었니'라고 쓰는 경우를 들 수 있다.

① ㉠: '속옷-내의'
② ㉡: '사망-별세'
③ ㉢: '묻다-여쭙다'
④ ㉣: '미안하다-죄송하다'

모의고사
20회

시작 시간	시	분	초
종료 시간	시	분	초
총 소요 시간		분	초

001

<공공언어 바로 쓰기 원칙>에 따라 수정한 것으로 적절하지 않은 것은?

<공공언어 바로 쓰기 원칙>

○ 주어와 서술어의 호응
 – ㉠능동과 피동의 관계를 정확하게 사용함.
○ 여러 뜻으로 해석되는 표현 삼가기
 – ㉡중의적인 문장을 사용하지 않음.
○ 간결한 표현 사용
 – ㉢의미가 유사한 수식어는 합쳐서 간결하게 표현함.
○ 필요한 문장 성분이 생략되지 않도록 할 것.
 – ㉣생략된 문장 성분을 채워 분명하게 표현하되, 적절한 조사와 어미를 활용하여 문장을 구성함.

① "행사 일정을 알리는 안내문을 모든 참여자에게 배포되었습니다."를 ㉠에 따라 "행사 일정을 알리는 안내문이 모든 참여자에게 배포했습니다."로 수정한다.
② "교실에 학생이 모두 오지 않았다."를 ㉡에 따라 "교실에 학생 전원이 온 것은 아니다."로 수정한다.
③ "미래지향적이고 혁신적이면서도 창의적인 도시 개발 계획"을 ㉢에 따라 "미래지향적이고 창의적인 도시 개발 계획"으로 수정한다.
④ "신청서 작성 후, 제출해 주시기 바랍니다."를 ㉣에 따라 "신청자는 신청서를 작성한 후, 담당자에게 제출해 주시기 바랍니다."로 수정한다.

002

다음 중 ㉠에 해당하는 사례로 적절하지 않은 것은?

받침이 모음으로 시작하는 형태소와 결합할 때 발음 양상은 결합하는 형태소의 종류에 따라 달라진다. 먼저, 홑받침이나 쌍받침 뒤에 조사, 어미, 접미사와 같은 형식 형태소가 올 경우에는 받침이 그대로 뒤 음절 초성으로 옮겨 발음된다. 예를 들어 '낮이'는 [나지], '깎아'는 [까까]로 발음된다. 또한 ㉠겹받침 뒤에 형식 형태소가 오는 경우에는 앞 자음은 종성에서 발음되고, 뒤 자음은 뒤 음절 초성으로 옮겨 발음된다. 따라서 '앉아'는 [안자], '닭을'은 [달글]로 발음된다. 마지막으로 받침 뒤에 실질 형태소가 올 경우에는 연음이 일어나지 않고 받침이 대표음 [ㄱ, ㄷ, ㅂ]으로 바뀐 후 뒤 음절 초성으로 이동한다. 겹받침을 가진 말은 자음이 하나 탈락하여 대표음으로 바뀐 후 역시 뒤 음절의 초성으로 이동한다. 예컨대 '겉옷'은 [거돋], '넋 없다'는 [너겁따]로 발음된다.

① 그는 넋이[넉씨] 빠진 채 앉아 있었다.
② 어머니는 적어도 10년은 젊어[절머] 보인다.
③ 우리는 방학 동안 값있는[가빈는] 시간을 보냈다.
④ 아이들이 아이스크림을 하나씩 들고 핥아[할타] 먹었다.

003

다음 글을 이해한 내용으로 적절하지 않은 것은?

세로토닌은 트립토판에서 유도되는 대표적인 신경전달물질이다. 세로토닌은 주로 장과 중추신경계에서 생성되고 활동한다. 체내 세로토닌의 약 5%는 뇌에서 만들어지며, 기분, 불안, 인지, 수면, 식욕 등 다양한 신경 심리 및 행동 기능에 중요한 역할을 한다. 나머지 90% 이상은 장에서 생성되어 소화, 장운동, 심혈관 기능 등 신체 여러 기관의 기능에도 관여한다.

뇌에서는 봉선핵에서 분비된 세로토닌이 대뇌피질, 시상하부, 소뇌 등 뇌 전체에 널리 분포한다. 세로토닌은 도파민이나 노르아드레날린 등 흥분성 신경전달물질의 과도한 분비를 억제하여 마음의 평온함과 집중력을 유지하는 데 중요한 역할을 한다. 세로토닌은 햇볕을 쬐거나 규칙적인 아침 식사, 산책 등으로 활성화되어 하루를 활기차게 시작할 수 있도록 돕는다.

세로토닌이 부족하면 우울증, 불안, 불면증 등 다양한 정신적 · 신체적 문제가 발생할 수 있다. 세로토닌 신호는 기억, 학습, 사회적 행동에도 영향을 미친다. 세로토닌은 우리 몸과 마음의 균형을 유지하는 핵심 물질로, 행복감과 활력, 건강한 삶에 중요한 역할을 한다.

① 세로토닌은 장에서도 생성되어 신체 기능 조절에 관여한다.
② 세로토닌은 뇌에서 분비되어 다양한 신경 심리적 기능에 영향을 미친다.
③ 세로토닌이 부족하면 우울증, 불안, 불면증 등 정신적 · 신체적 문제가 발생할 수 있다.
④ 세로토닌은 장에서 생성되어 근육의 수축과 이완을 직접적으로 담당하는 신경전달물질이다.

004

다음 글의 주제로 가장 적절한 것은?

흔히 우리는 질병이 없는 상태를 건강으로 이해하는 경향이 있으며, 병 치료는 전문가인 의사에게 맡기고 있다. 우리는 건강이나 질병이 의학의 대상이 된다는 사실만을 당연시하고 일반적으로 건강과 질병을 사회적 사실로 보지 않는다. 그러나 병의 발생에 사회적·문화적인 요인들이 크게 영향을 미치고 있으며 병 또한 사회에 큰 영향을 주고 있다. 그러한 점에서 우리는 건강의 사회적 성격을 생각할 수 있다.

한 예를 들어 보자. 몇 년 전에 비만으로 고생하던 여학생이 음식을 계속 먹지 않다가 기아 상태가 되어 숨진 사건이 있었다. 여기에서 문제는 젊은 여성들의 상당수가 자신들의 신장이나 체중이 그 연령층의 표준치인데도 불구하고 자신들을 비만으로 생각하고 음식 섭취를 줄임으로써 이른바 거식증의 증상을 보이고 있다는 점이다. 여학생이 이런 병에 걸린 것은 결국 당대 사회가 극한적 다이어트를 조장했기 때문이다. 이처럼 주변 환경이 개인에게 주는 영향은 지대하므로 이 환경을 바람직하게 가꾸어 나가야 할 것이다.

① 사회적 질서가 혼란할수록 생물학적 병을 유발한다.
② 특정한 사회문화적 관점으로 병을 정의해서는 안 된다.
③ 개인의 건강을 위해서는 안정된 올바른 문화를 갖추어야 한다.
④ 사회적 안녕 상태에 이르기 위해서는 사회 구성원들이 건강해야 한다.

005

다음 글의 ㉠과 ㉡에 들어갈 내용으로 가장 적절한 것만을 고르면?

회화에서 대상을 재현한다는 것은 대상 전체를 현실처럼 복제하는 것이 아니라 눈에 보이는 모습만을 따라 그린다는 뜻이다. 배우가 연극에서 몸으로 인물을 흉내 내듯, 화가는 2차원인 캔버스 위에 시각적으로 비슷한 모습을 그려 넣는다. 그래서 우리는 그림 속 대상이 실제로 존재하는 것처럼 느낀다. 이런 점에서 회화는 전통적으로 '㉠ 예술'로 불렸다.

하지만 회화에서 그려지는 선과 색은 단순히 현실의 사물을 보여주는 역할만 하는 것은 아니다. 선과 색 자체만으로도 하나의 멋진 형태와 조화를 이루며 아름다움을 만들어 낸다. 즉 회화는 현실 대상의 재현일 뿐 아니라, 선과 색이라는 요소들이 ㉡ 의미와 아름다움을 나타낸다. 프랑스 화가 모리스 드니는 회화의 본질을 '질서 있게 배열된 색이 덮인 평평한 표면'이라고 말했다. 이는 회화가 꼭 현실의 대상을 그려야 하는 것이 아니라, 색과 형태 그 자체로도 예술이 된다는 뜻이다.

	㉠	㉡
①	모방	독립적인
②	모방	실용적인
③	순수	독립적인
④	순수	실용적인

006

다음 글을 이해한 내용으로 가장 적절한 것은?

게임 중독은 특정 연령에 국한되지 않고 현대 사회 전반에 걸쳐 중요한 문제로 대두되고 있다. 스마트폰과 컴퓨터, 콘솔 게임 등 다양한 플랫폼의 보급과 함께 누구나 쉽게 게임에 접근할 수 있게 되면서, 중독으로 인한 부작용은 청소년뿐만 아니라 성인, 심지어 노년층에 이르기까지 폭넓게 나타나고 있다. 이에 따라 게임 중독의 심각성과 그에 대한 대응책 마련이 더욱 절실해지고 있다.

최근 다양한 조사 결과를 보면, 게임에 과도하게 몰입하는 인구가 상당히 많으며, 그로 인해 일상생활의 균형이 깨지고 개인의 건강뿐 아니라 사회적 관계에도 부정적인 영향이 미치고 있다. 특히 게임 중독은 단순한 시간 소비 문제가 아니라 정서적, 심리적 요인과 깊이 연결되어 있다. 많은 경우 중독에 빠진 사람들은 외로움, 스트레스, 불안 등의 감정을 해소하기 위해 게임에 몰두하게 된다. 따라서 중독 문제를 단순히 게임 이용 시간제한으로 해결하기는 어렵다.

게임 중독의 효과적인 해결을 위해서는 개인의 심리 상태와 환경을 이해하는 것이 중요하다. 가족, 친구, 그리고 사회적 지원체계가 게임 이용자의 감정을 공감하고 대화하는 것이 중독 극복에 큰 도움이 된다. 또한 억압적인 규제보다는 자발적이고 심리적인 접근, 그리고 건강한 여가 문화를 조성하는 방향으로 정책과 치료가 이루어져야 한다.

① 게임 중독은 특정 연령층에서 주로 나타나는 문제 현상이다.
② 게임 중독은 부정적 감정을 해소하려는 심리적 요인과 깊은 관련이 있다.
③ 게임 중독의 효과적인 해결을 위해서는 게임 이용 시간 규제가 가장 시급하다.
④ 게임에 과도하게 몰입하는 게임 중독은 개인적 문제가 아닌 사회적 문제에 해당한다.

007

(가)~(라)를 맥락에 맞추어 가장 적절하게 나열한 것은?

> (가) 이 과정에서 국제 무역이 활성화되고, 국가 간 상품 가격 차이
> 는 줄어들게 된다. 차익 거래는 세계 시장의 효율성을 높이고, 자
> 원의 분배를 최적화하는 중요한 역할을 한다고 할 수 있다.
>
> (나) 똑같은 상품이라면 모든 시장에서 같은 가격에 거래되는 것이
> 원칙이다. 만약 똑같은 상품이 서로 다른 가격으로 팔린다면, 사
> 람들은 가격이 낮은 곳에서 구매하여 가격이 높은 곳에 판매함
> 으로써 이윤을 얻을 수 있다. 이러한 행위를 '차익 거래'라고 부
> 른다.
>
> (다) 이처럼 차익 거래가 동일 상품의 지역 간 가격 차이를 줄이는
> 원리는 국가 간에도 마찬가지로 적용될 수 있다. 서로 다른 나라
> 에서 동일한 상품이 다른 가격으로 거래될 때, 기업이나 개인들
> 은 가격 차익을 이용해 저렴한 나라에서 산 상품을 비싼 나라로
> 판매하려 한다.
>
> (라) 차익 거래가 활발히 이루어지면 가격이 싼 지역에서는 수요가
> 늘어나 가격이 점점 상승하고, 가격이 높은 지역에서는 공급이
> 늘어나 가격이 하락하게 된다. 결과적으로 양쪽의 가격은 점차
> 같아지는 방향으로 수렴한다.

① (나) – (다) – (가) – (라)
② (나) – (라) – (다) – (가)
③ (다) – (가) – (나) – (라)
④ (다) – (라) – (가) – (나)

008

다음 글의 논지를 강화하는 것으로 가장 적절한 것은?

> A국에서는 최근 물가 상승과 경기 침체가 겹치면서 가계의 경제
> 적 부담이 크게 늘고 있다. 이에 대응하기 위해 A국 정부는 일시적
> 인 생활비 지원금 지급을 확대하는 정책을 추진하고 있다. 하지만
> 이런 단기적 지원책만으로는 경제적 어려움의 근본적 해결이 어렵
> 다는 지적이 많다. 가계의 경제적 안정성을 높이기 위해서는 한시
> 적 지원보다는 안정적인 일자리 창출과 노동 시장의 질적 개선이 우
> 선적으로 필요하다. 실제로 많은 시민들은 생활비 지원금과 같은
> 일시적 효과보다, 지속적으로 소득을 얻을 수 있는 안정적 일자리
> 와, 고용 불안이 해소되는 환경의 조성이 경제적 미래에 더 큰 희망
> 과 실질적 안정을 가져온다고 생각하고 있다.

① 연말 일회성 가계 지원, 보너스 지급으로 소비 심리가 빠르게 살아났
   고 GDP 성장률이 일시적으로 회복된 사례가 있다.
② B국에서는 단기 일자리보다는 장기 고용을 한 기업에 인센티브를 제
   공하는 정책을 도입한 결과, 가계 연체율과 파산율이 크게 줄었다.
③ 대홍수나 경제 위기 시, 정부의 현금 지급 정책이 피해 가구의 즉각적
   인 재기와 지역 상권 유지에 핵심적 역할을 한 사례가 보고됐다.
④ C국에서는 저소득층에 대한 현금 지원 정책을 펼쳤기 때문에 단기간
   생계 곤란층, 위기 청년, 소상공인의 급박한 경제 위기 대응이 가능
   했다.

009

다음 글에서 추론한 내용으로 적절하지 않은 것은?

> 사람들은 보통 기억을 머릿속에서 일어나는 생각의 작용이라고
> 생각한다. 하지만 철학자 베르그송은 기억이 단지 마음의 일만이
> 아니라 몸의 움직임과도 관련이 있다고 말했다. 그는 기억을 '습관
> 기억'과 '이미지 기억', 이렇게 두 가지로 나눴다. 습관 기억은 여러
> 번 연습해서 몸이 그대로 익혀 버린 기억으로, 글씨 쓰기나 자전거
> 타기처럼 몸이 알아서 움직이는 경우다. 이런 기억은 반복 연습을
> 통해 만들어지고, 공부한 내용을 외우는 것도 여기에 속한다고 했
> 다. 여러 번 나누어 연습하고 다시 합치는 과정을 거쳐 몸에 익히면,
> 작은 자극만으로도 자동으로 떠오른다.
>
> 반대로 이미지 기억은 그때 보았던 장면, 느꼈던 감정, 듣거나 맡
> 았던 주변의 감각까지 처음 생겼을 때 그대로 기억하는 것이다. 예
> 를 들어 책을 읽다 놀란 순간, 마음이 불편했던 느낌, 시계 소리 등
> 이 함께 떠오르는 경우다. 이런 기억은 몸의 습관처럼 정리되어 저
> 장되지 않고, 그 순간의 모습이 그대로 머릿속에 남는다. 그래서 베
> 르그송은 이미지 기억은 '그림처럼 남는 것'이고, 습관 기억은 '몸
> 이 하는 행동'이라고 구분했다. 그에 따르면 우리는 과거를 떠올릴
> 때 이 두 가지 기억을 번갈아 쓴다. 그러한 과정을 통해 기억은 단순
> 히 옛날을 생각하는 것을 넘어서 지금의 행동과도 이어지게 된다.

① 이미지 기억과 달리 습관 기억은 반복하는 과정을 거쳐 저장된다.
② 일반적인 회상 과정에서는 습관 기억보다 이미지 기억이 주로 작동
   한다.
③ 습관 기억은 몸이 하는 행동으로 나타나고, 이미지 기억은 그림처럼
   기억에 남는다.
④ 베르그송은 기억은 과거의 재현일 뿐만 아니라 현재의 행동에도 영향
   을 미친다고 생각했다.

[010~011] 다음 글을 읽고 물음에 답하시오.

서로 종류가 다른 두 생물체의 관계에서 한 생물체가 다른 생물체의 내부나 외부에 살면서 영양물을 얻어먹으며 살아가는 생활 방식을 기생 생활이라고 하며, 전자의 생물체를 기생 생물, 후자의 생물체를 숙주라고 한다. 또한 생물의 생활사란 하나의 개체가 태어나 자라고 번식하여 죽기까지의 과정을 말한다. 그런데 어른과 아이의 형태가 크게 다르지 않고, 같은 환경에서 성장하고 생활하는 포유 동물과 달리 기생충은 유충과 성충이 같은 종이라는 것을 짐작하기 어려울 정도로 복잡한 생활사를 갖는다.

기생충의 생활 방식은 크게 네 가지로 나눠 볼 수 있다. 첫 번째는 전염 방식에 따라 수평 전파와 수직 전파로 나누는 것이다. 수평 전파는 하나의 숙주에서 다른 이웃으로 퍼져 나가는 것이고, 수직 전파는 숙주의 체내에서 숙주의 다음 세대로 전염되는 것을 말한다. 두 번째는 기생충을 옮겨 주는 중간 숙주나 매개체가 필요하지 않은 직접 전파와 이를 필요로 하는 간접 전파로 나눌 수 있다.

기생충이 이토록 복잡한 생활사를 설계하는 이유는 무엇일까? 기생충에 있어 생활사를 설계하는 것은 외부의 위협을 줄이면서 번식과 생존을 위해 최선의 선택을 해야 하기 때문이다. ㉠여기저기를 옮겨 다니며 새로운 환경에 매번 적응하는 것은 일견 많은 에너지가 소모되는 불필요한 행동처럼 보이겠지만, ㉡주변 환경에서 이용 가능한 모든 자원을 활용하며 각각의 성장 단계에 닥칠 수 있는 위험을 분산시킬 수 있다는 장점이 있다. 예를 들어 장에서 생활하는 회충이라 하더라도 지나치게 많은 회충이 한 ㉢동물의 내장 안에 머물게 되면 생활 공간이 부족해져 ㉣개체의 생존이 위험해질 수도 있다. 그러므로 다른 숙주로 옮겨 가 위험을 피해야 하는 것이다.

010

윗글에서 추론한 내용으로 가장 적절한 것은?

① 수평 전파는 기생충이 숙주의 체내에서 세대를 거쳐 전염되는 방식을 말한다.
② 인간과 달리 기생충의 생활사가 복잡한 것은 적자생존을 위해 진화한 결과이다.
③ 회충은 한 숙주 안에서 살아가는 개체수가 많을수록 외부 위험으로부터의 생존에 유리해진다.
④ 숙주와 기생 생물 간의 관계에서 숙주는 기생 생물의 내부나 외부에서 영양분을 얻으며 살아간다.

011

㉠~㉣ 중 문맥적 의미가 가장 이질적인 것은?

① ㉠
② ㉡
③ ㉢
④ ㉣

[012~013] 다음 글을 읽고 물음에 답하시오.

우리말 '언론 홍보'로 번역될 수 있는 '퍼블리시티'는 신문이나 잡지 혹은 방송에서 기사나 뉴스의 형태로 기업의 메시지를 알리는 것을 의미한다. 즉 기업이 제공한 자료가 그 뉴스 가치로 말미암아 언론 매체에 실리게 되는 것인데, 여기서 뉴스 가치란 시의성, 중요성, 특이성을 말한다. 시의성은 시기적으로 적합한 것을, 중요성은 대중들이 중요하게 인식하는 것을, 특이성은 뻔하지 않고 파격적인 것을 의미한다.

퍼블리시티는 상업 광고와 마찬가지로 대중 매체를 통해 수용자에게 메시지를 전달하지만 본질적으로 상업 광고와는 다르다. 사람들이 상업 광고에는 주로 우연하게 노출되는 경우가 많은 반면, 대중 매체가 제공하는 기사에는 자발적으로 접근하는 경우가 많다. 이는 사람들이 상업 광고보다 퍼블리시티가 정보원의 신뢰도가 더 높다고 인식하기 때문이다. 또한 상업 광고의 경우 당사자가 자기 이야기를 하는 것으로 인식하여 신뢰성이 떨어지지만, 퍼블리시티는 언론사라는 제삼자가 보증하는 것으로, 편집국이나 보도국에서 기자나 편집자와 같은 뉴스 결정권자가 뉴스를 취사선택하는 게이트키핑을 ㉠거치면서 객관적으로 검증됐다고 인정되기 때문에 신뢰성을 확보하여 메시지의 전달 효과가 높다. 그리고 언론사가 기업에 따로 금전적 비용의 지불을 요구하지 않기 때문에 상대적으로 비용 측면에서도 유리하다.

하지만 퍼블리시티는 상업 광고와 달리 보도되는 내용을 기업이 마음대로 통제할 수 없다. 즉 언론사에 보도 자료를 보낼 때는 기업이 마음대로 내용을 표현하는 것이 가능하지만 그것이 언론사를 통해 뉴스나 기사로 나갈 때는 전적으로 언론사의 통제를 받는다는 점에서는 차이가 있다.

012

윗글을 이해한 내용으로 가장 적절한 것은?

① 정보 접근의 자발성과 뉴스 가치의 특이성은 정보의 신뢰도를 높인다.
② 퍼블리시티는 상업 광고보다 비용이 적게 들어 홍보의 효과가 약하다.
③ 퍼블리시티와 달리 상업 광고는 기사 내용에 대한 통제권을 기업이 갖지 못한다.
④ 사람들은 퍼블리시티가 게이트키핑을 통해 선택된 정보이므로 객관적이라고 판단한다.

013

문맥상 ㉠의 의미와 가장 가까운 것은?

① 돌멩이가 발길에 자꾸 거쳐 걷기가 힘들었다.
② 그는 매일 아침 수영장을 거쳐서 회사로 간다.
③ 먼저 서류 전형을 거치고 난 뒤 필기시험을 치른다.
④ 어려운 문제를 해결했으니 이제 특별히 거칠 문제는 없다.

014

다음 대화를 분석한 내용으로 적절하지 않은 것은?

> **갑:** 동화는 상징과 교훈을 전달하는 이야기일 뿐 실제 사건과는 구분해야 해. 동화를 실제 사건처럼 받아들이면 역사적 사실 왜곡이나 오해가 생길 수 있다고 생각해.
>
> **을:** 나는 그 점에 동의하지 않아. 동화는 단순한 허구가 아니라, 사회적 현실과 인간 심리를 반영하기도 해. 그래서 동화와 실제 사건 사이 경계가 때로는 모호하며, 동화가 진실의 한 형태가 될 수 있다고 봐.
>
> **병:** 둘 다 이해가 돼. 나는 동화와 실제 사건의 구별이 중요하지만, 동화가 주는 정서적 효과나 가치도 무시할 수 없다고 생각해. 동화가 현실을 해석하고 사실을 설명하는 하나의 방식일 수 있다는 점에서 두 관점은 절충 가능하다고 봐.
>
> **갑:** 역사적 인물에 얽힌 전설들은 사실과 다르지만, 이런 동화적 요소가 그 인물이나 당시 문화를 이해하는 데 도움이 되기도 해. 그렇지만 분명히 허구와 사실을 구별해야 한다고 봐.
>
> **을:** 하지만 사람들은 동화를 통해 현실에 대한 다양한 해석과 교훈을 얻어가. 동화를 무조건 허구로만 치부하고 실제와 분리하는 게 항상 옳은 결정은 아닐 수 있어.
>
> **병:** 결국 중요한 건 동화와 실제 사건을 명확히 구별하면서도, 동화가 주는 교훈과 의미를 인정하는 균형 잡힌 이해라는 거지.

① 동화와 실제 사건을 구별할 필요가 있다는 점에 대해 갑과 병은 동의하지만 을은 동의하지 않는다.

② 동화가 현실을 반영한 진실임을 인정하면서도, 동시에 실제 사건과는 구별해야 한다는 점에 대해 병은 동의한다.

③ 역사적 인물에 관한 전설과 동화가 현실 이해에 도움이 된다는 점에 대해 갑과 병은 동의하지만 을은 동의하지 않는다.

④ 동화가 사회 현실을 반영해 진실의 한 형태가 될 수 있으며 거기서 교훈을 얻을 수 있다는 점에 대해 을과 병은 동의한다.

015

다음 대화의 (가)에 들어갈 말로 적절한 것은?

> **갑:** 신규 공무원 전임자는 신입 직원의 업무 적응을 지원해야 하는 선배 공무원이야. 모든 신규 공무원 전임자는 선배 공무원이니까 업무에 관한 사항이 구체적으로 나타나도록 인계·인수해야 할 책임이 있어. 하지만 신규 공무원 전임자가 아닌 사람이라면 누구도 그렇게 인계·인수해야 할 책임은 없지.
>
> **을:** 네가 "신규 공무원 전임자가 아닌 모든 사람은 업무에 관한 사항이 구체적으로 나타나도록 인계·인수해야 할 책임이 없다."라는 주장을 하려면 "___(가)___."가 참이어야 해.

① 몇몇 선배 공무원은 업무에 관한 사항이 구체적으로 나타나도록 인계·인수해야 할 책임이 없다

② 모든 신규 공무원 전임자는 업무에 관한 사항이 구체적으로 나타나도록 인계·인수해야 할 책임이 없다

③ 업무에 관한 사항이 구체적으로 나타나도록 인계·인수해야 할 책임이 있는 사람은 모두 신규 공무원 전임자이다

④ 업무에 관한 사항이 구체적으로 나타나도록 인계·인수해야 할 책임이 없는 사람은 모두 신규 공무원 전임자가 아니다

016

다음 글에 대해 평가한 내용으로 가장 적절한 것은?

> 인터넷은 누구나 쉽게 접근할 수 있는 공간으로, 정보 공유와 소통이 활발하게 이루어진다. 그러나 인터넷상 표현의 자유가 무분별하게 남용될 경우, 악성 댓글과 허위 정보 유포로 인해 타인의 인격과 사생활이 침해되는 문제가 발생한다. 이에 따라 표현의 자유에 일정 부분 제한이 필요하다는 주장이 제기되고 있다. 이를 찬성하는 측은 악성 댓글은 피해자에게 심리적 상처를 주며, 거짓 정보는 사회 혼란과 불신을 키울 수 있기 때문에 제한이 필요하다고 주장한다.
>
> 반면, 표현의 자유 제한에 반대하는 측의 입장도 강력하다. 인터넷은 다양한 의견이 자유롭게 오가는 공간이며, 제한이 강화되면 자신의 목소리를 내기 어렵고, 민주주의 발전에도 부정적인 영향을 미친다는 것이다. 특히 그들은, 인터넷은 누구나 쉽게 의견을 개진할 수 있는 장을 제공하여 여론 형성과 사회적 논쟁을 촉진하는 역할을 하므로 과도한 규제는 이런 긍정적인 기능을 약화하는 동시에 사회적 혼란을 조장할 수도 있다고 주장한다. 또한 대부분의 네티즌은 익명성 뒤에 숨어 악의를 품고 글을 쓰는 것이 아니라, 유익한 정보와 건전한 논의를 위해 노력한다는 점도 간과해서는 안 된다고 말한다.

① 익명성 보장이 시민의 자유로운 비판과 참여를 가능하게 하는 중요한 요소라는 주장은 찬성 측의 입장을 강화한다.

② 코로나19 시기에 허위 정보 확산으로 백신 접종률이 저하되고 방역 혼란이 생겼던 사건은 찬성 측의 입장을 약화한다.

③ 검열과 규제로 인해 오히려 음모론, 반정부 감정이 확대된 사례는 반대 측의 입장을 강화한다.

④ 인터넷을 통해 다양한 사회 의견이 상호작용하는 과정에서 건강한 민주주의가 촉진된다는 이론은 반대 측의 입장을 약화한다.

[017~018] 다음 글을 읽고 물음에 답하시오.

예술의 발전에는 일정한 흐름과 단계가 존재한다. 초기에는 다양한 양식과 표현이 공존하며, 예술가들은 각자의 방식으로 창작을 시도한다. 이 시기에는 명확한 기준이나 우세한 사조가 없어, 작품의 감상도 각기 다르다.

어느 순간 ㉠이전 시기와는 다르게 특정 양식이나 사조가 주목받으면서, 많은 예술가들이 이를 따르기 시작한다. 하나의 사조가 시대를 대표하게 되면, 예술가들은 이 사조의 규범과 관습에 따라 작품을 생산하고, 감상자들도 일관된 기준으로 예술을 평가한다. 이때 창작의 방향이 통일되고, 예술의 품격이나 완성도가 높아졌다고 평가받는다.

그러나 시간이 흐르며 기존 사조의 한계와 문제점이 드러나고, 일부 예술가들은 새로운 길을 찾기 시작한다. ㉡이 시기에 이들은 전통을 비판하거나 파격적인 시도를 통해 변화를 꾀한다. 새로운 양식이 받아들여지면서 예술계 전체에 변화가 확산되고, ㉢이전 시기의 사조를 따르는 작품이 여전히 주류로 나타나지만 이전과는 전혀 다른 형태의 예술도 등장한다. ㉣이 시기에는 감상의 기준은 상반되는 두 가지 기준으로 통일되게 나타난다. 다만 감상의 기준이 상반되기 때문에 동일된 작품에 대한 평가가 극과 극으로 이루어질 수 있다.

이러한 예술의 발전 과정을 통해 과거 특정 시기의 예술 발달 정도를 가늠할 수 있는데, (가)간혹 이상의 기준으로 예술 발달 정도를 가늠할 수 없는 시기가 나타난다.

017

윗글의 (가)를 강화하는 것으로 가장 적절한 것은?

① 기존 사조를 따르지 않는 파격적인 시도가 나타나지만 감상의 기준이 통일되지 않은 시기가 있다.
② 예술의 완성도나 품격이 높아지지만 여러 작가들이 하나의 양식으로 작품을 창작하는 시기가 있다.
③ 기존 사조를 따르는 작품들도 존재하며 동일한 작품에 대해 상반되는 평가가 이루어지는 시기가 있다.
④ 기존 사조의 문제점을 꼬집는 예술 작품이 등장했지만 기존 사조의 예술 작품도 여전히 창작되는 시기가 있다.

018

문맥상 ㉠~㉣ 중 지시 대상이 같은 것만으로 묶인 것은?

① ㉠, ㉢
② ㉡, ㉢
③ ㉡, ㉣
④ ㉢, ㉣

019

다음 대화의 ㉠에 들어갈 말로 가장 적절한 것은?

> 갑: 강릉 도로 노선 승격에 동의하는 전문가는 모두 단양 도로 노선 승격에 동의하지 않아.
> 을: 태안 도로 노선 승격에 동의하거나 통영 도로 노선 승격에 동의하는 전문가는 모두 강릉 도로 노선 승격에 동의해.
> 갑: 그럼 태안 도로 노선 승격과 통영 도로 노선 승격 어느 것에도 동의하지 않는 전문가가 있겠군.
> 을: 너는 [㉠]고 생각하고 있구나?

① 강릉 도로 노선 승격에 동의하는 전문가가 있다
② 단양 도로 노선 승격에 동의하는 전문가가 있다
③ 태안 도로 노선 승격에 동의하는 전문가가 있다
④ 통영 도로 노선 승격에 동의하는 전문가가 있다

020

다음 글을 참고하여 <자료>의 ㉠~㉣을 바르게 연결 지은 것은?

언어는 살아 있는 유기체이다. 언어의 의미도 생성, 성장, 소멸의 변화 과정을 거친다. 이는 국어의 어휘도 예외가 아니다. 시간의 변천에 따라 중세 국어에서 현대 국어로 넘어오면서 중세부터 쓰이던 단어들 중 의미에 변화가 생긴 단어들이 있다. 이러한 단어들의 의미 변화는 크게 세 종류로 나눌 수 있는데, 첫 번째는 의미의 확대, 두 번째는 의미의 축소, 세 번째는 의미의 이동이다.

의미의 확대는 단어의 의미 영역이 넓어지는 일반화 현상으로, 대개 해당 단어의 사용 영역이 넓어지는 현상이다. 예컨대 '놀부'라고 하는 구체적 인물이 '욕심과 심술이 많은 사람'을 지칭하게 된 것이 있다. 의미의 축소는 단어의 의미 영역이 좁아지는 특수화 현상으로, 해당 단어의 사용 영역이 좁아지는 현상이다. 예컨대 '얼굴'이라는 단어가 본래는 '형체'를 뜻했으나 지금은 '안면부'를 의미하는 것으로 그 영역이 좁아졌다. 마지막으로 의미의 이동은 단어의 의미 영역이 넓어지거나 좁아지는 일 없이 단어의 의미가 변화하는 현상이다. 예컨대 '두꺼비집'이라는 단어는 본래 '두꺼비의 집'이었으나 그 의미가 '전기 개폐기'로 변화하였다.

자료			
	단어	과거의 의미	현재의 의미
㉠	세수	손을 씻음	얼굴을 씻음
㉡	미인	아름다운 사람	아름다운 여인
㉢	아저씨	숙부, 작은아버지	성인 남성
㉣	어리다	어리석다	나이가 적다

	의미의 확대	의미의 축소	의미의 이동
①	㉠	㉡	㉢, ㉣
②	㉠, ㉡	㉢	㉣
③	㉠, ㉢	㉡	㉣
④	㉠	㉡, ㉣	㉢

모의고사
21회

시작 시간	시	분	초
종료 시간	시	분	초
총 소요 시간		분	초

001

<공공언어 바로 쓰기 원칙>에 따라 수정한 것으로 적절하지 않은 것은?

〈공공언어 바로 쓰기 원칙〉
○ 주어와 서술어의 호응
  – ㉠능동과 피동의 관계를 정확하게 사용함.
○ 여러 뜻으로 해석되는 표현 삼가기
  – ㉡중의적인 문장을 사용하지 않음.
○ 번역 투의 표현 삼가기
  – ㉢번역 투의 문장 대신 자연스러운 우리 식의 표현을 사용함.
○ 대등한 구조를 보여 주는 표현 사용
  – ㉣'–고', '와/과' 등으로 접속될 때에는 대등한 관계를 사용함.

① "기관은 여러분의 개인정보가 안전하게 보호됩니다."를 ㉠에 따라 "기관은 여러분의 개인정보를 안전하게 보호합니다."로 수정한다.
② "선생님이 보고 싶어 하는 학생이 많다."를 ㉡에 따라 "선생님이 보고 싶은 학생이 많다."로 수정한다.
③ "신청서는 담당자에 의해 검토됩니다."를 ㉢에 따라 "담당자가 신청서를 검토합니다."로 수정한다.
④ "나눠드린 안내문 배포와 확인해 주세요."를 ㉣에 따라 "나눠드린 안내문을 배포해 주시고, 안내문의 내용을 확인해 주세요."로 수정한다.

002

다음은 '디지털 교육 격차의 현황과 해소 방안'이라는 주제로 글을 쓰기 위한 개요이다. 수정·보완하기 위한 방안으로 적절하지 않은 것은?

Ⅰ. 서론: 디지털 교육 격차 해소의 필요성
Ⅱ. 본론:
  1. 디지털 교육 격차의 폐해 ································ ㉠
    가. 기초 학력 격차의 심화
  2. 디지털 교육 격차의 현황 ···························· ㉡
    가. 저소득층 학생의 디지털 학습 환경 열악
    나. 농어촌 지역의 디지털 인프라 부족
  3. 디지털 교육 격차를 해소하기 위한 방안
    가. 저소득층 학생 대상 학습 기기 보급 및 통신비 지원 확대
    나. _____ ·············· ㉢
    다. 디지털 교육 축소를 위한 온라인 수업 중단 ·············· ㉣
Ⅲ. 결론: 디지털 교육 격차 해소를 통한 교육 형평성 제고

① ㉠의 하위 항목으로 '계층 간 불평등의 고착화'를 추가한다.
② ㉡은 'Ⅱ-2'의 하위 항목을 포괄하지 않으므로 '디지털 교육 격차의 관련 개념'으로 바꾼다.
③ ㉢에는 'Ⅱ-2-나'를 고려하여 '농어촌 지역의 디지털 인프라 확충을 위한 공공 투자 강화'라는 내용을 넣는다.
④ ㉣은 'Ⅱ-2'와 대응하는 내용이 아니므로 삭제한다.

003

다음 글에서 추론한 내용으로 가장 적절한 것은?

실제 대화에서 사람들이 상대를 평가할 때는 말의 내용보다 말하는 태도나 분위기에 더 주의를 기울이는 경우가 흔하다. 곧, 수신자는 단순히 '무슨 말을 했는가'보다 '어떤 방식으로 말을 전했는가'를 기준으로 화자의 태도와 의도를 짐작하는 것이다. 그래서 상대가 예의를 지키며 진심을 담아 말하면 그 자체로 긍정적인 인상을 남기지만, 아무리 좋은 말이라도 무심하거나 거칠게 표현되면 쉽게 불쾌감을 유발할 수 있다.

가령 같은 충고일지라도 부드럽고 따뜻한 어투로 건네면 호의로 받아들여지지만, 퉁명스럽고 무례한 태도로 건네면 지적이나 비난처럼 느껴진다. 또한 말하는 순간 눈을 피하거나 다른 곳을 향해 있다면, 그 순간 전달되는 것은 말의 의미가 아니라 무관심이나 경시 같은 태도의 신호로 받아들여질 가능성이 크다. 이는 대화 참여자 간의 신뢰 형성을 방해한다.

더 나아가 대화에서는 메시지가 직접 전해지는 과정과 그 상황에서 공유되는 정서적 맥락이 매우 중요하다. 같은 표현이라도 당사자가 직접 말해 줄 때와 제삼자를 통해 전달될 때 듣는 사람의 반응은 전혀 달라진다. 이는 언어적 의미보다 상황 속에서 자연스럽게 전달되는 메타 메시지를 함께 경험하는지가 핵심적 기준이 되기 때문이다. 즉, 대화란 단순한 정보의 교환이 아니라, 태도와 맥락을 함께 나누는 행위라고 볼 수 있다.

① 청자는 화자가 말하는 내용으로는 상대를 평가하지 않는다.
② 화자가 말하는 태도는 청자의 화자에 대한 신뢰도에 영향을 미친다.
③ 상대가 예의를 지키며 말하더라도 듣는 이의 태도에 따라 불쾌감이 유발될 수 있다.
④ 대화에서는 메시지가 전해지는 과정보다는 화자와 청자 간의 공유되는 정서적 맥락이 중요하다.

004

다음 글에서 추론한 내용으로 가장 적절한 것은?

어떤 제품의 결함 여부를 확인하고, 그 결함이 어떤 이유에서 발생하며, 제품에는 어떤 영향을 미치는지 등을 파악하기 위해 등장한 기술이 비파괴 검사이다. 비파괴 검사는 검사의 대상이 되는 제품이나 재료를 손상시키지 않고 제품이나 재료의 결함이나 이상 여부를 검사하는 기술을 말하는데, 대표적인 비파괴 검사 방법에는 방사선 투과 검사가 있다.

초음파 탐상 검사와 함께 내부 결함 검출에 이용되는 방사선 투과 검사는 엑스선, 감마선 등의 방사선을 시험체에 투과시켜 필름에 그 상을 재생하여 시험체 내부의 결함이나 이상 유무를 파악하는 검사 방법이다. 이 방법은 시험체 내부의 결함을 검출하는 데 가장 널리 이용되고 있다. 엑스선이나 감마선은 물체를 투과하는 성질이 있는데, 투과 정도는 시험체의 밀도나 두께 등에 따라 달라진다. 만약 시험체 내부에 결함이 있으면 결함이 없는 부분과 결함이 있는 부분의 밀도에 차이가 생기고, 시험체를 투과하여 나오는 방사선의 양에도 차이가 생기게 된다. 결함 부분의 밀도는 결함이 없는 부분의 밀도보다 작다. 따라서 결함 부분을 투과하는 방사선량이 결함이 없는 부분을 투과하는 방사선량보다 많기 때문에 시험체 뒤에 부착된 필름을 현상하면 주위보다 더 검게 나타나게 된다.

방사선 투과 검사는 거의 모든 재질을 검사할 수 있으며, 검사 결과는 필름에 영구적으로 기록을 남길 수 있다. 그러나 다른 검사에 비해 검사 비용이 많이 들고 방사선 피폭에 의한 위험 때문에 안전에도 문제가 발생할 수 있다는 점은 한계로 지적된다.

① 방사선의 투과 정도는 시험체의 밀도나 두께에 영향을 거의 받지 않는다.
② 방사선 투과 검사 후 필름을 분석하면 시험체 결함의 위치를 파악할 수 있다.
③ 방사선 투과 검사는 초음파 탐상 검사와 달리 내부 결함 검출에 이용되는 비파괴 검사이다.
④ 방사선 투과 검사에서는 검사 과정에서 발생하는 방사선 피폭으로 인해 제품이 손상될 수 있다.

005

다음 글에서 도출할 수 있는 언론의 특성으로 가장 적절한 것은?

미국 정부는 1990년대 초 걸프전을 치르면서 미디어의 정보 흐름을 통제하였으며, 그 결과 정부가 원하는 방향으로 사회적 의제를 조절할 수 있었다. 사회가 처한 위기 상황을 의제화하여 해결 방향까지 언론에 의해 유도할 수 있었던 것이다. 아엔거와 사이먼의 연구에 따르면 실제로 걸프전 이후에 이루어진 많은 연구들이 이러한 언론의 역할을 지적하고 있다. 즉, 전쟁 시기에 텔레비전 뉴스가 시청자들의 정치적 관심과 당시 대통령이었던 조지 부시에 대한 평가의 관점을 변경시켰다는 것이다. 걸프전 이전에 미국인들은 경제와 범죄 문제를 중요한 사회적 이슈로 간주하고 있었고 부시 대통령에 대한 평가의 관점 역시 경제적 부분에 있었다. 그러나 걸프전 발발 이후에는 전쟁 위기가 미국 사회의 주요 쟁점이 되었고 부시 대통령 평가의 관점 역시 외교 정책으로 선회하였다. 결국 언론이 초점을 두고 보도한 그대로 미국인들도 위기 해결 방안으로 무력 사용을 지지하게 된 것이다.

① 언론은 여론을 특정 방향으로 이끌어 간다.
② 언론은 과열된 여론을 누그러뜨리기도 한다.
③ 언론은 평화로운 상태를 깨고 문제를 야기시킨다.
④ 언론은 흩어진 여론을 한곳으로 모으는 기능을 한다.

006

다음 글의 순서로 가장 적절한 것은?

(가) 일상 영역에서 쓰이는 생활 담화라고 해서 어렵지 않게 이해하고 표현할 수 있는 것은 아니다. 상황 맥락에 따라 달성해야 하는 소통의 목적이 다르기 때문에 세부적인 표현 방식을 효과적으로 조정해야 한다. 효과적으로 표현하기 위해서는 자신의 문법적 지식을 충분히 활용할 필요가 있다.

(나) 이런 절차를 거쳐 정확하고 바르게 표현하게 되면, 일상 언어생활이 원활하게 이루어져 언어로 인한 오해를 예방할 수 있으며 나아가 일상에서 원만한 인간관계를 유지할 수 있다. 주위 사람들에게 좋은 인상을 주고 언어적 교양을 갖춘 생활인으로 거듭나기 위해서는, 일상 언어생활에서 문법적 지식을 활용하여 효과적으로 조정할 수 있는 능력을 갖추어야 한다고 말할 수 있다.

(다) 이제까지 익힌 문법적 지식을 잘 활용하여, 발음은 정확하였는가, 맥락에 맞게 어휘를 잘 선택하였는가, 문장은 이해하기 쉽게 구성하였는가 등 주요 점검 사항을 중심으로 문제점을 찾을 수 있어야 한다. 그리고 이런 문제점을 해결하기 위한 최적의 방안을 마련할 수 있어야 한다.

① (가) – (나) – (다)
② (가) – (다) – (나)
③ (다) – (가) – (나)
④ (다) – (나) – (가)

식품을 상온에 두면 식품 내부에서 일어나는 생물화학적 반응이나 미생물의 증식 등으로 부패가 ㉠일어난다. 이러한 식품의 질적 저하를 방지하기 위해 사용하는 대표적인 방법이 식품을 저온에 저장하는 것이다. 식품의 저온 저장법으로는 냉각과 동결이 대표적인데, 이는 식품의 성질, 저장 기간 등을 고려하여 결정된다.

식품의 저온 저장법에서 물체를 필요로 하는 온도까지 낮추어 유지하는 것을 냉각이라고 하는데, 일반적으로 10℃ 이내의 범위 정도로 저장하는 것을 ㉡가리킨다. 동결은 물체의 온도를 동결점 이하로 낮추어 고체 상태로 유지하는 것인데, 보통 −18℃ 이하로 낮추는 것을 말한다. 대체로 식품을 장기간 저장할 때에는 동결 저장법을 사용하고, 저장 기간이 단기간일 때나 유통 과정 중이라면 냉각 저장법을 사용한다.

식품의 온도를 10℃ 이하로 유지하기 위해서는 특별한 장치가 필요한데, 그것을 '냉동기'라고 ㉢부른다. 현재 냉동기의 대부분은 증발하기 쉬운 액체를 증발시켜 그 잠열을 이용하는 기술을 사용하고 있다. 냉동기는 압축기, 응축기, 팽창 밸브, 증발기로 구성되어 있고, 냉동기에는 증발하기 쉬운 냉매가 들어 있다. 냉동기의 압축기는 증발기로부터 증발된 냉매 증기를 압축시켜 응축기로 ㉣보내고, 응축기는 압축기로부터 나온 고온·고압의 가스 냉매를 물 또는 공기로 냉각시켜 응축한다. 팽창 밸브는 적정량의 액체 냉매를 저압의 증발기로 보내는 역할을 한다. 고압의 냉매는 팽창 밸브를 통과하는 사이에 급격히 저온·저압의 증기가 되고, 증발기에서 냉매는 열을 얻어 증발하고 주위는 저온이 된다.

007

윗글에서 추론한 내용으로 가장 적절한 것은?

① 냉동기에 들어 있는 냉매는 쉽게 증발하기 어려운 특성이 있다.
② 식품의 저장 기간이 단기간일 때는 동결을 사용하는 경우가 많다.
③ 식품의 저온 저장법에서 냉각은 동결과 달리 식품을 영상에서 저장한다.
④ 냉동기에서 팽창 밸브는 액체 냉매를 고압의 증발기로 보내는 역할을 한다.

008

㉠~㉣과 바꿔 쓸 수 있는 유사한 표현으로 적절하지 않은 것은?

① ㉠: 발생한다
② ㉡: 지적한다
③ ㉢: 명명한다
④ ㉣: 전달하고

20세기 초 고전학파 경제학자들은 한 나라의 명목 국민 소득 유지에 필요한 통화량을 분석하기 위해, 통화량과 국민 소득 간의 관계를 연구하였다. 이 과정에서 화폐의 유통 속도 개념을 도입하였는데, 이는 일정 기간 동안 화폐가 국민 소득을 위해 평균적으로 몇 번 사용되었는지를 나타내는 지표이다. 고전학파는 화폐의 유통 속도가 단기적으로 일정하다고 가정하여, 통화량이 국민 소득에 의해 결정된다고 보았고, 이자율이 화폐 수요에 영향을 미치지 않는다고 주장하였다.

케인스는 고전학파의 견해에 반대하여 화폐의 유통 속도가 불안정할 수 있다는 점과 이자율의 중요성을 강조하며, 화폐 수요 이론을 발전시켰다. 그는 사람들이 화폐를 보유하는 동기를 거래적 동기, 예비적 동기, 투기적 동기로 구분하였다. 화폐를 일상적인 거래를 성립시키는 교환의 매개 수단으로 보는 거래적 동기와, 불시의 지출을 대비해서 화폐를 보유하려는 예비적 동기는 모두 국민 소득에 비례하는 화폐 수요를 설명하지만, 케인스는 여기에 더해 투기적 동기도 도입하였다. 투기적 동기는 미래의 이자율 변화에 따라 화폐와 채권 중 어떤 자산에 재산을 투자할지 결정하는 데서 비롯된다.

케인스의 이론에 따르면, 현재 이자율이 미래에 비해 낮을 경우, 채권 가격 하락에 따른 자본 손실을 ㉠피하기 위해 사람들은 화폐를 보유하려는 경향이 강해진다. 반대로 이자율이 높을 경우에는 채권에 투자하여 자본 이득을 얻으려 한다. 이처럼 케인스는 이자율이 화폐 수요에 중요한 영향을 미친다는 점을 강조함으로써, 고전학파의 단순한 교환 매개 수단으로서의 화폐 수요 이론을 한 차원 발전시켰다.

009

윗글에서 추론한 내용으로 가장 적절한 것은?

① 케인스에 의하면 거래적 동기의 화폐 수요는 불시의 지출에 대비하기 위한 수요이다.
② 고전학파 경제학자들은 화폐의 유통 속도가 국민 소득 규모에 비례하여 빨라진다고 보았다.
③ 케인스에 의하면 미래에 이자율이 높아질 것으로 예상되는 경우 사람들은 화폐를 보유하려는 경향을 보인다.
④ 고전학파 경제학자들은 케인스와 달리 이자율을 화폐의 수요에 영향을 미치는 중요한 요인 중 하나라고 생각했다.

010

문맥상 ㉠의 의미와 가장 가까운 것은?

① 손이 든 날을 피하느라 이사가 늦어졌다.
② 그들은 비를 피하려고 처마 밑으로 뛰어갔다.
③ 그들은 난리를 피해 깊은 산골짜기로 들어갔다.
④ 지하실로 몸을 피했지만 결국 잡히고 말았다.

조선 후기에는 신흥 서민 부자가 사회에서 점차 힘을 가지기 시작하였다. 그러나 이들 중 일부는 자신의 이익만을 챙기며 이기적인 행동을 하는 경우가 많았다. 특히 사회의 규범이나 윤리를 무시하고 부도덕한 행위를 일삼는 사람들도 있었는데, 이들을 비판하고자 「옹고집전」이라는 작품이 등장하였다. 옹고집은 바로 그런 부류의 인물을 대표하는 상징적인 존재다.

「옹고집전」은 옹고집이 저지른 악행을 사회적으로 징계하여 다시 개과천선하게 만드는 과정을 그린다. 이러한 내용 구성은 「장자못 전설」과 「쥐의 둔갑 설화」의 영향을 받았다. 「장자못 전설」에서는 인색한 부자가 ㉠시주를 온 주지승을 천대하였다가 주지승의 도술로 인해 ㉡천벌을 받게 되고, 그로 인해 그의 집터가 연못으로 변하게 된다. 이는 부도덕함에 대한 자연의 응징을 상징한다. 또한 「쥐의 둔갑 설화」에서는 집주인의 ㉢손톱과 발톱을 오래 주워 먹은 쥐가 주인으로 둔갑하여 진짜 주인을 쫓아내는 이야기가 나온다. 진짜 주인은 조력자의 조언으로 ㉣고양이를 데리고 집으로 돌아온다. 집으로 돌아온 고양이는 곧장 가짜를 죽인다.

옹고집은 팔순 노모를 냉대하고, 가난한 승려와 거지들을 학대하는 못된 사람이다. 그의 악행에 한 도사는 그를 꾸짖어 보지만 옹고집은 이를 수용하지 않는다. 결국 도사는 가짜 옹고집을 만들어 그의 집에 보내고, 두 옹고집은 서로 진짜라고 우기게 되어 누가 진짜인지 송사가 진행된다. 판결 결과 가짜 옹고집이 오히려 집안 내력과 세세한 것을 더 잘 알고 있어 진짜 옹고집이 패소한다. 진짜 옹고집은 쫓겨나 걸식하며 뉘우치고 도사가 나타나 꾸짖으며 (가)부적을 주어 그를 집으로 돌아가게 한다. 진짜 옹고집이 부적을 던지자 가짜 옹고집은 허수아비로 변하고, 진짜 옹고집은 착한 사람이 되어 가족을 보살핀다.

이처럼 이 이야기에는 부도덕함에 대한 세계의 응징과 거짓과 부정을 물리치고 진실이 승리한다는 교훈을 담고 있다. 또한 조선 후기 사회에서 신흥 부자의 부도덕함을 풍자하여 윤리적 질서를 회복하고자 하는 당대 사회의 열망을 담고 있다.

011

윗글을 이해한 내용으로 적절하지 않은 것은?

① 「옹고집전」에는 조선 후기 신흥 서민 부자에 대한 비판적 시각이 반영되어 있다.
② 「옹고집전」과 「쥐의 둔갑 설화」는 가짜가 오히려 진짜를 이기는 사건으로 전개된다.
③ 인색한 부자가 시주 온 주지승을 천대하다가 집터가 연못이 된다는 설정은 자연의 응징을 상징한다.
④ 「장자못 전설」과 「쥐의 둔갑 설화」 모두 부정적인 인물이 스님의 저주를 받아 천벌을 받는 사건이 제시된다.

012

윗글의 ㉠~㉣ 중 이야기 속에서 (가)의 기능과 가장 가까운 것은?

① ㉠   ② ㉡
③ ㉢   ④ ㉣

013

다음 글을 읽은 후의 반응으로 가장 적절한 것은?

국어의 경우 고저와 강약은 감정 표현 내지 장단에 따른 부차적 요소로 나타나므로 운소라고 하기 어렵다. 반면에 밤[밤:]과 밤[밤]은 오직 모음의 길이에 따라 각각 '먹는 밤(栗)'과 '어두운 밤(夜)'으로 의미가 분화한다. 눈[눈:]과 눈[눈]도 역시 '하늘에서 내리는 눈(雪)'과 '감각 기관인 눈(眼)'으로 구분된다. 그러므로 국어의 초분절 음소로 장음소를 설정할 수 있으며, 표시는 /:/으로 한다. 그런데 이 장단 구분도 첫째 음절에서만 이루어지며, 둘째 음절 이하에서는 변별 기능이 사라진다. 밤[밤:]과 군밤[군:밤], 눈[눈:]과 함박눈[함방눈] 등이 그 예이다.

① 국어의 경우 고저는 하나의 운소로 볼 수 있겠군.
② 자음의 길이에 따라 단어의 의미가 달라질 수 있겠군.
③ 소리의 길이가 다르면 단어의 의미는 동일할 수 없겠군.
④ 어두운 '밤[밤]'과 '군밤[군:밤]'의 '밤'은 소리의 길이가 같겠군.

014

㉠의 사례로 적절하지 않은 것은?

명령문은 화자가 청자에게 자기의 뜻대로 행동하길 요구하거나 요청하는 문장 유형이다. 청유문과 달리 명령문은 청자가 어떤 행동을 하도록 강하게 요구하는데, '빨리 골라라', '그 애를 너무 나무라지 말렴', '세게 치지 마시오', '그만 좀 하세요' 등의 형태로 실현된다. 그런데 이런 ㉠명령형 종결 어미가 사용되지 않은 문장이 명령문의 기능을 하는 경우가 있다.

① (혼자 일하는 동료에게) 좀 쉽시다.
② (떠드는 학생에게) 지금은 수업 시간이야.
③ (문을 막고 있는 사람에게) 좀 지나갈게요.
④ (밥을 안 먹는 아이에게) 이것 좀 먹어 보아라.

015

(가)~(다)를 전제로 결론을 이끌어 낼 때, 빈칸에 들어갈 말로 가장 적절한 것은?

(가) 충분한 수면을 취하지 못하면, 건강을 유지하기 어렵다.
(나) 커피를 많이 마시면, 체내 수분이 부족하거나 충분한 수면을 취하지 못한다.
(다) [ ].
따라서 커피를 많이 마시면, 건강을 유지하기 어렵다.

① 충분한 수면을 취한다
② 건강을 유지하기 어렵다
③ 커피를 많이 마시지 않는다
④ 체내 수분이 부족하지 않다

016

갑~정의 진술을 평가한 내용으로 적절한 것만을 <보기>에서 모두 고르면?

> **갑**: 어떤 주무관은 포상휴가를 간다.
> **을**: 어떤 주무관은 적극행정 우수공무원으로 선발된다.
> **병**: 적극행정 우수공무원으로 선발되는 모든 주무관은 포상휴가를 간다.
> **정**: 적극행정 우수공무원으로 선발되지 않는 모든 주무관은 포상휴가를 가지 않는다.

> ┤ 보기 ├
> ㄱ. 갑과 정의 진술이 모두 참일 때 을의 진술은 반드시 참이다.
> ㄴ. 을과 병의 진술이 모두 참일 때 갑의 진술은 반드시 참이다.
> ㄷ. 을과 정의 진술이 모두 참일 때 갑의 진술은 반드시 참이다.

① ㄱ
② ㄷ
③ ㄱ, ㄴ
④ ㄴ, ㄷ

017

다음 글의 내용이 참일 때, 반드시 참인 것만을 <보기>에서 모두 고르면?

> 농촌진흥청은 '중소도시 활성화를 위한 도시 · 치유농업 활용 방안'을 주제로 국제 학술토론회를 열고자 한다. 일본, 중국, 베트남, 이탈리아 4개국 해외 도시 · 치유농업 전문가들의 참여와 관련하여 다음 사실들이 공개되었다.
>
> ○ 중국 전문가와 베트남 전문가 중 적어도 한 사람은 국제 학술토론회에 참여한다.
> ○ 중국 전문가와 이탈리아 전문가가 함께 국제 학술토론회에 참여하는 경우는 없다.
> ○ 일본 전문가가 국제 학술토론회에 참여하면, 중국 전문가도 국제 학술토론회에 참여한다.
> ○ 이탈리아 전문가가 국제 학술토론회에 참여하지 않으면, 중국 전문가도 국제 학술토론회에 참여하지 않는다.

> ┤ 보기 ├
> ㄱ. 베트남 전문가는 국제 학술토론회에 참여한다.
> ㄴ. 4개국의 전문가 중 적어도 두 사람은 국제 학술토론회에 참여한다.
> ㄷ. 중국 전문가와 이탈리아 전문가는 모두 국제 학술토론회에 참여하지 않는다.

① ㄱ
② ㄷ
③ ㄱ, ㄴ
④ ㄴ, ㄷ

018

다음 대화에 대한 평가로 적절한 것만을 모두 고르면?

> **갑**: 예전에는 '주책이다', '까탈스럽다' 같은 단어들이 비표준어였는데, 최근에 표준어로 인정된 걸 봤어요. 이렇게 표준어의 정의가 시대와 사회 변화에 따라 변하는 걸 직접 느껴요.
> **을**: 맞아요. 표준어는 한 사회에서 공식적으로 인정된 언어 사용 기준이에요. 하지만 이 기준은 갑자기 바뀌지 않고 신중한 검토와 사회 합의를 거쳐 변화합니다. 예를 들어, 여러 지역에서 다르게 쓰이던 발음이나 어휘가 표준어에 포함되기도 하므로 변화는 점진적입니다.
> **갑**: 그래도 빠른 시대 변화에 비해 표준어 정책은 너무 느리고 딱딱해 보여서, 실제 일상에서 쓰이는 말이 빨리 반영되면 좋겠어요.
> **을**: 표준어가 너무 빨리 바뀌면 언어의 통일성과 신뢰성이 떨어질 수 있어요. 정책은 언어 질서 유지를 위해 꼭 필요한 제도라는 점을 잊으면 안 됩니다.

> ㄱ. '나래'와 같은 문학적 표현이 오랜 시간 검토된 후 합의를 거쳐 표준어로 인정된 사례는 갑과 을의 입장을 모두 강화한다.
> ㄴ. 사회적 합의 없이 불시에 표준어로 변경된 사례가 없다는 주장은 갑의 입장을 강화한다.
> ㄷ. '오뚝' 등 일부 단어가 표준어 지정을 위해 검토되었으나 기준 미달로 지정되지 않은 사례는 을의 입장을 강화한다.

① ㄷ
② ㄱ, ㄴ
③ ㄱ, ㄷ
④ ㄱ, ㄴ, ㄷ

019

'다문화 사회'에 대한 글을 쓰기 위해 수집한 자료이다. 이를 토대로 쓸 글의 내용으로 적절하지 않은 것은?

(가) 외국인 근로자가 유발하는 생산 증가와 소비 증가 효과

(단위: 조 원) / E: 추정

연도	2002	2010	2020	2030(E)	2050(E)
생산 증가 효과	2.2	5.3	8.6	11.4	14.9
소비 증가 효과	0.3	2.4	6.1	8.8	11.7

(나) 기사 자료

결혼, 이민, 취업 등을 통해 우리나라로 들어오는 외국인들의 수는 해마다 급속히 늘어나고 있다. 이들은 보이지 않는 제도적 차별에 시달리고 있으며, 이들에 대한 사회의 시선 역시 여전히 차가운 상황이다.

(다) 인터뷰 자료

"장기 연수를 위해 미국에 갔을 때, 주 정부는 자원봉사자를 보내 저의 현지 적응을 적극적으로 도와주었습니다. 덕분에 큰 어려움 없이 연수를 잘 마칠 수 있었습니다. 영국이나 독일에서 장기 연수를 했던 친구들도 유사한 경험을 했다고 합니다."

① 외국인이 누리는 소비 수준에 비해 우리나라의 생산 증가에 기여하는 바가 부족하다는 사실을 지적한다.

② 우리나라는 다른 나라에 비해 외국인에 대한 정부의 제도적 배려가 미흡한 편이라는 점에 문제를 제기한다.

③ 외국인의 증가에도 불구하고 우리의 사회적 인식과 대응은 그러한 변화를 따라가지 못하고 있다는 점을 밝힌다.

④ 외국인을 사회 구성원으로 수용하고 그들을 위한 정책을 펴는 것이 국가 경제 발전에도 유리하다는 점을 강조한다.

020

다음 대화에 대한 평가로 적절한 것만을 모두 고르면?

> 갑: 우리 사회의 저출산과 고령화 문제가 심각해지면서 미래 세대 부담이 커지고 있어요. 젊은 층이 적어지니 경제 성장도 둔화할 거고, 복지 재정도 부족해질 거라고 봐요.
>
> 을: 맞아요, 문제는 점점 심각해지지만, 그래도 정부가 출산 장려 정책과 노인 복지 확대를 위해 노력하고 있다는 점에 주목하고 싶어요. 다양한 지원책 덕분에 출산율이 점차 회복되는 조짐도 보이고 있으니, 시간이 지나면 충분히 괜찮아질 거예요.
>
> 갑: 그런데 정책 효과가 충분한 정도로 빠르게 나타나지는 않고 있다는 점이 문제예요. 특히 일과 가정을 양립하기 쉽지 않아 여성들이 출산을 기피하는 현실은 멈출 기미가 안 보이네요.
>
> 을: 맞아요. 저출산의 핵심 요인 중 하나는 여성의 경력 단절 우려입니다. 그 부분은 단순히 개인의 의지나 노력만으로는 해결할 수 없다고 봐요. 기업 문화의 변화와 함께 사회적 인식이 개선되지 않는다면 결코 바뀔 수 없는 부분이거든요.

> ㄱ. 여성의 경력 단절 문제 심화를 지적하는 연구 결과는 갑과 을의 입장을 강화한다.
>
> ㄴ. 일부 지방 정부의 보육 지원금 제공과 유연 근무제 확대 정책이 이루어진 지 얼마 되지 않아 해당 지역 출산율이 급격하게 증가했다는 주장은 갑의 입장을 강화한다.
>
> ㄷ. 출산 지원 예산 증액이 예상보다 출산율 상승에 미치는 영향이 제한적이라는 연구 결과는 을의 입장을 약화한다.

① ㄷ

② ㄱ, ㄴ

③ ㄱ, ㄷ

④ ㄱ, ㄴ, ㄷ

모의고사
22회

001

<공공언어 바로 쓰기 원칙>에 따라 <공문서>의 ㉠~㉣을 수정한 것으로 적절하지 않은 것은?

〈공공언어 바로 쓰기 원칙〉
○ 외국어나 외래어는 우리말로 다듬을 것.
○ 중복되는 표현을 삼갈 것.
○ 영어 번역 투를 우리말답게 바꿔 쓸 것.
○ 능동과 피동 등 헷갈리기 쉬운 것에 유의할 것.

〈공문서〉
☐ 지방교육자치의 내실화
　○ 불필요하고 비효율적인 규제 없앰
　　− 교육 부문 규제에 대한 근본적인 ㉠패러다임 전환을 위해 현행 초중등 교육 법령 체계 전반에 대한 전면 재검토 작업 ㉡착수 시작
　○ 현장 방문으로 지속적인 자율화 과제 발굴
　　− 규제 발굴 현장 방문단을 구성하여 ㉢현장에서 필요로 하는 자율화 과제를 상시 발굴
☐ 고교 다양화 300 연구 과제
　○ 학교 특색 살리기 계획 추진
　　− 대학 입시 3단계 ㉣자율화 방안이 차질 없이 추진하는 중

① ㉠: 체계
② ㉡: 착수
③ ㉢: 현장에서 필요한
④ ㉣: 자율화 방안을 차질 없이 추진되는 중

002

다음 글을 이해한 내용으로 가장 적절한 것은?

　우리 몸에 생기는 염증은 세균, 바이러스, 먼지 등 외부에서 들어온 해로운 물질이나 상처로 인한 조직 손상을 막기 위한 자연스러운 방어 작용이다. 예를 들어 넘어져서 무릎이 까지거나, 모기에 물렸을 때, 또는 뜨거운 물에 화상을 입었을 때 몸은 곧바로 염증 반응을 시작한다.

　조직이 손상되면 우선 그 부위의 작은 혈관들이 넓어져 피가 많이 몰리게 된다. 그러면 백혈구와 같은 면역 세포가 상처 부위로 몰려가 세균이나 손상된 세포 조각을 제거한다. 이 과정에서 '사이토카인'이나 '히스타민' 같은 신호 물질이 분비되어 혈관 벽이 조금 헐거워진다. 그러면 면역 세포들이 더 쉽게 이동할 수 있다. 그 결과 상처 주변이 붉게 부어오르고, 열이 나거나 아픈 느낌이 생긴다. 이 모든 반응은 몸이 스스로 상처를 치료하는 과정에 해당한다.

　염증은 이렇게 우리 몸을 지키는 중요한 과정이지만, 너무 오래 지속되거나 과도해지면 오히려 주변 조직을 손상시킬 수 있다. 그래서 몸은 상처가 회복되면 염증 반응을 서서히 줄이는 장치도 가지고 있다. 즉, 염증은 적당히 일어나야 건강을 지키고 회복을 돕는 필수적인 반응이라고 할 수 있다.

① 신호 물질인 '히스타민'은 우리 몸에 침입한 세균을 직접 방어하는 역할을 한다.
② 상처가 회복되면 상처 주변이 붉게 부어오르고 열이 발생하는 등의 염증 반응이 일어난다.
③ 세균이 몸에 침입하면, 염증 반응이 일어나 혈관 벽이 헐거워지면서 면역 세포가 쉽게 이동할 수 있다.
④ 염증은 먼지 등의 무생물이 아닌, 세균이나 바이러스와 같은 생물에 의해 발생하는 조직 손상을 막기 위한 방어 작용이다.

003

다음 글의 제목으로 가장 적절한 것은?

여론 현상이란 다수인의 결합된 의견이더라도 결코 전체 의견인 것은 아니기에 상대성을 띠는 것이고, 따라서 전체 의견에 내재된 모순을 어느 정도 털어 버릴 수가 있다. 그렇다고 여론 그 자체가 항상 옳다고 말할 수는 없다. 제아무리 여론 그 자체에 국민의 의지가 깃들어 있다고 하더라도 여론이 항상 옳다고 우기는 것 역시 독선이 도사리고 있기 때문이다.

따지고 보면 여론이란 본질적으로 야누스적인 성격을 지니고 있다. 따라서, 여론은 존중되기도 하는가 하면 동시에 경멸되기도 한다. 여론에 관해서 많은 관심을 기울였던 헤겔이 말하기를, "여론에는 진실과 허위가 공존하고 있다. 여론에서 진실을 발견해 내는 것은 위대한 인간의 임무이다. 왜냐하면, 여론이 무엇을 원하고 무엇을 의미하며 무엇을 수행하는가를 말하는 사람은 바로 자기 시대의 내면과 본질을 인식하고 있는 위대한 인물이기 때문이다. 그러나 한편 여론이 일부 표현에서 어떻게 경멸되고 있는가를 알지 못하는 사람은 결코 위대한 인물이 될 수 없을 것이다."라고 했다.

① 여론의 이중성 ② 여론의 일치성
③ 여론의 상대성 ④ 여론의 다양성

004

A 회사 직원들의 근무와 관련하여 다음과 같은 정보를 얻었다. 관리자와 적극 협의하는 직원만이 업무의 효율성이 높다는 결론을 이끌어 낼 수 있는 추가 정보는?

〈정보〉
관리자와 적극 협의하지 않는 직원은 다른 장소에서 근무하지 못한다.

① 관리자와 적극 협의하는 직원은 업무의 효율성이 높다.
② 업무의 효율성이 높은 직원만이 다른 장소에서 근무한다.
③ 다른 장소에서 근무하지 못하는 직원은 업무의 효율성이 높지 않다.
④ 업무의 효율성이 높지 않은 직원은 다른 장소에서 근무하지 못한다.

005

다음 대화에 대한 평가로 적절한 것만을 모두 고르면?

갑: 스마트 시티는 첨단 기술을 활용해 도시 문제를 해결하고 생활 편의를 높일 수 있어. 발전된 기술을 통해 교통, 에너지, 환경 데이터를 실시간으로 관리할 수 있으니, 효율성은 높아지고 시민 서비스도 개선될 거야. 게다가 이런 변화는 도시의 경쟁력 강화로 이어져 지역 경제에도 활력을 줄 거고.

을: 기술 도입이 모든 답은 아니야. 스마트 인프라 구축에는 막대한 비용이 들고, 기술 인프라가 취약한 구도심은 오히려 그 과정에서 소외될 수도 있어. 그러니 기존 공동체와 공간을 보존하면서 재생하는 접근이 더 필요하다고 봐. 기술 중심의 개발이 사람 중심의 가치와 충돌해서는 안 되니까.

갑: 오히려 스마트 기술이 도입되면 구도심도 새로운 산업과 일자리를 창출할 기회가 생기지 않을까? 예를 들어 에너지 관리 시스템이나 교통 로그 분석 같은 사업은 지역의 청년 창업을 촉진할 거고, 그로 인해 주민들은 일상에서 변화의 혜택을 누릴 수 있을 거야.

을: 물론 그런 기능이 의미는 있지만, 기술만 강조하다 보면 지역 고유의 문화나 정체성이 사라질 위험이 커. 스마트 시티는 수단이지 목적이 되어선 안 돼. 도시 재생은 기술보다 '사람 중심의 도시 환경'을 만드는 게 핵심이라고 생각해.

ㄱ. 스마트 시티 구축 후 빈부격차가 심화되었다는 조사 결과는 갑과 을의 입장을 약화한다.
ㄴ. 구도심에 스마트 기술 기반 교통 관리 시스템을 구축해 교통 체증을 크게 줄인 사례는 갑의 입장을 강화한다.
ㄷ. 스마트 시티 프로젝트로 인해 구도심 상권이 붕괴되고 전통 시장이 사라졌다는 보고는 을의 입장을 강화한다.

① ㄴ ② ㄱ, ㄴ
③ ㄱ, ㄷ ④ ㄴ, ㄷ

006

⊙과 ⓛ의 예로 적절하지 않은 것은?

> ⊙감성적 광고란 자아 표현, 성, 유머, 두려움, 사랑과 배려, 정, 향수, 즐거움 등을 통해 구매 동기를 유발하는 광고로, 표현의 무게 중심이 제품 자체보다는 제품과 관련되거나 관련시키고자 하는 추구 가치에 있게 된다. 따라서 광고물은 제품에 대한 합리적 설득보다는 다양한 분위기와 감정, 이미지, 자아, 동질화 등을 유발함으로써 브랜드에 대한 긍정적 반응을 형성시키는 데 초점을 두게 된다. 반면 ⓛ이성적 광고란 제품의 속성 및 차별적 경쟁우위, 가격, 신규성, 소비자 혜택 등을 통해 구매 동기를 유발하는 광고로, 표현의 무게 중심은 제품의 물리적 속성에 있게 된다.

① ⊙: 티슈로도 닦아 낼 수 없는 그리움이 있다. – 티슈 광고
　 ⓛ: 다운 패딩보다 1.5배 따뜻한 새로운 패딩 – 패딩 광고
② ⊙: 한 잔의 커피는 한 번의 여행입니다. – 커피 광고
　 ⓛ: 두 번이나 세척해 껍질까지 깨끗한 바나나 – 바나나 광고
③ ⊙: 긴 인생 아름답도록 함께 하겠습니다. – 보험 광고
　 ⓛ: 모험이 부족하면 좋은 어른이 될 수 없다. – 여행사 광고
④ ⊙: 고백에 필요한 것은 용기가 아니라 술이다. – 술 광고
　 ⓛ: 가루가 아니라 커피 원액을 스틱에 담다. – 커피 광고

007

빈칸에 들어갈 말로 가장 적절한 것은?

> 즐거움, 만족, 행복감의 대부분은 긍정적 정서이고, 불안, 공포, 긴장감 등과 같은 느낌들은 부정적 정서이다. 뇌에는 감정과 정서를 담당하고 있는 다양한 영역들이 존재한다. 그런데 부정적 정서를 담당하는 뇌의 영역은 대뇌피질보다 상대적으로 더 뇌의 내부에 있다. 우리의 뇌는 일반적으로 내부와 중심으로 들어갈수록 본능, 즉 타고난 것들과 관련이 있다. 그리고 가장 바깥쪽에 있는 대뇌피질을 향해 갈수록 후천적이며 해석이 필요한 내용과 관련이 있다. 일반적으로 부정적 정서를 담당하는 뇌 구조물들은 안쪽에, 그리고 긍정적 정서를 담당하는 대뇌피질은 상대적으로 더 바깥쪽에 분포하고 있다. 이것은 [   ]을 의미한다. 다시 말하자면 공포나 불안은 우리에게 그저 '주어지는 것'이지만 행복과 기쁨은 우리가 노력을 해야만 하는 '가지는 것'이라는 것이다. 그런데도 우리는 상황과 타인이 나를 행복하게 만들어 주기를 기다린다. 그 행복은 나 자신에 의해서만 가능한데도 말이다.

① 부정적 정서는 나 스스로가 만들어 낸 불행이라는 것
② 긍정적 정서를 추구하는 것은 인간의 생득적 본능이라는 것
③ 부정적 정서는 나와 타인을 비교하기 때문에 발생한다는 것
④ 긍정적 정서를 느끼기 위해서는 후천적 노력이 필요하다는 것

008

ㄱ 다음으로 이어질 글의 전개 순서로 가장 자연스러운 것은?

> ㄱ. 고사리는 둥글고 굵은 모양의 뿌리줄기를 지닌다. 뿌리줄기는 땅 아래에 묻혀 옆으로 길게 뻗어 있고, 많은 양의 전분을 함유하고 있다.
> ㄴ. 고사리는 온난다습한 곳에서 군락을 이루며 서식하고, 경사진 곳에서도 잘 자라나는 특성을 지닌다. 따라서 대부분의 아시아 지역 곳곳에서 쉽게 발견할 수 있다.
> ㄷ. 고사리의 부분 중 우리가 식용으로 채취하는 것은 땅 위로 나오는 잎자루와 잎인데, 이 중 잎자루는 곧게 뻗어 있는 형태로 가장자리가 꼬리처럼 말려 있다.
> ㄹ. 고사리가 인류보다 긴 역사를 지니는 이유도 여기에 있다. 고사리는 이러한 습성과 생명력을 바탕으로 현재까지 대표적인 화석식물로 자리하고 있다.
> ㅁ. 고사리의 잎은 잎자루로부터 역삼각형 모양으로 자라나며 잎의 끝부분이 뾰족한 형태를 띠고 있다. 따라서 고사리는 잎이 뾰족한 식물을 지칭하는 양치식물에 속한다.

① ㄴ - ㄷ - ㅁ - ㄹ
② ㄴ - ㄹ - ㅁ - ㄷ
③ ㄷ - ㄴ - ㄹ - ㅁ
④ ㄷ - ㅁ - ㄴ - ㄹ

009

다음 글에 나타난 필자의 입장으로 가장 적절한 것은?

> 새로운 무기, 특히 핵무기의 발명은 이 세계의 정치적 판도를 근본적으로 바꾸어 놓은 것이 사실이다. 핵무기를 갖지 않은 모든 국가는 어떤 방식으로든지, 핵무기 소유국에 의존하고 있는 것이 현실이므로, 독립 국가라는 의미조차도 다시 생각해 보아야 할 것이다. 또한 핵무기를 수단으로 해서 전쟁을 일으키려는 것은 실제로 자멸의 길을 스스로 택하는 격이 된다. 그 역으로 이런 위험 때문에 핵무기를 보유하는 국가가 많아질수록 전쟁은 결코 일어나지 않는다는 낙관론도 있지만, 이 입장은 자칫 잘못하면 그 낙관론 자체에만 빠질 우려가 있다.

① 세계의 정치적 패권을 장악하기 위해서는 새로운 무기를 발명해야 한다.
② 독립 국가의 자격을 갖추기 위해서는 핵무기 소유국에 의존해서는 안 된다.
③ 핵전쟁이 일어나지 않는다고 하더라도 핵 보유 경쟁은 세계의 자멸을 가져올 뿐이다.
④ 핵무기의 위험에도 불구하고 핵 확산이 전쟁의 가능성을 낮춘다는 생각을 경계해야 한다.

[010~011] 다음 글을 읽고 물음에 답하시오.

조선 후기에 창작된 「홍계월전」은 명나라를 배경으로 한 여성 영웅 소설로, 주인공 ㉠홍계월이 남장을 하여 평국이란 이름을 쓰며 등장하여 다양한 고난과 무용담을 펼치는 이야기를 담고 있다. 홍계월은 처음에는 ㉡남성의 모습을 하고 활약하지만, 이후 다시 ㉢여성의 신분으로 돌아가면서도 나라를 위해 영웅적인 행동을 멈추지 않는다.

이러한 전개는 기존의 영웅 소설과 차별되는 특징을 지닌다. 특히 이 작품에서는 남편 보국이 아내 평국의 도움을 받는 장면이 그러하다. 오랑캐의 침공이 시작되어 평국이 대원수, 보국이 부원수로 출전하는데, ㉣부원수가 적 칼날다가 위기에 처하게 된다. 이때 원수는 자신의 목숨을 돌보지 않고 적진으로 뛰어들어 부원수를 구해 주어 승리를 이끈다. 이는 전통적인 남성 중심의 영웅 서사와는 달리, 여성의 능력이 남성보다 뛰어날 수 있음을 보여준다. 또한 ㉤주인공이 사회적, 국가적 문제를 해결하는 과정에서 주도적으로 활약함으로써, 당대 여성의 사회 진출 가능성과 남녀 평등에 대한 ㉥여성들의 소망을 드러낸다.

「홍계월전」은 당대 여성의 능력과 주체성을 강조하고, 현실의 여성도 남성과 동등하게 사회적 역할을 수행할 수 있다는 메시지를 전한다. 이러한 홍계월의 영웅적 활약과 남녀 역할의 전복적 전개는 독자들에게 전통적 성역할에 대한 새로운 시각을 제시한다.

010

윗글을 이해한 내용으로 가장 적절한 것은?

① 「홍계월전」에서 남편이 아내의 도움을 받는 설정은 전통 영웅 소설과 유사한 모습을 보인다.

② 홍계월은 남장을 했던 처음과 달리 여성의 신분으로 돌아가면서부터는 영웅적인 행동을 자제한다.

③ 「홍계월전」은 조선 후기 여성들의 사회적 지위 향상과 평등에 대한 열망을 문학적으로 형상화하였다.

④ 「홍계월전」에서 주인공이 남장으로 영웅적 행동을 하는 모습은 여성에 비해 남성의 능력이 뛰어나다는 것을 보여준다.

011

㉠~㉥ 중 지시하는 대상이 동일한 것끼리 묶인 것은?

① ㉠, ㉣

② ㉠, ㉢, ㉤

③ ㉡, ㉣

④ ㉡, ㉤, ㉥

[012~013] 다음 글을 읽고 물음에 답하시오.

우리 몸에는 외부에서 들어온 병원체로부터 몸을 보호하기 위한 두 가지의 방어 체계가 있다. 그중 하나는 선천적으로 주어진 비특이적 방어이고, 다른 하나는 후천적으로 ㉠획득된 특이적 방어이다. 이 중 우리 몸의 일차적 방어 작용은 비특이적 방어인데, 이는 침입자의 종류를 가리지 않고 반응하기 때문에 붙여진 이름이다.

비특이적 방어는 방어벽, 대식세포의 식작용, 보체 단백질과 인터페론의 작용, 염증 반응 등을 통해 ㉡실현된다. 그중 염증 반응은 비특이적 방어의 가장 중요한 요소 중 하나로, 상처 부위에 침입한 박테리아에 대한 적대적 환경을 만드는 것이다. 그렇다면 염증 반응은 어떤 과정을 거치며 발생하는 것일까?

상처가 생겨 박테리아가 침투하면 비만 세포가 화학적 신호인 히스타민을 ㉢분비한다. 히스타민은 주변 모세 혈관으로 들어가 혈관의 확장을 유도하여 혈관 벽이 새기 쉽도록 만든다. 그러면 모세 혈관 안에 있던 혈장과 대식세포, 백혈구가 혈관을 빠져나와 상처 부위로 이동하고, 이로 인해 상처 부위가 부어오르는 증상이 ㉣발생한다. 상처 부위로 모인 대식세포와 백혈구는 침입한 박테리아를 잡아먹는다. 그리고 혈장에 존재하는 혈액 응고 단백질은 염증이 발생하는 동안 상처 부위의 세포 사이로 스며든다. 이들 단백질이 혈소판과 함께 상처 부위를 덮어 상처의 확산을 막으면 상처 부위가 낫기 시작한다. 이러한 염증 반응은 감염이 주변 조직으로 확산되는 것을 막아 주는 역할을 한다.

012

윗글을 이해한 내용으로 가장 적절한 것은?

① 상처가 생겨 박테리아가 침투하면 대식세포가 히스타민을 분비한다.

② 상처 부위에 침투한 세균은 염증 반응에 의해 주변으로 확산되지 못한다.

③ 상처 부위를 덮어 상처의 확산을 방어하는 역할은 혈소판과 백혈구가 담당한다.

④ 염증 반응은 후천적으로 획득한 비특이적 방어 체계의 중요한 요소 중 하나이다.

013

㉠~㉣과 바꿔 쓸 수 있는 유사한 표현으로 적절하지 않은 것은?

① ㉠: 얻은

② ㉡: 사라진다

③ ㉢: 내보낸다

④ ㉣: 생겨난다

014

'산업재해의 원인과 대책'이라는 제목으로 글을 쓰기 위해 개요를 작성하였다. ㉠~㉣에 들어갈 내용으로 적절하지 않은 것은?

> Ⅰ. 서론: 문제의 제기
>   1. 산업재해에 대한 언론 보도 현황
>   2.   ㉠
> Ⅱ. 본론 1: 산업재해의 원인
>   1. 기술적 요인: 작업장의 노후화된 기계 · 설비
>   2. 관리적 요인: ㉡
>   3. 인간적 요인: 근로자의 부주의 및 안전 의식 부족
> Ⅲ. 본론 2: 문제의 해결 방법
>   1. 공학적 대책: 최신 기계 · 설비의 순차적 도입
>   2. 규제적 대책: 산업안전보건법 강화와 정기적 감독 및 점검
>   3. 교육적 대책: ㉢
> Ⅳ. 결론: 요약 및 제언
>   1.   ㉣
>   2. 공학적 · 규제적 · 교육적 노력의 병행으로 산업재해 예방 효과 극대화

① ㉠: 산업재해로 인한 인명 피해와 경제적 손실 증가
② ㉡: 근로자의 과도한 업무와 피로 누적에 따른 집중력 저하
③ ㉢: 정기적인 안전 교육을 통한 근로자의 안전 의식 제고
④ ㉣: 다양한 요인의 복합적 작용으로 인한 다각적 대책 마련

015

다음 글에서 추론한 내용으로 적절하지 않은 것은?

> 단어의 뜻을 변별하는 최소 단위를 음운이라고 한다. 동일한 언어 공동체 안에서 어떤 소리가 음운인지 아닌지를 판별할 때 가장 유용한 방법이 바로 최소 대립쌍이다. 최소 대립쌍이란 동일한 환경에서 단 한 가지 음운만 달라지고 그 차이로 인해 단어의 의미가 달라지는 경우를 가리킨다. 예를 들어 '굴'과 '꿀'은 첫소리 /ㄱ/과 /ㄲ/의 차이만으로 의미가 달라지므로 최소 대립쌍이다.
>
> 한편, 물리적 소리가 달라도 의미 구별에 기여하지 않는 경우는 최소 대립쌍을 형성하지 않는다. '불'의 [ㅂ]과 '이불'의 [ㅂ]은 발음 환경에 따라 전자는 무성음인 [p]로 나고 후자는 유성음인 [b]로 나지만, 이 차이가 단어의 뜻을 달라지게 하지는 않는다. 따라서 이들은 서로 다른 음성이지만 하나의 음운 /ㅂ/으로 묶인다. 이처럼 음성은 물리적 소리 단위이고, 음운은 의미를 변별하는 심리적 단위라는 점에서 구분된다. 결국 최소 대립쌍 여부가 두 소리가 별개의 음운인지 아닌지를 가르는 중요한 기준이 된다.

① '마루'와 '머루'는 같은 위치에서 하나의 음운 차이로 단어의 뜻이 달라진다.
② '살'과 '쌀'은 자음 /ㅅ/과 /ㅆ/의 차이로 의미가 달라지는 최소 대립쌍이다.
③ '불'의 [ㅂ]과 '이불'의 [ㅂ]은 음성적으로 다르지만 동일한 음운으로 인식된다.
④ '잠'과 '좀'을 통해 모음 /ㅏ/와 /ㅗ/가 별개의 음운이라는 것을 파악할 수 있다.

016

다음 글의 논지를 약화하는 것으로 가장 적절한 것은?

> 재택근무제 도입이 직장인의 업무 만족도와 일 · 생활 균형 증진에 긍정적 효과를 가져올 것이라는 기대가 확산되고 있다. 실제로 재택근무제를 도입하면 단기간 내에 임직원의 시간적 여유가 늘고, 일부 직무나 가정환경에서 삶의 만족도가 높아질 수 있다.
>
> 그러나 재택근무제를 시행했다고 모든 직장인의 업무 효율이나 일 · 생활 균형 문제가 반드시 개선되지는 않는다. 업무 환경의 질적 개선에는 근무 평가 기준의 정비, 팀워크 강화 방안 마련, 정보 보안 대책, 소통 방식 변화 등 다양한 조건이 복합적으로 영향을 미치기 때문이다. 또 직원들의 삶의 질이 향상됐다고 해서 그것이 꼭 재택근무제 도입 덕분이라고만 볼 수 없다. 건강 관리 지원, 복지 확대, 조직문화 혁신 등 여러 정책과 제도가 동시에 작용할 수도 있다. 따라서 재택근무는 일부 업무 효율과 삶의 만족도 증가라는 긍정적 효과를 가져올 수 있지만, 재택근무제를 시행한다고 반드시 이러한 긍정적 효과가 이루어지는 것은 아니다.

① 업무 환경이 개선된 모든 사례를 조사해 보니 그중에는 재택근무제를 시행한 경우도 있었다.
② 업무 환경이 개선된 모든 사례를 조사해 보니 그중에는 재택근무제를 시행하지 않은 경우도 있었다.
③ 업무 환경이 개선되지 않은 모든 사례를 조사해 보니 그중에는 재택근무제를 시행하지 않은 경우도 있었다.
④ 업무 환경이 개선되지 않은 모든 사례를 조사해 보니 그중에는 재택근무제를 시행한 경우가 하나도 없었다.

인간관계에서 자신을 얼마나 솔직하게 드러내고, 또 타인의 반응을 얼마나 잘 받아들이는지는 관계의 깊이와 질을 결정하는 중요한 요소이다. 이를 각각 '자기 공개'와 '피드백'이라고 하는데, 만약 ㉠자기 공개가 부족하면 타인은 나의 속마음을 잘 알지 못하고, ㉡피드백이 부족하면 타인이 나를 어떻게 생각하는지를 스스로 파악하기 어려워진다.

이러한 자기 공개와 피드백을 바탕으로 자신의 인간관계를 진단할 수 있는 도구가 바로 '조해리의 창'이다. 조해리의 창은 심리학자 조셉 루프트와 해링턴 잉햄이 개발한 모델로, 자기 공개와 피드백의 정도에 따라 마음을 네 영역으로 나눈다. 첫째, 공개적 영역은 나도 알고 있고 타인도 아는 나의 모습이다. 둘째, ㉢맹목의 영역은 나는 모르지만 타인은 아는 부분이고, 셋째, 숨겨진 영역은 나는 알지만 타인은 모르는 부분이다. 마지막으로 미지의 영역은 나도 타인도 모르는 나의 모습이다.

조해리의 창을 활용하려면 자기 공개와 피드백에 대한 질문에 스스로 점수를 매겨 본다. 예를 들어, '나는 내 속마음을 잘 드러내는가?', ㉣'나는 타인의 평가에 귀 기울이는가?'와 같은 질문에 1~9점 사이로 답한다. 이 점수를 바탕으로 사각형을 네 영역으로 나누면, 각 영역의 넓이에 따라 자신의 인간관계 유형을 파악할 수 있다. ㉤공개적 영역이 넓으면 개방형, 맹목의 영역이 넓으면 주장형, 숨겨진 영역이 넓으면 신중형, 미지의 영역이 넓으면 ㉥고립형에 속한다. 조해리의 창을 통해 우리는 자기 이해를 높이고, 더 건강한 인간관계를 형성할 수 있다.

017

윗글에서 추론한 내용으로 가장 적절한 것은?

① 피드백이 부족하면 맹목의 영역이 넓어진다.
② 나도 타인도 모르는 나의 모습은 신중형에 해당한다.
③ 조해리의 창에서 미지의 영역은 나는 모르지만 타인은 아는 부분이다.
④ 조해리의 창에서 자기 공개와 피드백에 대한 질문에 매긴 점수가 높으면 사각형의 영역이 좁아진다.

018

㉠~㉥ 중 문맥적 의미가 동일한 것끼리 모두 묶은 것은?

① ㉠, ㉢
② ㉠, ㉤
③ ㉡, ㉣
④ ㉡, ㉤

019

다음 대화의 빈칸에 들어갈 말로 가장 적절한 것은?

갑: 숙박세일페스타 행사에 참여하는 모든 사람은 비수도권 지역으로 여행을 가요.
을: 그런데 비수도권 지역으로 여행을 가는 어떤 사람은 수도권에 거주하지 않아요.
병: [   ].
정: 그렇다면 수도권에 거주하지 않는 어떤 사람은 숙박세일페스타 행사에 참여하겠군요.

① 수도권에 거주하는 모든 사람은 숙박세일페스타 행사에 참여해요
② 수도권에 거주하는 어떤 사람은 숙박세일페스타 행사에 참여하지 않아요
③ 비수도권 지역으로 여행을 가는 모든 사람은 숙박세일페스타 행사에 참여해요
④ 비수도권 지역으로 여행을 가는 어떤 사람은 숙박세일페스타 행사에 참여해요

020

다음 글에 대한 이해로 적절하지 않은 것은?

이형태란 하나의 형태소가 환경에 따라서 그 형태를 달리하는 문법 관계를 말한다. 이형태 관계에 속하는 형태소는 본질적으로 그 의미가 동일하다. 다만 환경에 따라 상보적으로 실현될 뿐이다. 국어의 이형태는 크게 음운론적 이형태와 형태론적 이형태로 구분된다.

주격 조사 '이'와 '가'의 경우 동일한 문법적 의미를 띠지만 앞말의 환경에 따라서 사용 여부가 달라진다. '철수가'처럼 앞말이 모음으로 끝날 경우에는 '가'가 사용되지만, '민국이'처럼 앞말이 자음으로 끝날 경우에는 '이'가 사용된다. 이처럼 음운 환경의 차이로 인해 나타나는 이형태를 음운론적 이형태라고 한다.

과거 시제를 나타내는 '-았-'과 '-었-' 역시 음운론적 이형태이다. '막았다, 보았다'처럼 'ㅏ, ㅗ'로 끝나는 양성 모음 뒤에는 '-았-'이, '먹었다, 싫었다'처럼 그 외 모음으로 끝나면 '-었-'이 결합한다. 그러나 '하다'라는 동사 뒤에는 '-았-'도 '-었-'도 오지 못한다. 오직 '-였-'만 올 수 있다. 이런 결합은 음운론적으로 설명되지 않는다. 이처럼 특정 형태소에만 결합하는 형태소를 형태론적 이형태라고 한다.

① '-았-'과 '-었-'은 앞 모음에 영향을 받는 음운론적 이형태이다.
② '-였-'은 앞말에 영향을 받지 않고 나타나는 형태론적 이형태이다.
③ '-았-'은 양성 모음 뒤에 나타나므로 '가다'에도 '-았-'이 결합한다.
④ '이'와 '가' 같은 조사는 동일한 의미를 띠지만 다른 형태로 나타난다.

모의고사
23회

001

<공공언어 바로 쓰기 원칙>에 따라 수정한 것으로 적절하지 않은 것은?

〈공공언어 바로 쓰기 원칙〉
○ 어법에 맞는 문장
　㉠문장 성분 간의 호응이 자연스러움.
○ 올바른 높임 표현 사용하기
　㉡과도한 높임 표현을 사용하지 않음.
○ 명료한 수식 표현 사용하기
　㉢피수식어의 앞에 지나치게 긴 수식어를 사용하지 않음.
○ 낯선 외래어나 외국어 사용 삼가기
　㉣외래어나 외국어는 우리말로 바꿔 씀.

① "긴급 구호를 필요한 어린이와 여성에게 인도주의를 실천하고 있다."를 ㉠에 따라 "긴급 구호가 필요한 어린이와 여성에게 인도주의를 실천하고 있다."로 수정한다.

② "정부는 국민계 조세에 대한 부담을 줄여드리기 위해 해당 조치를 지속적으로 점검해 나가겠다고 밝혔다."를 ㉡에 따라 "정부는 국민의 조세 부담이 줄어들도록 해당 조치를 지속적으로 점검해 나가겠다고 밝혔다."로 수정한다.

③ "이것은 많은 복을 기원하는 의미로 문 앞에 걸어두곤 하는 대나무로 만든 물건이다."를 ㉢에 따라 "이것은 많은 복을 기원하는 의미로 대나무로 만든 문 앞에 걸어두곤 하는 물건이다."로 수정한다.

④ "외환시장을 자세히 모니터링하고, 외환보유액을 확충하였다."를 ㉣에 따라 "외환시장을 자세히 지켜보고, 외환보유액을 확충하였다."로 수정한다.

002

다음 글을 이해한 내용으로 적절하지 않은 것은?

　'엉덩이 주사'와 '팔 주사'는 주사 약물의 성분과 작용 방식에 따라 선택되는 대표적인 주사 방식이다. 엉덩이 주사는 주로 감기 증상에 처방되는 진통제와 같이 자극성이 강하거나 부작용 위험이 있는 약물을 투여할 때 사용된다. 이는 엉덩이 근육에 주사를 놓으면 약물이 근육 내에서 빠르게 흡수되고, 혈관으로 직접 들어가는 것을 방지하여 쇼크 등 부작용을 줄일 수 있기 때문이다. 또한 엉덩이 근육은 비교적 두껍고 넓어 자극성 약물로 인한 조직 손상을 최소화할 수 있다.

　반면 팔 주사는 주로 예방 주사와 같이 부작용 위험이 적고, 약물이 천천히 흡수되어도 무방한 경우에 사용된다. 팔에는 가느다란 혈관이 많아 약물이 서서히 흡수되고, 굵은 혈관으로 빠르게 이동하지 않아 급격한 반응이 일어날 가능성이 낮다. 그로 인해 예방 접종 등에는 팔 주사가 적합하다.

　한편 엉덩이 주사를 놓기 전 간호사가 엉덩이를 가볍게 두드리는 이유는 통증 전달을 담당하는 신경 중 굵은 신경을 자극해 통증 신호를 차단하기 위함이다. 이 과정에서 굵은 신경이 방화벽 역할을 하여 주사로 인한 통증이 줄어드는 효과가 나타난다. 이처럼 주사 부위의 선택과 시술 방법에는 약물의 특성과 인체의 구조, 통증 완화 등 다양한 의학적 근거가 적용된다.

① 굵은 신경을 자극하면 통증 전달이 차단될 수 있다.
② 팔 주사는 자극성 약물로 인한 조직 손상을 줄일 수 있다.
③ 팔 주사는 부작용 위험이 적은 약물을 투여할 때 적합하다.
④ 엉덩이 주사는 쇼크 같은 급격한 부작용을 예방하는 효과가 있다.

003

다음 글을 참고할 때 밑줄 친 '우리'의 용법이 다른 하나는?

　'우리'는 "우리가 어제 집에서 만났잖아"에서처럼 화자와 청자를 모두 아우르는 1인칭 대명사지만, "우리 애는 그런 거 안 좋아하더라"의 '우리'는 화자만 지칭한다. 이처럼 '우리'라는 같은 표현도 문장에 따라 지칭하는 대상이 다를 수 있다.

① 영이야, 이번에는 우리끼리 다녀올게.
② 우리 회사는 우리 손으로 지켜야 합니다.
③ 부장님, 우리 야유회는 안 가나요?
④ 철수야, 우리끼리 영화 보러 갈까?

004

다음 글에서 추론한 것으로 적절하지 않은 것은?

표준 발음법 제9~11항은 받침으로 오는 자음들의 발음에 대해 규정하고 있다. 종성에 오는 자음들은 음절의 끝소리 규칙에 따라, 예를 들어 'ㅅ, ㅆ, ㅈ, ㅊ, ㅌ, ㅎ' 등은 모두 'ㄷ'으로, 'ㄲ, ㅋ'은 'ㄱ'으로, 'ㅍ'은 'ㅂ'으로 발음된다. 따라서 음절 종성에 실제로 남을 수 있는 소리는 대표음 [ㄱ, ㄴ, ㄷ, ㄹ, ㅁ, ㅂ, ㅇ] 등으로 한정된다. 다만 이상의 자음들이 대표음으로 바뀌기 위해서는 뒤에 모음으로 시작하는 형식 형태소가 와서는 안 된다. 만약 모음으로 시작하는 형식 형태소가 올 경우에는 연음이 될 뿐, 대표음으로 바뀌지 않는다. 가령 '옷'은 [옫]으로 발음되지만 '옷이'는 [오시]로 발음된다.

겹받침의 경우 첫 번째 자음만 발음되는 것이 원칙이지만, 뒤에 오는 음절의 첫소리나 조사에 따라 두 번째 자음이 드러나기도 한다. 예를 들어, '넓다'는 [널따]로 발음되지만 '넓으니'의 경우에는 [널브니]로 발음된다. 다만 '밟다'는 이 원칙에서 벗어나 첫 번째 자음이 아니라 두 번째 자음이 발음돼 [밥ː따]로 발음된다.

이처럼 표준 발음법은 자음의 발음이 위치와 결합 형태에 따라 크게 달라짐을 규정하고 있다.

① '있다'의 'ㅆ'은 'ㄷ'으로 바뀌어 발음될 것이다.
② '밟다'나 '밟고' 모두 종성의 'ㅂ'은 발음될 것이다.
③ '밖에'에서 'ㄲ'은 대표음으로 바뀌어 발음되진 않을 것이다.
④ '몫이'의 'ㄳ'은 겹받침이므로 첫 번째 자음만 발음될 것이다.

005

다음 글의 주제로 가장 적절한 것은?

글을 읽을 수 있는 사람이면 누구나 시를 읽을 수 있다. 시가 가진 힘은 말의 소리에 있다. 따라서 시를 말없이 읽고 난 다음에는 반드시 시를 낭송해 보아야 한다. 시를 낭송하자마자 목소리의 강세를 통해서 시의 의미가 분명해지고 어조가 시의 분위기를 조성하는 데에 적극적으로 관여한다는 것을 알게 될 것이다. 그것은 시인과 대화를 하는 것과 같다. 시인의 예술적 정신과 우리의 창의적 정신이 소통하기 때문이다. 그리고 그러한 대화는 단 한 번으로 끝나서는 안 된다. 시를 낭송할수록 시에 단 하나의 의미가 있는 것이 아니라는 것을 깨달을 수 있다. 독자는 시를 읽을 때 주관적이고 창의적인 선택을 하는데 이러한 선택은 시를 읽으면서 바뀌기 때문이다.

① 시를 이해하는 것은 어려운 일이 아니다.
② 시를 읽을 때 어울리는 강세와 어조가 있다.
③ 시의 창의적 의미는 독자에 따라 달라질 수 있다.
④ 시를 읽을 때에는 여러 번 소리 내어 읽어 보아야 한다.

006

빈칸에 들어갈 말로 가장 적절한 것은?

복종은 종종 우리들의 사고나 관점을 변화시키기도 한다. 도덕적으로 용납할 수 없는 임무를 부여받은 경우, 복종에 대한 보상도 없고 그렇다고 불복종에 대한 처벌도 없을 때 개인은 그 권위에 복종할 것인가? 불복종할 것인가? 1960년대 권위에 대한 복종의 실체를 확인한 스탠리 밀그램의 실험은 이 질문에 답을 해 준다.

실험의 내용은 다음과 같았다. 실험자는 피실험자에게 다른 사람에게 15V부터 450V까지 전압을 올려 전기 충격을 가하라고 지시한다. 물론 이 실험에서 실제 전기가 통하게 하지 않았다. 전기 충격을 받은 사람은 고통스럽게 비명을 지르며 그만하라고 소리치게 했지만, 이것은 전문 배우가 한 연극이었다. 밀그램은 실험 전에는 단 0.1%만이 450V까지 전압을 올릴 것이라고 예상했으나, 실제 실험 결과는 무려 65%의 참가자들이 450V까지 전압을 올렸다. 이들은 상대가 죽을 수 있다는 걸 알고 있었고, 비명도 들었다. 그러나 밀그램은 피실험자들이 주저하거나 거부하는 듯한 반응을 보이면 반복해서 계속하라고 지시했다. 그런데 이 지시란 것은 특별한 협박이나 설득도 아니고 단순히 계속 실험을 진행하라는 명령이었음에도 피실험자 65%는 결국 지시를 따랐다. 이를 두고 밀그램은 ☐☐☐☐☐☐☐☐☐☐☐☐☐고 결론지었다.

① 인간은 무조건적 복종을 요구받을 때 적대감을 가진다
② 인간은 적절한 보상을 받으면 권위에 자발적으로 복종한다
③ 인간은 권위에 복종함으로써 인간성을 포기할 가능성이 있다
④ 인간은 처벌에 대한 공포 때문에 권위에 맹목적으로 복종한다

007

(가)~(라)를 맥락에 맞추어 가장 적절하게 나열한 것은?

> **(가)** 염료 분자는 그 안에 특정 파장의 빛만을 흡수하는 원자단을 갖고 있는데 이것이 염료의 채널에 해당한다. 그런데 TV 채널을 바꾸면 TV 화상이 달라지는 것과 마찬가지로 염료의 화학 구조를 조금만 바꾸면 전혀 다른 색으로 바꿀 수 있다.
>
> **(나)** 염색을 할 때 사용되는 염료가 우리 눈에 일정한 색으로 보이는 것은 여러 빛 중 가시광선의 일부분만을 흡수하는 공명(共鳴) 현상 때문이다. 공명이란, 어떤 물체가 외부로부터 유입되는 에너지 가운데 특정한 값의 에너지에만 반응하는 현상을 말한다.
>
> **(다)** TV 수상기와 마찬가지로 염료는 가시광선 중 특정 파장의 빛에만 반응한다. 황색의 염료는 짧은 파장의 청색광에만 반응하여 이를 흡수한다. 그래서 이 염료를 바른 물체는 백색광에서 청색광을 뺀 나머지 빛을 반사하여 황색으로 보이는 것이다.
>
> **(라)** TV를 생각해 보자. TV 안테나에는 여러 파장의 에너지가 수신된다. 하지만 시청자는 특정한 채널의 영상만을 보게 된다. 이는 안테나를 통해 유입되는 전파들 가운데 특정 채널에 해당하는 값의 전파에만 TV 수상기가 반응하도록 설정되었기 때문이다.

① (나) – (다) – (가) – (라)

② (나) – (라) – (다) – (가)

③ (다) – (가) – (나) – (라)

④ (다) – (라) – (가) – (나)

008

다음 글을 이해한 내용으로 가장 적절한 것은?

> 페르소나는 본래 고대 로마 연극에서 배우들이 썼던 가면을 의미한다. 이 가면은 감정을 감추거나 특정한 역할을 연기하는 데 사용되었지만, 동시에 자신의 진짜 감정을 드러낼 수 없는 상황을 초래하기도 한다. 우리는 흔히 페르소나를 벗고 자신의 맨얼굴을 드러내고 싶어 하지만, 맨얼굴이라고 생각한 것마저 또 다른 페르소나일 수 있다는 점에서 인간은 늘 새로운 가면 속에 갇힐 수밖에 없다. 이런 고민은 고대 철학자 에픽테토스의 통찰로 이어진다.
>
> 에픽테토스는 우리가 태어나기도 전에 신이 우리가 연기해야 할 배역을 모두 정했다고 말하며, 자신이 맡은 배역에 충실히 연기하면 되며, 연극이 끝나면 우리는 단지 배역에 충실했던 배우였다는 점만 기억하면 된다는 것이다. 그는 인간이 통제할 수 있는 것과 그렇지 않은 것을 구분해야 한다고 주장하는데, 통제할 수 없는 것은 지위나 평판과 같은 페르소나와 관련된 것이고, 통제할 수 있는 것은 믿음이나 욕구와 같은 자신의 내면, 즉 맨얼굴과 관련된 것이다. 그는 맨얼굴이 건강해야 페르소나를 효과적으로 쓸 수 있으며, 페르소나에만 집착하거나 맨얼굴만 고집하는 극단에서 벗어나야 한다고 역설했다.

① 에픽테토스는 페르소나와 맨얼굴의 균형을 유지하는 삶이 중요하다고 말한다.

② 에픽테토스는 통제할 수 없는 페르소나는 버리는 것이 바람직하다고 제시한다.

③ 에픽테토스는 내면의 믿음과 욕구를 통제하기보다는 이해하고 수용해야 한다고 제안한다.

④ 에픽테토스는 삶이라는 연극에서 배우는 자신의 감정을 항상 솔직하게 드러내야 한다고 말한다.

[009~010] 다음 글을 읽고 물음에 답하시오.

19세기 영국 빅토리아 시대는 산업혁명의 영향으로 중산 계급이 막대한 부를 ㉠축적하면서, 물질적 만족과 고급 취향이 사회적 목표로 자리 잡았다. 이 시기 왕립 아카데미에서는 라파엘로와 미켈란젤로의 이상적이고 교훈적인 미술을 가르쳤으나, 젊은 예술가들은 이 관습적이고 인위적인 미술에 반발하여 젊은 영국 화가들을 중심으로 '라파엘 전파'가 결성되었다. 이들은 라파엘로 이전, 즉 르네상스 초기의 순수하고 참신한 미술 세계로 돌아가자는 운동을 ㉡주도하며, 중산 계급의 물질주의와 도덕적 가치에 반기를 들고 _____(가)_____ 을 추구했다.

라파엘 전파는 초기에는 중세적 분위기와 순수한 정신성을 강조했으나, 1850년대 이후에는 주로 종교적·문학적 주제를 작품에 담았다. 이들은 인간적 고뇌와 순수한 정신, 상상력과 감정의 정화를 예술의 본질로 여겼으며, 그리스도나 마리아의 생애, 셰익스피어 희곡의 인물 등에서 소재를 얻어 작품을 재현했다. 이는 당시 빅토리아 시대 화가들이 인물이나 풍경을 이상화하거나 우의적으로 그리는 경향에 맞서, 화가의 _____(나)_____ 을 우선시한 라파엘로 이전의 회화적 경향을 ㉢추종하는 것이었다.

더불어 라파엘 전파는 인위적인 명암법을 거부하고, 중세 후기 이탈리아 프레스코화 기법을 모방해 캔버스에 흰 바탕을 매일 작업할 만큼만 칠해 마르기 전에 그림을 완성하는 독특한 방식으로 작품을 제작했다. 이 과정을 통해 영롱하고 환상적인 분위기를 ㉣연출했으며, 자연주의적 세부 묘사와 밝은 색채, 분리-합성 기법을 통해 섬세하고 사실적인 표현을 추구했다. 이후 라파엘 전파는 유럽과 미국의 아르누보, 상징주의 등 다양한 예술 사조에 큰 영향을 미쳤다.

009

윗글의 (가), (나)에 들어갈 말을 적절하게 나열한 것은?

	(가)	(나)
①	사회를 위한 예술	내면적 본질과 감정
②	예술을 위한 예술	외부적 환경과 이성
③	사회를 위한 예술	외부적 환경과 이성
④	예술을 위한 예술	내면적 본질과 감정

010

㉠~㉣과 바꿔 쓸 수 있는 유사한 표현으로 적절하지 않은 것은?

① ㉠: 쌓으면서
② ㉡: 이끌며
③ ㉢: 뛰어넘는
④ ㉣: 만들어 냈으며

[011~012] 다음 글을 읽고 물음에 답하시오.

바이러스나 세균 같은 항원이 몸에 들어오면 이에 저항하는 물질인 항체가 생겨 항원의 활성을 ㉠억제하고, 일부는 기억 세포로 분화되어 남는다. 나중에 같은 항원이 다시 몸에 들어왔을 때 기억 세포로 남아 있는 항체는 이를 신속하게 ㉡제거하는데, 이러한 생체의 작용을 면역 반응이라고 한다. 이러한 면역 반응은 살아 있는 생명체의 자기 보존을 위한 중요한 방어 체제로, 우리가 흔히 하는 백신 예방 접종은 면역 반응을 만들어 내는 역할을 함으로써 우리가 질병에 걸리지 않도록 도와준다.

이제 바이러스나 세균이 우리 몸에 들어왔을 때 구체적으로 어떤 과정을 거쳐 항체가 형성되는지를 알아보자. 우리 몸에 항원이 들어오면 백혈구의 일종인 대식세포와 같은 '항원 제시 세포'가 그 항원을 잡아먹은 후 세포 내에서 분해하여 작은 조각으로 만들고 그 결과 잘린 항원 조각은 세포 내에서 특정 단백질과 결합한 후 세포 표면으로 이동하는데 이를 '항원 제시'라 한다. 이때 '보조 T세포'가 제시된 항원을 인식하면 '활성화된 보조 T세포'와 '기억 보조 T세포'로 ㉢분화된다.

이렇게 활성화된 보조 T세포는 사이토카인을 분비하는데, 분비된 사이토카인은 특정 병원체에 대해 항체를 생성하는 B세포를 활성화시킨다. 그 후 활성화된 B세포로부터 다수의 형질세포가 만들어지게 되고, 형질세포는 항체를 생성한다. 이때 생성된 항체는 항원의 활성을 ㉣저해하고, 일부는 기억 세포로 분화되어 남는다.

011

윗글에서 추론한 내용으로 가장 적절한 것은?

① 기억 보조 T세포가 사이토카인을 분비하면 B세포가 활성화된다.
② 우리 몸에 바이러스가 침입하면 항원인 대식세포가 바이러스를 잡아먹는다.
③ 백신 예방 접종은 몸에서 면역 반응을 일으키는 기억 세포를 만드는 것이다.
④ 잘린 항원 조각은 세포 내에서 특정 단백질과 분리된 후 세포 표면으로 이동한다.

012

㉠~㉣과 바꿔 쓸 수 있는 유사한 표현으로 적절하지 않은 것은?

① ㉠: 억누르고
② ㉡: 없애는데
③ ㉢: 작아진다
④ ㉣: 가로막고

013

갑~병의 주장을 분석한 내용으로 적절한 것만을 <보기>에서 모두 고르면?

> **갑:** 보상과 처벌은 인간 행동 변화의 가장 강력하고 확실한 수단이다. 범죄자들도 강력한 처벌이 있을 때 범죄율이 감소하고, 아이들도 보상을 받을 수 있는 행동을 더 많이 하게 된다. 인간도 결국 쾌락을 추구하고 고통을 회피하려는 기본 원리에 따라 움직이므로, 보상과 처벌 체계를 정교하게 설계하면 모든 행동을 통제할 수 있다.
>
> **을:** 예술가가 창작에 대한 열정으로 작업할 때와 돈을 위해 작업할 때 결과물의 질이 다르다. 처벌도 마찬가지다. 체벌로 아이를 통제하면 일시적으로는 효과가 있을지 몰라도 장기적으로는 자율성을 해치고 반항심만 키운다. 인간에게는 자기 결정성, 성취감, 의미 추구 같은 고차원적 욕구가 있어서 단순한 당근과 채찍으로는 진정한 변화를 이끌어 낼 수 없다.
>
> **병:** 보상과 처벌이 행동 변화에 미치는 영향력은 분명히 존재하지만 모든 상황에 만능은 아니다. 단순하고 반복적인 과제에서는 외적 보상이 효과적이지만, 창의성이나 복잡한 문제 해결이 필요한 영역에서는 자율성과 내재적 동기가 더 중요하다. 보상과 처벌은 행동 변화의 중요한 도구이지만, 개인의 가치관, 신념, 사회적 맥락 등을 함께 고려하는 다차원적 접근이 더 효과적이라고 생각한다.

┤ 보기 ├
ㄱ. 갑의 주장과 을의 주장은 대립한다.
ㄴ. 을의 주장과 병의 주장은 대립한다.
ㄷ. 병의 주장과 갑의 주장은 대립한다.

① ㄱ
② ㄱ, ㄷ
③ ㄴ, ㄷ
④ ㄱ, ㄴ, ㄷ

014

다음 진술이 모두 참일 때 반드시 참인 것은?

> ○ 김 주무관이 필기시험장 점검에 참여하면, 이 주무관도 참여한다.
> ○ 이 주무관이 필기시험장 점검에 참여하면, 박 주무관도 참여한다.
> ○ 박 주무관이 필기시험장 점검에 참여하지 않으면, 최 주무관도 참여하지 않는다.

① 최 주무관이 필기시험장 점검에 참여하면, 이 주무관도 참여한다.
② 김 주무관이 필기시험장 점검에 참여하면, 박 주무관은 참여하지 않는다.
③ 이 주무관이 필기시험장 점검에 참여하지 않으면, 최 주무관은 참여한다.
④ 박 주무관이 필기시험장 점검에 참여하지 않으면, 김 주무관도 참여하지 않는다.

[015~016] 다음 글을 읽고 물음에 답하시오.

> 기원전 1세기 그리스의 바다에서 발견된 안티키테라 기계는, 복잡한 톱니바퀴와 기어 구조로 인해 '고대의 컴퓨터'라 불린다. 천문학자들은 이 장치가 태양과 달, 행성의 움직임을 계산할 수도 있다는 점에 주목하여, 고대 그리스인들이 이미 정교한 과학적 사고와 기술 역량을 갖추고 있었다고 주장했다. ㉠그들은 기계의 구조와 잔존한 숫자 및 천문 표시를 근거로, 고대 사회가 놀라운 수준의 수리 · 천문 지식을 실생활에 활용했다고 보았다.
>
> 그런데 고고학자 중에는 이런 견해에 회의론자가 많았다. ㉡이들은 복잡한 구조만으로 고대인의 과학 수준을 판단하는 것은 과장이라고 지적했다. 그들은 실제로 당시 그리스 사회는 신화와 의식이 지배적이었고, 실증적 과학이 발전하지 않았다는 점을 강조하였다. ㉢그들의 과학 수준으로 봤을 때 안티키테라 기계는 점성술이나 종교적 목적, 혹은 귀족적 장식품일 가능성이 크다고 학자들은 주장했다.
>
> 확실한 것은 기원전 인류가 현대인과 같은 두뇌 구조를 지녔음에도, ㉣그들의 동기와 관심은 현대와 달랐다는 사실이다. 만약 안티키테라 기계가 고도로 발달된 과학 지식의 결과물이었다면 그와 유사한 문명이 발견되어야 하는 것이 타당하다. 그러나 오랜 세월 동안에 그러한 기능을 가진 발명품은 나타나지 않았다. 고대에 고도로 발달된 과학 문명이 있었을 것이라는 생각은 아직까지는 환상에 불과하다.

015

윗글에 대해 평가한 내용으로 가장 적절한 것은?

① 당시에 해와 달, 숫자가 새겨진 장식품이 많이 쓰였다면 천문학자들의 주장은 강화될 것이다.
② 태양과 달은 기도의 대상이었다는 기원전 1세기경 기록이 발견된다면 회의론자들의 주장은 약화될 것이다.
③ 안티키테라가 실제로 태양과 달의 움직임을 정확히 계산할 수 있다면 회의론자들의 주장은 강화될 것이다.
④ 기원전 2세기경에 지어진 천문학 저술서가 오늘날의 천문학과 큰 틀에서 유사하다면 글쓴이의 견해는 약화될 것이다.

016

문맥상 ㉠~㉣ 중 지시 대상이 같은 것만으로 묶인 것은?

① ㉠, ㉡
② ㉢, ㉣
③ ㉠, ㉡, ㉢
④ ㉠, ㉡, ㉣

[017~018] 다음 글을 읽고 물음에 답하시오.

연암 박지원은 1737년 한양에서 태어나 조선 후기의 대표적인 실학자이자 소설가로 활약했다. 본관은 반남이며, 아호는 연암이다. 가문은 노론 명문가 출신이지만 어린 시절에는 특별한 교육 기회를 많이 얻지 못하였다. 이후 장인과 처삼촌에게 경서와 사기를 배우며 학문의 세계에 본격적으로 입문했다. 30대에는 실학자 홍대용, 박제가 등과 교류하며 새로운 지식을 적극적으로 받아들였다. 벽파로 몰려 잠시 은거하기도 했으나, 친척의 청나라 사절단에 동행하며 북학 사상을 접하고 시야를 넓혔다. 이 경험을 바탕으로 〈열하일기〉 등 다양한 저술을 남겼으며, 벼슬도 여러 차례 역임했다.

작품 문체와 내용의 특징으로는 무엇보다 자유롭고 참신한 글쓰기가 두드러진다. ㉠박지원은 당시 격식에 치우친 '고문' 대신, 청나라의 영향을 받아 쉽고 풍자적인 신체문을 추구했다. 이러한 문체는 '연암체'라고도 불릴 만큼 독특했는데, 보수적인 지식인층은 이런 연암체가 세상을 어지럽힌다고 비판하였다. 그러나 연암의 문체에 영향을 받은 많은 사람들이 이와 유사한 문체로 글을 썼다. 연암은 〈허생전〉, 〈호질〉, 〈양반전〉 등의 주요 작품을 남겼는데 여기에는 양반 사회의 허위와 부조리, 신분제의 모순, 하층민의 삶을 신랄하게 풍자하는 내용이 가득하였다. 그의 작품에는 풍자와 사실주의가 공존하며 독자의 고정관념을 깨는 방식이 자주 활용되었다.

연암의 문학은 현실의 문제를 직시하고, 변화와 개혁의 필요성을 강조하였다. 그의 작품은 당시에는 파격적이라는 평가와 함께 논란을 불러일으켰으나, 현재는 우리 문학의 현대성·비판 정신의 출발점으로 높이 평가되고 있다.

017

윗글에서 추론한 내용으로 적절하지 않은 것은?

① 연암은 당시 청나라의 영향을 받아 유행했던 문체 대신, 풍자적인 성격의 신체문을 사용했다.

② 연암은 실학자와 교류하고 청나라 사절단에 동행하면서 경험을 확장해 여러 책을 남겼다.

③ 박지원은 현실 문제를 직시하며 변화와 개혁의 필요성을 강조한 조선 후기 실학자이자 소설가다.

④ 박지원은 노론 명문가 출신이지만 그의 작품에는 지배 계급의 허위와 부조리를 풍자하는 내용이 담겨 있다.

018

㉠과 관련된 평가로 적절하지 않은 것은?

① 효과적인 의사소통을 위해서는 재밌는 형식보다는 정확한 형식의 표현이 존중되어야 한다는 주장이 받아들여진다면 연암의 주장은 약화될 것이다.

② 문학의 본질은 자유에 있는 것이므로 문체 역시 기존 문체에서 벗어나서 자유로울 수 있다는 주장이 받아들여진다면 연암의 주장은 강화될 것이다.

③ 진정한 문학은 무언가를 아름답게 표현하는 것이 아닌 무언가를 올바른 방향으로 이끌어 가는 것이라는 주장이 받아들여진다면 연암의 주장은 약화될 것이다.

④ 사람이 쓰는 말은 변화하기 마련이며, 당대의 사람들에게 선호되는 언어가 생명력을 획득할 뿐이라는 주장이 받아들여진다면 연암의 주장은 강화될 것이다.

019

다음 글의 밑줄 친 결론을 이끌어 내기 위해 추가해야 할 것은?

학령 인구 감소로 인한 국내 사업의 인력난 해소, 국제 교육 협력 등의 목적으로 직업계고 외국인 유학생을 모집하였다. 그런데 직업계고를 졸업한 외국인 유학생은 모두 현행 제도 안에서 취업 비자를 받지 못한다. 따라서 국내 대학에 진학하지 않는 어떤 외국인 유학생은 현행 제도 안에서 취업 비자를 받지 못한다.

① 국내 대학에 진학하는 외국인 유학생은 모두 직업계고를 졸업했다.

② 직업계고를 졸업한 어떤 외국인 유학생은 국내 대학에 진학하지 않는다.

③ 현행 제도 안에서 취업 비자를 받지 못하는 외국인 유학생은 모두 직업계고를 졸업했다.

④ 현행 제도 안에서 취업 비자를 받지 못하는 어떤 외국인 유학생은 국내 대학에 진학한다.

020

㉠, ㉡의 밑줄 친 단어가 ㉮의 사례에 해당하지 않는 것은?

단어의 의미는 크게 중심적 의미와 주변적 의미로 나눌 수 있다. 한 단어가 여러 가지 의미로 쓰일 때, 그 가운데에서 가장 기본적이고 핵심적인 의미를 중심적 의미라 하고, 이를 제외한 여러 가지 다른 의미를 주변적 의미라 한다. 한편, ㉮하나의 어휘가 여러 개의 중심적 의미를 가지는 경우도 있다. '배'라는 단어를 예로 들면, 먹는 배나 타는 배와 같은 여러 의미를 가지고 있는데 이들은 의미적으로 서로 관련성이 없다. 이런 경우에는 각각의 의미들이 모두 중심적 의미가 되는데 이러한 단어를 동음이의어라고 한다.

① ┌ ㉠: 그는 말이 너무 많다.
　└ ㉡: 제주도에서 말을 탔다.

② ┌ ㉠: 눈이 나빠서 잘 보이지 않는다.
　└ ㉡: 하늘에서 함박눈이 펑펑 내린다.

③ ┌ ㉠: 손을 깨끗이 씻는 것이 중요하다.
　└ ㉡: 나는 이제 그 일에서 손을 떼겠다.

④ ┌ ㉠: 다리가 길어서 바지가 잘 안 맞는다.
　└ ㉡: 어제 자전거를 타고 한강 다리를 건넜다.

모의고사
24회

001

<공공언어 바로 쓰기 원칙>에 따라 <공문서>의 ㉠~㉢을 수정한 것으로 적절하지 않은 것은?

〈공공언어 바로 쓰기 원칙〉
○ 중복되는 표현을 삼갈 것.
○ 대등한 것끼리 접속할 때는 구조가 같은 표현을 사용할 것.
○ 주어와 서술어를 호응시킬 것.
○ 필요한 문장 성분이 생략되지 않도록 할 것.

〈공문서〉
○○보건연구원

수신 ○○시 보건국
(경유)
제목 지역 보건 서비스 개선을 위한 간담회 ㉠개최 주최

────────────────

1. ㉡시민의 건강 증진과 쾌적한 생활 환경을 조성하기 위해 노력하시는 귀 기관의 노고에 감사드립니다.
2. 본원은 지역 사회의 보건 문제를 해결하고자 ○○대학교 의과대학과 협력하여 ㉢정기 연구가 수행되고 있습니다.
3. 이번 간담회는 지역 보건 서비스 이용 현황을 면밀히 파악하고 ㉣종합적으로 진단하여 개선 방안을 논의하고자 하오니, 귀 기관의 적극적인 협조를 부탁드립니다.

① ㉠: 개최
② ㉡: 시민의 건강을 증진하고 쾌적한 생활 환경을 조성하기 위해
③ ㉢: 정기 연구를 수행하고 있습니다.
④ ㉣: 다양한 측면에서 종합적으로 진단하여

002

다음 글을 이해한 내용으로 가장 적절한 것은?

인간에게 과거는 단지 지나간 시간이 아니다. 그것은 그리움의 대상일 수도 있고, 두려움의 대상일 수도 있다. 기형도의 시 「엄마 걱정」과 성석제의 수필 「소년 시절의 맛」은 모두 과거를 회상하는 작품이지만, 과거를 바라보는 시각과 감정의 결이 다르다.

「엄마 걱정」의 화자에게 과거는 현재의 외롭고 고단한 삶 속에서 떠올릴 때 오히려 슬픔과 아쉬움이 더해지는 시간이다. 화자는 어린 시절, 어머니와 함께했던 평범한 일상과 따뜻한 보호 아래 있었던 자신을 떠올리며, 지금의 자신이 처한 현실과 대비해 깊은 외로움과 상실감을 느낀다. 과거는 그리움의 대상이지만, 동시에 되돌릴 수 없는 시간이라는 점에서 슬픔이 배어 있다.

반면 「소년 시절의 맛」에서 성석제는 소년 시절의 경험을 통해 순수하고 소박했던 감정, 그리고 그 시절만의 특별한 맛과 추억을 떠올린다. 글쓴이에게 과거는 잃어버린 시간이지만, 그 안에는 현재의 자신을 일깨우는 깨달음과 따뜻한 추억이 담겨 있다. 과거의 기억을 통해 삶의 소중함과 순수함을 다시 한번 느끼게 되는 것이다.

① 「엄마 걱정」에서는 과거의 추억이 현재의 자신을 일깨워 현실을 따뜻하게 만든다.
② 과거의 기억이 「엄마 걱정」에서는 상실감으로, 「소년 시절의 맛」에서는 순수함으로 다가온다.
③ 「엄마 걱정」과 달리 「소년 시절의 맛」에서 과거는 그리움의 대상이자 되돌릴 수 없는 시간이다.
④ 「소년 시절의 맛」과 달리 「엄마 걱정」에서는 과거에 대한 회상이 현재의 감정에 큰 영향을 준다.

003

다음 글에서 추론한 내용으로 가장 적절한 것은?

단어들 사이에는 의미 면에서 서로 상하 관계를 이루는 경우가 많다. 상의어는 더 넓고 일반적인 의미를 지니며, 그 아래에 여러 하의어가 속한다. 예를 들어 '과일'은 사과, 바나나, 포도 같은 다양한 하의어를 포함하는 상의어에 해당한다. 반면 하의어는 이처럼 특정한 대상을 가리키는 구체적인 의미를 지니고 있다.

상의어는 일반적인 개념을 나타내며 여러 하의어를 아우르는 역할을 담당한다. 반면 하의어는 상위 범주보다는 더 상세하고 특화된 의미를 전달한다. 가령 '동물'이 상의어라면, '개'는 하의어이며, 이때 '개'는 '동물'이 갖는 의미 성분에 더해 포유류라는 구체적인 특징을 추가로 포함한다. 따라서 하의어는 상의어보다 여러 의미 요소를 더 갖고 있는 경우가 많다.

이처럼 상의어와 하의어 관계를 이해하면 단어의 의미 체계를 보다 체계적이고 효과적으로 파악할 수 있다. 상의어는 전체 범주를 제시하고, 하의어는 그 범주 내의 부분적인 사례들을 구체화하는 방식으로 상호 보완적인 역할을 한다. 이러한 관계를 통해 우리는 단어의 의미를 더 정확하게 분류하고 활용할 수 있다.

① '장미'는 특정한 대상을 가리키며, '무궁화'에 비해 의미가 더 구체적이다.
② '피아노'는 '악기'의 의미를 포함하면서 '악기'보다 더 많은 의미 요소를 지닌다.
③ 상의어는 그 범주 내의 부분적인 사례들을 구체화하는 방식으로 하의어를 내포한다.
④ '소파'는 '가구'의 범주를 제시하며, '가구'보다 더 상세하고 특화된 의미를 전달한다.

004

<개요>의 빈칸에 들어갈 내용으로 적절하지 않은 것은?

〈개요〉

○제목: 학교 폭력의 발생 원인과 개선 방안

Ⅰ. 학교 폭력의 실태
  1. 언어적·신체적 폭력의 빈번한 발생
  2. 사이버 공간에서의 집단 따돌림과 괴롭힘 확대
  3. 피해 학생의 학업 중단 및 심리적 후유증 심화

Ⅱ. 학교 폭력의 발생 원인
  1. 또래 집단 내 왜곡된 권력관계와 집단 심리
  2. 가정에서의 관심 부족과 부적절한 양육 태도
  3. 교사와 학교의 초기 대응 미흡 및 전담 부서 미비

Ⅲ. 학교 폭력의 개선 방안
  [   ]

① 또래 관계 개선을 위한 실효성 있는 교육 실시
② 학부모 상담 프로그램 운영과 가정 교육 지원 확대
③ 교사의 전문성 제고 및 학교 내 전담 부서의 상설화
④ 피해 학생의 전학 의무화 제도 도입을 통한 분리 조치

005

글의 통일성을 고려할 때, 삭제하는 것이 바람직한 문장은?

스마트폰 사용으로 인해 음성 통화가 줄고 있다. ㉠통신 업체에 의하면 휴대 전화 가입자 한 사람당 평균 음성 통화 시간은 2016년 160분에서 2017년 156분, 2018년 149분으로 줄었다. 대신 모바일 메신저를 통한 문자 대화를 주요 통신 수단으로 사용하고 있는데 특히 젊은 층일수록 이런 추세가 두드러지는 것으로 나타났다. 이러한 현상은 전화 통화를 기피하는 '전화 공포증'으로까지 이어지고 있다. ㉡20, 30대 300명을 대상으로 한 설문 조사에 따르면 81.1%가 전화 공포감을 느낀 적이 있다고 답했다. ㉢영상 통화가 일반화될 만큼 통화 기술이 발전된 시대이지만 오히려 통화를 꺼리는 현상이 나타난 점은 모바일 메신저 사용의 편리성과 무관치 않다. ㉣스마트폰 사용자의 모바일 메신저 사용 조사 결과 특정 메신저의 사용 시간이 94.4%를 차지했다. 메신저는 전화와 달리 생각을 정리해서 보낼 수 있고 더 이상 할 말이 없을 때에 이모티콘 등으로 대화를 에둘러 끊을 수 있지만, 전화 통화에서는 이것이 불가능하다. 전화를 끊기 위해서는 핑계를 찾거나 다음 약속을 기약하는 무의미한 말들을 할 수밖에 없다.

① ㉠   ② ㉡   ③ ㉢   ④ ㉣

006

다음 글을 이해한 내용으로 적절하지 않은 것은?

바이러스는 생명 과학 분야에서 오랜 기간 연구되어 온 대상이다. 이들은 단백질 껍질 안에 핵산이라는 유전 물질을 품고 있으며, DNA나 RNA 형태로 나뉜다. 각각의 바이러스는 숙주 세포 안에서 자신들의 유전 정보를 복제하고 증식하는 특성을 지녔는데, 1940년대에 밝혀진 DNA 바이러스의 증식 메커니즘은 다음과 같다. 바이러스는 박테리아 세포벽에 구멍을 내어 유전 물질을 투입한 후 세포 내에서 복제 과정을 거치며, 결국 박테리아를 파괴하고 새 바이러스들이 나오게 된다. 이 과정에서 DNA는 박테리아에 단백질을 생산하라는 명령을 내리는 역할을 한다.

바이러스 유전자의 구조와 증식 과정이 밝혀지면서, 과학자들은 바이러스의 유전자를 조작해 특정 단백질이 제대로 생성되지 못하게 할 수 있게 되었다. 이를 통해 유전자의 기능과 단백질의 역할에 대한 이해를 넓혔는데, 특히 1960년대에 유전학 분야에서 입체적 형성 과정이 상세히 규명되었다. 박테리아 감염 바이러스인 파지는 세 부분의 경로를 따라 각기 다른 구성 요소가 만들어지고 나중에 결합해 완성된다. DNA가 들어 있는 머리, 박테리아에 붙는 꼬리 섬유, 그리고 꼬리 몸체가 차례로 조립되며, 각 단계는 정확한 순서를 지킨다. 이 과정에는 약 40개의 특수 단백질이 관여하며, 단백질의 구조와 주변 환경이 기능 수행에 중요한 역할을 한다.

① 박테리아 세포벽을 통과할 때 바이러스는 자신의 단백질을 직접 투입한다.

② 과학자들은 바이러스의 유전자를 조작하여 단백질 생성 장애를 일으키기도 하였다.

③ 박테리아 감염 바이러스인 파지의 머리 부분 안에는 바이러스 DNA가 존재한다.

④ 바이러스는 단백질 외피 속에 유전 물질이 들어 있으며, 숙주 세포를 통해 증식한다.

007

다음 대화의 빈칸에 들어갈 말로 가장 적절한 것은?

갑: 성과 상여금은 근무 의욕을 높이기 위해 3월이나 4월에 지급해야 합니다.

을: [   ].

병: 성과 상여금을 3월에 지급하면, 업무 실적에 대한 평가 결과를 이번 달 안에 검토해야 합니다.

정: 그렇다면 반드시 이번 달 안에 업무 실적에 대한 평가 결과를 검토해야겠군요.

① 성과 상여금을 4월에 지급해야 합니다

② 성과 상여금을 3월에 지급할 수 없습니다

③ 성과 상여금을 4월에 지급하면, 이번 달 안에 업무 실적에 대한 평가 결과를 검토해야 합니다

④ 성과 상여금을 4월에 지급하면, 이번 달 안에 업무 실적에 대한 평가 결과를 검토하지 않아도 됩니다

[008~009] 다음 글을 읽고 물음에 답하시오.

육친을 소재로 한 작품은 개인적 경험을 넘어 보편적인 가족애와 인간의 정서를 ㉠찾아가는 문학적 통로가 된다. 누구나 부모나 형제 등 가까운 가족과의 관계에서 다양한 감정을 경험하게 되는데, 이러한 감정은 삶의 중요한 순간마다 더욱 선명하게 드러난다. 예를 들어 원치 않는 이유로 가족과 떨어져 지내야 할 때 작가는 그리움과 외로움을 작품에 ㉡반영하여 독자와 공유한다. 이때 글 속에는 부모의 손길이나 목소리를 그리워하는 간절함이 담겨 독자의 공감을 유도한다.

고향을 떠나 도시에서 생활하는 경우, 가족에 대한 그리움은 더욱 구체적인 모습으로 ㉢나타난다. 도회지의 분주한 거리, 낯선 환경, 그리고 익명성 속에서 작가는 어린 시절 가족과 함께했던 식사, 명절 풍경, 부모의 따뜻한 말 한마디 등 소소한 일상을 떠올린다. 이러한 회상은 작품 속에서 고향에 대한 향수와 가족의 의미를 한층 더 깊이 있게 ㉣드러낸다. 또한 도시 생활의 고단함과 외로움이 가족에 대한 그리움을 더욱 부각시키며, 작가는 이를 통해 인간관계의 본질과 가족의 소중함을 탐구하며 힘겨운 시간을 극복하려 한다.

마지막으로, 육친이 세상을 떠난 후에는 남겨진 기억과 추억이 작품의 중심이 된다. 이 과정에서 생전의 모습이나 함께한 시간들이 세밀하게 묘사되며, 상실의 아픔과 동시에 가족의 사랑이 얼마나 큰 힘이었는지 깨닫게 된다.

008

윗글에서 추론한 내용으로 적절하지 않은 것은?

① 가족을 소재로 한 글은 개인적 경험을 넘어 보편적 감정에 호소한다.

② 고향을 떠난 후 가족 간의 정서적 유대는 끊어지지만, 작품을 통해 가족의 사랑이 회복된다.

③ 작가는 가족과의 이별 경험을 글에 담으며, 내면의 슬픔을 독자와 공유한다.

④ 작가는 고향을 떠나 타지에서 느끼는 외로움을 가족에 대한 회상으로 극복하려 한다.

009

윗글의 ㉠~㉣과 바꿔 쓸 수 있는 유사한 표현으로 적절하지 않은 것은?

① ㉠: 탐구(探求)하는

② ㉡: 투영(投影)하여

③ ㉢: 표상(表象)한다

④ ㉣: 형상화(形象化)한다

[010~011] 다음 글을 읽고 물음에 답하시오.

시는 독자가 자신의 경험과 감정을 바탕으로 자유롭게 해석할 수 있는 예술 장르이다. 그래서 시의 '감상'은 독자의 주관이 일정 부분 개입되는 것이 자연스럽다. 시를 읽으며 느끼는 감정이나 떠오르는 이미지는 각자 다를 수 있으며, 시의 언어가 함축적이고 상징적이기 때문에 합리적이면서도 다양한 ⊙해석이 가능하다.

하지만 시 감상에서의 주관적 해석은 아무런 제한 없이 허용되는 것은 아니다. 시의 언표, 즉 시에서 ⊙실제로 표현된 내용을 바탕으로 간접적인 근거를 제시할 수 있어야만 그 해석이 설득력을 갖는다. 예를 들어 시의 분위기나 이미지에서 느껴지는 감정, 혹은 ⓒ시어가 불러일으키는 연상은 모두 시의 언표에 근거한 해석이라 할 수 있다. 그러나 작품과 관련 없는 외부 정보를 끌어오거나, 시의 언표와 명백히 모순되는 해석, 또는 시의 언표에서 아무런 단서도 찾을 수 없는 비약적 해석은 ⓔ올바른 감상으로 인정받기 어렵다. 이는 시 감상이 완전히 자유로운 상상이나 억측이 아니라, 작품 자체에 대한 성실한 읽기에서 출발해야 함을 의미한다.

따라서 시의 감상은 주관과 객관의 균형 속에서 이루어져야 하며, 시의 언어와 구조를 바탕으로 한 해석만이 문학적 소통의 장을 넓힐 수 있다.

010

윗글을 이해한 내용으로 가장 적절한 것은?

① 시 감상은 시의 언표에 근거해야 하므로 시의 해석에서 상상력은 중요하지 않다.

② 주관적 해석보다는 객관적 언표에 근거해 감상할 때 문학적 소통의 장이 넓어진다.

③ 시를 읽고 떠오르는 이미지는 독자의 경험과 연결되어야 보편적 설득력을 갖출 수 있다.

④ 시 감상은 독자의 경험이 반영될 수 있으나, 작품의 맥락을 벗어나면 올바른 해석이 아니다.

011

⊙~ⓔ 중 문맥적 의미가 이질적인 것은?

① ⊙   ② ⊙   ③ ⓒ   ④ ⓔ

[012~013] 다음 글을 읽고 물음에 답하시오.

지구에서는 하루에 두 번 바닷물이 해안으로 밀려들었다 빠지는 조석 현상이 일어난다. 오랫동안 사람들은 이것을 신비로운 현상이라 여겼지만, 뉴턴은 과학적으로 조석의 원인을 설명했다. 조석은 달과 지구 사이의 ⊙만유인력, 그리고 이 둘이 공통 무게중심을 기준으로 회전하면서 생기는 ⓛ원심력의 차이로 인해 발생하는 힘인 '조석력'으로 설명된다. 조석력은 ⓒ천체 간 거리의 세제곱에 반비례하기 때문에, 천체 간의 거리의 제곱에 반비례하는 만유인력보다 거리에 더욱 민감하게 반응한다.

달은 지구의 바다를 당기거나 누르면서 바닷물이 양옆으로 퍼지게 하고, 지구는 자전하기 때문에 하루 두 번씩 밀물(만조)과 썰물(간조)이 나타난다. 달의 위치가 지구의 어느 방향에 있는가에 따라 조석의 위치도 바뀌며, 바닷물의 높낮이 역시 달라진다.

조석은 달뿐 아니라 ⓔ태양의 중력에도 영향을 받는다. 비록 태양은 멀어 조석력은 적지만, 달과 태양이 같은 방향에 놓일 때는 **(가)**조석력이 가장 강해지고, 서로 직각을 이룰 때는 조석력이 가장 약해진다. 그로 인해 각각 바닷물의 높낮이 차이가 가장 클 때인 사리, 가장 작을 때인 조금이 발생한다. 이처럼 조석은 단순한 바닷물의 흐름을 넘어서 지구의 움직임과 천체 간의 중력 관계를 보여 주는 중요한 현상이다.

012

윗글에서 추론한 내용으로 가장 적절한 것은?

① 천체 간 거리가 가까울수록 조석력은 만유인력보다 상대적으로 더 커진다.

② 조석은 달과 지구 사이의 만유인력이 아니라 원심력의 영향으로 발생한다.

③ 태양의 중력에도 영향을 받는 사리는 달과 지구가 가장 가까워지는 시점에 발생한다.

④ 조금은 바닷물의 높낮이 차이가 가장 작을 때로, 달과 태양이 같은 방향에 위치할 때 발생한다.

013

윗글의 ⊙~ⓔ 중 지시하는 대상이 (가)와 동일한 것을 고르면?

① ⊙   ② ⓛ   ③ ⓒ   ④ ⓔ

014

다음 글을 이해한 내용으로 적절하지 않은 것은?

최근 자동차의 안정성과 성능을 높이는 필수적인 요소로 자리 잡은 중요한 부품이 바로 '센서'다. 센서는 자동차 바퀴의 속도와 압력뿐만 아니라 엔진 상태, 주행 상황, 심지어 충돌 여부까지, 차량에서 발생하는 다양한 정보를 감지한다. 이렇게 감지한 정보는 전자 제어 장치인 ECU에 전기 신호 형태로 전달되어 차량 시스템을 효율적으로 제어하게 한다.

자동차의 여러 센서 중 후방 감지 센서는 주차나 후진 시 사고를 예방하고 운전의 편의성을 크게 향상시켰다. 후방 감지 센서는 초음파를 이용해 차량 뒤쪽의 장애물을 감지하는데, 그 과정에서 초음파가 물체에 부딪히고 반사되어 돌아오는 시간을 측정해 물체와의 거리를 계산한다. 이때 초음파의 파장이 짧을수록 더욱 정확한 위치 정보를 얻을 수 있으며, 보다 정밀한 계측이 가능해진다.

이 밖에도 자동차 센서는 레이더, 카메라 등 다양한 기술을 접목하여 운전자의 시야 밖에 있는 사각지대를 줄이고, 자동 긴급 제동 시스템이나 차선 이탈 경고 등 첨단 운전자 보조 시스템(ADAS) 구현의 기반을 제공한다. 이러한 센서 기술의 발전은 자율주행 자동차의 기술적 진보와도 밀접하게 연결되어 있다.

① 초음파는 물체에 부딪혔을 때 반사되는 속성을 보인다.
② 자동 긴급 제동 시스템이나 차선 이탈 경고에 자동차 센서가 활용된다.
③ ECU는 센서에서 보낸 전기 신호를 전달받아 차량 시스템을 제어하는 장치다.
④ 후방 감지 센서에서 장애물까지의 거리를 측정하여 시간을 계산할 때 짧은 파장의 초음파를 활용한다.

015

다음 빈칸에 들어갈 말로 가장 적절한 것은?

에이크의 유화 〈아르놀피니의 결혼〉에는 이전의 그림들에서는 전혀 볼 수 없었던 화려한 색채와 살아 있는 것처럼 느끼게 하는 생생한 표현이 나타난다. 이전의 그림과는 묘사의 정밀함이 너무도 다르므로 당시에도 사람들에게 엄청난 놀라움을 안겨 주었을 것이 틀림없다. 그 까닭은 바로 물감에 불포화 지방산을 이용했기 때문이다. 유화 이전까지는 달걀노른자로 만든 템페라로 그림을 그렸으며, 그 이전에는 석고 위에 수성 물감을 스미게 하는 프레스코로 그렸다. 프레스코는 스미고 번져서 색감이 뿌연 데다 정교한 묘사가 불가능했다. 템페라는 붓질이 좀 나아지고 광택도 약간 있었으나 유화에 비해서는 많이 떨어졌다. 그러나 〈아르놀피니의 결혼〉의 강아지를 보면 [   ] 묘사되어 있다.

① 치밀하지 못하고 질감도 균일하지 못하게
② 털 하나하나가 살아 있는 것처럼 정교하게
③ 색감이 뚜렷하지 못하고 색이 번진 상태로
④ 광택이 거의 드러나지 않을 정도로 은은하게

016

다음 글의 내용이 참일 때, 반드시 참인 것만을 <보기>에서 모두 고르면?

국내 유수의 인공지능 반도체 기업과 대학이 산업 현장에서 요구되는 역량을 갖춘 인재를 양성하기 위해 함께 사업을 추진하려고 한다. 이와 관련하여 다음과 같은 사실들이 알려졌다.

○ 소장이 연구소 운영을 총괄하지 않는다면 연구소를 개소하지 못한다.
○ 산업계 경력을 갖춘 연구책임자가 없다면 소장이 연구소 운영을 총괄하지 않는다.
○ 연구소를 개소하면서 연구소 산하에 다양한 연구 과제를 수행할 연구센터를 구성하는 경우도 있다.
○ 연구소 산하에 다양한 연구 과제를 수행할 연구센터를 구성하면서 산업계 경력을 갖춘 연구책임자가 있는 경우도 있다.

┤ 보기 ├
ㄱ. 소장이 연구소 운영을 총괄한다면 연구소를 개소한다.
ㄴ. 연구소를 개소하지 못한다면 산업계 경력을 갖춘 연구책임자가 없다.
ㄷ. 소장이 연구소 운영을 총괄하면서 연구소 산하에 다양한 연구 과제를 수행할 연구센터를 구성하는 경우도 있다.
ㄹ. 산업계 경력을 갖춘 연구책임자가 있으면서 연구소 산하에 다양한 연구 과제를 수행할 연구센터를 구성하는 경우도 있다.

① ㄱ, ㄴ
② ㄱ, ㄹ
③ ㄴ, ㄷ
④ ㄷ, ㄹ

017

다음 대화에 대한 평가로 적절한 것만을 모두 고르면?

> 갑: 최근 온라인 교육이 빠르게 확산되고 있지만, 모든 학생에게 동일한 교육 품질을 보장하기는 어렵다고 생각해. 특히 디지털 기기와 인터넷 환경이 열악한 학생들은 상대적으로 소외될 수밖에 없어. 이런 격차는 지역별, 경제적 배경에 따라 더 심각해질 수 있어서 우려돼.
>
> 을: 그렇지만 온라인 교육은 시간과 장소의 제한을 없애고 개별 학습을 촉진하는 강점이 있어. 그래서 오히려 교육 격차를 해소할 수 있는 현실적 방안이라 생각해. 현재 정부와 학교도 디지털 인프라를 확충하고 있고, 원격 수업을 위한 장비 지원과 인터넷 접속 환경 개선 사업이 진행되고 있어.
>
> 갑: 온라인 수업이 전면화되면 학생들 간 교류와 협동 학습이 줄어들면서 정서적 측면에 문제가 발생하고 사회적 상호작용이 부족해지게 될 거야. 학습 동기도 저하될 거고.
>
> 을: 그 문제는 온·오프라인을 적절히 병행하는 하이브리드 교육 모델을 통해 예방할 수 있을 거야. 그러면 디지털 교육의 장점과 전통 교육의 강점을 함께 살릴 수 있고, 다양한 학습자 맞춤형 교육을 구현할 수 있어서 교육의 질도 높아질 거고.

> ㄱ. 코로나19 팬데믹 시기 전면 온라인 수업 도입으로 디지털 접근성이 부족한 농촌 지역 학생들의 교육 격차가 심화된 사례는 갑과 을의 입장을 강화한다.
>
> ㄴ. 핀란드의 일부 지자체에서 온라인 수업을 전면적으로 도입하여 긍정적인 교육 효과를 낸 사례는 갑의 입장을 약화한다.
>
> ㄷ. 디지털 교육 플랫폼 기업들이 AI 기반 맞춤형 학습 서비스를 확대하는 등 학습자 친화적으로 변화하고 있다는 주장은 을의 입장을 약화한다.

① ㄴ
② ㄱ, ㄴ
③ ㄱ, ㄷ
④ ㄴ, ㄷ

018

다음 중 ㉠의 예로 가장 적절한 것은?

> 어근과 어근이 결합한 합성어 중에는 품사가 부사인 것도 있다. 예컨대 부사 '곧'과 부사 '잘'이 결합한 '곧잘'은 어근 중 하나 이상이 부사인데, 합성어가 된 다음에도 품사를 유지하는 예이다. 그러나 명사 '밤'과 명사 '낮'이 결합하여 된 '밤낮'처럼 ㉠어근 중에 부사가 없는 합성 부사도 존재한다.

① 잘못　　　　　　② 또다시
③ 이만큼　　　　　④ 이리저리

019

다음 글의 논지를 약화하는 것으로 가장 적절한 것은?

> 청소년의 정서적 건강이 유지되기 위해서는 가족의 정서적 지지 혹은 신뢰할 만한 친구의 존재가 필요하다는 견해가 주목받는다. 가족이 따뜻하게 지지해 주는 경우, 비록 친구 관계에서 만족을 얻지 못하더라도 청소년은 심리적 안정과 긍정적 자아감을 유지할 수 있다. 반대로, 가족과의 관계가 원만하지 않은 경우라도, 마음을 터놓고 이야기할 수 있는 친구가 있다면 정서적 고립감에서 벗어나 건강한 성장을 도모할 수 있다.
>
> 실제 상담 연구 결과를 살펴보면, 가족의 지지 혹은 친구의 신뢰라는 조건 중 하나 이상이 충족될 때 청소년은 불안과 우울을 극복하고 정서적 안정과 자기 존중감을 회복할 가능성이 높아진다는 점이 확인된다. 따라서 청소년들의 정서적 발달을 지원하는 정책이나 상담 프로그램을 설계할 때는, 가족 지원과 또래 관계 중 적어도 한 가지 통로가 확보될 수 있도록 노력할 필요가 있다.

① 민지는 가족과의 소통이 원활하지 않았지만 가까운 친구 덕분에 원만한 학교생활을 할 수 있었다.
② 준수는 힘든 일이 있어도 가족들이 응원해 주고, 친구들과 함께 고민했기 때문에 어려운 일을 극복할 수 있었다.
③ 현민이는 냉랭한 가족 분위기 때문에 집에서는 말도 하지 않았지만 친구들과는 잘 어울려 놀아서 학교생활에 적응할 수 있었다.
④ 정현이는 우울증이 심했는데, 그 이유를 들여다보니 가족과는 잘 지냈지만 교우 관계에서 갈등을 겪었기 때문임을 알 수 있었다.

020

다음 진술이 모두 참일 때 반드시 참인 것은?

> ○ 갑이 직무와 관련된 개인방송 활동 혹은 근무시간 외 외부강의를 했다면, 갑은 소속 부서장의 사전 결재를 받았다.
>
> ○ 갑은 직무와 관련된 개인방송 활동 혹은 수익이 발생하지 않는 개인방송 활동을 했다.
>
> ○ 갑은 소속 부서장의 사전 결재를 받은 적이 없다.

① 갑은 근무시간 외 외부강의를 했다.
② 갑은 직무와 관련된 개인방송 활동을 했다.
③ 갑은 수익이 발생하지 않는 개인방송 활동을 했다.
④ 갑은 수익이 발생하지 않는 개인방송 활동과 근무시간 외 외부강의를 모두 했다.

모의고사
25회

001

다음 글의 ㉠~㉣을 <지침>에 따라 수정하는 방안으로 적절하지 않은 것은?

□ 책바다(상호 대차) 서비스 ㉠개요 주요 내용
  ○ 이용자가 원하는 자료가 거주 지역 내 공공도서관에 없을 경우, 다른 지역의 도서관에 신청하여 소장 자료를 이용할 수 있도록 해 주는 전국 도서관 자료 공동 활용 서비스
□ 책바다 서비스 참여 도서관 운영자 업무
  ○ 구체적인 처리 업무: 상호 대차 운영 ㉡매뉴얼 참조
□ 책바다 서비스 홍보 방법 안내
  ○ 우리 도서관 누리집에 ㉢배너, 알림창 등을 통해 홍보
□ 대학 도서관 확대 서비스 실시
  ○ 이용자가 ㉣반납할 때 운영자는 반드시 연체 여부를 확인하고 연체되면 이용자에게 연체료를 받은 다음, 운영자 누리집에서 반납 처리함.

〈지침〉

○ 제목을 중복된 표현 없이 간결하게 쓴다.
○ 될 수 있으면 외래어는 다듬은 말로 쓴다.
○ 홍보할 수 있는 방법을 다양하게 제시한다.
○ 필요한 문장 성분이 생략되지 않도록 한다.

① ㉠을 '개요'로 수정한다.
② ㉡을 '설명서'로 수정한다.
③ ㉢을 '배너, 알림창, 안내서, 공지 사항 등'으로 수정한다.
④ ㉣을 '직접 반납할 때'로 수정한다.

002

다음 글을 이해한 내용으로 가장 적절한 것은?

의약 분업이란 환자의 안전을 위해 의사와 약사가 각자의 전문 분야를 나누어 역할 수행하는 제도를 말한다. 즉 치료와 처방은 의사가 담당하고, 약의 조제와 복약지도를 약사가 담당하는 것이다. 선진국인 독일과 프랑스의 경우, 의사의 조제 행위를 원천적으로 금지하는 강제 분업 제도를 운용한다.

우리나라에서는 약사 협회의 요청을 받아 의약 분업이 법적으로 강제되었으나, 병원과 약국이 1km 이상 떨어진 도서 벽지 지역은 예외 지역으로 지정되어 있다. 이 예외 지역에서는 처방전 없이도 약사가 직접 환자에게 조제를 할 수 있으며, 신속한 의료서비스 제공이 가능하다는 장점이 있다. 하지만 일부 지역에서는 병원 접근성이 좋지 않아 주민이 약국에서 바로 약을 받는 사례가 늘면서, 이를 악용한 불법 조제 등의 부작용도 발생하고 있다. 예를 들어, 경기도 등 일부 지역에서는 미리 약을 만들어 놓고 판매하는 등의 문제가 발생하기도 했다.

의약 분업은 2000년 우리나라에 전격 시행된 이후 복약지도 의무화, 조제 기록 작성, 대체 조제 허용 기준 등 여러 보완 조치가 마련됐다. 또한 의약품 안전 사용 정보 시스템(DUR)이 구축되어 약물 상호작용과 부작용을 실시간으로 점검할 수 있게 되었다.

① 독일은 의사의 조제 허용 범위가 넓은 임의 분업 방식을 채택하고 있다.
② 경기도에서 의사가 미리 약을 만들어 놓고 판매하다 적발되는 사건이 발생했다.
③ 우리나라의 경우 병원과 약국이 천 미터 이상 떨어진 지역은 의약 분업 예외 지역으로 지정되어 있다.
④ 우리나라에서 의약 분업이 시행된 지 20년이 넘었지만, 지금까지 의약품 안전 사용 정보 시스템은 구축되지 않았다.

003

다음 글의 제목으로 가장 적절한 것은?

'아우라'란 예술 작품에서 흉내 낼 수 없는 고고한 분위기를 뜻하는 말로, 독일의 철학자 발터 베냐민의 예술 이론에서 나온 말이다. 베냐민은 현대에 와서 예술 작품에 대한 기술 복제가 가능해지면서 전통적 예술에서 중요하게 여겨 왔던 아우라가 붕괴되고 있다고 보았다. 이로써 아우라를 상실한 기술 복제 시대의 예술 작품은 이제 '숭배 가치'의 대상이 아니라 '전시 가치'의 대상이 되었다고 보았다.

베냐민에 따르면 전시 가치의 대상으로 등장한 기술 복제 시대의 예술 작품은 아우라를 지닌 예술 작품처럼 그 아래 무릎 꿇고 조아리기 위한 것이 아니라, 그저 보고 듣고 즐기기 위한 감각적 수용의 대상으로 존재한다. 그러므로 기술 복제 시대의 예술 작품은 정신을 분산시키는 방식, 말하자면 예술 작품과 비판적 거리를 두고 예술 작품을 오락의 대상으로 여기는 지각 방식으로 감상하는 것이 적절하다.

① 숭배의 대상으로서의 예술 작품과 아우라
② 기술 복제 시대의 예술 작품을 감상하는 방식
③ 아우라의 파괴가 가져온 예술의 혁명적 변화
④ 전시 가치를 지닌 아우라를 간직한 예술 작품

004

밑줄 친 예로 가장 적절한 것은?

문장의 의미 관계는 크게 유의 관계와 반의 관계로 나눌 수 있다. 이 중에서 유의 관계의 경우는 다시 "진희가 뛰어가던 영진이를 붙잡았다 – 뛰어가던 영진이가 진희에게 붙잡혔다"처럼 능동문과 피동문의 짝 관계에 의한 것과 "오늘 우리 편이 상대편에게 지다 – 오늘 상대편이 우리 편을 이기다"처럼 반의 관계에 있는 대립어에 의한 것으로 나눌 수 있다. 일반적으로 유의 관계에 있는 두 문장은 진릿값이 서로 같기는 하지만 미묘한 의미의 차이가 발생할 수 있다.

① 사자가 토끼를 물었다. – 토끼가 사자에게 물렸다.
② 민수가 영수에게 물건을 샀다. – 영수가 민수에게 물건을 팔았다.
③ 인부들이 학교 담을 허물었다. – 학교 담이 인부들에 의해 허물어졌다.
④ 엄마가 아기에게 옷을 입혔다. – 아기가 엄마의 도움으로 옷을 입었다.

005

다음 글을 이해한 내용으로 가장 적절한 것은?

수필에서 글쓴이는 일상생활 속에서 경험을 통해 새로운 시각을 얻는다. 평범하게 지나치기 쉬운 순간이나 사물도 세밀하게 관찰하면 이전에는 보지 못했던 면모를 발견할 수 있다. 이러한 관찰은 단순한 주목을 넘어 깊은 깨달음으로 이어져, 삶에 대한 이해와 인식을 넓혀 준다.

특히 수필에서는 특정한 소재나 대상에 집중하여 그 속성을 탐구하는 과정이 중요하다. 글쓴이는 작은 경험에서 얻은 통찰을 바탕으로 보다 넓은 의미를 찾는다. 이 깨달음은 한정된 대상에 머무르지 않고 유추적 사고, 즉 비슷한 성질이나 상황을 가진 다른 대상으로도 확장된다. 이처럼 한 대상을 깊이 탐구함으로써 여러 대상에 공통으로 적용되는 삶의 진리나 보편적인 가치까지 성찰하게 된다.

따라서 수필은 단순한 경험담을 넘어 삶을 새롭게 바라보는 창이 된다. 글쓴이의 세심한 관찰과 사유 과정을 통해 독자 또한 보통의 일상에서 의미를 발견하고, 자신만의 깨달음을 얻을 수 있다. 이러한 점에서 수필은 개인적 체험과 보편적 성찰이 조화를 이루는 문학 장르로 의미가 크다.

① 수필은 일상생활 속에서의 경험을 바탕으로 하므로 창의적 상상력은 필요하지 않다.
② 수필에서 얻은 깨달음을 바탕으로 대상을 깊이 탐구하면 보편적 가치를 발견할 수 있다.
③ 수필에서 글쓴이는 큰 문제에서 얻은 깨달음을 바탕으로 일상의 소소한 의미를 발견한다.
④ 수필의 글쓴이는 사유 과정을 통해 인식의 확장을 겪지만, 독자의 경우 인식 확장을 경험하기 어렵다.

006

㉠, ㉡에 들어갈 말로 가장 적절한 것은?

도움이 필요한 사람을 만나게 되면 도움 행동을 유발하는 신체적, 생리적 반응이 자동적으로 나타난다. 이는 기본적으로 인간이 도움 행동을 수행할 가능성에 대한 증거라고 할 수 있다. 도움 행동에 대한 생리적 반응이 존재함에도 불구하고 도움이 필요한 상황에서 방관자가 나타나는 이유는 무엇일까? 이와 관련해 뇌과학 연구자들은 도움이 필요한 상황에 관여하는 사람이 증가함에 따라 달라지는 뇌의 반응을 살펴보았다. 실험 참가자들에게 여성이 정신을 잃고 쓰러져 있으나 사람들이 무시하고 지나가는 장면을 담은 영상을 보여 준 후 그들의 뇌 반응을 확인해 보았다. 흥미롭게도 주위에 사람들이 많아짐에 따라 도움 행동과 관련된 뇌 영역의 활동이 감소하였다. 이를 통해 상황에 관여할 수 있는 사람의 수가 증가할 때 도움 행동이 (㉠) 가능성이 커진다는 것을 보여 준다. 이것은 특정 상황에 관여하고 있는 사람의 수가 증가할수록 개인에게 돌아가는 책임감의 정도가 (㉡) 때문으로 볼 수 있다.

	㉠	㉡		㉠	㉡
①	늘어날	커지기	②	늘어날	작아지기
③	줄어들	커지기	④	줄어들	작아지기

007

(가)~(라)를 맥락에 맞추어 가장 적절하게 나열한 것은?

(가) 음은 작곡가의 예술적 상상력 속에서 무한히 변화하고 풍성해질 수 있으며, 이는 곧 음악 자체의 다양성과 깊이를 만들어 내는 원천이다. 따라서 작곡은 단순한 음의 배열이 아니라, 마음과 정신이 집중되어 이루어지는 창조적 행위로 볼 수 있다.

(나) 즉 작곡가는 귀로 들은 음들을 단순히 받아들이는 것을 넘어, 이 음들이 서로 어떤 관계를 맺고 변화하는지를 상상하며 음악을 창조해 나간다. 이 과정은 작곡가가 마음속에 정신적 재료로서의 음을 구상하고 발전시키는 작업이라 할 수 있다.

(다) 요컨대 'Gehalt' 개념은 이처럼 음악을 단순한 감각적 경험이 아닌 작곡가의 내면적이고 능동적인 예술 활동으로 이해하도록 돕는 것이다.

(라) 'Gehalt'는 음악에서 음(音)이 단순한 소리 이상의 의미를 지닌다는 개념이다. 'Gehalt'는 단순히 들리는 소리로서의 음이 아니라 그것을 마음속에서 재구성하고 새롭게 만들어 내는 정신적인 활동에 초점을 둔다.

① (나) - (가) - (라) - (다)
② (나) - (다) - (가) - (라)
③ (라) - (나) - (가) - (다)
④ (라) - (나) - (다) - (가)

008

다음 글을 이해한 내용으로 적절하지 않은 것은?

법은 사회 질서를 유지하고 정의를 실현하기 위한 규범이다. 법을 변경하려는 합법적 절차나 정당방위와 같은 예외 상황을 제외하면, 국가가 직접 나서 법을 위반하는 대부분의 행위를 강제적으로 막는다. 국가는 법 집행을 반드시 실현해야 할 책임이 있으며, 이를 통해 법의 권위와 실효성이 보장된다.

법을 집행할 때는 법에서 정한 절차와 방법인 '법 규범'을 반드시 따라야 한다. 이러한 법 규범은, 인간의 직접적인 행동을 규율하는 제1차적 법 규범과, 이러한 규범을 실현하는 절차와 방법을 규정하는 제2차적 법 규범으로 나뉜다. 가령 민사소송법, 형사소송법 등은 제2차적 법 규범으로, 각 주체가 어떻게 행동해야 하는지 그리고 기본권이 어떻게 보호되는지를 상세히 규정하고 있다.

법을 관철하는 방식에는 '강제 이행', '제재', '효력의 부인'이 있다. 강제 이행은 국가가 직접 의무를 실현하는 것이고, 제재는 법을 어긴 자에게 불이익을 주어 다시 반복하지 않도록 하는 것이다. 그리고 효력의 부인은 위법하거나 절차상 잘못된 행위의 법적 효력을 없애는 것을 말하는데, 가령 헌법에 맞지 않는 법률은 효력이 부인되어 무효가 될 수 있다.

① 법의 권위와 실효성은 법 집행을 통해 보장된다.
② 제재는 법을 위반한 자에게 불이익을 주어 재발을 막는 방식이다.
③ 민사소송법은 규범을 실현하는 절차와 방법을 규정하는 법 규범에 해당한다.
④ 국가는 어떤 상황에서도 법 위반 행위를 강제적으로 막아야 할 책임이 있다.

[009~010] 다음 글을 읽고 물음에 답하시오.

환율은 두 나라의 화폐가 서로 어떻게 교환되는지를 나타내는 비율이다. 가령 원화와 달러의 환율이 1,000원 대 1달러라면 1,000원으로 1달러를 살 수 있다는 의미이다. 환율이 결정되는 원리를 설명하는 대표적인 이론으로는 '구매력 평가설'과 '이자율 평가설'이 있다. 구매력 평가설은 동일한 상품이 모든 국가에서 같은 가격에 거래되어야 한다는 '일물일가의 법칙'에 근거해 환율이 결정된다고 보는데, 실제로는 운송비나 시간 등 다양한 요인 때문에 이 법칙이 항상 적용되지는 않는다. 따라서 구매력 평가설은 환율의 장기적 추세를 설명하는 데 적합하지만, 단기적 변동을 설명하는 데는 한계가 있다.

이자율 평가설은 자본 거래와 투자를 통해 환율이 결정된다고 설명한다. 투자자들은 국내와 해외 자산의 기대 수익률을 비교해 투자처를 선택하는데, ㉠국내 이자율이 낮아지면 해외 투자가 늘어나면서 외환 수요가 증가해 국내 통화의 환율이 오르고, 반대의 경우 ㉡외국 투자자들이 국내에 투자해 외환 공급이 늘어나 국내 통화의 환율이 내려간다. 최근에는 국제 자본 시장이 크게 성장하면서 자본 거래가 경상 거래를 압도하고 있어, 단기적 환율 변동은 주로 자본 거래에 의해 결정된다고 평가된다. 가령 ㉢특정 국가의 증시가 상승하는 추세일 경우, 외국에서 수익을 얻기 위한 투자가 물밀듯이 들어와 외환 공급이 크게 늘어난다.

이처럼 경상 거래와 자본 거래의 변화는 국제 거래에 영향을 주어 환율 변동을 유발한다. 과거 독일이 통일 직후 인플레이션 대응을 위해 ㉣고금리 정책을 펼치자 다른 유럽 국가들이 불만을 표출한 사례처럼, 국가 간 경제적 상호 의존이 커진 요즘에는 경제 정책을 결정할 때 국제적 협력의 필요성도 점차 높아지고 있다.

009

윗글에서 추론한 내용으로 가장 적절한 것은?

① 단기적 환율 변동을 설명하는 데에는 구매력 평가설이 적합하다.
② 최근에는 경상 거래가 국가 간 자본 거래의 규모를 앞지르는 추세이다.
③ 경상 거래와 자본 거래의 변화는 장기적 환율 변동을 결정하는 요인이다.
④ 다른 조건이 일정하다면, 국내 이자율이 높아지면 외환 공급이 증가하게 된다.

010

㉠~㉣ 중 국내 통화 환율을 상승시키는 요인끼리 묶은 것은?

① ㉠
② ㉠, ㉢
③ ㉡, ㉣
④ ㉢, ㉣

[011~012] 다음 글을 읽고 물음에 답하시오.

신약 개발은 엄청난 비용과 시간이 ⊙소요되며, 실패 위험도 크기 때문에 제약 회사는 개발에 투입된 비용을 보상받기 위해 신약 가격을 높게 ⓒ책정한다. 이는 시장경제 원리에 따라 이해될 수 있지만, 그 결과 저소득층과 서민들은 고가의 신약을 구입하지 못해 질병에 대한 치료 혜택을 누리지 못하게 되는 현실적 문제가 발생한다. 이로 인해 제약 회사의 이윤 추구와 약이 절실한 저소득층 간의 갈등이 심화되고, 질병을 극복하려는 과정에서조차 가진 자와 못 가진 자의 불평등이 뚜렷하게 드러난다.

이러한 불평등은 신약 가격 문제에만 국한되지 않는다. 제약 회사는 시장 확대를 위해 ⬚⬚⬚⬚⬚⬚⬚⬚⬚⬚⬚ 판매 전략을 사용하기도 한다. 예를 들어 의학 저서에서는 제약 회사가 정상적인 상태를 비정상으로 규정하거나, 질병이 아닌 현상까지 질병으로 포장해 약을 팔고 있다고 지적한다. 이는 단순히 치료를 위한 약 개발을 넘어, 자본의 논리에 따라 질병 개념을 조작해 이익을 ⓒ추구하는 '질병 산업'의 실태를 보여 준다. 약의 생산과 소비가 불평등한 구조 속에서 이루어지고 있음을 분명히 드러내는 대목이다.

물론 제약 회사의 신약 개발 노력이 인류의 건강 증진과 수명 연장에 크게 ⓔ기여한 점은 분명하다. 그러나 신약 개발 방향과 가격 정책에서 발생하는 문제를 제대로 해결하지 못한다면, 제약 회사는 윤리적 비판을 받는 '질병 산업'으로 남을 수밖에 없다. 인류가 질병으로 인한 불평등에서 벗어나지 못하는 한, 제약 회사의 역할과 책임에 대한 진지한 성찰이 필요하다.

011

윗글의 빈칸에 들어갈 말로 가장 적절한 것은?

① '병'의 범위를 전략적으로 넓히는
② '병'을 비정상적인 상태로 규정하는
③ '병'의 치료 방법을 다양하게 제시하는
④ '병'을 완치할 수 있다는 믿음을 심어 주는

012

⊙~ⓔ과 바꿔 쓸 수 있는 유사한 표현으로 적절하지 않은 것은?

① ⊙: 더해지며
② ⓒ: 매긴다
③ ⓒ: 좇는
④ ⓔ: 이바지한

013

갑~병의 주장을 분석한 내용으로 적절한 것만을 <보기>에서 모두 고르면?

갑: 다수결은 가장 공평하고 민주적인 의사결정 방식이다. 모든 구성원에게 동등한 한 표의 권리를 주고, 더 많은 사람이 지지하는 의견을 채택하는 것보다 공정한 방법이 어디 있는가. 완벽한 제도는 없지만 다수결만큼 객관적이고 투명한 기준도 없다. 모든 사람의 이해관계를 완전히 만족시킬 수는 없으니 최대 다수의 이익을 추구하는 것이 가장 합리적이다.

을: 다수결은 겉으로만 공평해 보이는 허상이다. 다수가 소수의 기본권을 짓밟을 때 다수결이 과연 공평한가? 과거 미국 남부에서 흑인 차별을 다수가 지지했다고 해서 그것이 정당했는가? 다수결은 어떻게 개선해도 단순히 숫자의 논리일 뿐이고, 옳고 그름을 판단하는 기준이 될 수 없다. 게다가 여론 조작이나 선동을 통해 다수 의견을 왜곡하기도 쉽다.

병: 다수결 자체는 불완전하지만 현실적으로 가장 실용적인 의사결정 방식 중 하나라고 봐야 한다. 중요한 건 다수결을 어떻게 운용하느냐다. 헌법적 권리나 기본권 같은 핵심 가치들은 다수결로도 침해할 수 없다는 제약을 두고, 소수 의견을 충분히 듣는 절차적 공정성을 보장한다면 다수결의 한계를 상당 부분 보완할 수 있다. 결국 다수결에 견제와 균형 장치를 결합한 제도적 설계가 가장 현실적이고 공평한 해법이라고 생각한다.

┤ 보기 ├
ㄱ. 갑의 주장과 을의 주장은 대립하지 않는다.
ㄴ. 을의 주장과 병의 주장은 대립하지 않는다.
ㄷ. 병의 주장과 갑의 주장은 대립하지 않는다.

① ㄴ
② ㄷ
③ ㄱ, ㄷ
④ ㄱ, ㄴ, ㄷ

014

다음 대화 내용이 참일 때, 빈칸에 들어갈 말로 가장 적절한 것은?

> 갑: 최근 과실류 가격 하락 추세를 고려해 열대과일인 바나나, 망고, 파인애플, 두리안 중에서 적어도 한 품목에 대한 할당관세 적용 조치를 종료한다고 합니다.
>
> 을: 파인애플과 두리안에 대한 할당관세 적용 조치가 모두 종료된다면, 망고에 대한 할당관세 적용 조치도 종료됩니다.
>
> 병: 그런데 망고에 대한 할당관세 적용 조치가 종료된다면, 바나나에 대한 할당관세 적용 조치도 종료된다고 해요.
>
> 을: 바나나에 대한 할당관세 적용 조치가 종료되지 않는다는 사실은 이미 알고 있습니다.
>
> 갑: 그럼 [   ]

① 망고와 파인애플에 대한 할당관세 적용 조치는 모두 종료되겠군요.
② 바나나와 두리안에 대한 할당관세 적용 조치는 모두 종료되지 않겠군요.
③ 망고에 대한 할당관세 적용 조치가 종료되는지에 대해서는 알 수 없겠군요.
④ 파인애플에 대한 할당관세 적용 조치가 종료되지 않는다면, 두리안에 대한 할당관세 적용 조치는 종료되겠군요.

015

다음 글의 논지를 약화하는 것으로 가장 적절한 것은?

> 창업 성공을 위해서는 참신한 아이디어와 충분한 초기 자본이 동시에 갖춰져야 한다는 주장이 설득력을 얻고 있다. 창업 아이디어가 아무리 혁신적이라도, 이를 실현할 수 있는 자금이 부족하다면 시장 진입 자체가 제한되고, 경쟁에서 밀릴 수밖에 없다. 반대로 자본이 충분하더라도 창의적이고 차별화된 비즈니스 모델이 없다면 소비자들의 관심을 끌기 어렵고, 단기적으로 자원을 소진할 위험이 있다.
>
> 실제로 다양한 성공 사례와 실패 사례를 비교해 보면, 경쟁력 있는 아이디어와 충분한 자본이 모두 충족되어야만 창업가가 시장에서 의미 있는 성과를 반드시 얻을 수 있다는 점이 확인되었다. 따라서 신생 기업의 창업 성패를 논할 때는 아이디어와 자본이라는 두 조건이 동시에 충족될 수 있도록 노력해야 할 것이다.

① 참신한 아이디어를 가진 한 사람이 초기 자본을 충분히 보유하고 사업을 진행했더니 창업에 성공하였다.
② 참신한 아이디어가 없는 한 사람이 초기 자본을 충분히 보유하고 사업을 진행하였는데 창업에 성공하였다.
③ 참신한 아이디어를 가진 한 사람이 초기 자본을 충분히 보유하고 사업을 진행하였지만 창업에 실패하였다.
④ 참신한 아이디어를 가진 한 사람이지만 초기 자본이 부족한 상태에서 사업을 진행했더니 창업에 실패하였다.

016

다음 글의 논지를 강화하는 것으로 가장 적절한 것은?

> A국은 전국적으로 공무원의 업무 효율성이 떨어지고 민원 처리 시간이 과도하게 길어지는 문제가 지속되고 있다. 이를 해결하기 위해 A국 정부는 공무원 수를 증원하고 업무 처리 시간 단축을 위한 성과 평가 제도를 강화하는 정책을 추진하고 있다. 하지만 이러한 접근 방식은 근본적인 해결책이 되기 어렵다. 공무원의 업무 효율성을 높이려면 단순히 인원을 늘리거나 성과 평가를 강화하는 것보다, 복잡하고 중복된 행정 절차 자체를 간소화하고 불필요한 서류 작업과 승인 단계를 대폭 줄여서 업무 프로세스를 근본적으로 개선하는 것이 우선적으로 필요하다. 실제로 현직 공무원들과 민원인들 모두 과도한 서류 작성, 다단계 승인 절차, 부서 간 반복적인 검토 과정 때문에 업무 효율성이 크게 저하되고 있다고 지적하고 있다.

① A국의 B구청은 5단계 승인을 2단계로 줄이는 조직 개편을 단행해, 예산을 크게 절감할 수 있었다.
② A국의 C시에서는 민원 담당자의 인원을 대폭 늘려, 대기 시간이 단기간에 크게 줄고, 민원인의 만족도가 향상됐다.
③ A국의 D시 행정은 외부 기관의 모니터링 및 평가를 도입한 이후, 직원들이 긴장감을 갖고 업무에 임해 행정 서비스 품질이 개선됐다.
④ A국의 E시에서는 제출 서류를 전자화하고, 요구 서류 종류를 절반으로 줄이자 이전보다 민원 한 건 처리 시간이 30% 이상 빨라졌다.

역사 소설은 실제로 있었던 ㉠역사적 사건과 인물을 바탕으로 하면서도, 작가의 상상력이 더해진 허구적 요소가 함께 어우러지는 장르다. 이러한 작품들은 대개 주요 배경이나 큰 사건, 또는 ㉡일부 인물이 벌인 사건을 역사학에서 인정하는 사실에 기반하여 충실히 재현하지만, 이야기의 중심을 이루는 인물이나 구체적 사건, 주인공의 행동 등에서는 작가가 새롭게 창조한 허구가 가미되곤 한다.

작가는 실존 인물이 어떠한 일을 벌였는지 사료를 바탕으로 추측한다. 이때 사료는 역사학계에서 검증받은 것도 있지만 다소 공신력이 떨어지는 것도 포함된다. 자료와 자료 속에서 작가는 자료에 기술되지 않은 삶을 추측하고 상상한다. 물론 그러한 추측에는 일어났던 사건이 뒷받침되어야 하지만 때로는 작가의 가치관이 개입하기도 한다. 이처럼 허구와 사실이 절묘하게 섞이는 소설은 독자들에게 새로운 감동과 흥미를 제공한다. 가령 실제 역사에서는 존재하지 않았던 인물을 내세워 ㉢그 인물이 역사적인 위기나 고난을 극복하는 사건을 서술하거나, ㉣당시에 기록되지 않았던 민중들의 심리와 바람을 상상력으로 보완하여 소설에 풀어 넣기도 한다. 이는 독자들이 단순한 과거의 사실을 넘어, 그 시대를 살아간 사람들의 생생한 감정과 현실을 함께 공감할 수 있도록 도와준다.

역사 소설은 엄격한 사실만을 전달하는 데 그치지 않고, 허구적 요소를 통해 역사적 아픔이나 한(恨), 회복과 희망을 문학적으로 풀어낸다. 이를 통해 독자들은 (가)역사가 가진 무거움에서 벗어나 상상과 해석의 자유로움까지 함께 누릴 수 있다. 허구와 사실을 절묘하게 조화시킨 소설은 지난 시대를 새롭게 바라보게 만들고, 오늘날의 독자와도 깊은 소통을 가능하게 한다.

017

윗글의 주장을 강화하는 것으로 보기 어려운 것은?

① 눈에 보이는 것만이 사실이 아니다. 오히려 보는 이의 관점이 반영되지 않은 서술은 사실의 왜곡일 수 있다.
② 문학은 예술이며, 예술은 표현의 자유를 전제하여 성립된다. 그것이 현실을 얼마나 잘 반영했는지는 중요하지 않다.
③ 펜에는 무서운 힘이 있다. 그것은 보는 사람의 마음을 좌지우지해 눈앞의 현실을 부정하게 만들 수 있으니 경계해야 한다.
④ 아무리 좋은 말이라도 듣는 이의 관심을 끌 수 없다면 무용지물일 뿐이다. 무관심 속에서는 어떤 것의 가치도 드러나지 않는다.

018

(가)와 문맥적 의미가 유사한 것을 모두 찾으면?

① ㉠, ㉡
② ㉠, ㉡, ㉢
③ ㉡, ㉢, ㉣
④ ㉠, ㉡, ㉢, ㉣

019

다음 진술이 모두 참일 때 반드시 참인 것은?

○ 갑이 한글 맞춤법을 공부하면, 표준어 규정도 공부한다.
○ 갑이 로마자 표기법을 공부하지 않으면, 표준어 규정도 공부하지 않는다.
○ 갑이 외래어 표기법을 공부하지 않으면, 로마자 표기법도 공부하지 않는다.

① 갑이 표준어 규정을 공부하면, 외래어 표기법도 공부한다.
② 갑이 로마자 표기법을 공부하면, 표준어 규정도 공부한다.
③ 갑이 한글 맞춤법을 공부하면, 로마자 표기법은 공부하지 않는다.
④ 갑이 한글 맞춤법을 공부하면, 외래어 표기법은 공부하지 않는다.

020

다음 글의 ㉠의 사례로 가장 적절한 것은?

'-아/어 있-'은 보조 용언으로 어떤 동작이 완결되었음을 나타낸다. 이 때문에 '그가 의자에 앉아 있다'로 표현하면 의자에 앉는 동작이 끝이 난 완료상으로 이해된다. 물론 '-아/어 있-'은 그러한 상태가 지속됨을 의미하기도 한다. 따라서 '-아/어 있-'이라고 표현할 때에는 발화시에 이미 동작이 완결되었고, 그러한 상태가 계속 유지될 수 있는 행위에만 가능하다. 그래서 '자다'와 같은 동사에 '-아/어 있-'이 결합하여 '자 있다'처럼 표현하는 것은 불가능하다. 이처럼 ㉠'-아/어 있-'과 결합할 수 있는 용언은 제한적이다.

① 눕다
② 먹다
③ 뛰다
④ 울다

모의고사
26회

시작 시간	시	분	초
종료 시간	시	분	초
총 소요 시간		분	초

001

<공공언어 바로 쓰기 원칙>에 따라 수정한 것으로 적절하지 않은 것은?

〈공공언어 바로 쓰기 원칙〉

○ 다듬은 말 사용
 – ㉠일본식 한자어나 어려운 한자어는 쉬운 말로 다듬어 씀.
○ 어문 규범 지키기
 – ㉡'도구, 수단'을 나타날 때는 '로써'를 쓰고, '자격'을 나타낼 때는 '로서'를 씀.
○ 대등한 것끼리 접속
 – ㉢'–거나', '또는' 등으로 접속되는 말에는 구조가 같은 표현을 사용함.
○ 일본어 번역 투 삼가기
 – ㉣'~에 있다' 구성을 불필요하게 사용하지 않음.

① "금일 안으로 서류를 작성하시오."를 ㉠에 따라 "오늘 안으로 서류를 작성하시오."로 수정한다.
② "향토기업으로써 지역 발전에 의미를 더하는 계기가 될 것입니다."를 ㉡에 따라 "향토기업으로서 지역 발전에 의미를 더하는 계기가 될 것입니다."로 수정한다.
③ "경찰의 단속에 적발된 업소는 벌금 부과 또는 영업 정지 처분을 당하게 된다."를 ㉢에 따라 "경찰의 단속에 적발된 업소는 벌금을 부과받거나 영업 정지 처분을 당하게 된다."로 수정한다.
④ "인문 과학의 궁극적 목표는 인간의 본질에 대한 답을 구하는 데에 있다."를 ㉣에 따라 "인문 과학의 궁극적 목표는 인간의 본질에 대한 답을 구하는 것에 있다."로 수정한다.

[002~003] 다음 글을 읽고 물음에 답하시오.

조선의 유가 지식인들은 다양한 방법을 통해 군주의 절대 권력을 ㉠억누르려고 하였다. 이러한 생각은 유가의 오랜 전통으로, 곧 언로(言路)의 확대를 통한 정치를 의미하는 것이었고, 군주보다 사대부가 중심이 되는 정치를 의미하는 것이기도 하였다.

이황과 이이는 비슷한 정치 철학을 추구하였으나 시대적 상황이 달랐기 때문에 그들이 걸었던 정치의 길도 달랐다. 이황이 활약했던 시대는 아직도 사화(士禍)가 끝나지 않았고, 군주와 그를 보좌하던 훈구파 관료들이 여전히 정권을 장악하고 있던 때였다. 이들은 이성과 대화보다는 힘과 권력을 통해 정국을 운영하려고 하였다. 이러한 상황 속에서 사림파 지식인의 대표였던 이황은 왕권에 정면으로 ㉡맞서기보다는 지식인의 양성을 통해 이성적 사고를 각성시키고 여론을 투명하게 유지하는 우회적인 방식을 통해 왕권을 견제하려고 하였다. 이황은 이를 위해 구체적인 사회 개혁안을 제시하기보다 서원을 증축하거나 건립하는 데 더 힘을 ㉢쏟았다.

이황과 달리 이이는 훈구파 관료들이 물러나고 사림파 지식인들이 정국을 운영하던 시기의 인물이다. 하지만 사림파 내부에서도 동인과 서인으로 나누어져 권력을 독차지하기 위한 싸움이 치열하던 시기였고 군주들 또한 이들에 맞서 왕권 강화를 꾀하고자 하였다. 이런 분위기 속에서 선조는 당시의 주도 세력이었던 동인을 억누르고 왕권을 강화하기 위해 서인을 대표하던 이이에게 힘을 실어 주었다. 하지만 이이는 양시양비론을 통해 두 세력의 화합을 꾀하였다. 한쪽 세력을 눌러 당파를 없애기보다 당파가 서로 공존하도록 한 것이다. 그래야 양반 계층의 여론이 어느 한쪽으로 ㉣치우치지 않고 공정하게 유지될 수 있다고 믿었기 때문이었다.

002

윗글을 이해한 내용으로 적절하지 않은 것은?

① 이이는 양시양비론을 통해 동인과 서인의 화합과 공존을 도모하였다.
② 선조는 자신의 왕권 강화를 위해 강성한 동인 세력을 제어해 줄 세력이 필요하였다.
③ 이황은 힘으로 정권을 장악한 훈구파 관료들에 맞서 여론을 이용해 정국을 주도하였다.
④ 군주의 권력을 억누르고 언로를 확대하려는 조선 사대부의 생각은 유가의 오랜 전통이었다.

003

㉠~㉣과 바꿔 쓸 수 있는 유사한 표현으로 적절하지 않은 것은?

① ㉠: 견제(牽制)하려고
② ㉡: 대립(對立)하기보다는
③ ㉢: 선사(膳賜)했다
④ ㉣: 편중(偏重)되지

004

다음 글에서 추론한 것으로 적절하지 않은 것은?

어간과 어미가 모두 바뀌는 'ㅎ' 불규칙 활용은 '-아/어'와 결합할 때나, 매개 모음 '-으-'가 포함된 어미가 결합할 때 일어난다. 'ㅎ'이 '-아/어'와 결합하면 어간의 '앟/엏'을 떼고 '-애/에'를 '-아/어' 대신 사용한다. '파랗-+-았다'의 경우는 '파랬다'로, '누렇-+-어'의 경우는 '누레'로 활용된다. 어간이 'ㅏ, ㅗ'로 끝나면 '-애'가, 그 외 모음으로 끝나면 '-에'가 결합하지만 '그렇다', '어떻다', '아무렇다'의 경우 무조건 '-애'가 결합한다. 매개 모음 '-으-'가 포함된 어미가 결합할 때는 'ㅎ'과 '-으-' 모두가 탈락하는데, 가령 '파랗-+-으면'은 '파라면'으로 쓰인다. 그리고 어미 '-니'가 결합할 때는 어간의 'ㅎ'이 탈락하지만 어미 '-네'가 결합할 때는 어간의 'ㅎ'이 탈락해도 되고, 탈락하지 않아도 된다. 그래서 '빨갛-+-니'는 '빨가니'로 활용하지만 '빨갛-+-네'는 '빨갛네, 빨가네' 모두 쓸 수 있다.

① 어간 '그렇-'에 어미 '-어'가 결합할 경우 '그래'로 활용될 것이다.
② 어간 '퍼렇-'에 어미 '-니'가 올 경우 '퍼러니'로만 활용될 수 있다.
③ 어간 '퍼렇-'에 어미 '-었다'가 결합할 경우 '퍼렜다'로 활용될 것이다.
④ 어간 '커다랗-'에 어미 '-았습니다'가 결합할 경우 '커다랬습니다'로 활용될 것이다.

005

다음 글에 대한 이해로 옳지 않은 것은?

우리말의 조사는 크게 격 조사, 보조사, 접속 조사로 나뉜다. 먼저, 격 조사는 선행 체언의 문장 성분을 결정하는 역할을 한다. 체언에 주격 조사 '이/가'가 붙거나 체언에 결합된 조사가 '이/가'로 대체될 수 있는 '에서'가 결합하면 주어가 되고, '을/를'이 붙으면 목적어가 되는 것처럼 격 조사에 의해 체언의 문장 성분이 결정된다.

한편, '아무리 바빠도 밥은 먹고 일하는 게 좋아'의 '은'처럼 보조사는 문법적인 관계보다는 '주제, 대조, 한정'과 같이 앞말에 특별한 뜻을 보태주는 조사이다. 따라서 문장 속의 어떠한 요소가 서술어로 표현되는 동작이나 상태에 어떠한 방식으로 포함되는가를 표현한다.

마지막으로 접속 조사는 선행 체언과 후행 체언을 통사론적인 관계로 이어주는 역할을 한다. '나는 배와 사과를 샀다'의 '와'처럼 체언과 체언을 동일한 문장 성분의 자격으로 이어서 명사구를 형성하는 조사를 접속 조사라고 한다.

① '여름이 되면 수박이며 참외를 먹을 수 있다'에서 '이며'는 접속 조사이다.
② '어제저녁에 정부에서 담화문을 발표하였다'에서 '에서'는 주격 조사이다.
③ '소설만을 읽지 말고 시도 읽어 보아라'에서 '만'은 보조사이고, '을'은 목적격 조사이다.
④ '철수는 막연하게 그 사실을 짐작하고 있을 뿐이었다'에서 '는'은 선행 체언이 문장의 주어임을 나타낸다.

006

다음 글을 이해한 내용으로 적절하지 않은 것은?

우리나라 국민의 하루 나트륨 섭취량이 주요 선진국과 비교해 현저히 높은 것으로 드러났다. 세계보건기구(WHO)가 정한 1일 권장 나트륨 섭취 기준보다 크게 초과하고 있으며, 최근 몇 년 동안 섭취량 감소 노력에도 실질적인 개선이 이루어지지 않은 상황이다. 이러한 경향은 오랜 기간 유지되어 온 우리 고유의 음식문화와 식습관에서 비롯된 것으로 판단된다.

한국인은 짬뽕, 알탕과 같은 국물 요리를 자주 즐기는데, 이들 음식은 나트륨 함량이 높아 하루 한 끼만 섭취해도 WHO 권고치의 2배에 달하는 나트륨을 섭취하게 된다는 연구 결과가 있다. 또한 젓갈이나 김치 등 염장 식품을 선호하는 것도 전체 섭취량을 높이는 주요 요인으로 지적된다. 외식과 가공식품이 늘어나면서 음식에 추가해 들어가는 소금의 양도 무시할 수 없는 수준이 되었으며, 이는 대부분의 국민 건강에 좋지 않은 영향을 끼쳤다.

나트륨을 과다하게 섭취하면 고혈압, 심장 질환, 뇌졸중 등 심혈관계 질환의 위험이 증가한다. 물론 나트륨을 지나치게 적게 섭취해도 건강에 문제를 일으킬 수 있지만, 우리 사회는 대체로 섭취 과잉에 더 치우쳐 있다. 이에 보건 당국과 전문가들은 나트륨 줄이기 캠페인을 지속적으로 전개하고 있으며, 음식의 간을 조금 싱겁게 하거나 가공식품 섭취를 줄이는 등의 개인 생활 습관 개선을 권고하고 있다.

① 젓갈과 김치를 즐기는 우리 고유의 음식문화도 나트륨 섭취를 늘리는 주요 요인에 해당한다.
② 나트륨을 과다 섭취하는 것과 마찬가지로 나트륨을 너무 적게 섭취하는 것도 건강에 해로울 수 있다.
③ 나트륨 과다 섭취는 심혈관계 질환을 유발할 수 있으므로 보건 당국은 나트륨 줄이기 캠페인을 지속적으로 전개하고 있다.
④ 우리나라 국민의 일일 나트륨 섭취량은 주요 선진국에 비해 매우 높은 수준이지만 최근 실질적인 개선이 조금씩 이루어지고 있다.

[007~008] 다음 글을 읽고 물음에 답하시오.

경제를 움직이게 하는 변수에는 속도와 관련된 두 가지 변수가 있다. 물가는 상대적으로 느리게 변하는 '저속 변수'이고, 환율이나 주가는 상대적으로 빠르게 변하는 '고속 변수'들이다. 경제학자 돈부시는 저속 변수의 변화 속도가 매우 느리기 때문에 고속 변수가 균형 수준을 지나쳐 올라가는 오버슈팅을 하거나 균형 수준을 지나쳐 떨어지는 언더슈팅을 할 수 있다는 분석을 제시하였다.

이렇게 오버슈팅과 언더슈팅을 보이는 대표적인 변수에는 주가가 있다. 주가는 미래에 대한 예상을 반영하여 결정되기 때문에 주식의 적정가는 산정할 수 없다. 앞으로 좋아질 것 같다는 호재가 나오면 주가가 오르지만 이 호재가 기업에 정확하게 얼마나 더 이익을 내줄지 계산하는 것은 무리이기 때문이다. 반대로 악재가 나올 경우에도 마찬가지다. 결국 주가의 적정가를 정확히 산정한다는 것은 불가능하기 때문에 등락을 거듭하며 끊임없이 균형을 찾아 움직이는 경향이 생기게 되고 미래에 대한 예측의 변화에 따라 상승과 하락을 반복하게 된다.

또 다른 경제 변수인 금리의 움직임은 주가에 비해서는 변화 속도가 ㉠느리다. 물론 특별한 경우에는 심하게 변동하기도 하지만 일반적으로는 변동 폭이 크지 않다. 이것은 다른 경제 변수와의 변화 속도에 차이를 나게 하는 이유가 된다. 속도 차이로 저속 변수인 금리도 균형 수준에 이르기까지 균형 수준보다 약간 올랐다가 다시 내려오고 균형 수준 이하로 갔다가는 다시 올라오는 경향이 있는데 이를 '평균 회귀 현상'이라 한다. 현실에서의 경제에서는 [   ] 때문에 이러한 평균 회귀 현상은 필연적으로 일어나는 현상으로 받아들이고 있다.

007

윗글의 빈칸에 들어갈 말로 가장 적절한 것은?

① 경제 변수들이 현실 경제의 움직임을 유도하기
② 경제 변수들 사이에 변화의 속도 차이가 존재하기
③ 경제 변수들이 앞으로 일어날 상황을 미리 반영하기
④ 두 경제 변수 중에서 하나가 오버슈팅되면 다른 경제 변수가 언더슈팅되기

008

문맥상 ㉠의 의미와 가장 가까운 것은?

① 그는 성미가 느려서 좀처럼 서두르지 않는다.
② 언덕의 경사가 느리지만 그래도 조심하는 것이 좋다.
③ 더위에 지친 사람들은 모두 느리게 움직이고 있었다.
④ 옛날에는 사회의 변화가 오늘날에 비해 비교적 느렸다.

009

다음 글에서 추론한 내용으로 가장 적절한 것은?

자연을 소재로 하는 고전 문학 작품은 주로 사계절의 변화나 자연 풍경 자체에 초점을 맞추지만, 전원생활을 소재로 한 작품에서는 인간의 다양한 삶과 그 내면이 좀 더 구체적으로 형상화된다. 전원생활을 소재로 한 고전 문학 작품에서는 자연과 인간이 조화롭게 어울리는 모습을 볼 수 있다. 농촌의 바쁜 일상, 흙을 일구고 씨를 뿌리는 과정, 그리고 가을의 풍성한 수확과 같은 삶의 활력이 중요한 소재가 된다. 농촌 사람들의 생활상과 자연의 변화가 어우러지며, 일상의 노고와 보람, 더불어 살아가는 공동체의 따뜻함이 표현되기도 한다.

한편, 전원에서는 현실 정치를 뒤로 하고 자연 속에서 여유와 안락을 찾으며, 한가로이 시를 읊고 풍류를 즐기는 모습이 묘사된다. 이때 전원은 단순한 노동의 공간을 넘어, 인생의 참된 의미를 발견하고 자신의 내면을 돌아볼 수 있는 휴식처가 된다. 또한 때로는 현실의 정치와 직접적으로 거리를 두고 전원에 머물지만, 여전히 세상의 소식이나 정세에 대한 미련, 걱정, 불안함을 완전히 떨치지 못하는 인간의 심리를 사실적으로 드러내기도 한다. 그런가 하면 자연 속에서의 성찰을 통해 새로운 삶의 목표나 평안을 찾기도 하며, 전원생활을 통해 인간은 자신과 세계를 새롭게 바라보려는 시도도 한다.

① 전원생활을 소재로 한 고전 문학 작품은 사계절의 변화와 자연 풍경 자체에 초점을 두는 경우가 많다.
② 전원생활을 소재로 한 고전 문학 작품에서 농촌은 노동의 괴로움이 없는 따뜻한 공동체적 공간으로 표현된다.
③ 고전 문학 작품에서 전원은 현실과 완전히 단절된 공간으로 그려지며 그 속에서 화자는 여유와 안락을 찾는다.
④ 전원생활을 소재로 한 고전 문학 작품에서는 속세와 거리를 두면서도 속세를 잊지 못하는 양가감정이 나타나기도 한다.

[010~011] 다음 글을 읽고 물음에 답하시오.

생물의 몸에 항상 존재하는 세균을 상재균이라고 한다. 사람의 몸에도 ⊙수많은 균들이 항상 살고 있으며, 이들은 우리 건강에 중요한 역할을 한다. 상재균은 단순히 몸에 붙어 있는 세균이 아니라, 여러 가지 유익한 일을 수행하는 공생자이다.

상재균은 외부에서 침입하는 병원균으로부터 우리 몸을 보호한다. 피부나 입안처럼 상재균 외의 균이 쉽게 붙어 증식할 수 있는 부위에는 태어날 때부터 특정 균이 자리 잡고 있어서 서식 공간과 영양분을 차지한다. 그 결과 새로운 균이 그곳에 정착하거나 자라기 어렵게 만든다. 또한 ⓒ기존에 존재했던 균이 영양분을 분해하여 생성하는 물질들은 균이 살기 힘든 환경을 만든다. 가령 피부 표면에서 상재균은 피지와 땀에 포함된 지질을 분해하면서 산성 물질을 만들어 낸다. 이 산성 물질 덕분에 피부는 약산성 상태를 유지하게 되고, 이는 대부분 일반적인 균에 불리한 환경이 되어 우리 몸을 보호하는 데 도움을 준다.

상재균 중에는 외부 물질을 적극적으로 공격하는 종류도 있다. 이들은 직접 외부 물질을 억제하는 물질을 만들어 내거나, ⓒ인체 내 물질이 병원균을 공격하도록 자극하는 역할을 한다. 이처럼 상재균은 단순한 공생을 넘어서 우리 몸의 면역 체계를 돕는 ⓔ중요한 존재라 할 수 있다. 따라서 건강한 상재균 환경을 유지하는 것은 질병의 침입을 막고, 면역력을 높이는 데 필수적이다.

010

윗글에서 추론한 내용으로 적절하지 않은 것은?

① 상재균은 우리 몸에 항상 존재하면서 병원균의 번식을 자연스럽게 억제한다.

② 상재균은 우리 몸에 침입하는 병원균과 경쟁하지 않으면서도 우리 몸을 보호한다.

③ 피부가 약산성 상태를 유지할 수 있는 것은 상재균이 만드는 산성 물질 덕분이다.

④ 건강한 상재균 환경은 면역 세포의 활동을 자극함으로써 우리 몸의 면역력 향상에 기여한다.

011

⊙~ⓔ 중 지시하는 대상이 다른 하나는?

① ⊙   ② ⓒ
③ ⓒ   ④ ⓔ

[012~013] 다음 글을 읽고 물음에 답하시오.

작가의 주관적인 내면세계와 감성적 표현을 강조한 추상 표현주의는 1940~50년대를 풍미했던 미술 사조였다. 하지만 1960년대에 이르러 추상 표현주의가 그림을 자의적이고 임의적인 산물로 만들어 버렸다는 비판이 ⊙일어났고 이런 관점에서 미니멀 아트와 같이 작가의 주관으로부터 벗어난 미술 작품을 창작하려는 경향이 등장하였다. 미니멀 아트에서는 작가의 주관이 작품에 ⓒ끼어드는 것을 최소화하기 위해 작품의 색채, 형태, 구성 등을 극히 단순화해 추상적으로 대상을 표현하였다.

1970년대에는 다시 미니멀 아트와 같은 경향에 대한 반발로 개념 미술처럼 비물질화를 추구하는 미술 작품들이 ⓒ만들어졌다. 개념 미술에서는 예술이 하나의 관념으로서 존재한다고 주장한다. 미술 작품의 성격은 예술가가 택하는 대상이나 조형 방법이 아닌 예술가가 '예술'이라는 개념을 사고하는 그 자체에 의해 결정된다는 것이다. 즉 미술 작품에서 중요한 것은 어떤 대상을 어떤 재료를 사용하여 어떻게 나타내느냐가 아닌 작품에 관한 예술가의 사고 자체이며, 이렇게 만들어진 작품 역시 감상자의 정신 속에서 존재한다는 것이다.

개념 미술에서는 작품 제작에 사용되는 매체와 작품의 외양은 중요하지 않다. 숫자, 사진, 언어적 설명 등 어떤 매체와 방식으로 작가의 사고를 나타내든 상관이 없다고 ⓔ여긴다. 심지어 작가의 사고가 매체를 통해 시각적으로 형상화되지 않더라도 완성된 작품과 똑같은 미술 작품이 될 수 있다고 말하기도 한다. 이는 개념 미술이 우리가 직접 보는 대상이나 예술적 형식보다 그것을 통해 환기되는 사고나 의미가 미술에 있어서 더 본질적이라는 입장을 전제로 하고 있음을 보여 준다.

012

윗글에서 추론한 내용으로 가장 적절한 것은?

① 미니멀 아트는 형태를 구체적으로 표현하는 방식에 대한 반발로 등장했다.

② 개념 미술은 미니멀 아트와 달리 창작을 위한 작가의 사고가 무엇보다 중요하다고 보았다.

③ 개념 미술은 추상 표현주의와 달리 예술 작품이 작가에 의해 임의로 창작될 수 있다고 보았다.

④ 추상 표현주의는 미니멀 아트와 달리 작가의 주관이 작품에 개입되는 것을 최소화하고자 했다.

013

⊙~ⓔ과 바꿔 쓸 수 있는 유사한 표현으로 적절하지 않은 것은?

① ⊙: 대두되었고

② ⓒ: 일조하는

③ ⓒ: 창작되었다

④ ⓔ: 생각한다

014

다음 대화를 분석한 내용으로 적절하지 않은 것은?

> **보은:** 현대 사회에서 자동화 기술은 엄청난 편리함을 제공해. 일상 생활이나 산업 현장에서 인간의 노동을 줄여주고, 효율성을 크게 높이지. 하지만 이런 기술 발전이 인간관계 단절을 심화시키고 정서적으로 소외감을 느끼게 하는 부작용도 있다고 생각해.
>
> **소현:** 맞아, 나도 동의해. 자동화로 사람이 직접 만나는 기회가 줄면서 대인관계가 약해지는 것 같아. 기술이 우리 삶을 편리하게 만들어 주지만, 정작 서로의 감정을 교류하고 공감하는 과정은 줄어들었다는 게 문제야. 발전된 기술이 우리 모두에게 소외감을 안겨주었다고 생각해.
>
> **보은:** 그렇지. 그래서 나는 인간 중심의 기술 발전이 필요하다고 봐. 기술의 편리함을 최대한 살리면서도, 사람들이 소외되지 않도록 기술이 사람들 간의 정서적 유대감을 강화할 수 있는 방향으로 발전해야 해.
>
> **은주:** 나는 이 문제를 더 넓은 사회적 맥락에서 보고 싶어. 기술 발전이 각자의 사회적, 문화적 배경에 따라 다르게 받아들여진다는 점도 중요해. 어떤 이들은 기술 덕분에 타인과 유대감을 나누며 더 활발한 사회생활을 누리지만, 또 어떤 이들은 점점 더 고립될 수도 있잖아?
>
> **민규:** 나는 이렇게 생각해. 기술이 주는 편리함과 인간미 사이에서 균형을 찾아야 한다고. 기술이 인간을 대신하는 게 아니라, 도구로서 사람과 사람을 잇는 다리가 되어야 진정한 발전이라 할 수 있어.

① 기술의 발전이 개인을 더욱 고립시킬 수 있다는 점에 대해 보은과 은주의 견해는 서로 다르다.

② 기술이 개인의 정서에 긍정적 영향을 미칠 수 있다는 점에 대해 소현과 은주의 견해는 서로 다르다.

③ 기술이 사람과 사람을 연결하는 역할을 수행해야 한다는 점에 대해 보은과 민규는 견해를 같이한다.

④ 자동화 기술이 인간관계 단절과 정서적 소외를 초래할 수 있다는 점에 대해 보은과 소현은 견해를 같이한다.

015

다음 글의 밑줄 친 결론을 이끌어 내기 위해 추가해야 할 것은?

> 엑스레이 검사에서 이상 소견을 보인다면, 어깨 관절에 구조적인 문제가 있다. 반면 초음파 검사에서 이상 소견을 보이지 않는다면, 급성 염좌이다. 이때 어깨 관절에 구조적인 문제가 있으면서 급성 염좌인 그런 경우는 없다. 따라서 엑스레이 검사에서 이상 소견을 보이지 않는다.

① 급성 염좌가 아니다.

② 어깨 관절에 구조적인 문제가 있다.

③ 초음파 검사에서 이상 소견을 보이지 않는다.

④ 급성 염좌가 아니면서 어깨 관절에 구조적인 문제가 있다.

016

다음 글의 논지를 약화하는 것으로 가장 적절한 것은?

> 사회적 배당금 제도가 도입되면 국민의 기본 생활 안정과 소득 격차 해소에 긍정적 효과가 있을 것이라는 기대가 커지고 있다. 사회적 배당금이란 모든 국민이나 특정 소득군의 국민에게 일정 금액의 기본 소득을 정기적으로 지급하여, 최소한의 삶을 보장하고 계층 간 빈부 격차를 완화하겠다는 정책적 목표를 담고 있다.
>
> 그러나 사회적 배당금 제도만으로 경제적 불평등이나 취약계층의 빈곤 문제가 본질적으로 해결된다고 단정할 수는 없다. 실질적인 소득 격차 해소와 국민 생활 수준 향상에는 일자리 창출, 복지 정책 확대, 조세 제도의 공정성 등 다양한 경제·사회적 조건이 복합적으로 영향을 미치기 때문이다. 즉 사회적 배당금은 일부 국민 생활의 안정과 단기적 소비 증가라는 긍정적 결과를 가져올 수 있지만, 사회적 배당금이 취약 계층의 빈곤 문제를 본질적으로 해소하지는 못한다. 또한 역으로 빈곤 감소나 소득 격차 해소가 근원적으로 생겼다고 해서 배당금 정책 도입 덕분이라고 볼 수는 없다.

① 사회적 배당금 제도 없이 조세 제도를 개선하였더니 국민들의 생활이 안정화되었다.

② 모든 국민들에게 일정 금액을 정기적으로 지급하였더니 빈부의 격차가 더 커지게 되었다.

③ 사회적 배당금 정책이 시행된 후에 얼마 지나지 않아 소비 증가로 내수 경제가 활성화되었다.

④ 특정 국가에서 저소득층의 생활 여건이 근본적으로 개선되었는데 정부가 저소득층에게 일정 금액을 정기적으로 지원했기 때문임이 드러났다.

[017~018] 다음 글을 읽고 물음에 답하시오.

도덕은 우리가 일상에서 마주하는 중요한 개념이다. 흔히 도덕적 상황이라 하면, 길에서 어려움에 처한 사람을 도와야 하는 경우와 같은 직접적이고 명백한 행동을 요구하는 상황을 떠올리게 된다. 반면, ㉠옷을 고르거나 주말 계획을 세우는 일, 아름다운 자연을 감상하거나 명상에 집중하는 경우는 도덕적 상황과 구분된다. 이러한 경우들은 도덕이 주된 관심사가 아니므로, 도덕과는 무관한 상황이라 할 수 있다. 따라서 도덕적 상황은 도덕적인 판단이나 행동이 직접적으로 요구되는 특정한 상황을 의미한다.

도덕적 상황은 단순히 옳고 그름을 아는 데서 그치지 않는다. 가장 기본적인 유형은 우리가 해야 할 바를 분명히 알고 즉각적으로 행동에 옮길 수 있는 경우이다. 하지만 현실에서는 이러한 이상적인 상황보다 더 복잡한 경우가 많다. 예를 들어 ㉡도덕적으로 옳은 행동을 해야 한다는 사실을 알면서도 욕망이나 유혹 때문에 이를 실행하지 못할 때가 있다. 이때 우리는 '도덕적 딜레마'에 빠져 양심과 욕망 사이에서 심리적 갈등을 경험하게 된다. 그로 인해 행동을 망설이게 되므로, 도덕적 딜레마는 도덕적 선택의 어려움을 극명하게 보여 준다.

이러한 ㉢도덕적 갈등의 존재는 도덕 철학자들에게도 과제로 남아 있다. (가)도덕적 딜레마가 없고 항상 올바른 행동이 자연스럽게 이루어지는 상황은 이론상 이상적일 뿐, 현실에서는 매우 드물다. 보편적인 도덕률이라고 할지라도 개인의 특수한 상황에 따라서는 선악이 불분명해지는 경우도 있고, 합당한 공동체의 이익이 개인의 정당한 권리와 충돌되는 경우도 있다. 따라서 도덕적 상황을 이해할 때는 갈등과 고민, 선택의 어려움까지 포괄적으로 고려해야 한다. 결국 도덕적 상황은 단순한 행동 지침을 넘어 ㉣인간 내면의 복잡한 심리와 윤리적 판단이 교차하는 장소임을 알 수 있다.

017

(가)의 주장을 강화하는 것으로 보기 어려운 것은?

① 개인의 욕망과 사회적 이익이 충돌할 때 특정 이익이 반드시 선호되어야 한다고 말하기 어렵다.
② 죽음이 명백한 사람이 극심한 고통 때문에 안락사를 원할 때 그의 욕망에 선악을 부여하기 어렵다.
③ 욕망의 목소리와 이성의 명령이 충돌할 때에는 절대적인 규칙에 따라야 해야 할 일을 수행하게 된다.
④ 무엇이 옳고 그른지는 사람마다 다르게 판단할 수 있기 때문에 특정 행동에 대해서 가치 평가는 쉽지 않을 수 있다.

018

㉠~㉣ 중 문맥적 의미가 이질적인 것은?

① ㉠
② ㉡
③ ㉢
④ ㉣

019

다음 진술이 모두 참일 때 반드시 참인 것은?

적극행정 우수공무원으로 선발된 갑, 을, 병, 정 네 사람은 다음 조건에 따라 각기 다른 한 가지의 인사상 우대조치를 부여받는다. 인사상 우대조치에는 특별승진임용, 근속승진기간 단축, 성과평가 가점, 포상휴가가 있다.
○ 갑은 근속승진기간 단축과 성과평가 가점 어느 것도 부여받지 않는다.
○ 갑 또는 정 중 최소 한 명은 성과평가 가점을 부여받는다.
○ 을은 특별승진임용이나 성과평가 가점을 부여받는다.

① 갑은 포상휴가를 부여받는다.
② 을은 근속승진기간 단축을 부여받는다.
③ 병은 성과평가 가점을 부여받는다.
④ 정은 특별승진임용을 부여받는다.

020

다음 글을 이해한 내용으로 가장 적절한 것은?

임철우의 소설 『사평역』은 1970~80년대 산업화 시대의 사회적 현실을 바탕으로 창작되었다. 작품의 직접적 창작 동기는 곽재구 시인의 시 「사평역에서」에서 영향을 받은 것으로, 소외된 이들의 쓸쓸한 삶과 내면을 문학적으로 형상화하려는 의도에서 출발하였다. 배경이 되는 사평역은 눈 내리는 겨울밤의 시골 간이역으로, 완행열차만 서며 대합실에는 다양한 사연을 안고 온 사람들이 모여 있다. 이들은 병든 노인과 그의 아들, 교도소 출소자, 학생 운동으로 제적당한 청년, 서울에서 온 음식점 주인, 행상 아낙네, 술집 여인 등 사회적으로 소외되고 고단한 삶을 살아가는 존재들이다.

이 작품의 표현상 특징 중 하나는 중심인물이 따로 없이 여러 인물군이 내면 풍경과 삶의 회한을 보여 준다는 점이다. 사건 전개보다는 각 인물의 상처와 회한, 대합실에서 느껴지는 침묵과 온기를 섬세하게 그려내며, 감각적 표현을 적극 활용한다. 특히 '톱밥 난로', '하얀 눈', '막차를 기다리는 역' 등은 각기 상징적 의미를 가지며, 이들의 삶과 정서를 효과적으로 강조한다. 사평역 자체는 단순한 이동의 공간이 아니라 각 인물이 자기 삶을 돌아보는 성찰의 공간으로 기능한다. 문체는 간결하고 서정적이며, 따뜻한 시선으로 인물들의 고단함과 연민을 포착해 작품 전체에 잔잔한 울림을 남긴다.

① 소설 『사평역』에서 영향을 받아 곽재구의 시 「사평역에서」가 창작되었다.
② 『사평역』은 산업화 시대의 소외된 이들의 고단한 삶에 연민하며 따뜻한 시선을 보낸다.
③ 『사평역』에서는 중심인물이 대합실에 있는 여러 인물의 내면 풍경과 삶의 회한을 그려낸다.
④ 『사평역』에서 작품의 배경으로만 활용되는 '눈'과는 달리 '톱밥 난로'와 '기차역'은 상징적 의미를 지닌다.

모의고사
27회

001

<공공언어 바로 쓰기 원칙>에 따라 <공문서>의 ㉠~㉣을 수정한 것으로 적절하지 않은 것은?

〈공공언어 바로 쓰기 원칙〉
○ 수식어구가 무엇을 수식하는지를 분명히 알 수 있는 표현을 사용할 것.
○ 필요한 문장 성분이 생략되지 않도록 할 것.
○ 주어와 서술어를 호응시킬 것.
○ 지나친 명사 나열을 피하고 적절한 조사와 어미를 활용하여 문장을 구성할 것.

〈공문서〉

A시, 펜션 동반 자살 예방 생명 지킴이 교육 실시

A시는 지난 1일 주민자치센터에서 관내 민박 운영자를 대상으로 펜션 동반 자살 예방을 위한 생명 지킴이 교육을 실시했다. ㉠늘어나고 있는 펜션 동반 자살을 예방하고자 지난해에 이어 두 번째로 정신건강복지센터 주관으로 ㉡진행했다.
정신건강복지센터는 ㉢자살률 현황과 생명 지킴이 교육을 했으며, B소방서는 ㉣화재 예방 펜션 안전 교육을 실시했다.

① ㉠: 펜션 동반 자살이 늘면서 이를
② ㉡: 교육을 진행했다
③ ㉢: 자살률 현황 및
④ ㉣: 화재를 예방하는 펜션 안전 교육을

002

다음 글을 이해한 내용으로 적절하지 않은 것은?

가공식품의 포장지에는 보통 그 식품의 영양 성분이 표시되어 있다. 이러한 영양 표시는 식품위생법 제10조에 의거한 가공식품의 영양 표시 제도에 따른 것이다. 영양 표시 제도는 가공식품의 영양적 특성을 일정한 기준과 방법에 따라 표시하여 소비자에게 정확한 정보를 제공하고, 합리적인 식품 선택을 돕기 위해 만들어졌다. 또한 이 제도는 허위나 과대광고로부터 소비자를 보호하고 국민 건강 증진에 기여하는 것을 목적으로 한다.

영양 성분 표시 대상 식품군에는 과자, 캔디, 빵, 만두, 초콜릿, 잼, 식용유, 면류, 음료수, 특수용도 식품 등이 포함된다. 이 밖에도 표시 대상 식품군에 포함되지 않은 식품도 원하는 경우 영양 성분을 강조하여 표시할 수 있다.

영양 표시 대상 식품은 열량, 탄수화물, 단백질, 지방, 콜레스테롤, 나트륨 등 주요 영양 성분의 명칭과 함량, 영양소 기준치에 대한 비율을 표시해야 한다. 다만, 열량·당류·트랜스 지방에 대해선 비율 표시가 제외될 수 있다. 특히 식품접객업에서 조리·판매하는 일부 식품군인 제과·제빵류, 아이스크림, 햄버거, 피자 등에 대해선 2010년부터 열량, 당류, 단백질, 포화지방, 나트륨 함량을 의무적으로 표시하도록 규정되어 있다.

① 제빵류와 아이스크림은 규정상 열량, 당류, 나트륨 함량을 의무적으로 표시해야 한다.
② 영양 성분 표시 대상 식품군에 포함되지 않은 식품도 영양 성분을 강조하여 표시할 수 있다.
③ 영양 표시 제도는 소비자에게 정확한 정보를 제공함으로써 과대광고로부터 소비자를 보호하기 위해 만들어졌다.
④ 영양 표시 대상 식품의 경우, 탄수화물, 단백질, 트랜스 지방은 영양소 기준치에 대한 비율을 표시해야 한다.

003

다음 글에서 추론한 내용으로 적절하지 않은 것은?

상대방의 마음을 헤아려 기분이 상할 수 있는 말을 피하는 것은 대인관계에서 매우 중요한 부분이다. 따라서 적절한 말하기 방법을 익히는 것은 사회생활에서 필수적인 것이다.

말하기 전에 상대방의 입장을 먼저 생각하는 습관은 불필요한 오해와 갈등을 줄이는 데 큰 도움이 된다. 특히 대화 상대가 처한 상황이나 감정 상태를 세심하게 헤아리면, 의도와 다르게 전달될 수 있는 표현을 미리 조정할 수 있다. 예컨대 피곤하거나 어려운 상황에 있는 상대에게는 직접적이거나 비판적인 말투 대신 부드럽고 이해심 있는 표현을 사용하는 것이 바람직하다. 또한 상대방이 말하는 내용을 경청하면서 그 마음을 존중하는 태도를 보이면, 자연스럽게 신뢰와 공감이 쌓이고 원활한 소통이 가능해진다. 이러한 세심한 배려는 단순히 말의 선택을 넘어서 상대와의 관계를 더욱 깊고 건강하게 만드는 요인이다.

이처럼 세심한 배려는 인간관계의 질을 높이는 중요한 요소이다. 서로를 존중하며 말하는 태도는 단순한 예절을 넘어서 상대방과 지속적이고 긍정적인 관계를 유지하게 만든다.

① 따뜻하고 원활한 소통은 세심한 배려에서 비롯된다.
② 직접적이고 비판적인 말투는 상황에 따라 조절해야 한다.
③ 상대방에 대한 신뢰와 공감이 쌓여야 상대의 말을 경청할 수 있다.
④ 상대방의 마음을 헤아려 기분 상하게 하는 말을 피하는 것이 대인관계에서 중요하다.

004

㉠에 해당하는 예시로 적절하지 않은 것은?

합성어의 품사는 합성어를 구성하는 어근의 품사와 관계없이 새로운 품사가 되기도 하지만, ㉠일차적으로 직접 구성 성분 분석을 했을 때 맨 끝 구성 성분의 품사에 따라 결정되는 경우가 많다. 예를 들어, 형용사 '크다'의 관형사형 '큰'과 명사 '집'이 결합할 때, '집'이라는 구성 성분의 품사가 명사이고 '큰집'의 품사도 명사가 된다는 점에서 이를 확인할 수 있다.

① 이곳은 어린이만을 위한 놀이터입니다.
② 졸업식을 맞는 우리의 감회는 남달랐다.
③ 그는 고개를 숙이고 묵묵하게 앞서서 걸었다.
④ 입학한 지가 어제 같은데 어느새 졸업이다.

005

다음 글에서 추론한 내용으로 적절하지 않은 것은?

조선 후기의 가사 작품은 조선 전기와 달리 현실적이고 구체적인 삶의 모습을 담고 있다. 전기의 가사 작품들은 풍요로운 자연과 이상적인 세계를 상상하며 감상하는 데 중점을 두었다. 그러나 후기에는 몰락한 사대부 계층의 어려운 삶과 빈궁한 현실이 중요한 주제로 부상하였다. 이는 사회 구조와 경제 상황의 변화가 문학 작품에 반영된 결과라고 볼 수 있다. 당시 조선 후기는 신분 질서가 흔들리고 양반층이 몰락하는 등 신분제 사회가 동요했으며, 농업 생산력 약화와 세금 부담 증대로 경제적 어려움이 심해졌다.

그로 인해 후기 가사에서는 사대부들의 몰락과 고달픈 생활상이 구체적으로 표현된다. 작가들은 정치적이나 경제적인 어려움 속에서 겪는 고통과 상실감을 솔직하게 드러내며, 가족과 사회에 대한 책임감 사이에서 갈등하는 모습을 보여 준다. 자연을 바라보는 시선도 더욱 현실적이고 섬세해져, 자연을 통해 위안을 받기도 하지만, 때로는 자연이 인간의 비참함과 대조되는 존재로 인식되기도 한다. 이를 통해 당시 사회의 변화와 개인 내면의 복잡한 감정이 생생하게 그려진다.

이처럼 조선 후기 가사 작품은 현실 고난을 반영하면서 인간 내면의 깊은 감정을 표현하는 데 주력함으로써, 시대 변화에 민감하게 대응하며 조선 문학의 새로운 면모를 보여 주었다.

① 조선 후기 가사에서 자연은 때로 위안의 대상으로, 때로는 인간의 삶과 대비되는 존재로 표현된다.
② 조선 후기 가사의 작가층인 사대부 계층의 몰락으로 작품에서는 가족과 사회적 책임감이 강조되지는 않는다.
③ 조선 후기의 가사 작품과 달리 조선 전기의 가사 작품은 풍요로운 자연과 이상적인 세계를 중점적으로 다룬다.
④ 조선 후기 가사 작품은 경제적 어려움이 극심해진 현실을 반영해 고달픈 생활상과 상실감이 구체적으로 표현된다.

006

다음 빈칸에 들어갈 말로 가장 적절한 것은?

역사적으로 볼 때, 인간의 삶은 과학의 발전에 힘입어 놀라울 정도로 향상되어 왔다. 철학은 이러한 삶의 향상과 무관한 듯 보인다. 그렇다면 세계를 바꾸겠다는 철학의 야심은 단지 헛된 망상에 불과한 것이라 할 수 있을까? 마르크스는 "지금까지 철학은 세계를 해석해 왔을 뿐이다."라고 했다. 하지만 이 주장을 액면 그대로 받아들이기는 어렵다. 플라톤 이래로 철학이 현실을 변화시켰던 역사적 사실은 철학사에 언제나 내재해 있었다. 예컨대 루소가 《사회계약론》을 집필한 것은 [   ] 위해서였다. 그의 저서가 프랑스 혁명에 어떤 영향을 미쳤는지는 이미 잘 알려져 있다. 데카르트의 《방법 서설》 또한 근대 서구 문명의 혁명적 진보의 기틀이 되었다.

① 현실을 기록하기 위해서가 아니라 치유하기
② 시대를 초월하기 위해서가 아니라 회피하기
③ 역사를 발전시키기 위해서가 아니라 반영하기
④ 문제를 해결하기 위해서가 아니라 문제에서 도피하기

007

다음 글의 전개 순서로 가장 자연스러운 것은?

> (가) 예술가가 기능인과 구별되는 존재로 격상되고 예술이 개인의 독창적 산물이라는 의미를 지니면서 실용품과 예술 작품의 전시 공간 또한 분리되었다.
>
> (나) 순수 예술이라는 개념은 예술이 종교적 기능과 중세의 궁정 후원에서 벗어나 예술가를 기능인이 아닌 독자적이며 자율적인 대상으로 정당화하는 과정에서 생겨났다.
>
> (다) 그러나 원본과 질적 차이가 없는 사본을 무한히 생산할 수 있는 사진술이 등장하며 대상의 재현을 본질로 삼던 예술의 근간을 흔들어 놓았다.
>
> (라) 이러한 위협에 맞서 예술은 미의 전통적 통념을 파괴하고 새로운 미적 기준을 제시함으로써 감상자에게 충격을 주고자 하는 방향으로 발전해 나갔다.
>
> (마) 예술가의 지위 상승에는 예술가의 재현 능력에 대한 경외감과 유일한 진품의 신비한 분위기인 '아우라'가 중요한 요인으로 작용했다.

① (가) – (나) – (다) – (마) – (라)
② (가) – (마) – (나) – (라) – (다)
③ (나) – (가) – (마) – (다) – (라)
④ (나) – (마) – (라) – (가) – (다)

008

다음 글을 이해한 내용으로 적절하지 않은 것은?

> 서간체 형식으로 쓰인 수필은 오랜 시간 동안 독자와 작가 사이의 심리적 거리를 좁히는 독특한 역할을 해왔다. 이 형식의 수필에서는 작가가 마치 특정 인물에게 편지를 쓰듯, 자연스럽고 진솔한 어조로 자신의 감정과 생각을 전개한다. 독자는 그 편지의 상대가 되어 글 속의 대화에 참여하는 기분을 느끼게 된다. 그로 인해 서간체 수필은 여타 논리적이고 건조한 비문학 형식과 달리, 정서적 공감과 몰입을 유도한다.
>
> 또한 서간체 수필은 일상적 경험이나 인생의 성찰을 담담하게 풀어낸다. 작가는 자신의 고민, 후회, 혹은 희망을 상대방에게 고백하듯 적는다. 이러한 방식은 인간관계의 미묘한 감정을 자연스럽게 표현할 수 있게 도와주며, 때로는 연대감이나 위로를 전하는 데 효과적이다. 독자는 작가의 사적 이야기를 엿보는 동시에, 자신을 투영하여 의미를 확장해 나갈 수 있다.
>
> 서간체 수필은 형식상의 자유로움과 개성을 허용한다는 점에서 또 다른 장점이 있다. 딱딱한 논증이나 형식적 문장을 벗어나 보다 유연하게 자신의 목소리를 담아낼 수 있기 때문이다. 이러한 특징으로 서간체 형식의 수필은 친밀함과 개성, 그리고 진솔함을 중시하는 현대 수필 문학에서 꾸준히 사랑받고 있다.

① 서간체 수필은 연대감과 위로를 전하는 데 효과적이다.
② 서간체 수필은 독자와 작가 사이의 심리적 거리를 좁힌다.
③ 서간체 수필은 소설에 비해 정서적 공감과 몰입을 더 잘 유도한다.
④ 독자는 작가의 이야기가 담긴 서간체 수필을 읽으며 자신을 투영할 수 있다.

[009~010] 다음 글을 읽고 물음에 답하시오.

> 로봇은 인간과 밀접한 연관을 지니고 있다. 사람들은 언제부턴가 인간의 형상을 닮은 기계를 '로봇'이라고 부르기 시작했다. 최초의 로봇 영화인 「메트로폴리스」에서의 로봇 모습은 인간과 무척 닮아 있었으며, 우리는 일상생활에서 반복적인 행동을 하는 사람을 "로봇 같다"라고 비유하기도 한다.
>
> 로봇이라는 말은 체코의 소설가 카렐 차페크가 희곡 『R.U.R.』에서 처음 사용했는데, 이 단어의 어원은 '강제 노동'을 뜻하는 체코어 'robota'이다. 원래 로봇은 ㉠인간의 노동을 대신하는 존재로 상상되었으며, 이후 유명 SF 작가 아이작 아시모프는 그의 작품 『아이 로봇』에서 로봇이 지켜야 할 세 가지 원칙을 제시하였다. 첫째, 로봇은 인간에게 해를 끼치거나 위험한 상황에서 방관해서는 안 된다. 둘째, 인간의 명령에 복종해야 하며, 셋째, 자신을 보호해야 한다는 것이다. 즉 ㉡스스로를 보호할 수 있는 존재여야 한다는 것이다. 이 원칙들은 인간 중심주의를 반영하며, 재난 구조용 로봇과 산업용 로봇 등 ㉢실제 생활에 많은 도움을 주는 로봇들이 여기서 출발하였다.
>
> 그런데 최근의 영화 속 로봇은 이러한 원칙을 거부하고 인간과 갈등을 빚거나 긴장 관계에 놓이는 모습으로 변모하고 있다. 로봇이 ㉣독립적인 존재로 등장하면서, 인공지능과 자율 움직임이 결합하면 인간의 통제를 벗어난 새로운 형태의 로봇이 탄생할 수 있다는 가능성을 보여 준다. 이처럼 로봇은 단순한 기계를 넘어 미래 사회에서 인간 생활과 복잡하게 얽힌 존재가 되어 가고 있다.

009

윗글에서 추론한 내용으로 가장 적절한 것은?

① 로봇의 어원인 'robota'는 카렐 차페크의 희곡 『R.U.R.』에서 처음 사용되었다.
② "로봇 같다"라는 비유는, 사람이 무미건조하고 차가운 기계를 닮은 모습에서 비롯되었다.
③ 아이작 아시모프가 제시한 로봇이 지켜야 할 원칙은 로봇과 인간의 협력과 자유를 강조한다.
④ 과거와 달리 최근의 로봇에 대한 인식에는 통제를 벗어난 로봇에 대한 우려가 반영되어 있다.

010

㉠~㉣ 중 문맥적 의미가 이질적인 것은?

① ㉠
② ㉡
③ ㉢
④ ㉣

[011~012] 다음 글을 읽고 물음에 답하시오.

비행기나 헬리콥터의 날개(에어포일)는 유체 속에서 운동할 때 위로 작용하는 힘인 양력이 발생한다. 양력을 설명하는 대표적인 이론으로는 '긴 경로 이론'과 '동시 통과 이론'이 있다. '긴 경로 이론'이 에어포일 윗면을 따라 흐르는 공기가 더 먼 거리를 이동해 더 빨라진다고 설명하는 데 비해, '동시 통과 이론'은 앞에서 갈라진 공기가 뒤에서 다시 만나기 위해 윗면을 따라 더 빨리 ㉠흐른다고 본다. 하지만 두 이론 모두 베르누이 원리에 따라 윗면의 압력이 낮아져 위로 양력이 발생한다고 설명한다.

그런데 실제 실험 결과, 이 두 이론이 가정한 것처럼 공기가 에어포일 윗면과 아랫면을 동시에 도착하거나, 윗면에서 더 빨라지는 흐름이 반드시 ㉡일어나는 것은 아니었다. 결과적으로 두 이론에서 빚어진 이러한 오류는 에어포일을 지나는 유체의 흐름을 잘못 이해한 데서 ㉢비롯된 것이었다. 다만 에어포일 윗면과 아랫면에서 유속의 차이는 분명히 발생하므로 베르누이 원리에 따라 압력 차가 생겨서 양력이 존재한다는 설명 자체가 과학적으로 틀린 것은 아니었다.

그렇다면 양력은 어떻게 발생하는 것일까? 양력 발생의 중요한 요소는 '받음각'이다. 받음각이란 날개 앞면이 비행 방향에 대해 들려 있는 각을 ㉣말한다. 비행기가 진행하면 받음각으로 인해 에어포일에 부딪힌 공기의 흐름이 아래로 바뀌면서 속도가 변하고, 공기가 가속된다. 그러면 가속도의 법칙에 따라 에어포일로부터 유체가 힘을 받게 되고, 이때 유체는 에어포일에 반작용을 미치게 된다. 이로 인해 에어포일의 윗면과 아랫면을 따라 흐르는 유체의 흐름은 모두 에어포일을 위쪽으로 들어 올리는 힘인 양력으로 작용하게 된다.

011

윗글을 이해한 내용으로 적절하지 않은 것은?

① 비행기의 날개가 공기의 흐름을 바꾸지 않아도 양력이 발생할 수 있다.
② 베르누이 원리에 따라 에어포일 윗면과 아랫면의 압력 차이가 양력 발생의 한 원인이 될 수 있다.
③ '긴 경로 이론'에서는 에어포일의 아랫면과 윗면의 거리 차이가 양력 발생에 영향을 준다고 설명하고 있다.
④ '긴 경로 이론'과 '동시 통과 이론' 모두 에어포일 윗면과 아랫면을 지나는 공기의 속도가 다르다고 가정한다.

012

㉠~㉣과 바꿔 쓸 수 있는 유사한 표현으로 적절하지 않은 것은?

① ㉠: 이동한다
② ㉡: 발생하는
③ ㉢: 유래된
④ ㉣: 의미한다

013

다음 대화를 분석한 내용으로 적절하지 않은 것은?

갑: 지하철이나 버스에서 노약자에게 자리를 양보하는 것은 기본적인 예의인데, 요즘 젊은 사람들이 스마트폰만 보며 모른 척하는 걸 보면 정말 이해가 안 돼.
을: 무조건 비도덕적이라고 판단하지 말고 먼저 왜 그러는지 정확하게 상황을 파악하는 것이 필요해.
병: 맞아, 그 사람들도 나름대로 이유가 있을 거야. 겉으로는 멀쩡해 보여도 만성질환을 앓고 있거나 하루 종일 육체노동을 해서 지쳐있을 수도 있잖아.
갑: 하지만 명백히 건강한 젊은 사람이 임산부나 거동이 불편한 어르신 앞에서 자리를 지키고 있다면 사회적 배려라는 관점에서 문제가 있지 않을까?
병: 맞아. 공동체 의식이 사라지고 개인주의만 극단적으로 추구하면 결국 사회적 연대감이 무너져서 모든 사람이 각자도생의 삭막한 사회에서 살게 될 거야.
을: 어떤 문화권에서는 나이나 성별에 따른 예우 방식이 다를 수도 있거든. 특정 문화권에서는 노인에게 자리를 양보하는 게 실례일 수 있어.

① 논제 속의 원인을 파악해서 전체 사회 문제와 연관 짓는 사람이 있다.
② 자신의 의견이 반박되자 질문을 던져 자신의 주장을 수정하는 사람이 있다.
③ 상대방의 말을 수용하여 문제의 원인을 개인적인 상황에서 탐색하려는 사람이 있다.
④ 일방향적인 사고에서 벗어나 문화적 차원에서 원인을 탐색하려 하는 사람이 있다.

014

다음 글의 내용이 참일 때, 반드시 인센티브를 받는 전문관을 바르게 짝지은 것은?

인사혁신처는 전문직위 전문관에게 재직기간에 따른 가점을 부여하는 등 장기간에 걸쳐 전문적이고 우수하게 업무를 수행하는 직원들에게 인센티브를 제공하고자 한다. 전문관 A, B, C, D의 인센티브 제공 여부에 대해 다음 사실들이 알려졌다. 전문관 A가 인센티브를 받는다면, 전문관 B도 인센티브를 받는다. 전문관 A나 전문관 C가 인센티브를 받는다. 그런데 전문관 A가 인센티브를 받는다면, 전문관 B는 인센티브를 받지 않는다. 전문관 B나 전문관 D가 인센티브를 받는다는 것은 이미 확인된 사실이다. 반면, 전문관 D가 인센티브를 받지 않는다면, 전문관 C도 인센티브를 받지 않는다.

① 전문관 A, B
② 전문관 A, D
③ 전문관 B, C
④ 전문관 C, D

국가의 소득 분배 상태는 그 나라 경제의 건강성과 사회적 안정을 평가하는 데 있어서 매우 중요한 지표다. 수치가 높을수록 소득이나 부의 분배가 불공평함을 보여 주는 '지니 계수'를 살펴보면, 대한민국을 비롯한 주요 선진국들은 정도의 차이는 있으나 모두 소득 불평등 문제를 안고 있다. 우리나라의 경우 2025년 기준 지니 계수는 약 0.33으로 OECD 평균에 가깝지만, 북유럽 국가들보다는 높고 미국, 영국보다는 낮은 수준을 보인다. 이는 우리나라의 소득 분배가 OECD 내에서는 중간에 해당함을 보여 준다.

그런데 더욱 문제가 되는 것은 소득 계층 간 격차로, 우리나라의 경우 상위 20% 가구가 전체 소득의 40% 이상을 차지하는 반면, 하위 20%는 전체의 5% 내외에 머무르고 있다. 특히 최근 몇 년간 고소득층의 소득 증가 속도가 저소득층에 비해 빠르며, 계층 간 소득 양극화가 커지고 있다는 지적이 많다. 중산층의 비중은 점차 줄어드는 반면, 저소득층과 고소득층 비중이 늘어나고 있어 사회의 구조적 불균형이 더욱 두드러진다는 것이다.

이와 같은 소득 불평등은 단순한 경제 문제를 넘어 사회적 통합과 안정에도 영향을 준다. (가)정부는 소득 분배의 불균형을 완화하기 위해 각종 재분배 정책과 보편적 복지 제도를 강화해야 한다고 주장한다. 그러나 저출산과 고령화, 복지 정책으로 인한 저소득층의 노동 의욕 상실, 복지 정책에 대한 재원 마련 미비 또는 복지 정책의 비효율성 등 복합적 요인으로 인해 소득 격차 해소에는 한계가 있다. 또한 지역 간 소득 차이는 여전히 큰데, 특히 수도권과 비수도권 간, 도시와 농촌 간의 격차가 뚜렷한 양상을 보인다.

015

윗글에서 추론한 내용으로 가장 적절한 것은?

① 저소득층과 고소득층 비중이 늘어나면 지니 계수는 줄어든다.
② 소득과 부의 분배 불공평 정도는 영국이 우리나라에 비해 높다.
③ 우리나라의 상위 5% 가구는 전체 소득의 20% 이상을 차지하고 있다.
④ 정부의 노력에도 불구하고, 남녀 간 소득 격차와 지역 간 소득 격차가 증가하고 있다.

016

(가)에 나타난 정부의 입장에 대해 평가한 것으로 가장 적절한 것은?

① 복지 정책을 위한 정책적 자금이 고갈될 수밖에 없다면 정부의 주장은 강화될 것이다.
② 강력한 복지 정책으로 인해 최하층의 노동 의욕이 저하되었다면 정부의 주장은 강화될 것이다.
③ 일반적인 복지 정책보다는 선별적 복지 정책이 효율성 측면에서 우수하다면 정부의 주장은 약화될 것이다.
④ 정부의 재분배 정책이 활발하게 진행된 유럽의 경우, 지니 계수가 더 감소했다면 정부의 주장은 약화될 것이다.

017

'아도르노'의 견해를 반박하는 것으로 가장 적절한 것은?

비판 이론가들에 따르면, 대중 사회에서 대중 예술은 새로운 자극을 주지 못한다. 대중음악을 예로 들자면, 거의 모든 음악이 천편일률적으로 몇 개의 동일한 코드만을 반복하기 때문이다. 대중은 깨닫지 못하지만 형식적으로 보면 거의 모든 음악이 동일한 형태를 취하고 있는 것이다. 특히 아도르노는 재즈를 사례로 들며 그 형식의 천박함을 공격했다. 그가 보기에, 완전히 새로운 음계를 만들어 낸 쇤베르크 같은 고전 음악가와 달리 재즈 음악가들은 단순한 리듬이나 화음 몇 개를 약간 변형하여 반복해서 연주할 뿐이다.

문화 산업이 아도르노가 지적한 것처럼 예술과 문화를 타락시키는 방향으로 몰고 나간 측면이 없는 것은 아니다. 그들의 지적대로 문화 산업에 종속된 예술은 항상 대중의 기호를 따라야 하므로 쇤베르크와 같은 실험 정신을 결여할 수밖에 없다. 사실 아도르노가 지적한 것처럼 문화나 예술이 자본에 종속되다 보면 예술 창작 과정에 순수한 예술적 상상력이 아닌 상업적인 이해관계가 동기로 작용하기 마련이다. 실제로 많은 대중 예술이나 문화 상품이 그렇다.

① 대중문화는 실험 정신이 결여되어 있기 때문에 저급한 것이다.
② 문화 산업에 투자되는 자본으로 생계를 유지하는 예술가들이 상당하다.
③ 현대인의 지친 영혼에 재즈가 주는 위로와 안식을 무시해서는 안 된다.
④ 문화나 예술에 투입된 자본으로 파격적이고 격이 높은 예술 작품이 만들어지기도 한다.

018

다음 강연 내용에 대한 반응으로 가장 적절한 것은?

> 오늘은 씻김굿에 대해 말씀드릴까 합니다. 사람의 의식이나 정신을 넋이라고 하는데, 우리나라에서는 사람이 육체는 죽어도 넋은 그대로 남는다는 영혼관이 있습니다. 그래서 죽은 사람을 위한 굿을 넋굿이라고도 하는데, 씻김굿은 넋굿의 일종으로 죽은 사람과 살아남은 사람들의 한을 씻어 준다는 의미를 지니고 있습니다. 씻김굿은 기본적으로 제의로서 의미를 갖지만 그것이 연행되는 과정을 살펴보면 연희로서의 성격 또한 가지고 있습니다. 씻김굿의 연행 과정은 전승되는 지역이나 굿의 목적에 따라 다르지만 어느 경우에나 공통적으로 전반부, 중반부, 종반부의 세 부분으로 구성되어 있습니다.

① 우리 조상들은 현세의 삶에 초점을 맞추어 굿을 벌였군.
② 씻김굿은 종반부로 전개될수록 연희적 성격이 뚜렷해지겠군.
③ 씻김굿은 넋굿의 일종이지만 살아 있는 사람을 위로하기도 하는군.
④ 지역에 따라 씻김굿의 연행 과정에서 차이가 나지만 그 목적은 동일하겠군.

019

다음 글의 밑줄 친 결론을 이끌어 내기 위해 추가해야 할 것은?

> A시에 미세 먼지 주의보를 발령하지 않는다면, B시에는 미세 먼지 주의보를 발령한다. B시나 C시에 미세 먼지 주의보를 발령하지만, B시와 C시에 동시에 미세 먼지 주의보를 발령하지는 않는다. D시에 미세 먼지 주의보를 발령하지 않는다면, C시에 미세 먼지 주의보를 발령한다. 따라서 <u>A시에 미세 먼지 주의보를 발령한다.</u>

① B시에 미세 먼지 주의보를 발령한다.
② C시에 미세 먼지 주의보를 발령한다.
③ D시에 미세 먼지 주의보를 발령한다.
④ A시에 미세 먼지 주의보를 발령하지 않는다.

020

㉠~㉢에 알맞은 말을 골라 바르게 연결한 것은?

> 어떤 문장의 짜임을 이해하려면 그 문장의 주어와 서술어를 파악하는 것이 중요하다. 아래 (가)의 문장에서 문장 전체의 서술어는 '바란다'이고, 그것의 주어는 ' ㉠ '이다. 그리고 안은문장의 목적어 역할을 하며 안겨 있는 명사절의 주어는 ' ㉡ '이며, 관형어의 역할을 하며 안겨 있는 관형절의 주어는 ' ㉢ '이다.
>
> **(가)** 우리는 그가 부르는 노래가 유명해지기를 바란다.

	㉠	㉡	㉢
①	우리는	노래가	그가
②	우리는	그가	그가
③	그가	그가	노래가
④	그가	노래가	노래가

모의고사
28회

001

<공공언어 바로 쓰기 원칙>에 따라 수정한 것으로 적절하지 않은 것은?

〈공공언어 바로 쓰기 원칙〉

○ 중복적 · 중의적 표현 삼가기
  ㉠비슷하거나 같은 뜻을 나타내는 표현을 반복하여 쓰지 않음.
○ 고압적 표현 삼가기
  ㉡명령형 '~을 것'보다 '~하세요' 등으로 완곡하게 표현하기.
○ 한글 맞춤법 · 표준어 규정에 맞게 쓰기
  ㉢한자음 '녀, 뇨, 뉴, 니'가 단어 첫머리에 올 때는 두음 법칙에
  따라 적음.
○ 어법에 맞는 문장 쓰기
  ㉣생략된 내용 제시하기.

① "더불어 함께하여 사회적 가치를 지향하는"을 ㉠에 따라 "함께하여
사회적 가치를 지향하는"으로 수정한다.
② "의사나 약사의 지시에 따라 복용할 것."을 ㉡에 따라 "의사나 약사의
지시에 따라 복용하세요."로 수정한다.
③ "지역 및 연도에 따라"를 ㉢에 따라 "지역 및 년도에 따라"로 수정
한다.
④ "사업장이 여러 개인 개인사업자는 주된 사업장의 소재지를, 사업
을 하지 않는 개인은 빈칸으로 두시면 됩니다."를 ㉣에 따라 "사업장이
여러 개인 개인사업자는 주된 사업장의 소재지를 적고, 사업을 하지
않는 개인은 빈칸으로 두시면 됩니다."로 수정한다.

002

다음 글에서 추론한 내용으로 적절하지 않은 것은?

의존 명사는 자립 명사와 구별되는 몇 가지 통사적 · 의미적 제약
을 갖는다. 먼저 의존 명사는 그 뒤에 결합하는 격 조사가 제한되기
도 한다. 예를 들어, '국이 뜨거워 먹을 수가 없다.'에서 '수'는 주
격 조사 '가'와만 결합하고, '소문으로만 들었을 뿐이다.'에서 '뿐'
은 서술격 조사 '이다'와만 결합한다. 이외에도 의존 명사에는 목적
격 조사, 부사격 조사와만 결합하는 것들이 있다. 의존 명사는 그 앞
에 오는 관형사형 어미가 제한되기도 한다. 예를 들어 '급히 먹는 바
람에 체하고 말았다.'에서 '바람' 앞에는 '-던', '-은', '-을'은 올
수 없고, '-는'만이 올 수 있다. 마지막으로 의존 명사 뒤에 오는 서
술어가 제약을 받기도 한다. 예를 들어 '엄마는 아이가 잠든 줄 알았
다.', '엄마는 아이가 잠든 줄 몰랐다.'처럼 '줄' 뒤에는 '알다', '모
르다'와 같은 서술어가 결합된다.

① '뿐'은 조사와 결합하여 서술어로서 기능할 수 있다.
② '국을 먹을 수를 모른다'처럼 쓰면 문장이 어색해진다.
③ '잠든 줄 몰랐다'의 '줄'은 목적격 조사의 결합이 제한된다.
④ '급하게 입던 바람에 단추를 잘못 채웠다'처럼 쓰면 문장이 어색해
진다.

003

다음 글에 대한 이해로 적절하지 않은 것은?

과거 시제란 사건시가 발화시보다 앞서 있는 시제로, 과거 시제
는 대부분 어미에 의해 분명히 표시된다. 과거 시제는 '철수는 이미
밥을 먹었다'에서 볼 수 있듯이 주로 과거 시제 선어말 어미 '-았/
었-'을 통해 실현된다. 또한 '-았었/었었-'은 발화시보다 전에 발
생하여 현재와는 단절된 사건을 표현하는 데 쓰일 수 있다. 그래서
'나는 예전에 그 집에 살았었다'에서는 현재의 상황이 이전과 달라
졌음을 짐작할 수 있다.
'지난여름에는 정말 덥더라'처럼 '-더-'는 과거 어느 때의 일이
나 경험을 회상할 때에 사용하기도 한다. 또한 '여름에 푸르던 산이
붉게 물들었더라'처럼 어간에 붙는 관형사형 어미 '-던'이나 '-(으)
ㄴ'을 통해 과거 시제를 표현하는 데 사용하기도 한다. 그러나 '너
는 이제 집에 돌아오면 혼났다'에서 알 수 있는 것처럼 과거 시제 선
어말 어미가 반드시 과거를 의미하지는 않는다.

① '-더-'는 과거를 의미하는 선어말 어미로 '-았/었-'과 함께 쓸 수 없다.
② '-던'은 형용사와 결합하여 과거 시제를 표현하는 관형사형 어미이다.
③ '작년에는 물고기가 적었었다'는 현재는 물고기가 적지 않음을 나타
내고 있다.
④ '가뭄 때문에 올해 농사는 다 지었다'에서 '-었-'은 과거를 의미하지
않는다.

004

다음 글을 이해한 내용으로 적절하지 않은 것은?

이태준의 「복덕방」은 1930년대 일제 강점기의 서울을 배경으로, 근대화와 사회 변동의 한복판에 놓인 인물들의 소외와 비애를 그린 작품이다. 이 소설의 창작 배경은 일제 강점기라는 역사적 특수성과, 급격한 근대화로 인해 전통적 가치관이 붕괴해 가는 사회 현실에 있다. 당시 조선은 외형적으로는 도시화와 산업화가 빠르게 진행되고 있었지만, 실질적으로는 일제의 경제적 착취와 지배 아래 피폐한 일상이 이어졌다.

작가는 이러한 사회의 그늘 속에서 살아가는 노인들의 현실에 주목했다. 복덕방이라는 공간은 시대 변화에 적응하지 못해 소외된 인물들의 안식처이자 실패와 좌절이 집약되는 상징적 장소이다. 작품 속 서 참의, 안 초시, 박희완 영감 등은 모두 과거의 명예를 잃고 도시 변두리에서 삶을 이어 가는 인물들로, 새로운 사회에 적응하지 못하고 좌절하고 만다. 이 과정에서 이기적이고 물질주의적인 신세대와 대비되며, 가족 해체와 도덕적 가치관의 상실이 드러난다.

「복덕방」은 이러한 등장인물과 공간을 통해 근대화의 그림자와 인간 소외, 무너지는 윤리적 가치에 대한 비판적 시각을 담아낸다. 작가는 세대 간의 갈등과 소외된 인간의 좌절을 사실적으로 그리며, 새로운 시대에 적응하지 못하는 이들의 아픔을 연민과 함께 진지하게 조명했다. 이런 창작 배경은 복덕방이 단순한 부동산 중개소가 아니라, 인간 소외와 사회적 변화의 상징적 무대로 기능하도록 하였다.

① 「복덕방」은 일제 강점기에 발생한 가족 해체와 도덕적 가치관의 상실을 주요 내용으로 다룬다.
② 1930년대에 서울에서 이루어진 근대화의 이면에는 정신적 가치가 무너져 가는 현실이 존재했다.
③ 「복덕방」에서 복덕방은 안식처가 아닌, 소외된 인물의 실패와 좌절을 상징하는 공간으로 그려진다.
④ 「복덕방」에서 구세대는 신세대와 대비되어, 변화한 시대에 적응하지 못하고 좌절하는 모습을 보여 준다.

005

다음 진술이 모두 참일 때 반드시 참인 것은?

○ 정기적으로 태닝을 하는 것은 까무잡잡한 피부를 위한 충분조건이다.
○ 까무잡잡한 피부이고 자외선 차단제를 챙겨 바르는 그런 경우는 없다.
○ 자외선 차단제를 챙겨 바르는 것은 자외선으로부터 피부를 보호하기 위한 필요조건이다.

① 정기적으로 태닝을 하지 않으면 모두 까무잡잡한 피부가 아니다.
② 정기적으로 태닝을 하면 모두 자외선 차단제를 챙겨 바르지 않는다.
③ 까무잡잡한 피부이면서 자외선 차단제를 챙겨 바르는 경우가 있다.
④ 자외선 차단제를 챙겨 바르면 모두 자외선으로부터 피부를 보호한다.

006

다음 글을 이해한 내용으로 적절하지 않은 것은?

시인은 추상적인 정서나 감정을 효과적으로 전달하기 위해 주로 구체적인 상황을 빌려 오는 발상법을 사용한다. 추상적인 감정은 본래 언어로 직접 표현하기에는 모호하고, 독자의 공감을 이끌어 내기 어렵기 때문이다. 따라서 시인은 자연현상, 일상 속 사건, 인물의 행동 등 구체적인 대상을 통해 그 감정을 드러낸다. 이를 통해 독자는 시인이 말하고자 하는 정서를 보다 쉽고 생생하게 이해할 수 있다.

이런 발상법은 시의 상징성과 이미지 형성을 돕는다. 예를 들어 '가을바람'을 이용해 쓸쓸함이나 그리움을 나타내는 식이다. 이러한 방식은 단순히 감정을 설명하는 데 그치지 않고, 오히려 독자 스스로 그 상황을 떠올리며 감정에 몰입하게 만든다. 그리고 구체적 상황과 결합한 감정은 시의 울림과 깊이를 더하며, 작품 전체의 분위기를 형성하는 데 중요한 역할을 한다.

이러한 시적 발상법은 추상적 정서의 구체화 과정을 통해 시와 독자 사이의 거리를 좁힌다. 시인은 이 방식을 활용하여 자신만의 세계를 형성하고, 독자들은 구체적 이미지를 통해 보편적인 감정에 공감하게 된다. 구체적인 상황을 빌려 감정을 표현하는 발상법은 시의 본질적인 특징 중 하나로, 시적 언어의 아름다움과 깊이를 구현하는 데 핵심적인 역할을 한다.

① 구체적 상황과 결합한 감정은 작품 전체의 분위기를 형성하는 역할을 한다.
② 구체적 대상과 달리 추상적인 감정은 언어로 표현하기에 모호한 특성이 있다.
③ 감정의 구체적 표현은 시와 독자의 거리를 넓혀 독자의 공감을 이끌 수 있다.
④ 추상적인 정서를 구체화하는 데에 자연현상이나 일상 속 사건이 활용되기도 한다.

007

다음 글의 전개 순서로 가장 자연스러운 것은?

(가) 사람들은 자신과 입장이 동일한 연구 결과에 대해서는 긍정적으로 반응한 반면, 그와 반대되는 입장에 대해서는 받아들이지 않고 여러 이유를 들어 자료의 신뢰성을 의심하였습니다.

(나) 미국의 한 심리학자는 사형 제도에 찬성·반대하는 사람들에게 사형 제도의 효과에 관한 상반된 연구 결과를 제공한 후 반응을 살피는 실험을 수행하였습니다.

(다) 이를 방지하기 위해서는 먼저 반대 입장에서 생각해 보는 자세가 필요합니다. 이와 같은 자세를 견지한다면 확증 편향적 사고에서는 고려하지 않았던 다양한 자료들을 객관적으로 살필 수 있기 때문입니다.

(라) 이처럼 자신의 생각이나 주장과 일치하는 정보만을 선택적으로 수집하고 그렇지 않은 것은 의도적으로 무시하는 심리적 경향을 확증 편향이라고 합니다. 이 경우 비판적 사고를 하기 어려워 비합리적인 판단을 내리기 십상입니다.

① (가) - (나) - (다) - (라)
② (가) - (라) - (나) - (다)
③ (나) - (가) - (라) - (다)
④ (나) - (라) - (다) - (가)

008

⊙에 들어갈 수 있는 내용이 아닌 것은?

┌─────────────────────────────────────┐
Ⅰ. **서론**: 홈쇼핑 판매 영업 및 주문 방식 실태

Ⅱ. **본론**

　1. **홈쇼핑 이용 증가에 따른 부작용**
　　○ 홈쇼핑 충동구매 및 중독 등 비합리적인 소비 습관 형성
　　○ 불필요한 상품 소비에 따른 사회적 자원 낭비
　　○ 상품 품질 불량, A/S 지연 등의 소비자 피해 증가

　2. **부작용이 생기는 원인**
　　○ 소비자의 비합리적 소비 행태
　　○ 홈쇼핑 업체의 허위 과장 광고
　　○ 홈쇼핑 업체의 사은품 제공 등 자극적 판촉 행위

　3. **개선 방안**
　　○ [⊙   ]

Ⅲ. **결론**: 소비자의 합리적 홈쇼핑 소비 행태 정립 및 홈쇼핑 관리 감독 강화
└─────────────────────────────────────┘

① 소비자를 대상으로 한 합리적 소비 교육 실시
② 홈쇼핑 업체 사업 관련 정부 허가 및 규제 완화
③ 홈쇼핑 업체의 과다한 판촉 행위 규제 법안 공시 및 적용
④ 홈쇼핑 업체의 허위 과장 광고 신고 제도 운용 및 처벌 수위 강화

[009~010] 다음 글을 읽고 물음에 답하시오.

┌─────────────────────────────────────┐
　'출계'는 부모와 자식, 조상과 자손 사이의 혈통을 추적하여 개인을 친족 집단에 귀속시키는 개념으로, 우리나라에서는 주로 부계 중심으로 조상을 따지며 부계 조상의 직계 자손들로 이루어진 집단을 자기 집단으로 ⊙간주한다. 이러한 출계는 남계 혹은 여계 중 한 쪽만을 따르는 '단계(單系)'의 원칙에 기반하고 있으며, 단계 출계 집단은 외혼율의 관습을 통해 집단 내 성적 경쟁을 ⓛ방지하고 응집력을 높이는 동시에, 다른 집단과의 동맹 관계를 넓힐 수 있는 이점을 가진다.

　그 밖에도 단계 출계 집단은 경제적 협동체로서의 역할도 수행한다. 이들은 토지를 공동 소유하거나 일상생활에서 상호 부조를 실천하며, 한 개인이 어려움에 처했을 때 모두가 함께 돕는 호혜성의 원칙에 따라 행동한다. 이때 호혜성이란 사회적 교환이나 상호 작용 과정에서 개인과 집단 모두에게 이익이 되는 방향으로 문제를 해결하고자 하는 경향성을 말한다. 이러한 상호 부조는 [   ]을/를 바탕으로 한 포괄적 호혜성에 ⓒ기반한다. 이처럼 단계 출계 집단은 경제적, 사회적 안전망을 제공하며, 집단 구성원 간의 신뢰와 협력을 촉진한다.

　더불어 단계 출계 집단은 정치 · 사회적 기능과 종교적 기능도 ⓔ수행한다. 집단의 우두머리는 토지 경작권과 분쟁 해결 권한을 가지며, 집단 간 분쟁 시 대표로서 중재자 역할을 한다. 또한 조상신을 모시고 집단의 수호를 기원하는 등 종교적 의례를 공동으로 수행함으로써 집단의 단합과 사회적 통합을 이루는 중요한 역할을 하는 것이다.
└─────────────────────────────────────┘

009

윗글의 빈칸에 들어갈 말로 가장 적절한 것은?

① 집단의 이익이 개인의 이익보다 중요하다는 원칙에 대한 불신
② 즉각적인 보상이 없더라도 미래에 보상을 받을 수 있다는 기대
③ 자신에게 이익이 발생할 때에만 상대를 도와줄 수 있다는 합의
④ 자신이 보상을 받을 수 없을지라도 늘 이타적이어야 한다는 생각에 대한 동의

010

⊙~ⓔ과 바꿔 쓸 수 있는 유사한 표현으로 적절하지 않은 것은?

① ⊙: 여긴다
② ⓛ: 막고
③ ⓒ: 바탕을 둔다
④ ⓔ: 따른다

011
다음 글에서 추론한 내용으로 가장 적절한 것은?

소설은 허구의 이야기이지만, 그 내용을 통해 우리가 사는 사회의 모습을 반영한다. 그렇기에 소설을 읽다 보면 당시 사회 상황이나 사람들의 삶을 이해할 수 있다. 특히 김동리의 「고향」은 일제 강점기의 농촌 사회를 배경으로 하고 있어, 그 시기의 경제적 어려움과 사회적 혼란이 소설 속 인물들의 삶에 크게 영향을 미친다. 이러한 배경지식이 있으면 작품을 더 깊이 있게 감상할 수 있다.

일제 강점기 농촌은 일제의 수탈과 고리대금업자의 착취로 인해 매우 어려운 상황이었다. 그로 인해 공동체의 결속력이 약해지고, 많은 사람들은 고향을 떠나 도시로 이주하거나 새로운 생활 방식에 적응해야 했다. 소설 속 주인공이 겪는 가족 해체와 인간관계의 갈등은 이런 사회 구조적 변화와 밀접하게 연결되어 있다. 이처럼 사회적 배경은 단순한 배경이 아니라 인물의 행동과 감정 변화를 이해하는 중요한 열쇠가 된다.

소설에 나타난 사회 모습을 이해하면 작품의 주제나 인물의 심리, 갈등의 원인에 관해 깊이 있게 해석할 수 있다. 배경 사회에 대한 충분한 이해가 있어야 소설이 전달하는 메시지에 더욱 가까이 다가갈 수 있고, 작품을 더욱 풍부하게 즐길 수 있다.

① 사회적 배경은 작품 속 인물의 행동과 감정 변화에 영향을 미친다.
② 인물의 심리, 갈등의 원인을 분석하면 작품의 사회적 배경을 이해할 수 있다.
③ 김동리의 「고향」에는 사회 구조적 변화에서 벗어난 인간관계의 문제가 나타난다.
④ 일제 강점기의 농촌 공동체는 일제의 수탈에 대응하기 위해 공동체의 결속을 다졌다.

012
다음 진술이 모두 참일 때 반드시 참인 것은?

○ 정 주무관이 상여금을 받으면, 이 주무관도 상여금을 받는다.
○ 박 주무관이 상여금을 받지 않으면, 김 주무관과 최 주무관 모두 상여금을 받는다.
○ 김 주무관이나 이 주무관이 상여금을 받지만, 김 주무관과 이 주무관이 동시에 상여금을 받지는 않는다.

① 김 주무관과 이 주무관이 함께 상여금을 받을 수 있다.
② 이 주무관이 상여금을 받으면, 박 주무관은 상여금을 받지 않는다.
③ 박 주무관이 상여금을 받지 않으면, 정 주무관도 상여금을 받지 않는다.
④ 최 주무관이 상여금을 받지 않으면, 박 주무관도 상여금을 받지 않는다.

013
㉠~㉣을 수정한 것으로 가장 적절한 것은?

농산물 원산지 표시 제도는 ㉠소비자에게 농산물과 그 가공품의 생산지를 알리기 위해 마련된 제도다. 먼저, 원산지 표시 대상에는 국산 농산물 222개 품목과 수입 및 반입 농산물, 그리고 해당 농산물을 원료로 사용한 가공품 등이 포함되어 그 원료 및 생산지가 소비자에게 제공된다. 예를 들어 쌀, 보리, 감자, 사과 등과 같은 여러 곡물, 채소, 과일류 외에도 육류, 인삼, 그리고 각종 버섯류 등 다양한 품목이 이에 해당하며, ㉡가공품은 원재료를 표기하지 않아도 된다. 농산물을 수입하거나 생산, 가공해 출하·판매하는 자, 판매를 목적으로 보관·진열하는 자 모두 원산지 표시 의무가 있다.

표시 방법은 소비자가 쉽게 알아볼 수 있도록 제품 포장재에 선명하게 인쇄하는 것이 원칙이다. ㉢지워지지 않는 잉크, 각인, 소인, 스티커, 라벨지 등 다양한 방식으로 표기할 수 있으며, 포장이 없을 때는 꼬리표나 안내 팻말로 표시하기도 한다. 원산지는 포장재 표면적에 따라 비율적으로 글자 크기가 정해지며, 포장재의 배경색과 구별되도록 선명하게 써야 한다. 따라서 ㉣원산지를 포장재에 쓸 때에는 글자 크기가 달라질 수 있다.

① ㉠: 생산자에게 농산물과 그 가공품의 생산지를 알리기 위해
② ㉡: 가공품은 주요 원재료의 원산지를 표시해야 한다
③ ㉢: 잘 지워지는 잉크, 각인, 소인, 스티커, 라벨지
④ ㉣: 원산지를 포장재에 쓸 때에는 글자 크기가 고정되어야 한다

014

다음 대화에 대한 평가로 적절한 것만을 모두 고르면?

> 갑: 요즘 젊은 세대들이 쓰는 신조어나 줄임말이 급격하게 증가하고 있어. 이런 변화는 세대 간 의사소통에 어려움을 발생시킨다는 점에서 문제가 된다고 봐. 난 전통적인 언어 사용 방식을 지키는 것이 중요하다고 생각해. 전통적 언어 방식을 자주 사용하다 보면 사람들도 익숙해질 거라고 생각해.
>
> 을: 세대별 언어 차이는 자연스러운 사회 현상이고, 새로운 세대가 만든 신조어와 축약어는 언어를 더욱 풍부하고 다채롭게 만들어. 또한 이러한 어휘를 쓰는 것이 생활에 지장을 주는 것도 아니고.
>
> 갑: 그렇다고 해서 모든 변화를 무조건 받아들여야 한다고 생각하지는 않아. 세대 간에 언어 차이가 클수록 상호 이해가 어려워지고 사회적 소통에 장벽이 생겨. 그러니 교육적 장치를 마련해서라도 균형을 잡아야 해.
>
> 을: 물론 세대별 언어 차이가 너무 심해 세대 간 소통이 단절되는 경우라면 어느 정도 조화가 필요하긴 해. 하지만 새로운 언어 요소를 완전히 배제하려고 하면 언어 발전이 멈추고 결국에는 퇴보하지 않을까? 난 각 세대가 서로의 언어 특성을 이해하고 그것을 존중하는 태도가 훨씬 중요하다고 봐. 문제가 되는 부분은 사회적 교육이나 개인적 노력을 통해 얼마든지 극복 가능하다고 생각해.

> ㄱ. 전통적인 언어 규범을 고수하는 방송 프로그램이 시청률 감소로 폐지된 사례는 갑의 입장을 약화한다.
> ㄴ. 신조어를 빈번하게 사용하는 세대일수록 공식 문서 작성 시 어려움을 겪을 확률이 높아진다는 조사 결과는 을의 입장을 약화한다.
> ㄷ. 학교에서 세대별 언어 교육을 도입하여 세대 간의 언어 차이가 극복된다면 갑과 을의 입장은 강화된다.

① ㄷ
② ㄱ, ㄴ
③ ㄱ, ㄷ
④ ㄱ, ㄴ, ㄷ

[015~016] 다음 글을 읽고 물음에 답하시오.

지휘자와 오케스트라는 작곡가의 악보를 실제 소리로 ⊙나타내는 과정에서 '음악 해석'이라는 중요한 역할을 수행한다. 악보에는 음표와 템포, 연주 방식이 명시되어 있지만, 이를 어떻게 해석해 연주할지는 지휘자와 연주자들의 몫이다. 예를 들어 음표를 얼마나 큰 소리로, 어떤 감정으로 연주할지, 어느 부분을 강조하고 어느 부분을 ⓛ빠르게 처리할지는 모두 음악 해석에 해당한다. 지휘자는 손동작과 표정 등 다양한 방법으로 자신의 해석을 오케스트라 단원들에게 전달하며, 각 연주의 개성을 만들어 낸다.

베토벤의 「교향곡 5번」은 지휘자의 해석에 따라 매우 다르게 연주될 수 있는 대표적인 작품이다. 이 교향곡의 첫 네 음, 이른바 '운명의 동기'는 베토벤이 '알레그로 콘 브리오' 즉 빠르고 활기 있게 연주하라고 지시했으며, 메트로놈 108이라는 빠른 템포를 명확하게 적어두었다. 이 지시를 충실히 따르는 지휘자 토스카니니는 베토벤이 의도한 빠른 템포와 추진력을 강조해 연주하였고, 그의 해석은 음악의 긴장감과 역동성을 극대화하였다. 반면 푸르트벵글러는 악보에 ⓒ적힌 메트로놈 기호보다는 자신의 음악적 느낌을 더 중시한다. 그는 운명의 동기를 느린 템포로 연주하며, 각 음을 힘 있고 또렷하게 표현해 웅장함과 깊은 울림을 강조한다. 이처럼 같은 곡이라도 지휘자의 해석에 따라 완전히 다른 분위기와 감동을 전달할 수 있다.

결국 음악에서 중요한 것은 정답이 아니라 '다름'이다. 다양한 해석을 존중하고 ⓔ받아들이는 태도가 클래식 음악을 오늘날까지도 생동감 있게 만드는 원동력이다. 틀린 것이 아니라 서로 다른 해석이 공존할 수 있기에, 음악은 늘 새롭게 재해석되고, 그만큼 풍요로워진다.

015

윗글을 이해한 내용으로 가장 적절한 것은?

① 음악 해석은 지휘자와 연주자가 곡에 감정과 표현을 부여하는 것이므로, 해석의 과정에서 음표를 읽을 필요는 없다.
② 지휘자는 음악 해석을 통해 악보에 적힌 음표의 연주 방식을 결정하므로, 악보에는 연주 방식이 명시되어 있지 않다.
③ 푸르트벵글러와 달리 토스카니니는 자신의 음악적 느낌을 우선시하여 베토벤 「교향곡 5번」의 템포를 자유롭게 해석하였다.
④ 음악 해석은 연주자들의 개성과 창의성을 반영하는 과정이며, 지휘자는 음악 해석을 통해 곡의 긴장감과 역동성을 조절한다.

016

⊙~ⓔ과 바꿔 쓸 수 있는 유사한 표현으로 적절하지 않은 것은?

① ⊙: 구현(具現)하는
② ⓛ: 신속(迅速)하게
③ ⓒ: 속기(速記)된
④ ⓔ: 수용(受容)하는

017

갑~병의 주장을 분석한 내용으로 적절한 것만을 <보기>에서 모두 고르면?

> 갑: 인간의 능력과 성격은 유전자에 의해 결정적으로 좌우된다. 쌍둥이 연구 결과를 보면 헤어져서 자란 일란성 쌍둥이들이 놀라울 정도로 비슷한 지능, 성격, 취향을 보여준다. IQ의 유전율은 약 80%에 달하고, 성격 특성들도 상당 부분 유전적으로 결정된다. 아무리 좋은 교육을 받아도 타고난 한계를 넘기는 어렵다. 환경은 유전적 잠재력을 발현시키는 촉매 역할을 할 뿐이다.
>
> 을: 인간의 발달에서 환경의 역할이 훨씬 크다. 늑대 소녀 사례나 극심한 방임 환경에서 자란 아이들을 보면 유전적으로 정상이어도 환경이 나쁘면 정상적 발달이 불가능하다는 걸 알 수 있다. 교육 기회, 사회경제적 지위, 문화적 자극이 개인의 능력 발현에 결정적 영향을 미친다.
>
> 병: 유전자와 환경은 상호작용을 하고 있다. 같은 유전자라도 환경에 따라 다르게 발현되고, 개인의 유전적 성향이 특정 환경을 선택하게 만들기도 한다. 예를 들어 외향적 성향을 가진 사람은 사교적 환경을 추구하게 되고, 그 환경이 다시 외향성을 강화시키는 식이다. 결국 인간 발달은 유전자와 환경이 복잡하게 얽혀 만들어 내는 역동적 과정이라고 봐야 한다.

┌ 보기 ┐
ㄱ. 갑의 주장과 을의 주장은 대립하지 않는다.
ㄴ. 을의 주장과 병의 주장은 대립하지 않는다.
ㄷ. 병의 주장과 갑의 주장은 대립하지 않는다.
└────────┘

① ㄱ
② ㄴ
③ ㄱ, ㄷ
④ ㄴ, ㄷ

018

다음 대화 내용이 참일 때, ㉠에 들어갈 말로 가장 적절한 것은?

> **김 주무관:** 저번 주말에 출장을 다녀오지 않은 사람은 모두 어제 초과 근무를 하지 않았어요.
> **이 주무관:** 네, 어제 초과 근무를 한 사람 중 일부는 오늘 출근을 하지 않았대요.
> **박 주무관:** 그렇다면 [㉠]

① 저번 주말에 출장을 다녀온 어떤 사람은 오늘 출근을 했겠네요.
② 오늘 출근을 하지 않은 사람은 모두 저번 주말에 출장을 다녀왔겠네요.
③ 어제 초과 근무를 하지 않았지만 오늘 출근을 한 사람이 있겠네요.
④ 오늘 출근을 하지 않은 어떤 사람은 저번 주말에 출장을 다녀왔겠네요.

[019~020] 다음 글을 읽고 물음에 답하시오.

> 경제학자들은 오랜 기간 인류의 빈곤 문제를 해결하기 위해 다양한 이론을 제시해 왔다. 애덤 스미스는 빈곤을 재화의 부족 현상으로 보고, 인구 증가와 생산력 증대가 빈곤 해결의 열쇠라고 주장했다. 이에 따라 18세기 유럽 각국은 생산력 확대를 위해 인구 증가 정책을 ㉠폈다. 그러나 맬서스는 인구는 기하급수적으로 증가하지만 식량 생산은 산술급수적으로 증가할 뿐이라며, 인구 증가가 오히려 빈곤의 원인이 될 것이라고 경고했다. 이에 따라 19세기 영국 정부는 빈민 구제 정책을 철회하는 등 맬서스의 주장을 상당히 수용하였다.
>
> 이에 반해 풍요론자들은 인구 증가가 기술 개발과 자원 개발을 자극해 결국 식량 생산을 증대시키고 빈곤을 ㉡없앨 수 있다고 주장했다. 그들은 인구 증가가 인간의 창의력과 기술적 적응을 촉진해 식량 부족 문제를 극복할 수 있다고 보았다. 그러나 20세기에 들어 선진국에서는 인구 증가가 번영을 이끌었음에도 불구하고 출산율이 ㉢줄어드는 현상이 나타났고, 반대로 후진국에서는 인구가 많아도 빈곤이 지속되는 현실이 드러났다. 이는 맬서스와 풍요론자들의 주장 모두 한계가 있음을 보여주었다.
>
> 이런 변화 속에서 게리 베커는 인구와 빈곤 문제에 대해 새로운 관점을 제시했다. 그는 출산과 양육의 비용이 사회적 기회비용보다 낮을 때만 출산이 증가한다는 '적정 인구' 개념을 강조했다. 선진국 여성들이 출산을 ㉣꺼리는 이유는 육아 비용이 높기 때문이고, 저개발국에서는 상대적으로 비용이 낮아 인구가 과잉될 수 있다는 것이다. 베커는 저개발국 여성에게 직업 교육과 사회 진출 기회를 제공해 출산 기회비용을 높이면 자연스럽게 인구 증가와 빈곤 문제가 해결될 수 있다고 제안했다.

019

윗글에 대해 평가한 내용으로 적절하지 않은 것은?

① 인구가 많아 분업이 활성화된 사회에서 생산성이 증가하면서 최하 계층까지 부가 공유되고 빈곤이 줄어드는 현상은 애덤 스미스의 주장을 강화한다.
② 기술 발전으로 인구 증가를 뛰어넘는 식량 생산이 가능해진 현대 사례는 맬서스의 주장을 약화한다.
③ 인구가 늘면서 시장이 확대되고, 다양한 상품과 서비스가 등장해 경제가 성장한 사례는 풍요론자들의 주장을 강화한다.
④ 여성 교육과 사회 진출 기회가 늘어나면서 출산율이 낮아지는 사례는 게리 베커의 주장을 약화한다.

020

㉠~㉣과 바꿔 쓸 수 있는 유사한 표현으로 적절하지 않은 것은?

① ㉠: 토로(吐露)했다
② ㉡: 해소(解消)할
③ ㉢: 감소(減少)하는
④ ㉣: 기피(忌避)하는

모의고사
29회

001

㉠에 해당하는 예를 <보기>에서 모두 고른 것은?

주어가 자발적으로 움직이는 것을 '능동'이라고 하고, 주어가 다른 힘에 의하여 움직이는 것을 '피동'이라고 한다. 예를 들면, '사냥꾼이 토끼를 잡았다'는 능동문이고, '토끼가 사냥꾼에게 잡혔다'는 피동문이다. 능동문을 피동문으로 바꾸거나, 피동문을 능동문으로 바꾸어도 진리치가 동일하다. 그런데 모든 피동문이 능동문을 가지는 것은 아니다. ㉠'날씨가 풀렸다'처럼 피동문이면서 대응하는 능동문이 없는 경우도 있다.

─ 보기 ─
㉮ 숲속에서 동생이 벌레에게 물렸다.
㉯ 여름이 되자 나무에 열매가 열렸다.
㉰ 소설책을 읽는 데에 3시간이 걸렸다.
㉱ 선생님의 오해가 반장에 의해 풀렸다.

① ㉮, ㉰ ② ㉮, ㉱ ③ ㉯, ㉰ ④ ㉯, ㉱

002

다음 글에서 ㉠의 예로 적절하지 않은 것은?

남으로 하여금 어떤 동작을 하게 하는 동작을 사동이라고 하고, 이러한 사동의 표현법을 사동법이라고 한다. 이에 대해 어떤 동작이나 행위를 남이 시켜서가 아니라 자기 스스로 행하는 것을 주동이라고 한다. 가령 '경찰이 그 차를 정지시켰다'와 같은 경우, 사동문의 주어인 '경찰'은 '정지'를 하지 않는다. 대상인 '그 차'로 하여금 '정지'를 명령하며 '정지'란 동작을 수행하게끔 유도한다. 반면 '경찰이 음주 단속을 한다'와 같은 경우 주동문의 주어인 '경찰'은 '음주 단속'을 직접 '하고' 있다. 이처럼 사동문의 주어와 주동문의 주어는 의미상 명확한 차이를 보인다.

그런데 실생활에서는 이러한 차이를 무시하고 ㉠잘못된 사동 표현을 사용하기도 한다. 예를 들어 '선생님은 학생들을 교육시켰다'라는 표현이 있다. 이 문장에서 '선생님'은 '교육'을 직접 행하고 있는 주동이다. 그런데 서술어를 '교육시키다'라고 하여 '선생님'을 사동주로 표현하고 있다. 따라서 이 문장은 '선생님은 학생들을 교육했다'라고 표현하는 것이 올바르다. 또한 '그는 기계를 가동시켰다'라는 표현도 잘못이다. '가동하다'는 '움직이게 하다'라는 의미로 이미 사동의 의미가 부여되어 있다. 여기서 '−시키다'라는 접미사를 결합하여 '움직이게 하게 시키다'의 의미로 만드는 것은 잘못이다. 이 문장은 '그는 기계를 가동했다'라고 고쳐야 한다.

① 그들은 아무런 죄책감 없이 환경을 오염시켰다.
② 박 과장은 열악한 환경을 개선시키기 위해 노력했다.
③ 그는 자신을 모르는 사람에게 자기가 누군지 소개시켰다.
④ 김 박사는 두 가지 성분을 분리시킨 후 다음 단계로 돌입했다.

[003~004] 다음 글을 읽고 물음에 답하시오.

일반적으로 조선 시대 선비들은 작품에 '자연'과 '속세'라는 두 개의 공간을 ㉠마련했다. 그들은 벼슬길에 나가 임금과 백성을 위해 힘쓰면서도 '속세'와 일정한 거리를 두려 했으며, 언젠가는 '자연'에 귀의하겠다는 태도를 보인다. 윤선도의 「만흥」과 정훈의 「탄궁가」는 이러한 선비의 삶과 의식을 각기 다른 방식으로 드러낸 대표적 작품이다.

윤선도의 「만흥」은 자연 속에서 유유자적하며 살아가는 안빈낙도의 삶을 긍정적으로 노래한다. 그는 벼슬에서 물러나 자연에 은거하며, 소박한 음식에 만족한다. 자연은 속세의 부귀영화와 대비되는 이상적 공간으로, 화자는 자연 속 삶이 삼공이나 만승보다 낫다고 ㉡여긴다. 이 작품은 자연 친화적이고 물아일체의 태도, 안분지족의 자세가 잘 드러나며, 세속의 삶에 대한 비판과 현실 도피적 태도도 엿볼 수 있다. 동시에 임금의 은혜를 잊지 않는 연군지정도 나타나 사대부 시조의 전통을 계승한다.

반면 정훈의 「탄궁가」는 빈곤한 현실을 구체적으로 묘사하면서도, 그 속에서 안빈낙도를 실천하는 태도를 보여준다. 작품은 작자 자신의 궁핍함에서 출발해 가족과 주변의 일상까지 시선을 ㉢넓히며, 가난 속에서도 도를 즐기는 군자의 미덕을 강조한다. 작품 초반에는 현실의 고달픔이 생생하게 드러나지만, 결말에서는 탄식과 단념을 통해 현실을 받아들이면서도 유교적 가치와 자기 분수에 만족하려는 태도를 보인다.

두 작품 모두 자연이나 가난이라는 외적 조건을 긍정적으로 해석하는 안빈낙도의 정신을 공유하지만, 「만흥」이 자연을 통한 내적 충만과 현실 초월을 노래한다면, 「탄궁가」는 현실의 고통을 직시하면서도 그 안에서 도를 즐기려는 노력을 ㉣드러낸다는 점에서 차이를 보인다.

003

윗글을 이해한 내용으로 가장 적절한 것은?

① 「탄궁가」와 달리 「만흥」에서는 임금에 대한 충성심이 드러난다.
② 「탄궁가」는 자연 속에서 유유자적하는 삶을 현실 도피적으로 그린다.
③ 「만흥」과 달리 「탄궁가」에서는 자연 속 삶의 평온함이 주된 주제로 나타난다.
④ 「만흥」과 「탄궁가」 모두 현실의 빈곤을 극복하기 위한 구체적 방안을 제시한다.

004

㉠~㉣과 바꿔 쓸 수 있는 유사한 표현으로 적절하지 않은 것은?

① ㉠: 설정(設定)했다
② ㉡: 간주(看做)한다
③ ㉢: 개척(開拓)하며
④ ㉣: 부각(浮刻)한다

005

다음 진술이 모두 참일 때 반드시 참인 것은?

> ○ 갑, 병 중 최소 한 명이 스마트 빌리지 사업의 예산을 받으면, 정은 예산을 받지 않는다.
> ○ 을이 스마트 빌리지 사업의 예산을 받지 않으면, 정은 예산을 받는다.
> ○ 무가 스마트 빌리지 사업의 예산을 받지 않으면, 병도 예산을 받지 않는다.

① 갑이 스마트 빌리지 사업의 예산을 받으면, 병도 예산을 받는다.
② 을이 스마트 빌리지 사업의 예산을 받지 않으면, 갑도 예산을 받지 않는다.
③ 병이 스마트 빌리지 사업의 예산을 받지 않으면, 정은 예산을 받는다.
④ 정이 스마트 빌리지 사업의 예산을 받으면, 무는 예산을 받지 않는다.

006

다음 글을 이해한 내용으로 가장 적절한 것은?

우리나라 고전 소설 중에는 중국 소설을 각색한 작품들이 다수 존재한다. 이는 조선 시대 중국 문학의 권위와 인기가 높았던 문화적 배경에서 비롯된 현상으로 볼 수 있다. 대표적으로 「홍장군전」은 중국의 고전 소설 「수호전」의 무송 일화를 변주하여 우리 역사 인물인 홍윤성의 이야기로 재탄생시킨 작품이다. 이러한 각색 과정에서 원래의 중국 이야기가 한국인의 정서와 사회 현실, 당시 독자의 취향에 맞게 변형되어 새로운 문학적 가치가 창출되었다. 또한 「항장무전」은 중국 소설 「서한연의」의 한 장면인 홍문연의 항장무 부분을 주인공과 내용 구성을 바꿔 우리 소설로 탈바꿈시킨 사례이다.

이들 작품은 중국 소설의 특정 장면이나 줄거리를 그대로 가져오는 것이 아니라, 시대적 상황과 독자의 흥미에 맞게 내용을 축약하거나 주제를 변모시켰다. 이러한 변화는 이들 작품이 단순 번역이 아닌 주체적인 해석과 창작의 결과임을 알 수 있다.

한편, 우리나라에서 창작한 고전 소설에서도 중국을 배경으로 한 작품들이 많다. 중국을 배경으로 활용함으로써 역사적 신뢰성을 빌려 오려는 목적과, 조선이라는 현실에서 충족되지 못한 서사적 환상을 채우려는 목적이 복합적으로 작용했기 때문이다. 그런데 조선 후기에는 중국을 중심으로 한 세계관에서 벗어나려는 흐름도 생겨났다. 특히 19세기가 되면서 중국 중심의 인식과 차별화를 동시에 드러내는 경향이 강화되기 시작했다. 이 과정에서 각색된 소설들은 민족적 자의식과 문학적 다양성을 드러내는 중요한 매개체가 되었다.

① 중국 소설을 각색한 우리나라 고전 소설에는 단순 번역 이상의 주체적인 해석과 창작이 가미되었다.
② 19세기에 접어들어 중국 문학의 권위와 인기가 높아지면서 중국 소설을 각색한 작품 생산이 많아졌다.
③ 우리나라 고전 소설에 등장하는 중국 배경은 작품에 서사적 환상을 부여하는 동시에 역사적 신뢰성을 떨어뜨렸다.
④ 중국의 「수호전」을 각색한 고전 소설 「항장무전」은 각색 과정에서 원래의 중국 이야기가 한국 독자의 취향에 맞게 변형되었다.

007

다음 글의 연결 순서로 가장 자연스러운 것은?

> **(가)** 사진을 찍는 일 자체가 자신을 포함한 세계에 대하여 의미를 부여하는 과정이 되는 것이다. 또한 보는 이에게 있어서도 사진은 어떤 대상의 대체물의 기능을 하거나 적어도 사색을 통해 그 대상과 간접적으로 만나게 함으로써, 세계와 관계를 맺게 한다.
> **(나)** 사진은 세계의 이미지를 담은 기록물이다. 따라서 사람들은 흔히 사진이 세계를 있는 그대로 담아낸 것이고 사진을 찍는 것은 사건에 개입하지 않고 있는 것이라는 착각을 하곤 한다.
> **(다)** 사춘기의 청소년들이 좋아하는 연예인의 사진을 모으거나 여행자들이 명승지의 사진을 담은 그림엽서를 모으는 일도, 결국은 사진을 대상의 대체물로 삼거나 사진을 통해 꿈꾸고 상상하고 평가하면서 세계와 관계를 맺는 하나의 형태라 할 수 있는 것이다.
> **(라)** 하지만 대부분의 사진에는 찍는 사람이나 찍히는 사람의 의도가 개입되어 있다. 그 의도는 나중에 사진을 보는 사람들─찍히는 사람과 찍는 사람을 포함해서─이 사진을 통해서 어떤 이미지를 느끼고 어떤 사색을 하고 어떤 평가를 해 주기를 바라는 마음과 관계가 깊다.

① (가) – (나) – (다) – (라)
② (가) – (라) – (나) – (다)
③ (나) – (가) – (다) – (라)
④ (나) – (라) – (가) – (다)

008

㉠~㉢에 들어갈 말로 적절하지 않은 것은?

> 제목: 고농도 미세먼지의 발생 원인과 저감 대책
> Ⅰ. 서론
> 1. ㉠
> 2. 고농도 미세먼지 대응의 필요성과 정책적 시급성
> Ⅱ. 고농도 미세먼지의 발생 원인
> 1. ㉡
> 2. 인접국 산업 활동에서 발생한 미세먼지의 국내 유입
> Ⅲ. 고농도 미세먼지의 저감 대책
> 1. 노후 경유차 운행 제한 및 물류 차량에 대한 배출 가스 저감 장치 지원
> 2. ㉢
> Ⅳ. 결론
> 1. 국민 건강 증진과 쾌적한 생활 환경 조성 기대
> 2. ㉣

① ㉠: 고농도 미세먼지의 개념과 건강 · 환경상의 위험성
② ㉡: 화력 발전소 등 국내 산업 시설에서의 배출 관리 미흡
③ ㉢: 고농도 미세먼지 저감을 위한 국가 간 공동 협의체 활성화
④ ㉣: 대기질 개선을 위한 지속적 정책 마련과 국제 협력 강화 필요

009

빈칸에 들어갈 말로 적절한 것은?

남극은 빙하에 덮인 대륙이다. 이 빙하가 북극의 빙하와 함께 태양 빛을 70%쯤 반사하기 때문에 지구의 평균 반사율은 30% 정도로 유지되며 지구의 온도도 일정하게 유지된다. 그리고 남극과 북극 일대의 해수는 거대한 벨트 컨베이어처럼 순환하면서 지구가 열 균형을 이루는 데 영향을 미친다. 극지방 주변에서 차가워진 해수는 밀도가 증가하므로 심해로 가라앉아 저위도로 향하고, 적도의 따뜻한 해류는 극지방으로 이동하며 적도의 열을 이동시키는 것이다. 이 밖에도 극지방의 차가운 해수는 지구 온난화를 가속화하는 원인 중 하나인 이산화탄소를 흡수하는 기능도 한다. 이산화탄소는 물이 차가울수록 더 잘 용해되기 때문이다. 그런데 일부 과학자들은 지구 온난화의 영향으로 갑자기 [   ]고 한다. 지구 온난화로 극지방의 얼음이 녹아 더 많은 빙산이 떨어지면서 적도에서 올라오는 해류는 극지방에 닿기 한참 전에 찬 바다에 막힌다. 이렇게 되면 적도의 해류가 남극으로 열을 전하지 못하게 된다.

① 남극이 더 추워질 수 있다
② 지구의 평균 반사율이 올라갈 수도 있다
③ 해수의 순환 주기가 더 빨라질 수도 있다
④ 바닷속 이산화탄소 농도가 급감할 수도 있다

[010~011] 다음 글을 읽고 물음에 답하시오.

베냐민은 아우라 개념을 통해 기술적 발전이 예술에 미친 영향을 설명하였다. 아우라는 원작에만 존재하는 유일무이한 분위기이자 전통을 통해 형성된 거리감과 일회적 경험을 일컫는 것으로, 원본은 수용자가 쉽게 다가갈 수 없는 아우라를 갖고 있다. 하지만 그 거리감 때문에 수용자는 쉽게 원본에 다가가기 ㉠어려워지게 된다.

이때 예술품의 기술적 복제는 아우라를 파괴하여 수용자가 원작에 다가갈 수 있게 만들었다. 가령 음반과 같은 기술적 복제품이 집에서도 영상 매체나 소리 매체 등을 통해 예술을 편리하게 감상할 수 있게 하였다. 하지만 문제는 감상자들이 원본과 별 차이가 없어 보이는 복제본에 익숙해지면서 점차 원본을 멀리하고 값싸고 편한 복제본에만 매몰되는 현상이 발생했다는 점이다. 즉 기술적 복제로 인해 원본의 아우라는 파괴되고 예술의 수용 방식도 완전히 변화하게 되면서, 수용자는 더 이상 원작에 대해 숭배감, 거리감을 느끼지 않으며 이로써 대상을 쉽게 대하며, 예술품보다는 복제본을 더 선호하게 되었다는 것이다.

베냐민은 이러한 변화를 비판적으로 바라보았다. 분명 기술 발전과 더불어 기술적 복제품이 원작과 매우 유사해진 것은 그도 인정하는 바이지만, 그는 절대 기술적 복제품이 원작을 대체할 수는 없다고 (가)주장한다. 원작은 복제품과의 관계 속에서 원작의 권위를 획득하게 되고 진품성이라는 가치를 얻게 되기 때문이다. 이때 진품이라는 성격은 전통 속에서 이루어진 예술품의 물리적 구조 변화 및 원작에 대한 소유관계를 포함하여 원천으로부터 전승될 수 있는 모든 것의 총괄 개념이므로, 아무리 복제 기술이 발달하더라도 원작이 전통 속에서 지속적으로 획득한 측면까지 복제할 수는 없다는 것이다.

010

윗글의 (가)를 강화하는 사례만을 <보기>에서 모두 고르면?

ㄱ. 뱅크시의 〈풍선을 든 소녀〉는 분쇄기에 의해 절반 이상 찢겨 나간 후 수많은 복제 이미지가 유포되며 작품의 상징성이 확대되었다.
ㄴ. 라이브 스트리밍 연주회에서 실시간 방송을 통해 관객과 소통하며 보낸 시간은 음악에 대한 진정성을 확인할 수 있는 값진 순간이었다.
ㄷ. 유럽 여행 중 중세 성당에 들렀는데, 그때 본 스테인드글라스의 다채롭고 영롱한 빛은 사진으로 본 것 이상으로 아름답고 신성하게 느껴졌다.
ㄹ. 디지털 아카이브를 통해 고흐의 〈별이 빛나는 밤〉을 온라인에서 고화질로 감상할 수 있었지만, 뉴욕 현대미술관의 원작을 직접 마주할 때 느껴지는 감동은 느껴지지 않았다.

① ㄱ, ㄴ   ② ㄴ, ㄷ   ③ ㄴ, ㄹ   ④ ㄷ, ㄹ

011

문맥상 ㉠의 의미와 가장 가까운 것은?

① 이 책은 뒤로 갈수록 내용이 어려워진다.
② 많은 사람이 모일수록 조직을 통제하기가 어려워진다.
③ 아버지께서 돌아가신 후에 생활은 점점 더 어려워졌다.
④ 그는 한때 사업이 어려워져서 살던 집까지 팔아야 했다.

012

다음 대화의 ㉠에 들어갈 말로 가장 적절한 것은?

> 갑: A 의약품 허가에 찬성하는 모든 사람은 B 의약외품 허가에 찬성해.
>
> 을: 그럼 C 의료기기 허가에 찬성하지 않는 어떤 사람은 A 의약품 허가에 찬성하지 않겠군.
>
> 갑: 너는 [㉠   ]고 생각하고 있구나?

① A 의약품 허가에 찬성하지 않는 어떤 사람은 B 의약외품 허가에 찬성한다
② B 의약외품 허가에 찬성하지 않는 모든 사람은 C 의료기기 허가에 찬성한다
③ C 의료기기 허가에 찬성한 모든 사람은 B 의약외품 허가에 찬성하지 않는다
④ B 의약외품 허가에 찬성하지 않는 어떤 사람은 C 의료기기 허가에 찬성하지 않는다

013

다음 글에서 추론한 내용으로 가장 적절한 것은?

산은 가까이에서 바라볼 때와 멀리서 바라볼 때, 그리고 여러 거리에서 보는 각도마다 전혀 다른 모습을 보여 준다. 그래서 산의 전체적인 형상이나 특징을 한눈에 파악하기란 쉽지 않다. 이른바 산은 걸음걸음 달라지는 다양한 모습들을 지니고 있다고 할 수 있다.

또한 산은 정면에서 보는 모습과 측면에서, 그리고 뒷면에서 바라보는 모습이 모두 다르다. 같은 산이라도 보는 방향에 따라 서로 다른 인상을 주기 때문에, 산을 제대로 이해하기 위해서는 여러 면에서 관찰해야 한다. 이런 점에서 산은 단일한 형상이 아니라, 여러 면이 공존하는 복합적인 존재라고 할 수 있다. 즉 산은 하나의 산이면서도 여러 산의 모습을 동시에 품고 있다.

이처럼 산은 변덕스럽고 다채로운 모습으로 우리 앞에 나타나며, 그만큼 자세히 알기 어렵고 깊이 탐구할수록 새로운 면모를 발견하게 되는 자연의 신비한 존재이다. 산의 다면성은 결국 자연의 복잡성과 변화무쌍함을 상징하며, 보는 이로 하여금 늘 새롭게 다가오는 감동을 선사한다. 따라서 그 산의 전체 모습을 명확하게 알기 위해서는 결코 단일한 시점에 머물러서는 안 되며, 늘 다양한 거리와 각도에서 산을 바라보고 느낄 수 있어야 한다.

① 산의 형상은 관찰자의 위치와 시점에 크게 영향을 받는다.
② 다양한 시점으로 바라보면 산의 전체 형상이나 특징을 한눈에 파악할 수 있다.
③ 자연이 일반적으로 단순한 모습을 보이는 것과는 달리 산은 다면적인 모습으로 우리에게 다가온다.
④ 산은 여러 면이 공존하는 복합적인 존재이지만 계속 깊이 탐구하면 산의 정확한 면모를 파악할 수 있다.

014

다음 글을 이해한 내용으로 적절하지 않은 것은?

'개미' 하면 '부지런함'이 떠오르는 것처럼, 우리는 여러 동물에 대해 고정된 이미지를 가지고 있다. 예를 들어 '사자'는 용맹하고 '토끼'는 소심하다는 식의 고정관념이 대표적이다. 이러한 동물에 대한 고정적 이미지는 우리의 일상생활에서도 흔히 활용된다. 사람들은 특정 동물에 비유하여 상대방의 성격이나 상황을 설명하기도 하고, 광고나 미디어에서도 빠르고 직관적으로 메시지를 전달하는 수단으로 특정 동물을 활용하는 경우가 많다.

이러한 동물의 상징적인 이미지는 문학 작품에서도 중요한 역할을 한다. 작가는 독자가 쉽게 이해할 수 있도록 동물의 본래 특징뿐만 아니라 이미 널리 알려진 관습적인 이미지를 적극적으로 활용한다. 이를 통해 복잡한 감정이나 상황을 간결하면서도 효과적으로 표현할 수 있다. 가령 '여우'는 관습적으로 교활함을 상징하기 때문에, 작품에 여우를 등장시킴으로써 인물의 교활한 성격을 암시할 수 있다. 이러한 동물 상징은 독자의 상상력을 자극하고 작품의 메시지를 강화하는 데 큰 힘이 된다.

동물에 대한 고정된 이미지는 문화마다 조금씩 차이가 있지만, 대체로 비슷한 역할을 한다. 이런 공통된 인식 덕분에 문학, 예술뿐 아니라 일상 언어에서도 동물의 상징이 널리 통용된다. 이처럼 동물의 이미지는 인간 세계의 다양한 특성을 반영하며, 소통의 중요한 매개체로 자리 잡고 있다.

① '사자'는 용맹하고 '토끼'는 소심하다는 생각은 고정관념에 해당한다.
② 동물의 상징적 이미지는 문화에 따라 다르기도 하지만 대체로 유사하다.
③ 작가는 독자의 이해를 돕기 위해 새롭게 설정한 동물 이미지를 적극 활용한다.
④ 동물의 상징적 이미지는 이야기의 전달력을 높이고 메시지를 강화하는 기능을 한다.

[015~016] 다음 글을 읽고 물음에 답하시오.

세계의 변화를 설명하는 대표적인 두 가지 관점으로 (가)기계론적 관점과 (나)목적론적 관점이 있다. 기계론적 관점은 세계를 마치 정교한 기계처럼 ⊙바라보며, 질량이나 속도 같은 물리적 법칙과 인과관계로 모든 현상을 설명한다. 이 관점에서는 인간의 의지나 궁극적 목적이 개입하지 않고, 세계의 변화는 단순히 기계적 작동의 결과로 이해된다. 과학적 설명과 예측의 기초가 되기도 하는 이 시각은 복잡한 현상을 체계적으로 분석하는 데 중요한 역할을 한다.

이에 반해 목적론적 관점은 세계의 변화에 궁극적인 목적이나 이상이 존재한다고 본다. 이 관점에서는 세계가 단순히 기계적 법칙에 따라 ⓛ움직이는 것이 아니라, 이상적 목표를 향해 나아가는 과정이라고 해석한다. 인간의 의지와 도덕, 이상 등이 세계의 변화에 본질적으로 관여하며, 사회제도나 기술, 문화의 발전 역시 특정한 목적을 ⓒ이루기 위한 노력의 결과로 간주된다. 목적론적 관점은 현재의 세계가 아직 완전하지 않으며, 이상을 향해 진보하는 중간 단계임을 강조한다.

이처럼 기계론적 관점과 목적론적 관점은 세계의 변화를 해석하는 방식에서 근본적인 차이를 ⓔ보인다. 기계론적 관점은 물리적 법칙과 인과관계에 초점을 맞추는 반면, 목적론적 관점은 궁극적 목적과 이상을 중심으로 세계를 설명한다. 두 관점 모두 각각의 장점과 한계를 가지고 있으며, 세계를 이해하는 데 있어 서로 보완적으로 활용될 수 있다.

015

윗글의 (가)와 (나)에 대해 평가한 내용으로 가장 적절한 것은?

① 법, 제도, 문화가 인간의 이상을 실현하기 위해 발전해 왔다는 주장은 (가)를 강화한다.
② 시계, 자동차, 로봇이 부품들의 인과적 작동에 의해 움직인다는 사실은 (가)를 약화한다.
③ 도시 계획은 편리함과 아름다움, 효율성을 추구하는 방향으로 설계되고 있다는 주장은 (나)를 강화한다.
④ 생물이 환경에 적응하기 위해 진화한 것을, 생존과 번식을 위해 움직인 결과로 해석하는 관점은 (나)를 약화한다.

016

⊙~ⓔ과 바꿔 쓸 수 있는 유사한 표현으로 적절하지 않은 것은?

① ⊙: 인식하며
② ⓛ: 변화하는
③ ⓒ: 실현하기
④ ⓔ: 양산한다

017

다음 대화를 분석한 내용으로 가장 적절한 것은?

갑: 전통적인 암기식 교육은 학생들이 기본 지식을 확실히 습득하는 데 효과적이야. 기초가 튼튼해야 창의적 사고도 가능하다고 생각해. 암기와 주입식 학습은 배제해서는 안 되는 중요한 교육 방법이지.

을: 나는 좀 다르게 봐. 지금은 학생들이 스스로 생각하고 문제를 해결하도록 이끄는 자기 주도적 학습과 창의적 사고를 키우는 게 더 중요해. 단순한 암기에 매몰되는 교육은 한계가 있어.

갑: 그렇다고 해서 모든 암기를 무시해서는 안 돼. 기본 지식이 없으면 문제 해결 능력도 효과적으로 발휘할 수 없으니까. 창의성과 기초가 함께 갖추어져야 진정한 학습이 완성된다고 봐.

을: 하지만 이제는 주입식에만 의존하지 않고 학생 개개인의 자발성이 존중되는 교육 환경이 필요해. 그래야 학생들이 진짜 자신의 힘을 길러나갈 수 있어.

병: 둘 다 충분히 타당한 생각이야. 기초 지식 암기는 분명 필요하지만, 창의성과 자기 주도 학습도 반드시 도입되어야 해. 그래서 나는 주입식과 자기 주도 학습을 적절히 조화시키는 것이 바람직하다고 생각해.

① 전통적 암기 학습이 필요하다는 점에 대해 갑과 을은 동의한다.
② 암기식 학습은 창의성 교육과 양립할 수 없다는 점에 대해 병은 동의한다.
③ 창의적 사고와 기본 암기의 균형이 필요하다는 점에 대해 갑과 병은 동의한다.
④ 학생 주도적 학습 방식이 필요하다는 점에 대해 을은 동의하지만 병은 동의하지 않는다.

프랑스 혁명은 프랑스 사회를 오랫동안 지배해 왔던 앙시앵 레짐, 즉 (가)'구체제'의 구조적 모순에서 비롯되었다. 신으로부터 왕권을 부여받았다는 왕권신수설에 기반을 둔 이 체제에서는 절대군주와 소수의 귀족, 성직자들만이 특권을 누렸다. 이에 비해 사회의 대다수를 차지하던 평민과 부르주아들은 ㉠당시 정치적 권리와 경제적 혜택에서 소외되어, 불평등에 대한 불만이 서서히 높아져 갔다.

18세기에 들어 계몽사상과 시민계급의 성장, 그리고 국가 재정의 파탄이 복합적으로 맞물리면서 사회적 긴장이 고조되었다. 왕실과 귀족의 사치, 전쟁으로 인한 재정 위기에도 불구하고 귀족과 성직자는 여전히 세금 면제의 특권을 누렸고, 평민만이 과중한 세금을 부담했다. 이러한 현실에서 신분제 의회인 삼부회에서도 ㉡불평등한 표결이 이루어지면서 평민의 억울함은 커져만 갔다. 결국 이런 모순이 1789년 바스티유 감옥 습격이라는 폭발적 사건으로 이어졌고, 이는 혁명의 불씨가 되었다.

혁명은 점차 전국적 운동으로 확산하여 국왕 루이 16세가 단두대에서 처형되고, 봉건 체제와 왕정이 붕괴하여 마침내 귀족과 왕에게만 허용되던 ㉢중세의 자유 개념이 확대되어, 이제 일반 대중들에게까지도 적용되는 자유 개념으로 변모하였다. 그로 인해 자유와 평등, 국민주권이라는 근대적 이념이 확산하였으며, 추후 민주주의와 인권의 개념 정착에도 큰 영향을 끼쳤다. 하지만 동시에 ㉣폭력과 혼란, 그리고 새로운 권력의 등장 같은 부정적 측면도 나타났다.

018

윗글에서 추론한 내용으로 적절하지 않은 것은?

① 계몽사상과 시민계급의 성장이 프랑스 혁명의 배경이 되었다.
② 프랑스는 구체제하에서는 왕권신수설로 절대군주가 막강한 권력을 누렸다.
③ 프랑스 혁명은 전국적 운동으로 확산하여 바스티유 감옥 습격으로 이어졌다.
④ 프랑스 혁명으로 인해 근대적 이념인 국민주권이 확산했지만 동시에 혁명의 한계도 나타났다.

019

㉠~㉣ 중 (가)의 문맥적 의미와 가장 이질적인 것은?

① ㉠   ② ㉡
③ ㉢   ④ ㉣

020

국토교통부는 영업용 이륜차의 안전 운행을 유도하기 위한 사업을 시행하려고 한다. 사업 참여 신청과 관련하여 반드시 참이라고 할 수 없는 것은?

○ 갑 또는 을 둘 중 적어도 한 사람은 전면번호 스티커 부착 시범 사업에 참여를 신청한다.
○ 병이 전면번호 스티커 부착 시범 사업에 참여를 신청한다면, 갑도 전면번호 스티커 부착 시범 사업에 참여를 신청한다.
○ 정이 전면번호 스티커 부착 시범 사업에 참여를 신청하지 않는다면, 갑도 전면번호 스티커 부착 시범 사업에 참여를 신청하지 않는다.
○ 갑과 정이 함께 전면번호 스티커 부착 시범 사업에 참여를 신청할 수는 없다.

① 네 사람 중 최소 한 명은 전면번호 스티커 부착 시범 사업에 참여를 신청한다.
② 갑과 병은 모두 전면번호 스티커 부착 시범 사업에 참여를 신청하지 않는다.
③ 을은 전면번호 스티커 부착 시범 사업에 참여를 신청한다.
④ 정은 전면번호 스티커 부착 시범 사업에 참여를 신청하지 않는다.

모의고사
30회

시작 시간	시	분	초
종료 시간	시	분	초
총 소요 시간		분	초

001

<공공언어 바로 쓰기 원칙>에 따라 <공문서>의 ㉠~㉣을 수정한 것으로 적절하지 않은 것은?

〈공공언어 바로 쓰기 원칙〉

○ 불필요한 사동 표현을 쓰지 않을 것.

○ 필요한 문장 성분이 생략되지 않도록 할 것.

○ 사전에 한 단어로 올라 있는 일부 단어를 제외하고 '시(時)'는 앞말과 띄어 쓸 것.

○ 어렵고 상투적인 한문 투 표현을 피할 것.

〈공문서〉

알고 하자 '화재 대피', 비상구를 알려 주는 유도등 알기

화재가 발생하면 메케한 검은 연기가 발생하여 잘 보이지 않는 데다가 누전 차단기가 ㉠작동하게 되어 정전이 될 수 있기 때문에 순간적으로 방향 감각을 잃을 수 있습니다. 특히 ㉡불편한 어르신은 화재 ㉢발생시 신속하게 대피하기 어려우므로 더더욱 평상시에 ㉣점검에 철저를 기해야 합니다.

① ㉠: 작동시켜

② ㉡: 거동이 불편한

③ ㉢: 발생 시

④ ㉣: 점검을 철저히 해야 합니다

002

다음 글에서 추론한 내용으로 적절하지 않은 것은?

김시습은 조선 중기 최고의 재능을 지닌 문인이었다. 어린 시절 세종대왕의 은혜를 입으며 성장했고, 평생 단종에 대한 신의를 굳게 지켰다. 계유정난으로 세조가 단종의 왕위를 빼앗고 사육신이 죽임을 당하자, 김시습은 크게 충격을 받았다. 그는 사육신의 시신을 수습해 정성껏 장사 지내고 서울을 떠나 은둔 생활을 시작했다. 당시의 정치적 혼란 속에서 벼슬길을 포기하고 방랑하며 문학과 사상 연구에만 매진했던 것이다.

세조는 김시습의 뛰어난 재능을 아까워하여 그를 궁으로 다시 불러들이려 했으나, 김시습은 끝내 이를 거절했다. 그는 평생 단종을 그리워하며 살았고, 이러한 그의 삶은 후대에 충절의 상징으로 평가받는다. 고전 소설 '이생규장전'은 김시습의 이러한 삶을 우의적으로 형상화한 작품이다. 소설 속 인물 중 이생은 김시습 자신을, 최랑은 단종을 의미하며, 양가 부모는 사육신을, 도적은 세조를 상징한다. 김시습의 현실과 문학적 상징이 연결되어 그의 고난과 충성을 그려 낸 것이다.

이처럼 김시습은 유교적 가치관을 바탕으로 하면서도 불교적 사색을 병행했으며, '금오신화' 등 많은 문학 작품을 남겨 오늘날까지 큰 영향을 끼쳤다. 그의 절개와 문학 활동은 시대의 아픔을 대변하는 모습으로 기록되고 있다.

① '이생규장전'에서 인물 최랑은 단종을, 도적은 세조를 우의적으로 드러낸다.

② 김시습은 유교적 가치와 더불어 불교적 가치도 병행하여 문학 작품에 녹여 내었다.

③ '이생규장전'과 '금오신화'에는 단종에 대한 김시습의 신의와 충절이 형상화되어 있다.

④ 계유정난으로 사육신이 죽임을 당하자, 김시습은 그들의 시신을 수습한 후 정성껏 장사 지냈다.

003

다음 글에서 추론한 것으로 적절하지 않은 것은?

이어진문장이란 두 개의 홑문장이 나란히 놓인 겹문장을 의미한다. 이때 선행절과 후행절의 연결 기능은 연결 어미가 담당한다. 이때 연결 어미는 대등하게 이어진문장을 만드는 대등적 연결 어미, 종속적으로 이어진문장을 만드는 종속적 연결 어미, 본용언과 보조 용언을 이어주는 보조적 연결 어미로 나뉜다. 그런데 대등적 연결 어미와 종속적 연결 어미가 절과 절을 연결하는 것과 달리 보조적 연결 어미는 본용언과 보조 용언을 연결한다. 그리고 보조 용언이 독립된 서술어의 자격을 갖지 못하므로 보조 용언이 쓰인 문장은 겹문장이 아닌 홑문장으로 보아야 한다.

먼저 대등하게 이어진문장은 선행절과 후행절의 자리를 바꾸더라도 의미상 큰 차이가 없지만, 종속적으로 이어진문장은 자리를 바꾸면 의미의 변화가 일어난다. '형은 음악을 좋아하고, 동생은 춤을 좋아한다.'의 선행절과 후행절을 바꾸면 '동생은 춤을 좋아하고, 형은 음악을 좋아한다.'가 되어 의미의 큰 변화가 없지만, '비가 와서, 우리는 축구를 하지 못했다.'의 선행절과 후행절을 바꾸면 '우리는 축구를 하지 못해서, 비가 왔다.'가 되어 본래의 문장과 의미가 크게 달라진다.

그리고 대등하게 이어진문장은 '대조'나 '주제'의 의미를 나타내는 보조사 '은/는'이 결합할 수 있지만, 종속적으로 이어진문장에서는 그러지 못한다. '형은 음악을 좋아하고, 동생은 춤을 좋아한다.'에서 볼 수 있듯이 대등하게 이어진문장은 선행절과 후행절에 보조사 '은/는'을 결합할 수 있다. 그러나 종속적으로 이어진문장의 경우 선행절과 후행절에 보조사 '은/는'이 결합하면 어색해진다.

① '나는 밥을 먹고 싶다'는 이어진문장으로 보기 어렵다.
② '소리도 없고 빛도 없었다'는 선행절과 후행절 사이에 연결 어미가 있다.
③ '노래를 부르며 춤을 췄다'의 경우 선행절과 후행절의 위치를 바꾸어도 문장의 의미가 달라지지 않는다.
④ 선행절과 후행절 모두에 보조사 '은/는'이 결합되었을 때 문장이 어색해진다면 종속적으로 이어진문장은 아니다.

004

<지침>에 따라 <개요>를 작성할 때 (가)~(라)에 들어갈 내용으로 적절하지 않은 것은?

〈지침〉
○ 서론은 보고서 작성의 배경과 필요성을 포함할 것.
○ 본론은 제목에서 밝힌 내용을 2개의 장으로 구성하되, 2장의 하위 항목이 3장의 하위 항목과 서로 대응하도록 할 것.
○ 결론은 기대 효과와 향후 과제를 순서대로 제시할 것.

〈개요〉
○ 제목: 공무원 육아휴직 제도의 문제점과 개선 방안
1장 서론
  1. _____(가)_____
  2. 제도 개선을 통한 공무원 일·가정 양립 지원의 필요성
2장 공무원 육아휴직 제도의 문제점
  1. 자녀의 나이 기준과 실제 돌봄 수요 간의 괴리
  2. _____(나)_____
3장 공무원 육아휴직 제도의 개선 방안
  1. _____(다)_____
  2. 근무 성적 평가 시 육아휴직 불이익 금지 규정 마련
4장 결론
  1. _____(라)_____
  2. 돌봄 공백 해소를 위한 육아휴직 제도의 지속적 개선

① (가): 공무원 육아휴직 제도의 활용 제약에 따른 실효성 저하
② (나): 육아휴직으로 인한 업무 공백 발생
③ (다): 자녀의 나이 기준 확대로 실제 돌봄 수요 충족
④ (라): 육아 친화적 공직문화 조성을 통한 국민 서비스 질 향상

005

다음 글의 ㉠~㉣ 중 문맥상 어색한 곳을 수정한 것으로 가장 적절한 것은?

여름철의 무더운 날씨는 집중력을 떨어뜨리고, 체력 소모도 심하게 만든다. 이러한 환경 속에서 일의 능률을 높이기 위해서는 체계적인 건강 관리가 필수적이다. 건강 관리의 첫걸음은 역시 충분한 수면이다. ㉠여름에는 열대야 현상으로 잠을 설칠 때가 많다. 하지만 잠을 잘 이루지 못하면 낮 동안 흡수한 지식이 뇌에 정리되지 않아 일의 효율이 크게 저하된다. 규칙적인 수면 패턴을 유지하고, 자기 전 미지근한 물로 샤워하는 등 수면 환경을 조절하는 노력도 필요하다. 더불어 ㉡낮잠은 오후의 집중력을 높이는 데 도움이 된다. 그러나 낮잠이 30분 이상 길어지면 밤에 쉽게 잠을 이루기 어렵게 되므로 그 이하 정도로 취하는 것이 좋다.

또한 가벼운 운동도 일의 능률에 도움이 될 수 있다. 다리 근육을 중점적으로 움직이면 뇌가 각성되어 집중력이 오히려 오른다고 알려져 있다. ㉢무더운 여름이라서 실내에서 적당한 휴식을 취하는 것이 피로 해소와 집중력 유지에 도움이 된다.

이와 함께 균형 잡힌 식사도 반드시 유념해야 한다. 많은 사람들이 ㉣바쁘다는 이유로 아침을 거르는 일이 많지만, 오랜 공복은 몸의 긴장감을 높이고 쉽게 지치게 만들어 능률을 떨어뜨린다.

① ㉠: 여름에는 열대야 현상으로 잠을 푹 잘 때가 많다
② ㉡: 낮잠은 될수록 취하지 않는 게 도움이 된다
③ ㉢: 무더운 여름이라도 산책이나 맨손 체조를 하는 것
④ ㉣: 바쁘다는 이유로 아침을 빠르게 먹는 일이 많지만

006

다음 글의 전개 순서로 가장 자연스러운 것은?

개인과 사회의 관계는 어떻게 되는가?
(가) 어떤 사람들은 둘 사이의 관계를 원자와 물질의 역학적 관계와 같이 생각하는 것 같다.
(나) 그 존재성만을 중심으로 본다면, 개인과 사회의 관계도 이와 비슷할 것이다.
(다) 다른 어떤 사람들은 개인과 사회의 관계를 세포와 유기체의 관계와 같이 생각한다.
(라) 그러나 그것으로 개인과 사회의 관계가 다 설명될 수는 없다.
(마) 원자가 없는 물질은 존재하지 않으며, 물질이 없다면 원자의 존재는 문제가 되지 않는다.

① (가) – (나) – (다) – (마) – (라)
② (가) – (마) – (나) – (라) – (다)
③ (나) – (가) – (마) – (다) – (라)
④ (나) – (마) – (라) – (가) – (다)

[007~008] 다음 글을 읽고 물음에 답하시오.

소설이나 수필 등에서 어린아이가 서술자로 등장할 때, 작품은 독특한 시각과 분위기를 갖게 된다. 어린 서술자는 어른과 달리 세상을 바라보는 관점이 제한적이지만, 바로 그 미숙함과 순수함이 작품에 신선한 매력을 더한다. 예를 들어 가족 간의 갈등이나 어른들의 복잡한 감정은 아이의 눈에 쉽게 이해되지 않는다. 아이는 종종 어른들의 대화를 곧이곧대로 받아들이거나, 자신만의 상상과 해석을 덧붙이기도 한다. 이런 점에서 어린 서술자는 현실을 있는 그대로 전달하는 동시에, 자신의 경험과 감정을 솔직하게 드러내며 독자에게 새로운 해석의 여지를 제공한다.

또한 어린아이다운 시각은 일상적인 장면을 특별하고 흥미롭게 만들기도 한다. 평범한 가족 식사나 동네 풍경도 아이의 눈에는 신기하고 흥미로운 사건으로 비쳐진다. 때로는 어른들이 미처 인식하지 못한 사소한 변화나 감정을 예리하게 ㉠잡아내기도 한다. 반면, 중요한 사건이나 갈등의 본질을 이해하지 못해 오해하거나, 엉뚱한 결론에 이르기도 한다. 이러한 미성숙함은 작품에 유머와 따뜻함, 때로는 안타까움을 불어넣는다.

이처럼 어린 서술자가 가진 인식의 한계와 순수함은 독자가 작품을 더욱 다층적으로 해석하게 하며, 인간 경험의 다양한 면모를 새롭게 조명하는 데 기여한다.

007

윗글을 이해한 내용으로 적절하지 않은 것은?

① 어린 서술자가 내리는 엉뚱한 결론은 작품에 유머와 따뜻함을 불어넣는다.
② 미성숙한 서술자는 때로는 작품의 신뢰성을 떨어뜨려 안타까움을 불러일으키기도 한다.
③ 어린 서술자는 어른들이 놓치는 사소한 감정을 포착하여 흥미롭게 전달하기도 한다.
④ 어린 서술자의 순수하고 솔직한 진술은 자신의 눈에 비친 현실을 독자에게 그대로 전달한다.

008

문맥상 ㉠의 의미와 가장 가까운 것은?

① 그는 일상 속에서도 개성적인 사건을 잡아내었다.
② 그는 재교에서도 작품 속의 오자를 많이 잡아내었다.
③ 그는 사소한 것이라도 꼬투리를 잡아내 그녀를 타박했다.
④ 그는 마지막 타자를 범타로 잡아내어 승리 투수가 되었다.

009

다음 대화의 (가)에 들어갈 말로 적절한 것은?

> **갑**: 교사는 그 직무상 윤리적 문제로부터 자유로울 수 없는 교원이야. 모든 교사는 교원이니까 매사에 윤리적 책임감을 가져야 할 필요가 있어. 하지만 교사가 아닌 사람은 누구도 매사에 윤리적 책임감을 가져야 할 필요가 없지.
>
> **을**: 네가 "교사가 아닌 모든 사람은 매사에 윤리적 책임감을 가져야 할 필요가 없다."라는 주장을 하려면 " (가) ."가 참이어야 해.

① 모든 교사는 매사에 윤리적 책임감을 가져야 할 필요가 없다

② 몇몇 교원은 매사에 윤리적 책임감을 가져야 할 필요가 없다

③ 매사에 윤리적 책임감을 가져야 할 필요가 있는 사람은 모두 교사이다

④ 매사에 윤리적 책임감을 가져야 할 필요가 없는 사람은 모두 교사가 아니다

010

다음 글을 이해한 내용으로 가장 적절한 것은?

> 시험이 끝난 뒤 꿈꿔온 자유로운 시간은 많은 수험생들에게 설렘과 기대감을 안겨 준다. 이 시기에 가장 하고 싶은 일로 여행이 자주 꼽히는데, 특히 제주도는 매년 수많은 관광객이 방문하는 대한민국 대표 여행지 중 하나다.
>
> 제주도는 한라산, 성산일출봉, 거문오름 용암동굴계 등 빼어난 자연 풍광을 갖추고 있어 2007년 우리나라 최초로 유네스코 세계 자연 유산에 등재되었다. 이 중 성산일출봉은 해가 떠오르는 모습을 바라볼 수 있는 명소로, 실제로 정상에 올라 일출을 감상하면 대자연의 경이로움을 몸소 느낄 수 있다. 한편 거문오름은 화산이 남긴 독특한 지형과 숲을 간직해 지질학적으로도 가치가 높다. 그런데 오름 관람은 오전 9시부터 오후 1시까지 제한되어 있고, 하루 450명까지만 입장이 가능해 사전 예약이 필요하다.
>
> 여행의 즐거움은 풍경에만 그치지 않는다. 제주도는 고기국수, 성게국, 옥돔구이 등 다양한 향토 음식도 빼놓을 수 없다. 그중에서도 고기국수는 돼지고기로 낸 육수와 탄력 있는 면발이 어우러져 제주를 찾는 많은 이들이 꼭 맛보는 음식이다. 이러한 다양한 즐길 거리와 먹거리를 만끽하며, 시험 이후 자신에게 주는 보상으로 제주도 힐링 여행을 계획해 보는 것도 의미 있을 것이다. 자연 속에서 마음의 여유를 찾고, 새로운 추억을 쌓아가길 권한다.

① 한라산은 입장이 제한되는 곳이기 때문에 사전 예약이 반드시 필요하다.

② 제주 여행의 묘미는 자연 경관 감상과 더불어 식도락 체험에서도 찾을 수 있다.

③ 고기국수는 해산물로 만든 국물에 면을 넣어 완성하는 제주도의 향토 음식이다.

④ 성산일출봉 정상에서 바라보는 일몰은 대자연의 경이로움을 느낄 수 있는 큰 볼거리다.

[011~012] 다음 글을 읽고 물음에 답하시오.

> 하나의 시어나 시구가 두 가지 뜻을 담은 표현법을 중의법이라고 한다. 중의법은 한 단어나 문장이 겉으로는 하나의 의미처럼 보이지만, 해석에 따라 둘 이상의 뜻을 드러낼 수 있도록 구성된 표현 기법이다. 주로 시나 문학 작품에서 활용되며, 간결한 표현 속에 깊은 의미를 숨겨 감상자에게 해석의 여지를 주고 여운을 남긴다. 예를 들어 자연을 노래한 시어가 동시에 인간의 감정이나 사회적 상황을 암시하는 경우가 ㉠이의 대표적인 사례이다.
>
> 이러한 표현은 시적 언어의 다의성과 함축성을 살려 독자로 하여금 다양한 관점에서 작품을 읽을 수 있게 한다. 독자는 표면에 나타나는 일차적인 의미를 먼저 이해한 후, ㉡이에 다른 근거를 더해 더한 새로운 의미를 파악한다. 중의법은 특히 감정을 직접적으로 드러내기보다 간접적으로 암시하고 싶을 때 효과적으로 사용되는데, 독자는 이러한 ㉢표현법을 통해 시인의 의도를 유추하거나 자신만의 해석을 덧붙이는 과정을 경험하게 되는 것이다.
>
> 중의법은 고전 시가 외에도 현대 시, 수필, 희곡 등 여러 장르에서 나타나며, 언어의 유연성과 예술성을 보여 주는 중요한 수사법이다. 때로는 작가가 이런 ㉣방법을 통해 유머나 아이러니를 표현하기도 하고, 독자에게 예상치 못한 반전이나 통찰을 제공하기도 한다. 결국 중의법은 언어의 경계를 확장하고, 문학의 깊이를 더하는 핵심적 표현 방식이라 할 수 있다.

011

윗글을 이해한 내용으로 가장 적절한 것은?

① 중의법은 감정이나 주제를 직접 드러내는 데 적합한 표현 기법이라 할 수 있다.

② 중의법은 언어 표현을 애매하게 만들어 정확한 전달을 방해하는 표현 기법이다.

③ 중의법은 문학 작품에서 표현의 간결함과 깊이를 동시에 추구할 때 효과적으로 작용한다.

④ 중의법은 한 문장이 여러 해석이 가능하지만 결과적으로 의미가 명확해지는 표현 기법이다.

012

윗글의 ㉠~㉣ 중 문맥상 지시 대상이 같은 것만으로 묶인 것은?

① ㉠, ㉡, ㉢

② ㉠, ㉢, ㉣

③ ㉡, ㉢, ㉣

④ ㉠, ㉡, ㉢, ㉣

013

⊙~㉣ 중 문맥적 의미가 다른 하나는?

무용은 인간의 ⊙신체 움직임을 통해 무언가를 표현한다. 신체의 움직임은 ㉡무용의 재료이며, 움직임을 만들어 내는 무용수의 표현은 매체이다. 그렇기 때문에 무용 예술은 고정된 대상이나 재확인이 가능한 형태로 존재하지 않는다. 로댕의 ㉢나진스키 조각은 일정한 모습을 유지하며 여전히 우리에게 감동을 주지만, 나진스키의 춤은 더 이상 남아 있지 않다. 무용이 신체를 표현의 재료이자 수단으로 가지고 있기 때문에 특정한 신체 움직임은 테크닉과 표현 방식을 통해 그 무용수에게 ㉣고유한 것이 된다. 이러한 개별적이고 특수한 존재 방식은 보편적 이론화를 어렵게 한다.

① ⊙

② ㉡

③ ㉢

④ ㉣

014

다음 글에서 추론한 내용으로 적절하지 않은 것은?

전통적으로 이성은 인간을 인간답게 하는 요소로 여겨졌고, 욕망은 결핍에서 비롯된 부정적 힘으로 간주되어 억제와 통제의 대상이 되어 왔다. 하지만 들뢰즈는 이러한 관점을 뒤집고, 욕망이 인간과 세계를 구성하는 생산적인 힘이라고 보았다. 욕망은 어떤 것을 놓치거나 부족해서 생기는 것이 아니라, 타자와 관계를 맺으려는 본성과 연결의 힘에서 비롯된다고 주장했다.

들뢰즈는 인간과 사물이 만나 상호작용하는 과정에서 새로운 의미가 만들어진다고 보았다. 그는 이 과정을 '아장스망'이라 불렀는데, 아장스망이란 처음에 서로 관계가 없던 존재들이 연결되고 변화하면서, 그 과정의 흔적이 '주름'이라는 형태로 남아 각 존재가 이전과는 다른 새로운 모습으로 다시 태어남을 뜻한다. 인간과 사물은 이처럼 끊임없이 상호작용하며 새로운 의미를 창조해 나간다.

들뢰즈는 욕망이 억압되지 않고 자유롭게 발현될 때 세상과 새롭게 관계 맺고 변화할 수 있으며, 억압된 욕망은 경직된 관계에 집착하게 된다고 보았다. 따라서 그는 욕망의 흐름을 긍정하고, 이를 통해 주체와 세계가 함께 새롭게 배열되는 과정을 사유했다. 이처럼 들뢰즈는 욕망을 통해 인간의 생성 가능성과 창조성을 부각하며, 욕망을 단순한 결핍이 아니라 의미 생성의 원천으로 제시하고자 했다.

① 욕망은 억압받을 때, 기존의 관계에만 집착하게 될 수 있다.

② 들뢰즈에 의하면 주름은 인간만이 변화의 흔적으로 갖는 상징이다.

③ 들뢰즈는 인간 내부에 의미를 생성하는 힘이 존재한다고 보았다.

④ 아장스망은 인간이 외부와 상호작용함으로써 새로운 의미를 이루는 것을 의미한다.

[015~016] 다음 글을 읽고 물음에 답하시오.

환경권은 인간이 건강하고 쾌적한 환경에서 살아갈 수 있는 기본적인 권리를 의미한다. 환경권은 협의와 광의로 나눌 수 있는데, 협의의 환경권은 오염된 환경으로 인해 건강을 해치거나 해칠 위험에 처했을 때, 그 원인을 제거하거나 방지해 달라고 요구할 수 있는 권리를 말한다. 반면 광의의 환경권은 이것뿐만 아니라 깨끗하고 쾌적한 환경에서 살아갈 수 있도록 국가에 환경 조성을 요구할 수 있는 권리까지 포함한다. 이러한 환경권은 단순한 방어적 권리를 넘어 보다 적극적인 권리로 헌법에서도 그 중요성이 강조되고 있다. 일각에서는 환경은 인간다운 삶을 뒷받침해 주기 때문에 환경권은 인간의 존엄성과 관련된 것으로 법적 권리로서의 지위가 공고하다고 ⊙주장한다. 그렇기에 그들은 어떤 가치보다도 환경권이 중요하다고 말한다.

그들에 따르면 환경권의 주체는 자연인, 즉 살아 있는 개인에게만 인정된다. 자연인은 건강한 환경에서 살 권리를 가지며, 이 권리를 침해당했을 경우 법적 절차를 통해 구제를 받을 수 있다. 환경권의 대상이 되는 '환경'은 자연환경과 생활환경으로 나뉘며, 자연환경은 생물과 비생물의 조화를 포함한 자연적 요소 전체를 말하고, 생활환경은 대기, 수질, 폐기물, 소음, 악취 등 인간의 일상생활과 직접적으로 관련된 요소를 포함한다.

환경권은 국가뿐만 아니라, 주변 사람이나 회사, 단체를 대상으로도 요구하거나 책임을 물을 수 있는 권리다. 따라서 국가적 차원에서는 환경 정책을 수립하거나 행정 행위를 할 때 환경 영향을 충분히 고려해야 하며, 위반 시 행정소송을 통해 책임을 물을 수 있다.

015

윗글을 이해한 내용으로 가장 적절한 것은?

① 비생물적인 요소는 환경권의 고려 대상이 아니다.

② 환경권의 주체는 개인뿐 아니라 법인과 단체도 포함된다.

③ 협의의 환경권에는 청정한 환경을 조성해 달라는 내용이 포함된다.

④ 행정기관이 환경을 해치면 국민은 행정소송을 통해 책임을 물을 수 있다.

016

다음 중 ⊙을 약화하는 주장으로 보기 어려운 것은?

① 환경은 당연한 것이지만 당연한 것이라고 항상 존재하는 것은 아니다.

② 환경권은 법적 권리로서 적용되기에는 그 개념이 지나치게 모호하다.

③ 인간다운 삶을 보장하기 위해 제일로 추구해야 할 것은 경제 발전이다.

④ 인간의 필수적인 생산 활동 중에서 환경에 피해를 주지 않는 일은 하나도 없다.

017

다음 대화에 대한 평가로 적절한 것만을 모두 고르면?

> **갑**: 대중 매체가 사용하는 언어는 매우 영향력이 크기 때문에 바른 언어 규범을 준수해야 한다고 생각해. 특히 뉴스나 공적 방송에서는 정확하고 표준적인 언어 사용이 사회 전반의 언어 수준을 유지하는 데 필수적이야.
>
> **을**: 물론 언어 규범은 중요하지만, 대중 매체는 시대 변화에 발맞춰 자연스러운 언어 변화를 반영해야 한다고 봐. 신조어, 줄임말 등 다양한 언어 표현도 인정받아야 언어가 살아 움직일 수 있어. 지나치게 엄격한 규범 강요는 오히려 언어 발전을 막는 결과를 초래해.
>
> **갑**: 시대의 흐름에 따라 점차 새로운 언어가 방송에서 사용되는 것이 막을 수 없는 현실이라는 점은 인정해. 그래도 뉴스나 공공 매체에서 정확한 언어가 사용되지 않으면 혼란이 생길 뿐만 아니라, 특히 어린이나 청소년들에게 부정적인 영향을 미칠 수 있어. 올바른 언어 사용은 사회적 책임이야.
>
> **을**: 모든 매체에서 엄격한 규범 준수만 강요하면 대중의 언어생활이 너무 틀에 박히고 딱딱해져 창의성이 줄어들어. 뉴스는 몰라도 예능이나 광고 같은 영역에서는 다양한 언어 표현이 필요하다고 생각해.

> ㄱ. 뉴스 프로그램에서 비표준어 사용을 줄이고 표준어 사용을 강화하여 시청자들의 이해도를 높인 사례는 갑의 입장을 강화한다.
> ㄴ. 신조어 사용을 금지하는 규제가 젊은 층과 매체 간 소통 단절을 초래했다는 연구 결과는 을의 입장을 약화한다.
> ㄷ. 대중 매체에서 다양한 언어 표현을 허용하되 프로그램별 언어 사용의 기준을 마련하는 정책은 을의 입장을 강화한다.

① ㄱ
② ㄱ, ㄴ
③ ㄱ, ㄷ
④ ㄴ, ㄷ

018

다음 빈칸에 들어갈 말로 가장 적절한 것은?

> 환경부는 전기차에서 과충전이 발생하지 않도록 능동적으로 충전을 제어할 수 있는 스마트 제어 충전기 구축 사업을 진행하고 있다. 갑의 전기차와 관련하여 다음과 같은 사실들이 알려졌다. 스마트 제어 충전기가 고장 났다. 배터리 정보 수집이 가능하다면, 배터리 정보가 분석된다. 반면, 스마트 제어 충전기가 고장 났다면, 배터리 정보가 분석되지 않는다. 그런데 배터리 정보 수집, 배터리 이상 징후 조기 진단, 실시간 충전 제어 중 적어도 두 가지가 가능하다. 따라서 _____.

① 배터리 정보가 분석된다
② 배터리 정보 수집이 가능하다
③ 실시간 충전 제어가 가능하지 않다
④ 배터리 이상 징후 조기 진단이 가능하다

019

다음 글의 논지를 약화하는 것으로 가장 적절한 것은?

> 현대 보안 시스템의 새로운 표준으로 떠오른 생체 인식 기술은 지문, 얼굴, 홍채, 음성 등 신체의 고유 정보를 통해 신원 확인과 서비스 접근이 이루어진다. 빠르고 편리한 인증 덕분에, 이 기술은 정부 기관뿐 아니라 금융, 통신, 공항 등 일상생활의 거의 모든 영역으로 빠르게 확산되고 있다.
>
> 하지만 생체 정보를 디지털화하여 대량으로 수집·저장하고, 그 관리를 소수 기관이나 기업에 맡긴다는 점에서 우려의 목소리 또한 커지고 있다. 생체 정보는 한번 유출될 경우 평생 바뀌지 않기 때문에, 해킹이나 데이터 사고가 발생하면 그 피해는 영구적으로 남는다. 또한 프라이버시와 자기 결정권은 모든 개인에게 보장되어야 할 권리다. 따라서 생체 인식 기술은 그 편의성과 효율성만을 앞세워 무분별하게 도입되어서는 안 된다. 정부나 기업만 믿고 개인의 소중한 생체 인식 정보를 함부로 맡겨서는 안 될 것이다.

① 일부 생체 인식 시스템은 데이터를 암호화한 후 분산 저장하여 해킹 시에도 원본 정보에 접근할 수 없게 설계했다. 실제로 이 시스템은 여러 차례의 해킹 시도를 막아냈다.
② 금융권·비행장·관공서 등의 지문 인식 시스템이 해킹되어 다수의 지문 정보가 유출된 사례가 있다. 지문·얼굴 정보는 암호처럼 변경이 불가능해, 유출 시 평생 위험에 노출된다.
③ 중국 일부 도시는 거리 곳곳에 안면인식 카메라를 설치하여 개인 식별 및 이동 경로를 추적·감시한다. 이에 따라 시민들은 동의 없이 공공장소에서조차 사생활 침해를 겪고 있다.
④ 세계 최대의 생체 인식 신원 인증 사업으로 인도의 기업에서는 수억 명의 지문·홍채 정보가 저장되어 있다. 그런데 보안 사고로 개인 생체 데이터가 유출된 사례가 여러 차례 발생했다.

020

다음 대화 내용이 참일 때, 빈칸에 들어갈 말로 가장 적절한 것은?

> **갑**: 주의력 결핍과 관련하여 알려진 내용을 살펴보면, 주의집중을 조절하는 뇌 부위의 활성이 떨어지는 사람은 지속적으로 주의력이 부족합니다.
>
> **을**: 어릴 때 머리에 심한 부상을 입은 사람 중에는 지속적으로 주의력이 부족한 사람이 있다고 해요.
>
> **갑**: 그런데 주의집중을 조절하는 뇌 부위의 활성이 떨어지지 않는 사람은 지속적으로 주의력이 부족하지 않습니다.
>
> **을**: 한편 어릴 때 머리에 심한 부상을 입지 않은 사람이 급하게 행동하려는 욕구를 자제한다는 것은 일반적인 사실이에요.
>
> **갑**: 그렇다면 _____

① 급하게 행동하려는 욕구를 자제하는 사람 중에는 지속적으로 주의력이 부족한 사람이 있겠군요.
② 주의집중을 조절하는 뇌 부위의 활성이 떨어지는 사람은 어릴 때 머리에 심한 부상을 입었겠군요.
③ 주의집중을 조절하는 뇌 부위의 활성이 떨어지는 사람 중에는 어릴 때 머리에 심한 부상을 입은 사람이 있겠군요.
④ 어릴 때 머리에 심한 부상을 입지 않은 사람 중에는 주의집중을 조절하는 뇌 부위의 활성이 떨어지지 않는 사람이 있겠군요.

MEMO

MEMO

MEMO

" 나는 너보다
더 열심히 할 것이다 "
   – 권규호

KWON L**GE**B

권규호국어연구실

시나리오 공무원 모의고사 *SEASON. 1*

압도적 * 천재적 * 독보적

정답과 해설

KWON LAB

시나리오 공무원 모의고사

SEASON. 1

압도적 * 천재적 * 독보적

정답과 해설

KWON LAB

모의고사 01회

001 ④	002 ②	003 ①	004 ④	005 ③
006 ③	007 ④	008 ①	009 ③	010 ④
011 ①	012 ②	013 ②	014 ④	015 ④
016 ③	017 ③	018 ①	019 ④	020 ①

S#.1 25 지방직처럼 나온다면...

킬러 ① 공문서 수정하기 [1번]
킬러 ② 빈칸 추론하기 [9번]
킬러 ③ 논리 [12번]

이번 회차는 지문의 글자 수 7120자, 평균 정답률 85%로 <25 지방직 9급>과 유사한 길이 및 난도로 출제하였다. 킬러 문제는 공문서 수정하기, 빈칸 추론하기, 논리로 배치하였다. 공문서 수정하기의 경우, 등위 접속 관계를 정확히 파악할 수 있는지를 묻고 있다. 빈칸 추론하기의 경우에는 매력적인 오답을 내용 일치 관점에서 피할 수 있는지를 묻고 있다. 논리는 시중에서 보기 어려운 생소한 유형으로 출제되었을 때 그에 대한 적응력이 어느 정도인지를 묻고 있다.

001

정답 | ④

해설 | '기업인의 경영 의욕 고취'와 '기업의 이미지를 개선하였다'는 대등한 구조가 아니다. 그러나 '기업의 이미지 개선'과 '기업인의 경영 의욕을 고취하였다' 역시 대등한 구조가 아니다. 따라서 해당 문장을 ②에 따라 "기업인의 경영 의욕을 고취하고, 기업의 이미지를 개선하였다."로 수정해야 한다.

오답피하기 |

① 피동 표현 '장식되다'의 적절한 주어가 필요하다. 따라서 해당 문장을 ③에 따라 "향로는 몸체와 받침 사이를 연결하는 부분이 금으로 장식되었다."로 수정하는 것은 적절하다.

② 의사가 보호자와 환자 모두의 입원에 대하여 상의하였다는 것인지, 환자의 입원에 대하여 보호자와 상의하였다는 것인지 명확하지 않다. 따라서 해당 문장을 ⑤에 따라 "의사는 환자의 입원에 대하여 보호자와 상의하였다."로 수정하는 것은 적절하다.

③ '성실한'이 '나'를 꾸미는 것인지, '나의 동생'을 꾸미는 것인지 명확하지 않다. 따라서 해당 문장을 ⑤에 따라 "나의 성실한 동생은 이번 사업에 성공하였다."로 수정하는 것은 적절하다.

002

정답 | ②

해설 | '읊다'는 겹받침 규칙에 따라 받침 'ㄿ' 가운데 'ㄹ'이 탈락하여 'ㅍ'만 남게 되며, 홑받침 규칙에 따라 받침 'ㅍ'은 종성에서 [ㅂ]으로 발음된다. 따라서 '읊다[읍따]'는 홑받침 규칙과 겹받침 규칙이 모두 실현된 것이라고 볼 수 있다.

오답피하기 |

① 1문단에 따르면 국어의 실제 발음에서는 /ㄱ, ㄴ, ㄷ, ㄹ, ㅁ, ㅂ, ㅇ/의 7개 자음만 발음될 수 있다. 따라서 '옷'의 받침 'ㅅ'은 종성에서 [ㄷ]으로 발음되므로 [옫]이 된다.

③ 2문단에 따르면 국어의 음절 끝에는 자음이 최대 1개만 올 수 있으므로, 겹받침 규칙이 적용된다. 그러나 '덮다'는 홑받침 규칙에 따라 받침 'ㅍ'이 종성에서 [ㅂ]으로 발음되어 [덥따]가 된다. 따라서 '덮다[덥따]'는 음절 종성에서 두 개의 자음이 발음되지 못하므로 [덥따]가 된다고 보기 어렵다.

④ '핥다[할따]'는 받침 'ㄾ' 가운데 'ㅌ'이 탈락하여 [ㄹ]만 발음된다. 따라서 '핥다[할따]'는 겹받침을 이루는 두 자음 중 뒤의 자음이 탈락한 결과이다.

003

정답 | ①

해설 | '헛웃음'은 '헛-(접사)+{웃-(어근)+-음(접사)}'의 구조로 ③에 해당한다. '비빔밥'은 '{비비-(어근)+-ㅁ(명사 파생 접사)}+밥(어근)'의 구조로 ⑤에 해당한다.

오답피하기 |

② '통조림'은 '통(어근)+{조리-(어근)+-ㅁ(명사 파생 접사)}'의 구조이므로 ③, ⑤ 중 어느 것에도 해당하지 않는다. '틈틈이'는 '{틈(어근)+틈(어근)+-이(접사)}'의 구조이므로 ③, ⑤ 중 어느 것에도 해당하지 않는다.

③, ④ '여닫이'는 '{열-(어근)+닫-(어근)}+-이(접사)'의 구조이므로 ③, ⑤ 중 어느 것에도 해당하지 않는다.

004

정답 | ④

해설 | 1문단의 "조선 후기는 신분 체제의 동요와 함께 사회 전반에 큰 변화가 일어난 시기였다. ~ 「노섬상좌기(老蟾上座記)」는 이러한 시대적 변화에 대한 기대와 기존 봉건 사회에 대한 비판 의식을 보여주는 작품이다."와 2문단의 "특히 「노섬상좌기」는 봉건 체제의 한계를 비판하면서도, 새롭게 등장하는 세력들에 대한 무조건적인 긍정이 아닌, 그들의 한계와 문제점 또한 지적한다."를 통해, 이 작품은 조선 후기에 나타나는 신분 체제의 동요와 사회적 변화에 대한 기대와 우려를 동시에 표현하고 있다는 것을 알 수 있다.

오답피하기 |

① 백호산군이 혼란과 갈등을 겪으며 무너지는지는 지문의 내용만으로는 알 수 없다.

② 2문단의 "작품 속 백호산군은 힘과 권위에 기반한 봉건적 질서를 상징하며, 이에 맞서는 다양한 동물들은 변화하는 사회에서 새로움을 추구하는 신흥 세력을 나타낸다. 이들의 대립과 갈등은"을 통해, 신흥 세력은 백호산군에 '동조하는' 것이 아니라 '맞서는' 존재임을 알 수 있다.

③ 신흥 상공업자들이 경제적 부를 바탕으로 사회의 주도 세력으로 성장했다는 점은 지문과 일치한다. 그러나 '신분 질서를 타파하려 하였다'

라는 부분은 지문에 명확히 언급되어 있지 않다. 신분 체제의 동요와 봉건 질서의 해체는 언급되지만, 신흥 상공업자들이 직접적으로 신분 질서를 타파하려 했다는 의도까지는 확인되지 않으므로, ③의 진술은 적절하지 않다.

005
정답 | ③

해설 | 제시된 전제를 기호화하면 다음과 같다.

> 전제1. 캠핑 → 여행
> 전제2. 여행∧외향적
> 결론. 외향적∧캠핑

결론의 '외향적∧캠핑'이 도출되기 위해서는 전제2의 '여행'을 '캠핑'으로 바꾸어 주면 된다. 즉, '여행 → 캠핑'이 추가되어야 한다. 따라서 정답은 '주기적으로 여행을 다니는 사람은 모두 캠핑을 즐기는 사람이다'이다.

오답피하기 |
① '외향적인 어떤 사람은 주기적으로 여행을 다니는 사람이다'는 '외향적∧여행'이다.
② '캠핑을 즐기는 어떤 사람은 주기적으로 여행을 다니는 사람이다'는 '캠핑∧여행'이다.
④ '외향적이지만 캠핑을 즐기지 않는 사람은 모두 주기적으로 여행을 다니는 사람이다'는 '외향적∧~캠핑 → 여행'이다.

006
정답 | ③

해설 | 1문단의 "서정주의 「국화 옆에서」는 ~ 시인은 국화 한 송이의 피어남조차 수많은 인연의 결과임을 깨닫고, 자연의 섭리와 인간 존재의 의미를 겸허하게 성찰한다. 반면 나희덕의 「어떤 출토」는 인간 존재의 근원과 삶의 의미를 탐색하는 시적 성찰이 두드러진다."를 통해, 두 시 모두 존재의 의미에 대한 성찰을 담고 있다는 것을 알 수 있다. 따라서 ③의 진술은 적절하다.

오답피하기 |
① 「어떤 출토」는 인간 존재의 근원과 삶의 의미를 탐색하는 시적 성찰이 두드러지며, 개인의 내면적 경험을 통해 존재의 의미를 탐구하는 작품이다. 불교의 인연설을 바탕으로 자연과 인간의 관계를 해석하는 작품은 오히려 「국화 옆에서」이므로, ①의 진술은 적절하지 않다.
② 인연의 법칙(불교의 인연설)을 통해 세계와 인간을 이해하려 하는 것은 「국화 옆에서」에 해당한다. 반면 「어떤 출토」는 개인적이고 내면적인 경험을 통해 존재의 의미를 탐구한다고 되어 있으므로, ②의 진술은 적절하지 않다.
④ 잊고 지내온 기억을 다시 발견하는 과정은 「어떤 출토」에만 해당한다. 1문단에 따르면 「어떤 출토」는 땅속에 묻힌 유물의 출토 과정을 통해 잊고 지내온 기억과 내면의 진실을 다시 발견하는 과정을 그린다고 명시되어 있다. 반면 「국화 옆에서」는 자연 현상을 인연의 결과로 받아들이고 자연의 섭리와 인간 존재의 의미를 성찰하는 내용이므로, 잊고 지내온 기억을 다시 발견하는 과정과는 거리가 있다.

007
정답 | ④

해설 | 첫 단락 마지막 문장에 "소도시의 터미널은 몇 가지 인상적인 특징이 있다."라는 진술이 있으므로, 다음으로 전개될 내용에는 터미널에서 느껴지는 몇 가지 인상적인 특징이 제시되어야 한다. 이러한 내용이 제시

된 것은 (다)로, 시멘트 벽, 안내 소리, 벽시계, 크고 작은 짐 등을 열거하여 소도시 터미널에서 볼 수 있는 인상적인 특징이 열거되고 있다.
(다)의 마지막 문장의 "짐들이 ~ 사람들과 함께한다."를 고려할 때, 다음으로 전개되어야 할 내용은 '짐', '사람'과 관련되어야 한다. 여기에 부합하는 것은 (나)로, "그러다 서로의 짐이 우연히 마주 대어 있는 걸 보곤 눈웃음을 나눈다."로 시작하는 첫 문장을 통해 (나)는 (다) 뒤에 위치하는 것이 자연스럽다는 것을 알 수 있다.
한편 (가)의 첫 문장 "그래서 터미널은 더 이상 종점이 아니다. 전환점이기도 하고 경유지이기도 한 터미널"을 보면, "그래서"라는 접속부사로 문장을 시작하고 있다. '그래서'는 '앞 내용이 뒤 내용의 원인·근거·조건 따위가 될 때 쓰는 접속부사'이므로, (가) 앞에는 '터미널이 전환점이기도 하고 경유지이기도 하다'고 볼 수 있는 이유와 근거가 제시되어야 한다. 따라서 (가) 앞에는 '터미널에서 우연히 마주친 낯선 이들이 소통하는 장면이 제시'된 (나)가 오는 것이 자연스럽다.

008
정답 | ①

해설 | 문제의 원인과 대책은 일대일로 긴밀히 연결되어야 한다. 따라서 'Ⅱ. 청소년들의 청소년 참여기구 참여 저조 원인'으로 제시된 세 가지 항목에 대응하도록 해결 방안을 설정해야 하는데, ①의 '정부의 재정적 지원과 관리 감독 강화'는 Ⅱ에서 제시한 원인에 일대일 대응하는 해결 방안이 아니므로, 빈칸에 들어갈 내용으로 적절하지 않다.

오답피하기 |
② 'Ⅱ-1. 청소년 참여기구들의 형식적이고 유사한 프로그램 운영'이 원인으로 지목되고 있으므로, 청소년들의 의견을 반영하여 다채로운 청소년 참여기구 프로그램을 마련하는 것은 해결 방안으로 적절하다.
③ 'Ⅱ-2. 청소년 참여기구에 관한 홍보 부족과 그로 인한 사회적 인식 부족'이 원인으로 지목되고 있으므로, 적극적인 홍보 활동을 통해 청소년 참여기구에 대한 사회적 인식을 개선하는 것은 해결 방안으로 적절하다.
④ 'Ⅱ-3. 청소년 참여기구 간의 명확한 역할 정립 미비'가 원인으로 지목되고 있으므로, 청소년 참여기구 간의 역할 정립을 통해 내실 있는 프로그램을 운영하는 것은 해결 방안으로 적절하다.

009
정답 | ③

해설 | 1문단의 "실용적 가치 때문에 소를 보호해야 한다는 인식이 확산되었고", 2문단의 "소의 모든 부분이 경제적으로 중요한 자원으로 이용된다. ~ 상위 계층뿐 아니라 하위 계층에게도 소가 귀중한 생계 수단이 될 수 있도록 했다."를 통해, 소 숭배가 인도 사회 구조와 경제 환경에 깊이 뿌리내린 합리적 선택임을 알 수 있다. 따라서 ③의 진술이 가장 적절하다.

오답피하기 |
① 1, 2문단 모두 소 숭배가 단순히 종교적 신념 때문만이 아니라 경제적 필요, 농경사회 구조, 실용적 가치 등 다양한 요인과 복합적으로 연결되어 있음을 강조한다. 따라서 단순히 "종교적 신념에 기반한 신성한 선택"이라고만 하면 경제적·사회적 맥락을 간과한 설명이 되므로, ①의 진술은 적절하지 않다.
② 1문단에서는 소 숭배 문화가 "고대 인도"의 농경사회 전환기에서 비롯된 것임을 밝히고 있다. 즉 "현대 산업화 이후 등장한" 현상이 아니라 오랜 농경사회와 경제적 필요에서 비롯된 전통임을 분명히 하고 있으므로, ②의 진술은 적절하지 않다.

④ 지문에서는 소 숭배가 계층을 아우르는 역할을 하긴 하지만, 그것이 "통합적 사상"의 결과물임을 강조하지 않았다. 지문에서는 소 숭배를 경제·사회 구조와 실용적 가치, 생계 수단에 초점을 맞추고 있으므로, ④의 진술은 적절하지 않다.

010
정답 | ④

해설 | 2문단의 '이 관찰자가 동감을 보인다면 그 행위는 도덕적인 것으로 승인받는다. 이와 같은 동감의 범위 내에서 이타적 행위뿐 아니라 이기적 행위도 도덕적으로 인정될 수 있다'는 내용을 통해, '공평한 관찰자의 동감을 얻는다면, 이기적인 행위라도 도덕적으로 승인될 수 있다'는 것을 추론할 수 있다.

오답피하기 |
① 2문단의 "상상력을 통해 자신을 관찰자 입장에 두고 반성하는 '관찰자'를 내면화하며"를 통해, 공평한 관찰자는 개인 내면의 '추상적 존재'로, 외부의 실체가 아닌 주관적 판단 기준임을 알 수 있다. 따라서 "사회 외부에 존재하는 구체적 인물"이라는 진술은 적절하지 않다.
② 3문단의 "스미스는 자혜와 정의의 사회적 의미를 강조하며, 전자(→ 자혜)는 사회의 존속에 필수적이지 않으나"를 통해, "자혜는 사회 존속의 필수 조건"이라는 진술이 틀렸음을 알 수 있다. 또한 지문에서 '자혜가 정의보다 더 중요'한지 여부는 알 수 없다.
③ 1문단의 "동감이란, 타인의 감정과 처지에 자신을 상상적으로 대입하여 행위자와 감정적으로 일치하는 능력이다. 스미스는 이때 이해관계에 치우치지 않은 '공평한 관찰자'가 행위자의 감정과 행동을 객관적으로 판단하며"를 통해, "동감이 타인의 감정을 무조건 수용하는 수동적 공감을 의미"하는 것이 아니라, 공평한 관찰자를 통해 타인의 감정에 대한 적정성 판단 과정을 거치는 능동적 작용임을 알 수 있다.

011
정답 | ①

해설 | ㉠의 '두다'는 '행위의 준거점, 목표, 근거 따위를 설정하다.'의 의미로 사용되었는데, ①의 '두다' 또한 이러한 의미로 사용되었다.

오답피하기 |
② '일정한 곳에 놓다.'의 의미로 사용되었다.
③ '세상이나 사람들과 밀접한 관계를 갖지 않고 얼마간 떨어져 있다.'의 의미로 사용되었다.
④ 주로 '두고' 꼴로 쓰여, 앞의 것을 부정하고 뒤의 것을 긍정하거나 선택할 때 쓴다.

012
정답 | ②

해설 | 제시된 전제를 기호화하면 다음과 같다.

> 병: 전제1. A학생 → B학생
> 전제2. C학생 → ~B학생 ≡ B학생 → ~C학생
> 결론. A학생 → ~C학생

전제1과 전제2의 대우를 결합하면 'A학생 → B학생 → ~C학생'이 된다. 따라서 결론의 'A학생 → ~C학생'이 도출된다.

오답피하기 |

> 갑: 전제1. 입원∧허리 디스크
> 전제2. 허리 디스크 → 휠체어
> 결론. 입원 → 휠체어

전제1에서 전제2를 활용하여 '입원∧휠체어'가 도출된다. 그러나 결론의 '입원 → 휠체어'는 도출되지 않는다.

> 을: 전제1. 국문과 → 감수성∨맞춤법
> 전제2. 국문과∧감수성
> 결론. 맞춤법

전제2에 따라 '국문과', '감수성'이 확정된다. 그러나 결론의 '맞춤법'에 대해서는 확정할 수 없다.

013
정답 | ②

해설 | 바로 앞 문장에서 "중앙은행은 ~ 낮은 금리로 자금을 빌려준다."라고 설명했으므로, 후술되는 내용은 "금리(이자율)가 낮다"라는 내용으로 전개되어야 한다. 그런데 ㉡은 중앙은행에서 빌린 돈의 이자율이 '매우 높다'고 진술하고 있으므로 흐름상 어색하다. 따라서 '이자율이 낮아 중앙은행으로부터 돈을 빌린 은행의 부담이 낮아진다'는 내용으로 수정하는 것이 자연스럽다.

오답피하기 |
① 바로 앞의 내용에서 "대규모 예금 인출(뱅크 런) 등으로 인해 은행의 자금이 급격히 부족해질 경우"를 언급하고 있으므로, ㉠은 그대로 두는 것이 흐름에서 자연스럽다. ①처럼 '사람들의 자금 마련'을 제시하면 어색해진다.
③ 앞 문단에서 은행이 뱅크 런 등의 문제가 발생했을 때, 중앙은행으로부터 낮은 이율로 자금을 빌려 위기를 넘길 수 있다는 내용이 제시되었다. 따라서 ㉢에는 중앙은행의 자금 지원이 '은행에 도움이 될 수 있다'는 내용이 제시되어야 하므로, ㉢을 수정할 필요가 없다.
④ '중앙은행'이 은행을 도와줌으로써 금융 시스템의 안정을 유지하는 역할을 수행한다는 내용이 제시되는 것이 자연스럽다. 그런데 ④는 '은행'이 시스템의 안정성을 유지하는 역할을 한다는 내용이므로 적절하지 않다.

014
정답 | ④

해설 | 반대 측은 인간 복제가 난치병 치료와 장기 부족 문제 해결 등 인류 복지에 기여할 수 있다고 본다. 그런데 복제 기술이 난치병 치료에 본질적 한계를 가지고 있거나, 예상치 못한 부작용이 있었던 사례는 반대 측의 주장과 상반되는 예에 해당하므로, 반대 측 주장을 약화한다. 따라서 ④의 진술은 적절하다.

오답피하기 |
① 찬성 측은 인간 복제는 금지되어야 한다는 생각을 지니고 있다. 그런데 복제 연구의 긍정적 성과(신약 개발, 생명 연장)는 인간 복제의 실용적 이점을 강조하는 논거이므로, 찬성 측 주장을 '강화'하는 것이 아니라 '약화'한다.
② 찬성 측은 인간 복제는 금지되어야 한다는 생각을 지니고 있다. 따라서 동물 복제의 부작용과 낮은 성공률은 인간 복제의 위험성과 비윤리성을 뒷받침하는 논거이므로, 찬성 측을 '약화'하는 것이 아니라 '강화'한다.
③ 반대 측은 인간 복제를 허용하자고 주장한다. 그런데 유전적 다양성 감소로 인한 위험은 인간 복제의 부정적 결과를 강조하는 내용으로, 반대 측 주장을 '강화'하는 것이 아니라 '약화'한다.

015

정답 | ④

해설 | 2문단의 "리더는 구성원들의 다양한 의견을 조율해 조직 전체가 한 목소리를 낼 수 있도록 해야 한다."를 고려할 때, '조직 전체가 같은 의견을 내는 것을 경계'하는 것은 바람직한 리더의 자세가 아니다.

오답피하기 |

① 3문단에서, 리더의 능력과 덕목이 미래 인재의 경쟁력과 직결되며, 리더는 구성원들의 잠재력을 이끌어 내고 조직의 성장을 함께 이끌어 가는 길잡이 역할을 담당해야 한다는 것을 알 수 있다.

② 3문단 마지막 문장에서 알 수 있다.

③ 1문단에서, 리더는 조직이 추구하는 목표를 달성하는 데 필요한 능력과 덕목을 갖추는 것이 필수적이라는 것을 알 수 있다. 그리고 이를 위해서는 구성원들을 단결시키고(2문단), 명확한 방향을 제시해야 한다. (3문단)

016

정답 | ③

해설 | ㉠~㉤의 문맥상 지시 대상을 살펴보면 다음과 같다.

> ㉠ 배: 조직
> ㉡ 오케스트라 지휘자, ㉤ 길잡이: 리더
> ㉢ 각기 다른 악기 소리: 구성원들의 다양한 의견
> ㉣ 넓은 바다: 포용력과 공감 능력

따라서 ㉠~㉤ 중 문맥상 지시 대상이 같은 것만으로 묶인 것은 '㉡, ㉤'이다.

017

정답 | ③

해설 | 갑의 첫 번째 대화 "익명 뒤에 숨어 무책임한 행동이 나타나는 경우가 많거든."과, 을의 "나는 익명성이 오히려 온라인 집단행동에서 부정적인 효과를 강화한다고 봐. 책임감이 떨어지고", 그리고 병의 "너희가 말한 것처럼 인터넷에서 익명성 뒤에 숨어 자기의 말에 책임지지 않는 경우도 많지만"을 통해, 갑, 을, 병 모두 익명성으로 인해 개인의 책임감이 감소하는 점에 대해 동의한다는 것을 알 수 있다. 따라서 이 점에 대해 '병은 동의하지 않는다.'라는 ③의 진술은 적절하지 않다.

오답피하기 |

① 갑의 첫 번째 대화 "인터넷에서의 익명성은 사람들에게 자유로운 표현을 가능하게 해줘. ~ 하지만 이런 자유로 인해 ~ 익명 뒤에 숨어 무책임한 행동이 나타나는 경우가 많거든."과, 병의 "너희가 말한 것처럼 인터넷에서 익명성 뒤에 숨어 자기의 말에 책임지지 않는 경우도 많지만, 아예 익명성이 없는 상태에서는 자기 검열이 심해져 표현의 자유가 위축될 위험도 있어."를 통해, 적절한 진술임을 알 수 있다.

② 을의 "나는 익명성이 오히려 온라인 집단행동에서 부정적인 효과를 강화한다고 봐."와, 병의 "인터넷에서 익명성 뒤에 숨어 자기의 말에 책임지지 않는 경우도 많지만"을 통해, 적절한 진술임을 알 수 있다.

④ 병의 "그렇지만 실명제에 무조건 찬성할 수만은 없어. ~ 아예 익명성이 없는 상태에서는 자기 검열이 심해져 표현의 자유가 위축될 위험도 있어."와, 갑의 두 번째 대화 "맞아. 익명성은 개인의 자유와 책임 사이에서 조화를 이뤄야 해."를 통해, 실명제 도입이 표현의 자유를 억압할 위험이 있다는 점에 대해 갑과 병은 동의한다는 것을 알 수 있다. 반면, 을은 실명제 도입을 주장할 뿐, 실명제가 표현의 자유를 억압할 위험이 있다는 점에 대해서는 아무런 언급도 하지 않았다.

018

정답 | ①

해설 | 제시된 조건을 기호화하면 다음과 같다.

> 조건1. 평일 → ~조기 축구 모임 ≡ 조기 축구 모임 → ~평일
> 조건2. 조기 축구 모임 → ~폭설 ≡ 폭설 → ~조기 축구 모임
> 조건3. 재택근무 → 폭설 ≡ ~폭설 → ~재택근무

제시된 조건만으로는 확정되는 것이 없으므로 선택지를 살펴보아야 한다. '조기 축구 모임이 있다면 이 주무관은 재택근무를 하지 않는다'는 '조기 축구 모임 → ~재택근무'이다. 조건2와 조건3의 대우를 결합하면 '조기 축구 모임 → ~폭설 → ~재택근무'가 된다. 따라서 '조기 축구 모임 → ~재택근무'가 도출된다.

오답피하기 |

② '조기 축구 모임이 있다면 이 주무관은 재택근무를 한다'는 '조기 축구 모임 → 재택근무'이다. 그러나 조건2와 조건3의 대우를 결합하면 '조기 축구 모임 → ~폭설 → ~재택근무'가 된다. 따라서 '조기 축구 모임 → ~재택근무'가 도출된다.

③ '이 주무관이 재택근무를 한다면 평일이다'는 '재택근무 → 평일'이다. 그러나 조건1의 역인 '~조기 축구 모임 → 평일'은 성립하지 않아 조건3, 조건2의 대우와 결합할 수 없으므로 '재택근무 → 평일'은 도출되지 않는다.

④ '평일이라면 폭설이 내린 날이다'는 '평일 → 폭설'이다. 그러나 조건2의 이인 '~조기 축구 모임 → 폭설'은 성립하지 않아 조건1과 결합할 수 없으므로 '평일 → 폭설'은 도출되지 않는다.

019

정답 | ④

해설 | 아도르노는 대중을 비판적 사유 없이 문화 산물을 소비하는 존재로 보았다. 그런데 문화산업의 메시지를 소비자가 다양한 방식으로 해석하고 받아들인다는 견해는 아도르노의 주장과 상반되는 관점이다. 따라서 이 견해는 아도르노의 주장을 약화하므로 ④는 적절하다.

오답피하기 |

① 아도르노는 표준화된 문화 상품은 반복 노출을 통해 사고력을 마비시키고, 수동적 수용을 강화한다고 주장하였다. 그런데 사회적 메시지를 담아내는 대중문화 작품이 존재한다는 점은 오히려 대중문화가 비판적 사유와 사회적 인식을 자극할 수 있다는 것을 보여주므로, 아도르노의 주장을 '강화'하는 것이 아니라 '약화'한다.

② 아도르노는 대중문화가 표준화된 문화 상품을 공급하고 반복 노출시킴으로써 수용자를 정신적 불구 상태로 만든다고 보았다. '대중문화가 인간의 욕구를 조작하고, 현 체제에 순응하게 만든다는 주장' 또한 이러한 아도르노의 주장과 일맥상통하므로, 아도르노의 주장을 '약화'하는 것이 아니라 '강화'하는 주장으로 봐야 한다.

③ 아도르노는 대중문화가 표준화와 사이비 개성화에 머무르며 창의적 가치를 상실한다고 보았다. 그런데 웹툰 플랫폼에서 다양한 창의적 콘텐츠가 생산되는 현상은 대중문화의 표준화와 사이비 개성화에 대한 아도르노의 비판과 반대되는 사례이므로, 아도르노의 주장을 '강화'하는 것이 아니라 '약화'한다.

020

정답 | ①

해설 | ㉠의 '명명하다'는 '사람, 사물, 사건 따위의 대상에 이름을 지어 붙이다.'라는 뜻이다. 그런데 '믿다'는 '어떤 사실이나 말을 꼭 그렇게 될 것이라고 생각하거나 그렇다고 여기다.'라는 의미이므로 '명명하다'와 유사한 표현이 아니다. 따라서 바꿔 쓰기에는 적절하지 않다.

오답피하기 |

② ㉡의 '환원하다'는 '본디의 상태로 다시 돌아가다'라는 의미이므로, '되돌리다'와 바꿔 쓰더라도 자연스럽다.

③ ㉢의 '창출하다'는 '전에 없던 것을 처음으로 생각하여 지어내거나 만들어 내다.'라는 의미이므로, '만들어 내다'와 바꿔 쓰더라도 자연스럽다.

④ ㉣의 '훼손하다'는 '헐거나 깨뜨려 못 쓰게 만들다.'라는 의미이므로, '부수거나 찌그러지게 하여 못 쓰게 만들다.'의 의미인 '망가뜨리다'와 바꿔 쓰더라도 자연스럽다.

모의고사
02회

001 ③	002 ②	003 ①	004 ①	005 ②
006 ③	007 ②	008 ①	009 ②	010 ④
011 ③	012 ④	013 ③	014 ③	015 ②
016 ④	017 ③	018 ④	019 ④	020 ③

S#.2 국가직, 지방직보다 지문의 길이가 길어진다면...

킬러 ① 문법 [2번]
킬러 ② 순서 [7번]
킬러 ③ 강화 약화 [14번]

지방직 지문의 글자 수는 7100자 정도, 국가직 지문의 글자 수는 7500자 정도이다. 그런데 이보다 더 길어진다면 학생들은 시간 내에 문제를 풀 수 있을까? 이번 회차 지문의 글자 수는 7728자, 평균 정답률은 83%이다. 지방직, 국가직에서 시간이 부족했던 학생들은 이번 회차에서 시간 관리를 얼마나 잘할 수 있었는지가 관건이 되었을 것이다. 킬러 문제 중 강화 약화 문제의 경우, 생소한 형태로 출제해 보았다. 시중 문제에서는 이런 유형의 문제가 종종 보이므로, 이에 대한 대비가 필요하다.

001

정답 | ③

해설 | "신청한 서류를 제출 마감일"이라는 표현이 어색하다. 목적격 조사 '를'을 사용하려면, 대상인 '서류'를 어떻게 하겠다는 것인지를 서술해 줄 수 있는 동사가 뒤따라야 문장이 자연스러워지기 때문이다. 따라서 명사 '제출' 대신 동사 '제출하다'를 사용하여 "신청한 서류를 제출하는 마감일을 안내합니다."로 수정하는 것이 바람직하다.

또는 실질적인 언어 사용 습관을 고려할 때, 해당 표현에서는 목적격 조사 '를'보다는 관형격 조사 '의'를 활용하는 것이 훨씬 더 자연스럽다. 즉 "신청한 서류의 제출 마감일을 안내합니다."처럼 수정하는 것이 바람직하다.

오답피하기 |

① 수식어가 과도하게 중첩되어 문장이 복잡하므로, 바로 쓰기 원칙에 따라 "신속하고 정확하게 민원을 처리하는 시스템"으로 수정하는 것이 적절하다.

② '계정'을 의미하는 "어카운트"와 '이용, 접근'을 의미하는 "액세스" 등의 외국어를 사용하면 그 내용을 다수가 이해하기 어려우므로, "계정을 만든 후 이용할 수 있습니다."로 수정하는 것이 적절하다.

④ 맥락상 "청결"과 '막는다'라는 단어는 호응하지 않으므로, "청결"과 자연스럽게 호응하는 서술어인 '유지하다'를 사용하여 수정하는 것이 바람직하다.

002
정답 | ②

해설 | '봄날이 가면서 꽃잎이 떨어진다'는 현재 상황을 전달하고 있다. 즉, '떨어진다'는 미래 시제가 아닌 현재 시제를 의미한다. 따라서 해당 문장에서 '-ㄴ-'은 미래 시제 표현이라는 설명은 적절하지 않다.

오답피하기 |

① 지문에 따르면 '저는 꼭 목표를 이루겠습니다'와 같은 표현이 화자의 의지를 드러낸 것이다. '내일 눈이 내리겠다'의 경우에는 미래 추측의 의미를 드러낸 것으로 화자의 의지를 드러낸 것으로 볼 수 없다.

③ 지문에 따르면 '이 시간에 도착했겠네요'는 미래가 아닌 과거나 현재에 대한 '추측'의 의미로 볼 수 있다. '지금은 그곳에도 바람이 많이 불겠다' 역시 미래가 아닌 현재 추측의 의미로 볼 수 있다. 따라서 해당 문장에서 '-겠-'은 미래 추측의 의미가 아니라는 설명은 적절하다.

④ 지문에 따르면 '저는 꼭 목표를 이루겠습니다'는 주체의 '의지'를 강조하며, '-겠-'은 미래 시점 그 자체보다는 화자의 태도와 관점이 드러나는 특징을 가진다. '이 일은 반드시 끝마치겠습니다' 역시 이와 같은 경우에 해당한다. 따라서 해당 문장에서 '-겠-'은 화자의 태도와 관점을 드러낸다는 설명은 적절하다.

003
정답 | ①

해설 | '아들'이란 단어에는 '남자'라는 의미가 내포되므로, 이 둘은 유의 관계가 아니다.

오답피하기 |

② '뛰다-달리다'는 서로 유사한 뜻을 가지고 있으므로 유의 관계로 볼 수 있다.

③ '모름지기-마땅히'는 서로 유사한 뜻을 가지고 있으므로 유의 관계로 볼 수 있다.

④ '숨지다-사망하다'는 서로 유사한 뜻을 가지고 있으므로 유의 관계로 볼 수 있다.

004
정답 | ①

해설 | 지문에서는 지상계와 수궁계가 각각 땅 위의 세계와 바닷속 용궁을 의미하며, 두 공간의 대립이 인물의 욕망, 위기, 극복 등과 연결된다고 설명한다. 하지만 이 대립이 '평범과 비범'의 대립 양상으로 연결된다고 한 부분은 지문 어디에서도 알 수 없다. 지문은 공간의 이동과 적응, 변화의 중요성에 초점을 맞추고 있을 뿐, 지상계는 평범하고 수궁계는 비범하다는 식의 가치 대립은 언급하지 않았다.

오답피하기 |

② 지문에서는 공간 이동의 유연함을 가진 토끼가 위기를 극복하고 살아남은 반면, 공간에 고착된 용왕이나 자라가 패배한다고 설명한다. 이는 변화와 적응의 중요성을 강조하며, 변화에 능동적으로 대응하는 존재만이 살아남을 수 있음을 시사한다고 볼 수 있으므로, ②의 진술은 적절하다.

③ 2문단의 "이처럼 공간 이동의 가능성은 곧 인물의 생존과 승패를 좌우하는 중요한 요소로 작동한다. 즉 공간의 이동은 단순한 이동이 아

니라, 인물의 욕망 실현과 위기 극복의 과정임을 보여주는 것이다."를 통해 적절한 진술임을 알 수 있다.

④ 1문단에서 "이러한 공간의 이동은 단순한 배경 변화가 아니라, 등장인물의 욕망과 생존 전략, 그리고 극적 긴장감을 형성하는 핵심 요소로 작용한다."라고 설명하고 있으므로, ④의 진술은 적절하다.

005
정답 | ②

해설 | 제시된 전제를 기호화하면 다음과 같다.

> 전제1. 최신 정보 → 대응력
> 전제2. 대응력∧해박한 지식
> 결론. 해박한 지식∧최신 정보

결론의 '해박한 지식∧최신 정보'가 도출되기 위해서는 전제2의 '대응력'을 '최신 정보'로 바꾸어 주면 된다. 즉, '대응력 → 최신 정보'가 추가되어야 한다. 따라서 정답은 '급변하는 외부 행정 환경에 대한 대응력이 높은 사람은 모두 최신 정보에 민감하다'이다.

오답피하기 |

① '최신 정보에 민감한 어떤 사람은 급변하는 외부 행정 환경에 대한 대응력이 높다'는 '최신 정보∧대응력'이다.

③ '급변하는 외부 행정 환경에 대한 대응력이 높지 않은 사람은 모두 최신 정보에 민감하지 않다'는 '~대응력 → ~최신 정보'이다.

④ '급변하는 외부 행정 환경에 대한 대응력이 높은 어떤 사람은 해박한 지식을 갖추고 있지 않다'는 '대응력∧~해박한 지식'이다.

006
정답 | ③

해설 | 2문단에서 「파밭가에서」의 화자는 파밭이라는 자연 풍경을 통해 삶의 본질과 존재 의미를 성찰하며, 자연과의 만남이 중요한 역할을 한다고 설명한다. 반면 3문단에서는 「눈길」의 화자가 내면의 번민과 구도적 과정을 통해 자기 성찰과 깨달음에 이른다고 설명하고 있다. 따라서 ③의 진술은 적절하다.

오답피하기 |

① 1문단에서는 두 시 모두 인간 존재의 근원적 고뇌와 자기 성찰의 과정을 다루고 있으며, 방황과 내면의 번민을 시적 언어로 풀어낸다고 설명한다. 「눈길」뿐 아니라 「파밭가에서」 역시 자연과 자아, 현실과 내면 사이에서 방황하는 인간의 모습을 그리고 있으므로, ①의 「파밭가에서」와 달리'라는 진술은 적절하지 않다.

② 두 시 모두 현실의 고통과 허무함을 자기 성찰로 풀어내는 공통점이 있다. 「파밭가에서」의 화자는 자연과의 만남을 통해 위안을 얻고 자신을 돌아보며, 「눈길」의 화자는 번민과 구도적 과정을 거쳐 자기 성찰과 깨달음에 이른다. 즉 두 시 모두 자기 내면을 향한 성찰을 통해 극복하려는 태도를 보이므로, ②의 진술은 적절하지 않다.

④ 「파밭가에서」에서는 파밭의 푸르름이 희망과 생명력의 상징으로 나타나지만, 「눈길」에서는 눈길이 차가운 현실과 고독, 깨달음의 계기를 상징한다. 따라서 두 시 모두 자연의 색채를 통해 희망과 생명력을 드러낸다는 진술은 적절하지 않다.

007

정답 | ②

해설 |

(나): 민주주의에서 국민이 직접 참여할 수 있는 제도와 자유의 보장이 필요하다는 내용이다.

(라): 언론·집회·결사의 자유가 보장되어야 모든 국민이 동등하게 정치에 참여할 수 있다는 내용으로, '더불어'에 주목할 때 앞에서 '자유의 보장이 필요하다'는 내용이 제시되어야 한다. 따라서 (나) 뒤에 (라)가 제시되는 것이 자연스럽다. 이를 반영하는 선지는 ②, ③이다.

(다): 대의 민주주의에서 국민이 대표를 감시하고 견제할 수 있는 장치가 필요하다는 내용으로, "한편"을 고려할 때 (다) 앞에 다른 내용이 제시되어야 한다는 것을 알 수 있다. 따라서 (다)를 첫 문단으로 제시한 ③과 ④는 틀린 선지이다. 그런데 정답이 될 가능성이 있는 ②와 ③에서 ③이 소거되고 나면, 정답은 ②라는 것을 알 수 있다.

(가): 정당이 국민의 목소리를 반영하지 못할 때 시민 단체가 정당을 감시할 수 있어야 한다는 내용으로, "특히"에 주목할 때 앞에서도 '감시하거나 견제하는 내용'이 제시되어야 한다. 따라서 (다) 뒤에 (가)가 위치하는 것이 자연스럽다.

008

정답 | ①

해설 | 문제의 원인과 대책은 일대일로 긴밀히 연결되어야 한다. 따라서 'Ⅱ. 음식물 쓰레기 처리의 문제점'으로 제시된 항목에 대응하도록 해결 방안을 설정해야 하는데, ①의 '무분별한 음식물 쓰레기 투기 단속 강화'는 Ⅱ에서 제시한 문제점에 대응하는 해결 방안이 아니므로, 빈칸에 들어갈 내용으로 적절하지 않다. 즉 사람들이 음식물 쓰레기를 무분별하게 투기한다는 내용이 실태나 문제점에서 제시되어야 ①이 해결 방안으로 적절할 수 있는데, 그런 문제점은 제시되지 않았다.

오답피하기 |

② 'Ⅱ-(1)-1. 소각과 매립 위주의 음식물 쓰레기 처리 정책'이 문제점으로 지목되고 있으므로, '다양한 음식물 쓰레기 처리 정책 마련'은 적절한 해결 방안으로 볼 수 있다.

③ 'Ⅱ-(1)-2. 명확하지 않은 음식물 쓰레기 처리 규정'이 문제점으로 지목되고 있으므로, '명확한 음식물 쓰레기 처리 규정 확립'은 적절한 해결 방안으로 볼 수 있다.

④ 'Ⅱ-(2)'에서 소각 방식과 매립 방식이 친환경적이지 않다는 점을 문제점으로 지목하고 있으므로, '친환경적인 음식물 쓰레기 처리 방식 개발'은 적절한 해결 방안으로 볼 수 있다.

009

정답 | ②

해설 | 3문단에 "최근에는 의무 휴업일을 평일로 조정하거나, 영업시간을 탄력적으로 운영하는 등 다양한 대안이 논의되고 있다."라고만 언급되었을 뿐, "평일 전환 후 전통 시장의 매출 감소가 모든 지역에서 확인되었다"라는 내용은 지문에서 확인할 수 없다. 또한 2문단의 "대형 마트 휴무일에 전통 시장 매출이 소폭 증가했다고 발표하지만"을 고려할 때, 오히려 일부 지역에서 매출이 증가한 사례가 있다는 다른 자료도 있으므로, ②의 진술은 적절하지 않다.

오답피하기 |

① 1문단의 "대형 마트 의무 휴업제는 2012년 유통산업발전법 개정을 통해 도입된 제도"를 통해 적절한 진술임을 알 수 있다.

③ 2문단의 "일부 조사에서는 대형 마트뿐 아니라 전통 시장 매출도 10~20% 감소한 것으로 나타났으며"를 통해 적절한 진술임을 알 수 있다.

④ 2문단의 "정부나 일부 기관에서는 대형 마트 휴무일에 전통 시장 매출이 소폭 증가했다고 발표하지만, 그 증가분은 대형 마트 매출 감소분의 20%에 불과해 전체 경제에 미치는 긍정적 효과가 크지 않다는 지적도 있다."를 통해 적절한 진술임을 알 수 있다.

010

정답 | ④

해설 | 1문단을 통해, 정부의 총수요 관리 정책은 '주로 민간 기업의 투자 지출 변화 등 총수요 측면'에서의 관리를 통해 경기 변동에 대응하여 경기 안정을 꾀하는 정책임을 알 수 있다.

한편 2문단에 따르면, '합리적 기대를 가진 경제 주체'는 외부 정보를 맹목적으로 받아들이는 것이 아니라 자신의 시각에서 주체적으로 판단할 수 있는 경제 주체를 가리킨다. 그렇기 때문에 이들은 자신이 처한 상황과 입장을 고려하여 '정부의 총수요 관리 정책'을 따르거나 거부할 수 있을 것이다. 이때 만약 정부의 정책을 거부하는 이들이 많을 경우 정책 효과는 약화될 것이므로, "합리적 기대를 가진 경제 주체는 정부의 총수요 관리 정책 효과를 약화시킬 수 있다."라고 추론하는 것은 적절하다.

오답피하기 |

① 3문단의 "세계 각국의 경제적 상호 의존도가 높아지면서, 한 나라의 경기 변동이 국제적으로 빠르게 전파되는 현상이 자주 나타난다."를 통해 ①이 틀렸음을 알 수 있다.

② 3문단의 "경기 변동의 원인은 점점 다양해지고 있으며, 경제 환경과 시대에 따라 그 해석과 대응도 달라진다."를 고려할 때, 정부의 총수요 관리 정책이 효과적으로 시행되더라도 경기 변동이 완전히 사라진다고 단언할 수 없다. 총수요 측면 외에도 경기 변동에는 다양한 요인이 존재할 수 있기 때문이다.

③ 1문단에 따르면, 경기 변동은 실질 GDP가 '단기 추세선'에서 이탈하는 것이 아니라 '장기 추세선'에서 이탈하는 것이므로, 경기 변동을 실질 GDP가 '단기 추세선'에서 이탈하는 현상으로 진술한 ③은 적절하지 못하다.

011

정답 | ③

해설 | ⓒ의 '촉발되다'는 '닿거나 부딪쳐 폭발하다.'라는 의미이다. 반면 '잦아지다'는 '어떤 일이나 행위 따위가 자주 있게 되다.'라는 의미로 '촉발되다'와 바꿔 쓰기에는 적절하지 않다.

오답피하기 |

① ㉠의 '의미하다'는 '행위나 현상이 무엇을 뜻하다.'라는 의미이므로 '뜻하다'와 바꿔 쓰더라도 자연스럽다.

② ㉡의 '변화하다'는 '사물의 성질, 모양, 상태 따위가 바뀌어 달라지다.'라는 의미이므로 '바뀌다'와 바꿔 쓰더라도 자연스럽다.

④ ㉣의 '전파되다'는 '전하여져 널리 퍼뜨려지다.'라는 의미이므로 '퍼뜨려지다'와 바꿔 쓰더라도 자연스럽다.

012

정답 | ④

해설 | 제시된 전제를 기호화하면 다음과 같다.

> (가) 국민추천제 → 공직 ≡ ~공직 → ~국민추천제
> (나) 전문성 ∧ ~공직

(나)에서 (가)의 대우를 활용하여 '전문성∧~국민추천제'가 도출된다. 따라서 정답은 '학계에서 전문성을 가지고 활동하는 사람 중 일부는 국가인재DB 국민추천제의 추천을 받지 않은 사람이다'이다.

오답피하기 |
① '공직에 관심이 있는 사람은 모두 학계에서 전문성을 가지고 활동하는 사람이다'는 '공직 → 전문성'이다.
② '학계에서 전문성을 가지고 활동하는 사람은 모두 국가인재DB 국민추천제의 추천을 받은 사람이다'는 '전문성 → 국민추천제'이다.
③ '국가인재DB 국민추천제의 추천을 받은 사람은 모두 학계에서 전문성을 가지고 활동하는 사람이다'는 '국민추천제 → 전문성'이다.

013
정답 | ③

해설 | 바로 다음 문장인 "다만 격렬한 운동을 하거나 육체노동이 많은 사람들에게는 어느 정도 도움이 될 수 있다는 연구 결과가 있다."를 보자. '다만'은 '앞의 말을 받아 예외적인 사항이나 조건을 덧붙일 때 그 말머리에 쓰는 말'이므로, ©에는 '다만 격렬한 운동 ~ 도움이 될 수 있다'는 내용과 반대되는 진술이 제시되어야 한다. 따라서 ©에는 '비타민 C가 건강에 도움이 된다는 과학적 근거는 부족하다.'와 같은 내용이 제시되는 것이 자연스럽다. ③은 이러한 내용을 반영하고 있으므로 ©은 ③의 진술로 수정하는 것이 바람직하다.

오답피하기 |
① 바로 다음 문장인 "대부분의 비타민과 미네랄은 일상적인 음식에서 충분히 섭취할 수 있기 때문이다."를 고려하면, ㉠에는 '일반적인 경우에는 별도의 비타민제를 복용할 필요가 없다'라는 내용이 제시되어야 한다. 따라서 ㉠은 그대로 두는 것이 자연스럽다.
② 바로 다음 내용인 "햇볕을 충분히 쬐지 못하는 사람들은 비타민 D가 부족해지기 쉽다."를 고려할 때, ㉡에는 비타민 D는 햇볕을 통해 합성할 수 있다는 내용이 제시되어야 한다. 따라서 ㉡은 그대로 두는 것이 자연스럽다.
④ 바로 앞 문장인 "비타민을 과다하게 복용하면 속쓰림, 설사 등 부작용이 나타날 수 있다."를 고려하면, ㉣에는 비타민 과다 복용 시 발생하는 문제점과 관련된 내용이 제시되는 것이 자연스럽다. 따라서 ㉣은 그대로 두는 것이 자연스럽다.

014
정답 | ③

해설 | 미래주의는 '전통을 철저히 부정'하고 현대와 일상의 생동감만을 예술의 본질로 삼는다. 따라서 '전통을 계승'하는 것을 진정한 예술의 요건 중 하나로 간주하는 ③의 주장은 미래주의와 반대되는 관점이므로, 미래주의를 약화한다.

오답피하기 |
① 1문단의 "기존의 박물관 예술 대신 일상의 생동감을 예술의 본질로 삼았다."를 통해 미래주의는 박물관에 전시되는 작품을 예술로 인정하지 않는다는 것을 알 수 있다. 일상의 생동감이 담겨 있지 않기 때문이다. 따라서 생동감이 죽어 있다는 이유로 박물관에 소장된 예술을 비판하는 ①의 주장은 미래주의를 강화한다.
② 미래주의는 속도·기계·현대 문명을 찬미하며 작품을 통해 현대 문명의 속도감을 담아내려 하였다.(1~2문단) 따라서 기차, 자동차, 도시 군중에서 느껴지는 속도와 역동적인 움직임을 담아내는 것이 예술의 본질이라는 ②의 주장은 미래주의의 입장을 강화한다.

④ 2문단의 "미래주의는 ~ 제1차 세계대전 당시 무솔리니 파시즘과의 연계, 전쟁 참여, 무정부주의 성향으로 인해 오랫동안 저평가되었다."를 통해 미래주의의 사회 참여적 경향성을 알 수 있다. 따라서 사회 변화를 선도하는 주체로서의 예술가의 역할을 강조하는 ④의 주장은 미래주의를 강화한다.

015
정답 | ②

해설 | 회피형 전략은 갈등 상황에서 상대와 직접적으로 충돌하지 않으려는 소극적인 전략이다. 반면 경쟁적 전략은 승리하기 위해 수단과 방법을 가리지 않는 적극적인 전략으로, 물리적 폭력까지 포함한다. 신체적 폭력을 동반하지 않는 회피형 전략과는 달리, 경쟁적 전략은 상대방의 폭력으로 인해 신체적인 피해를 당할 수도 있다.

오답피하기 |
① 경쟁적 전략은 회피형 전략에 비해 확실히 적극적인 전략이다. (2문단)
③ 부모와 자식처럼 단절이 어려운 관계에서는 대화가 단절될 수 있지만, 선의의 목적이 명확히 전달된다면 경쟁적 전략도 긍정적인 효과를 낼 수 있다. (2문단)
④ 회피형 전략을 반복적으로 사용하면 대화가 단절되고 상대방은 소외감을 느끼게 된다. 그리고 경쟁적 전략 또한 반복적으로 사용하면 긍정적인 효과는 떨어진다. 따라서 경쟁적 전략과 회피형 전략 '모두' 자주 사용하면 부정적인 문제를 야기한다.

016
정답 | ④

해설 | ㉠의 '이르다'는 '어떤 정도나 범위에 미치다.'라는 의미로 사용되었는데, 이러한 의미로 사용된 '이르다'는 ④이다.

오답피하기 |
① '알아듣거나 깨닫게 말하다.'의 의미로 사용되었다.
② '어떤 사물을 보고 무엇이라고 말하다.'의 의미로 사용되었다.
③ '어떤 장소나 시간에 닿다.'의 의미로 사용되었다.

017
정답 | ③

해설 | 을의 두 번째 대화 "구조적으로 너무 엄격하고 정형화되기만 한 고전음악은"을 통해, 을도 고전음악이 '구조의 엄격성'을 중시한다는 점에 동의한다는 것을 알 수 있다. 이 점에 대해 '을은 동의하지 않는다.'라는 ③의 진술은 적절하지 않다.

오답피하기 |
① 갑의 두 번째 대화 "고전음악은 청중들이 감정을 차분히 음미하며 음악을 감상하는 데 적합해."와, 을의 두 번째 대화 "너무 엄격하고 정형화되기만 한 고전음악은 우리에게 조용히 감상하기만을 원하는 듯해."를 통해, 적절한 진술임을 알 수 있다.
② 을의 첫 번째 대화 "현대음악은 고전음악과 달리 감정을 훨씬 자유롭고 다양하게 표현해. ~ 그래서 청중의 반응도 다양하고 예상하기 어려운 편이야."와, 병의 "감정 표현이 자유롭고 듣는 사람마다 다양하게 해석할 수 있게 해주는 현대음악도 좋아."를 통해, 적절한 진술임을 알 수 있다.
④ 병의 "그래서 나는 고전과 현대음악의 차이를 단순 대립으로 보지 않고, 시대적 맥락에서 서로 보완한다고 생각해."를 통해, 병은 고전음악과 현대음악의 창작 동기가 서로 다르지만 시대 맥락에서 보완적이라는 점에 대해 동의한다는 것을 알 수 있다.

018

정답 | ④

해설 | 제시된 조건을 기호화하면 다음과 같다.

조건1. ~갑 → ~을
조건2. ~갑 → ~병 ≡ 병 → 갑
조건3. 정 → 병

제시된 조건만으로는 확정되는 것이 없으므로 선택지를 살펴보아야 한다. '정이 국민기자단 모집에 지원한다면, 갑도 지원한다'는 '정 → 갑'이다. 조건3과 조건2의 대우를 결합하면 '정 → 병 → 갑'이 된다. 따라서 '정 → 갑'이 도출된다.

오답피하기 |

① '갑이 국민기자단 모집에 지원한다면, 정은 지원하지 않는다'는 '갑 → ~정'이며, 대우는 '정 → ~갑'이다. 그러나 조건3과 조건2의 대우를 결합하면 '정 → 병 → 갑'이 된다. 따라서 '정 → 갑'이 도출된다.

② '을이 국민기자단 모집에 지원한다면, 병도 지원한다'는 '을 → 병'이다. 그러나 조건에서 '을 → 병'은 도출되지 않는다.

③ '을이 국민기자단 모집에 지원하지 않는다면, 정은 지원한다'는 '~을 → 정'이다. 그러나 조건에서 '~을 → 정'은 도출되지 않는다.

019

정답 | ④

해설 | 아리스토텔레스는 덕은 실천과 노력을 통해 쌓아간다고 보았다. (3문단) 이는 덕은 선천적으로 타고나는 것이 아니라 습관을 통해 후천적으로 형성해 가야 하는 것임을 의미한다. 따라서 덕은 타고나는 것이 아니라 습관을 통해 형성된다고 믿는 사람들이 '많다면', 아리스토텔레스의 주장은 '약화'되는 것이 아니라 오히려 '강화'된다.

오답피하기 |

① 소피스트들은 진리와 가치의 기준이 개인에 따라 다르다고 보았으므로 적절하다. (1문단)

② 소크라테스는 이성에 기반한 보편적 진리와 윤리적 삶을 강조했다. (2문단) 반면 '자신의 감정에 충실할 때 진정한 행복을 느낀다'는 것은 이성보다는 감정을 중시하는 삶을 추구하는 것이므로, 이들이 많다면 소크라테스의 주장은 약화된다.

③ 플라톤은 이데아라는 불변하는 이성적 세계만을 진정한 실재로 보았다. (3문단) 따라서 수학적 진리처럼 변하지 않는 개념들이 존재한다는 사실을 중시하는 사람들이 많다면 플라톤의 주장은 강화된다.

020

정답 | ③

해설 | ⑤의 '삼다'는 '무엇을 무엇이 되게 하거나 여기다.'라는 의미로 사용되었는데, ③의 '삼다' 또한 이러한 의미로 사용되었다.

오답피하기 |

① '짚신이나 미투리 따위를 결어서 만들다.'의 의미로 사용되었다.

② '((주로 '삼아' 꼴로 쓰여)) 무엇을 무엇으로 가정하다.'의 의미로 사용되었다.

④ '어떤 대상과 인연을 맺어 자기와 관계있는 사람으로 만들다.'의 의미로 사용되었다.

모의고사
03회

001 ②	002 ③	003 ①	004 ④	005 ④
006 ②	007 ②	008 ④	009 ①	010 ②
011 ④	012 ②	013 ④	014 ③	015 ①
016 ③	017 ③	018 ③	019 ④	020 ④

S#.3 중·하위권에 불리하게 출제된다면...

킬러 ① 문법 [3번]
킬러 ② 어휘 [8번]
킬러 ③ 지시 대상 파악하기 [10번]
킬러 ④ 논리 [15번]
킬러 ⑤ 강화 약화(화법) [19번]

이번 회차는 지문의 글자 수 6919자로 짧은 편에 속하며, 평균 정답률은 77%로 어려운 편에 속한다. 킬러 문제는 5문제지만 킬러 문제가 아닌데도 만만찮은 문제가 상당히 많다. 중위권과 하위권 입장에서는 상당히 어려운 시험이 되겠지만 상위권은 풀 만한 시험이 될 것이다. 매우 어려운 킬러 문제는 거의 없기 때문이다.

001

정답 | ②

해설 | '우리 선조들의 삶을 이해하고'와 '공동체 생활을 익힘으로써'는 대등한 구조이다. 반면 '우리 선조들의 삶을 이해'와 '공동체 생활의 익힘으로써'는 대등한 구조가 아니다. 따라서 ⓒ을 수정할 필요가 없다.

오답피하기 |

① 이 글 자체가 공고문이므로 제목에 있는 '공고'는 불필요하다. 따라서 '제목을 불필요한 표현 없이 간결하게 쓴다'라는 지침에 따라 ㉠을 '모집'으로 수정하는 것은 적절하다.

③ '접수'는 기관에서 하며, 참가자는 서류를 '제출'한다. 따라서 '참가자의 관점을 고려하여 정확한 용어를 선택한다'라는 지침에 따라 ㉢을 '방문 제출'로 수정하는 것은 적절하다.

④ '~해야 함'보다 '~하기 바랍니다' 등으로 완곡하게 표현해야 한다. 따라서 '고압적 표현을 삼간다'라는 지침에 따라 ㉣을 '송금하시기 바랍니다'로 수정하는 것은 적절하다.

002

정답 | ③

해설 |

㉠: 〈보기〉는 신용 카드 사용으로 인한 부작용과 그 원인을 분석하고, 이를 해결하기 위한 방안을 제시하고 있다. 따라서 '신용 카드의 올바른 사용'은 '제목'에 들어갈 내용으로 가장 적절하다.

㉡: 〈보기〉는 신용 카드 사용으로 인한 부작용과 그 원인, 해결 방안을 각각 개인적 측면과 사회적 측면에서 제시하고 있다. 따라서 '개인과 사회, 공동의 노력이 필요함'은 '결론'에 들어갈 내용으로 가장 적절하다.

003

정답 | ①

해설 | '높다'는 형용사인데 접사 '-이-'가 결합한 '높이다'는 동사이다. 따라서 '-이-'는 어근의 품사를 바꾸는 접사이다. 한편, '담이 높다'는 주동문인데 '인부들이 담을 높이다'는 사동문이다. 따라서 '-이-'는 문장의 구조를 바꾸는 접사이다. 즉, 접사가 결합하여 어근의 품사뿐만 아니라 문장의 구조까지 달라진 파생어에는 '높이다'가 가장 적절하다.

오답피하기 |

② '그는 통로를 막았다'는 능동문인데 '통로가 막히다'는 피동문이다. 따라서 '-히-'는 문장의 구조를 바꾸는 접사이다. 그러나 '막다'와 '막히다'는 모두 동사로 어근의 품사를 바꾸지는 못하므로 빈칸에 들어갈 말로 적절하지 않다.

③ '공부'는 명사인데 접사 '-하다'가 결합한 '공부하다'는 동사이다. 따라서 '-하다'는 어근의 품사를 바꾸는 접사이다. 그러나 문장의 구조를 바꾸지는 못하므로 빈칸에 들어갈 말로 적절하지 않다.

④ '슬기'는 명사인데 접사 '-롭다'가 결합한 '슬기롭다'는 형용사이다. 따라서 '-롭다'는 어근의 품사를 바꾸는 접사이다. 그러나 문장의 구조를 바꾸지는 못하므로 빈칸에 들어갈 말로 적절하지 않다.

004

정답 | ④

해설 | 2문단에 따르면, 내부 귀인은 '성격, 능력, 노력'과 같은 사람 자체의 내적인 특성에 원인을 두는 귀인이고, 외부 귀인은 '환경, 운, 상황'과 같은 외부 요인에 원인을 두는 귀인이다. 그런데 ④에서는 두 귀인 유형의 분류 기준으로 '환경과 상황'을 들고 있으므로 적절하지 않다. '환경과 상황' 모두 외부 요인에 해당하는 것이므로, 이 두 요인 중 어디에 원인을 두는지로는 '내부 귀인'과 '외부 귀인'을 나눌 수 없기 때문이다.

오답피하기 |

① 3문단의 "어떤 사람의 실패를 그 사람 탓으로만 돌리는 '근본적 귀인 오류'"를 통해 적절한 진술임을 알 수 있다.

② 1문단의 "심리학에서 '귀인'이라 부르는 이러한 과정은 자신이 세상을 잘 이해하고 통제하고 있다는 느낌을 주어 심리적 안정감을 준다."를 통해 적절한 진술임을 알 수 있다.

③ 3문단의 "자신에게는 외부 요인을, 타인에게는 내부 요인을 더 강조하는 '행위자-관찰자 편향' 같은 현상"을 통해 적절한 진술임을 알 수 있다.

005

정답 | ④

해설 | 3문단에서는 "결국 드레퓌스 사건은 지식인이 단순한 학문적 활동을 넘어 보편적 가치와 인권을 옹호하며 사회 문제에 개입하는 존재로 자리 잡는 전환점이 되었다."라고 설명한다. 따라서 지식인은 자신의 전문 분야가 아니더라도 보편적 가치와 인권에 앞장서며 사회적 책임을 다하려는 전문가를 의미한다고 볼 수 있다. 이러한 내용이 반영되어야 하므로 ④의 진술은 빈칸에 들어갈 내용으로 적절하다.

오답피하기 |

① 지문에서는 지식인의 개념을 '학문적 연구'에 초점을 맞춰 설명하고 있지는 않다.

② 2문단의 "이때 유명한 작가 에밀 졸라가 〈나는 고발한다〉라는 공개서한을 발표하며 드레퓌스의 재심과 석방을 촉구했다. 이후 문학가, 예술가, 교수, 변호사 등 다양한 사회 지도층이 자신의 전문 분야와 무관하게 '지식인'이라 자처하며 드레퓌스 사건에 목소리를 냈다."를 고려할 때, '강력한 투쟁과 저항'이라는 표현은 지문의 '공개서한 발표', '목소리를 냄' 등의 표현과는 차이가 있는 지나치게 과격한 어조이므로 적절하지 않다.

③ 지문에서는 개인적 신념이나 조직화된 집단에 관한 직접적 언급은 없으므로, ③의 진술은 적절하지 않다.

006

정답 | ②

해설 | 선지의 정답 구성으로 볼 때, 첫 단락은 (나) 아니면 (다)이다. 각각의 내용을 살펴보자. 우선 (나)는 전 세계적인 물 부족 현상을 소개하고 있다. 한편 (다)는 우리나라가 물 부족 국가가 된 주요 원인을 설명하고 있다. 그런데 (다)처럼, 문제 현상에 대한 제시 없이 바로 원인을 설명하는 것은 자연스럽지 못하다. 따라서 (나)를 첫 단락으로 제시하는 것이 가장 적절하다. 따라서 정답은 ① 아니면 ②로 좁혀진다.

이제 (나) 다음 문단으로 위치할 문단이 (다)인지 (라)인지를 결정하면 된다. (다)는 우리나라가 물 부족 국가가 된 주요 원인을 설명하고 있으므로, (나) 다음에 위치하면 내용의 흐름이 부자연스럽다. (나)에서 전 세계적 물 부족 현상을 소개한 뒤 갑자기 우리나라가 물 부족 국가가 된 원인을 제시하는 것은 어색하기 때문이다. 따라서 (나) 뒤에는, 우리나라 또한 물이 부족하다는 현황을 제시하는 (라)가 위치하는 것이 자연스럽다. 그러므로 정답은 ②이다.

(나): 전 세계적인 물 부족 현상을 소개하고 있다.

(라): 우리나라 또한 물이 부족하다는 현황을 제시하고 있다.

(다): 우리나라가 물 부족 국가가 된 주요 원인을 설명하고 있다.

(가): 문제 해결 방안을 제시하고 있다.

007

정답 | ②

해설 | 3문단의 "결과적으로 마르크스의 사상은 자본주의가 스스로를 개혁하고 지속 가능하게 만드는 '백신' 역할을 했다고 평가할 수 있다."라는 내용은 오늘날의 현실에 대한 평가일 뿐, 마르크스 본인이 '자본주의의 자기 개혁 없이는 도태될 수밖에 없다'라고 주장하지는 않았다. 즉 ②의 진술은 지문에서 확인할 수 없는 내용이므로 적절하지 않다.

오답피하기 |

① 2문단의 "마르크스는 인류 역사의 발전이 물질적 조건의 변화, 즉 생산력과 생산관계의 변동에 의해 이루어진다는 '사적 유물론'을 주장했다."를 통해 적절한 진술임을 알 수 있다.

③ 2문단의 "기업은 이윤을 유지하기 위해 임금을 삭감하거나 노동자를 해고하게 되고, 이는 다시 노동자들의 구매력 감소로 이어져 악순환이

반복된다. ~ 결국 마르크스는 이러한 구조적 모순이 심화되면"을 통해 적절한 진술임을 알 수 있다.

④ 1, 2문단의 "자본주의의 내적 결함이 결국 사회 변화의 동력이 된다고 보았다. ~ 이러한 구조적 모순이 심화되면 노동자들이 혁명을 일으켜 평등한 공산 사회가 도래할 것이라고 예측했다."를 통해 적절한 진술임을 알 수 있다.

008
정답 | ④

해설 | '기립하다'는 '일어나서 서다.'라는 뜻이므로, '어떤 일이 생기다.'라는 의미로 사용된 ㉣의 '일어나다'와 바꿔 쓰기에는 부자연스럽다.

오답피하기 |

① '신랄하다'는 '사물의 분석이나 비평 따위가 매우 날카롭고 예리하다.'라는 뜻이므로, ㉠의 '날카롭다'와 바꿔 쓰더라도 자연스럽다.

② '달성되다'는 '목적한 것이 이루어지다.'라는 뜻이므로, ㉡의 '이루어지다'와 바꿔 쓰더라도 자연스럽다.

③ '직면하다'는 '어떠한 일이나 사물을 직접 당하거나 접하다.'라는 뜻이므로, ㉢의 '처하다'와 바꿔 쓰더라도 자연스럽다.

009
정답 | ①

해설 | 2문단의 "'지질 탐사'는 ~ 초기 탐사 단계에서 널리 활용되었다."와, 4문단의 "탐사 시추는 석유 매장 후보 지역에 시추정을 직접 박아 그 존재를 직접 확인하는 초기 단계의 탐사 방식이다."를 통해 적절한 진술임을 알 수 있다.

오답피하기 |

② 3문단의 "'지구물리 탐사'는 지하의 구조를 물리적 특성을 통해 간접적으로 조사하는 방법이다. 대표적으로 '탄성파 탐사'와 '중력·자력 탐사'가 있는데"를 통해, 중력·자력 탐사는 '시추 탐사'가 아니라 '지구물리 탐사' 방식임을 알 수 있다.

③ 3문단의 "탄성파 탐사는 인공적으로 지표에 충격파를 발생시켜 그 반사파를 분석하는 방식으로"를 통해, 탄성파 탐사는 지표에 '자연 충격파'가 아닌 '인공 충격파'를 가하는 방식임을 알 수 있다.

④ 2문단의 "지질 조사는 암석의 유형과 배열 상태를 분석하여 유전이 예상되는 구조를 찾아내는 조사 방법이다. 반면, 지구화학 조사는 토양, 암석, 물에서 탄화수소의 흔적을 탐지하여 목표 대상의 존재 가능성을 간접적으로 판단하는 방식이다."를 통해, '지질 조사는 탄화수소의 흔적을 탐지하는 방식이 아님'을 알 수 있다.

010
정답 | ②

해설 | ㉡과 ㉣은 '유전이 있을 가능성이 농후한 지형 구조'를 지시한다는 점에서 지시 대상이 동일하다. 그러나 ㉠은 ㉡, ㉣를 발견하기 위해서 탐색하는 전체 지역을 지시하며, ㉢은 ㉡, ㉣을 발견하기 위해 면밀하게 살펴야 하는 대상을 지시한다. 즉, ㉠이나 ㉢을 먼저 조사한 후 ㉡, ㉣과 같은 구조를 찾아야 하므로 지시 대상이 동일한 것끼리 묶인 것은 ②번이다.

011
정답 | ④

해설 | 2문단의 "이처럼 백석의 고향은 모든 위험과 불안으로부터 보호받을 수 있는 친밀하고 안정된 공간, 즉 실존의 안식처로서 상징성을 지닌

다."와 3문단의 "즉 고향은 자기 존재의 근원이자 출발점이었지만, 삶의 여정 속에서 계속 움직이고 변화하는 실존의 공간이 된다."를 통해 적절한 진술임을 알 수 있다.

오답피하기 |

① 백석의 「고향」은 고향을 일상적 삶의 원형이자 변하지 않는 자아의 중심, 즉 불변성과 원형성에 초점을 맞춘다. 유동성과 재창조 가능성에 의미를 두는 것은 허세욱의 「움직이는 고향」의 특징이므로, ①의 진술은 적절하지 않다.

② 허세욱의 「움직이는 고향」은 전통적 개념에서 벗어나 고향이 이동과 변화에 따라 재구성되는 유동적 공간임을 강조한다. 모성과 연결된 따뜻함, 불변성, 원형성은 오히려 백석의 「고향」에 해당하므로, ②의 진술은 적절하지 않다.

③ 「움직이는 고향」은 고향이 현재의 삶과 경험 속에서 새롭게 만들어질 수 있음을 강조하지만, 「고향」은 변하지 않는 자아의 중심, 원형적 공간에 더 큰 의미를 둔다. 따라서 ③의 진술처럼 두 작품 모두가 새로운 정체성 형성에 초점을 둔다고 보기는 어렵다.

012
정답 | ②

해설 | (가)는 화자에게 위험과 불안으로부터 보호받을 수 있는 안정된 공간이라는 의미를 띤다. 이와 문맥적 의미가 가장 가까운 것은 ㉡이다. '이전 고향'은 어머니, 익숙한 향취와 인연이 자리했던 안정감을 주는 고향이다. 반면 ㉠은 이전 고향의 따뜻한 느낌을 잃어버린 곳이다. 그렇기 때문에 ㉢에는 불안감만 자리 잡고 있을 뿐이다. 이제 필자에게 고정된 고향이란 없다. 과거 따뜻한 고향은 상실되었을 뿐이다. 그에게 고향은 변화하는 공간, 즉 ㉣의 의미를 띠는 것이다.

013
정답 | ④

해설 | ㉡: '검붉다'는 '검다'와 '붉다'의 어간이 연결 어미 없이 직접 결합한 비통사적 합성어이다.

오답피하기 |

① ㉠: '샘솟다'는 명사 '샘'과 동사 '솟다'가 '주어+서술어'의 형태로 결합하며, 주격 조사 '이'가 생략된 통사적 합성어이다.

② ㉠: '첫사랑'은 관형사 어근 '첫'과 명사 어근 '사랑'이 결합한 통사적 합성어이다.

③ ㉡: '타고나다'는 '타다'와 '나다'의 어간이 연결 어미 '-고'를 통해 결합한 통사적 합성어이다.

014
정답 | ③

해설 | 2문단에서는 "그러나 어떤 종류의 원뿔세포에 이상이 있으면 특정 색 구분이 어렵게 된다. ~ 세포 두 종류가 모두 제대로 기능하지 않으면 색의 밝기만 느낄 수 있는 색맹이 될 수 있다."라고 설명하고 있다. 즉 원뿔세포가 두 종류 모두 기능하지 않아도 '색의 밝기 구별은 가능'하다는 것이다. 따라서 색을 전혀 구별하지 못한다면 색의 밝기 구별 역시 불가능하다는 ③의 진술은 적절하지 않다.

오답피하기 |

① 1문단의 "보라색이나 빨간색의 양쪽 끝에서는 두 색을 구별하는 능력이 떨어진다."를 통해, 가시광선 스펙트럼의 양 끝, 즉 파장이 매우 짧은 영역(보라)과 매우 긴 영역(빨강)은 사람의 색 변별 능력이 낮다는 것을 알 수 있다.

② 2문단의 "색을 감지하는 망막에는 세 종류의 원뿔세포가 있다. 이 세 포들은 각각 빨강, 초록, 파랑 계열의 빛에만 반응하며"를 통해, 녹색과 빨강 계열의 색을 구별하는 데에는 별도의 원뿔세포들이 관여한다는 것을 알 수 있다.

④ 2문단의 "그러나 어떤 종류의 원뿔세포에 이상이 있으면 특정 색 구분이 어렵게 된다."를 통해 적절한 진술임을 알 수 있다.

015
정답 | ①

해설 | 주어진 조건들을 기호화하면 다음과 같다.

> 조건1. ~(김∧이) ≡ ~김∨~이
> 조건2. 김∨박
> 조건3. 최 → 김 ≡ ~김 → ~최
> 조건4. ~이 → ~김 ≡ 김 → 이

1) 제시된 조건만으로는 도출되는 것이 없으므로, 조건2인 '김∨박'에서 선언지 경우의 수를 따져보아야 한다.
   (1) '김, ~박'
       '김'이 확정되면 조건4의 대우에 따라 '이'가 확정되고, 조건1에서 선언지 제거에 따라 '~김'이 확정된다. 이는 모순이므로 경우의 수에서 제외해야 한다.
   (2) '~김, 박'
       '~김'이 확정되면 조건3의 대우에 따라 '~최'가 확정된다. 확정된 것을 정리하면 '~김, 박, ~최'이며, '이'에 대해서는 알 수 없다.
   (3) '김, 박'
       '김'이 확정되면 조건4의 대우에 따라 '이'가 확정되고, 조건1에서 선언지 제거에 따라 '~김'이 확정된다. 이는 모순이므로 경우의 수에서 제외해야 한다.
2) 따라서 빈칸에 들어갈 결론으로 적절하지 않은 것은 '이 주무관은 학사 야간과정 교육비를 지원받지 않는다'이다.

016
정답 | ③

해설 | 주어진 조건들을 기호화하면 다음과 같다.

> 조건1. 산불진화∧사업자 선정
> 조건2. 조류대응 → 사업자 선정
> 조건3. 산불진화 → 화재 대응 능력
> 조건4. ~조류대응 → ~사업자 선정 ≡ 사업자 선정 → 조류대응

1) 조건3에 따라 '산불진화'는 '화재 대응 능력'으로 대체할 수 있다.
2) 조건4의 대우에 따라 '사업자 선정'은 '조류대응'으로 대체할 수 있다.
3) 1), 2)에 따라 조건1인 '산불진화∧사업자 선정'은 '화재 대응 능력∧조류대응'으로 변형할 수 있다.
4) 3)에서 도출된 '화재 대응 능력∧조류대응'은 교환 법칙에 따라 '조류대응∧화재 대응 능력'으로 변형할 수 있다.
5) 따라서 정답은 '조류대응 드론 개발이 추진되는 동시에 초기 화재 대응 능력이 강화되는 경우도 있겠군요'이다.

017
정답 | ③

해설 | (가)'최근 연구 결과'는 유전자가 외부 환경과 끊임없이 상호 작용하며, 이러한 외부 환경의 영향에 의해 새로운 발현 과정이 형성될 수 있

다는 것을 보여준다. 〈보기〉의 ㄴ과 ㄷ은 이러한 최근 연구 결과를 강화하는 사례이다.

ㄴ. 복제 동물이 동일한 유전자를 가졌음에도 불구하고 서로 다른 지역에서 성장하면서 전혀 다른 신체적 특성이 발현되었다는 것은, 개체의 특성이 유전자보다는 환경의 영향을 더 강하게 받는다는 것을 증명하는 사례이므로 (가)를 강화한다.

ㄷ. 아동이 공해에 더 많이 노출된 지역에서 유전병인 천식의 유병률[=어떤 시점에 일정한 지역에서 나타나는 그 지역 인구에 대한 환자 수의 비율]이 높다는 것은, 천식이 유전적 요인 외에도 환경적 요인(공기 오염)과 복합적으로 작용해서 발병한다는 것을 보여주므로 (가)를 강화한다.

오답피하기 |

ㄱ. 두 과일의 유전자를 조합하여 새로운 과일을 만든 사례는 유전자 조합 기술에 의한 것일 뿐, 유전자가 외부 환경의 영향에 의해 새로운 발현 과정이 형성될 수 있다는 것을 보여주지 못한다. 따라서 ㄴ은 (가)를 강화하는 사례로 볼 수 없다.

018
정답 | ③

해설 | '난해하다'는 '뜻을 이해하기 어렵다. 또는 풀거나 해결하기 어렵다.'라는 의미이므로, '그렇게 될 가능성이 적다.'라는 의미로 사용된 ⓒ의 '어렵다'와 바꿔 쓰기에는 적절하지 않다.

오답피하기 |

① '상실하다'는 '어떤 것을 아주 잃거나 사라지게 하다.'라는 의미이므로, ⓐ의 '잃다'와 바꿔 쓰더라도 자연스럽다.

② '발현되다'는 '속에 있거나 숨은 것이 밖으로 나타나다.'라는 의미이므로, ⓑ의 '나타나다'와 바꿔 쓰더라도 자연스럽다.

④ '구명되다'는 '사물의 본질, 원인 따위가 깊이 연구되어 밝혀지다.'라는 의미이므로, '알려지지 않은 사실이 널리 밝혀지다.'라는 의미로 사용된 ⓓ의 '드러나다'와 바꿔 쓰더라도 자연스럽다.

019
정답 | ④

해설 | ㄱ~ㄷ 중 대화에 대한 평가로 적절한 것은 ㄴ과 ㄷ이다.

ㄴ. 갑은 두 번째 대화에서 "시민 사회의 역할이 제한적일 수도 있다는 우려가 있어요."라고 하며, 시민 사회로는 정치 양극화로 인한 문제를 해결할 수 없다고 말한다. 그런데 유럽의 시민 참여 프로젝트가 주민 간 대화를 활성화하고 갈등을 줄인 사례는 그러한 갑의 우려를 해소할 수 있는 근거에 해당하므로, 갑의 입장을 '약화'한다.

ㄷ. 을은 시민 사회가 사회 각계각층의 다양한 의견을 수렴하고 조정하는 역할을 잘 수행할 수 있다고 주장한다. 그런데 공공 토론회에서 소수 의견이 묵살된 사례는 시민 사회가 다양한 의견을 수렴하고 조정하는 기능에 대한 현실적 한계를 보여주므로, 을의 입장을 '약화'한다.

오답피하기 |

ㄱ. 을은 시민 사회가 정치 양극화로 인한 사회적 갈등을 충분히 해소할 수 있다고 본다. 그런데 일부 국가에서 인터넷 검열이 심화되어 시민 표현의 자유가 위축되었다는 주장은 시민 사회의 역할만으로는 정치 양극화의 문제를 해결할 수 없다는 것을 보여주므로, 을의 입장을 '강화'하는 것이 아니라 '약화'한다.

020

정답 | ④

해설 | 주어진 조건들을 기호화하면 다음과 같다.

조건1. A 김포∧A 천안 → B 군산 ≡ ~B 군산 → ~A 김포∨~A 천안
조건2. C 울산 → A 김포∧A 천안 ≡ ~A 김포∨~A 천안 → ~C 울산
조건3. C 울산∨D 울산
조건4. ~B 군산

1) 조건4에 따라 '~B 군산'이 확정된다.
2) 1)에 따라 '~B 군산'이 확정되므로, 조건1의 대우에 따라 '~A 김포∨ ~A 천안'이 확정된다.
3) 2)에 따라 '~A 김포∨~A 천안'이 확정되므로, 조건2의 대우에 따라 '~C 울산'이 확정된다.
4) 3)에 따라 '~C 울산'이 확정되므로, 조건3에서 선언지 제거에 따라 'D 울산'이 확정된다.
5) 확정된 것을 정리하면 '~A 김포∨~A 천안, ~B 군산, ~C 울산, D 울산'이다.
6) 따라서 정답은 'D는 울산 센터에 방문한다'이다.

모의고사 04회

001 ③	002 ②	003 ④	004 ④	005 ④
006 ②	007 ③	008 ②	009 ③	010 ①
011 ③	012 ②	013 ③	014 ①	015 ②
016 ④	017 ①	018 ④	019 ③	020 ③

S#.4 논리가 어려워진다면...

킬러 ① 어휘 [11번]
킬러 ② 논리 [12번]
킬러 ③ 논리 [18번]
킬러 ④ 강화 약화 [19번]

논리 2문제가 킬러로 출제되면 어떻게 될까? 모의고사를 풀기 전에 논리 기본 개념을 탄탄히 하는 것은 당연하다. 다만 실제 시험에서 낯선 형태의 논리 문제를 접하게 되면, 알고 있는 개념이라도 제대로 적용하지 못할 수 있다. 이러한 변수에 대한 대비가 필요하다. 이번 회차는 논리 2문제를 킬러 문제로 배치하여 수험생들이 이에 대해 대비할 수 있는지를 묻고 있다. 특히 어려운 어휘 문제 바로 다음에 어려운 논리 문제를 배치하여 멘탈이 튼튼한지도 같이 시험하고 있다. 지문의 글자 수는 7101자로 짧은 편이며, 평균 정답률은 82%로 쉬운 편에 속한다.

001

정답 | ③

해설 | 하자 발생 내용으로 볼 때, 벽면에 균열이 일어나 물이 새는 현상이 발생한 상황이므로, 누수가 일어나 '바닥에 고인 물이 빠져나가지 못하고 있는 것이 문제가 된다'는 의미의 "배수 불량"으로 수정하는 것이 적절하다. "배수 불량"이 '배수가 잘 안되는 것이 문제가 된다'는 뜻인 것처럼, "누수 불량"은 '물이 새지 않는 것이 문제가 된다'는 의미이므로 정황상 부적절한 내용이다.

오답피하기 |

① "~로 인한 수리 요청"이 중복되고 있으므로, 하나를 생략하는 것이 자연스럽다.
② 주체가 시청에 시설 수리를 요청하는 내용이므로, "~가 요청됩니다"가 아니라 "~를 요청드립니다"로 수정하는 것이 바람직하다.
④ 명사 또는 명사형이 4개 연달아 제시되고 있으므로 ④처럼 수정하는 것이 바람직하다.

002

정답 | ②

해설 | '해진이는 울산에 살고 초희는 광주에 산다.'는 '해진이는 울산에 산다.'와 '초희는 광주에 산다.'라는 두 문장이 대등하게 이어진문장이다.

오답피하기 |
① '동생이 시험에 합격하다.'라는 문장이 '나는 ~를 고대한다.'라는 문장에 명사절로 안긴문장이다.
③ '영호가 착하다.'라는 문장이 '영호는 언제나 친구들을 잘 도와준다.'라는 문장에 관형절로 안긴문장이다.
④ '내일 가족 여행을 가자.'라는 문장이 '아버지께서는 나에게 ~고 말씀하셨다.'라는 문장에 인용절로 안긴문장이다.

003

정답 | ④

해설 | '차가 결국 웅덩이에 빠졌다.'의 '빠지다'는 주어와 필수적 부사어를 필요로 하는 두 자리 서술어이다. '그녀는 저 사람에게 매우 빠졌다.'의 '빠지다' 역시 주어와 필수적 부사어를 필요로 하는 두 자리 서술어이다. 따라서 ㉠'같은 서술어라고 하더라도 서술어 자릿수가 달라지는 경우'에 해당하는 예로 적절하지 않다.

오답피하기 |
① '벌써 차의 기름이 다했다.'의 '다하다'는 주어만을 필요로 하는 한 자리 서술어이다. '그 선수들은 본인의 몫을 다했다.'의 '다하다'는 주어와 목적어를 필요로 하는 두 자리 서술어이다. 따라서 ㉠에 해당하는 예로 적절하다.
② '어제 산 기계가 잘 돌았다.'의 '돌다'는 주어만을 필요로 하는 한 자리 서술어이다. '다람쥐가 쳇바퀴를 빠르게 돌았다.'의 '돌다'는 주어와 목적어를 필요로 하는 두 자리 서술어이다. 따라서 ㉠에 해당하는 예로 적절하다.
③ '출석률이 절반 정도에 그쳤다.'의 '그치다'는 주어와 필수적 부사어를 필요로 하는 두 자리 서술어이다. '하루 종일 내리던 비가 그쳤다.'의 '그치다'는 주어만을 필요로 하는 한 자리 서술어이다. 따라서 ㉠에 해당하는 예로 적절하다.

004

정답 | ④

해설 | 1문단의 "예술의 길은 완성이나 도달이 아닌, 끊임없이 추구하고 갈망하는 여정임을 작품은 알레고리적으로 보여준다."를 통해, 예술의 길에는 끝없는 추구와 갈망만 있을 뿐 '완성될 수 없다'는 것을 알 수 있다. 따라서 ④의 '예술은 완성될 수 있다'라는 진술은 적절하지 않다.

오답피하기 |
① 2문단의 "작품에서 '소리'는 예술적 진리나 궁극적 아름다움에 대한 동경을, '햇덩이'는 그 동경의 빛과 희망을 상징한다."라고 명확히 제시되어 있다.
② 1문단의 "사내의 모습은 예술가가 예술을 추구하는 과정과 닮아 있다."와 "예술가가 때로는 현실의 고통과 한계 앞에서 좌절하지만"을 통해, 사내가 겪는 시련과 고통은 예술가가 마주하는 현실의 한계를 드러내는 것임을 알 수 있다.
③ 1문단의 "하지만 그는 도망친 이후에도 운명처럼 소리를 찾아 헤매는 삶을 살게 된다."와 "예술의 길은 완성이나 도달이 아닌, 끊임없이 추구하고 갈망하는 여정임을 작품은 알레고리적으로 보여준다."를 통해, 사내가 소리를 찾아다니는 모습이 예술가가 예술을 끊임없이 추구하는 과정을 상징한다는 것을 알 수 있다.

005

정답 | ④

해설 | 제시된 전제를 기호화하면 다음과 같다.

> (가) 바이올린 → 클래식 ≡ ~클래식 → ~바이올린
> (나) 기타∧~클래식

(나)에서 (가)의 대우를 활용하여 '기타∧~바이올린'이 도출된다. 따라서 정답은 '기타를 잘 치는 사람 중 일부는 바이올린의 음색을 좋아하지 않는다'이다.

오답피하기 |
① '바이올린의 음색을 좋아하는 사람은 모두 기타를 잘 친다'는 '바이올린 → 기타'이다.
② '기타를 잘 치는 사람 중 일부는 바이올린의 음색을 좋아한다'는 '기타∧바이올린'이다.
③ '클래식에 조예가 깊은 사람은 모두 바이올린의 음색을 좋아한다'는 '클래식 → 바이올린'이다.

006

정답 | ②

해설 | 3문단의 "두 작품은 모두 현대 문명의 한계를 지적하면서, 인간 본연의 따뜻함과 연대, 그리고 자연과의 조화를 회복하는 것이 궁극적으로 추구해야 할 문명임을 제시한다."를 통해, 두 작품 모두 연대와 사랑의 가치를 추구한다는 것을 알 수 있다. 따라서 강은교의 시에서만 그러한 특징이 나타난다는 진술은 적절하지 않다.

오답피하기 |
① 1문단의 "강은교의 시는 '물이 되어' 서로를 감싸안는 유연함과 포용, 그리고 자연과의 조화를 통해 인간다움의 회복을 노래한다."를 통해 적절한 진술임을 알 수 있다.
③ 1문단의 "두 작품 모두 풍요로움을 제공하는 현대 물질문명이 인간의 순수함과 따뜻함에서 멀어져 있다는 문제의식을 바탕에 두고 있다."와 2문단의 "유안진의 수필은 '쇠붙이와 강철'이라는 산업 문명의 상징을 통해, 인간성이 점차 경직되고 차가워지는 현실을 비판한다. ~ 봄의 따스함이 차가운 쇠붙이와 강철을 녹이듯, 인간 사회에도 온기와 배려가 필요함을 강조"를 통해, 이 작품이 물질적 풍요(산업 문명의 차가움)와 인간적 온기(봄의 따스함)를 대비시켜 인간적 온기가 중요함을 제안한다는 것을 알 수 있다. 따라서 ③의 진술은 적절하다.
④ 3문단의 "두 작품은 모두 현대 문명의 한계를 지적하면서, 인간 본연의 따뜻함과 연대, 그리고 자연과의 조화를 회복하는 것이 궁극적으로 추구해야 할 문명임을 제시한다."를 통해 적절한 진술임을 알 수 있다.

007

정답 | ③

해설 | 선지의 정답 구성으로 볼 때, 맨 처음 단락은 (가) 아니면 (다)이다. 각각의 내용을 살펴보자. 우선 (가)는 자동차가 선회한다는 가정으로 시작하면서 그때 자동차의 좌우 바퀴가 꺾이는 각도가 다르다는 것을 제시하고 있다. 한편 (다)는 자동차의 조향 장치의 개념을 제시하고, 이를 위해서는 좌우 바퀴의 꺾이는 각도와 회전수가 달라야 한다는 것을 제시하고 있다. 일반적으로 화제의 개념부터 설명하고 내용을 전개하는 경우가 대부분이므로 (가)보다는 (다)가 첫 단락으로 훨씬 적합하다. 또한 (가)

는 '좌우 바퀴 꺾이는 각도'가 달라야 한다는 내용만 제시되어 있는 반면, (다)는 '좌우 바퀴 꺾이는 각도'와 '회전수'까지 달라야 한다고 설명하고 있다. 좀 더 넓은 범위 즉 상위 항목부터 설명한 후, 하위 항목을 단계적으로 설명하는 것이 일반적이기 때문에, 이런 점을 보더라도 (다)가 첫 단락으로 제격이라 할 수 있다. 그러면 ③ 또는 ④ 중에 정답이 있을 것으로 예상할 수 있다.

이제 (다) 다음으로 전개될 단락을 선택하면 되는데, ③과 ④의 구성으로 볼 때, (가) 또는 (라) 둘 중 하나가 (다) 다음에 올 것으로 예상된다. 우선 (가)의 경우, 앞에서 살펴봤듯이 (다) 다음 내용으로 적합하다. (다)에서 '좌우 바퀴 꺾이는 각도'와 '회전수'가 달라야 한다고 제시했으므로, 다음 단락에서는 먼저 '좌우 바퀴 꺾이는 각도가 달라야 하는 이유'를 제시하는 것이 자연스러운데 (가)는 그러한 내용에 부합하기 때문이다. 한편 (라)는 "언뜻 생각하면"으로 시작하면서 일반인의 잘못된 통념을 제시하고 있다. 그런데 (가)와 비교했을 때 (라)는 (가)보다 뒤에 위치하는 것이 자연스럽다. (가)에서는 자동차가 선회하는 상황을 먼저 가정하는 반면, (라)에서는 곧바로 좌우 바퀴가 동일하게 꺾인다고 생각하는 통념을 제시하고 있기 때문이다. 일반적으로 먼저 가정적 상황을 제시하고, 구체적으로 내용을 접근하는 것이 자연스러우므로 (다) 뒤에는 (가)가 위치하는 것이 자연스럽다. 따라서 정답은 ③이다.

008

정답 | ②

해설 | '유해 물질의 허용 기준치가 낮다'는 것은, 더 엄격하게(더 적게) 유해 물질을 허용한다는 의미이므로, 안전사고의 위험성은 낮아진다. 따라서 '어린이 제품에 함유된 유해 물질의 허용 기준치가 낮음'은 안전사고가 발생하는 원인으로 작용하기보다는, 오히려 안전사고의 발생 빈도를 낮춰 어린이 제품의 안전성을 높이는 방안에 해당하므로, ②는 적절하지 못하다.

오답피하기 |

① 어린이 제품의 안전성을 높이기 위한 방안인 'Ⅲ-2. 정부 당국의 어린이 제품의 안전 관리 체계 강화'를 고려할 때, '정부 당국의 어린이 제품의 안전 관리 체계 미흡'은 'Ⅱ. 어린이 제품에서 안전사고가 발생하는 원인'으로 적절하다.

③ 'Ⅲ-3. 안전한 어린이 제품을 생산하는 기업에 대한 세제 혜택'을 고려할 때, 안전한 어린이 제품을 생산하는 기업이 그렇지 못한 기업에 비해 제품 판매 가격이 높아서 경쟁력이 떨어지므로 제조에 참여하는 기업이 적다는 것을 원인으로 지목할 수 있다. 따라서 이들 기업에 세제 혜택을 줌으로써 기업의 이윤을 보조해 준다면 기업의 경쟁력이 확보되어 더 많은 기업이 안전한 어린이 제품 생산에 동참할 것이다. 그러므로 '안전한 어린이 제품의 생산 단가가 높아 제조하는 기업이 적음'은 'Ⅱ. 어린이 제품에서 안전사고가 발생하는 원인'으로 적절하다.

④ 'Ⅲ-1. 어린이 제품의 유해한 물질이 어린이 건강에 미치는 위해성 홍보 강화'를 고려할 때, '어린이 제품의 유해한 물질이 어린이 건강에 미치는 위해성에 대한 인식 미흡'은 'Ⅱ. 어린이 제품에서 안전사고가 발생하는 원인'으로 적절하다.

009

정답 | ③

해설 | 1문단의 "조력자는 대개 주동 인물에게 호의적이고, 주동 인물이 성장하는 계기로 작용하는 경우가 대부분이다."를 통해, 조력자는 주동 인물의 성장을 방해하는 것이 아니라 오히려 성장의 계기가 되는 경우가 많다는 것을 알 수 있다. 「적벽가」에서 조력자가 주동 인물의 성장을 방해하는 역할을 한다는 내용은 지문의 내용만으로는 알 수 없으므로 ③의 진술은 적절하지 않다.

오답피하기 |

① 2문단의 "유비와 관우, 장비는 조조의 오만함과 허세를 비판적으로 바라보며 그의 약점을 드러내는 데 중요한 역할을 한다. ~ 조조가 강을 건너려다 실패하는 장면에서 조력자들은 조조의 무모함을 지적하고, 그의 실수를 풍자함으로써 조조의 권위를 희화화한다."를 통해 적절한 진술임을 알 수 있다.

② 1문단의 "조력자는 주동 인물이 지닌 부정적인 면모나 잘못된 언행을 비판하는 인물로 제시되기도 하는데, 이를 통해 주동 인물의 권위는 추락하여 희화화된다."를 통해 적절한 진술임을 알 수 있다.

④ 3문단의 "이처럼 「적벽가」의 조력자는 단순히 주동 인물을 돕는 데 그치지 않고, 때로는 그들의 잘못을 비판하고 풍자함으로써 작품에 유머와 풍자를 더한다. 이를 통해 관객은 주동 인물의 인간적인 면모를 발견하고, 작품의 극적 긴장감과 재미를 동시에 느낄 수 있다."를 통해 적절한 진술임을 알 수 있다.

010

정답 | ①

해설 | 개화의 개념이 확장되면서(1문단), 개화의 주체가 왕에서 국민 전체로 확대되었다. (3문단) 특히 대한매일신보에서는 국민 모두가 근대화의 주체라는 것을 강조하였다는 설명을 통해 ①의 추론은 적절하다는 것을 알 수 있다.

오답피하기 |

② 개화당은 여전히 왕을 개화의 주체로 보았으므로 적절하지 못한 진술이다. (3문단)

③ 한성순보는 반서양 정서 교정을 위해 발간되었으므로 적절하지 못한 진술이다. (2문단)

④ 박은식은 과학은 서양에서, 철학은 유학 혁신에서 찾아야 한다고 주장하였으므로 적절하지 못한 진술이다. (4문단)

011

정답 | ③

해설 | ㉢의 '보다'는 '대상을 어떠하다고 평가하다.'라는 의미인데, ③의 '보다' 또한 같은 의미로 사용되었다.

오답피하기 |

① ㉠의 '머무르다'는 '더 나아가지 못하고 일정한 수준이나 범위에 그치다.'의 의미로 사용되었지만, ①의 '머무르다'는 '도중에 멈추거나 일시적으로 어떤 곳에 묵다.'라는 의미이다.

② ㉡의 '담다'는 '어떤 내용이나 사상을 그림, 글, 말, 표정 따위 속에 포함하거나 반영하다.'의 의미로 사용되었지만, ②의 '담다'는 '어떤 물건을 그릇 따위에 넣다.'라는 의미이다.

④ ㉣의 '받아들이다'는 '다른 문화, 문물을 받아서 자기 것으로 되게 하다.'의 의미로 사용되었지만, ④의 '받아들이다'는 '사람들에게서 돈이나 물건 따위를 거두어 받다.'라는 의미이다.

012

정답 | ②

해설 | 제시된 전제를 기호화하면 다음과 같다.

> 전제1. 녹내장 → 급성 녹내장∨만성 녹내장
> 전제2. 녹내장 → 점안∨복용∨수술
> 전제3. 수술 → 만성 녹내장 ≡ ~만성 녹내장 → ~수술
> 전제4. 갑 → 녹내장∧~점안
> 결론. 갑 → ~수술

결론의 '갑 → ~수술'이 도출되기 위해서는 전제3의 대우 '~만성 녹내장 → ~수술'과 '갑 → ~만성 녹내장'이 필요하다. 따라서 정답은 '갑은 만성 녹내장 환자가 아니다'이다.

오답피하기 |

① '갑은 만성 녹내장 환자이다'는 '갑 → 만성 녹내장'이다.

③ '갑은 급성 녹내장 환자가 아니다'는 '갑 → ~급성 녹내장'이다.

④ '갑은 급성 녹내장 환자 또는 만성 녹내장 환자이다'는 '갑 → 급성 녹내장∨만성 녹내장'이다.

013

정답 | ③

해설 | ⓒ 바로 뒤의 문장을 보면, 빅데이터가 아마존과 같은 민간 부문에서뿐만 아니라, 공공 부문에서도 다양하게 활용(검색어 빈도 분석을 통해 감염병 확산을 미리 예측함)되고 있다는 것을 보여주고 있다. 따라서 ⓒ을 ③처럼 수정하는 것은 적절하지 않다.

오답피하기 |

① 해당 문장은 '다양한 기기의 사용이 일상화'되고 '빅데이터가 증가하는 추세'에 관한 내용이므로, 사람들의 생활 '일부분'이 아니라 '전반에 걸쳐' 데이터가 기록되고 있다는 취지의 내용이 와야 한다. 따라서 ①처럼 수정하는 것은 적절하다.

② 빅데이터의 수집 범위가 늘어나면서 소비자에게 유용하게 활용된다는 내용으로 전개되어야 하므로 ②처럼 수정하는 것은 적절하다.

④ 글 전반적으로 빅데이터의 활용이 확대되는 상황을 제시하고 있으므로 ④처럼 수정하는 것은 적절하다.

014

정답 | ①

해설 | 김 교수는 단순히 도로 확장 계획만으로 대비하려 한 것에 대해 문제를 제기하면서, '도로 확장으로는 한계가 명확'하므로 교통 신호 체계 개선과 같은 추가적인 대책이 반드시 필요하다고 강조했다. 따라서 '도로 확장이 장기적으로 교통 체증을 해소하지 못하고 오히려 수요를 증가시킨다는 교통경제학 이론'은 김 교수의 주장을 강화하므로, ①은 적절한 진술이다.

오답피하기 |

② 김 교수는 도로 확장으로는 한계가 명확하므로 '교통 신호 체계 개선과 같은 추가적인 대책이 반드시 필요하다'라고 강조했다. 따라서 '도로 차로 수를 줄이고 교통 신호, 보행 환경을 개선한 결과, 교통사고와 혼잡이 줄어든 도시 사례'는 김 교수의 주장을 '약화'하는 것이 아니라 '강화'한다.

③ 구청 대표는 '전문가의 교통 영향 분석 결과에 따라 도로를 확장'했다고 설명하면서, 최근에는 '인근 고속화 도로 공사로 인해 ○○ 지역을 우회하는 차량이 늘어난 것'을 교통 체증의 원인 중 하나로 보고 있다. 그런데 도로 확장이 원인이 아니라 대중교통 인프라 확충이 안 되어서 문제가 발생했다는 견해가 제시된다면 구청 대표의 주장은 약화될 것이다. 따라서 도로 확장보다 지하철, 버스 등 대중교통 인프라 확충이 교통 체증 완화에 더 효과적임이 입증된 연구가 제시된다면 구청 대표의 주장은 '강화'하는 것이 아니라 '약화'한다.

④ 주민 대표는 장기적으로 대중교통망, 특히 지하철 등 대중교통 인프라 확충이 근본적인 해결책이 될 것이라고 주장했다. 따라서 '지하철, 버스 등 대중교통망 확충이 자동차 이용 억제와 교통 체증 완화에 더 효과적임을 보여주는 연구'는 주민 대표의 주장을 '약화'하는 것이 아니라 '강화'한다.

015

정답 | ②

해설 | 2문단에 따르면, "단토는 예술 작품의 정체성은 그 작품이 만들어지는 맥락과 시대적 예술계에 있다고 보았다." 그리고 〈브릴로 상자〉가 예술로 인정받을 수 있었던 것은 당시 예술계의 이론과 분위기, 즉 예술계라는 맥락 때문이라고 설명하고 있다. 이러한 내용을 고려할 때 '예술 작품의 정체성이 당대 예술계의 맥락과 이론적 배경에 따라 결정된다.'라고 추론한 것은 적절하다.

오답피하기 |

① 3문단에 따르면, 단토의 예술 종말론은 '예술이 더 이상 특정 미학적 규범이나 목표에 얽매이지 않고, 자유롭고 다양한 방식으로 존재할 수 있는 시기가 열렸음'을 의미한다. 따라서 이를 '예술이 사라졌다'로 추론하는 것은 적절하지 않다.

③ 2문단에 따르면, 단토는 고전주의에서는 '모방과 재현'이 내러티브(이야기)의 중심이 된다고 보면서 '시대마다 예술이 추구해야 할 목표와 규범이 변화해 왔음을 지적'하였다. 하지만 이러한 내용이 '현대에서는 모방과 재현이 하나의 내러티브가 될 수 없다'는 것을 의미하는 것은 아니다. 3문단의 "단토의 예술 종말론은 예술이 더 이상 특정한 방향이나 과업 없이 자유롭게 전개될 수 있는 시대가 도래했음을 의미한다."를 고려할 때, 여전히 현대 예술에서도 '모방과 재현'을 중시하며 자신의 이야기를 전개하려는 예술가가 있을 수 있기 때문이다. 따라서 '현대 예술에서 모방과 재현이 하나의 내러티브가 될 수 없다'고 단정적으로 진술하는 것은 적절하지 않다.

④ 1문단에 따르면, 앤디 워홀의 〈브릴로 상자〉는 일상의 상자와 예술 작품이 "시각적으로 구분되지 않는다"는 것을 알 수 있다. 즉 눈으로 보기에는 일상의 상자와 예술 작품인 〈브릴로 상자〉가 동일하게 보인다는 것이다. 하지만 이러한 진술을 "일상의 상자와 예술 작품이 주제와 표현 측면에서 동일하다"라고 이해하는 것은 적절하지 않다. 일상의 상자와는 달리 〈브릴로 상자〉는 예술 작품으로 해석될 수 있는 의미와 주제를 담고 있고, 이를 적절한 방식으로 표현할 수 있는 예술 작품이기 때문이다.

016

정답 | ④

해설 | ㉠~㉥의 문맥상 의미를 살펴보면 다음과 같다.

> ㉠ 구현: 표현
> ㉡ 해석: 작품에 담긴 의미를 파악하여 이해하고 설명하는 것
> ㉢ 예술계: 예술가들의 사회
> ㉣ 목표, ㉤ 규범, ㉥ 길: 과거에 예술이 마땅히 추구해야 하는 것으로 '얽매였던' 미적 기준

따라서 ㉠~㉥ 중 문맥상 의미가 같은 것만으로 묶인 것은 '㉣, ㉤, ㉥'이다.

017

정답 | ①

해설 | 〈보기〉의 내용 중 적절한 것은 ㄱ이다.

ㄱ. 갑은 "특히 정확성과 공정성이 더욱 우선시되어야 한다. ~ 따라서 언론은 선정적 보도나 편파적 주장을 경계해야 한다.", 을은 "언론은 공정성과 신속성을 갖추어야 하며 ~ 선정적 보도는 자제되어야 하며"라고 주장한다. 즉 갑과 을 모두 언론의 공정성과 정확성을 강조하며 선정적 보도에 대해 자제를 요구하므로, 갑의 주장과 을의 주장은 대립하지 않는다.

오답피하기 |

ㄴ. 을은 "자신만의 관점을 갖고 있어야 한다. 다만, 그 관점이 객관적 사실에서 벗어나서는 안 되고 ~ 선정적 보도는 자제되어야 하며"라고 주장하는 반면, 병은 "때로는 선정적인 요소가 포함될 수밖에 없는 것이 현실이다. ~ 오히려 기자의 관점이 확실하게 반영된 사건 해석은 흥미를 유발하고 독자가 사건을 이해하는 데 큰 도움을 준다."라고 주장한다. 따라서 을의 주장과 병의 주장은 서로 대립하므로, ㄴ은 적절하지 않다.

ㄷ. 갑은 선정적 보도와 편파적 주장을 강하게 경계하는 반면, 병은 선정적 보도가 현실적으로 불가피하다고 생각하며, 기자의 주관적 관점과 해석이 언론 보도에 반영되는 것을 인정하고 있다. 따라서 갑의 주장과 병의 주장은 서로 대립하므로, ㄷ은 적절하지 않다.

018

정답 | ④

해설 | 주어진 조건들을 기호화하면 다음과 같다.

```
조건1. 보건 → 사무관
조건2. ~보건 ∨ ~심평원
조건3. ~심평원 → 병원장 ≡ ~병원장 → 심평원
결론. ~보건
```

1) 결론인 '~보건'이 도출되기 위해서는 조건2인 '~보건 ∨ ~심평원'에서 '심평원'을 확정하여 선언지 제거를 적용해야 한다.
2) 1)에서 도출된 '심평원'이 확정되기 위해서는 조건3의 대우에 따라 '~병원장'이 확정되어야 한다.
3) 즉, '~병원장'이 추가되어야 한다.
4) 따라서 정답은 'A 병원 병원장은 간담회에 참석하지 않는다'이다.

019

정답 | ③

해설 | 대의제 민주주의가 실질적인 평등을 보장하지 못한다고 볼 수 있는 이유는 (가) 다음 구절에 제시된 바와 같이 "대표자들이 시민의 의사와 다르게 정책을 결정하더라도 이를 제어할 수 있는 실질적 수단이 부족하며, '1인 1표' 원칙에도 불구하고 사회적 약자의 이익이 충분히 반영되지 못하는 경우가 많기 때문"이다. 따라서 이러한 주장에 어울리는 사례가 제시되면 (가)가 강화될 수 있는데 ㄴ과 ㄷ이 여기에 해당된다.

ㄴ. 다수를 차지하는 노동자를 대변하는 정당의 힘이 미약하다는 주장이므로, 사회적 약자의 이익이 충분히 반영되지 못하는 경우에 해당된다.

ㄷ. 정당의 정책 결정 과정에서 다수를 차지하고 있는 저소득층의 이익보다는 소수 기득권의 이익이 더 많이 반영된다는 주장이므로, 사회적 약자의 이익이 충분히 반영되지 못하고, 대표자들이 자신을 선택해 준 다수 시민의 의사와 다르게 정책을 결정하는 경우에 해당된다.

오답피하기 |

ㄱ. 대의제 민주주의를 통해 선출된 국회의원의 부정적 역할을 비판하는 주장으로, (가)와는 관련 없는 내용이다. 자기 지역에 이로운 정책을 입안했으므로, 대표자인 국회의원이 지역 시민의 의사와 다르게 정책을 결정한 경우에 해당되지도 않고, 지역 시민 중 사회적 약자의 이익을 반영하지 않은 경우라고 보기도 어렵기 때문이다. 물론 다른 지역에 피해를 주는 정책을 입안한 것은 문제가 될 수 있으나, 이러한 면은 대의제 민주주의의 또 다른 한계에 해당될 수는 있어도 그것이 (가)를 강화하거나 약화하는 것은 아니다. 지역구 국회의원은 선출해 준 지역 시민들의 입장과 이익을 우선하면 자신의 역할을 어느 정도 충실히 수행했다고 할 수 있기 때문이다.

020

정답 | ③

해설 | ㉠~㉑의 문맥상 지시하는 바를 살펴보면 다음과 같다.

```
㉠, ㉑: 고대 그리스에서 시행된 직접 민주주의
㉡: 직접 민주주의의 구현이 현실적으로 어려워짐
㉢, ㉣: 대의제 민주주의
㉤: 대표자들이 시민의 의사와 다르게 정책을 결정하는 것
```

따라서 ㉠~㉑ 중 문맥상 지시하는 바가 같은 것만으로 묶인 것은 '㉢, ㉣'이다.

모의고사
05회

S#.5 65~75%대의 문제들이 많이 배치된다면...

킬러 ① 문학 [2번]
킬러 ② 지시 대상 파악하기 [12번]
킬러 ③ 빈칸 추론하기 [16번]
킬러 ④ 화법 [18번]
킬러 ⑤ 논리 [19번]

이번 회차는 평균 정답률 79%, 지문의 글자 수는 7026자이다. 26년 국가직, 지방직과 흡사할 것으로 예상한다. 킬러 문제도 여러 유형으로 배치해 뒀으며, 화법 킬러 문제 외에는 60% 후반대의 킬러 문제들로 구성돼 있다. 중위권들도 실력을 어느 정도 쌓았으면 90점대의 점수를 노려볼 만하다. 그러나 감으로 문제를 푸는 학생들은 이번 시험이 상당히 어렵게 느껴질 수도 있다. 쉬운 문제가 많지 않고, 70~80% 정도의 정답률을 지닌 문제들이 대거 배치되었기 때문이다.

001

정답 | ②

해설 | '축적되다'는 '지식, 경험, 자금 따위가 모여서 쌓이다'를 뜻하므로 문맥상 적절하게 쓰였다. 그러나 '축척'은 '쫓아서 물리침'을 뜻하므로 문맥상 정확한 단어가 아니다. 따라서 '문맥에 맞는 정확한 어휘를 사용할 것'이라는 원칙에 따라 ⓒ을 수정하지 않고 그대로 두어야 한다.

오답피하기 |

① 고유어나 한자어에 대응하는 외래어나 외국어 표기임을 나타낼 때는 대괄호([ ])를 쓴다. 따라서 '한자어에 대응하는 외국어 표기를 아울러 보일 때는 대괄호를 쓸 것'이라는 원칙에 따라 ㉠을 '안전 인증 표시 [KC]'로 수정하는 것은 적절하다.

③ 목적어 '담뱃불'은 서술어 '사용하다'와 호응하지 않는다. 따라서 '목적어와 서술어를 호응시킬 것'이라는 원칙에 따라 ⓒ을 '담배 안전하게 피우고'로 수정하는 것은 적절하다.

④ '끄다'는 끄는 대상이 필요하고, '꺼지다'는 꺼지는 주체가 필요하다. 따라서 '능동과 피동의 관계를 정확하게 사용할 것'이라는 원칙에 따라 ⓔ을 '담뱃불이 꺼졌는지'로 수정하는 것은 적절하다.

002

정답 | ①

해설 | 3문단의 "「견회요」에는 조선 시대 유교 사상에서 가장 중요한 가치인 충과 효에 대한 윤선도의 깊은 신념이 작품 곳곳에 배어 있어, 단순한 정치적 저항을 넘어 인간으로서 지켜야 할 도리와 도덕성을 강조하고 있다."를 통해 적절한 진술임을 알 수 있다.

오답피하기 |

② 2문단의 "작품 제목인 '견회'가 '시름을 쫓다'라는 뜻을 지닌 것처럼, 그는 고통을 견디며 마음속 시름을 달래고자 했으며, 이를 통해 억압적인 현실을 극복하려는 의지를 드러냈다."를 통해, '견회'라는 말에는 '억울함과 자조'가 아닌 '현실 극복 의지'가 담겨 있다는 것을 알 수 있다.

③ 1문단의 "연시조 「견회요」는 이러한 상황에서 탄생했다."를 통해, 「견회요」는 '가사'가 아니라 '연시조'임을 알 수 있다.

④ 1문단의 "조선 중기 정치적으로 혼란스러운 시기에 윤선도는 권력자 이이첨의 부패와 부정을 강력히 비판하는 상소문을 올렸다가, 이에 대한 반격으로 억울하게 모함을 받아 먼 함경도로 유배되었다."를 통해, 상소를 올린 이는 '이이첨'이 아니라 '윤선도'였음을 알 수 있다.

003

정답 | ④

해설 | 지문에 따르면 '한여름'의 표준 발음은 [한녀름]이지만, '밟다'의 표준 발음은 [밥따]가 아닌 [밥:따]이다. 따라서 ④번의 이해는 적절하지 않다.

오답피하기 |

① 2문단에 따르면 표준 발음을 제정할 때에는 합리성을 중요 기준으로 삼는다. 한편 3문단에 따르면 표준 발음을 정할 때 관용적으로 굳어진 발음도 중시된다. 따라서 표준 발음법은 합리성, 관용을 모두 고려하여 규정을 정하고 있다.

② '맛있다'의 경우, 합리적인 발음은 [마딛따]이다. 이때 합리적인 발음이란 음운 규칙에 따르는 발음이므로 ②번의 진술은 적절하다.

③ 3문단에 따르면 '맛있다'의 합리적 발음인 [마딛따]나 관용적 발음인 [마싣따] 모두 표준 발음으로 인정된다.

004

정답 | ②

해설 | 〈지침〉에 따르면 (나)에는 '고령층에 대한 약물 처방 지침 강화'에 대응하는 현황이 들어가야 한다. '고령층 약물 복용을 관리하는 전문 의료 인력 부족'은 이에 대응하지 않으므로 (나)에 들어갈 내용으로 적절하지 않다.

오답피하기 |

① 〈지침〉에 따르면 (가)에는 보고서 작성의 필요성이 들어가야 한다. '고령층 약물 의존의 시급한 개선의 필요성'은 이에 해당하므로 (가)에 들어갈 내용으로 적절하다.

③ 〈지침〉에 따르면 (다)에는 '고령층 약물 장기 복용에 따른 위험 경고 시스템 부재'에 대응하는 해소 방안이 들어가야 한다. '고령층 약물 장기 복용자에 대한 위험 경고 시스템 도입'은 이에 대응하므로 (다)에 들어갈 내용으로 적절하다.

④ 〈지침〉에 따르면 (라)에는 기대 효과가 들어가야 한다. '고령층 약물 의존의 완화를 통한 건강 증진'은 이에 해당하므로 (라)에 들어갈 내용으로 적절하다.

005

정답 | ④

해설 | 2문단의 "다만 소득이 전혀 없거나 보험료를 납부하지 않은 기간이 많으면 연금을 받을 수 없거나 받는 금액이 적어진다. 이를 보완하기 위해 정부에서 별도로 기초연금 제도를 운영하여 저소득 노인 계층의 기본 생활을 지원하고 있다."를 통해, 국민연금에 보험료를 납부할 수 없는 저소득층은 정부에서 운영하는 별도의 '기초연금 제도를 통해 기본 생활을 지원받을 수 있음'을 알 수 있다.

오답피하기 |

① 2문단의 "연금액은 소득이 많은 사람일수록 연금 수급액이 본인의 소득 대비 낮은 비율이 적용된다. 즉 상대적으로 저소득자는 자신이 낸 금액에 비해 더 유리한 연금을 받을 수 있으며"를 통해 적절한 진술임을 알 수 있다.

② 1문단의 "우리나라는 국민이 노후에 소득을 잃을 위험에 대비해 국민연금 제도를 시행하고 있다. 18세 이상 60세 미만의 국민은 원칙적으로 가입 대상이며"를 통해 적절한 진술임을 알 수 있다.

③ 3문단의 "이러한 이유로 연금 제도의 재정 안정성 문제는 꾸준히 논의되고 있으며, ~ 보험료율 조정, 지급 개시 연령 변경 등 다양한 개혁 방안이 검토되고 있다."를 통해 적절한 진술임을 알 수 있다.

006

정답 | ④

해설 | 지문에서 미디어의 범위에 대해 다루고 있으므로, 가장 먼저 미디어가 넓은 의미에서 인간이 고안한 도구나 기술까지 포함한다는 ㅁ이 오는 것이 적절하다. 그리고 ㄴ에서 인간의 신체나 감각 기관의 기능을 확장하는 것이 모두 미디어라고 하였으며, ㄱ에서 차량은 다리의 확장, 의복은 피부의 확장이라며 ㄴ에서 제시한 확장을 부연하고 있으므로 ㄴ - ㄱ으로 이어져야 한다. 또한 ㄷ에서 이러한 의미의 미디어가 그 자체의 메시지라고 하였으며, ㄹ에서 '그리고' 이런 의미의 미디어가 인간의 삶과 발전 양상을 변화시킨다고 하였으므로 ㄷ - ㄹ로 이어져야 한다. 이를 고려할 때 문장들을 가장 자연스럽게 배열한 것은 'ㅁ - ㄴ - ㄱ - ㄷ - ㄹ'임을 알 수 있다.

007

정답 | ④

해설 | 2문단에서는 "앞부분에서는 '저 부인'이 주인공으로 등장하며, 이 부분은 뒷부분의 '뺑덕어미' 서사와 구별되는 독특한 구조를 가진다."라고 설명한다. 즉 앞부분과 뒷부분이 "구별되는 독특한 구조"임을 강조하고 있으므로, 두 이야기가 "긴밀히 연결된다"라는 진술은 적절하지 않다.

오답피하기 |

① 1문단의 "「용부가」는 어리석은 부인의 행적을 풍자적으로 그린 작품으로, '저 부인'이 도박에 빠져 가산을 탕진하고 ~ 인간의 어리석음과 세태를 구체적으로 드러낸다."를 통해 적절한 진술임을 알 수 있다.

② 1문단의 "가사는 운문과 산문의 특성을 모두 지닌 독특한 문학 장르로, 형식적 선율과 자유로운 서술이 어우러진다. 이러한 가사의 특징은 조선 후기 창작된 「용부가」에서 잘 드러난다."를 통해 적절한 진술임을 알 수 있다.

③ 2문단의 "특히 '저 부인'이 등장하는 앞부분은 3가지 층위의 서사 구조를 보이는데, 이는 ~ 다양한 이야기 요소가 중첩되어 있음을 의미한다. 이러한 서사 구조는 가사가 ~ 복합적인 서술 방식을 지닌 장르임을 보여준다."를 통해 적절한 진술임을 알 수 있다.

008

정답 | ③

해설 | ㉠의 '넘다'는 '일정한 기준이나 한계 따위를 벗어나 지나다'라는 의미를 지닌다. 이와 유사한 문맥적 의미를 지니는 것은 ③번의 '넘다'이다.

오답피하기 |

① '일정한 시간, 시기, 범위 따위에서 벗어나 지나다'의 의미를 띤다.

② '경계를 건너 지나다'의 의미를 띤다.

④ '어려움이나 고비 따위를 겪어 지나다'의 의미를 띤다.

009

정답 | ③

해설 | 순서의 원리란 시간적인 순서를 지키며 말이 만들어진다는 뜻이다. 예를 들어 '뜯어먹다'의 언어 구성 요소의 배열은 먼저 '뜯고' 나중에 '먹는' 사건의 순서를 반영한다는 것이다. 그런데 '물어보다'의 경우, 먼저 '묻고' 나중에 '보는' 사건의 순서를 반영한 것이 아니므로 ㉠의 예로 보기 어렵다.

오답피하기 |

① '말아먹다'의 언어 구성 요소의 배열은 먼저 '말고' 나중에 '먹는' 사건의 순서를 반영한 것이다.

② '집어먹다'의 언어 구성 요소의 배열은 먼저 '집고' 나중에 '먹는' 사건의 순서를 반영한 것이다.

④ '잡아먹다'의 언어 구성 요소의 배열은 먼저 '잡고' 나중에 '먹는' 사건의 순서를 반영한 것이다.

010

정답 | ④

해설 | 이 글은 유전자 편집 기술의 상용화가 허용된다면 부유층만이 자손에게 우월한 유전적 특성을 부여해 생물학적 격차가 발생된다고 주장하고 있다. 또한 유전자 조작으로 태어난 인간은 인위적으로 설계된 존재인데, 이러한 존재 때문에 인간의 존엄성이 훼손될 수 있다고 주장한다. 그런데 ④번처럼 신기술의 비용이 점차 감소하여 대중화되면 이 글의 핵심 논지인 부유층만이 유전자 편집 기술을 독점화하게 된다는 주장이 설득력을 잃게 된다. 따라서 ④번은 이 글의 논지를 약화하는 것으로 가장 적절하다.

오답피하기 |

① 이 글은 유전자 편집 기술의 상용화가 허용된다면 부유층만이 자손에게 우월한 유전적 특성을 부여해 생물학적 격차가 발생된다고 주장하고 있다. 따라서 ①번처럼 유전자 편집 치료 기술의 비용이 상당하다면 이 글의 논지는 강화된다.

② 이 글은 유전자 조작으로 태어난 인간은 인위적으로 설계된 존재인데, 이러한 존재 때문에 인간의 존엄성이 훼손될 수 있다고 주장한다. 따라서 ②번처럼 유전자 조작으로 태어난 인간의 존엄성이 문제가 된다면 이 글의 논지는 강화된다.

③ 이 글은 유전자 편집 기술의 상용화가 허용된다면 부유층만이 자손에게 우월한 유전적 특성을 부여해 생물학적 격차가 발생된다고 주장하고 있다. 따라서 ③번처럼 부유한 계층만이 유전자 편집 기술을 이용할 수 있다면 이 글의 논지는 강화된다.

011

정답 | ③

해설 | 1문단의 "마지막에는 환생을 통해 새로운 삶을 얻으며 한은 일정 부분 해소된다."와 2문단의 "이 작품은 한의 해소가 완전하지 않음을 보여 주면서도"를 통해, 여인의 한은 환생을 통해 '일정 부분 해소'되는 것이지 '완전히 해소'되지는 않는다는 것을 알 수 있다. 따라서 ③의 진술은 적절하지 않다.

오답피하기 |

① 2문단의 "주인공의 한은 현실적 제약과 시대적 한계로 인해 발생한 것이다."와 "여인의 한은 단순한 개인적 슬픔을 넘어, 부당한 현실과 사회적 제약에 맞서고자 하는 의지의 표현이기도 하다."를 통해 적절한 진술임을 알 수 있다.

② 1문단의 "저승에서 양생과의 만남을 통해 사랑을 이루며 한을 일시적으로 해소한다. 하지만 양생과의 이별, 그리고 자신의 존재가 드러나면서 다시 여인의 한이 발생하고"를 통해, 사랑의 성취(만남)와 이별이 반복적으로 한의 발생과 해소에 영향을 준다는 점을 알 수 있다.

④ 2문단의 "죽은 여인과 산 자의 사랑이라는 비현실적 소재를 통해 현실과 초월, 삶과 죽음의 경계를 넘나드는 전기소설의 특징을 잘 드러낸다."를 통해 적절한 진술임을 알 수 있다.

012

정답 | ②

해설 | ㉠은 양생이 원하는 배필이므로 ㉣인 '죽은 여인'을 지시한다. ㉡은 '양생'을 지시하고, ㉢은 양생과 이별하는 존재이므로 '죽은 여인'을 지시한다. ㉤은 '한'을 지니고 있는 존재이므로 '죽은 여인'을 지시한다. 마지막으로 ㉥은 산 자이므로 '양생'을 지시한다. 따라서 동일한 지시 대상끼리 묶어 보면 '㉡, ㉥'이 양생을 지시하고, '㉠, ㉢, ㉣, ㉤'이 죽은 여인을 지시한다. 따라서 정답은 ②번이다.

013

정답 | ②

해설 | 3문단의 "생체 시계가 제대로 작동하기 위해 중요한 역할을 하는 것은 '피리어드 2'라는 단백질이다. 이 단백질은 약 12시간을 주기로 만들어졌다가 분해되는 과정을 반복한다. 분해되는 방법은 빠르게 분해되는 것과 느리게 분해되는 것 두 가지가 있다. 이 두 방법의 비율을 조절하는 장치가 '인산화 스위치'이다. ~ 결국 인산화 스위치 덕분에 우리 몸 생체 시계는 환경에 상관없이 일정한 리듬을 유지할 수 있다."를 통해 적절한 진술임을 알 수 있다.

오답피하기 |

① 3문단의 "'피리어드 2'라는 단백질은 약 12시간을 주기로 만들어졌다가 분해되는 과정을 반복한다."를 통해, '피리어드 2' 단백질의 생성과 분해 주기는 '하루'가 아니라 '12시간'임을 알 수 있다.

③ 1문단의 "흥미로운 점은 생체 시계가 온도나 계절 변화에 크게 영향을 받지 않는다는 점이다. 그래서 몸의 온도가 달라지는 변온 동물들도 생체 시계는 계절에 따라 변하지 않고 일정하게 작동한다."를 통해, 인간과 마찬가지로 '변온 동물도 생체 시계가 계절 변화와 상관없이 늘 일정하게 작동'한다는 것을 알 수 있다.

④ 2문단의 "1954년에 생체 시계의 존재와 그 성질이 처음 발견되었지만, 어떻게 작동하는지는 오랫동안 밝혀지지 않아 과학자에게 큰 숙제였다. 최근에는 미분 방정식을 이용한 수학 모델 덕분에 그 원리를 밝혀냈고"를 통해, 생체 시계의 존재와 성질이 발견된 시점은 '1954년'

으로 '미분 방정식을 이용한 수학 모델'을 활용하기 훨씬 이전임을 알 수 있다. 미분 방정식을 이용한 수학 모델은 생체 시계의 '작동 원리'를 규명하는 데 활용되었으므로, ④의 진술은 적절하지 않다.

014

정답 | ①

해설 | 3문단에 따르면 생체 시계가 온도나 계절의 영향을 받지 않는 까닭은 '인산화 스위치' 때문이다. 이 스위치는 체온이 특정 기준 이상으로 올라가면 단백질을 느리게 분해하고, 특정 기준 이하로 내려가면 단백질을 빨리 분해해 분해 속도를 조절한다. 그리고 이 조절 능력 때문에 생체 시계는 환경에 상관없이 일정한 리듬을 유지할 수 있다.

오답피하기 |

②, ③ 단백질은 체온이 특정 기준 이상으로 올라가면 느리게 분해되고, 특정 기준 이하로 내려가면 단백질이 빨리 분해된다. 따라서 여름에는 느리게, 겨울에는 빠르게 분해될 것이다.

④ 생체 시계는 체온이 일정치 않은 변온 동물에게도 작용한다. 따라서 이는 적절하지 않은 언급이다.

015

정답 | ②

해설 | 대학 전공이 맞지 않는 것 같다는 '가'의 말에, '나'는 적성에 맞지 않아 속상하겠다며 상대방의 마음을 이해하고 있다. 따라서 상대방의 경험을 존중하고 이해하는 공감적 대화로 가장 적절하다.

오답피하기 |

① 공모전에 입선하지 못해 아쉽다는 '가'의 말에, '나'는 다음에도 도전해 보라며 조언하고 있으므로 공감적 대화로 보기 어렵다.

③ 회사에서 일을 잘해서 인정받는 선배가 부럽다는 '가'의 말에, '나'는 그 선배의 장점을 배워 보는 게 어떠냐며 해결책을 제시하고 있으므로 공감적 대화로 보기 어렵다.

④ 친구에게 모진 말을 하며 다툰 게 마음에 걸린다는 '가'의 말에, '나'는 그럴 땐 먼저 사과하는 게 좋다며 조언하고 있으므로 공감적 대화로 보기 어렵다.

016

정답 | ②

해설 | 지문에 따르면 베카리아는 범죄자가 다시는 타인에게 손해를 끼치지 않도록, 그리고 다른 사람들이 이와 유사한 범죄를 저지르지 않도록 하기 위해 형벌을 내려야 한다고 보았다. 그리고 형법이 사회 안전을 수호하기 위해 모든 사람에게 형벌이 평등하게 적용되어야 한다고 하였다. 따라서 베카리아는 형법과 형벌의 목적을 범죄 예방과 사회적 안전의 확보라고 보았을 것이다.

오답피하기 |

① 베카리아는 유사한 범죄가 다시 일어나지 않도록 하는 것이 형벌의 목적이라고 하였다. 형벌의 목적이 징벌이라는 것은 적절하지 않다.

③ 베카리아는 범죄 예방 및 사회 안전 수호를 형법과 형벌의 목적으로 보았다. 범죄자의 인권을 보호하는 것이 형벌의 목적이라는 것은 적절하지 않다.

④ 베카리아는 형벌의 고통은 범죄의 정도를 웃도는 정도로 가해져야 한다고 하였으며, 형벌의 목적이 범죄 예방에 있음을 제시하였다. 범죄자를 격리시켜야 한다는 것은 베카리아의 견해로 보기 어렵다.

017

정답 | ③

해설 | 주어진 조건들을 기호화하면 다음과 같다.

> 조건1. 온라인 플랫폼 → AI 모니터링 대상
> 조건2. ~위조 상품 적발 → 단속 강화 대상
> 조건3. ~온라인 플랫폼 → ~AI 모니터링 대상 ≡ AI 모니터링 대상 → 온라인 플랫폼
> 조건4. 위조 상품 적발∧AI 모니터링 대상

1) 조건3의 대우에 따라 'AI 모니터링 대상'은 '온라인 플랫폼'으로 대체할 수 있다.
2) 1)에 따라 조건4인 '위조 상품 적발∧AI 모니터링 대상'은 '위조 상품 적발∧온라인 플랫폼'으로 변형할 수 있다.
3) 2)에서 도출된 '위조 상품 적발∧온라인 플랫폼'은 교환 법칙에 따라 '온라인 플랫폼∧위조 상품 적발'로 변형할 수 있다.
4) 따라서 정답은 '온라인 플랫폼에서 유통되는 상품 중에는 위조 상품으로 적발되는 상품이 있다'이다.

018

정답 | ①

해설 | '병'은 '갑'(→ 패션은 개성과 집단성을 드러내는 수단이다), '을'(→ 유행은 사회적 압력에 의한 것이어서 개성이나 진정한 자기표현이 아니다)과 달리, "유행과 개성은 대립하는 개념이 아니고, 오히려 유행 안에서 자신만의 스타일을 만들어 가는 것이 중요하다."라고 말하며 독자적인 관점을 제시하고 있다.

오답피하기 |

② 전문가의 견해를 제시한 사람은 없다.
③ 갑은 자신의 주장을 뒷받침하기 위해 '집단 소속감', '개성 표현', '권위 · 전문성 · 반항 등 사회적 메시지' 등 패션의 여러 측면을 제시하면서 '하나의 사례'를 들었을 뿐, 개별 사례들의 공통점을 종합하고 있지는 않다.
④ 갑, 을, 병 모두 자신의 입장을 바꾸지 않고 일관되게 유지하고 있다.

019

정답 | ①

해설 | 주어진 조건들을 기호화하면 다음과 같다.

> 조건1. 패널국∧개최 지지 → 국제회의 개최 ≡ ~국제회의 개최 → ~패널국∨~개최 지지
> 조건2. A국 → ~국제회의 개최
> 조건3. ~전문가 갈등 → 패널국 ≡ ~패널국 → 전문가 갈등
> 조건4. (   )
> 결론. A국 → 전문가 갈등

1) 'A국'이 '전문가 갈등'이 확정되기 위해서는 조건3의 대우에 따라 '~패널국'이 확정되어야 한다.
2) 조건2에 따라 'A국'은 '~국제회의 개최'가 확정되므로, 조건1에 따라 '~패널국∨~개최 지지'가 확정된다.
3) 1)에서 도출된 '~패널국'이 확정되기 위해서는 2)에서 도출된 '~패널국∨~개최 지지'에서 '개최 지지'를 확정하여 선언지 제거를 적용해야 한다.
4) 즉, 'A국'은 '개최 지지'가 추가되어야 한다.
5) 따라서 정답은 'A국은 이전 회의에서 개최를 지지받는다'이다.

오답피하기 |

선택지의 내용을 기호화하면 다음과 같다.

> ② 'A국∧패널국'
> ③ '국제회의 개최 → 패널국'
> ④ '전문가 갈등 → ~국제회의 개최'

020

정답 | ③

해설 | 반대 측은 개발로 인해 발생하는 소음이 동물 생태계에 악영향을 줄 수 있다는 논리로 개발을 반대한다. 따라서 인위적 소음이 멸종위기 야생동물의 번식률과 서식 안정성을 감소시킨다는 생태학 연구는 반대 측의 입장을 '강화'하는 근거에 해당한다.

오답피하기 |

① 찬성 측은 획기적인 소음 저감 공법을 적용하여 산악 체험형 놀이 시설을 건설하면 문제를 충분히 해결할 수 있을 것이라고 본다. 그런데 ①에서처럼 개발 과정에서 유입된 외래종으로 인해 기존 생태계가 붕괴하게 된 사례는, 개발 과정에서 소음 문제 외에 또 다른 문제가 발생할 수 있음을 보여 준다. 따라서 ①의 사례는 찬성 측 입장을 '강화'하는 것이 아니라 '약화'한다.
② 찬성 측은 획기적인 소음 저감 공법을 적용하여 산악 체험형 놀이 시설을 건설하면 문제를 충분히 해결할 수 있을 것이라고 본다. 따라서 ②에서처럼 최신 공법 적용으로 소음을 획기적으로 줄여 놀이 시설을 건설한 사례들이 증가하고 있다는 사실은, 찬성 측 입장을 '약화'하는 것이 아니라 '강화'한다.
④ 반대 측은 개발로 인해 발생하는 소음이 동물 생태계에 악영향을 줄 수 있다는 논리로 개발을 반대한다. 따라서 개발이 기존의 연속적 생태계를 단절해 동식물의 생존에 악영향을 준다는 이론은, 반대 측 입장을 '약화'하는 것이 아니라 '강화'한다.

모의고사
06회

S#.6 문학이 어려워진다면...

킬러 ① 논리 [5번]
킬러 ② 문학 [6번]
킬러 ③ 문학 [10번]

문학은 25 국가직, 지방직에서 모두 쉽게 출제되었다. 예시 문항에서는 어렵게 출제된 것과 사뭇 다르다. 따라서 이에 대한 준비가 필요하다. 지금 문학은 개념을 묻지 않는다. 지문의 내용을 토대로 선택지의 말을 지문의 말로만 바꿀 수 있으면 쉽게 해결할 수 있다. 결국 독해 실력이 있다면 이러한 킬러 문제들도 쉽게 넘어갈 수 있을 것이다. 다만 함정이 되는 선택지와 정답이 되는 선택지를 발라내는 능력이 있어야 2문제 모두 제대로 풀 수 있을 것이다. 이번 회차 지문의 글자 수는 7782자, 평균 정답률은 83%로 지문의 길이가 긴 편에 속한다.

001
정답 | ①
해설 | 수정 전 문장에서는 중의적 의미를 발견하기 어렵다. 따라서 이 문장을 그대로 사용하는 것이 바람직하다. 오히려 이 문장을 "민원실에서 안내한 직원의 요청만 처리합니다."와 같이 수정하게 되면, '안내한' 주체가 누구인지 알 수 없는 모호한 문장이 된다. 즉 '민원실에서 → 직원에게 안내를 한' 것인지, 아니면 '민원실에서 직원이 → 다른 사람에게 안내를 한' 것인지가 불분명해지므로 오히려 중의적 문장이 되어 버린다. 따라서 ①은 적절하지 못하다.

오답피하기 |
② 수정 전 문장은 '접수가 ~ 진행하다'와 같이 주술 호응이 제대로 이뤄지지 않고 있다. 또한 '접수가 진행되고 있다'는 표현 또한 길고 장황스러운 느낌을 준다. 따라서 능동 표현으로 주술 호응을 바로 잡고, 더욱 간결하게 줄인 형태인 "민원을 접수하고 있습니다."로 수정하는 것이 바람직하다.
③ '유비쿼터스'는 전문용어로 일반인들이 이해하기 어려우므로 수정 후처럼 수정하여 사용하는 것이 적절하다.

*참고: 유비쿼터스(Ubiquitous)'는 라틴어 'ubique'에서 유래된 말로, '도처에 존재하는', '어디에나 있는', 또는 '편재(遍在)하는'이라는 뜻이다. 특히 정보통신 분야에서 '유비쿼터스 컴퓨팅'이라는 개념으로 자주 쓰이며, 이는 '언제, 어디서나, 어떤 기기나 장치를 통해서도 컴퓨터 환경이나 네트워크에 접속하여 정보와 서비스를 자유롭게 활용할 수 있는 환경'을 의미한다. 즉 사용자가 컴퓨터나 네트워크의 존재를 의식하지 않고도, 일상생활에서 자연스럽게 정보통신 기술을 이용할 수 있도록 하는 기술 및 환경을 가리킨다.

④ 수정 전 문장은 '신분증을 지참하지 않은 방문객'에게 '무엇'이 '제한'되는지가 불분명하다. 따라서 '제한됩니다'의 생략된 주어 '입장이'를 채워야 문장이 자연스러워진다.

002
정답 | ①
해설 | 지문에 따르면 우리가 일상적으로 사용하는 말들은 정보적 기능과 표현적 기능을 함께 수행하는데, 그중 표현적 기능은 감정적 의미를 뜻한다. 그리고 '첩자'와 '첩보원'은 개념적 의미로는 서로 동일하지만 감정적 의미로는 전자가 후자보다 더 경멸받는다는 점에서 서로 다르다. 따라서 '첩자'와 '첩보원'은 표현적 기능의 측면에서 유사성을 띤다고 보기 어렵다.

오답피하기 |
② 지문에 따르면 '중매인'와 '뚜쟁이' 두 단어의 개념적 의미는 같다.
③ 지문에 따르면 으르렁말은 남을 위협하거나 모욕하는 언어이며, 가르랑말은 남의 호감을 사려는 말이다. 그리고 이 두 언어에서는 표현적 기능이 두드러지게 나타난다. 따라서 단어에 내재된 감정적 의미가 커질수록 으르렁말이나 가르랑말에 가까워질 것이다.
④ 지문에 따르면 우리가 일상적으로 사용하는 말 속에는 개념적 의미와 감정적 의미가 중첩되어 있다.

003
정답 | ②
해설 | 1문단에 따르면 사과나 부탁을 하는 상황에서 쓰는 '미안하다'와 '죄송하다'의 경우, 상위자에게는 '죄송하다'를 써야 한다. 그러나 2문단에 따르면 윗사람이더라도 친밀감을 갖는 사람에게는 '미안하다'를 쓸 수 있다. 따라서 상대가 화자보다 상위자이면 친분이 있어도 '죄송합니다' 대신 '미안합니다'를 쓸 수 없다고 한 진술은 적절하지 않다.

오답피하기 |
① 1문단에 따르면 사과나 부탁을 하는 상황에서 쓰는 '미안하다'와 '죄송하다'의 경우, 상위자에게는 '죄송하다'를 써야 한다. 그리고 2문단에 따르면 윗사람이라도 친밀감을 갖는 사람에게는 '미안하다'를 쓸 수 있다. 따라서 상대가 화자보다 상위자이고 친분이 없으면 '죄송합니다' 대신 '미안합니다'를 쓸 수 없다.
③ 1문단에 따르면 사과나 부탁을 하는 상황에서 쓰는 '미안하다'와 '죄송하다'의 경우, 하위자에게는 '미안하다'를 써야 한다. 그리고 2문단에 따르면 아랫사람이더라도 별로 친하지 않거나 심리적으로 거리감을 느끼는 사람에게는 '죄송하다'를 쓸 수 있다. 따라서 상대가 화자보다 하위자이면 친분에 따라서 '죄송합니다' 또는 '미안해요'를 쓸 수 있다.
④ 1문단에 따르면 사과나 부탁을 하는 상황에서 쓰는 '미안하다'와 '죄송하다'의 경우, 하위자에게는 '미안하다'를 써야 한다. 그리고 2문단에 따르면 아랫사람이더라도 별로 친하지 않거나 심리적으로 거리감을 느끼는 사람에게는 '죄송하다'를 쓸 수 있다. 따라서 상대가 화자보다 하위자이어도 친분이 없으면 '미안합니다' 대신 '죄송합니다'를 쓸 수 있다.

004

정답 | ③

해설 | 1문단의 "개인적 복수를 주목적으로 다루는 다른 고소설에서와 달리 조웅의 복수 의식은 단순한 개인적 감정에 머무르지 않고, 국가에 대한 충성이라는 대의명분과 결합하여 더욱 강력한 힘을 얻게 된다."를 통해, 조웅의 복수는 사적 복수와 공적 충성이 결합된 것이며, 「조웅전」은 다른 고소설에서와 다른 독특한 영웅상을 제시한다는 것을 알 수 있다. 또한 2문단의 "작품의 전개는 일반적인 영웅 전개 방식을 따라 네 단계로 구체화된다."를 통해 이 작품이 영웅 서사의 전형을 따른다는 것도 확인할 수 있다. 따라서 ③의 진술은 적절하다.

오답피하기 |

① 2문단의 "이 과정에서 조웅은 다양한 조력자와의 만남을 통해 성장하고"를 통해 적절하지 않음을 알 수 있다.

② 2문단의 "두 번째 단계에서는 조웅이 다양한 시련을 극복하며 자신의 대결력을 키워나간다."를 통해, 주인공이 여러 시련을 극복하며 능력을 기르는 과정은 '세 번째' 전개 단계가 아니라 '두 번째' 단계임을 알 수 있다.

④ 2문단의 "마지막 네 번째 단계에서는 조웅이 정적인 이두병과 다시 맞서 최종적으로 승리함으로써 복수와 정의를 완성한다."를 통해, 최종 대결에서 승리하는 것은 '이두병'이 아니라 주인공 '조웅'이라는 것을 알 수 있다. 따라서 이두병이 최종 대결에서 승리하는 모습을 보인다는 진술은 적절하지 않다.

005

정답 | ④

해설 | 주어진 조건들을 기호화하면 다음과 같다.

> 조건1. 김 인재정책과 → 이 공개채용과∧이 경력채용과 ≡ ~이 공개채용과∨~이 경력채용과 → ~김 인재정책과
> 조건2. 이 공개채용과∧이 경력채용과 → 박 시험출제과 ≡ ~박 시험출제과 → ~이 공개채용과∨~이 경력채용과
> 조건3. ~박 시험출제과
> 조건4. 김 인재정책과∨최 인재정책과

1) 조건3에 따라 '~박 시험출제과'가 확정된다.
2) 1)에 따라 '~박 시험출제과'가 확정되므로, 조건2의 대우에 따라 '~이 공개채용과∨~이 경력채용과'가 확정된다.
3) 2)에 따라 '~이 공개채용과∨~이 경력채용과'가 확정되므로, 조건1의 대우에 따라 '~김 인재정책과'가 확정된다.
4) 3)에 따라 '~김 인재정책과'가 확정되므로, 조건4에서 선언지 제거에 따라 '최 인재정책과'가 확정된다.
5) 확정된 것을 정리하면 '~김 인재정책과, ~이 공개채용과∨~이 경력채용과, ~박 시험출제과, 최 인재정책과'이다.
6) 따라서 정답은 '최 주무관은 인재정책과 배정을 희망한다'이다.

006

정답 | ③

해설 | 2문단의 "화자는 인간적 모순이 없었던 과거의 생활과 풍습을 떠올리며, 참다운 인간 생활이 사라진 오늘날의 모순된 현실을 부각시키고 있다. 이는 현대 사회의 고립되고 복잡한 부정적 현실을 벗어나"를 통해, 「향아」의 화자는 과거의 순수했던 삶을 인간적 모순이 없는 이상적인 시절로 바라보며, 참다운 인간 생활이 사라진 오늘날의 고립되고(=소외되고) 복잡한 현실을 비판하고 있음을 알 수 있다.

오답피하기 |

① 1문단의 "신동엽의 「향아」는 화자가 시적 대상에게 직접 말을 건네는 청유형 구조를 지닌 시이다."를 통해, 이 작품에서 명령형 어미가 사용되었다는 진술은 적절하지 않음을 알 수 있다.

② 1문단의 "또한 화자가 시적 대상의 이름을 직접 부르는 것은 독자의 관심을 환기시키고, 전하는 말에 더욱 몰입하게 만드는 기능을 한다."를 통해 적절하지 않음을 알 수 있다.

④ 2문단에서는 "화자는 인간적 모순이 없었던 과거의 생활과 풍습을 떠올리며, ~ 대지와 더불어 살아가는 소박하고 순수한 삶의 공간을 지향하는 태도를 통해 잘 드러난다."라고 언급하며, 「향아」에서 노래하는 과거를 소박하고 순수한 공간으로 설명하고 있다. 따라서 지문의 내용만으로는 과거가 어두운 현실이었는지는 알 수 없으므로, 과거를 어두운 현실로 진술한 ④의 내용은 적절하지 않다.

007

정답 | ②

해설 | 첫 단락에서 금속 연료가 항공 우주 산업이나 군수 산업 등에서 사용된다고 설명하고 있다. 따라서 다음으로는 '항공 우주 산업이나 군수 산업에서 금속 연료가 어떻게 사용되고 있는지'가 제시되어야 하므로, 대표적인 예를 제시하고 있는 (나)가 오는 것이 자연스럽다.

다음으로, (나)의 마지막 문장에서 '금속 분말을 첨가한다.'라고 언급되었으므로, 이후에는 금속 분말에 대해 구체적으로 설명하는 내용이 제시되는 것이 자연스럽다. 이를 반영하고 있는 것이 (가)이다.

(다)의 경우, 앞과 대등하지만 새로운 정보를 제시할 때 사용하는 "또한"으로 시작하면서 '금속 연료가 무기에 응용되고 있는 사례'에 관한 구체적인 설명이 이어지고 있다. 따라서 (다)는 금속 연료가 '로켓 추진체'에 사용되는 경우를 설명하는 (나)와 (가) 뒤에 위치하는 것이 흐름상 자연스럽다.

008

정답 | ③

해설 | 〈지침〉에 따르면 ©에는 Ⅱ-1의 '급변하는 산업 구조로 인한 일자리 감소'에 대응되는 해결 방안이 들어가야 한다. '기업의 이윤 확대를 위한 세제 혜택 강화'는 이에 대응되지 않으므로 ©에 들어갈 내용으로 적절하지 않다.

오답피하기 |

① 〈지침〉에 따르면 ㉠에는 문제 제기가 들어가야 한다. '청년 실업률 증가에 따른 사회적 문제 심화'는 이에 해당하므로 ㉠에 들어갈 내용으로 적절하다.

② 〈지침〉에 따르면 ㉡에는 Ⅲ-2의 '대학 전공과 산업 현장 수요를 연계한 교과 과정 개편'에 대응되는 원인이 들어가야 한다. '청년의 전공과 노동 시장 수요 간의 괴리'는 이에 대응되므로 ㉡에 들어갈 내용으로 적절하다.

④ 〈지침〉에 따르면 ㉣에는 기대 효과가 들어가야 한다. '안정적인 청년 고용을 통한 사회적 통합 강화'는 이에 해당하므로 ㉣에 들어갈 내용으로 적절하다.

009

정답 | ①

해설 | 1문단에서는 실제 생태계에서 경쟁 배타의 원리가 항상 적용되지는 않는 이유로 "생태계에 다양한 종이 존재함으로써 서로가 복잡하게 얽혀 경쟁의 결과가 한 종의 독점으로 귀결되지 않기 때문"이라고 설명하고 있다. 또한 2문단에서는 스탠퍼드 연구팀의 대장균 실험에서, 세 종류의 대

장균이 순환적인 우열 관계를 이루며 모두 살아남았다는 것을 제시하고 있다. 즉 다양한 종 사이의 '복잡하게 얽힌 상호작용'이 종 다양성 유지의 핵심임을 강조하고 있으므로, ①이 빈칸에 들어갈 말로 가장 적절하다.

오답피하기 |

② 2문단의 "미국 스탠퍼드 대학교 연구팀은 세 종류의 변종 대장균을 대상으로 실험을 진행하여, 이들 사이에 복잡한 경쟁 관계가 존재함을 밝혀냈다."를 통해, 실험 속 종들 사이에는 복잡한 경쟁 관계가 존재한다는 것을 알 수 있다. 따라서 ②의 '서로 경쟁하지 않고 협력하여'라는 진술은 빈칸에 들어갈 내용으로 적절하지 않다.

③ 지문에서는 '우수한 종'과 '열등한 종'이라는 구분이나, 우수한 종이 열등한 종을 돕는 내용이 전혀 언급되지 않았으므로, ③의 진술은 빈칸에 들어갈 내용으로 적절하지 않다.

④ 2문단의 "바닥에 울퉁불퉁한 돼지 내장을 깐 배양 접시에서 이 세 종류를 함께 키운 결과, 시간이 지나면서 우위가 바뀌긴 했지만 결국 세 종류 모두 살아남았다."를 통해, 모든 변종 대장균이 살아남았다는 것을 알 수 있다. 따라서 환경에 적응하지 못한 종이 도태된다는 진술은 빈칸에 들어갈 내용으로 적절하지 않다.

010

정답 | ③

해설 | 절정에서 주인공의 성장이 극적으로 이루어지며 관객의 몰입이 극대화되는데, 절정은 영화의 '발단-전개-결말' 세 단계 중 전개부에 해당한다.

오답피하기 |

① 발단부에서 사건의 원인을 제시하는 것은 맞다.(1문단) 그러나 이야기를 본격적으로 진행하는 단계는 발단부가 아니라 '전개부'이다.(2문단)

② 오픈 엔딩은 애매모호한 결말이기 때문에 영화의 해석에 다양성을 부여하여 관객을 능동적으로 참여시킨다.(3문단)

④ 전개부는 주인공이 목표를 이루기 위해 다양한 갈등에 직면하고 그것을 해소하는 과정을 담는다. 이때 위기와 이완이 반복되며 긴장과 휴식이 교차하고, 이러한 과정을 거쳐 갈등의 극대점이자 해소점인 절정에 이르게 된다.(2문단)

011

정답 | ②

해설 | ⊙의 '나뉜다'는 '여러 가지가 섞인 것을 구분하여 분류되다.'라는 의미로 사용되었으므로, 이것과 바꿔 쓰기에 적절한 말은 '분류된다'이다.

오답피하기 |

① '분배(分配)되다'는 '몫몫이 별러져 나뉘다. 몇으로 갈리어 나누어지다.'를 의미한다.

③ '취합(聚合)되다'는 '모아서 합쳐지다.'를 의미한다.

④ '조절(調節)되다'는 '균형에 맞게 바로잡히다.'를 의미한다.

012

정답 | ②

해설 | 제시된 전제를 기호화하면 다음과 같다.

전제1. ~면역력 → 염증
전제2. 염증∧~건강 관리
결론. ~건강 관리∧~면역력

결론의 '~건강 관리∧~면역력'이 도출되기 위해서는 전제2의 '염증∧~건강 관리'에서 '염증'을 '~면역력'으로 바꾸어 주면 된다. 즉, '염증

→ ~면역력'이 추가되어야 한다. 따라서 정답은 '염증이 잘 일어나는 사람은 모두 신체의 면역력이 약해진 사람이다'이다.

오답피하기 |

① '신체의 면역력이 약해진 어떤 사람은 염증이 잘 일어나는 사람이다'는 '~면역력∧염증'이다.

③ '건강 관리에 신경을 쓰지 않는 어떤 사람은 염증이 잘 일어나는 사람이다'는 '~건강 관리∧염증'이다.

④ '건강 관리에 신경을 쓰지 않지만 신체의 면역력이 약해지지 않은 사람은 모두 염증이 잘 일어나는 사람이다'는 '~건강 관리∧면역력 → 염증'이다.

013

정답 | ③

해설 | ⓒ 바로 앞 문장에서 쇼펜하우어가 감정의 예술로서의 음악을 예찬했다는 내용이 제시되었다. 쉽게 말해 음악이 감정을 표현할 수 있기에 예찬했다는 것이다. 따라서 후술하는 문장에서는 '음악이 인간의 감정을 표현한다'는 내용이 제시되어야 하지만, 이와는 반대로 ⓒ은 음악의 형식적 특성이 감정의 흐름을 표현하지 못한다는 내용이므로 부자연스럽다. 따라서 ③처럼 수정하는 것이 자연스럽다.

오답피하기 |

① 마테존은 음악을 통해 인간의 감정이 표현되고 움직인다고 보았으므로, 후술하는 문장에서도 이와 관련된 내용이 제시되어야 자연스럽다. ⊙은 음악이 인간의 감정을 순화하는 긍정적 기능이 있음을 제시하는 내용이므로 그대로 두는 것이 적절하다. 반대로 ①의 진술처럼 수정하면 음악의 부정적인 측면을 드러내는 것이므로 오히려 흐름이 어색해진다.

② ⓛ 바로 뒤의 "예를 들어 C장조는 축제나 기쁨을 표현하고, F단조는 깊고 무거운 절망과 불안감 등을 표현한다는 것이다."를 고려할 때, 감정이 보편적인 음악적 수단을 통해 유형화될 수 있다는 내용이 제시되어야 자연스럽다. 따라서 ⓛ은 그대로 두는 것이 적절하다.

④ 쇼펜하우어는 음악이 '추상적인 감정인 인간 내면의 본질'을 표현한다는 점을 강조하였다. 따라서 후술하는 내용에서도 음악이 구체적이고 개별적인 것이 아니라 추상적이고 내면적인 본질을 표현하는 예술이라는 점을 부각해야 한다. 그런데 이와는 반대로 ④의 "음악은 현상을 표현하는 것이기 때문이다."라는 진술은, 음악이 구체적인 것을 표현하는 예술이라는 것을 제시하는 것이므로 흐름상 자연스럽지 못하다. 따라서 ②은 그대로 두는 것이 자연스럽다.

014

정답 | ③

해설 | ⓛ은 "불필요한 예산 축소와 구조 조정"을 통한 복지 재원 확보를 주장한다. 따라서 실제로 예산 구조 조정만으로 복지 지출을 늘린 사례는 ⓛ의 주장을 뒷받침하므로, 이 사례가 ⓛ의 주장을 강화한다는 ③의 진술은 적절하다.

오답피하기 |

① ⊙은 "세금 인상"을 통한 복지 확대를 주장한다. 그러나 국민 다수가 증세에 반대한다는 여론조사 결과는 세금 인상론의 실현 가능성을 낮추는 근거이므로, ⊙의 주장을 '강화'하는 것이 아니라 '약화'한다.

② ⊙은 "세금 인상"을 통한 복지 확대를 주장한다. 따라서 세금 인상에 대한 국민 신뢰와 정책 효과가 높아진다는 주장은 세금 인상론의 정당성과 실효성을 뒷받침하므로, ⊙의 주장을 '약화'하는 것이 아니라 '강화'한다.

④ ⓛ은 "불필요한 예산 축소와 구조 조정"을 통한 복지 재원 확보를 주장한다. 따라서 예산 효율화가 재원 마련 외에도 공공 부문 혁신과 행정 효율성 제고로 이어진다는 것은 예산 효율화의 긍정적 효과를 강조하는 것으로, ⓛ의 주장을 '약화'하는 것이 아니라 '강화'한다.

015
정답 | ④
해설 | '상계 관세'는 외국 정부가 자국 기업에 보조금을 지급하여 가격 경쟁력을 높일 경우, 그 효과를 상쇄하기 위해 부과하는 것으로(2문단), 교역 상대국의 불공정 무역 관행에 대한 보복적 성격을 지닌다. (3문단)
오답피하기 |
① 관세는 '국제 무역을 활성화'하기보다는 오히려 무역 장벽을 높여 '무역을 제한'하는 효과가 있으므로 적절하지 않다.
② 무역 규제가 교역 상대국의 불공정 무역 관행을 '사전에 막기 위해 시행'되는지 여부는 알 수 없다. 반덤핑 관세나 상계 관세를 보더라도 외국 기업의 덤핑 수출이 발생하거나 외국 정부의 자국 기업에 대한 보조금 지급이 '먼저 이루어진 후'에야 그에 대한 보복 조치로 무역 규제가 이루어질 수 있기 때문이다.
③ 자국 정부의 보조금을 받아 가격 경쟁력을 높인 외국 기업에 대해 부과하는 것은 반덤핑 관세가 아니라 '상계 관세'이다.

016
정답 | ④
해설 | ㉣'낳다'는 '어떤 생각이나 결론·반응 따위를 이끌어 내다.'의 의미로 사용되었다. 반면 '주조하다'는 '녹인 쇠붙이를 거푸집에 부어 물건을 만들다.'의 의미이므로 '낳다'와 바꿔 쓰기에는 적절하지 않다.
오답피하기 |
① ㉠'매기다'는 '일정한 기준에 따라 사물의 값이나 등수 따위를 정하다.'라는 의미이므로, '세금이나 부담금 따위를 매기어 부담하게 하다.'라는 의미의 '부과하다'와 바꿔 쓰더라도 자연스럽다.
② ㉡'올라가다'는 '값이나 통계 수치, 온도, 물가가 높아지거나 커지다.'라는 의미이므로, '낮은 데서 위로 올라가다.'라는 의미의 '상승하다'와 바꿔 쓰더라도 자연스럽다.
③ ㉢'있다'는 '개인이나 물체의 일부분이 일정한 범위나 전체에 포함된 상태이다.'라는 의미이므로, '포함되다'와 바꿔 쓰더라도 자연스럽다.

017
정답 | ②
해설 | '갑'은 국제관계에서 도덕과 윤리 및 국제법과 국제기구의 중요성을 강조하면서, (갈등이나 분쟁이 발생했을 때) 대화와 협상을 통한 평화적 해결이 가능하다고 주장한다.
반면 '을'과 '병'은, 현실적으로 국제 정치가 힘의 논리와 국가 이익에 따라 움직이므로 국제법이나 국제기구로는 국가 간 갈등을 해결하기 어렵다고 주장한다. 우선 '을'은 국제 사회는 각국이 치열하게 경쟁하고 있는 무정부 상태이므로 법이나 기구를 통해 평화를 유지할 수는 없다고 주장한다. 이와 유사하게 '병' 또한 국제법이나 국제기구가 표면적으로는 공평을 추구하는 듯 보이지만 실질적으로는 힘 있는 국가들에 유리하게 작용하는 경우가 대부분이므로, 법과 기구만으로는 국제관계에서 평화를 유지하기 어렵다고 주장하고 있다. (ㄴ 적절)
이처럼 현실적으로 국제관계에서 발생하는 갈등은 국제법이나 국제기구를 통해 평화적으로 해결할 수 있다고 보는 '갑'의 주장과, 그럴 수 없다고 간주하는 '을'과 '병'의 주장은 대립된다. (갑 ↔ 을, 병) (ㄱ, ㄷ 부적절)

018
정답 | ①
해설 | 제시된 조건을 기호화하면 다음과 같다.

조건1. ~을 → ~갑∧~정 ≡ 갑∨정 → 을
조건2. 병 → ~갑 ≡ 갑 → ~병
조건3. 정 → 병 ≡ ~병 → ~정
조건4. 갑

조건4에 따라 '갑'이 확정되므로, 조건1의 대우에 따라 '을'이 확정되고, 조건2의 대우에 따라 '~병'이 확정된다. '~병'이 확정되므로, 조건3의 대우에 따라 '~정'이 확정된다. 확정된 것을 정리하면 '갑, 을, ~병, ~정'이다. 따라서 빈칸에 들어갈 말로 가장 적절한 것은 '갑, 을'이다.

019
정답 | ①
해설 | (가)'현재의 역사'는 '모든 역사는 현재의 시각과 요구에 따라 해석된다'고 보는 역사관으로, ㄱ과 ㄴ은 이러한 입장을 강화하는 사례이다.
ㄱ. ㄱ은 현재의 기술과 관점이 역사 연구에 영향을 주는 사례로, 과거의 역사적 데이터를 있는 그대로 사용하지 않고 현대의 디지털 도구를 통해 새로운 해석을 도출하고 있다. 여기서 "당대와는 다른 새로운 해석"이란, 당대인의 관점이 아니라 현대인의 시각이 반영된 관점을 의미하는 것이므로 ㄱ은 (가)를 강화하는 사례라고 볼 수 있다.
ㄴ. ㄴ은 미국 전체 역사를 '노예제와 인종 문제'라는 관점을 중심으로 재해석하려 했다는 점에서, 과거의 역사를 있는 그대로 보지 않고 현재 역사가의 관점에서 해석하려는 입장임을 알 수 있다. 특히 3문단에서 과거와는 달리 오늘날 계급에 따른 신분 차별을 중요한 문제로 다루고 있다는 점을 고려할 때, ㄴ은 과거의 역사적 기록을 현재 관점에서 재해석하려는 노력으로 볼 수 있으므로, (가)를 강화하는 사례에 해당한다.
오답피하기 |
ㄷ. '법률 사실주의' 입장으로, 미국의 대법원 판결에서는 과거의 법적 맥락을 있는 그대로 활용함으로써 과거 당시의 법과 관행을 중시하는 모습을 보여 주고 있다. 이는 역사의 현재성에 '반대하는 입장'에 해당한다.
ㄹ. 랑케는 사료를 현재의 관점에서 재해석하지 않고 당대 사람의 시각에서 있는 그대로 활용하고자 하였다. 사료를 객관적으로 분석하는 것을 중시하므로, 역사의 현재성에 반대하는 입장으로 볼 수 있다.

020
정답 | ④
해설 | ㉠~㉮의 문맥상 지시하는 바를 살펴보면 다음과 같다.

㉠, ㉣: 과거에 일어난 사건으로, 가공되거나 재해석되지 않는 있는 그대로의 자료를 의미함.
㉡, ㉢, ㉤, ㉮: 과거에 일어난 사건을 현재의 관점으로 선별하거나 재해석한 자료를 의미함.

따라서 ㉠~㉮ 중 문맥상 지시하는 바가 유사한 것끼리 짝지은 것은 '㉡, ㉢, ㉮'이다.

모의고사
07회

S#.7 중간 난도의 문제가 대거 출제된다면...

킬러 ① 공문서 수정하기 [1번]
킬러 ② 강화 약화 [19번]

수업 때마다 강조하지만 정답률 70% 이상의 문제는 모두 맞힐 수 있도록 노력해야 한다. 이것이 상위권과 중·하위권을 가르는 기준이 된다. 이번 회차는 킬러 문제가 2문제 있지만 그중 1문제는 정답률 68%로 중간 정도 난도에 가까운 문제로 볼 수 있다. 따라서 진정한 킬러 문제는 1문제 정도라고 할 수 있겠다. 그러나 정답률 70~80%대의 문제를 대거 배치하여 평균 정답률은 85%가 되게 하였다. 물론 이는 쉬운 편에 속하지만 감이 아니라 실력으로 푸는 학생들은 100점에 가깝게 풀 것이고, 감으로 국어 문제를 푸는 학생들은 평균이나 그보다 못한 점수를 받을 것이다. 이번 회차를 통해서 자신이 반드시 맞혀야 하는 문제가 무엇인지 고민해 보자. 지문의 길이는 7118자이다.

001

정답 | ②

해설 | 이 문장을 "기념행사에 참석한 시장은 모자를 쓰고 있다."와 같이 수정하게 되면, '시장이 머리에 모자를 쓴 상태인지(완료)', 아니면 '시장이 지금 모자를 쓰고 있는 중인지(진행)'가 모호해지므로, 중의적인 문장을 사용하지 않아야 한다는 원칙에 위배된다. 따라서 ②는 적절하지 못하다.

오답피하기 |

① 수정 전 문장은 "민원인은 ~ 필수입니다."로 주술 호응이 어색하다. 이 문장의 경우, 행위의 주체(민원인)가 사람이므로 행위와 관련된 동사를 사용해야 문장이 자연스러워지기 때문이다. 따라서 "민원인은 ~ 을 지참해야 한다."처럼 수정하는 것이 바람직하다.

③ 명사 4개가 연달아 오는 구조이므로, 맥락을 고려하여 "방문하시려면 반드시 예약 신청을 해 주시기 바랍니다."로 수정하는 것이 바람직하다.

④ 맥락상 "결과 발표가 발송됩니다."라는 표현은 자연스럽지 못하므로, 인과관계를 고려하여 "결과가 발표되면 문자가 발송됩니다."로 수정하는 것이 바람직하다.

002

정답 | ③

해설 | 지문에 따르면 '달'과 '탈'은 [ㄷ]과 [ㅌ]의 차이에 의해 의미가 달라지는데, 이는 두 자음이 서로 다른 음운임을 보여 준다. 따라서 '달'과 '탈'의 차이는 음운이 의미 변별 기능을 하는 사례라고 볼 수 있다.

오답피하기 |

① 지문에 따르면 의미 변별 기능을 담당하는 추상적 단위는 음성이 아니라 음운이다.

② 지문에 따르면 발화자의 상황에 따라 달라지는 구체적 소리는 음운이 아니라 음성이다.

④ 지문에 따르면 '달'의 [ㄷ]을 크게 소리 내어 발음하든 작게 속삭이듯 발음하든 동일한 음운으로 인식된다. 따라서 한 음운은 소리의 크기에 상관없이 동일한 음운으로 인식된다.

003

정답 | ④

해설 | ⓐ'너희 집', ⓞ'여기', ⓩ'우리 집'은 모두 '학생 2의 집'을 가리키는 표현이다.

오답피하기 |

① ㉠'그것', ㉡'이 볼펜'은 동일한 대상을 가리키는 표현이지만, ㉢'다른 것'은 ㉠과 ㉡이 가리키는 것 외의 대상을 가리키는 표현이다.

② ㉠'그것', ㉢'다른 것', ㉣'이것'은 모두 청자가 아닌 화자의 관점에서 사용한 표현이다.

③ ⓐ'너희 집', ⓞ'여기'는 모두 '학생 2의 집'을 가리키는 표현이지만, ⓜ'시골'은 '학생 2의 할아버지가 사는 곳'을 가리키는 표현이다.

004

정답 | ②

해설 | 제시된 조건을 기호화하면 다음과 같다.

조건1. 갑 → ~을
조건2. 갑∧~정 → 을 ≡ ~을 → ~갑∨정
조건3. 을∨~병 → 갑
조건4. 갑

조건4에 따라 '갑'이 확정되므로, 조건1에 따라 '~을'이 확정된다. '~을'이 확정되므로, 조건2의 대우에 따라 '~갑∨정'이 확정된다. '~갑∨정'에서 앞서 '갑'이 확정되었으므로, 선언지 제거에 따라 '정'이 확정된다. 확정된 것을 정리하면 '갑, ~을, 정'이며, '병, 무'에 대해서는 확정할 수 없다. 이때, 학교 운동장 개방을 최소로 찬성한다고 할 경우 '~병, ~무' 모두 확정해야 한다. 따라서 '갑, ~을, ~병, 정, ~무'가 확정되므로, 갑, 을, 병, 정, 무 다섯 학생 중 학교 운동장 개방을 찬성하는 최소 인원수는 '2명'이다.

005

정답 | ③

해설 | 1문단에서는 "이러한 갈등의 근본 원인은 유교적 가치관을 중시하는 양부인의 태도에서 비롯된다."라고 하면서, 갈등의 뿌리가 유교적 가치관에 있음을 분명히 밝히고 있다. 물론 명예와 체면을 중시하는 태도도 갈등의 한 축이지만 그 근본에는 유교적 가치관이 있음을 강조하고 있으므로, 「반씨전」에서 나타나는 갈등이 유교적 가치관에 기인한 것이 아니라는 ③의 진술은 적절하지 않다.

오답피하기 |

① 1문단의 "양부인은 출세한 위윤 부부를 편애하며, 그로 인해 두 며느리 사이에 경쟁과 갈등이 촉발된다."를 통해, 양부인의 편애가 며느리들 간 갈등의 직접적 원인임을 알 수 있다.

② 2문단의 "가문주의 의식은 집안의 사소한 문제도 쉽게 정쟁으로 비화시키며, 극단적인 대결로까지 이어진다."를 통해 적절한 진술임을 알 수 있다.

④ 1문단의 "양부인은 출세한 위윤 부부를 편애하며, 그로 인해 두 며느리 사이에 경쟁과 갈등이 촉발된다."와 2문단의 "가문의 명예가 훼손되는 것을 결코 용납하지 않으려는 태도가 얼마나 집안의 평화를 해칠 수 있는지 보여준다."를 통해, 출세 지향적 사고(=출세한 위윤 부부를 편애하는 양부인의 태도)가 갈등의 원인이 되고, 집안의 평화를 해칠 수 있음을 알 수 있다.

006
정답 | ②

해설 | 두 작품 모두 자연을 소재로 삼았으며, 각각의 자연을 통해 인간의 내면(슬픔·고독, 평온·만족 등)을 드러내고 있다. 따라서 두 작품 모두 자연을 통해 인간의 삶을 성찰하고 있다는 해석이 가능하다.

오답피하기 |

① 1문단에서 "자연은 문학에서 인간의 삶을 비추는 거울이자, 다양한 감정과 사유를 투영하는 대상이다."라고 하며, 자연이 '분석'의 대상이라기보다는 '인식'의 대상임을 강조하고 있다. 따라서 ①의 진술은 적절하지 않다.

③ 지문에 따르면 「산유화」의 자연은 외로움, 쓸쓸함, 슬픔, 허무를 상징한다. 반면 「거산호Ⅱ」의 자연은 인간에게 쉼과 위로를 준다. 즉 ③은 두 작품의 자연에 대한 기능을 바꿔서 잘못 진술했으므로 적절하지 않다.

④ 지문에서는 「산유화」가 쓸쓸함과 허무를, 「거산호Ⅱ」가 평온과 만족을 보여준다고 설명한다. 즉 ④는 두 작품의 자연에 대한 의미를 뒤바꿔 잘못 진술했으므로 적절하지 않다.

007
정답 | ①

해설 | 법정은 「적은 것으로 만족하라」에서 가난의 긍정적 기능과 분수에 맞는 삶, 절제와 만족을 강조하지만, '역경을 긍정적으로 받아들이며 서로 격려하자'라고 말하지는 않는다. 그러한 태도는 서정주가 「무등을 보며」에서 보여준 관점이다. 법정의 입장은 '역경' 자체를 긍정적으로 받아들이거나 '서로 격려'하는 데 초점이 있는 것이 아니라, 부족함 속에서 만족과 평온을 찾는 데 있다. 따라서 ①의 진술은 적절하지 않다.

오답피하기 |

② 법정은 「적은 것으로 만족하라」에서 분수에 맞는 삶, 즉 소유를 줄이고 만족하는 태도가 진정한 자유와 평화를 가져온다고 밝히고 있다.

③ 2문단의 "서정주는 가난 속에서도 인간다운 따뜻함과 긍정적인 태도를 강조하며, 어려운 현실을 함께 이겨내는 공동체적 위로의 중요성을 말한다. 이는 물질적 부족함이 오히려 인간 본연의 모습을 드러내는 계기가 될 수 있음을 시사한다."를 통해 적절한 진술임을 알 수 있다.

④ 2문단의 "서정주는 가난 속에서도 인간다운 따뜻함과 긍정적인 태도를 강조하며, 어려운 현실을 함께 이겨내는 공동체적 위로의 중요성을 말한다. ~ 법정은 가난을 통해 삶의 본질을 깨닫고, 욕심을 줄임으로써 마음의 여유를 얻는 태도를 강조한다."를 통해 적절한 진술임을 알 수 있다.

008
정답 | ④

해설 | 〈지침〉에 따르면 (라)에는 기대 효과가 들어가야 한다. '자원 활용 극대화에 따른 방송 제작 비용의 효율적 절감'은 이에 해당하지 않으므로 (라)에 들어갈 내용으로 적절하지 않다.

오답피하기 |

① 〈지침〉에 따르면 (가)에는 보고서 작성의 필요성이 들어가야 한다. '촬영 현장 훼손 방지를 위한 체계적 관리의 필요성'은 이에 해당하므로 (가)에 들어갈 내용으로 적절하다.

② 〈지침〉에 따르면 (나)에는 '촬영 허가 시 청결 유지 서약서 작성 및 책임자 지정'에 대응하는 실태가 들어가야 한다. '촬영 과정에서 발생한 쓰레기의 인근 지역 무단 투기'는 이에 대응하므로 (나)에 들어갈 내용으로 적절하다.

③ 〈지침〉에 따르면 (다)에는 '문화재 훼손으로 문화유산 보존 및 활용에 관한 법률 위반'에 대응하는 대책이 들어가야 한다. '문화재 촬영 지침 배포를 통한 문화재 보존 의식 제고'는 이에 대응하므로 (다)에 들어갈 내용으로 적절하다.

009
정답 | ②

해설 | 빈칸에는 개인주의를 선택했을 때 발생할 수 있는 문제점과 관련된 내용이 들어가야 한다. 1문단의 "개인주의는 사회 구조를 개인들이 상호작용하는 과정 속에서 발생한 결과물에 불과한 것으로 본다."를 통해, 개인주의는 집합주의에 비해 사회 구조를 덜 중요하게 여긴다는 것을 알 수 있다. 따라서 빈칸에는 개인만을 중시하고 사회 구조를 간과했을 때의 문제점이 들어가야 하므로, ②의 진술처럼 (개인주의 관점만을 고집하면) 개인에게 미치는 사회 구조의 구속력을 간과하게 된다는 내용이 들어가는 것이 가장 적절하다.

오답피하기 |

① 개인주의는 사회 구조 속에서 '개인의 역할을 중요하게' 여긴다. 빈칸에는 이러한 개인주의를 선택했을 때 발생할 수 있는 '문제점'이 들어가야 하므로, ①의 진술은 적절하지 않다.

③ 행위의 규범성에 관한 진술은 '개인주의'와는 관련 없는 내용이다.

④ '인간이 가진 합리적 판단의 기준'은 행위의 합리성 또는 규범성을 판단하는 기준과 관련된 것이므로, '개인주의'의 입장과는 별개의 내용이다.

010
정답 | ④

해설 | 글쓴이는 우리나라의 북부와 남부는 기후와 지형에 따라 주거 구조와 공간 활용 방식이 뚜렷하게 달랐다고 주장한다. 겨울이 길고 추운 북부는 난방과 방어 중심의 집중형 주거가, 여름이 길고 무더운 남부는 환기와 외부 활동을 중시하는 분산형 주거가 발달했다는 것이다.

그런데 ④에서는 남북 구분 없이 대부분의 민가에서 담장이 발견된다면 글쓴이의 주장이 약화될 것으로 보고 있다. 만약 이 진술이 타당하다면 지문에서 '담장이 남부나 북부 중 어느 한 지역의 특징으로 제시되어야' 한다.

하지만 북부 지역의 집중형 주거를 설명하는 1문단의 "살림채의 뒷마당이 널문과 담장으로 폐쇄적 형태를 이루는 경우가 많다."와, 남부 지역의 분산형 주거를 설명하는 2문단의 "또한 대문과 담장이 발달하여 외부와의 경계를 명확히 하는 것도 남부 분산형 주거의 특징이다."를 통해, 담장은 기후와 상관없이 우리나라 전 지역에서 공통적으로 발견되는 주거 형태의 일부라는 것을 알 수 있다. 따라서 남부와 북부 지역 모두 민가에서 담장이 발견된다고 해서 글쓴이의 주장이 약화되지는 않는다.

오답피하기 |

① 글쓴이는 겨울이 길고 추운 북부는 난방과 방어 중심의 집중형 주거가 발달했다고 주장하므로, 서북 지역 대부분의 민가에서 '난방을 위한' 온돌과 두꺼운 외벽이 발견된다면 글쓴이의 주장은 강화된다.

② 글쓴이는 여름이 길고 무더운 남부는 환기와 외부 활동을 중시하는 분산형 주거가 발달했다고 주장하므로, 북부 지역에서 주로 나타나는 폐쇄형 구조인 '마루와 방이 건물 하나에 모두 있는' 형태가 남부 지역에서 다수 발견된다면 글쓴이의 주장은 약화된다.

③ 대청과 툇마루는 개방형 주거 형태로 여름이 길고 무더운 남부 지역에서 주로 나타난다. 따라서 북부 지역인 강원도와 달리 경기 남부 상당수 민가에서 이러한 주거 형태가 발견된다면, '기후와 지형에 따라 주거 구조와 공간 활용 방식이 뚜렷하게 달랐다'는 글쓴이의 주장은 강화된다.

011

정답 | ③

해설 | ⊙의 '강하다'는 '수준이나 정도가 높다.'라는 의미로 사용되었는데, ③의 '강하다' 또한 이러한 의미로 사용되었다.

오답피하기 |

①, ④ '물리적인 힘이 세다.'의 의미로 사용되었다.

② '무엇에 견디는 힘이 크거나 어떤 것에 대처하는 능력이 뛰어나다.'의 의미로 사용되었다.

012

정답 | ③

해설 | 제시된 전제를 기호화하면 다음과 같다.

> (가) 공예 → 도예 솜씨
> (나) ~도예 솜씨 → ~공예
> 결론. 도예 솜씨∧~시끄러운 음악

'시끄러운 음악을 듣지 않는 어떤 사람은 공예에 뛰어난 소질이 있다'는 '~시끄러운 음악∧공예'이다. '~시끄러운 음악∧공예'에서 (가)를 활용하여 '~시끄러운 음악∧도예 솜씨'가 도출된다. 이는 교환 법칙에 따라 결론의 '도예 솜씨∧~시끄러운 음악'으로 변환할 수 있다.

오답피하기 |

① '공예에 뛰어난 소질이 있는 어떤 사람은 도예 솜씨가 좋지 않다'는 '공예∧~도예 솜씨'이다.

② '공예에 뛰어난 소질이 있는 모든 사람은 시끄러운 음악을 듣는다'는 '공예 → 시끄러운 음악'이다.

④ '시끄러운 음악을 듣지 않는 모든 사람은 공예에 뛰어난 소질이 없다'는 '~시끄러운 음악 → ~공예'이다.

013

정답 | ④

해설 | ㉣ 바로 뒤의 문장인 "왜냐하면 중국의 미세 먼지가 우리나라에 당장 영향을 주기 때문이다."를 고려할 때, ㉣에는 '문제의 심각성이 중국에만 국한된 것은 아니다.'와 같은 내용이 제시되어야 한다. 따라서 ㉣을 ④처럼 수정하는 것은 적절하지 않다.

오답피하기 |

① 공기와 종말을 합쳐 만든 말이므로, '대기 오염을 정화할 수 있다'와 같은 진술이 오는 것은 매우 어색하다. 즉 공기와 종말을 합쳐 미세 먼지의 심각성을 경고하는 내용이 제시되어야 하므로 ①처럼 수정하는 것이 바람직하다.

② 베이징에서 발생한 미세 먼지의 심각성을 경고하는 내용이므로, '미세 먼지의 농도가 권고 기준 이상으로 높았다'와 같은 내용이 와야 한다.

③ 미세 먼지는 화석 연료를 사용할 때 발생하므로, '중국에서 화석 연료를 많이 사용한다'는 내용이 제시되어야 한다.

014

정답 | ③

해설 | 1문단의 "CCTV는 예방 효과뿐 아니라 학대 발생 시 증거 확보 수단이 된다."에서 알 수 있듯이, CCTV 영상이 책임 소재 명확화 및 신속 대응에 기여한 사례는 찬성 측의 논거이다. 따라서 ③의 진술은 반대 측의 주장을 '강화'하는 것이 아니라 '약화'하므로 적절하지 않다.

오답피하기 |

① 1문단의 "어린이들이 자기표현이 서툴기 때문에 외부에서의 감시 장치가 반드시 필요하다고 본다."를 고려할 때, 영유아는 학대를 당해도 스스로 말하기 어렵기 때문에 외부의 객관적 기록 장치인 CCTV가 필요하다는 것이 찬성 측 논거 중 핵심이므로, ①의 진술은 찬성 측의 주장을 강화한다.

② 2문단의 "실시간 영상 공개는 ~ 보육 품질 저하를 초래할 수 있다는 우려를 드러낸다."에서 알 수 있듯이, CCTV에 의한 교사 스트레스 및 근무 환경 악화는 반대 측의 논거이므로, ②의 진술은 찬성 측의 주장을 약화한다.

④ 1문단의 "부모들도 일종의 안심 장치를 갖게 된다는 점에서 유익하다고 주장한다."에서 알 수 있듯이, CCTV라는 제3의 객관적 증거가 갈등을 최소화해 주는 역할을 했다는 보고는 반대 측 주장을 약화하고 찬성 측 주장을 강화하므로, ④의 진술은 적절하다.

015

정답 | ②

해설 | 서구의 젠트리피케이션은 10~20년에 걸쳐 '점진적'으로 '주거지 중심으로 변화'한 데 비해, 한국에서는 '상업지역과 관광지'로 '급격하게 변모'하는 양상을 보였다. (2문단)

오답피하기 |

① 서구와 달리 한국의 젠트리피케이션은 '급격하게' 진행되었다. (2문단)

③ 젠트리피케이션은 농촌이 아닌 '도심'에서 발생하는 현상이다. (1문단)

④ 젠트리피케이션은 '서구에 비해 한국에서' 급격하게 발생하였다. (2문단)

016

정답 | ③

해설 | ㉢ '동반되다'는 '어떤 사물이나 현상이 함께 생기다.'라는 의미이다. 반면 '겹쳐지다'는 '여럿이 서로 덧놓이거나 포개어지다.'라는 의미이므로 바꿔 쓰기에 적절하지 않다.

오답피하기 |

① ㉠ '변화하다'는 '사물의 성질, 모양, 상태 따위가 바뀌어 달라지다.'라는 의미이므로, '바뀌다'로 바꿔 쓰더라도 자연스럽다.

② ㉡ '발생하다'는 '어떤 일이나 사물이 생겨나다.'라는 의미이므로, '일어나다'로 바꿔 쓰더라도 자연스럽다.

④ ㉣'기인되다'는 '어떠한 것에서 원인이 생겨나다.'라는 의미이므로, 맥락상 '처음으로 시작되다.'라는 의미인 '비롯되다'로 바꿔 쓰더라도 자연스럽다.

017
정답 | ①

해설 | 〈보기〉의 내용 중 적절한 것은 ㄱ이다.

ㄱ. 갑은 "자연을 파괴하는 무분별한 개발 행위를 자제하고, 지속 가능한 개발 계획을 세워 자연과의 공존을 모색해야 한다.", 을은 "개발은 성장에 필요하다. 하지만 환경을 해치지 않도록 신중하게 계획되어야 한다."라고 주장한다. 즉 갑과 을 모두 무분별한 개발을 자제하고 자연과 공존할 수 있는 지속 가능한 개발 계획이 필요하다고 보므로, 갑의 주장과 을의 주장은 대립하지 않는다.

오답피하기 |

ㄴ. 을은 "개발은 성장에 필요하다. 하지만 환경을 해치지 않도록 신중하게 계획되어야 한다."라고 주장하는 반면, 병은 "경제 발전을 위한 개발은 불가피하며, 때로는 환경 변화도 불가항력적인 현상으로 이해할 수 있다."라고 주장한다. 따라서 을의 주장과 병의 주장은 서로 대립하므로, ㄴ은 적절하지 않다.

ㄷ. 갑은 "자연을 파괴하는 무분별한 개발 행위를 자제하고, 지속 가능한 개발 계획을 세워 자연과의 공존을 모색해야 한다."라고 주장하는 반면, 병은 "경제 발전을 위한 개발은 불가피하며, 때로는 환경 변화도 불가항력적인 현상으로 이해할 수 있다."라고 주장한다. 따라서 갑의 주장과 병의 주장은 서로 대립하므로, ㄷ은 적절하지 않다.

018
정답 | ③

해설 | 제시된 전제를 기호화하면 다음과 같다.

```
(가) 금값 → 변동성
결론. 금값 → 순금
```

결론의 '금값 → 순금'이 도출되기 위해서는 (가)의 '금값 → 변동성'에서 '변동성'을 '순금'으로 바꾸어 주면 된다. 즉, '변동성 → 순금'이 추가되어야 한다. 따라서 정답은 '금융 시장의 변동성이 확대되면, 순금을 선호하는 소비자가 늘어난다'이다.

오답피하기 |

① '금값이 오르지 않는다'는 '~금값'이다.

② '금융 시장의 변동성이 확대된다'는 '변동성'이다.

④ '순금을 선호하는 소비자가 늘어나면, 금융 시장의 변동성이 확대되지 않는다'는 '순금 → ~변동성'이다.

019
정답 | ②

해설 | 2문단에 따르면 베키의 주장을 반대하는 측은 사회적 약자에 대한 배려와 실질적 평등 실현의 필요성을 주장한다. 그러므로 다양한 배경의 인재 선발, 창의성·포용성 증진, 소수자 목소리 반영 등은 오히려 베키의 주장을 반대하는 측의 주장을 강화하는 근거로 쓰일 수 있다. 따라서 ②의 주장은 베키를 반대하는 입장을 '약화'하는 것이 아니라 오히려 '강화'하는 논리이므로, ②의 진술은 적절하지 않다.

오답피하기 |

① 2문단에 따르면 베키의 주장을 반대하는 측은 "흑인 학생들이 사회 구조적으로 불리한 환경에 놓여 있기 때문에 특별전형을 통한 실질적 평

등 실현이 필요하다"라고 주장한다. 따라서 동일한 성적 기준이 오히려 불평등을 심화시킬 수 있다는 사회학적 분석은 베키를 반대하는 입장을 강화한다.

③ 2문단에 따르면 베키의 주장을 지지하는 측은 "특별전형으로 인해 성적이 더 높은 지원자가 불합격하는 것은 오히려 새로운 형태의 차별"이라고 지적한다. 따라서 특별전형의 부작용으로 사회적 반감이나 편견이 심화될 수 있다는 점은 베키의 입장을 강화한다.

④ 2문단에 따르면 베키의 주장을 지지하는 측은 "인종과 무관하게 동일한 기준을 적용해야 공정하다"라고 주장한다. 따라서 동일 기준이 실제로는 구조적 불평등을 방치한다는 비판은 베키의 입장의 논리적 정당성을 '약화'하는 반론으로 볼 수 있다.

020
정답 | ②

해설 | (가)는 문맥상 성적순으로 합격자를 선정하지 않고, 사회적 약자를 배려하여 성적이 상대적으로 떨어지더라도 그들을 합격자로 선정하는 것을 말한다. ㉠은 베키가 성적이 높았음에도 떨어진 것을 의미하므로 (가)와 유사한 의미를 띤다. ㉡은 곧 (가)를 의미하므로 그 의미가 동일하다. ㉢, ㉣은 사회적 약자를 배려하지 않고 오직 성적만으로 합격자를 뽑는 것을 의미하므로 (가)와 반대적 의미를 띤다. 따라서 (가)와 문맥적 의미가 유사한 것은 '㉠, ㉡'이다.

001 ③	002 ④	003 ①	004 ④	005 ①
006 ③	007 ④	008 ③	009 ④	010 ②
011 ④	012 ②	013 ③	014 ③	015 ③
016 ③	017 ①	018 ④	019 ②	020 ④

S#.8 화법, 작문, 문법, 논리, 어휘가 킬러 문제로 출제된다면...

킬러 ① 개요 [2번]
킬러 ② 어휘 [12번]
킬러 ③ 문법 [13번]
킬러 ④ 논리 [16번]
킬러 ⑤ 강화 약화(화법) [20번]

이번 회차의 글자 수는 6916자, 평균 정답률은 79%로 출제되었다. 난도는 어려운 편에 속한다. 가장 특이한 것은 화작문, 논리, 어휘로 킬러 문제를 배치해 두었다는 점이다. 이 유형이 간혹 어렵게 출제될 수는 있지만 하나의 시험에서 이러한 유형들로만 킬러 문제들이 구성된 경우는 굉장히 생소할 것이다. 수험생은 언제나 당황할 수 있다. 이처럼 흔히 킬러 문제로 나오지 않는 문제들이 킬러 문제로 대거 출제되었을 때 그러하다.

001

정답 | ③

해설 | '반려가족 100팀이 참여하는 반려견 운동회', '펫케어 기업의 펫보험 · 장례 상담 운영'은 국민과 유관 기업을 중심으로 작성한 것이다. 따라서 '행사 개요를 행사의 주요 대상인 국민과 유관 기업을 중심으로 작성한다'라는 지침에 따라 ⓒ을 수정하지 않고 그대로 두어야 한다.

오답피하기 |

① '동물보호의 날', '기념'이라는 의미가 중복된다. 따라서 '제목을 중복된 표현 없이 간결하게 쓴다'라는 지침에 따라 ㉠을 '동물보호의 날 기념행사 개최'로 수정하는 것은 적절하다.

② '민관 협력 추진'과 '업무 협약 체결'은 모두 유관 기업을 중심으로 작성한 것으로, 국민과 관련된 내용이 빠져 있다. 따라서 '목적을 행사의 주요 대상인 국민과 유관 기업을 중심으로 작성한다'라는 지침에 따라 ⓛ을 '국민의 동물복지 인식 제고와'로 수정하는 것은 적절하다.

④ 신청할 수 있는 방식을 한 가지만 제시하고 있다. 따라서 '신청할 수 있는 방식을 다양하게 제시한다'라는 지침에 따라 ⓡ을 '온라인 사전 신청 및 현장 등록'으로 수정하는 것은 적절하다.

002

정답 | ④

해설 | ⓡ: '수출 기업의 생산성 향상과 경쟁력 강화'는 국제 표준 획득을 위한 방안과는 거리가 멀다. 국제 표준 제정 기구 및 관련 국가와의 협력이 부족하다고 하였으므로, ⓡ에는 '국제 표준 제정 기구 및 관련 국가와의 협력 증진'이 들어가야 한다.

오답피하기 |

① ㉠: 국제 표준 획득의 필요성을 제시해야 하므로, '국제 표준 획득을 통한 기업의 시장 장악력 확보'는 ㉠에 들어갈 내용으로 적절하다.

② ⓛ: 우리나라의 국제 표준 획득 현황을 제시해야 하므로, '국제 표준 제안 및 획득 건수의 부족'은 ⓛ에 들어갈 내용으로 적절하다.

③ ⓒ: 국제 표준이 될 수 있는 새로운 기술 개발이 미흡하다고 하였으므로, '국제 표준을 획득할 수 있는 신기술 개발 장려'는 ⓒ에 들어갈 내용으로 적절하다.

003

정답 | ①

해설 | 지문에 따르면 ㄱ은 음운론적 과정을 통해 음절 수가 감소된 경우로, 음운이 '탈락'되거나 '축약'되면서 형성된다. '조심스러이 → 조심스레'는 '러이'의 두 모음이 축약되어 '레'가 된 것이다. 따라서 이는 ㄱ의 예에 해당한다.

오답피하기 |

② '디디고 → 딛고'는 모음의 탈락으로 인해 만들어진 준말이다. 이는 ㄴ이 아닌 ㄱ의 예에 해당한다.

③ '사나이 → 사내'는 지문에서 음운이 축약되면서 형성된 예로 설명하고 있다. 따라서 이를 음운의 탈락으로 인한 준말로 볼 수 없다.

④ 지문에 따르면 ㄴ은 음운론적으로 설명할 수 없는 준말로, 단어와 단어의 첫음절만을 연결해서 만든 '두자어(頭字語)'이다. '한국은행 → 한은'은 단어와 단어의 첫음절만을 연결해서 만든 것으로, ㄴ의 예에 해당한다. 따라서 '한국은행 → 한은'은 음운의 축약이나 탈락으로 설명할 수 없다.

004

정답 | ④

해설 | 1문단에 따르면 아직도 여러 기관에서 능력 자체를 평가하기보다는 학벌을 따져서 직원을 채용하는 경우가 있는데, 이것도 귀속주의의 응어리라고 할 수 있다. 따라서 선천적 재능에 따라 인력을 채용하는 것은 귀속주의의 관습으로 보기 어렵다.

오답피하기 |

① 2문단에 따르면 자유 경쟁 없이는 경제적 자본주의도 그 힘을 잃는다. 따라서 자유로운 경쟁 없이는 경제적 자본주의는 성립할 수 없다고 볼 수 있다.

② 1문단에 따르면 능력주의는 전통 사회에서의 귀속주의에 비하면 아주 근대화된 사회 풍토의 모습이다. 따라서 능력주의는 귀속주의에 비해 진보한 사회 체계로 볼 수 있다.

③ 1문단에 따르면 아직도 여러 기관에서 능력 자체를 평가하기보다는 학벌을 따져서 직원을 채용하는 경우가 있는데, 이것도 귀속주의의 응어리라고 할 수 있다. 따라서 학벌을 중시하는 풍토 역시 귀속주의의 한 면모로 볼 수 있다.

005

정답 | ①

해설 | 지문에 따르면 모더니즘 예술가들과 달리 개념 미술가들은 통속적인 기성품들까지도 작품의 오브제로 사용했다. 즉, 모더니즘 예술가들은 이미지 차용을 거부했음을 추측할 수 있다. 따라서 ㉠의 '활용했다'는 '거부했다'로 수정되는 것이 글의 흐름상 바람직하다.

오답피하기 |

② 개념 미술가들은 기성품들까지 작품의 오브제로 사용함으로써 기존의 예술 작품과 다른 양식의 작품을 ㉡'창조했다'는 것은 글의 흐름상 자연스럽다. 이를 '파괴했다'로 고치는 것은 적절하지 않다.

③, ④ 소시오그램인 결혼식이나 축제 등을 기록하고 기념할 목적으로 찍은 아마추어 사진은 가족이나 사회 구성원들 간의 관계를 드러냄으로써 그들이 공동체의 구성원으로서 가지는 감정을 재확인하고 공동체의 결속을 ㉣'이끄는' 역할을 하였다. 따라서 ㉢'사회적' 지표는 소시오그램을 설명하는 말로서 적절하다. 이를 '자의적'으로 고치는 것은 적절하지 않다. 그리고 ㉣'이끄는'도 '파괴하는'으로 고치는 것은 적절하지 않다.

006

정답 | ③

해설 | 선지의 정답 구성으로 볼 때, 맨 처음 단락은 (다) 아니면 (라)이다. 각각의 내용을 살펴보자. 우선 (다)는 일상에서의 긍정적인 경험만이 아니라 부정적인 감정도 내면 변화와 성숙에 중요하다는 내용을 담고 있다. 그런데 (다)의 첫 문장 "긍정적인 경험뿐 아니라 때로는 실망이나 아쉬움도 내면의 변화를 촉진하는 중요한 자원이 된다."에 사용된 '도'를 고려하면, (다)는 첫 문단으로는 적합하지 않다. '도'는 '이미 어떤 것이 포함되고 그 위에 더함의 뜻을 나타내는 보조사'이므로, (다) 앞에는 '긍정적인 경험이 내면의 변화를 촉진하는 중요한 자원이 된다'라는 내용이 반드시 제시되어야 하기 때문이다.

반면 (라)는 일상의 경험에서 다양한 의미와 새로운 인식을 발견할 수 있다는 내용이므로, 첫 문단으로 제시되어도 무난하다. 따라서 정답은 ③ 아니면 ④로 좁혀진다.

이제 (라) 다음 문단으로 위치할 문단이 (나)인지 (다)인지를 결정하면 된다. (나)는 일상의 경험에서 새로운 인식을 발견하게 되는 사례이므로, (라) 다음에 위치하더라도 자연스럽다. 반면 앞서 살펴봤듯이 (다) 앞에는 '긍정적인 경험이 내면의 변화를 촉진하는 중요한 자원이 된다'라는 내용이 반드시 제시되어야 하는데, (라)에는 그러한 내용을 찾아볼 수 없다. 따라서 (라) 뒤에 (다)가 위치하는 것은 부자연스럽다. 결론적으로 (라) 뒤에는 (나)가 위치해야 하므로, 정답은 ③이다.

(라): 일상의 경험에서 다양한 의미와 새로운 인식을 발견할 수 있다.

(나): 일상의 경험에서 새로운 인식을 발견하게 되는 사례를 제시하고 있다.

(가): 일상의 긍정적 경험을 통해 자기 성찰과 성장을 이룰 수 있음을 설명하고 있다.

(다): 부정적인 감정도 내면 변화와 성숙에 중요하므로, 일상적 경험을 소중히 여기고 그 속에서 의미를 발견하려는 태도의 중요성을 강조하고 있다.

007

정답 | ④

해설 | 1문단의 "주자는 도가 역사적 변화에 흔들리지 않는 초월적 실재라고 보았다."와 2문단의 "진량은 도가 내재하는 방식이나 군주가 도를 경영하는 방법은 시대에 따라 달라질 수 있다고 보았다."를 통해, 주자는 도의 불변성을 강조하고 있으며 반대로 진량은 도의 실현 방식이 유동적으로 변할 수 있다고 생각한다는 것을 알 수 있다. 따라서 '주자와 달리' 진량이 도의 실현 방식이 시대에 따라 달라질 수 있다고 보았다는 것은 적절하다.

오답피하기 |

① 1문단의 "주자는 도가 인간의 노력이나 역사적 변화에 흔들리지 않는 초월적 실재라고 보았다."를 통해 적절하지 않은 진술임을 알 수 있다.

② 진량이 도의 초월성을 부정했다는 내용은 지문에서 언급된 적이 없다. 또한 2문단의 "진량은 도 자체가 갑자기 사라지거나 도통이 단절될 수 있다고는 생각하지 않았다."를 고려할 때, 진량도 일정 부분 도의 초월성을 인정하고 있음을 알 수 있다. 세상에 늘 존재한다는 것은 초월적인 존재만이 가능하기 때문이다.

③ 2문단의 "진량은 군주가 도를 경영하는 방법은 시대에 따라 달라질 수 있다고 보았다."를 통해, 군주가 도를 경영하는 방식의 변화를 긍정한 사람은 '주자'가 아니라 '진량'임을 알 수 있다.

008

정답 | ③

해설 | ㉢의 '제시하다'는 '어떠한 의사를 말이나 글로 나타내어 보이게 하다.'라는 의미이므로, '헤아려서 갖추다.'라는 의미인 '마련하다'와 바꿔 쓰기에는 적절하지 않다.

오답피하기 |

① ㉠의 '지속되다'는 '어떤 상태가 오래 계속되다.'라는 의미이므로, '끊어지지 않고 계속되다.'의 의미인 '이어지다'와 바꿔 쓰더라도 자연스럽다.

② ㉡의 '훼손되다'는 '손상되어 그 온전함이 망가뜨려지다.'라는 의미이므로, '부서지거나 찌그러져 못 쓰게 되다. 또는 상황이나 상태 따위가 좋지 아니하게 되다.'라는 의미인 '망가지다'와 바꿔 쓰더라도 자연스럽다.

④ ㉣의 '부당하다'는 '이치에 맞지 아니하다.'라는 의미이므로, '틀리거나 그릇되게 되다.'라는 의미인 '잘못되다'와 바꿔 쓰더라도 자연스럽다.

009

정답 | ④

해설 | 2문단의 "지구가 일직선으로 있으면 초신성의 빛이 강력한 중력을 가진 은하를 지나면서 은하의 바깥쪽으로 균일하게 휘어지게 되는데, 이 경우 지구에서 보면 초신성이 마치 둥근 고리처럼 보인다."를 통해, 초신성의 빛이 중력 렌즈 역할을 하는 은하의 바깥쪽으로 고르게 휘어지면 지구에서는 '십자가 형상'이 아니라 '둥근 고리 모양'처럼 보인다는 것을 알 수 있다. 따라서 ④는 적절하지 않은 진술이다.

오답피하기 |

① 3문단의 "중력 렌즈 현상으로 인해 천체의 밝기가 증폭되어 보이기도 한다."를 통해 적절한 진술임을 알 수 있다.

② 1문단의 "이 이론에 따르면 큰 질량을 가진 은하단은 시공간을 심하게 비틀고"를 통해, 일반 상대성 이론에 따르면 물질의 질량이 커질수록 시공간의 왜곡도 심해진다는 것을 알 수 있다.

③ 1문단에 따르면, 중력 렌즈 현상은 거대한 천체의 강력한 중력이 마치 렌즈와 같은 역할을 해서 멀리서 오는 빛을 휘어지게 만드는 현상이다. 즉 렌즈 역할을 하는 천체의 중력에 비례하여 빛의 왜곡도 심해지는 것이므로, ③의 진술은 적절하다.

010
정답 | ②

해설 | ⓒ의 '다다르다'는 '목적한 곳에 이르다.'라는 의미이므로, '어떤 곳을 거쳐 지나다.'라는 의미인 '경유하다'와 바꿔 쓰기에는 적절하지 않다. '다다르다'는 '목적지에 도달하는 것'을 의미하는 반면, '경유하다'는 목적지에 도달하기 전 '다른 장소에 들르는 것'을 의미하기 때문이다.

오답피하기 |

① ㉠의 '비틀다'는 '힘 있게 바싹 꼬면서 틀다.'라는 의미로, 맥락상 '그릇되거나 사실과 다르게 만들다.'의 의미인 '왜곡시키다'와 바꿔 쓰더라도 자연스럽다.

③ ㉢의 '흩어지다'는 '한데 모였던 것이 따로따로 떨어지거나 사방으로 퍼지다.'라는 의미이므로, '일정한 범위에 흩어져 퍼져 있다.'라는 의미인 '분포되다'와 바꿔 쓰더라도 자연스럽다.

④ ㉣의 '모이다'는 '한데 합쳐지다.'라는 의미이므로, '합쳐지다'와 바꿔 쓰더라도 자연스럽다.

011
정답 | ④

해설 | 순자는 성선설을 주장한 맹자의 견해에 반대하며, 인간의 본성은 악하다고 주장하였다. 그는, 재화는 유한하지만 인간의 욕망은 무한하기 때문에 이를 방치하면 필연적으로 혼란과 갈등이 발생할 수밖에 없다고 보고, 인간의 악한 본성을 교화하기 위해 예의와 규범과 같은 외적 강제가 반드시 필요하다고 생각했다. 〈보기〉의 ㄴ과 ㄷ은 이러한 순자의 주장을 강화하는 진술이다.

ㄴ. 맹자는 인간 스스로 도덕적 행위를 실현할 수 있다고 주장했지만, 순자는 그러한 맹자의 생각에 반대하며 인간은 타고난 끝없는 욕망 때문에 자력으로는 도덕적 행위를 실현할 수 없다고 보았다.(1문단) 따라서 '인간이 가진 욕망이 도덕적 행위를 가로막는 원인이 될 수 있다.'라는 진술은 순자의 주장을 강화한다.

ㄷ. 순자는 사회 질서 유지를 위해 외부적 강제력이 필수적이라고 강조했다.(2문단) 따라서 '정치 제도의 질서를 통해 인간의 본성은 화평하게 교화될 수 있다.'라는 진술은 순자의 주장을 강화한다.

오답피하기 |

ㄱ. 2문단에서 순자는 사회 질서 유지를 위해 외부적 강제력이 필수적이라고 강조하였다. 따라서 '인간은 외적 작용이 없더라도 도덕적 행위를 실천할 수 있다.'라는 진술은 순자의 주장을 '약화'한다.

012
정답 | ②

해설 | '예단하다'는 '미리 판단하다.'라는 뜻이므로, ⓒ의 '막다'와 바꿔 쓰기에는 적절하지 않다.

오답피하기 |

① '무한하다'는 '제한이나 한계가 없다.'라는 뜻이므로, ㉠의 '끝없다'와 바꿔 쓰더라도 자연스럽다.

③ '발휘하다'는 '재능, 능력 따위를 떨치어 나타내다.'라는 뜻이므로, ⓒ의 '드러내다'와 바꿔 쓰더라도 자연스럽다.

④ '첨예화되다'는 '상황이나 사태 따위가 날카롭고 격하게 되다.'라는 뜻이므로, ㉣의 '격해지다'와 바꿔 쓰더라도 자연스럽다.

013
정답 | ③

해설 | 3문단에 따르면 만 3세에서 6세 사이에 나타나는 자기중심적 언어는 자신의 사고 과정을 혼잣말로 표현하는 것으로, 스스로의 문제를 해결하는 과정에서 사용된다. 이러한 자기중심적 언어는 형태상 외적 언어와 같지만, 타인과의 의사소통을 위한 언어가 아니라는 점에서 외적 언어와 구분된다.

오답피하기 |

① 3문단에 따르면 자기중심적 언어란 아동이 자신의 사고 과정을 혼잣말로 표현하는 것으로, 타인과의 의사소통을 위한 외적 언어와 구분된다. 따라서 청자의 유무에 따라서 자기중심적 언어냐 아니냐를 구별할 수 있다.

② 2문단에 따르면 외적 언어 단계에 들어서 아동은 사회적 의사소통이 가능해진다. 따라서 외적 언어 단계에 접어든 아이의 경우 자신의 의사를 상대에게 전달할 수 있다.

④ 1문단에 따르면 만 2세까지의 영아기는 원시적 언어 단계에 해당한다. 이 시기는 '지능 이전의 말' 혹은 '말 이전의 지능'이 서로 공존하는 단계이다. 따라서 만 1세 미만의 아이에게서 나타나는 언어 활동은 지능과 무관하게 나타날 수 있다.

014
정답 | ③

해설 | (가)는 타인과의 의사소통을 위한 언어를 의미하므로 지문에 나타난 '원시적 언어 단계', '외적 언어 단계', '자기중심적 언어 단계' 중에서 '외적 언어 단계'에 속한다. ㉠과 ⓒ은 문맥상 '원시적 언어 단계', ⓒ은 '외적 언어 단계', ㉣은 '자기중심적 언어 단계'를 의미하므로 정답은 ③번이 되겠다.

015
정답 | ③

해설 | 주어진 조건들을 기호화하면 다음과 같다.

조건1. KTX → ITX 마음 ≡ ~ITX 마음 → ~KTX
조건2. 무궁화호 → 누리로 ≡ ~누리로 → ~무궁화호
조건3. ITX 청춘 → ITX 새마을 ≡ ~ITX 새마을 → ~ITX 청춘
조건4. ITX 새마을∨누리로 → ~ITX 마음 ≡ ITX 마음 → ~ITX 새마을∧~누리로

조건1, 조건4의 대우, 조건2의 대우를 결합하면 'KTX → ITX 마음 → ~누리로 → ~무궁화호'가 되며, 'KTX → ~무궁화호'가 도출된다. 따라서 ③번은 반드시 참이다.

오답피하기 |

① 조건4, 조건1의 대우를 결합하면 'ITX 새마을∨누리로 → ~ITX 마음 → ~KTX'가 되며, 'ITX 새마을∨누리로 → ~KTX'가 도출된다. 따라서 ①번은 반드시 참이라고 할 수 없다.

② 조건3, 조건4, 조건1의 대우를 결합하면 'ITX 청춘 → ITX 새마을 → ~ITX 마음 → ~KTX'가 되며, 'ITX 청춘 → ~KTX'가 도출된다. 따라서 ②번은 반드시 참이라고 할 수 없다.

④ 조건3의 대우에 따라 '~ITX 새마을 → ~ITX 청춘'이 도출된다. 그러나 '~ITX 새마을 → ~누리로'에 대해서는 알 수 없다. 따라서 ④번은 반드시 참이라고 할 수 없다.

016
정답 | ③
해설 | 주어진 조건들을 기호화하면 다음과 같다.

조건1. 생산 → 유통
조건2. 유통∧~지자체
조건3. (   )
결론. 유통∧~생산∧~지자체

1) 결론인 '유통∧~생산∧~지자체'를 도출하기 위해서는 조건2인 '유통 ∧~지자체'에서 '~생산'과 관련된 조건이 추가되어야 한다.
2) 즉, '유통 → ~생산'이나 '~지자체 → ~생산'이 추가되어야 한다.
3) 따라서 정답은 '유통 부문을 평가하는 심사 위원은 누구도 생산 부문을 평가하지 않는다'이다.

오답피하기 |
선택지의 내용을 기호화하면 다음과 같다.

① '유통 → 생산'
② '지자체 → 생산'
④ '지자체 → ~생산'

017
정답 | ①
해설 | 제시된 조건을 기호화하면 다음과 같다.

조건1. 김밥 → 라면 ≡ ~라면 → ~김밥
조건2. 비빔밥 → 된장찌개 ≡ ~된장찌개 → ~비빔밥
조건3. 김밥∨비빔밥 ≡ ~김밥 → 비빔밥 ≡ ~비빔밥 → 김밥

제시된 조건만으로는 확정되는 것이 없으므로 선택지를 살펴보아야 한다. '갑이 점심 메뉴로 김밥을 주문하지 않으면 라면도 주문하지 않는다'는 '~김밥 → ~라면'이다. 그러나 조건1의 이인 '~김밥 → ~라면'은 성립하지 않는다. 반드시 참이라고 할 수 없는 것을 골라야 하므로 정답은 ①번이 되겠다.

오답피하기 |
② '갑이 점심 메뉴로 라면을 주문하지 않으면 비빔밥을 주문한다'는 '~라면 → 비빔밥'이다. 조건1의 대우와 조건3을 결합하면 '~라면 → ~김밥 → 비빔밥'이 된다. 따라서 '~라면 → 비빔밥'이 도출된다.
③ '갑이 점심 메뉴로 비빔밥을 주문하지 않으면 김밥을 주문한다'는 '~비빔밥 → 김밥'이다. 조건3에 따라 '~비빔밥 → 김밥'이 도출된다.
④ '갑이 점심 메뉴로 된장찌개를 주문하지 않으면 라면을 주문한다'는 '~된장찌개 → 라면'이다. 조건2의 대우, 조건3, 조건1을 결합하면 '~된장찌개 → ~비빔밥 → 김밥 → 라면'이 된다. 따라서 '~된장찌개 → 라면'이 도출된다.

018
정답 | ④
해설 | 1문단의 "조선 후기의 가사는 개인의 삶과 내면을 섬세하게 조명하는 ~ 화자가 자신의 현실을 어떻게 인식하고 대응하는지를 잘 보여준다."와 3문단의 "자신의 내면을 돌아보고 삶의 의미를 재정립하려는 적극

적 자세로 해석할 수 있다. ~ 사회 변화 속에서 개인이 겪는 불안과 갈등을 문학적으로 승화시키는 과정이라 할 수 있다."를 통해, 적절한 진술임을 알 수 있다.

오답피하기 |
① 3문단의 "조선 후기 가사에서 화자는 종종 자연과의 교감을 통해 마음의 평온을 찾거나, 절제와 인내를 통해 현실의 고통을 극복하려는 의지를 드러낸다."를 통해, 조선 후기 가사에서는 현실의 고통을 '외면'하는 것이 아니라 '극복'하려는 태도가 나타난다는 것을 알 수 있다.
② 1문단의 "이 시기 가사 작품들은 사회적 혼란이나 개인적 고난 등 다양한 현실 문제를 배경으로 삼으면서도"를 통해, 조선 후기 가사에서는 사회적인 문제와 개인적 고난 모두를 다룬다는 것을 알 수 있다. 따라서 사회적인 문제보다는 개인적 고난에 초점을 둔 태도를 중점적으로 드러낸다는 진술은 적절하지 않다.
③ 2문단의 "또는 자연이나 소박한 일상에서 위안을 찾으려는 모습도 나타난다."를 통해, 조선 후기 가사에서는 소박한 일상적 모습도 다룬다는 것을 알 수 있다. 하지만 소박한 일상적 모습보다는 인내와 절제를 통해 내면을 다지는 모습이 많은 비중을 차지하는지(=주를 이루는지)는 직접 언급되지 않았기 때문에, ③의 진술은 지문의 내용만으로는 알 수 없는 정보이다.

019
정답 | ②
해설 | 이 글은 로봇 자동화 기술로 인해 소수만이 혜택을 보게 되고, 저소득 노동자들 및 중소기업들은 기술과 자본의 부족으로 도태되어 빈익빈 부익부 현상이 나타날 것이라고 주장하고 있다. 그런데 ②번처럼 로봇 자동화로 인한 이익이 사회 전체로 환원되고, 저소득층에 대한 지원으로 이어진다면 이 글은 설득력을 잃게 된다. 따라서 ②번은 이 글의 논지를 약화하는 것으로 가장 적절하다.

오답피하기 |
① 이 글은 로봇 자동화 기술로 인해 소수만이 혜택을 보게 되고, 저소득 노동자들 및 중소기업들은 기술과 자본의 부족을 겪게 된다고 주장하고 있다. 따라서 ①번처럼 자동화로 인해 대기업만 혜택을 보고 사람들 대다수의 노동 강도가 올라간다면 이 글은 설득력을 얻게 된다.
③ 이 글은 로봇 자동화 기술로 인해 소수만이 혜택을 보게 되고, 저소득 노동자들 및 중소기업들은 기술과 자본의 부족을 겪게 된다고 주장하고 있다. 따라서 ③번처럼 자동화로 인해 저소득층의 일자리가 줄어든다면 이 글은 설득력을 얻게 된다.
④ 이 글은 로봇 자동화 기술로 인해 소수만이 혜택을 보게 되고, 저소득 노동자들 및 중소기업들은 기술과 자본의 부족을 겪게 된다고 주장하고 있다. 따라서 ④번처럼 자동화로 인해 대기업만 혜택을 보고, 중소기업은 도태되고 만다면 이 글은 설득력을 얻게 된다.

020
정답 | ④
해설 | ㄱ~ㄷ 중 대화에 대한 평가로 적절한 것은 ㄴ과 ㄷ이다.
ㄴ. 갑은 위기 가구에 대한 직접적이고 신속한 복지 서비스 지원을 강조한다. 따라서 긴급복지지원 제도를 통한 단기 지원 확대로 많은 가구가 위기 상황을 벗어난 사례는 갑의 주장을 뒷받침하므로, 갑의 입장을 '강화'한다.
ㄷ. 을은 복지 사각지대 해소는 단순한 서비스 제공 부족 문제가 아니라 다양한 요소가 연계되어야 하며, 복지 체계 전반의 혁신과 '연계 중심'

의 지속 가능 정책이 필요하다고 강조한다. 따라서 복지 서비스 '연계 부족'으로 발생하는 정책 효율성 문제는 연계 중심의 복지 정책을 도입해야 한다는 을의 주장을 뒷받침하므로, 을의 입장을 '강화'한다.

오답피하기 |

ㄱ. 을은 복지 사각지대 문제는 사회 구조적인 문제가 복잡하게 얽혀 있어 단순히 복지 서비스 강화로는 해결할 수 없다고 주장하면서, 경제적 불평등, 고용 불안과 정보 접근성 문제 등을 고려한 포괄적인 사회 안전망 강화가 필요하다고 강조한다. 따라서 경제적 불평등과 정보 격차 해소와 같은 사회 구조적인 측면을 고려하지 않고 단순히 복지 서비스 확대에 중점을 둔 결과, 결국 근본적인 문제 해결이 이루어지지 않고 있다는 주장은 을의 입장을 '약화'하는 것이 아니라 '강화'한다.

모의고사
09회

001 ①	**002** ②	**003** ③	**004** ④	**005** ④
006 ③	**007** ③	**008** ④	**009** ③	**010** ②
011 ④	**012** ⑤	**013** ②	**014** ①	**015** ④
016 ②	**017** ②	**018** ②	**019** ③	**020** ③

S#.9 킬러 문제가 5개지만 마지막 2문제가 상당히 쉽다면...

킬러 ① 논리 [4번]
킬러 ② 독해 추론 [13번]
킬러 ③ 독해 내용 일치 [14번]
킬러 ④ 강화 약화(화법) [16번]
킬러 ⑤ 강화 약화 [17번]

이번 회차는 지문 글자 수 7217자, 평균 정답률은 80%로 출제되었다. 아마 이 회차의 난도가 26년도 국가직, 지방직 시험과 가장 흡사할 것으로 예상된다. 킬러 문제는 5개인데, 거의 대부분이 후반부에 배치돼 있다. 마지막 2문제는 상당히 쉽게 출제해서 어려운 문제 때문에 시간이 부족했다면 마지막 2문제를 풀지 못해 잃어버리는 점수가 상당할 것이다. 시간 관리의 중요성을 모르면 실력보다 못한 점수를 받을 수밖에 없다. 실력만큼 점수를 받는 것에 대해서 고민해야 한다. 대부분은 실전에서 실력만큼 점수를 받지 못한다.

001

정답 | ①

해설 | '−되다'는 불필요한 피동 표현에 해당한다. 따라서 해당 문장을 ㉠에 따라 수정하지 않고 그대로 두어야 한다.

오답피하기 |

② 국장이 의료계 관계자들과 국민 모두의 건강에 관하여 논의하였다는 것인지, 국민의 건강에 관하여 의료계 관계자들과 논의하였다는 것인지 명확하지 않다. 따라서 해당 문장을 ㉡에 따라 "국장은 의료계 관계자들을 만나 국민의 건강에 관하여 논의하였다."로 수정하는 것은 적절하다.

③ 조사를 지나치게 생략하지 않는 것이 우리말답다. 따라서 해당 문장을 ㉢에 따라 "한미 정상회담을 계기로 공동성명을 발표하여 전략 동맹 발전의 원칙과 방향을 제시하였다."로 수정하는 것은 적절하다.

④ 사물이나 추상적인 대상이 행위의 주어로 나오는 문장은 영어 번역 투이므로 삼간다. 따라서 해당 문장을 ㉣에 따라 "실업난 해소 정책을 시급히 마련해야 한다는 점을 이 설문조사 결과에서 알 수 있다."로 수정하는 것은 적절하다.

002

정답 | ②

해설 | 1문단에서는 김광균이 '시의 회화성을 중요하게 여기고 시 창작 과정에서 회화적 표현을 의식'했다고 설명한다. 그리고 2문단에서는 「외인촌」에서는 명암, 색채, 선과 면의 대비를 활용하여 입체적 이미지를 형성했다고 설명하고 있다. 따라서 '김광균이 시각 이미지를 중시하여 회화적 기법을 활용해 시를 창작'했다는 진술은 적절하다.

오답피하기 |

① 김광균이 언어를 배제하려 노력했다는 내용은 지문에서 확인할 수 없는 정보다. 특히 1문단에서는 "이러한 시인의 노력은 시가 단순한 언어 나열이 아니라 한 폭의 그림처럼 독자의 눈앞에 펼쳐지는 이미지임을 보여 준다."라고 설명하는데, 이는 오히려 언어를 통해 그림 같은 효과를 내려 한 것으로 이해할 수 있으므로, ①의 진술은 적절하지 않다.

③ 「외인촌」에서 명암과 색채의 "대비를 줄였다"라는 내용은 찾아볼 수 없다. 또한 2문단에서는 "대표적인 작품인 「외인촌」에서는 ~ 명암과 색채, 선과 면의 대비가 다채롭게 활용되어 감각적이고 입체적인 이미지를 형성한다."라고 설명하는데, 이는 오히려 명암과 색채의 "대비가 풍부하게 사용되었다"라는 뜻이므로, ③의 진술은 적절하지 않다.

④ 3문단의 "김광균의 시는 시와 회화의 경계를 허무는 독특한 미학적 가치를 지닌다."를 통해, 김광균의 시적 경향은 "시와 회화의 경계를 분명히 하는" 것이 아니라 오히려 "허무는" 양상을 보인다는 것을 알 수 있다.

003

정답 | ③

해설 | 2문단의 "이처럼 각각의 지시어는 담화 상황과 관련 인물들의 위치, 그리고 대화의 맥락에 따라 의미가 달라진다. 따라서 ~ 화자와 청자 모두가 상황과 맥락을 잘 파악해야 서로 오해 없이 효과적인 대화가 이루어진다."를 통해, 지시어를 사용하는 경우에는 화자와 청자 모두 '상황과 맥락을 잘 파악해야' 효과적인 대화가 가능해진다는 것을 알 수 있다. 따라서 지시어를 사용하면 "상황을 모르더라도" 의사소통의 정확성이 높아진다는 진술은 적절하지 않다.

오답피하기 |

① 1문단의 "'이것'은 화자가 가까이 있는 대상을 가리킬 때 쓰이며, 화자의 관점이 반영된다."를 통해 적절한 진술임을 알 수 있다.

② 1문단의 "'저것'은 화자와 청자 모두에게서 멀리 떨어진 대상을 지칭하며"를 통해 적절한 진술임을 알 수 있다.

④ 1문단의 "'그것'은 주로 청자에게 가까운 대상을 나타내거나, 이미 대화 속에서 언급되어 서로 알고 있는 대상을 가리키는 경우가 많다."를 통해 적절한 진술임을 알 수 있다.

004

정답 | ④

해설 | 주어진 조건들을 기호화하면 다음과 같다.

> 조건1. 공공 강화 → 에너지 줄임
> 조건2. 민간 개정∧에너지 줄임
> 조건3. ~공공 강화 → ~에너지 줄임 ≡ 에너지 줄임 → 공공 강화
> 조건4. 민간 개정 → 탄소 중립

1) 조건4에 따라 '민간 개정'은 '탄소 중립'으로 대체할 수 있다.
2) 조건3의 대우에 따라 '에너지 줄임'은 '공공 강화'로 대체할 수 있다.

3) 1), 2)에 따라 조건2인 '민간 개정∧에너지 줄임'은 '탄소 중립∧공공 강화'나, 교환 법칙에 따라 '공공 강화∧탄소 중립'으로 변형할 수 있다.

4) 따라서 정답은 '공공부문에서 친환경 주택 건설 기준을 강화하면서 탄소 중립을 실현하기 위한 온실가스 감축 노력에 부응하는 경우도 있다'이다.

005

정답 | ④

해설 | 〈지침〉에 따르면 ⓔ에는 기대 효과가 들어가야 한다. '대장암 환자의 치료 접근성 강화를 위한 전문 병원 설립'은 이에 해당하지 않으므로 ⓔ에 들어갈 내용으로 적절하지 않다.

오답피하기 |

① 〈지침〉에 따르면 ㉠에는 문제 제기가 들어가야 한다. '청년층 대장암의 증가에 따른 사회적 비용의 증가'는 이에 해당하므로 ㉠에 들어갈 내용으로 적절하다.

② 〈지침〉에 따르면 ㉡에는 Ⅲ-1의 '건강한 생활 습관 형성을 위한 캠페인 추진'에 대응되는 원인이 들어가야 한다. '서구화된 식습관과 운동 부족 등 생활 습관의 변화'는 이에 대응되므로 ㉡에 들어갈 내용으로 적절하다.

③ 〈지침〉에 따르면 ㉢에는 Ⅱ-2의 '가족력에 대한 인식 부족 및 건강 검진 지원 미비'에 대응되는 해소 방안이 들어가야 한다. '가족력 기반 맞춤형 안내 제공 및 정기 검진 지원 확대'는 이에 대응되므로 ㉢에 들어갈 내용으로 적절하다.

006

정답 | ③

해설 | 지문은 한국 전통 건축의 목구조에 대해서 설명하고 있다. 지문의 순서로 가장 적절한 것은 '(다)-(가)-(라)-(나)'이다. (다) 목구조는 못을 안 쓰고도 서로 맞물리는 독특한 결구 방식으로 구성돼 있는데, 이럴 경우 돌덩이보다 더 단단한 구조적 안정성을 가질 수도 있다. → (가) 그런데 목구조의 참멋은 변형 없이 그대로 뼈대를 노출시키는 데 있는데 → (라) 이를 구조 미학이라고 부른다. → (나) 그러나 뼈대가 나타난다고 다 아름다운 것은 아니고, 최소성과 효율성까지 갖추어야 구조 미학의 가치를 갖는다고 할 수 있다.

007

정답 | ③

해설 | 1문단의 "조상훈은 근대적 교육을 받은 개화기의 세대를 대표하지만, 실제로는 위선적이고 자본을 다루는 방식에서도 아버지와 크게 다르지 않다."를 통해, 조상훈이 자본을 다루는 방식은 아버지와 '다른 것'이 아니라 '별로 다르지 않다'는 것을 알 수 있다. 따라서 ③의 진술은 적절하지 않다.

오답피하기 |

① 1문단의 "조 의관은 전통적 신분과 지위를 중시하는 인물이지만, 동시에 자본에 대한 집착이 강해진 모습을 보인다. 그는 과거의 권위와 체면을 지키려 하면서도, 현실적으로는 돈의 힘을 인정하고 이에 의존한다."를 통해 적절한 진술임을 알 수 있다.

② 3문단의 "「삼대」는 ~ 가족 내 갈등을 통해 근대 사회로의 이행기 한국인의 정체성 혼란과 가치관의 재편 과정을 깊이 있게 조명한다. 이러한 점에서 「삼대」는 단순한 가족사 소설을 넘어"를 통해 적절한 진술임을 알 수 있다.

④ 3문단의 "「삼대」는 이처럼 세대별 인물들의 갈등과 변화를 통해, 전통적 질서가 해체되고 자본이 새로운 사회적 기준으로 떠오르는 과정을 생생하게 보여준다. ~ 시대적 변동 속에서 인간과 사회가 겪는 복합적 갈등을 섬세하게 그려 낸 근대문학의 대표작이라 할 수 있다."를 통해 적절한 진술임을 알 수 있다.

008

정답 | ④

해설 | ㉣의 '바라보다'는 '어떤 현상이나 사태를 자신의 시각으로 관찰하다.'라는 의미로 사용되었으므로, '육안이나 기계로 자연 현상 특히 천체나 기상의 상태, 추이, 변화 따위를 관찰하여 측정하다.'라는 뜻으로 사용되는 '관측하다'와 바꿔 쓰기에는 적절하지 않다.

오답피하기 |

① '확산되다'는 '흩어져 널리 퍼지게 되다.'라는 의미이므로, ㉠의 '퍼지다'와 바꿔 쓰더라도 자연스럽다.

② '경험하다'는 '자신이 실제로 해 보거나 겪어 보다.'라는 의미이므로, ㉡의 '겪다'와 바꿔 쓰더라도 자연스럽다.

③ '모색하다'는 '일이나 사건 따위를 해결할 수 있는 방법이나 실마리를 더듬어 찾다.'라는 의미이므로, ㉢의 '찾다'와 바꿔 쓰더라도 자연스럽다.

009

정답 | ③

해설 | 바로 뒤의 예시를 보면, 한 차량이 차선을 변경하면 그 차선에서 운행하던 차량이 옆의 차선으로 이동하게 되고, 그러면 그 옆의 차선에서 운행하던 차량도 차선 변경을 하게 된다고 설명하고 있다. 즉 차선 변경이 '연쇄적으로' 일어나기 때문에 '유령 정체'가 발생하는 것이다. ㉢은 이러한 내용을 반영하고 있으므로, 수정하지 않고 그대로 두는 것이 자연스럽다.

오답피하기 |

① '유령 정체'는 '고속도로에 차량이 많아서 발생'하는 것이 아니라, '운전자들의 잦은 차선 변경 때문에 발생'한다. 따라서 '고속도로에서 발생하는 교통 정체가 차량을 많이 운행해서 발생하는 현상'이라는 내용은 적절하지 않으므로, ①처럼 수정하는 것이 바람직하다.

② '유령 정체'가 발생하는 원인은 운전자의 '잦은 차선 변경 때문'이다. 따라서 유령 정체의 원인을 '한 차선 운행'으로 설명하는 것은 적절하지 않으므로, ②처럼 수정하는 것이 바람직하다.

④ ㉣에서 '운전자들은 자신이 추월한 차량은 잊지 못하고'라는 내용은, 운전자가 차선을 변경하여 옆 차를 앞지른 후에, 자신의 뒤에서 따라오는 차량을 잊지 못한다는 의미이므로 매우 어색하다. 일반적으로 자신이 추월해 뒤따라오는 차량보다는, 자신을 앞질러 추월한 차량에 대한 불만이 생길 확률이 높기 때문이다. 따라서 ④처럼 수정하는 것이 바람직하다.

010

정답 | ②

해설 | 1문단의 "윤선도의 「몽천요」와 최현의 「명월음」은 모두 임진왜란이라는 격동의 시대를 배경으로 하여 현실 정치에 대한 비판과 임금에 대한 염원을 담고 있지만"을 통해, ②의 「명월음」에는 임금에 대한 염원이 드러나지 않는다는 진술은 적절하지 않음을 알 수 있다.

오답피하기 |

① 3문단의 "「명월음」은 현실의 고통과 불안, 그리고 임금에 대한 충성심과 걱정을 솔직하게 표현하는 데 초점을 맞추고 있다."를 통해 적절한 진술임을 알 수 있다.

③ 2문단의 "이를 통해 윤선도는 현실 정치의 한계를 우회적으로 비판하면서도"와 3문단의 "「명월음」은 현실의 고통과 불안, 그리고 임금에 대한 충성심과 걱정을 솔직하게 표현하는 데 초점을 맞추고 있다."를 통해 적절한 진술임을 알 수 있다.

④ 2문단의 "이 작품(=「몽천요」)은 현실의 부정과 혼란을 직접적으로 다루기보다는, 꿈속 천상계의 일에 빗대어 표현함으로써 이상적인 정치와 도덕적 질서를 상징적으로 그려 낸다."를 통해 적절한 진술임을 알 수 있다.

011

정답 | ④

해설 | ㉣의 '오르다'는 '길을 떠나다.'라는 의미로 사용되었으므로, 맥락상 '험한 산이나 높은 곳의 정상에 이르기 위하여 오르다.'라는 뜻으로 사용되는 '등반하다'와 바꿔 쓰기에는 적절하지 않다.

오답피하기 |

① ㉠의 '담다'는 '어떤 내용이나 사상을 그림, 글, 말, 표정 따위 속에 포함하거나 반영하다.'라는 의미이므로, '반영하다'와 바꿔 쓰더라도 자연스럽다.

② ㉡의 '보다'는 '생각하거나 판단하다.'라는 의미로 사용되었으므로, '깨달아 알다. 또는 잘 알아서 받아들이다.'라는 의미인 '이해하다'와 바꿔 쓰더라도 자연스럽다.

③ '탈피하다'는 '일정한 상태나 처지에서 완전히 벗어나다.'라는 의미이므로, ㉢의 '벗어나다'와 바꿔 쓰더라도 자연스럽다.

012

정답 | ③

해설 | 1문단의 "이런 경우에 효율적인 의사 결정을 위해 여러 종류의 투표 제도가 활용된다."와 2, 3문단의 "첫 번째로 전원 합의제는 ~ 두 번째로 과반수 투표제는"을 통해, 전원 합의제와 과반수 투표제는 정부가 효율적인 의사 결정을 위해 활용되는 투표 제도라는 것을 알 수 있다. 따라서 ③의 진술은 적절하다.

오답피하기 |

① 1문단의 "'공공 선택'은 ~ 정부가 재화나 서비스 공급에 직접 개입하여 결정하는 방식을 말한다."를 통해, 공공 선택은 정부가 '간접' 개입하는 방식이 아니라 '직접' 개입하는 방식이라는 것을 알 수 있다.

② 2문단의 "전원 합의제는 ~ 시간과 비용이 많이 소요된다."와 3문단의 "과반수 투표제는 ~ 실제로 가장 많이 사용되는 방법이다."를 통해, 적절하지 않은 진술임을 알 수 있다.

④ 4문단에 따르면 점수 투표제는 "투표자들이 각각의 안건에 점수를 주어 가장 높은 점수를 얻은 안건을 선택하는 방식"이다. 즉, 점수 투표제는 '각 투표자가 하나의 안건만 선택'하는 것이 아니라, '여러 안건 각각에 점수를 부여'하는 방식이므로, ④의 '하나의 안건을 선택해 점수를 준다'라는 진술은 적절하지 않다.

013

정답 | ②

해설 | ⊙은 만장일치가 현실적으로 불가능함을 말하고 있다. 만장일치는 곧 전원 합의제를 의미하는바, 이것이 어려운 까닭은 2문단에서 언급하고 있다. 2문단에 따르면 이 방식은 가장 이상적인 결정 방법으로 모두의 의견을 존중하지만, 한 사람이라도 반대하면 다시 논의를 거쳐야 하므로 시간과 비용이 많이 소요된다. 즉 한 사람의 반대자라도 생기면 논의를 다시 거쳐야 하고, 논의가 반복될수록 시간과 비용이 계속 소모되기 때문이다. 따라서 정답은 ②번이다.

오답피하기 |

① 관련 내용이 지문에 없기 때문에 ⊙의 이유로 보기 어렵다.

③ ⊙ 뒤의 후술되는 내용을 보면 소수의 의견을 존중하여 투표를 진행하는 것이 현실적으로 가능한 대안이라고 했으므로 어렵지 않고, 현실적으로 가능한 대안이다. 따라서 ⊙의 이유라고 추정하기는 어렵다.

④ 관련 내용이 지문에 없기 때문에 ⊙의 이유로 보기 어렵다.

014

정답 | ①

해설 | 1문단에서는 "건강할 때는 결핵균이 몸에 들어와도 증상이 나타나지 않지만, 면역력이 약해지면 발병한다."라고 설명하고 있다. 그런데 이 내용을 '건강할 때는 결핵균이 몸에 들어와도 균이 몸에서 생존하지 못한다'라고 이해해서는 안 된다. "면역력이 약해지면 발병한다"라는 내용을 고려할 때, 이는 '결핵균이 몸 안에 잠복할 수 있으나 건강할 때는 발병하지 않는다'라는 의미에 가깝다. 즉 결핵균이 몸에 들어오면 몸 안에서 잠복해 있다가, 면역력이 약해질 때 결핵균이 활성화되어 병이 발생한다는 뜻이므로, ①의 "건강할 때는 결핵균이 몸에서 생존하지 못한다"라는 진술은 적절하지 않다.

오답피하기 |

② 3문단의 "결핵은 적절히 치료하면 일반적인 접촉으로는 전염되지 않지만"을 통해 적절한 진술임을 알 수 있다.

③ 1문단의 "결핵은 결핵균이 신체 내에서 염증을 일으키는 만성 전염병으로, 주로 환자의 호흡이나 기침 등을 통해 전파된다."를 통해 적절한 진술임을 알 수 있다.

④ 2문단의 "우리나라는 결핵 발병률과 사망률이 여전히 높아 결핵 후진국으로 불리고 있다. ~ 치료 중 증세가 호전되면 환자가 약을 임의로 중단하는 사례가 잦기 때문이다."를 통해 적절한 진술임을 알 수 있다.

015

정답 | ④

해설 | 주어진 조건들을 기호화하면 다음과 같다.

> 조건1. ~미국∧영국
> 조건2. ~캐나다 → ~호주
> 조건3. (   )
> 결론. ~미국∧캐나다

1) '~호주 → ~영국'이 추가되면 조건2와 결합하여 '~캐나다 → ~호주 → ~영국'이 되며, '~캐나다 → ~영국'이 도출된다.

2) 1)에서 도출된 '~캐나다 → ~영국'의 대우는 '영국 → 캐나다'이다.

3) 조건1인 '~미국∧영국'은 2)에서 도출된 '영국 → 캐나다'에 따라 결론인 '~미국∧캐나다'로 변형할 수 있다.

4) 따라서 정답은 '호주를 선호하지 않는 사람 중 영국을 선호하는 사람은 없다'이다.

오답피하기 |

선택지의 내용을 기호화하면 다음과 같다.

> ① '~미국 → 영국'
> ② '영국∧캐나다'
> ③ '~호주∧~영국'

016

정답 | ②

해설 | ㄱ~ㄷ 중 대화에 대한 평가로 적절한 것은 ㄱ과 ㄴ이다.

ㄱ. 갑은 환경 규제 강화가 국민의 건강과 삶의 질을 높인다고 주장한다. 그러나 환경 규제 강화로 지역 거점 산업 중 다수가 해외로 이전하자, 실업과 소비 감소로 해당 지역민의 삶의 질이 급격히 감소했다는 주장은, 환경 규제 강화가 삶의 질을 높일 수 있다는 갑의 기대와 반대되는 결과를 보여준다. 따라서 이는 갑의 입장을 '약화'한다.

ㄴ. 을은 지나친 환경 규제는 산업 경쟁력을 저하하고 정책 수용성을 떨어뜨릴 수 있다고 경계한다. 바꿔 말하면, 을은 지나친 환경 규제를 완화해야 산업 경쟁력과 정책 수용성을 높일 수 있다고 생각한다. 그러나 규제 완화로 대기질이 악화되어 환자 수가 늘어난 사례는, 을의 '규제 완화' 주장에 대한 설득력을 떨어뜨리는 반대 논거에 해당하므로, 을의 입장을 '약화'한다.

오답피하기 |

ㄷ. 을은 지나친 산업 규제는 산업 경쟁력을 저하하고 정책 수용성을 떨어뜨리는 역효과가 있다고 하면서, 효율적이고 합리적인 규제가 이루어져야 함을 강조한다. 그러나 정부의 강력한 환경 정책 추진으로 중장기적으로 국민 건강이 증진되고 생산성이 향상된 사례는, 강력한 산업 규제가 산업 경쟁력을 저하하게 만든다는 을의 주장에 대한 반박 논거에 해당하므로, 을의 입장을 '강화'하는 것이 아니라 오히려 '약화'한다.

017

정답 | ②

해설 | (가)는 언어가 사고에 필수적이지 않으며, 사고의 발달이 언어 발달을 선행한다는 주장으로, 이 주장을 강화하는 사례는 ㄱ과 ㄷ이다.

ㄱ. 3세 아동이 '언어를 배우기 전의 경험인 한 살 때의 사건'을 회상했다는 것은, 언어 없이도 기억과 사고가 가능하다는 것을 보여준다.
물론 이 사례의 '언어 습득 후 사건을 회상하였다'는 것을 착각하여, ㄱ이 '언어가 사고에 필수적'이라는 것을 보여주는 사례라고 생각할 수도 있다. 하지만 그 진술은, 아직 언어를 습득하지 못한 아동이기에 한 살 때의 사건을 말로 표현하지 못하다가, 언어를 습득한 후에 비로소 말로 표현할 수 있었다는 것을 의미하는 것일 뿐, '언어가 사고에 필수적'이라는 것을 의미하는 것은 아니다.

ㄷ. 침팬지 등의 포유류가 거울에서 자기 자신을 인식할 수 있으므로, 언어 없이도 자아 인지가 가능하다는 것을 보여준다.

오답피하기 |

ㄴ. 아동이 문제 해결 전략을 배울 수 있었던 것은 성인과의 대화 때문이었다. 이는 언어적 상호 작용이 사고 발달을 촉진한다는 것을 보여주므로, (가)를 약화한다.

ㄹ. 서로 다른 언어를 사용하는 사람들은 시간을 세는 방식이나 인지하는 방식에서 큰 차이를 보인다는 것은, 언어가 시간 개념에 영향을 미친다는 것을 나타낸다. 따라서 ㄹ은 (가)를 약화하는 사례에 해당한다.

018

정답 | ②

해설 | ⓒ의 '강하다'는 '수준이나 정도가 높다.'라는 의미이므로, '억세고 질기다.'라는 의미인 '강인하다'와 바꿔 쓰기에는 적절하지 않다.

오답피하기 |

① ⓙ의 '보다'는 '생각하거나 평가하다.'라는 의미로 사용되었으므로, '상태, 모양, 성질 따위가 그와 같다고 보거나 그렇다고 여기다.'라는 의미인 '간주하다'와 바꿔 쓰더라도 자연스럽다.

③ ⓒ의 '여겨지다'는 '마음속으로 그러하다고 생각되다.'라는 의미이므로, '이해되다'와 바꿔 쓰더라도 자연스럽다.

④ ⓔ의 '말하다'는 '평하거나 논하다.'라는 의미로 사용되었는데, 해당 문장 마지막의 '강조하였다'를 고려할 때, '자기의 의견이나 주의를 굳게 내세우다.'라는 의미인 '주장하다'와 바꿔 쓰더라도 자연스럽다.

019

정답 | ③

해설 | 1문단의 "역사에서 각각의 사건은 그 자체로 중요한 의미를 지닌다."와 2문단의 "그래서 우리는 각각의 사건이 가진 의미를 소중히 하면서도, 여러 사건이 모여 만들어 내는 큰 역사의 흐름도 함께 이해해야 한다." 등, 지문에서 전반적으로 강조하는 내용은 '역사 공부를 할 때 개별적인 사실과 전체적인 흐름을 함께 살펴봐야 한다'라는 것이다. 따라서 이러한 내용을 반영하고 있는 ③이 정답이다.

오답피하기 |

① 1문단의 "역사 연구자는 사건 하나하나에만 집중하지 않고, 그것들이 어떻게 이어지고 서로 어떤 영향을 주는지 살펴본다."를 통해, 역사 연구는 개별 사건의 의미뿐 아니라 '사건들 사이의 연결과 큰 흐름'을 함께 이해해야 한다는 것을 알 수 있다.

② 3문단의 "과거를 더욱 잘 이해할 수 있고, 현재와 미래를 생각하는 데 큰 도움이 된다."를 통해, 역사 공부가 현재와 미래에 도움이 된다는 점을 알 수 있을 뿐, '역사적 사건을 현재 시점으로 해석'하는 것의 중요성은 지문에서 확인할 수 없는 정보다.

④ '역사의 흐름에서 우연성이나 복잡성을 단순화하는 것'은 지문에서 언급되지 않은 정보이므로 빈칸에 들어갈 내용으로 적절하지 않다.

020

정답 | ③

해설 | 주어진 조건들을 기호화하면 다음과 같다.

조건1. 갑 → 을 ≡ ~을 → ~갑
조건2. 을 → 병
조건3. ~병 → ~정 ≡ 정 → 병

1) 조건1과 조건2를 결합하면 '갑 → 을 → 병'이 되며, '갑 → 병'이 도출된다.

2) '갑 → 병'의 대우는 '~병 → ~갑'이다.

3) 따라서 정답은 '병이 인공지능 디지털교과서 전면 도입에 찬성하지 않으면, 갑도 찬성하지 않는다'이다.

오답피하기 |

① '갑'이 확정되면 조건1에 따라 '을'이 확정되므로, 조건2에 따라 '병'이 확정된다.

② '~을'이 확정되면 조건1의 대우에 따라 '~갑'이 확정된다. 그러나 '정'에 대해서는 알 수 없다.

④ '정'이 확정되면 조건3의 대우에 따라 '병'이 확정된다. 그러나 명제의 역은 성립하지 않으므로, 조건2에서 '을'에 대해서는 알 수 없다.

모의고사 10회

001 ①	002 ①	003 ③	004 ①	005 ①
006 ③	007 ③	008 ④	009 ④	010 ②
011 ①	012 ②	013 ③	014 ②	015 ④
016 ③	017 ④	018 ①	019 ③	020 ③

S#.10 뒤로 갈수록 문제가 어려워진다면...

킬러 ① 공문서 수정하기 [1번]
킬러 ② 어휘 [11번]
킬러 ③ 화법 [17번]

중간까지 쉽게 풀다가 뒤로 갈수록 문제가 어려워진다면 어떻게 될까? 대부분 수험생들은 중간까지 풀면서 '이번 시험은 쉬우니, 실수하지 말아야겠다'라고 생각하며 열심히, 그리고 천천히 푼다. 그러다 나중에 어려운 문제를 만나면 시간 부족을 느낀다. 이러한 우를 방지하기 위해서 이번 회차를 구성하였다. 후반부 킬러 문제로 화법을 배치해 두었는데, 이때부터 문제가 서서히 안 풀리기 시작할 것이다. 지문의 길이는 6571자로 짧으며, 평균 정답률은 84%로 쉽게 구성하였다.

001
정답 | ①

해설 | '제한되어질'은 '-되'를 사용한 단형 피동과 '-어지다'를 사용한 장형 피동이 합쳐진 이중 피동 형태이므로, 둘 중 하나를 없애는 것이 바람직하다. 이때 유의해야 할 부분은, 주술 호응 여부도 꼼꼼히 살펴봐야 한다는 점이다. 수정 후 문장인 "본인이 아닐 경우 이용을 제한될 수 있습니다."에서는 여전히 '이용을 제한되다'와 같이 주술 호응이 어색한 표현이 남아 있다. 즉 수정이 완벽하게 이루어지지 않았으므로 ①은 부적절하다. 따라서 "본인이 아닐 경우 이용이 제한될 수 있습니다."로 수정하는 것이 바람직하다.

오답피하기 |
② 수정 전 문장에서 "문의가 많은 경우"는 '문의를 한 사람이 많은 경우'라는 의미로도, '한 사람이 여러 개의 문의를 한 경우'라는 의미로도 해석될 수 있다.
③ '서포트 데스크'와 같은 외래어나 외국어는 '지원 창구'와 같이 우리말로 다듬어 쓰는 것이 바람직하다.
④ 맥락상 '신청서 작성을 준비하다'라는 표현은 부자연스러우므로, '신분증을 준비하다'와 대등적 관계에 있는 '신청서를 작성하다'를 넣어 수정하는 것이 바람직하다.

002
정답 | ①

해설 | '낮 한때'는 '낮'의 'ㅈ'이 대표음 [ㄷ]으로 교체된 후 '한'과 축약되어 [탄]이 되므로 [나탄때]로 발음한다. 이처럼 교체와 축약이 들어가 있는 것은 '장미꽃 한 송이'이다. '장미꽃'에서 '꽃'의 'ㅊ'이 대표음 [ㄷ]으로 교체된 후 '한 송이'의 'ㅎ'과 축약되어 [탄]이 되므로 [장미꼬탄송이]로 발음한다.

오답피하기 |
② '안개꽃 장식'을 이어 발음하면 [안개꼳짱식]으로 발음된다. 여기서는 교체만 2번 나타날 뿐이다.
③ '밤낮 고민해'를 이어 발음하면 [밤낟꼬민해]로 발음된다. 여기서는 교체만 2번 나타날 뿐이다.
④ '대낮 지난'을 이어 발음하면 [대낟찌난]으로 발음된다. 여기서는 교체만 2번 나타날 뿐이다.

003
정답 | ③

해설 | ©'살얼음'은 파생어 '얼음'이 접사 '살-'과 결합한 파생어이다. 따라서 ©'살얼음'은 ⓔ'합성어가 접사와 결합하여 파생어를 형성'의 예에 해당하지 않는다.

오답피하기 |
① ⓐ'꽃다발'은 어근 '꽃'과 어근 '다발'이 결합한 합성어이므로, ㉠'어근과 어근이 결합한 합성어를 형성'의 예에 해당한다.
② ⓑ'드높다'는 접사 '드-'와 어근 '높-'이 결합한 파생어이므로, ㉡'어근과 접사 또는 접사와 어근이 결합하여 파생어를 형성'의 예에 해당한다.
④ ⓓ'놀이터'는 파생어 '놀이'가 어근 '터'와 결합한 합성어이므로, ㉣'파생어가 어근과 결합하여 합성어를 형성'의 예에 해당한다.

004
정답 | ①

해설 | 1문단에서는 "주변 인물들은 주인공의 고난을 심화시키거나, 위기에서 구해내는 역할을 하면서 이야기의 흥미를 높인다."라고 하였으므로, 주변 인물의 개입이 사건의 흐름에 중요한 전환점이 될 수 있음을 알 수 있다. 또한 "사씨의 시어머니나 집안의 하인들은 때로는 사씨를 돕거나, 때로는 교씨의 계략에 휘말린다."라는 설명도 이를 뒷받침한다.

오답피하기 |
② 2문단의 "꿈과 같은 소재들은 주동 인물의 심리 변화에 영향을 주거나, 갈등을 유발하고 사건 해결의 실마리를 제공한다."를 통해, 소재의 등장이 갈등을 유발한다는 것을 알 수 있다. 하지만 이를 통해 '사건의 긴장감이 해소'되는지는 지문의 내용만으로는 알 수 없다. 또한 일반적으로 갈등이 유발되는 경우, 긴장감은 '해소'되는 것이 아니라 '증가'하므로, ②의 진술은 적절하지 않다.
③ 1문단의 "주변 인물들은 주동 인물인 사씨와 반동 인물인 교씨의 갈등 구조 속에서 중요한 역할을 한다."를 통해, 주변 인물이 반동 인물(교씨)에게도 영향을 미친다는 것을 알 수 있으므로, 주변 인물이 반동 인물에는 영향을 미치지 않는다는 진술은 적절하지 않음을 알 수 있다.
④ 3문단의 "「사씨남정기」는 주변 인물과 다양한 소재를 적절히 활용해 인물 간의 갈등과 사건의 전개를 더욱 입체적으로 그려낸다."를 통해, 소재는 사건 전개를 '평면적'이 아니라 '입체적'으로 만든다는 것을 알 수 있다. 따라서 소재가 사건 전개를 평면적으로 만든다는 진술은 적절하지 않다.

005

정답 | ①

해설 | 제시된 조건을 기호화하면 다음과 같다.

> 조건1. 갑 보더콜리∨을 보더콜리
> 조건2. 을 보더콜리 → 병 푸들∧병 골든 리트리버 ≡ ~병 푸들∨~병 골든 리트리버 → ~을 보더콜리
> 조건3. 병 푸들∧병 골든 리트리버 → 정 웰시코기 ≡ ~정 웰시코기 → ~병 푸들∨~병 골든 리트리버
> 조건4. ~정 웰시코기

조건4에 따라 '~정 웰시코기'가 확정되므로, 조건3의 대우에 따라 '~병 푸들∨~병 골든 리트리버'가 확정된다. '~병 푸들∨~병 골든 리트리버'가 확정되므로, 조건2의 대우에 따라 '~을 보더콜리'가 확정된다. '~을 보더콜리'가 확정되므로, 조건1의 선언지 제거에 따라 '갑 보더콜리'가 확정된다. 따라서 빈칸에 들어갈 말로 가장 적절한 것은 '보더콜리'이다.

006

정답 | ③

해설 | "청자인 '너'에게 되도록 생각을 하지 말아 달라며 현실에 무관심할 것을 요구하지만, 이는 반어적 표현으로"를 통해, 화자는 전달하려는 메시지를 '직설적'으로 드러내지 않고 반대로 표현하는 '반어적' 어조를 사용한다는 것을 알 수 있다. 따라서 화자가 직설적인 어조로 강조한다는 ③의 진술은 적절하지 않다.

오답피하기 |

① "「상행」은 1970년대 근대화의 이면과 그 속에서 살아가는 소시민의 안일한 삶을 비판적으로 그린 작품이다."를 통해 적절한 진술임을 알 수 있다.

② "청자인 '너'에게 되도록 생각을 하지 말아 달라며 현실에 무관심할 것을 요구하지만, 이는 반어적 표현으로"를 통해 적절한 진술임을 알 수 있다.

④ "반면 기차 안 사람들은 오징어를 씹으며 화투판을 벌이고, 주간지 기사와 증권 시세에만 관심을 두는 등 현실의 본질을 외면한 채 안일하게 살아간다. 화자는 이러한 삶을 자기반성적, 냉소적 어조로 비판하며,"를 통해 적절한 진술임을 알 수 있다.

007

정답 | ③

해설 | 선지 구성을 보면 첫 단락으로 적합한 것은 (나) 또는 (다)로 추정된다. 그런데 (나)는 전문 조향사의 특성과 조건을 설명하고 있고, (다)는 조향사의 개념을 제시하고 있다. 일반적인 글의 구성에서 화제의 개념을 설명한 후, 구체적인 특징을 잡아나가는 경우가 많으므로 (다)를 첫 단락으로 설정하는 것이 바람직하다. 또한 (나)의 두 번째 문장 "앞서 설명한 조향사의 개념처럼"을 고려하면 (나) 앞에는 조향사의 개념을 제시하는 내용이 반드시 필요하므로, 조향사의 개념을 설명하는 (다)가 (나)보다는 앞에 위치해야 한다.

(다): 조향사에 대한 개념을 먼저 설명한 후, 조향사의 두 유형을 제시하고 있다. 따라서 다음 단락에는 '조향사의 두 유형에 대한 구체적인 설명'이 제시되어야 한다.

(가): 조향사의 두 유형에 대해 구체적으로 설명하고 있으므로, (다) 다음에 위치하는 것이 적절하다. 따라서 정답은 ③이다.

(나): 전문 조향사의 특성과 조건을 설명하고 있다.

(라): 전문 조향사에게 필요한 또 다른 능력을 소개하고 있다.

008

정답 | ④

해설 | '픽시 자전거 동호회 활동 지원을 통한 이용자층 확대'는 오히려 픽시 자전거 이용을 증가시키는 것이므로, Ⅱ의 안전 문제 발생 원인에 대응하는 안전 문제 대책으로 적절하지 않다.

오답피하기 |

① '제동 장치 설치 의무화와 정기 안전 점검 실시'는 Ⅱ-1의 '제동 장치 미설치에 따른 제어 능력 부족'에 대응하는 안전 문제 대책으로 적절하다.

② '이용자 대상 교통안전 교육 시행 및 교통질서 확립'은 Ⅱ-2의 '이용자의 안전 의식 부족 및 교통질서 미준수'에 대응하는 안전 문제 대책으로 적절하다.

③ '픽시 자전거 관련 교통 법규 및 관리 감독 체계 마련'은 Ⅱ-3의 '픽시 자전거 관련 안전 규제 및 관리 제도의 미비'에 대응하는 안전 문제 대책으로 적절하다.

009

정답 | ④

해설 | 2문단의 "국가 역시 이성적 존재의 집합이므로 국제 정치에서도 이성적으로 행동할 것이라고 보는 것이다."를 통해 적절한 추론이라는 것을 알 수 있다.

오답피하기 |

① 3문단의 "이상주의는 인간의 이성을 신뢰하며, 국제 여론을 중시하고, 법과 국제기구를 기반으로 하는 국제적 행위 규범의 발전을 강조한다."를 고려할 때, 이상주의자들은 법과 여론 모두를 중시한다는 것을 알 수 있다. '법을 여론보다 우위에 둔다'는 내용은 지문에서 찾을 수 없는 진술이다.

② 1문단에서 이상주의자들은 국제관계에서 도덕적·윤리적 규범을 매우 중요하게 여긴다는 것을 알 수 있다. 그들이 윤리보다 이성을 더 중시하는지 여부는 지문에서 알 수 없다.

③ 1문단의 "국가 간의 갈등은 대화와 타협, 국제법 및 국제기구를 통한 협력으로 해결될 수 있다고 믿는다."를 고려할 때, 이상주의가 국가의 힘을 중요하다고 간주한다는 진술은 적절하지 않다.

010

정답 | ②

해설 | 2문단의 "특히 소설 속 어린 주인공은 폭력적이고 불안정한 세계를 마주하게 되지만, 이를 극복할 힘이나 저항할 수단이 부족하다. 아버지의 부재로 인해 보호막이 사라진 가족은 외부의 질서, 즉 폭력과 불안이 지배하는 세계에 쉽게 노출된다. 주인공은 이러한 현실 속에서 심한 충격과 고통을 경험하며, 자신이 속한 세계와 갈등하게 된다."를 통해, 주인공은 현실을 지켜보며 충격과 고통을 느끼지만 능동적으로 저항하지 못한다는 것을 알 수 있다. 따라서 주인공이 폭력적이고 불안정한 세계에 순응하지 않고 맞서 저항한다는 ②의 진술은 적절하지 않다.

오답피하기 |

① 1문단의 "우리나라의 성장 소설 가운데에는 전쟁으로 인한 아버지의 부재를 모티프로 삼고 있는 작품이 많다. 남자 어른이 중심이 된 세계의 질서 속에서 '아버지의 부재'는 가족 구성원의 힘을 위축시키고, 그로 인해 가족의 순결성이 쉽게 훼손된다. ~ 김승옥의 「염소는 힘이 세

다」는 이러한 측면을 잘 표현하는 작품이다."를 통해 적절한 진술임을 알 수 있다.

③ 3문단의 "주인공이 겪는 내적 갈등과 성장통은 바로 이와 같은 가족 해체와 사회적 불안정성에서 비롯된다."를 통해 적절한 진술임을 알 수 있다.

④ 3문단의 "이 과정에서 가족의 일부가 폭력적 질서에 편입되거나, 어쩔 수 없이 그에 순응하는 모습도 드러난다. 이는 가족의 결속력이 약해지고, 각 구성원이 각자도생의 태도로 살아가야 하는 현실을 반영한다."를 통해 적절한 진술임을 알 수 있다.

011

정답 | ①

해설 | ⊙의 '삼다'는 '무엇을 무엇이 되게 하거나 여기다.'라는 의미로 사용되었는데, ①의 '삼다'도 같은 의미로 사용되었다.

오답피하기 |

②, ③ '어떤 대상과 인연을 맺어 자기와 관계있는 사람으로 만들다.'라는 의미로 사용되었다.

④ '((주로 '삼아' 꼴로 쓰여)) 이용하거나 가정하다.'라는 의미로 사용되었다.

012

정답 | ②

해설 | 제시된 조건을 기호화하면 다음과 같다.

> 조건1. ~다양한 경험 → 겁 많음 ≡ ~겁 많음 → 다양한 경험
> 조건2. 겁 많음 → ~놀이 기구 ≡ 놀이 기구 → ~겁 많음
> 조건3. 다양한 경험 → 상상력

제시된 조건만으로는 확정되는 것이 없으므로 선택지를 살펴보아야 한다. '놀이 기구를 잘 타는 아이는 상상력이 풍부하다'는 '놀이 기구 → 상상력'이다. 조건2의 대우, 조건1의 대우, 조건3을 결합하면 '놀이 기구 → ~겁 많음 → 다양한 경험 → 상상력'이 된다. 따라서 '놀이 기구 → 상상력'이 도출된다.

오답피하기 |

① '상상력이 풍부한 아이는 다양한 경험을 한다'는 '상상력 → 다양한 경험'이다. 조건3의 역인 '상상력 → 다양한 경험'은 성립하지 않는다.

③ '겁이 많지만 놀이 기구를 잘 타는 아이가 있다'는 '겁 많음∧놀이 기구'이다.

④ '겁이 많지 않지만 상상력이 풍부하지 않은 아이가 있다'는 '~겁 많음∧~상상력'이다.

013

정답 | ③

해설 | © 앞 문장의 "식기세척기에서는 세제를 초음파로 진동시켜 아주 미세한 안개로 만들어 안쪽에 분무한다."에서 '미세한 안개'를 고려할 때, 세제 안개는 '매우 큰 물방울'이 아니라 '매우 작은 물방울'이라는 것을 알 수 있다. 따라서 ©의 '매우 큰 물방울'을 ③에서처럼 '극히 작은 물방울'로 수정하는 것이 적절하다.

오답피하기 |

① ⊙ 다음 문장 "우리 귀로 들을 수 있는 주파수는 20Hz부터 20kHz이므로 20kHz 이상을 초음파라고 한다."를 고려할 때, 초음파는 우리가 귀로 들을 수 있는 주파수보다 '높아서' 우리의 귀로 들을 수 없는 음

파를 말한다고 할 수 있다. 따라서 ⊙을 그대로 두는 것이 문맥상 자연스럽다.

② '초음파 안개 발생기'의 작동 원리를 설명하는 내용이므로, 초음파를 활용하여 결과적으로 '안개를 발생'시킨다는 내용이 제시되어야 한다. 따라서 ©을 그대로 두는 것이 문맥상 자연스럽다. ②처럼 초음파의 작용으로 '물이 발생한다'로 수정하면 오히려 어색해진다.

④ 2문단의 첫 번째 문장 "'제균 미스트' 기술이 적용된 식기세척기에서는 세제를 초음파로 진동시켜 아주 미세한 안개로 만들어 안쪽에 분무한다."를 통해, 제균 미스트 기술이 적용된 식기세척기는 '아주 미세한 안개'를 만들어 세척에 활용한다는 것을 알 수 있다. '미세한' 즉 '크기가 아주 작은 안개'이므로, 식기세척기 내부에 생성된 안개의 양은 '매우 많을' 것이다. 따라서 미스트의 수가 많은 만큼 '많은 구멍이 만들어질 것'이다. @은 이러한 내용을 잘 담고 있으므로 수정할 필요가 없다. 또한 식기세척기의 기능은 결국 그릇에 붙은 음식물 찌꺼기를 잘 제거하는 데 있으므로, 되도록 찌꺼기에 '구멍을 많이 내어야' 그 구멍으로 더 많은 양의 세제를 침투시킬 수 있을 것이다. 이러한 점을 고려한다면 @은 그대로 두는 것이 문맥상 자연스럽다.

014

정답 | ②

해설 | 3문단에서는 "더 나아가 동물 실험을 대체할 과학적 방법을 적극적으로 개발하고 수용해야 한다."라고 설명한다. ②의 진술은, 동물 실험을 대체할 수 있는 과학적 방법이 실제로 존재하고 있으며 발전하고 있다는 증거를 제시하므로, 지문의 주장인 "동물 실험을 줄이고 대체 방법을 도입해야 한다"라는 논지를 강화하는 근거로 볼 수 있다.

오답피하기 |

① ①에서는 동물 실험의 윤리적 정당성을 강조하며 "동물 실험이 인간 안전성 평가에 필요하다"라고 주장하므로, 지문의 비과학성과 비윤리성을 비판하는 관점과 충돌한다. 따라서 지문의 논지를 약화한다.

③ ③에서는 "인간 생명을 위해 동물을 희생해도 된다"라는 입장으로, 인간 중심적 사고를 비판하는 지문 내용과 상반된다. 따라서 지문의 논지를 약화한다.

④ ④에서는 동물 실험의 불가피성과 현실적 필요성을 강조하고 있으므로, 동물 실험을 금지하자는 논지와 충돌한다. 따라서 지문의 논지를 약화한다.

015

정답 | ④

해설 | 대기 불안정, 높은 습도 등은 뇌우구름이 발생할 수 있는 조건이고, 이 경우 번개가 발생할 가능성이 높아진다. (3문단) 하지만 '구름과 땅 사이의 습도 차이가 클수록 번개가 더 빈번하게 발생'하는지는 알 수 없다. 번개는 구름 내 '전하의 전위차가 커질 때 방전이 일어나며 발생'하며, 전하가 분리되는 과정에서 발생하기 때문이다. (2~3문단) 다시 말해 번개는 '전하의 전위차가 클수록' 발생하는 것이지, '습도 차이가 클수록 이에 비례하여' 발생하는 것은 아니다.

오답피하기 |

① 1문단의 '구름이 만들어지며, 이 과정에서 방출되는 잠열이 구름 내부의 상승 기류를 더욱 강화한다.'를 고려할 때 적절한 추론임을 알 수 있다.

② 1문단의 '습도가 낮으면 구름이 잘 형성되지 않는다.'를 고려할 때 적절한 추론임을 알 수 있다.

③ 2문단의 '(뇌우구름의) 성숙기에는 강한 상승·하강 기류가 동시에 나타나'를 통해 적절한 추론임을 알 수 있다.

016

정답 | ③

해설 | ㉢의 '진행되다'는 '일 따위가 처리되어 나가게 되다.'라는 의미이므로, 사전적 의미만 놓고 보면 '나아가다'와 유사하므로 바꿔 쓸 수 있다고 생각할 수도 있다. 하지만 ㉢ 대신 '나아간다'로 바꿔 쓰면, "대기 현상이 ~ 나아간다"와 같이 주술 호응이 어색해지므로 바꿔 쓰기에 적절하지 않다.

오답피하기 |

① ㉠의 '발생하다'는 '어떤 일이나 사물이 생겨나다.'라는 의미이므로, '생기다'와 바꿔 쓰더라도 자연스럽다.

② ㉡의 '강화하다'는 '수준이나 정도를 더 높이다.'라는 의미로, 잠열이 상승 기류를 더욱 '강하게 만든다'라는 의미로 사용되었으므로, '키우다'와 바꿔 쓰더라도 맥락상 자연스럽다.

④ ㉣의 '소멸되다'는 '사라져 없어지게 되다.'라는 의미이므로, '없어지다'와 바꿔 쓰더라도 자연스럽다.

017

정답 | ④

해설 | 소현의 "나는 의리와 이해심이 함께 가야 한다고 봐. ~ 상대방의 입장을 헤아리고 어려울 때 꼭 곁에 있어 주는 의리가 진짜 우정을 만든다고 생각해."라는 말과, 은주의 "가치관이나 생활 환경이 다르면 서로 이해하기 어려워 갈등이 생길 확률도 높지."라는 말을 통해, 소현과 은주 모두 우정을 형성하기 위해서는 상대에 대한 이해심이 필요하다는 점에 대해 '견해를 같이한다'라는 것을 알 수 있다. 따라서 이 점에 대해 '소현과 은주는 서로 견해가 다르다'라는 진술은 적절하지 않다.

오답피하기 |

① 은주의 "가치관이나 생활 환경이 다르면 서로 이해하기 어려워 갈등이 생길 확률도 높고 이 때문에 우정이 무너질 수 있지. 사회적 배경이 비슷해야 더 오래 우정을 유지할 수 있어."라는 말과, 영민의 "어떤 관계든 갈등은 생기기 마련인데, 이를 어떻게 풀어나가느냐가 우정을 더 단단하게 만들거나 무너뜨리는 결정적 요인 아닐까?"라는 말을 통해, 은주와 영민 모두 갈등이 우정을 무너뜨리는 요인이 될 수 있다고 생각한다는 것을 알 수 있다.

② 보은의 두 번째 대화 "물론 나도 의리와 이해심도 중요하다고 생각해."와, 소현의 "나는 의리와 이해심이 함께 가야 한다고 봐."라는 말을 통해, 보은과 소현 모두 의리와 이해심을 우정의 주요 조건으로 본다는 것을 알 수 있다.

③ 보은의 첫 번째 대화 "나는 우정의 가장 중요한 조건이 신뢰라고 생각해."와, 영민의 "내 생각엔 갈등 해결 방법이 우정을 지속하는 데 가장 중요한 것 같아."라는 말을 통해, 적절한 진술임을 알 수 있다.

018

정답 | ①

해설 | 주어진 조건들을 기호화하면 다음과 같다.

조건1. 5개국 이하
조건2. ~캄보디아∨~필리핀 → ~베트남 ≡ 베트남 → 캄보디아∧필리핀
조건3. 말레이시아
조건4. (   )
결론. ~베트남

'필리핀 → ~인도네시아'를 추가하면, 조건2의 대우와 결합하여 '(베트남 → 캄보디아)∧(베트남 → 필리핀 → ~인도네시아)'가 된다. 즉, '베트남'이 확정되더라도 '~인도네시아'가 확정되므로, 5개국 이하의 국가가 연수에 참석하게 된다. 따라서 ①번은 추가해야 할 전제로 적절하지 않다.

오답피하기 |

② '말레이시아 → ~필리핀'을 추가하면, 조건3에 따라 '말레이시아'가 확정되므로 '~필리핀'이 확정된다. '~필리핀'이 확정되므로, 조건2에 따라 결론인 '~베트남'이 도출된다. 따라서 ②번은 추가해야 할 전제로 적절하다.

③ '캄보디아 → 인도네시아∧태국'을 추가하면, 조건2의 대우와 결합하여 '(베트남 → 캄보디아 → 인도네시아∧태국)∧(베트남 → 필리핀)'이 된다. 조건3에 따라 '말레이시아'가 확정되므로, '베트남'이 확정되면 6개국이 연수에 참석하게 된다. 즉, 조건1에 따라 5개국 이하의 국가가 연수에 참석하기 위해서는 결론인 '~베트남'을 도출할 수 있다. 따라서 ③번은 추가해야 할 전제로 적절하다.

④ '캄보디아 → ~말레이시아 ≡ 말레이시아 → ~캄보디아'를 추가하면, 조건3에 따라 '말레이시아'가 확정되므로 '~캄보디아'가 확정된다. '~캄보디아'가 확정되므로, 조건2에 따라 결론인 '~베트남'이 도출된다. 따라서 ④번은 추가해야 할 전제로 적절하다.

019

정답 | ③

해설 | 2문단을 보면, 샌델은 개인의 자율성을 강조했던 로크를 비판하며, 개인의 이익만을 중시하는 자유는 결과적으로 공동체의 해체와 유대의 상실을 초래하고, 시민 간의 공적 연대와 책임 의식을 약화한다고 주장하였다. 따라서 ③에서 제시한 것처럼, 국가적 위기의 순간에 개인의 자율성에만 맡겼을 때 혼란이 초래된 사례는, 개인의 이익만을 중시하는 자유는 결과적으로 공동체의 해체와 유대의 상실을 초래한다는 샌델의 주장을 뒷받침한다. 즉 이 사례는 샌델의 주장을 강화하므로, ③의 진술은 적절하다.

오답피하기 |

① 1문단을 보면, 로크는 국가의 역할을 "기본적인 안전 보장에 한정"하고, 국가 개입을 최소화해야 한다는 자유주의를 주장한다. 그러나 ①에서 제시한, 금융위기 당시 시장 실패로 인해 '국가가 직접 개입하여 금융 기관을 구제'한 사례는 자유주의적 시장 자율성의 한계를 보여 주므로, 로크의 사상을 '강화'하는 것이 아니라 오히려 '약화'한다.

② 샌델은 "공동체 해체와 유대의 상실"을 현실의 문제로 지적하고, 그 원인을 로크의 자유주의와 개인의 이익만을 중시하는 자유의 개념 탓으로 보고 있다. 그런데 ②에서 제시한 양극화로 인한 연대의 약화는 샌델의 주장과 일치하는 현실 인식이므로, 그의 주장을 '약화'하는 것이 아니라 오히려 '강화'한다.

④ 공리주의는 "최대 다수의 최대 행복"이라는 기준을 정치의 윤리로 제시하고 있다. 그런데 ④에서 제시한, 현대 정치가 다수결 시스템에 의해 운영된다는 사실은 공리주의의 이론적 토대를 강화하는 요소다. 따라서 ④의 진술은 공리주의의 주장을 '약화'하는 것이 아니라 오히려 '강화'한다.

020

정답 | ③

해설 | (가)는 공동선에 기반한 시민의 참여, 도덕적 시장 규제, 정의로운 분배 등을 의미한다. 이는 곧 개인이 자신의 이익만을 위해서 행동하는 것이 아니라, 공동체를 위하는 삶을 살고, 그와 관련된 책임을 지는 행동을 하는 것을 말한다. 따라서 이와 문맥적 의미가 가장 유사한 것은 ③번 ⓒ이다.

오답피하기 |

① ⊙은 로크가 주장하는 개인의 권리, 즉 사익을 의미한다. 따라서 ⊙은 (가)가 의미하는 공동선이 존중되는 사회와는 거리가 멀다.

② ⓛ은 로크가 주장하는 개인의 자율성을 의미한다. 로크는 개인의 자율성을 수호하기 위해서 국가, 즉 공동체가 존재한다고 보았다. 따라서 ⓛ은 (가)가 의미하는 공동선이 존중되는 사회와는 거리가 멀다.

④ ②은 공리주의자들이 주장하는 다수의 이익으로 공동선과는 거리가 멀다. 문맥에 따르면 ②은 개인 이익의 총합이 극대화되는 지점을 의미할 뿐, 공동선이 극대화되는 지점을 의미하는 것이 아니다. 따라서 ②은 (가)가 의미하는 공동선이 존중되는 사회와는 거리가 멀다.

모의고사
11회

001 ②	002 ②	003 ③	004 ②	005 ①
006 ①	007 ④	008 ③	009 ③	010 ①
011 ②	012 ④	013 ②	014 ②	015 ①
016 ④	017 ③	018 ①	019 ②	020 ①

S#.11 처음과 끝이 상대적으로 어렵다면...

킬러 ① 논리 [5번]
킬러 ② 어휘 [16번]
킬러 ③ 강화 약화 [18번]

이번 회차는 제일 처음은 다소 어렵게, 중간은 매우 쉽게, 마지막은 다시 어렵게 문제를 배치하였다. 처음에 겁을 줬기 때문에 중간에 잘 풀린다고 방심하지는 않을 것이라고 생각한다. 그런데 이렇게 평범한 시험일 경우, 상위권과 중위권의 격차는 줄어들고, 하위권과 중상위권의 격차는 커지게 된다. 따라서 실력으로 국어 점수를 만들어 왔다면 이번 회차는 100점에 가깝게 나와야 할 것이다. 지문의 길이는 6717자이고, 평균 정답률은 84%이다.

001

정답 | ②

해설 | 수정 전 문장은 '손님이 웃으면서 매장에 들어왔고, 나는 그 손님에게 인사했다.'라는 한 가지 의미로 해석되므로 그대로 사용하는 것이 바람직하다. 오히려 이 문장을 "나는 웃으면서 매장에 들어오는 손님에게 인사했다."와 같이 수정하게 되면, 웃는 행위의 주체가 '나'인지 '손님'인지 모호해지므로 문제가 된다.

오답피하기 |

① 행위를 나타내는 동사 '제공합니다'의 주체는 일반적으로 사람이므로, '프로그램이 ~ 제공합니다'라는 표현은 어울리지 않는다. 따라서 피동 표현을 사용하여 ①처럼 수정하는 것이 자연스럽다.

③ 수정 전 문장은 영어식 표현("Application is possible via the Internet.")을 직역한 느낌이 강하므로, ③처럼 수정하는 것이 자연스럽다.

④ 수정 전 문장은 누가 문의할 수 있는지 알 수 없고 문의 방법도 제시되어 있지 않아 모호하므로, ④처럼 수정하는 것이 자연스럽다.

002

정답 | ②

해설 | ㉠은 중심적 의미, ㉡은 주변적 의미에 대한 설명이다. ㉠의 '손'은 신체 부위를 가리키는 중심적 의미로 쓰였고, ㉡의 '손'은 '사람의 수완이나 꾀'를 뜻하는 주변적 의미로 쓰였다. 따라서 ㉠, ㉡에 해당하는 예로 적절하다.

오답피하기 |

① ㉠의 '꽃'과 ㉡의 '꽃'은 모두 '종자식물의 번식 기관'을 뜻하는 중심적 의미로 쓰였다.

③ ㉠의 '불'은 '불이 타는 듯이 열렬하고 거세게 타오르는 정열이나 감정'을 뜻하는 주변적 의미로 쓰였고, ㉡의 '불'은 '물질이 산소와 화합하여 높은 온도로 빛과 열을 내면서 타는 것'을 뜻하는 중심적 의미로 쓰였다.

④ ㉠의 '밥'은 '남에게 눌려 지내거나 이용만 당하는 사람'을 뜻하는 주변적 의미로 쓰였고, ㉡의 '밥'은 '쌀, 보리 따위의 곡식으로 지은 음식'을 뜻하는 중심적 의미로 쓰였다.

003

정답 | ③

해설 | 지문에 따르면 '수+기와'를 '수키와'로 표기하는 것은 역사적인 이유로 거센소리가 나기 때문이다. 만약 그 소리가 사이시옷 소리와 비슷하기 때문이라면 표기를 '숫기와'로 해야 한다. 따라서 ③번의 언급은 적절하지 않다.

오답피하기 |

① 지문에 따르면 '수사자'나 '수개미'는 수컷을 나타내는 접두사 표기 원칙에 따라 표기한 것이다.

② 지문에 따르면 '수+닭'을 '수닭'이라 표기하지 않고 '수탉'이라고 표기한 까닭은 역사적 이유 때문이다.

④ 지문에 따르면 '수+쥐'를 '숫쥐'로 표기한 것이나 '수+염소'를 '숫염소'로 표기한 것은 모두 발음상 사이시옷 소리와 비슷한 느낌이 있기 때문이다. 따라서 둘의 표기 이유는 동일하다.

004

정답 | ②

해설 | 1문단의 "『북어 대가리』는 산업 사회 속에서 인간이 겪는 소외와 불안을 날카롭게 포착한 작품이다."와 2문단의 "반복되는 일상 속에서 인간성은 점차 상실되고, 옳고 그름조차 명확히 판단할 수 없는 혼란과 불안이 지배하게 된다."를 통해, 빈칸에 들어갈 내용으로 가장 적절한 것은 ②임을 알 수 있다.

오답피하기 |

① 1문단의 "자앙은 주어진 상황에 순응하며 책임을 다하지만, 기임은 창고를 떠나고 싶어 하며 변화와 탈출을 꿈꾼다."를 통해, 자유를 추구하는 인물은 '자앙'이 아니라 '기임'임을 알 수 있다.

③ 2문단에서 "자앙과 기임의 갈등은 변화에 대한 욕구와 현실 순응의 무력감이 현대인의 내면에서 충돌하는 모습을 드러낸다."라고 설명할 뿐, 이러한 변화에 대한 욕구와 현실 순응의 충돌이 '인간의 본능'이라는 내용은 언급되지 않았다.

④ 지문에서는 자앙과 기임 두 인물이 반복적이고 기계적인 노동에 종속되어 있으며, 이들을 통해 현대인의 소외, 무력감, 인간성 상실, 순응과 갈등을 보여준다고 설명하고 있다. ④의 진술처럼 '산업 사회에서 인간이 주체적으로 변화와 혁신을 이끌 수 있다는 것'은 지문에서 언급되지 않았으므로 알 수 없는 내용이다.

005

정답 | ①

해설 | 주어진 조건들을 기호화하면 다음과 같다.

> 조건1. 건설업종 등록 → 조사 대상 ≡ ~조사 대상 → ~건설업종 등록
> 조건2. 조사 대상∧실적 → 국가통계포털 ≡ ~국가통계포털 → ~조사 대상∨~실적
> 조건3. A 업체∧~국가통계포털
> 결론. A 업체∧~건설업종 등록

1) 'A 업체'가 '~건설업종 등록'이 확정되기 위해서는 조건1의 대우에 따라 '~조사 대상'이 확정되어야 한다.

2) 조건3에 따라 'A 업체'는 '~국가통계포털'이 확정되므로, 조건2의 대우에 따라 '~조사 대상∨~실적'이 확정된다.

3) 1)에서 도출된 '~조사 대상'이 확정되기 위해서는 2)에서 도출된 '~조사 대상∨~실적'에서 '실적'을 확정하여 선언지 제거를 적용해야 한다.

4) 즉, 'A 업체'는 '실적'이 추가되어야 한다.

5) 따라서 정답은 'A 업체는 건설공사 실적이 있다'이다.

오답피하기 |

선택지의 내용을 기호화하면 다음과 같다.

> ② 'A 업체∧조사 대상'
> ③ '건설업종 등록 → ~국가통계포털'
> ④ '국가통계포털 → 조사 대상'

006

정답 | ①

해설 | 2문단의 "자연 속에서의 삶은 단순히 은둔이 아닌, 현실 세계의 혼탁함으로부터 벗어나 정신적 평온과 자아 성찰을 얻는 수단이었다."를 통해 적절한 진술임을 알 수 있다.

오답피하기 |

② 3문단의 "사대부들이 추구한 자연 속 삶은 정치적 위험을 피하고자 하는 현실적 방편인 동시에, 격조 높은 문화와 정서를 반영한 삶의 철학이기도 했다."를 통해, 자연 예찬 시가는 '직접적인 정치 비판이나 불만을 표출하려는 의도'가 아니라, '조선 사대부들이 정신적 평온, 문화적 가치를 위해 선택한 표현 양식'이라는 것을 알 수 있다. 또한 조선 시대 자연 예찬 시가는 정치적 불만을 우회적으로 드러내려는 의도로 창작되었다는 진술은 지문에서 찾을 수 없는 내용이므로 적절하지 않은 진술이다.

③ 1문단의 "사화와 당쟁이 잦았던 당시 조선 사회에서는 벼슬길에 나섰다가 뜻하지 않게 가문 전체가 위기를 맞는 일이 종종 있었기 때문이다."를 통해, 조선 사회에서 정계 진출(벼슬길)은 위험성과 부담이 뒤따르는 선택이라는 것을 알 수 있다. 하지만 당시 정계 진출이 '피할 수 없는 의무'라는 것은 지문에서 확인할 수 없는 정보이자, 과장된 해석이다.

④ 사대부들은 풍경 묘사에만 국한된 자연 예찬을 노래하였다는 내용은 지문에서 확인할 수 없는 정보다. 또한 3문단의 "이런 문학적 경향은 단순한 자연 찬미를 넘어선 의미를 지닌다. 사대부들이 추구한 자연 속 삶은 정치적 위험을 피하고자 하는 현실적 방편인 동시에, 격조 높은 문화와 정서를 반영한 삶의 철학이기도 했다."를 고려할 때, '사대부들은 풍경 묘사에만 국한된 자연 예찬을 노래'한 것은 아니라는 것을 알 수 있다. 사대부들의 자연 예찬은 정치적 회피, 정신적 평온, 자

아 성찰, 문화적 가치 등을 담은 복합적 문학 경향이기 때문이다. 즉 '풍경 묘사에만 국한되었다'라는 진술은, 지문 내용을 축소 해석한 것이므로 적절하지 않다.

007
정답 | ④

해설 | 선지의 정답 구성으로 볼 때, 맨 처음 단락은 (나) 아니면 (다)이다. 각각의 내용을 살펴보자. 우선 (나)는 "이처럼"이라는 부사로 시작한다. 그런데 '이처럼'은 '이와 같이'라는 뜻으로, 앞 내용의 양상을 받아 뒤의 문장을 이끄는 말이므로, 맨 처음 문단으로는 쓸 수 없다. 반면 (다)는 그림을 시각적으로만 감상하려는 우리의 일반적인 습관을 지적하며, 그림에는 당대의 문화와 삶이 반영되어 있음을 제시하고 있다. 따라서 글을 시작하는 첫 문단으로는 (다)가 적합하다. 그러면 정답은 ③ 아니면 ④로 좁혀진다.

이제 (다) 다음 문단으로 위치할 문단이 (가)인지 (라)인지를 결정하면 된다. 그런데 (가)의 경우 "이 한 폭의 그림에는"으로 시작하므로, (다) 뒤에 위치하는 것은 부자연스럽다. (가) 앞에는 어떤 그림이 먼저 제시되어야 하기 때문이다. 반면 (라)는 '문화의 반영으로서의 회화'라는 관점에서 그림 감상하기를 제안하면서 궁중 기록화를 예로 들고 있다. 이러한 (라)의 내용은 (다) 다음에 위치했을 때 흐름이 자연스러우므로, (다) 다음에 위치할 문단은 (라)이다. 따라서 정답은 ④이다.

(다): 그림에는 당대의 문화와 삶이 반영되어 있음을 제시하고 있다.

(라): '문화의 반영으로서의 회화'라는 관점에서 그림 감상하기를 제안하면서 궁중 기록화를 예로 들고 있다.

(가): 궁중 기록화에 반영된 조선의 문화를 소개하면서, 추가적인 예로 서양의 르네상스 시대 종교화를 들고 있다.

(나): '문화의 반영으로서의 회화'를 다시 강조하면서 끝을 맺고 있다.

008
정답 | ③

해설 | Ⅲ의 하위 항목은 '고객사 불만 발생의 개선 방안'을 제시하고 있으므로, '고객사 불만 발생의 주요 사례'는 ©에 들어갈 말로 적절하지 않다.

오답피하기 |
① '물류 작업 및 배송 오류 발생 증가'는 고객사 불만 현황에 해당하므로 ⑦에 들어갈 말로 적절하다.
② '수작업으로 인한 물류 작업 및 배송 오류 발생'은 Ⅲ-1의 '자동화 설비 도입 및 물류 프로세스 개선'에 대응하는 원인에 해당하므로 ©에 들어갈 말로 적절하다.
④ '고객사 만족도 향상을 위한 물류 관리 체계의 개선'은 향후 과제에 해당하므로 ②에 들어갈 말로 적절하다.

009
정답 | ③

해설 | 실험 결과에 따르면 개미는 개인의 능력으로는 인간보다 못하지만 협업에 참여하는 수가 많을수록 인간보다 더 우월한 능력을 보이고 있다. 따라서 연구진들은 개미의 협업 능력이 인간의 협업 능력보다 더 뛰어나다는 사실을 알 수 있었을 것이다.

오답피하기 |
① 인간의 경우 개인일 때가 집단일 때보다 더 나은 성적을 거두기도 했었다. 따라서 개인의 힘보다는 집단의 힘이 항상 우월하다고 결론을 내리기는 어렵다.
② 인간 1명 대 개미 1마리일 때에는 인간이 더 좋은 결과를 도출했다. 따라서 인간이 개미보다 일을 하는 능력이 떨어진다고 결론을 내리기는 어렵다.
④ 사람은 협업에 참여하는 사람이 극단적으로 늘었을 때 오히려 1명이 일을 하는 것보다 효율성이 더 떨어졌다. 따라서 협업에 참여하는 사람이 늘어날수록 협업의 효율성이 개선된다고 결론을 내리기는 어렵다.

010
정답 | ①

해설 | 3문단의 "이러한 세계관은 인간의 삶과 운명이 신의 뜻이나 초월적 질서에 의해 좌우된다는 전통적 인식을 반영한다."를 통해, 「심청전」은 인간의 운명이 '개인'이 아닌 '신'에게 달려 있다는 세계관에 입각한 작품임을 알 수 있다. 따라서 '인간의 운명이 개인의 의지에 달려 있다'라는 진술은 적절하지 않다.

오답피하기 |
② 3문단의 "「심청전」에서 지상계와 천상계는 단순히 대립하는 두 세계로만 그려지지 않는다. 오히려 천상계의 질서와 힘이 지상 현실에 깊이 개입하며, 궁극적으로는 지상계가 초월적 무한성에 포괄되는 구조를 보여준다."를 통해 천상계가 지상계에 영향을 미친다는 것을 알 수 있다.
③ 1문단의 "'적강화소'란 천상의 존재가 인간 세상에 내려오는 설정으로, ~ 이 소설에서 심청은 단순한 인간이 아니라, 천상계의 선녀가 지상으로 내려온 존재로 설정되어 있다."와 2문단의 "심청의 삶에 닥치는 시련들은 ~ 이미 천상적 질서에 의해 운명적으로 예정된 사건들로 볼 수 있다."를 통해 적절한 진술임을 알 수 있다.
④ 3문단의 "「심청전」에서 지상계와 천상계는 단순히 대립하는 두 세계로만 그려지지 않는다. 오히려 천상계의 질서와 힘이 지상 현실에 깊이 개입하며, 궁극적으로는 지상계가 초월적 무한성에 포괄되는 구조를 보여준다."를 통해 적절한 진술임을 알 수 있다.

011
정답 | ②

해설 | (가)는 인물의 삶에 개입하는 천상계의 질서를 뜻한다. 이는 곧 초월자의 개입으로 인물이 겪는 시련이나 그 극복 과정 모두를 의미한다. ⑦은 인물이 겪는 시련을 뜻하므로 (가)와 의미적으로 동일하다. 그러나 ©은 인물의 자유의지, 즉 인물의 개인적 선택에 의해 발발한 사건이므로 (가)와 그 문맥적 의미가 이질적이다. 따라서 ©이 정답이다. 한편 ©은 시련의 극복 과정 전체를 지칭하는 것이며, ②은 ©의 하나이다. 이는 곧 (가)와 문맥적 의미가 동일한바, 문제의 정답은 ②번이 되겠다.

012
정답 | ④

해설 | 제시된 전제를 기호화하면 다음과 같다.

(가) ~영화관 → ~최신 상영 영화
(나) OTT 서비스 → 콘텐츠 소비량∨~영화관
결론. OTT 서비스 → ~최신 상영 영화

(나)에서 (가)를 활용하여 'OTT 서비스 → 콘텐츠 소비량∨~최신 상영 영화'가 도출된다. 결론의 'OTT 서비스 → ~최신 상영 영화'가 도출되기 위해서는 'OTT 서비스 → 콘텐츠 소비량∨~최신 상영 영화'에서 '~콘텐츠 소비량'을 확정하여 선언지 제거에 따라 'OTT 서비스 → ~최신 상영 영화'가 되어야 한다. 따라서 정답은 '콘텐츠 소비량이 늘지 않는다'이다.

오답피하기|
① '영화관 방문 횟수가 줄어든다'는 '~영화관'이다.
② '최신 상영 영화를 즐겨 보지 않는다'는 '~최신 상영 영화'이다.
③ 'OTT 서비스를 구독하지 않는다'는 '~OTT 서비스'이다.

013
정답| ②
해설| ⓛ 앞 문장의 "처음엔 맛있다가 점점 만족도가 떨어지고 어느 지점부터는 너무 배가 불러 맛을 하나도 못 느낄 수도 있다."를 고려할 때, 한계효용은 0이 될 수 있다는 것을 알 수 있다. 따라서 ②처럼 수정하는 것이 맥락상 자연스럽다.

오답피하기|
① '한계효용 체감의 법칙'을 설명하는 내용이므로, ①에서처럼 효용(만족도)이 '점점 늘어난다'라고 수정하면 부자연스럽다. 따라서 ⓘ을 그대로 두는 것이 문맥상 자연스럽다.
③ 1문단 첫 번째 문장에서 한계효용은 '객관적 수치'로 표현된다고 언급되어 있다. 따라서 ③에서처럼 만족도(효용)를 '주관적 수치'로 표현할 수 있다는 내용은 부적절하다. ⓒ을 그대로 두는 것이 문맥상 자연스럽다.
④ 바로 앞 문장 "각 상품의 한계효용이 균등하게 되도록 소비를 배분하는 것이 가장 유리하다"를 고려할 때, ④에서처럼 한계효용이 균등할 때 '소비자가 최대의 효용을 얻을 수 없다'라는 내용은 부적절하다. ⓔ을 그대로 두는 것이 문맥상 자연스럽다.

014
정답| ②
해설| 지문의 핵심 논지는 "포식과 피식은 포식자와 피식자 모두의 생존을 위해 꼭 필요하다. 포식과 피식에 의해 피식자의 개체수가 조절되지 않으면 피식자는 오히려 군집 내에서 더 큰 생존의 위협을 받을 수도 있기 때문이다."이다. 이러한 논지를 약화하는 사례는 ㄱ과 ㄷ이다.
ㄱ. 3문단에서는 "포식과 피식이 모두의 생존에 꼭 필요하다"라며, 만약 포식과 피식이 없으면 피식자는 오히려 더 큰 생존의 위협을 받을 수 있다는 입장을 보이고 있다. 그런데 ㄱ은 포식자 없이도 다른 요인(질병, 먹이 제한 등)으로 피식자 개체수 조절이 충분히 가능함을 보여주므로, 포식과 피식이 반드시 필요하다는 지문의 논지를 약화한다.
ㄷ. 포식과 피식 관계 없이, 즉 포식자가 부재한 상황에서도 군집 내 다양한 생물종이 균형과 조화를 이룰 수 있음을 보여주는 사례이므로, ㄷ은 포식과 피식이 반드시 필요하다는 지문의 논지를 약화한다.

오답피하기|
ㄴ. 포식과 피식 관계가 생태계 균형, 구성원 모두의 생존에 꼭 필요함을 잘 보여주는 사례이므로, ㄴ은 포식과 피식이 반드시 필요하다는 지문의 논지를 강화한다.

015
정답| ①
해설| 한국 전통 건축은 담장, 벽, 문턱, 계단 등의 경계 요소를 통해 영역이 분리되면서도 유기적으로 연결되는 공간적 전이 현상을 구현한다. (2문단) 이러한 독특한 공간적 특성으로 인해 한국 전통 건축은 여러 영역이 유기적으로 결합되어 하나의 전체를 이루며, 자연과 조화를 이루는 특징을 보인다. (3문단)

오답피하기|
② 1문단의 "각 건물의 내부는 주변 외부 영역의 성격까지 규정하며"를 통해 적절하지 않음을 알 수 있다.
③ 한국 전통 건축에서 보이는 전이점들은 인간의 이동과 시각적 감각을 모두 자극한다. (2문단)
④ 접근과 차단(분리, 단절)이 가능한 각 영역들로 인해 공간적 전이가 이루어지는 것은 서양 건축과 다른 한국 전통 건축의 특징이다. (1, 2문단)

016
정답| ④
해설| ⊙의 '만들다'는 '새로운 상태를 이루어 내다.'라는 의미로 사용되었는데, ④의 '만들다' 또한 이러한 의미로 사용되었다.

오답피하기|
① '그렇게 되게 하다.'의 의미로 사용되었다.
② '말썽이나 일 따위를 일으키거나 꾸며 내다.'의 의미로 사용되었다.
③ '틈, 시간 따위를 짜내다.'의 의미로 사용되었다.

017
정답| ③
해설| 갑의 두 번째 대화 "문화마다 감정을 표현하는 규범이 다르다는 점을 이해하지 못하면, 국제적인 소통 과정에서 실수나 갈등이 생길 수 있어."와, 을의 두 번째 대화 "감정 표현의 방식은 단순히 개인의 성향 문제가 아니라, 각기 다른 문화적 배경에서 비롯된 규범의 차이라는 점도 무시할 수 없다고 생각해.", 그리고 병의 첫 번째 대화 "타문화 사람들이 그런 태도를 지나치게 공격적이라고 오해하기도 하는데, 사실은 사회적 규범이 다르기 때문이야."를 통해, 문화적 차이를 이해하지 못하면 오해나 갈등이 생길 수 있다는 점에 대해 갑, 을, 병 모두 동의한다는 것을 알 수 있다.

오답피하기|
① 을의 두 번째 대화 "그래서 감정 표현의 방식은 단순히 개인의 성향 문제가 아니라, 각기 다른 문화적 배경에서 비롯된 규범의 차이라는 점도 무시할 수 없다고 생각해."를 통해, 감정 표현이 문화적 규범에 따라 달라진다는 점에 대해 '을도 동의'한다는 것을 알 수 있다. 따라서 이 점에 대해 '을이 동의하지 않는다'라는 ①의 진술은 적절하지 않다.
② 간접적 감정 표현이 오해를 불러올 수 있다는 점에 대해 병이 직접적으로 의견을 제시한 부분은 없다. 하지만 서구의 직설적인 감정 표현이 타문화권 사람들에게 오해를 불러일으키기도 한다거나, "직설적이든 간접적이든, 상대방의 문화와 규범을 이해하려는 노력이 필요"하다고 말하는 병의 태도로 볼 때, 간접적 감정 표현이 오해를 불러올 수 있다는 점에 대해 병이 동의할 가능성이 크다. 따라서 그 점에 대해 병이 동의하지 않는다고 볼 근거는 없으므로 ②의 진술은 적절하지 않다.
④ 상황과 상대에 따라 감정 표현 방식을 달리해야 한다는 점에 대해 갑이 직접적으로 의견을 제시한 부분은 없으므로, 이 점에 대해 갑이 동의하지 않는다고 단정할 수 없다. 또한 갑의 두 번째 대화 "문화마다

감정을 표현하는 규범이 다르다는 점을 이해하지 못하면, 국제적인 소통 과정에서 실수나 갈등이 생길 수 있어."를 고려할 때, 상황과 상대에 따라 감정 표현 방식을 달리해야 한다는 점에 대해 갑 또한 동의할 가능성이 크므로 ④의 진술은 적절하지 않다.

018

정답 | ①

해설 | 플라톤은 아름다움이 인간의 의지와 무관하게 존재하는 절대적 가치(이데아)라고 주장한다. 황금비율이 자연과 예술에서 보편적으로 발견되고 다양한 문화권에서 아름다움의 기준으로 인정받는 현상은, 아름다움이 인간이 아닌 객관적 세계에 본질적으로 존재한다는 플라톤의 이데아론을 뒷받침한다. 즉 인간의 주관적 판단과 무관하게 아름다움이 존재한다는 플라톤의 주장을 강화하므로, ①의 진술은 적절하다.

오답피하기 |

② 플라톤은 현실의 사물이 이데아를 얼마나 반영하느냐에 따라 미적 판단이 이루어진다고 본다. 따라서 현실에는 완벽한 삼각형이나 원이 없지만, 사람들이 그 완벽함을 상상하고 아름답다고 느끼는 것은 오히려 플라톤의 이데아론을 뒷받침하는 사례. 즉 현실의 불완전함에도 불구하고 인간이 이데아를 상상하고 아름답다고 여기는 것에 해당하므로, 플라톤의 주장을 '약화'하는 것이 아니라 '강화'한다.

③ 아퀴나스는 "아름다움이란 즐거움이 유발되기 위해서는 완전성, 조화, 명료함이라는 세 가지 조건이 반드시 필요하다고 제시"하였다. 그런데 완전성과 조화로움에서 벗어난 추상 미술 작품에서 사람들이 아름다움을 느낀다는 점은 아퀴나스의 주장을 '강화'하는 것이 아니라 '약화'한다.

④ 아퀴나스는 아름다움이란 즐거움을 주는 것이라고 주장한다. 따라서 예술 작품을 감상할 때 느끼는 즐거움이 아름다움의 본질임을 체험적으로 확인할 수 있다는 점은 아퀴나스의 주장을 '약화'하는 것이 아니라 '강화'한다.

019

정답 | ②

해설 | ㉠의 '이루어지다'는 '어떤 대상에 의하여 일정한 상태나 결과가 생기거나 만들어지다.'라는 의미로 사용되었는데, ②의 '이루어지다' 또한 같은 의미로 사용되었다.

오답피하기 |

① '뜻한 대로 되다.'의 의미로 사용되었다.

③, ④ '몇 가지 부분이나 요소가 모여 일정한 성질이나 모양을 가진 존재가 되다.'의 의미로 사용되었다.

020

정답 | ①

해설 | 제시된 조건을 기호화하면 다음과 같다.

> 조건1. 취미 → 행복감 ≡ ~행복감 → ~취미
> 조건2. ~취미 → 주변 사람 ≡ ~주변 사람 → 취미
> 조건3. 주변 사람 → ~자기주장 ≡ 자기주장 → ~주변 사람

제시된 조건만으로는 확정되는 것이 없으므로 선택지를 살펴보아야 한다. '자기주장이 강한 사람은 행복감을 크게 느낀다'는 '자기주장 → 행복감'이다. 조건3의 대우, 조건2의 대우, 조건1을 결합하면 '자기주장 → ~주변 사람 → 취미 → 행복감'이 된다. 따라서 '자기주장 → 행복감'이 도출된다.

오답피하기 |

② '행복감을 크게 느끼는 사람은 취미가 다양하다'는 '행복감 → 취미'이다. 조건1의 역인 '행복감 → 취미'는 성립하지 않는다.

③ '주변 사람들을 잘 챙기지만 자기주장이 강한 사람이 있다'는 '주변 사람∧자기주장'이다.

④ '주변 사람들을 잘 챙기지만 행복감을 크게 느끼는 사람이 있다'는 '주변 사람∧행복감'이다.

모의고사 12회

001 ④	002 ④	003 ④	004 ②	005 ④
006 ③	007 ④	008 ①	009 ②	010 ④
011 ④	012 ②	013 ④	014 ②	015 ③
016 ①	017 ②	018 ①	019 ②	020 ④

S#.12 어려운 문제는 많이 어렵고, 쉬운 문제는 많이 쉽다면...

킬러 ① 논리 [7번]
킬러 ② 문학 [10번]
킬러 ③ 화법 [17번]
킬러 ④ 논리 [19번]

이번 회차 지문의 글자 수는 7809자로 상당히 긴 편에 속한다. 그리고 앞부분은 쉬운 문제로 구성한 반면, 뒷부분은 킬러 문제를 3개 배치하여 상당히 어렵게 구성하였다. 킬러 문제가 4문제지만 그 외 문제는 거의 쉬운 문제들이다. 정답률 70~80% 정도의 문제는 거의 없다. 즉 쉬운 문제는 매우 쉽고, 어려운 문제는 상당히 어렵게 하여 어려운 문제의 개수를 늘렸다. 상위권과 중위권 간의 격차가 확연히 드러나는 문제 구성이 되겠다. 평균 정답률은 84%이다.

001

정답 | ④

해설 | 주어 '지원 대상 선정 방법은'은 서술어 '결정한다'와 호응하지 않는다. 그러나 수정한 문장 역시 주어 '지원 대상 선정 방법은'은 서술어 '결정하기로 했다'와 호응하지 않는다. 따라서 해당 문장을 ㉣에 따라 "이 사업의 지원 대상 선정 방법은 서류 심사 이후 위원회의 심의를 거쳐 지원 대상자를 결정하는 것이다."로 수정해야 한다.

오답피하기 |

① '내구연한'은 '원래의 상태대로 사용할 수 있는 기간'을 뜻하는 한자어이다. 따라서 해당 문장을 ㉠에 따라 "사용 가능 햇수를 설정하였다."로 수정하는 것은 적절하다.

② 의미를 전달하는 데 필요하지 않은 표현을 덧붙여 쓰면 오히려 의미를 이해하기 어렵게 만들 수 있다. 따라서 해당 문장을 ㉡에 따라 "호수는 마을에서 차로 10분 거리에 있다."로 수정하는 것은 적절하다.

③ 목적격 조사를 생략하여 조사를 과도하게 생략하고 있다. 따라서 해당 문장을 ㉢에 따라 "첨부한 파일 설명서를 참고하시기 바랍니다."로 수정하는 것은 적절하다.

002

정답 | ④

해설 | 주어진 조건들을 기호화하면 다음과 같다.

조건1. ~심뇌혈관 → 정신건강 ≡ ~정신건강 → 심뇌혈관
조건2. 호흡기 → 근골격 ≡ ~근골격 → ~호흡기
조건3. 비뇨의학 → 근골격
조건4. 심뇌혈관 → ~근골격 ≡ 근골격 → ~심뇌혈관

조건1의 대우, 조건4, 조건2의 대우를 결합하면 '~정신건강 → 심뇌혈관 → ~근골격 → ~호흡기'가 되며, '~정신건강 → ~호흡기'가 도출된다. 따라서 ④번은 반드시 참이다.

오답피하기 |

① 명제의 역은 성립하지 않으므로, 조건3의 역인 '근골격 → 비뇨의학'은 도출되지 않는다. 따라서 ①번은 반드시 참이라고 할 수 없다.

② 조건4, 조건2의 대우를 결합하면 '심뇌혈관 → ~근골격 → ~호흡기'가 되며, '심뇌혈관 → ~호흡기'가 도출된다. 따라서 ②번은 반드시 참이라고 할 수 없다.

③ 조건3, 조건4의 대우, 조건1을 결합하면 '비뇨의학 → 근골격 → ~심뇌혈관 → 정신건강'이 되며, '비뇨의학 → 정신건강'이 도출된다. 따라서 ③번은 반드시 참이라고 할 수 없다.

003

정답 | ④

해설 | 2문단의 "김만중은 ~ 인현왕후의 복위와 서인 세력의 권력 회복을 갈망하며 『사씨남정기』를 집필했다. 이 작품은 ~ 우회적으로 숙종의 정책과 당시 체제를 비판하는 목적을 가졌다."를 통해 적절한 진술임을 알 수 있다.

오답피하기 |

① 1문단의 "장희빈을 등에 업은 남인들이 숙종을 움직여 인현왕후를 폐위시키고"를 통해, 이 사건의 주도 세력은 '서인'이 아니라 '남인'임을 알 수 있다. 따라서 ①의 진술은 적절하지 않다.

② 1문단의 "이 시기 조선 왕조는 명목상 성리학적 질서를 유지했지만, 현실에서는 부패와 권력 투쟁이 일상화되어"를 통해, 『사씨남정기』 창작 시기 조선은, 비록 현실에서는 부패와 권력 투쟁이 일상화되었지만 '명목상으로는 성리학적 질서를 유지'하고 있었다는 것을 알 수 있다. 따라서 명목상으로도 성리학적 질서를 유지하는 데 실패했다는 진술은 적절하지 않다.

③ 2문단의 "이 작품은 직접적인 정치 비판이 어려운 시대적 한계 속에서 우회적으로 숙종의 정책과 당시 체제를 비판하는 목적을 가졌다."를 통해, 『사씨남정기』가 그 시기의 현실을 '직접적으로' 드러낸 작품이 아니라, '우회적으로' 드러내었다는 것을 알 수 있다.

004

정답 | ②

해설 | 3문단의 "한글날의 역사는 여러 변화를 겪었다. 처음에는 '가갸날'로 불렸고, 해방 이후 법정 공휴일로 지정되었다."를 통해, 한글날이 법정 공휴일로 지정된 것이 2012년이 처음이 아니었다는 것을 알 수 있다. 해방 이후 이미 법정 공휴일이었던 적이 있으므로, ②의 진술은 적절하지 않다.

오답피하기 |

① 3문단의 "1990년에는 국경일에서 제외되어 단순 기념일이 되었고, 2006년 국경일로 다시 승격된 뒤"를 통해 적절한 진술임을 알 수 있다.

③ 3문단의 "처음에는 '가갸날'로 불렸고"와 "오늘날 한글날에는 ~ 세종대왕의 훈민정음 어지가 낭독되어"를 통해 적절한 진술임을 알 수 있다.

④ 2문단의 "한글날이 10월 9일인 이유는 훈민정음 해례본 원본에 기록된 '9월 상한'이라는 반포 시기를 양력으로 환산한 데에서 비롯된다. ~ 10월 29일을 한글날로 정했지만, 해례본의 기록이 발견되면서 20일가량 앞당겨져 현재의 날짜로 바뀌었다."를 통해 적절한 진술임을 알 수 있다.

005
정답 | ④

해설 | ㉣에는 결론에 해당하는 기대 효과 등이 들어가는 것이 적절하다. '주차비 무료화를 통한 아파트 분양 경쟁력 강화'는 이에 해당하지 않으므로 ㉣에 들어갈 내용으로 적절하지 않다.

오답피하기 |
① ㉠에는 서론에 해당하는 문제 제기 등이 들어가는 것이 적절하다. '아파트 단지 내 주차난에 따른 문제 증가'는 이에 해당하므로 ㉠에 들어갈 내용으로 적절하다.

② ㉡에는 Ⅲ-2의 '가구당 추가 차량 요금제 강화를 통한 주차 수요 억제'에 대응되는 원인이 들어가야 한다. '가구당 차량 보유 증가로 인한 주차 수요 급증'은 이에 대응되므로 ㉡에 들어갈 내용으로 적절하다.

③ ㉢에는 Ⅱ-1의 '세대 수 증가에 비해 주차 공간 확충 미흡'에 대응되는 해소 방안이 들어가야 한다. '지하 주차장 증설을 통한 주차 공간 확충'은 이에 대응되므로 ㉢에 들어갈 내용으로 적절하다.

006
정답 | ③

해설 | 문제가 되는 현실은, 생산자에게 돌아가는 임금이 그들의 노동에 비해 극히 적다는 것이므로, ㉢은 그대로 두는 것이 흐름상 자연스럽다.

오답피하기 |
① 바로 뒤 문장의 "쉽게 납득하기 어려웠다."를 고려하면, 가격에 비해 커피 원가가 매우 싸다는 기사를 접해서 놀라웠다는 내용이 제시되는 것이 타당하다. 따라서 ①처럼 수정하는 것이 바람직하다.

② 2문단의 "공정무역의 목적은 저개발국 노동자들이 최소한의 생계를 유지할 수 있도록 돕고"를 고려할 때, 공정무역은 개발도상국 생산자(=노동자)들에게 '유리한' 조건을 제공하는 방식이므로 ②처럼 수정하는 것이 바람직하다.

④ 윤리적 소비는 문제가 있어 '개선해야' 할 것이 아니라, 더욱 '확산해야' 할 것에 해당한다. 따라서 ④처럼 수정하는 것이 바람직하다.

007
정답 | ④

해설 | 주어진 조건들을 기호화하면 다음과 같다.

> 조건1. 희토류 → 이차전지 ≡ ~이차전지 → ~희토류
> 조건2. ~반도체 → 철강 ≡ ~철강 → 반도체
> 조건3. 석유화학 → 이차전지
> 조건4. 반도체 → ~이차전지 ≡ 이차전지 → ~반도체

조건2의 대우, 조건4, 조건1의 대우를 결합하면 '~철강 → 반도체 → ~이차전지 → ~희토류'가 되며, '~철강 → ~희토류'가 도출된다. 따라서 ④번은 반드시 참이다.

오답피하기 |
① 조건4, 조건1의 대우를 결합하면 '반도체 → ~이차전지 → ~희토류'가 되며, '반도체 → ~희토류'가 도출된다. 따라서 ①번은 반드시 참이라고 할 수 없다.

② 명제의 역은 성립하지 않으므로, 조건3의 역인 '이차전지 → 석유화학'은 도출되지 않는다. 따라서 ②번은 반드시 참이라고 할 수 없다.

③ 조건3, 조건4의 대우, 조건2를 결합하면 '석유화학 → 이차전지 → ~반도체 → 철강'이 되며, '석유화학 → 철강'이 도출된다. 따라서 ③번은 반드시 참이라고 할 수 없다.

008
정답 | ①

해설 | 선지의 정답 구성으로 볼 때, 맨 처음 단락은 (나) 아니면 (다)이다. 각각의 내용을 살펴보자. 우선 (나)는 기아 체험의 개념과 과정을 소개하는 내용으로, 첫 단락으로 적합하다. 일반적으로 첫 단락에서 화제의 개념을 소개하는 경우가 많기 때문이다. 한편 (다)는 기아 체험에서 절감된 비용이 어떻게 활용되는지, 그리고 기아 체험을 통해 얻을 수 있는 개인적 이익이 무엇인지를 소개하고 있다. 그런데 (다)는 '기아 체험'이 아니라 '체험'이라는 단어로 시작하고 있다는 점에서, 첫 단락으로는 적합하지 않음을 알 수 있다. 만약 (다)가 첫 단락에 위치한다면 (다)에서 소개하는 체험이 정확히 무슨 체험인지 알기 어렵기 때문이다. 그러므로 첫 단락에는 (나)가 위치하는 것이 적합하다. 따라서 정답은 ① 아니면 ②로 좁혀진다.

이제 (나) 다음에 위치할 문단이 (다)인지 (라)인지를 결정하면 된다. (다)의 경우, 기아 체험에서 절감된 비용이 어떻게 활용되는지, 그리고 기아 체험을 통해 얻을 수 있는 개인적 이익이 무엇인지를 소개하고 있다. 한편 (라)는 기아 체험의 의의와 지속적 참여 촉구를 제안하고 있다. 그런데 체험의 개념과 과정을 소개하는 (나)의 내용을 고려할 때, (나) 다음에 위치할 단락은 (다)가 적합하다. 일반적으로 (라)처럼 화제의 의의와 자세 촉구를 제안하는 내용은 가장 마지막에 위치하는 것이 자연스럽기 때문이다. 따라서 정답은 ①이다.

(나): 기아 체험의 개념과 과정을 소개하고 있다.

(다): 기아 체험에서 절감된 비용이 어떻게 활용되는지, 그리고 기아 체험을 통해 얻을 수 있는 개인적 이익이 무엇인지를 소개하고 있다.

(가): 기아 체험의 또 다른 장점을 설명하고 있다.

(라): 기아 체험의 의의와 지속적 참여 촉구를 제안하고 있다.

009
정답 | ②

해설 | 바로 앞 문장 "경험을 통해 체득한 진실을 언어로 간명하게 표현했다는 점에서 깊이 있는 민간 언어철학이라 할 수 있다."를 고려할 때, 빈칸에는 '일상 언어에 담긴 통찰력과 의미'에 주목하는 내용이 제시되는 것이 바람직하다.

또한 1문단의 "단순한 옛 표현 같지만, 실제로 과학적 맥락과도 관련이 있다는 점에서 흥미롭다.", 3문단의 "이러한 생리학적 사실을 고려할 때, '간에 기별도 안 간다'라는 표현은 단순히 상징적인 말이 아니라, 실제로 소화된 영양분이 간에 전달되지 않을 만큼 양이 적었다는 의미로 해석될 수 있다."를 통해, 과학적 원리가 일상 언어에 담겨 있음을 알 수 있다. 이러한 내용을 종합할 때 빈칸에 들어갈 내용으로 가장 적합한 말은 '일상 언어에 담긴 과학적 통찰'이다.

①, ③, ④ 바로 앞 문장 "경험을 통해 체득한 진실을 언어로 간명하게 표현했다는 점에서 깊이 있는 민간 언어철학이라 할 수 있다."를 고려할 때, 빈칸에는 '일상 언어에 담긴 통찰력과 의미'에 주목하는 내용이 제시되어야 한다. 따라서 '언어의 한계'를 지적하는 ①이나, '일상 언어의 비논리성'을 지적하는 ④는, 빈칸에 들어갈 내용으로 적절하지 않다. 또한 지문에서는 언어 표현의 창의성이나 문학적 상상력, 대화 상황에 대한 언급이 없었으므로, ③의 진술 역시 적절하지 않다.

010

정답 | ④

해설 | 3문단의 "작가는 인물들을 부자 편, 가난한 자 편, 그리고 중간자 편으로 명확히 구분하여, 사회 구조의 모순과 불평등을 더욱 선명하게 드러낸다. 이러한 대립적 구도는 ~ 인간 존재의 본질적 고통과 연대를 사유하게 한다."를 통해, 「내 그물로 오는 가시고기」는 사회적 약자의 목소리를 통해 구조적 문제와 연대의 필요성을 환기시키는 작품이라는 것을 알 수 있다.

① 3문단에서 큰아들이 "살인이라는 극단적 선택"을 했다고 언급하고는 있지만, 그 선택이 '가족을 버리는 것'이라고 해석할 근거는 없다. 오히려 가족을 지키기 위해 애쓰다가 사회적 한계와 대립 구조 속에서 비극적 선택을 하게 된 경우로 이해하는 것이 적절하다. 따라서 '가족을 버리는 극단적 선택'이라는 진술은 적절하지 않다.

② 「내 그물로 오는 가시고기」는 「난장이가 쏘아올린 작은 공」의 연작 중 한 편으로, 두 작품 모두 사회적 약자의 고통과 좌절이 나타난다. 따라서 '「난장이가 쏘아올린 작은 공」과 달리'라는 진술은 적절하지 않다.

③ 난쟁이 가족이 사회 주류와 어울리지 못하는 것은 맞지만, 인간성이 상실된 존재로 그려진다는 내용은 지문에 없다. 오히려 그들은 소외와 절망, 고통을 겪는 피해자로, 인간성이 상실된 존재가 아니라 사회 구조의 모순과 대립의 희생양으로 묘사되고 있으므로, ③의 진술은 적절하지 않다.

011

정답 | ④

해설 | ⓒ은 '큰아들'로 살인 사건을 일으킨 장본인이다. ⓔ은 살인 사건의 가해자를 의미하므로 곧 '큰아들'을 지칭한다. 따라서 ⓒ과 ⓔ은 동일한 대상을 지시하므로 정답은 ④번이다. 한편 ⓐ은 난쟁이 가족이 어울릴 수 없는 사회의 주류를 의미하므로 '부자'를 지칭하고, ⓑ은 서로 적대시하는 '등장인물'을 지칭하므로 '사회적 약자와 사회적 주류' 모두를 지칭한다.

012

정답 | ②

해설 | 1문단에 "주식 시장 중심 체제 도입 후 차입 경영의 문제를 해결할 것이라는 기대가 컸다."라는 내용이 있지만, 2문단에서는 "실제로 2010년까지는 ~ 자금이 크게 늘었으나, 이후에는 오히려 기업에서 주식 시장으로 빠져나가는 자금이 더 많아지는 역전 현상이 나타났다."라고 설명하고 있다. 즉 일시적으로 자금 조달이 증가했지만, 장기적으로 보면 급격한 증가가 지속된 것이 아니라 오히려 역전되어 감소했다는 것이다. 따라서 ②의 "기업의 자금 조달이 '계속 급격히 증가'했다"라는 진술은 적절하지 않다.

① 2문단의 "기업들은 주주들의 요구에 따라 현금 배당과 자기주식 매입에 더 많은 돈을 쓰게 되었고"를 통해 적절한 진술임을 알 수 있다.

③ 2문단의 "이러한 현상은 금융과 자본 시장의 개방, 주주 권리 강화, 헤지펀드의 자유로운 기업 인수·합병 등이 복합적으로 작용한 결과다."를 통해 적절한 진술임을 알 수 있다.

④ 1문단의 "케인스는 주식 시장이 지나치게 발달하면 오히려 경제에 해가 될 수 있다고 경고했다. 실제로 최근 우리나라 주식 시장의 상황을 보면 그의 경고가 현실이 되고 있다는 우려가 커지고 있다."와 2문단의 "이는 기업의 투자 여력을 약화시키는 결과를 낳았다."를 통해 적절한 진술임을 알 수 있다.

013

정답 | ④

해설 | 2문단의 "「일동장유가」는 ~ 객관적이고 사실적인 견문을 기록하는 동시에, ~ 반면 「동명일기」는 일상적이고 섬세한 감정, 가족에 대한 애정, 세심한 관찰이 두드러진다."를 통해, 「동명일기」와 달리 「일동장유가」는 객관적이고 사실적인 견문 기록에 비중을 둔다는 것을 알 수 있다.

① 「동명일기」는 여성인 의유당 의령 남씨가 쓴 기행문으로, 가족과의 여행, 여성 특유의 섬세한 감정, 가족에 대한 애정, 세심한 관찰 등이 특징이다. 남성 관료의 시각과 외교적 임무가 반영된 것은 「일동장유가」이므로, ①의 진술은 적절하지 않다.

② 자연 풍경과 소소한 일상에 대한 감상을 따뜻하고 정감 있게 풀어내는 것은 「동명일기」의 특징이다. 「일동장유가」는 객관적이고 사실적인 견문, 외교적 임무, 사대부의 자부심, 타국에 대한 경계심 등이 중심이므로, ②의 진술은 적절하지 않다.

③ 1문단의 "김인겸의 「일동장유가」와 의유당 의령 남씨의 「동명일기」는 모두 기행문의 형식적 자유로움과 지방색, 나그네의 정서를 보여주지만"을 통해, 두 작품 모두 기행문으로서 견문과 감상을 통해 여행의 의미를 전달한다는 것을 알 수 있다. 따라서 「동명일기」만 견문과 감상을 통해 여행의 의미를 전달한다는 ③의 진술은 적절하지 않다.

014

정답 | ②

해설 | ㉠은 '(사람이 어려운 문제나 이치 따위를) 깊이 파고들어 밝혀내다.'라는 의미로 쓰였다. 이와 문맥적 의미가 가장 유사한 것은 ②번의 '풀어내다'이다.

① '(사람이 오해를) 사라지게 하다'의 의미로 쓰였다.

③, ④ '(얽힌 것, 얼크러진 것, 매여 있는 것을) 끌러 내다'의 의미로 쓰였다.

015

정답 | ③

해설 | 장소는 단순한 물리적 공간이 아니라, 인간의 경험, 기억, 상호작용, 사회적 맥락에 따라 의미와 가치가 부여된 곳이다. 따라서 동일한 물리적 공간이라도, 집단(예: 주민과 외부 방문객, 이주민과 원주민 등)별로 그 공간에 대한 경험과 인식이 다르기 때문에 각 집단은 각기 다른 방식으로 그 공간을 장소로 인식할 수 있다.

오답피하기 |
① 1문단에서는 공간에 특별한 가치와 의미가 부여될 때 장소가 되며, 그 장소에는 정체성이 깃든다고 설명하고 있다. 반대로, 장소에 부여한 의미가 사라지면 그 장소는 단순한 공간이 되며, 이때 그 장소에 깃들어 있던 '정체성은 사라질' 것이다.

② 3문단의 '한때 의미 있던 장소가 시간이 흐르면서 그 의미를 잃고 다시 공간으로 돌아갈 수도 있다.'를 통해 부적절한 진술임을 알 수 있다.

④ 2문단의 '공간이 장소로 전환되는 과정은 인간의 주관적 경험과 사회적 맥락이 상호 작용하는 결과로 볼 수 있다.'를 통해, 어떤 공간을 장소로 인식하기 위해서는 '객관적 인식'이 아니라 '주관적 경험'이 필요하다는 것을 알 수 있다.

016

정답 | ①

해설 | ㉠의 '지니다'는 '바탕으로 갖추고 있다.'라는 의미로 사용되었는데, ①의 '지니다' 또한 같은 의미로 사용되었다.

오답피하기 |

② '몸에 간직하여 가지다.'의 의미로 사용되었다.

③ '본래의 모양을 그대로 간직하다.'의 의미로 사용되었다.

④ '기억하여 잊지 않고 새겨 두다.'의 의미로 사용되었다.

017

정답 | ②

해설 | 병의 첫 번째 대화 "집중력이야말로 기억을 좌우하는 핵심 요소라고 봐."를 통해, 집중력이 기억의 핵심 요소라는 점에 대해 병은 동의한다는 것을 알 수 있다. 그리고 을의 두 번째 대화 "일상적인 망각은 몰입하지 못해서 발생하기도 하지만"을 통해, '을도 병과 마찬가지로' 집중력이 기억의 중요한 요소라고 생각한다는 것을 알 수 있다. 따라서 집중력이 기억의 핵심 요소라는 점에 대해 '을은 동의하지 않는다'라는 ②의 진술은 적절하지 않다.

오답피하기 |

① 을의 첫 번째 대화 "소음을 비롯한 주변 환경이나 갑작스러운 변화가 기억 형성 과정에 방해를 줄 수 있잖아."를 통해, 을은 외부 자극이 기억 형성에 방해가 될 수 있다고 생각한다는 것을 알 수 있다. 또한 갑의 두 번째 대화 "뇌 손상 외에도 심리적 충격이 외부 자극처럼 기억상실을 일으킬 수 있어."를 통해, '갑도 을과 마찬가지로' 외부 자극이 기억 형성에 방해가 될 수 있다고 생각한다는 것을 알 수 있다.

③ 갑의 첫 번째 대화 "인간의 기억력에는 분명한 한계가 있어. ~ 그래서 중요한 정보만 선별해서 저장되는 거야."와, 병의 두 번째 대화 "결국 인간의 기억은 기억력의 한계나 외부 자극, 그리고 집중력이 서로 복합적으로 작용해서 정해지는 것 같아."를 통해, 갑과 병 모두 기억력의 한계가 기억의 저장 방식에 영향을 준다는 점에 동의한다는 것을 알 수 있다.

④ 갑의 두 번째 대화 "실제로 기억상실증 사례를 보면, 뇌 손상 외에도 심리적 충격이 외부 자극처럼 기억상실을 일으킬 수 있어."와, 병의 두 번째 대화 "뇌 손상, 외부 자극, 심리적 충격 어느 요인에 의해서든 기억상실이 일어날 수 있다고 봐."를 통해, 갑과 병 모두 기억상실의 원인으로 뇌 손상뿐만 아니라 외부 자극과 심리적 충격도 있을 수 있다는 점에 동의한다는 것을 알 수 있다.

018

정답 | ①

해설 |

ㄴ. 2문단의 "프로이트는 모든 위대한 인물의 탄생을 개인의 무의식적 심리와 대중의 카리스마적 추종 심리에서 비롯된 현상일 뿐이라고 봤다. 그는 특별한 타고남이 위대한 인물을 만드는 것은 아니라고 주장했다."에 따르면, 프로이트는 타고난 재능이 위대한 영웅을 만드는 것은 아니라고 생각했다. 그런데 세종대왕처럼 한 개인의 '탁월함'(=뛰어난 천재)이 구체적 업적으로 혁신을 이룬 사례는 영웅적 개인의 독보적 영향력이 중요하다는 것을 보여주므로, 영웅의 특별함을 부정하는 프로이트의 주장을 '약화'한다.

오답피하기 |

ㄱ. 2문단에 따르면, 칼라일은 '탁월한 지도자'와 같은 개인의 영웅적 역할을 중시한다. 그런데 마르크스의 이론은 특별한 개인의 영웅적 역할보다는 계급, 생산관계 등 구조적·집단적 요인을 중시하므로, 칼라일의 관점과는 반대된다. 따라서 마르크스의 이론은 칼라일의 주장을 '강화'하는 것이 아니라 '약화'한다.

ㄷ. 3문단에 따르면, 헤겔은 "시대정신이 이미 역사의 흐름을 결정하며, 시대의 요구에 맞는 인물을 만들어 낸다"라고 주장한다. 그런데 유럽의 정세 및 법제 변화의 직접 원인을, 나폴레옹의 '개인적 리더십과 전략' 때문으로 보는 것은, 영웅 개인의 특별함을 중시하는 관점에 해당한다. 따라서 나폴레옹의 사례는 헤겔의 '시대정신' 입장을 '강화'하는 것이 아니라 '약화'한다.

019

정답 | ②

해설 | 주어진 조건들을 기호화하면 다음과 같다.

조건1. 중대재해 발생 → 공공입찰 제한
조건2. ~(안전관리 강화∧중대재해 발생) → 지원책 시행 ≡ ~안전관리 강화∨ ~중대재해 발생 → 지원책 시행
조건3. ~중대재해 발생 → 지원책 시행∧안전관리 강화
조건4. ~중대재해 발생∨공공입찰 제한 ≡ 중대재해 발생 → 공공입찰 제한

1) 조건4의 선언문을 조건문으로 변환하면 '중대재해 발생 → ~공공입찰 제한'이 된다. 그리고 이는 조건1과 모순되므로 '~중대재해 발생'이 확정된다.

2) 1)에 따라 '~중대재해 발생'이 확정되므로, 조건3에 따라 '지원책 시행∧~안전관리 강화'가 확정된다.

3) 확정된 것을 정리하면 '~중대재해 발생, 지원책 시행, ~안전관리 강화'이며, '공공입찰 제한'에 대해서는 알 수 없다.

4) 따라서 정답은 '기업의 공공입찰 참여가 엄격히 제한되는지에 대해서는 알 수 없다'이다.

020

정답 | ④

해설 | 지문 전반적으로 공정 무역은 자립과 지속 가능성을 촉진하는 제도라고 주장하고 있다. 그런데 ④에서는 공정 무역이 오히려 '지속적 의존'을 초래할 수도 있다고 비판한다. 즉 ④는 공정 무역의 지속 가능성과 실효성, 타당성을 의심하게 만드는 반론이므로, 지문의 전반적 주장과 충돌하며 지문의 논지를 약화한다.

① 지문에서는 공정 무역이 실현 가능하고 유의미한 제도임을 강조하고 있다. ①의 진술은 윤리적 가치와 상업적 이익이 공존 가능하다는 실례를 보여 주는 것으로, 공정 무역 확산이 현실적임을 뒷받침한다. 따라서 지문의 논지를 강화한다.

② 3문단에서는 공정 무역이 확산되기 위해서는 소비자의 인식 개선이 필요하다고 주장한다. ②에서 제시된 착한 소비 등의 가치 소비 철학이 확산하고 있다는 진술은, 지문에서 '소비자 인식 제고'가 필요하다는 주장에 실질적 근거를 제공한다. 따라서 지문의 논지를 강화한다.

③ 2문단에서는 공정 무역이 생산자의 삶의 질 향상을 이끈다고 주장한다. ③의 진술은 공정 무역이 실제 생산자들에게 긍정적 변화를 일으켰다는 구체적 사례이다. 따라서 지문의 논지를 강화한다.

모의고사 13회

001 ①	002 ④	003 ①	004 ④	005 ④
006 ④	007 ①	008 ①	009 ③	010 ①
011 ③	012 ④	013 ②	014 ③	015 ①
016 ③	017 ④	018 ②	019 ②	020 ①

S#.13 처음부터 끝까지 만만찮다면...

킬러 ① 문법 [3번]
킬러 ② 독해 추론 [9번]
킬러 ③ 강화 약화 [18번]
킬러 ④ 지시 대상 파악하기 [19번]

이번 회차는 킬러 문제가 4문제에 불과하지만 평균 정답률은 76%로 시즌1 모의고사를 통틀어 2번째로 어려운 난도로 출제되었다. 20문제 중에서 정답률 90% 이상의 문제는 2문제에 불과하기에 처음부터 끝까지 꾸준하게 어려운 문제로 구성된 것이다. 지문의 글자 수는 6709자이기 때문에 매우 짧은 편에 속한다. 그러나 문제마다 고민을 거듭한다면 문제 풀이 시간이 부족해서 좋은 점수를 받기가 굉장히 어려울 것이다.

001

정답 | ①

해설 | '소유'는 '가지고 있음'을 뜻하므로 '그러함과 그러하지 아니함'을 뜻하는 '여부'와 결합하여 쓸 수 있으나, '있음과 없음'을 뜻하는 '유무'와 결합하여 쓰는 것은 의미에 맞지 않다. 따라서 해당 문장을 ㉠에 따라 수정하지 않고 그대로 두어야 한다.

오답피하기 |

② 주어 '정부는'이 다른 주체를 시켜서 경제구조를 전환한 것이 아니므로, 사동이 아닌 주동으로 표현해야 한다. 따라서 해당 문장을 ㉡에 따라 "정부는 외환 위기를 초래한 기존의 차관경제구조를 투자경제체제로 전환하였다."로 수정하는 것은 적절하다.

③ 그 교수가 부교수와 연구 조교 모두를 급구한다고 게시판에 공지하였다는 것인지, 연구 조교를 급구한다고 부교수와 함께 게시판에 공지하였다는 것인지 명확하지 않다. 따라서 해당 문장을 ㉢에 따라 "그 교수는 부교수와 논의하여 연구 조교를 급구한다고 게시판에 공지하였다."로 수정하는 것은 적절하다.

④ '이용률 저조'와 '시스템이 손상되었다'는 대등한 구조가 아니다. 따라서 해당 문장을 ㉣에 따라 "이용률이 저조하고 시스템이 손상되었다는 이유로 운영을 중지하였다."로 수정하는 것은 적절하다.

002

정답 | ④

해설 | 해당 논제는 '인정해 주어야 한다'라는 긍정 평서문으로 제시되었고, '인공 지능 창작물의 저작권 인정'이라는 한 가지 쟁점만을 포함하고 있다. 또한 '인공 지능 창작물의 저작권 인정'에 대하여 찬성과 반대의 대립이 분명하게 나타나며, 어느 한편에 유리하게 작용하는 표현을 사용하고 있지 않다.

오답피하기 |

① 해당 논제는 '담뱃값'과 '주류세'라는 두 가지 쟁점을 포함하고 있다.

② 해당 논제는 '학생의 개성을 억압하는 교복'은 어느 한편에 유리하게 작용하는 표현을 사용하고 있다.

③ 해당 논제는 '폐지해서는 안 된다'라는 부정 평서문으로 제시되고 있다.

003

정답 | ①

해설 | '그녀와 나는 말없이 강을 따라 걸었다.'의 '따라'는 '따르-+-아 → 따라'의 구조로, 어간 '따르-'의 'ㅡ'가 어미 '-아' 앞에서 탈락하는 경우이므로 'ㅡ' 탈락이 나타난다.

오답피하기 |

② '민호는 주말마다 사격장에서 총을 쐈다.'의 '쐈다'는 '쏘-+-았-+-다 → 쐈다'의 구조로, 'ㅗ'로 끝나는 어간에 '-았-'이 결합하여 '쐈'으로 줄어드는 경우이므로 모음 축약이 나타난다.

③ '어머니가 식탁 위에 메모를 남겨 놓았다.'의 '남겨'는 '남-+-기-+-어 → 남겨'의 구조로, 'ㅣ'로 끝나는 어간에 '-어'가 결합하여 'ㅕ'로 줄어드는 경우이므로 모음 축약이 나타난다.

④ '고기를 양념장에 버무려 30분을 쟁여 뒀다.'의 '뒀다'는 '두-+-었-+-다 → 뒀다'의 구조로, 'ㅜ'로 끝나는 어간에 '-었-'이 결합하여 '쌌'으로 줄어드는 경우이므로 모음 축약이 나타난다.

004

정답 | ④

해설 | 실험에 따르면 유전적으로 동일한 일란성 쌍생아 중 한쪽이 외롭다고 말할 때 다른 쪽도 외로울 것이라는 예측이 옳은 경우는 48퍼센트 정도였다. 즉 일란성 쌍둥이 중 한쪽만 외로움을 느꼈다는 것이고, 이는 외로움이 유전적 영향을 받기보다 환경적 요소에 영향을 받는다는 것을 의미한다. 또한 외로움이 장기간 유지된다는 것은 그것이 연속적인 속성을 지님을 의미한다.

오답피하기 |

① 외로움이 개인적 특성임은 알 수 있지만 유전자가 이러한 특성에 지대한 영향을 준다는 내용은 지문에 나타나 있지 않다.

② 대인 관계의 만족도는 12년 동안 대답이 거의 변하지 않았다. 따라서 그 값은 고정되어 있다고 보는 편이 적절하다.

③ 오랫동안 외로움을 느낀 사람들은 최근에 외로움을 느낀 사람들보다 더 외로움을 느낀다는 내용은 지문에 나타나 있지 않다.

005

정답 | ④

해설 | 2문단에 따르면 촌장 코끼리는 밀렵꾼을 향해 몸소 달려드는 실천력을 보이기도 한다. 따라서 코끼리의 지도자는 무리가 위기에 처했을 때 단호한 결단으로 자신을 희생하기도 한다고 볼 수 있다.

오답피하기 |

① 1문단에 따르면 코끼리 무리는 가족으로 구성된 집단을 이루며, 나이와 경험이 많고, 보통은 체격도 매우 큰 암컷 한 마리가 촌장 노릇을 한다. 따라서 코끼리 사회에서도 약육강식의 원리에 따라 서열이 나누어진다고 볼 수 없다.

② 2문단에 따르면 먼 곳으로 떠날 때 새끼 코끼리가 지쳐서 주저앉게 되면 그 어미는 새끼 곁에 남기도 한다. 이는 먼 여행을 떠날 것을 결정한 촌장 코끼리의 결정에 따르지 않고 어미 코끼리가 새끼를 지킨다는 것이다. 따라서 코끼리들이 촌장의 결정에 무조건 수긍한다는 것은 지문의 내용과 일치하지 않는다.

③ 1문단에 따르면 코끼리 무리는 한 우두머리에 의해 지배받지 않으며, 가족 나름으로 커다란 서식지 안에 흩어져 자유롭게 살아간다. 따라서 코끼리들은 촌장의 지배를 받으며 절대적인 복종으로 무리를 유지한다고 볼 수 없다.

006

정답 | ④

해설 | 선지의 정답 구성으로 볼 때, 맨 처음 단락은 (나) 아니면 (다)이다. 각각의 내용을 살펴보자. 우선 (나)는 건강 검진 후 사후 관리의 중요성을 강조하고 있으므로, 첫 문단으로는 적합하지 않다. 이 내용에 앞서 '건강 검진'에 대한 소개가 선행되어야, 그 후에 (나)처럼 사후 관리의 중요성을 강조할 수 있기 때문이다. 이와는 달리 (다)는 건강 검진의 필요성을 소개하고 있으므로, 첫 문단으로 적합하다. 따라서 정답은 ③ 아니면 ④로 좁혀진다.

이제 (다) 다음으로 위치할 문단이 (가)인지 (라)인지를 결정하면 된다. (가)의 경우, 첫 문장 "이는 연령대나 건강 상태에 따라 필요한 추가 선별 검사를 간과했기 때문이다."를 고려할 때, (가) 앞에는 문제 현상이 제시되어야 한다. (가)가 문제 현상의 이유를 설명하고 있기 때문이다. 그런데 (다)에는 문제 현상이 제시되지 않았으므로, (다) 다음에 (가)가 위치하는 것은 부자연스럽다. 반면 (라)는 건강 검진의 장점을 제시한 후, 정기 검진에서 발생하는 '문제점'을 보여주고 있으므로, (다) 다음에 위치하면 흐름상 자연스럽다. 따라서 정답은 ④이다.

(다): 건강 검진의 필요성을 소개하고 있다.

(라): 건강 검진의 장점을 제시한 후, 정기 검진에서 발생하는 '문제점'을 보여주고 있다.

(가): 문제 현상의 이유를 설명하고 있다.

(나): 건강 검진 후 사후 관리의 중요성을 강조하고 있다.

007

정답 | ①

해설 | 2문단을 보면, '직렬 방식'은 엔진이 발전기 역할만 하고, '바퀴 구동은 전적으로 모터가 담당'하는 방식이다. 그런데 '혼합 방식'은 출발이나 '저속 주행에는 전기 모터만 사용'한다. 따라서 혼합 방식은 저속 주행일 때 전기 모터를 사용하는 직렬 방식으로 구동한다고 볼 수 있다.

오답피하기 |

② 3문단을 보면, 회생 제동 기술은 '경사로 하강 시' 바퀴가 구르는 힘으로 발전기를 작동시켜 배터리를 충전하여 에너지 효율이 높이는 기술이다. 즉 회생 제동 기술은 내리막에서 효율을 발휘하는 기술이므로, 이 기술이 탑재된 하이브리드 자동차가 오르막 주행에서 에너지 효율을 높일 수 있는지는 알 수 없다.

③ 2문단에서 직렬 방식은 가속 성능이나 에너지 회수 측면에서 한계가 있다고 설명한다. 즉 직렬 방식은 가속 성능이 좋은 편이 아니라는 의미이므로, 직렬 방식이 병렬 방식에 비해 가속 성능이 뛰어나다는 진술은 적절하지 않다.

④ 3문단의 "하이브리드 자동차는 내연 기관 차량 대비 연비가 우수하고, 배기가스 배출을 크게 줄일 수 있다는 장점이 있다."를 통해 적절하지 않음을 알 수 있다.

008
정답 | ①

해설 | ⊙의 '나오다'가 사용된 문장은 하이브리드 기술이 처음 등장했다는 것을 의미하므로, '어떤 현상이나 대상이 나타났다 사라졌다 하다.'라는 뜻인 '출몰하다'를 ⊙과 바꿔 쓰기에는 적절하지 않다.

오답피하기 |

② '담당하다'는 '어떤 일을 맡다.'라는 의미이므로, ⓒ의 '맡다'와 바꿔 쓰더라도 자연스럽다.

③ '축소하다'는 '모양이나 규모 따위를 줄여서 작게 하다.'라는 의미이므로, ⓒ의 '줄이다'와 바꿔 쓰더라도 자연스럽다.

④ '작동하다'는 '기계 따위가 작용을 받아 움직이다.'라는 의미이므로, '기능이 제대로 작동하다.'라는 의미인 ⓔ의 '돌아가다'와 바꿔 쓰더라도 자연스럽다.

009
정답 | ③

해설 | 3문단의 "두 프레임이 일치할 경우 미디어의 인지적 효과는 극대화되지만, 불일치할 경우 그 효과는 사안의 특성이나 대안적 정보의 존재 등에 따라 달라진다."에서는, 개인적 프레임과 뉴스 프레임이 일치하지 않는 경우 미디어의 인지적 효과는 달라진다고 설명하고 있다. 이때 '달라진다'는 표현은, '상황에 따라 높아질 수도 있지만 감소할 수도 있다'라는 것을 의미한다. 따라서 수용자 개인적 프레임과 뉴스 프레임이 다른 경우 미디어의 인지적 효과는 '감소할 수도 있으므로' ③의 진술은 적절하다.

오답피하기 |

① 3문단에서 수용자의 능동적 해석을 강조하고는 있지만, 수용자의 해석이 뉴스 프레임의 사건 전달 방식마저 달라지게 한다는 내용은 언급된 적이 없다.

② 1문단의 "실제로 미디어가 중시하는 '미디어 의제'는 곧 사회가 중시하는 '공중 의제'로 이어진다."를 통해, '공중 의제 → 미디어 의제를 형성'하는 것이 아니라 '미디어 의제 → 공중 의제를 형성'하게 만든다는 것을 알 수 있다.

④ 2문단의 "주제적 프레임은 사회적 요인이나 제도에 초점을 맞춘다."를 통해, 사회 구조적 요인은 '일화적 프레임'이 아니라 '주제적 프레임'과 관련 있다는 것을 알 수 있다.

010
정답 | ①

해설 | ⊙의 '다루다'는 '어떤 것을 소재나 대상으로 삼다.'라는 의미로 사용되었는데, ①의 '다루다'도 같은 의미로 사용되었다.

오답피하기 |

② '사람이나 짐승 따위를 부리거나 상대하다.'라는 의미로 사용되었다.

③ '기계나 기구 따위를 사용하다.'라는 의미로 사용되었다.

④ '어떤 물건을 사고파는 일을 하다.'라는 의미로 사용되었다.

011
정답 | ③

해설 | 2문단의 "판소리 공연에서는 정해진 형식에 얽매이지 않고, 즉흥적으로 대사를 바꾸거나 상황에 맞게 설명을 덧붙이기도 한다."를 통해, 판소리는 창자의 독창적인 해석에 따라 내용이 변경될 수 있다는 것을 알 수 있다. 하지만 이 내용은 어느 정도의 내용 변경이 용납되는 분위기라는 것이지, "내용이 대폭 변경되는 것이 일반적"이라는 의미는 아니다. 결국 지문에서는 그런 급격한 변화가 일반적이라는 근거를 찾을 수 없으므로, ③의 진술은 적절하지 않다.

오답피하기 |

① 1문단의 "창자는 관객과 눈을 맞추고, 때로는 관객의 반응에 따라 말투를 바꾸거나 익살스러운 몸짓을 더해 이야기를 풀어나간다."와 2문단의 "판소리 공연에서는 정해진 형식에 얽매이지 않고, 즉흥적으로 대사를 바꾸거나 상황에 맞게 설명을 덧붙이기도 한다."를 통해 적절한 진술임을 알 수 있다.

② 3문단의 "주위에서 '좋다', '얼씨구'와 같은 추임새를 넣으면, 창자는 더욱 힘차게 소리를 내거나 이야기를 더욱 흥미롭게 전개한다."를 통해 적절한 진술임을 알 수 있다.

④ 2문단의 "정해진 형식에 얽매이지 않고, 즉흥적으로 대사를 바꾸거나 상황에 맞게 설명을 덧붙이기도 한다."와 3문단의 "이처럼 창자와 관객이 함께 호흡하며 만들어 가는 판소리 공연은, 단순한 예술 감상을 넘어 소통과 공감의 장이 된다."를 통해 적절한 진술임을 알 수 있다.

012
정답 | ④

해설 | ⊙, ⓒ, ⓒ은 창자가 관객과 소통하기 위한 여러 가지 노력이다. 창자가 관객과 눈을 맞추는 것도, 말투를 바꾸는 것도, 관객의 반응에 주목하여 설명을 덧붙이는 것도 모두 창자의 그러한 노력이다. 그러나 ⓔ은 창자의 노력이라기보다는 관객의 노력이라고 봐야 한다. 따라서 ⊙~ⓔ 중 (가)의 의미와 가장 거리가 먼 것은 ④번 ⓔ이다.

013
정답 | ②

해설 | 2문단에서는 발음기관의 모습을 본떠 자음 문자를 만들었다고 설명한다. 그러나 'ㅈ'에 획을 더해 'ㅉ'이 되는 원리는 4문단의 "획을 더하거나 여러 기본 글자를 조합하는 방식"에 해당한다. 또한 '획 추가 원리'는 발음기관의 형태를 본뜬 것과 직접적인 관련이 없다. 즉, 한글 제작에서 획을 더해 강한 소리가 나는 것은 '발음기관의 모습을 본떠 만들었기 때문'이 아니라 한글의 조합 원리와 관련된다. 따라서 ②의 진술은 적절하지 않다.

오답피하기 |

① 2문단의 "'ㄱ'은 혀뿌리가 목구멍을 막는 동작을 형상화한 것이고, 'ㅁ'은 입술이 닫히는 모양이다. ~ 'ㅇ'은 목구멍의 둥근 형태를 상징한다."를 통해, 'ㄱ'과 'ㅇ'은 목구멍과 연관되고 'ㅁ'은 연관되지 않는다는 것을 알 수 있다.

③ 4문단의 "자음이나 모음에 획을 더하거나 여러 기본 글자를 조합하는 방식으로 다양한 음을 표현할 수 있게 설계되어"를 통해 적절한 진술임을 알 수 있다.

④ 3문단의 "이 기본 모음을 조합함으로써 다양한 모음이 만들어진다."와, 4문단의 "자음이나 모음에 획을 더하거나 여러 기본 글자를 조합하는 방식으로 다양한 음을 표현할 수 있게 설계되어"를 통해 적절한 진술임을 알 수 있다.

014

정답 | ③

해설 | 글쓴이는 1문단에서 우리말을 사용할 때에는 논리적으로 정확하게 표현하게 되지 않는다고 느낄 수 있겠으나 그것은 주관적 사실로서 인정될 뿐, 객관적이며 일반적인 사실인지를 장담할 수 없다고 하였다. 따라서 '우리말로 논리적 표현을 하는 데 어려움을 느끼는 사람도 있겠지만 그것만으로 우리말의 특성을 일반화해서는 안 된다.'가 글쓴이의 입장으로 가장 적절하다.

오답피하기 |

① ④ 2문단에 따르면 우리말은 결코 논리적 표현에 부적합한 것은 아니다. 따라서 '우리말이 논리적 표현에 부적합하다'라고 보는 입장은 글쓴이의 견해와 거리가 멀다.

② 실제로 경험하지 않고서 우리말이 논리적 표현에 부적합하다고 말하는 사람은 지문에 나타나지 않는다.

015

정답 | ①

해설 | 제시된 조건을 기호화하면 다음과 같다.

> 갑: 수험생∧기본 강좌
> 을: 수험생∧~모의고사
> 병: ~기본 강좌 → 모의고사 ≡ ~모의고사 → 기본 강좌
> 정: 기본 강좌 → ~모의고사 ≡ 모의고사 → ~기본 강좌

ㄴ. 을의 '수험생∧~모의고사'에서 병의 대우 '~모의고사 → 기본 강좌'를 활용하여 갑의 '수험생∧기본 강좌'가 도출된다.

오답피하기 |

ㄱ. 갑의 '수험생∧기본 강좌'와 을의 '수험생∧~모의고사'가 확정되어도, 병의 '~기본 강좌 → 모의고사'가 도출되지는 않는다.

ㄷ. 을의 '수험생∧~모의고사'와 정의 '기본 강좌 → ~모의고사'가 확정되어도, 갑의 '수험생∧기본 강좌'가 도출되지는 않는다.

016

정답 | ③

해설 | 제시된 조건을 기호화하면 다음과 같다.

> 조건1. 갑∨을 → ~정 ≡ 정 → ~갑∧~을
> 조건2. 병 → 정
> 조건3. ~무 → 갑 ≡ ~갑 → 무

제시된 조건만으로는 확정되는 것이 없으므로 선택지를 살펴보아야 한다. '병이 부처 간 전보 형식으로 소속을 옮기면, 무도 소속을 옮긴다'는 '병 → 무'이다. 조건2, 조건1의 대우, 조건3의 대우를 결합하면 '병 → 정 → (~갑∧~을) → 무'가 된다. 따라서 '병 → 무'가 도출된다.

오답피하기 |

① '갑이 부처 간 전보 형식으로 소속을 옮기면, 정도 소속을 옮긴다'는 '갑 → 정'이다.

② '을이 부처 간 전보 형식으로 소속을 옮기면, 병도 소속을 옮긴다'는 '을 → 병'이다.

④ '무가 부처 간 전보 형식으로 소속을 옮기지 않으면, 정은 소속을 옮긴다'는 '~무 → 정'이다.

017

정답 | ④

해설 | 주어진 조건들을 기호화하면 다음과 같다.

> 조건1. 도시재생 → 지역특화 ≡ ~지역특화 → ~도시재생
> 조건2. 도시재생∨지역특화∨인정사업∨노후주거
> 조건3. 인정사업∧노후주거 → 도시재생 ≡ ~도시재생 → ~인정사업∨~노후주거
> 조건4. ~지역특화

1) 조건4에 따라 '~지역특화'가 확정된다.

2) 1)에 따라 '~지역특화'가 확정되므로, 조건1의 대우에 따라 '~도시재생'이 확정된다.

3) 2)에 따라 '~도시재생'이 확정되므로, 조건3의 대우에 따라 '~인정사업∨~노후주거'가 확정된다.

4) 1)과 2)에 따라 조건2는 '인정사업∨노후주거'로 변형할 수 있으므로, 3)에 따라 배타적 선언인 '(인정사업∨노후주거)∧(~인정사업∨~노후주거)'가 도출된다.

5) 확정된 것을 정리하면 '~지역특화, ~도시재생, (인정사업∨노후주거)∧(~인정사업∨~노후주거)'이다.

6) 따라서 정답은 '인정사업 유형을 공모하지 않는다면, 노후주거지정비 지원사업은 공모하겠군요'이다.

018

정답 | ②

해설 | 지문에 따르면 윤리적 성숙 단계에 도달하지 못한 시기는 무질서 시기밖에 없다. 윤리적 원칙이 정립되지 않은 무질서 시기에서는 윤리적 원칙이 한 번 정립되면 정상윤리 시기로 진입하게 된다. 그 이후로는 무질서 시기로는 절대 되돌아갈 수 없고 오직 윤리변화 시기로만 갈 수 있다. 따라서 (가)처럼 윤리적 성숙 단계에 도달하지 못하려면 윤리적 원칙이 단 한 번이라도 정립되어서는 안 된다. 따라서 정답은 ②번이 된다.

오답피하기 |

(가)처럼 윤리적 성숙 단계에 도달하지 못하려면 윤리적 원칙이 단 한 번이라도 정립되어서는 안 된다. ① ④의 경우 윤리적 원칙이 교체되었다면 이미 윤리변화 시기이므로 윤리적 원칙이 정립된 윤리적 성숙 단계에 속하게 된다. ③의 경우 윤리적 원칙이 정립된 적이 있다면 정상윤리 시기를 거친 것이기 때문에 윤리적 성숙 단계에 속하게 된다. 따라서 ① ③ ④번은 (가)를 강화하는 데 적합하지 않다.

019

정답 | ②

해설 | ㉠은 윤리적 성숙 단계에 도달하지 못한 시기이기에 무질서 시기를 지시한다. ㉡은 윤리적 원칙이 정립된 시기이기에 정상윤리 시기를 지시한다. ㉢은 윤리적 원칙이 변화하는 시기이기에 윤리변화 시기를 지시한다. ㉣은 구성원들의 가치관이 동일하지는 않지만 윤리적으로 성숙한 시기이므로 윤리변화 시기를 지시한다. 따라서 ㉠~㉣ 중 지시 대상이 같은 것만으로 묶인 것은 '㉢, ㉣'이다.

020

정답 | ①

해설 | 을은 두 번째 발화에서 깨진 유리창 이론에 따라 사소한 일탈을 강력하게 처벌하는 것이 임시방편에 불과한 것이라고 말한다. 또한 병 역시 두 번째 발화에서 근본적인 사회 문제 해결을 위해서는 시민들의 자발적

참여가 중요하다고 말하며, 깨진 유리창 이론만으로는 사회 문제를 근본적으로 해결할 수 없다고 말하고 있다. 따라서 '병은 동의하지 않는다'라고 말하고 있는 ①번은 적절하지 않다.

오답피하기 |

② 갑과 병 모두 첫 번째 발화에서 깨진 유리창 이론이 의미 있다고 보며 무질서한 환경이 사람들의 일탈을 조장할 수 있다고 본다.

③ 갑의 첫 번째 발화를 보면 사소한 범죄 단속으로 강력범죄를 줄일 수 있다고 말한다. 반면 을은 첫 번째 발화에서 그것이 상관관계지, 인과관계가 아님을 들면서 물리적 환경이 범죄율 감소의 원인으로 작용하는 것은 아니라고 말하고 있다.

④ 갑과 병은 첫 번째 발화에서 깨진 유리창 이론이 의미 있다고 보고 있다. 즉 이 둘은 환경의 차이가 행동의 차이를 낳는다는 것을 인정하고 있는 것이다.

모의고사 14회

001 ①	**002** ②	**003** ④	**004** ①	**005** ③
006 ②	**007** ③	**008** ③	**009** ③	**010** ④
011 ④	**012** ③	**013** ②	**014** ②	**015** ②
016 ②	**017** ②	**018** ①	**019** ④	**020** ①

S#.14 킬러 문제 4문제 중 3문제가 50%대의 문제라면...

킬러 ① 공문서 수정하기 [1번]
킬러 ② 문맥적 의미 [10번]
킬러 ③ 어휘 [12번]
킬러 ④ 문학 [19번]

이번 회차 지문의 글자 수는 6704자로 매우 짧은 편에 속하고, 평균 정답률은 78%로 상당히 어려운 편에 속한다. 킬러 문제 4문제 중 3문제는 정답률이 50%대이고, 킬러 문제는 아니지만 정답률 70~73%대의 실수할 수 있는 문제가 3문제, 정답률 75~76%대의 문제가 3문제 배치되어 실력이 탄탄하지 않으면 좋은 점수를 받을 수 없게끔 출제되었다. 상위권들도 시험에 집중하지 못하면 좋은 점수를 받기 어려울 것이다.

001

정답 | ①

해설 | '국가 이미지 추락 방지'와 '우리나라 관광객을 보호하기'는 대등한 구조가 아니다. 그러나 '국가 이미지 추락을 방지하고'와 '우리나라 관광객 보호' 역시 대등한 구조가 아니다. 따라서 '대등한 것끼리 접속할 때는 구조가 같은 표현을 사용할 것'이라는 원칙에 따라 ㉠을 '국가 이미지 추락 방지 및 우리나라 관광객 보호를 위하여'로 수정해야 한다.

오답피하기 |

② 조사를 지나치게 생략하지 않는 것이 우리말답다. 따라서 '조사, 어미 등을 지나치게 생략하지 않을 것'이라는 원칙에 따라 ㉡을 '대상으로'로 수정하는 것은 적절하다.

③ 서술어 '받다'의 적절한 부사어가 필요하다. 따라서 '필요한 문장 성분이 생략되지 않도록 할 것'이라는 원칙에 따라 ㉢을 '관계 행정기관으로부터 통보를 받은 사람은'으로 수정하는 것은 적절하다.

④ '제한'과 '제약'은 의미가 중복되므로, 둘 중 하나를 생략하여 '제한' 또는 '제약'으로 쓴다. 따라서 '중복되는 표현을 삼갈 것'이라는 원칙에 따라 ㉣을 '제한'으로 수정하는 것은 적절하다.

002

정답 | ②

해설 | 〈지침〉에 따르면 ⓛ에는 Ⅲ-1의 '노후 배수관 교체 및 댐·저수지 관리 강화'에 대응되는 원인이 들어가야 한다. '인접 지자체 간 자원 활용에 대한 공조 부족'은 이에 대응되지 않으므로 ⓛ에 들어갈 내용으로 적절하지 않다.

오답피하기 |

① 〈지침〉에 따르면 ㉠에는 문제 제기가 들어가야 한다. '집중 호우로 인한 인명·재산 피해의 심각성'은 이에 해당하므로 ㉠에 들어갈 내용으로 적절하다.

③ 〈지침〉에 따르면 ㉢에는 Ⅱ-2의 '사전 경보 시스템 미비 및 주민 대피 체계 미흡'에 대응되는 해소 방안이 들어가야 한다. '실시간 경보 시스템 구축 및 주민 대피 훈련 정례화'는 이에 대응되므로 ㉢에 들어갈 내용으로 적절하다.

④ 〈지침〉에 따르면 ㉣에는 향후 과제가 들어가야 한다. '효율적 호우 피해 예방을 위한 정부 차원의 종합 대책 수립'은 이에 해당하므로 ㉣에 들어갈 내용으로 적절하다.

003

정답 | ④

해설 | '확장(擴張)'과 '축소(縮小)'는 '확장도 축소도 아니다.'처럼 두 단어를 동시에 부정해도 모순이 되지 않으므로, 중간항이 있는 정도 반의어이다. 따라서 '확장(擴張)'과 '축소(縮小)'는 상보 반의어에 해당하지 않는다.

오답피하기 |

① 기혼이면 미혼이 아니고 미혼이면 기혼이 아니므로, 한쪽의 긍정이 다른 한쪽의 부정을 함의하는 관계에 있다. 또한 '기혼이자 미혼이다.', '기혼도 미혼도 아니다.'처럼 두 단어를 동시에 긍정하거나 부정하면 모순이 된다. 따라서 '기혼(旣婚)'과 '미혼(未婚)'은 상보 반의어에 해당한다.

② 성공이면 실패가 아니고 실패이면 성공이 아니므로, 한쪽의 긍정이 다른 한쪽의 부정을 함의하는 관계에 있다. 또한 '성공이자 실패이다.', '성공도 실패도 아니다.'처럼 두 단어를 동시에 긍정하거나 부정하면 모순이 된다. 따라서 '성공(成功)'과 '실패(失敗)'는 상보 반의어에 해당한다.

③ 출석이면 결석이 아니고 결석이면 출석이 아니므로, 한쪽의 긍정이 다른 한쪽의 부정을 함의하는 관계에 있다. 또한 '출석이자 결석이다.', '출석도 결석도 아니다.'처럼 두 단어를 동시에 긍정하거나 부정하면 모순이 된다. 따라서 '출석(出席)'과 '결석(缺席)'은 상보 반의어에 해당한다.

004

정답 | ①

해설 | 1문단의 "이러한 흐름은 개인의 권리와 자발적 선택을 중시하는 자유주의 및 개인주의 사상의 확산으로 이어졌다. ~ 대표적인 사상가들은 사회계약론을 통해 국가의 권력이 개인의 자발적인 동의와 합의, 그리고 이익 추구의 욕구에 기반한다고 설명했다."를 통해, 사회계약론은 사회보다 '개인'(개인의 자유, 동의, 권리 등)을 우선시한다는 것을 알 수 있다. 따라서 사회계약론은 개인보다는 국가나 사회를 우선시한다는 ①의 진술은 적절하지 않다.

오답피하기 |

② 3문단의 "로크는 국가권력을 입법권, 행정권, 연합권으로 구분했다. ~ 권력의 분립과 견제가 필요함을 직시하였다."를 통해 적절한 진술임을 알 수 있다.

③ 2문단의 "홉스에 따르면 ~ 국가권력의 목적은 시민의 안전과 평화 보장에 있으므로"를 통해 적절한 진술임을 알 수 있다.

④ 4문단의 "루소에 이르면 ~ 절대 주권은 인민 전체에게 귀속된다. 하지만 ~ 주권의 행사는 법 제정에만 국한되어야 함을 강조했다."를 통해 적절한 진술임을 알 수 있다.

005

정답 | ③

해설 | 지문에 따르면 인간이 동물과 달리 음악을 들을 수 있는 이유는, 인간의 두뇌가 다른 동물들의 두뇌가 처리할 수 있는 것보다 훨씬 더 복잡한 소리의 유형들을 다룰 수 있기 때문이다. 따라서 금붕어가 음악을 듣지 못하는 이유가 들어가야 하는 빈칸에는, 동물이 복잡한 소리의 유형을 다룰 수 없다는 내용이 들어가야 한다. 이때, 동물은 소리의 관계를 분석하지 못한다는 것은 동물이 복잡한 소리의 유형들을 인식하고 다루지 못한다는 것이므로 가장 적절하다.

오답피하기 |

① 지문에서는 소리와 음악을 심리학적으로 살피고 있다. 동물이 음파의 진동을 느낄 수 없다는 것은 적절하지 않다.

② 지문에서는 동물이 인간과 달리 음악을 들을 수 없다고 하며, 음악의 내용으로 멜로디와 화음, 악센트와 리듬 등을 제시했다. 단순한 음의 높낮이는 음악이라고 볼 수 없으므로 적절하지 않다.

④ 지문에서는 동물이 인간과 달리 복잡한 소리를 다룰 수 없으므로 음악을 듣지 못한다고 하였다. 물이 소리를 방해한다는 것은 적절하지 않다.

006

정답 | ②

해설 | 지문에서는 일을 바라보는 태도에 대해 다루고 있다. 먼저 쉽게 이어지는 순서를 살펴보면, (마)에서 우리에게 일할 권리와 일할 의무가 있음을 제시하였고, (가)에서 일할 권리와 일할 의무에 대해 자세하게 부연하였으므로 (마) – (가)가 이어지는 것이 적절함을 알 수 있다. 그리고 (가)에서 일의 괴로움이 그것을 거부할 이유가 될 수 없다고 하였고, (라)에서 '따라서' 일이 수고로워도 그것을 피할 수 없다고 하였으므로 (가) – (라)가 이어지는 것이 적절하다. 이때 (라)에서 경쟁이 불가피하다고 하였고, (나)에서 이 경쟁이 규범에 따르도록 우리 모두가 노력해야 한다고 하였으므로 (라) – (나)가 이어지는 것이 적절하다는 것도 알 수 있다. 이때 (다)에서는 일의 사회성에 대한 투철한 인식이 일을 바라보는 올바른 태도의 기반이 된다고 하였으므로, (다)가 맨 앞에 오면 (마) – (가), (라) – (나)의 내용을 포괄할 수 있다. 따라서 글의 전개 순서로 적절한 것은 ②이다.

007

정답 | ③

해설 | 3문단에서는 "약 80조 5,000억 원의 생산 유발 효과와 37조 5,000억 원의 부가가치, 105만 명의 취업 유발 효과가 기대된다."라고 설명하고 있다. 즉 80조 5,000억 원은 '생산 유발 효과'이고, '부가가치'는 37조 5,000억 원이다. 따라서 '80조 5,000억 원의 부가가치가 발생할 것'이라는 진술은 적절하지 않다.

① 3문단의 "2025년 ~ 이러한 관광 산업의 경제 효과는 명목 GDP의 약 1.7%에 해당하는 규모다."를 통해 적절한 진술임을 알 수 있다.

② 2문단의 "1인당 국민 소득이 오를수록 해외 출국 관광객 수가 급격히 늘어난다는 점이 통계적으로 확인된다."를 통해 적절한 진술임을 알 수 있다.

④ 2문단의 "한국을 방문할 아시아 신흥국 관광객 역시 2025년 1,500만 명에 이를 것으로 추정된다."와 1문단의 "2025년 한국을 방문할 외국인 관광객 수는 약 1,870만 명에 이를 것으로 예상된다."를 고려할 때, 1,500만 명은 1,870만 명의 약 80%에 해당하므로, '과반'(50% 이상)을 차지한다는 진술은 타당하다.

008

정답 | ③

| 해설 | ㉠의 '크다'는 '일의 규모, 범위, 정도, 힘 따위가 대단하거나 강하다.'라는 의미로 사용되었는데, ③의 '크다'도 같은 의미로 사용되었다.

| 오답피하기 |

① '사람이나 사물의 외형적 길이, 넓이, 높이, 부피 따위가 보통 정도를 넘다.'라는 의미로 사용되었다.

② '신, 옷 따위가 맞아야 할 치수 이상으로 되어 있다.'라는 의미로 사용되었다.

④ '소리가 귀에 거슬릴 정도로 강하다.'라는 의미로 사용되었다.

009

정답 | ③

| 해설 | 2문단의 "정밀 측정을 중시한 라부아지에는 ~ 연소란 어떤 성분과의 결합이라는 결론에 도달했다."와 3문단의 "기체의 본질이 바로 연소에 관여하는 공기 성분임을 확인한 후, ~ 그는 이를 '산소'라고 명명하였다."를 통해 적절한 진술임을 알 수 있다.

| 오답피하기 |

① 3문단의 "라부아지에는 이 실험을 주목했고, ~ 사실을 근거로 그는 이를 '산소'라고 명명하였다. 이렇게 플로지스톤설은 폐기되고 현대적 연소 이론, 즉 산소 결합 이론이 확립되며 화학은 새로운 전기를 맞게 되었다."를 통해, 라부아지에는 플로지스톤설을 '보완'한 것이 아니라, '폐기'하도록 만들었다는 것을 알 수 있다.

② 라부아지에가 '플로지스톤이 없는 공기를 활용해 불을 껐다'라는 내용은 지문에서 확인할 수 없는 정보이므로 적절하지 않다. 또한 3문단의 "촛불을 더 세차게 타오르게 하는 기체를 발견했지만 ~ 라부아지에는 이 실험을 주목했고, 이 기체의 본질이 바로 연소에 관여하는 공기 성분임을 확인한 후"를 통해, 라부아지에가 진행한 실험은 '불을 끄는' 행위가 아니라 '불이 세차게 타오르게 하는' 행위와 연관된 것이라는 사실을 추론할 수 있으므로, ②의 진술은 적절하지 않다.

④ 프리스틀리와 라부아지에가 협력 관계를 유지했는지는 지문에서 확인할 수 없는 정보이므로 적절하지 않다. 또한 3문단의 "프리스틀리는 ~ 그것을 '플로지스톤이 없는 공기'로 해석했다. 라부아지에는 이 실험을 주목했고, ~ 이를 '산소'라고 명명하였다."를 통해, 프리스틀리와 라부아지에가 연소에 대한 '동일한 해석'을 내린다는 진술도 적절하지 않음을 알 수 있다.

010

정답 | ④

| 해설 | (가)는 연소에 관여하는 공기 성분, 즉 '산소'를 의미한다. 지문에 따르면 '산소'는 연소할 때 무게를 더하는 성분이라고 한다. ㉣은 연소될 때 결합되는 '어떤 성분'이라는 의미이므로 (가)의 문맥상 의미와 동일하다. 따라서 정답은 ④번이다.

| 오답피하기 |

① ㉠은 플로지스톤을 의미하는데, 이는 연소될 때 사라지는 가상의 성분이다. 따라서 (가)의 문맥상 의미와는 거리가 멀다.

② ㉡은 연소 후 남는 성분을 의미하는데, 무언가가 빠져나가고 남는 성분이라는 의미이기 때문에 연소할 때 더해지는 성분이라는 의미를 지닌 (가)의 의미와 거리가 멀다.

③ ㉢은 문맥상 연소에 관여하지 않은 성분이라는 의미를 띤다. 따라서 (가)의 문맥상 의미와는 거리가 멀다.

011

정답 | ④

| 해설 | 2문단의 "'동동'은 ~ 이 작품은 민간의 애틋한 정서가 궁중의 송축적 의미와 결합된 점이 특징적이다. 반면 '가시리'는 이별의 정서를 중심으로 하면서도, '위 증즐가 대평성대'라는 후렴을 통해 이별의 아픔과 더불어 상대의 안녕과 평안을 기원하는 송축적 의미를 덧붙인다."를 통해, 두 작품 모두 민간의 애틋한 정서와, 대상의 안녕을 기원하는 송축적 의미가 결합된 작품임을 알 수 있으므로 ④의 진술은 적절하다.

| 오답피하기 |

① 임을 향한 그리움과 기다림의 정서는 '동동'의 특징이다. '가시리'는 이별의 정서와 임을 붙잡고 싶은 마음, 그리고 보내려는 마음의 갈등을 중심으로 하므로 ①의 진술은 적절하지 않다.

② 이별의 순간에 집중하며 감정의 갈등과 절제를 드러내는 시는 '가시리'다. '동동'은 계절의 흐름과 기다림의 정서를 중심으로 하므로 ②의 진술은 적절하지 않다.

③ '동동'은 계절의 순환을 배경으로 임에 대한 사랑과 기다림을 강조하지만, '가시리'는 이별의 순간에 집중한다. '가시리'가 계절의 순환을 배경으로 한다는 근거는 지문에 없으므로 ③의 진술은 적절하지 않다.

012

정답 | ③

| 해설 | ㉠의 '보내다'는 '놓아주어 떠나게 하다.'라는 의미로 사용되었는데, ③의 '보내다'도 같은 의미로 사용되었다.

| 오답피하기 |

① '상대편에게 자신의 마음가짐을 느끼어 알도록 표현하다.'라는 의미로 사용되었다.

② '사람이나 물건 따위를 다른 곳으로 가게 하다.'라는 의미로 사용되었다.

④ '일정한 임무나 목적으로 가게 하다.'라는 의미로 사용되었다.

013

정답 | ②

| 해설 | 장난으로 '달을 따다 달라'는 것은 화자가 청자에게 진정으로 원하는 것이 아니므로 진지성 조건과 기본 조건에서 어긋난 것이 된다. 또한 화자는 청자가 달을 따는 행위를 할 수 있다고 믿지 않고 있으므로 예비 조건에서도 어긋난 발화이다. 따라서 요청의 적정성을 판단하는 기준 조건 중 ㉠'둘 이상의 조건을 어긴 요청'에 해당한다.

오답피하기 |

①, ③ 요청의 적정성을 판단하는 기준 조건을 어긴 요청으로 보기 어렵다.

④ 초인이 있다고 믿는 어린아이가 아빠에게 "스파이더맨과 만나게 해 주세요"라고 말한다면, 실제로 스파이더맨이 있으며, 아빠가 자신을 스파이더맨과 만날 수 있게 해 줄 수 있다고 생각하고, 아빠가 그렇게 해 주기를 요청하는 것이라고 볼 수 있다. 따라서 이 경우 요청의 적정성을 판단하는 기준 조건을 어긴 요청으로 보기 어렵다.

014

정답 | ②

해설 | 3문단에 따르면 어말의 [ʃ]는 '시'로 적어야 한다. 따라서 'flash [flæʃ]'의 [ʃ]는 어말에 위치하므로, 외래어 표기법 규정에 따라 '시'로 표기하는 것이 적절하다.

오답피하기 |

① 1문단에 따르면 [f]는 'ㅍ'으로 적어야 한다. 따라서 'file'은 외래어 표기법 규정에 따라 '화일'이 아니라, '파일'로 적어야 한다.

③ 3문단에 따르면 어말의 [ʒ]는 '지'로 적어야 한다. 따라서 'mirage [mirɑːʒ]'의 [ʒ]는 외래어 표기법 규정에 따라 'ㅈ'이 아니라, '지'로 적어야 한다.

④ 2문단에 따르면 '라켓'처럼 'ㅅ' 받침으로 적는 것은 받침에는 'ㄱ, ㄴ, ㄹ, ㅁ, ㅂ, ㅅ, ㅇ'만을 쓰기 때문이다. 현용 24자모만을 써야 한다는 것은 '라켓'이라고 쓰는 이유를 설명하지 못한다.

015

정답 | ②

해설 | 주어진 조건들을 기호화하면 다음과 같다.

> 조건1. 기획재정부 ∨ ~산업통상자원부
> 조건2. 고용노동부 → 보건복지부
> 조건3. ~산업통상자원부 → ~중소벤처기업부
> 조건4. ~기획재정부

1) 조건4에 따라 '~기획재정부'가 확정된다.
2) 1)에 따라 '~기획재정부'가 확정되므로, 조건1에서 선언지 제거에 따라 '~산업통상자원부'가 확정된다.
3) 2)에 따라 '~산업통상자원부'가 확정되므로, 조건3에 따라 '~중소벤처기업부'가 확정된다.
4) 확정된 것을 정리하면 '~기획재정부, ~산업통상자원부, ~중소벤처기업부'이며, '고용노동부, 보건복지부'에 대해서는 알 수 없다.
5) 최대 직위의 수를 구해야 하므로 '고용노동부, 보건복지부'가 모두 확정되어야 한다.
6) 즉, '~기획재정부, ~산업통상자원부, ~중소벤처기업부, 고용노동부, 보건복지부'가 되어야 한다.
7) 따라서 정답은 '2개'이다.

016

정답 | ②

해설 | 제시된 전제를 기호화하면 다음과 같다.

> 전제1. 저녁 → 야근 ≡ ~야근 → ~저녁
> 전제2. 야근 ∧ 커피
> 결론. 커피 ∧ 저녁

결론의 '커피 ∧ 저녁'이 도출되기 위해서는 전제2의 '야근'을 '저녁'으로 바꾸어 주면 된다. 즉, '야근 → 저녁'이 추가되어야 한다. 이것의 대우는 '~저녁 → ~야근'인데, 이를 말로 풀어 내면 '회사에서 저녁을 먹지 않는 사원 중 누구도 야근을 하지 않는다'이다.

오답피하기 |

① '커피를 즐겨 마시는 어떤 사원은 야근을 하는 사원이다'는 '커피 ∧ 야근'이다.

③ '회사에서 저녁을 먹지 않는 사원은 모두 커피를 즐겨 마시는 사원이다'는 '~저녁 → 커피'이다.

④ '커피를 즐겨 마시지만 회사에서 저녁을 먹지 않는 사원은 모두 야근을 하는 사원이다'는 '커피 ∧ ~저녁 → 야근'이다.

017

정답 | ②

해설 | ㄱ~ㄷ 중 대화에 대한 평가로 적절한 것은 ㄱ과 ㄴ이다.

ㄱ. 갑은 정부가 청년 창업에 초기 자금을 지원하고 인큐베이팅 프로그램을 '확대'해야 한다고 주장한다. 그런데 검증 시스템 미비로 창업 자원이 남용되고 지원 활동이 부실하게 운영되어, 전체 창업 지원 생태계에 대한 신뢰도가 낮아졌다면, 갑의 주장에 대한 설득력은 '약화'된다.

ㄴ. 을은 단순 지원만으로는 실패율이 높고, 부실한 사업자가 많다는 점을 지적하면서, 철저한 검증 시스템의 마련을 강조한다. 그러나 창업 지원금을 받은 청년들이 혁신 제품을 개발하고 해외 시장에 성공적으로 진출한 사례는, 창업 지원만으로도 창업에 성공할 수 있다는 것을 보여주므로, 을의 입장을 '약화'한다.

오답피하기 |

ㄷ. 갑은 성공이나 실패 여부를 떠나 청년 창업 지원을 확대해야 한다고 주장한다. 하지만 철저한 심사를 통과한 후에만 창업 지원이 제공되는 제도의 도입은, 그러한 갑의 주장과는 반대되는 현실을 보여주므로, 갑의 입장을 '강화'하는 것이 아니라 오히려 '약화'한다.

018

정답 | ①

해설 | 이 글은 A국의 대학생들의 취업률을 제고하기 위해서는 정부 주도의 취업 지원 프로그램이나 단기 교육을 늘리는 것만으로 부족하다고 주장하고 있다. 글쓴이는 산업계와 연계된 실무 중심 인턴십을 늘리거나 기업과 대학이 서로 협력하는 방안이 필요하다고 말하고 있다. ①번의 경우, B기술교육대학에서 장기 현장 실습 프로그램을 진행했더니 참여 학생의 상당수가 실제 채용으로 이어지고 있다. 이는 글쓴이의 주장에 부합하는바, 따라서 ①번은 이 글의 논지를 강화하는 사례로 가장 적절하다.

오답피하기 |

② 이 글은 A국의 대학생들의 취업률을 제고하기 위해서는 정부 주도의 취업 지원 프로그램이나 단기 교육을 늘리는 것만으로 부족하다고 주장하고 있다. 그런데 ②번은 단기 직무 교육 프로그램으로 취업률을 제고할 수 있음을 보여주므로 이 글의 논지를 약화한다.

③ 이 글은 A국의 대학생들의 취업률을 제고하기 위해서는 정부 주도의 취업 지원 프로그램이나 단기 교육을 늘리는 것만으로 부족하다고 주장하고 있다. 그런데 ③번은 취업 컨설팅만으로도 취업률을 제고할 수 있음을 보여주므로 이 글의 논지를 약화한다.

④ 이 글은 A국의 대학생들의 취업률을 제고하기 위해서는 정부 주도의 취업 지원 프로그램이나 단기 교육을 늘리는 것만으로 부족하다고 주장하고 있다. 그런데 ④번은 정부 주도의 기업 설명회만으로도 취업률을 제고할 수 있음을 보여주므로 이 글의 논지를 약화한다.

정답 | ④

해설 | 1문단에서는 "중국의 전기는 주로 당나라 시기에 유행했으며"라고 설명한다. 이 설명에 따르면, 중국의 전기는 당나라 시기에 '유행'한 것이지 '처음으로 발생'한 것이 아니다. 즉 중국의 전기는 '당나라 시기 이전에 어느 정도 존재했거나 형성'되었지만, 당나라 시기에 문학적 장르로서 크게 자리 잡고 유행하게 되었다고 볼 수 있으므로, ④의 '당나라 시기에 처음으로 발생한 중국의 전기'라는 진술은 적절하지 않다.

오답피하기 |

① 1문단의 "우리나라 전기소설은 중국의 전기와 우리의 고유한 설화 전통이 결합하면서 형성된 독특한 서사 양식이다."를 통해 적절한 진술임을 알 수 있다.

② 1문단의 "중국의 전기는 ~ 그 속에서는 현실에서 벗어난 기묘한 이야기가 중요하게 다루어졌지만"과, 2문단의 "반면 우리 전기소설은 단순한 기이함을 넘어 작가 개인의 심리적 상황이 반영되었다는 특징이 있다."를 통해 적절한 진술임을 알 수 있다.

③ 1문단의 "중국의 전기는 ~ 흥미 위주의 구성이 주가 됨으로써"와, 2문단의 "반면 우리 전기소설은 ~ 독자에게 단순한 재미가 아닌 자기 성찰과 사회적 현실에 대한 문제의식을 불러일으키는 효과를 주었으며"를 통해 적절한 진술임을 알 수 있다.

020

정답 | ①

해설 | 제시된 조건을 기호화하면 다음과 같다.

조건1. 갑 일본∨을 일본
조건2. 을 일본 → 병 두바이 ≡ ~병 두바이 → ~을 일본
조건3. 병 두바이 → 정 영국∨정 독일 ≡ ~정 영국∧~정 독일 → ~병 두바이
조건4. ~정 영국∧~정 독일

조건4에 따라 '~정 영국∧~정 독일'이 확정되므로, 조건3의 대우에 따라 '~병 두바이'가 확정된다. '~병 두바이'가 확정되므로, 조건2의 대우에 따라 '~을 일본'이 확정된다. '~을 일본'이 확정되므로, 조건1의 선언지 제거에 따라 '갑 일본'이 확정된다. 따라서 빈칸에 들어갈 말로 가장 적절한 것은 '일본'이다.

모의고사
15회

001 ④	002 ②	003 ②	004 ③	005 ③
006 ③	007 ②	008 ④	009 ④	010 ③
011 ②	012 ①	013 ③	014 ③	015 ④
016 ④	017 ③	018 ②	019 ②	020 ①

S#.15 개념 문제로만 킬러 문제가 출제된다면...

킬러 ① 공문서 수정하기 [1번]
킬러 ② 문법 [3번]
킬러 ③ 빈칸 추론하기 [13번]

이번 회차 지문의 길이가 7325자, 평균 정답률은 85%이다. 길이도 무난하고, 난도도 낮은 시험이 되겠다. 대신 킬러 문제는 개념과 관련된 공문서 수정하기와 문법 문제로 배치하였다. 적당히 개념을 익히고, 자신의 독해 실력에만 기대어 국어 시험을 치고자 한 학생은 이번 시험에서 고득점을 얻기가 어려웠을 것이다. 그러나 이번 시험에서 고득점을 하지 못했다고 실망하지는 말자. 모의고사 내에 있는 개념 문제만 공부해도 웬만한 개념 문제들은 쉽게 해결할 수 있을 것이다. 이 모의고사는 개념까지 공부할 수 있는 그런 모의고사이다.

001

정답 | ④

해설 | "안내문을 참고하여 작성해 주시기 바랍니다."는 작성해야 하는 주체와 대상이 불분명하다. 즉 누가 작성해야 하는지, 무엇을 작성해야 하는지가 모호한 문장이므로, 생략된 주어와 목적어가 반드시 필요하다. 그런데 ④에서처럼 "신청자는 안내문을 참고하여 작성해 주시기 바랍니다."로 수정하면, 주어(신청자는)는 채워졌지만 여전히 작성해야 할 대상(목적어)이 빠져 있으므로 자연스럽지 못하다. 이 경우 생략된 목적어를 채워 "신청자는 안내문을 참고하여 신청서를 작성해 주시기 바랍니다."로 수정하는 것이 바람직하다.

* 추가 설명: '작성하다'는 '주어'와 '목적어'가 반드시 필요한 2자리 서술어이다.

오답피하기 |

① "화려한 모자의 장식물이 돋보였다."는 모자가 화려한지, 모자의 장식물이 화려한지를 알 수 없어 모호한 문장이다. 그런데 이 문장을 "모자의 화려한 장식물이 돋보였다."로 수정하면, '화려한'의 대상이 '장식물'로 한정되어 중의적인 의미가 사라진다. 따라서 ①은 적절하다.

② '누군가가 회의를 진행하다.' 또는 '회의가 누군가에 의해 진행되다.'와 같이 표현하는 것이 자연스럽다. ②와 같이 진행할 대상인 "회의

를"(목적어)을 사용하려면, 주술 호응 관계를 고려하여 "회의를 진행할"처럼 수정하는 것이 자연스럽다. 따라서 ②는 적절하다.
③ "신속하고 체계적이며 효율적인 재난 대응 매뉴얼"은 "재난 대응 매뉴얼"을 수식하는 표현이 세 개가 연속("신속하고 체계적이며 효율적인")되므로 복잡하고 의미가 분산된 느낌을 준다. 따라서 빠르게 읽고 이해하기 쉽도록 "신속하고 체계적인 재난 대응 매뉴얼"로 간결하게 수정하는 것이 바람직하다. 따라서 ③은 적절하다.

002

정답 | ②

해설 | 2문단의 "하지만 「묘비명」이 인간 내면의 각성과 본질적 가치의 회복을 강조한다면, 「조와」는 외부의 억압적 현실 속에서도 희망을 잃지 않는 태도를 강조한다는 점에서는 차이를 보인다."를 통해, 「묘비명」은 내면의 각성을, 「조와」는 희망의 가치를 강조한다는 것을 알 수 있으므로 ②의 진술은 적절하다.

오답피하기 |

① 인간성의 회복과 본질적 가치의 중요성을 강조하는 것은 「묘비명」의 특징이다. 「조와」는 절망적인 현실 속에서도 희망을 잃지 않는 태도를 강조하므로 ①의 진술은 적절하지 않다.

③ 외부의 억압적 현실 속에서도 용기와 희망을 잃지 말 것을 당부하는 것은 「조와」의 핵심 메시지다. 「묘비명」은 현대 사회의 본질적 가치 상실, 속물근성, 이기주의, 물질만능주의를 비판하며 인간성의 회복을 강조하므로 ③의 진술은 적절하지 않다.

④ 물신주의(물질만능주의)가 팽배한 사회를 비판적으로 바라보는 것은 「묘비명」의 특징이다. 「조와」는 일제 강점기의 억압적 현실 속에서 희망을 강조하므로 ④의 진술은 적절하지 않다.

003

정답 | ②

해설 | '거참 밥 좀 먹읍시다.'는 문맥적으로 화자가 밥을 먹는 가운데 누군가의 방해를 받아, 자신이 밥 먹는 것을 방해하지 말라는 명령의 뜻으로 말하고 있다. 그러나 '-읍시다'는 청유형 종결 어미이므로, '거참 밥 좀 먹읍시다.'는 명령의 의도를 지니고 있는 청유문에 해당한다. 따라서 해당 문장은 ⑦'명령문'의 예로 보기 어렵다.

오답피하기 |

① '이것 좀 드십시오.'는 명령형 종결 어미 '-ㅂ시오'가 쓰여, 화자가 청자에게 자기의 의도대로 행동해 줄 것을 요구하므로 ⑦'명령문'의 예로 볼 수 있다.

③ '이것 좀 옮겨 주세요.'는 명령형 종결 어미 '-세요'가 쓰여, 화자가 청자에게 자기의 의도대로 행동해 줄 것을 요구하므로 ⑦'명령문'의 예로 볼 수 있다.

④ '체할라 천천히 먹거라.'는 명령형 종결 어미 '-거라'가 쓰여, 화자가 청자에게 자기의 의도대로 행동해 줄 것을 요구하므로 ⑦'명령문'의 예로 볼 수 있다.

004

정답 | ③

해설 | '노후 건축물 단열 개선 및 냉방 시설 지원 확대'는 Ⅲ-2의 '에너지 수요 관리 미흡으로 인한 전력 수급 불안정'에 대응하는 방안에 해당하지 않으므로 (다)에 들어갈 말로 적절하지 않다.

오답피하기 |

① '도시 폭염 피해의 실태'는 도시 폭염 피해의 실제 상태를 제시하는 Ⅱ의 하위 항목을 포함하므로 (가)에 들어갈 말로 적절하다.

② '도심 내 녹지 공간 부족으로 인한 온도 상승 가중'은 Ⅳ-1의 '도심 내 녹지 공간 확충을 통한 열섬 현상 완화'에 대응하는 발생 원인에 해당하므로 (나)에 들어갈 말로 적절하다.

④ '도시 폭염 피해 완화에 따른 국민 건강 보호와 도시 환경 개선'은 기대 효과를 다루는 결론에 해당하므로 (라)에 들어갈 말로 적절하다.

005

정답 | ③

해설 | ©에 후술되는 내용을 보면 판매자는 자신의 차량 가치를 잘 알고 있지만 구매자는 차량 가치를 정확히 알지 못한다는 내용이 나타난다. 따라서 ©은 '정확한 정보는 판매자만이 알고 있어'로 수정하는 것이 적절하다.

오답피하기 |

① 보험사의 기대와 달리 현실에서는 위험률이 높은 고객이 주로 보험에 가입하므로 ⑦은 이와 반대되는 '위험률이 낮은 고객을 가입시키려 하지만'이라는 내용이 오는 것이 적절하다. 따라서 ⑦은 수정할 필요가 없다.

② ©은 정보 비대칭성이 일어나는 사례와 관련된 것이므로 기업이 채용 전에는 채용자들에 대한 정보를 모른다는 내용이 와야 한다. 따라서 ©은 수정할 필요가 없다.

④ 시장 실패가 일어나는 까닭은 정보의 비대칭성 때문이므로 이를 해결하기 위해서는 정보 소통이 필요하지, 정보의 비밀 엄수가 필요한 것이 아니다. 따라서 ②은 수정할 필요가 없다.

006

정답 | ③

해설 | (가)의 경우 '물론'이라는 단어로 문장을 시작하고 있으므로 첫 단락으로는 적절하지 않다. 그러니 (나)와 (다)를 살펴보고 첫 단락을 결정해야 한다. 그런데 (나)는 진정한 나눔의 일환으로 수화를 소개하고 있고, (다)는 수화 동아리의 활동을 열거하고 있다. 흐름상 수화를 소개한 다음 수화 동아리의 활동을 제시하는 것이 자연스러우므로 첫 문단은 (나)로 시작하는 것이 적절하다.

이제 (나) 다음에 위치할 문단이 (가)인지 아니면 (다)인지를 결정하면 된다. 그런데 (가)의 경우, 첫 문장의 "물론 소개한 활동 외에도"를 고려하면, (가) 앞에는 청각 장애인을 이해하고 공감하기 위한 '다양한 활동'이 소개되어야 한다. 따라서 '손말' 동아리원들의 주요 활동을 구체적으로 열거하고 있는 (다)가 (가) 앞에 위치해야 한다는 것을 알 수 있다. 이렇게 순서를 바로잡으면 '(나)-(다)-(가)'가 된다.

바른 순서로 바꿔 각 단락의 흐름을 보여주면 다음과 같다.

(나): '진정한 나눔'을 위한 방법으로 '수화를 배우는 일'을 제안하고 있다.

(다): 첫 문장에서 동아리 '손말'이 '진정한 나눔'을 실천할 수 있는 모임이라고 제시하고 있으므로, 앞에는 '진정한 나눔'에 관한 내용이 언급되어야 한다. 따라서 (다) 앞에는 (나)가 위치하는 것이 자연스럽다.

(가): 첫 문장의 "물론 소개한 활동 외에도"를 고려하면, (가) 앞에는 청각 장애인을 이해하고 공감하기 위한 '다양한 활동'이 소개되어야 한다. 그런데 (다)의 중후반부에서 '손말' 동아리원들의 주요 활동이 구체적으로 나열되고 있으므로, (가)는 (다) 뒤에 위치해야 한다는 것을 알 수 있다.

007

정답 | ②

해설 | 3문단의 "특히 그는 이러한 비판을 노골적으로 드러내기보다는 역설적이고 모순적인 표현을 통해 독자에게 깊은 울림을 준다."를 통해, 작가가 현실에 대한 문제의식을 '직접적으로' 내비치지 않고, 역설적이고 모순적인 표현을 통해 간접적으로 드러내려 한다는 것을 알 수 있다. 따라서 작가가 물질만능주의를 직접적으로 비난한다는 진술은 적절하지 않다.

오답피하기 |

① 3문단의 "노새가 끌고 가는 수레의 무거움과 그 뒤를 따르는 인물들의 삶의 무게를 대비시키며, 인간과 동물의 처지가 뒤바뀐 듯한 상황을 통해 사회의 부조리와 인간 소외의 문제를 풍자한다."를 통해 적절한 진술임을 알 수 있다.

③ 1문단의 "전통적 농촌 공동체가 해체되고 그 속에서 밀려난 이들의 궁핍과 고통, 그리고 시대 변화에 적응하지 못한 채 살아가는 서민들의 비애를 섬세하게 포착한다."와 2문단의 "현대 사회가 보여주는 ～ 소외된 이들에 대한 무관심과 냉대를 날카롭게 비판한다."를 통해, 농민들의 궁핍은 시대의 변화와 사회 구조적 문제에서 비롯되었으며 이들의 고통을 현대인이 외면함으로써 농민들의 소외는 더욱 깊어진다는 것을 알 수 있다.

④ 2문단의 "이 작품에서 두 마리의 노새는 단순한 동물이 아니라, 변화의 흐름에 휩쓸려 소외된 인물들의 상징으로 읽힌다. 주인공을 비롯한 농민들은 생계의 어려움과 사회적 무관심 속에서 점점 더 소외되어 간다."를 통해 적절한 진술임을 알 수 있다.

008

정답 | ④

해설 | ㉠, ㉡, ㉢은 모두 「노새 두 마리」에서 시대적 변화에 밀려 소외당하고, 고통받는 존재라는 문맥적 의미를 띤다. 반면 ㉣은 냉정한 시선을 가지고 있는 현대인을 의미하므로 이는 소외당하는 인물에 대해 무관심을 보이는 존재를 뜻한다. 따라서 ㉠~㉣ 중 문맥적 의미가 이질적인 것은 ㉣이다.

009

정답 | ④

해설 | 주어진 조건들을 기호화하면 다음과 같다.

> 조건1. 식후 커피 → 아이스 아메리카노 ≡ ~아이스 아메리카노 → ~식후 커피
> 조건2. (   )
> 결론. 위염 치료 → ~식후 커피

1) 결론인 '위염 치료 → ~식후 커피'를 도출하기 위해서는 '위염 치료'와 관련된 조건이 추가되어야 한다.

2) '위염 치료 → ~아이스 아메리카노'가 추가되면 조건1의 대우와 결합하여 '위염 치료 → ~아이스 아메리카노 → ~식후 커피'가 되며, '위염 치료 → ~식후 커피'가 도출된다.

3) 따라서 정답은 '위염으로 치료를 받는 사람은 누구도 아이스 아메리카노를 좋아하지 않는다'이다.

오답피하기 |

선택지의 내용을 기호화하면 다음과 같다.

> ① '위염 치료 → 아이스 아메리카노'
> ② '~위염 치료 → 아이스 아메리카노'
> ③ '~아이스 아메리카노 → 위염 치료'

010

정답 | ③

해설 | 2문단의 "「어부사시사」는 ～ 자연과의 조화로운 일체감을 강조한다. ～ 속세의 욕망을 벗어난 무욕의 경지를 추구한다."와 3문단의 "반면 송순의 「면앙정가」는 면앙정이라는 정자에서 누리는 풍류와 자연 경관, 벗들과의 교유를 중심으로 인간적 즐거움과 교감의 가치를 드러낸다."를 통해 적절한 진술임을 알 수 있다.

오답피하기 |

① 2문단의 "이 작품은 각 계절의 풍경을 반복적이고 소박한 언어로 묘사하며 ～ 담담하고 평온한 분위기, 절제된 감정 표현이 특징이다."를 통해, 「어부사시사」는 '호탕한 정서'나 '화려한 수사적 표현'과 거리가 멀다는 것을 알 수 있다.

② 「면앙정가」가 감정 이입을 통해 사계절의 변화를 드러내었다는 진술은 지문에서 확인할 수 없는 정보이다. 오히려 2문단의 "「어부사시사」는 사계절의 변화를 따라 ～ 자연물에 인간의 감정을 이입하는 의인화와 대구법을 활용해"를 고려하면, 자연을 인간과 교감하는 대상으로 인식하여 감정 이입을 통해 사계절의 변화를 드러낸 것은 「어부사시사」에 해당하는 진술로 볼 수 있다.

④ 2문단의 "「어부사시사」는 ～ 자연물에 인간의 감정을 이입하는 의인화와 대구법을 활용해 운율감을 높인다. ～ 절제된 감정 표현이 특징이다"와 3문단의 "「면앙정가」는 ～ 다양한 비유와 감각적 이미지를 적극적으로 활용한다."를 통해, ④의 진술은 작품과 특징을 반대로 연결했다는 것을 알 수 있다.

011

정답 | ②

해설 | 2문단에서 "여전히 많은 유커의 활동은 단기 쇼핑 중심으로 한정되고, 서울과 제주 등 일부 지역에 집중하는 현상이 해소되지 않고 있다."라고 설명하므로 ②의 진술은 적절하다.

오답피하기 |

① 1문단의 "2025년 한국을 찾은 외국인 관광객 총수는 약 1,873만 명에 이를 것으로 예상되며, 그중 중국인 관광객인 '유커'가 차지하는 비중이 압도적으로 크다."를 통해, 2025년 한국을 찾은 외국인 관광객 중 가장 큰 비중을 차지하는 것은 '일본인'이 아니라 '중국인' 관광객임을 알 수 있다.

③ 2문단에서는 "숙박, 교통, 관광 서비스 등 인프라가 합리적이지 못한 점과 불법 숙박업소의 난립 등 구조적인 한계도 남아 있다"라는 부정적인 평가가 있지만, 동시에 "올해는 디지털 전환, 맞춤형 웰니스·미식·로컬 체험 등 다양한 관광 트렌드가 확대되며 유커 유치 전략도 변화하는 추세다."라는 긍정적 변화도 언급하고 있다. 따라서 '현재 외국인 맞춤형 서비스와 다양한 체험도 이루어지지 않고 있다'라는 진술은 적절하지 않다.

④ 1문단의 "한류의 인기로 유커 수가 지속적으로 늘어난 것이다."를 통해, 유커 수가 지속적으로 늘고 있다는 점은 알 수 있다. 그런데 3문단의 "따라서 정부와 업계, 지역사회가 협력해 관광의 질적 성장과 국제적 경쟁력을 동시에 모색해야 한다."를 통해, 아직 '국내 관광의 질적 성장과 국제적 경쟁력은 확보되지 못하고 있음'을 알 수 있다. 따라서 ④의 '국내 관광의 질적 성장과 국제적 경쟁력이 동시에 확보되고 있다'라는 진술은 적절하지 않다.

012

정답 | ①

해설 | 2문단에 따르면, AIDA 모형의 첫 번째 단계는 '주의'로, 강렬한 '문구'나 이미지로 소비자의 시선을 끄는 것이 목적이다. 따라서 ①의 "why not?"이라는 '문구'는 광고의 시작 부분에서 소비자의 주의를 끄는 역할을 한다고 볼 수 있다.

오답피하기 |

② 2문단의 "마지막 단계인 '행동'은 소비자가 실제로 제품을 구매하도록 유도하는 것으로, 구체적인 구매 방법이나 연락처, 신청 절차 등을 안내한다."를 보면, 구매 방법이나 연락처를 안내하는 것은 '관심' 단계가 아니라 '행동' 단계다.

③ 2문단의 "세 번째 단계인 '욕구'는 제품의 장점이나 혜택을 강조해 소비자가 그 제품을 갖고 싶다는 욕구를 느끼게 하는 것이다."를 통해, 구매 욕구를 자극하는 것은 AIDA 모형의 '네 번째 단계'가 아니라 '세 번째 단계'라는 것을 알 수 있다.

④ 강렬한 문구로 소비자의 시선을 끄는 것은 AIDA 모형의 '욕구' 단계가 아니라 '주의' 단계에 해당하므로 ④의 진술은 적절하지 않다.

013

정답 | ③

해설 | 3문단의 "눈의 구조는 결코 불합리하지 않고 오히려 생존에 유리한 방향으로 진화한 합리적 구조라는 것이다."를 통해, 척추동물의 눈 구조가 겉으로는 불완전해 보일 수 있지만, 실제로는 지극히 합리적으로 진화한 구조라는 것을 알 수 있다. 최근 연구에 따르면 그 구조가 선명한 화상 형성과 시각 정보의 신속한 분석에 기여하며 환경에 최적화된 구조라는 것이다. 즉 생명체가 지닌 신체 구조는 환경에 적응한 결과로 얻은 최적화된 구조임을 보여주므로, 빈칸에 들어갈 말로는 ③이 가장 적절하다.

오답피하기 |

① 지문에서는 척추동물의 눈이 겉으로는 이상적이지 않지만, 실제로는 시각 정보를 빠르고 정확하게 분석할 수 있도록 진화한 구조임을 강조하고 있다. 하지만 이러한 척추동물의 신체 구조가 '완전한 신체 구조보다 생존에 유리한지'는 알 수 없다. 즉 이 글은 완벽하지는 않지만 나름대로 생존을 위해 진화했다는 취지의 내용이지, 완전한 신체 구조가 생존에 불리하다거나, 불합리하게 보이는 신체 구조가 완전한 신체 구조보다 더 생존에 유리하다는 것을 주장하는 글이 아니다.

② 2문단에서 척추동물의 눈 구조가 이상적이지 않다는 비판을 언급하고는 있지만, 3문단에 따르면 눈의 구조는 결코 불합리하지 않고 오히려 생존에 유리한 방향으로 진화한 합리적 구조이며, 최근 연구에서도 그 구조가 시각 정보의 효율적 처리를 돕는다고 밝혔으므로, 척추동물의 눈을 단순히 '부작용'으로 보는 것은 적절하지 않다.

④ 글쓴이는 진화가 생명체에 이익이 되지 않는 방향으로 진행된다는 것을 주장하는 것이 아니라, 겉으로 보기엔 이상적이지 않아 보이는 신체 구조가 실제로는 환경에 적응한 최적화된 구조라는 것을 강조하고 있다. 즉 진화는 생존에 이익이 되는 방향으로 이루어지고 있으므로 ④의 진술은 적절하지 않다.

014

정답 | ③

해설 | ⓒ의 '받아오다'는 '다른 사람이나 대상이 가하는 행동, 심리적인 작용 따위를 당하거나 입어 오다.'라는 뜻으로 사용되었다. 그런데 '수용되다'는 '거두어들여져 사용되다.'라는 뜻이므로, ⓒ과 바꿔 쓰기에는 적절하지 않다.

오답피하기 |

① ㉠의 '꾀하다'는 '어떤 일을 이루려고 뜻을 두거나 힘을 쓰다.'라는 의미로, '어떤 일을 이루기 위하여 대책과 방법을 세우다.'라는 의미인 '도모하다'와 바꿔 쓰더라도 자연스럽다.

② '발전하다'는 '더 낫고 좋은 상태나 더 높은 단계로 나아가다.'라는 의미이므로, ㉡의 '나아가다'와 바꿔 쓰더라도 자연스럽다.

④ ㉣의 '마련되다'는 '헤아려져 갖춰지다.'라는 의미로, '확실히 보증되거나 갖춰지고 있다.'라는 의미인 '확보되다'와 바꿔 쓰더라도 자연스럽다.

015

정답 | ④

해설 | 제시된 조건을 기호화하면 다음과 같다.

| 조건1. 갑·정부∨을·정부∨병·정부 |
| 조건2. 갑∧을∧병 → 한 기관 |
| 조건3. 갑·국내∧을·국내 |

〈조건2, 3〉 ~갑·정부∧~을·정부

조건2에 따라 '갑, 을, 병'은 한 기관으로만 파견을 가는데, 조건3에 따라 '갑, 을'은 이미 '국내 연구기관'으로 파견을 가므로 '정부투자기관'으로 파견을 갈 수는 없다. 따라서 조건2와 조건3을 함께 고려하면 조건3의 '갑·국내∧을·국내'는 '~갑·정부∧~을·정부'로 변환할 수 있다. 또한 조건1에 따라 '갑, 을, 병' 가운데 적어도 한 사람은 '정부투자기관'으로 파견을 가는데, '~갑·정부∧~을·정부'가 확정되므로 조건1의 '갑·정부∨을·정부∨병·정부'는 '병·정부'로 변환할 수 있다. 확정된 것을 정리하면 '갑·국내, 을·국내, 병·정부'이다. 따라서 반드시 참인 것은 '갑, 을, 병 가운데 병만 정부투자기관으로 파견을 간다'이다.

오답피하기 |

① '갑'은 '국내 연구기관'으로 파견을 가지만, '병'은 '정부투자기관'으로 파견을 간다.

② '병'은 '정부투자기관'으로 파견을 가지만, '을'은 '국내 연구기관'으로 파견을 간다.

③ '갑, 을'은 '국내 연구기관'으로 파견을 가지만, '병'은 '정부투자기관'으로 파견을 간다.

016

정답 | ④

해설 | 이슬의 "나는 스포츠가 경쟁적 문화를 심화시키는 문제도 있다고 봐. 상대를 존중하지 않는 지나친 승부욕과 이기심은 스포츠맨십을 훼손하고"라는 말과, 은호의 두 번째 대화 "스포츠가 과도한 경쟁을 유발하여 스포츠맨십을 훼손하는 측면이 있지만"을 통해, 두 사람 모두 경쟁적 문화가 스포츠맨십 훼손으로 이어질 수 있다는 점에 대해 '견해를 같이 한다'라는 것을 알 수 있다. 따라서 두 사람의 "견해가 서로 다르다"라는 ④의 진술은 적절하지 않다.

오답피하기 |

① 은호의 첫 번째 대화 "스포츠는 건강 증진에 큰 역할을 한다고 생각해."와, 민규의 "스포츠는 개인 건강 증진과 사회적 통합 모두에 긍정적인 영향을 줄 수 있어."라는 말을 통해, 은호와 민규 모두 스포츠가 건강 증진에 기여한다는 생각을 지니고 있음을 알 수 있다.

② 성현의 "나는 스포츠가 사회 통합에 기여하는 점에 더 주목하고 싶어."라는 말과, 은호의 두 번째 대화 "맞아, 성현이의 말에 동의해. 스포츠는 단순한 신체 활동을 넘어 문화와 사회를 연결하는 다리 역할을 하기도 해."를 통해 적절한 진술임을 알 수 있다.

③ 이슬의 "상대를 존중하지 않는 지나친 승부욕과 이기심은 스포츠맨십을 훼손하고, 갈등과 폭력 문제로 이어질 수도 있어."라는 말과, 민규의 "경쟁 속에서도 서로 존중하는 스포츠맨십을 잊지 않는 것이 중요하고"라는 말을 통해, 이슬과 민규 모두 스포츠에서 상대를 존중하는 태도가 필요하다고 생각한다는 것을 알 수 있다.

017

정답 | ③

해설 | (나) '일부 학자들'은 첨성대가 토착 종교의 제단이거나 종교적 상징물이었다고 주장한다. 따라서 '첨성대는 생명의 근원과 풍요를 상징하는 우물 모양으로 건축되었다'는 연구 논문을 인용한다면, 첨성대가 토착 종교의 제단이었다고 주장하는 (나)의 견해를 '강화'할 수 있을 것이다.

오답피하기 |

① (가) '주류 입장'은 첨성대가 천문 관측을 위한 과학적 시설이었다고 주장한다. 그런데 "첨성대의 내부가 좁고 복잡해 어두운 밤에는 위로 올라가기 힘든 구조였다는 점"은 첨성대가 밤하늘을 관찰하는 용도로 사용되기에는 적합하지 않았다는 점을 부각한다. 따라서 이러한 점을 근거로 든다면 오히려 (가)의 주장은 '약화'될 것이다.

② (가) '주류 입장'은 첨성대가 천문 관측을 위한 과학적 시설이었다고 주장한다. 따라서 "첨성대 주변에서 유성을 쉽게 관측할 수 있다"는 사실이 밝혀진다면 (가)의 주장은 '강화'될 것이다. 첨성대가 유성의 움직임을 관찰하기 위한 용도로 만들어졌다고 주장할 수 있기 때문이다.

④ (다) '어떤 학자들'은 첨성대가 왕권 강화와 국가의 정당성 확보, 신라의 문화적 역량 과시를 위한 상징적 건축물이었다고 주장한다. 따라서 이러한 주장을 반박하는 증거나, 다른 학자들의 주장을 강화하는 증거가 제시된다면 (다)의 주장은 약화될 것이다. 그런데 ④에서처럼 '첨성대가 신라 궁궐과 왕릉 사이에 위치하고 있다는 보고서'는 (다)의 주장을 반박하는 증거도 아니고, (가)와 (나)의 주장을 강화하는 증거도 아니므로, 이 보고서를 근거로 제시한다고 해서 (다)의 주장이 약화되는 것은 아니다. 오히려 '첨성대가 신라 궁궐과 왕릉 사이에 위치하고 있다는 보고서'에 추가 증거를 더하여 첨성대가 왕권 강화를 위한 건축물이라는 합리적 근거를 마련한다면, (다)의 주장은 강화될 수도 있을 것이다.

018

정답 | ②

해설 | 제시된 조건을 기호화하면 다음과 같다.

조건1. ~을 → ~갑∧~정 ≡ 갑∨정 → 을
조건2. 병 → ~갑 ≡ 갑 → ~병
조건3. 정 → 병 ≡ ~병 → ~정
조건4. 갑

조건4에 따라 '갑'이 확정되므로, 조건1에 따라 '을'이 확정되고, 조건2의 대우에 따라 '~병'이 확정된다. '~병'이 확정되므로, 조건3의 대우에 따라 '~정'이 확정된다. 확정된 것을 정리하면 '갑, 을, ~병, ~정'이다. 따라서 네 사무관 중 특별승진을 하는 사람의 수는 '2명'이다.

019

정답 | ②

해설 | 과거에는 가치를 인정받지 못한 작품이 현재에는 명화로 인정받는 사례가 많다면 작품을 감상하는 기준이 시대에 따라 바뀌는 것으로 볼 수 있다. 이는 좋은 작품이 오랫동안 꾸준하게 높은 평가를 받는다고 주장하는 (가)의 입장과 배치되므로 (가)의 주장을 약화하는 것이 된다. 따라서 ②번의 진술은 적절하지 않다.

오답피하기 |

① (가)는 전문가들의 평가가 통일되므로 예술을 감상하는 기준은 객관적이라고 주장한다. 그런데 예술계 전문가들이 작품을 평가할 때의 기준이 통일되지 않는다면 (가)의 주장은 약화될 것이다.

③ (나)는 평가하는 사람에 따라 예술에 대한 감상이 달라질 수 있다고 주장한다. 그런데 예술에 대한 감상 경험이 서로 다른 사람들이 동일한 작품을 보고 모두 아름답다고 인정했다면 이는 사람마다 작품에 대한 감상이 달라진 것이 아니므로 (나)의 주장은 약화될 것이다.

④ (나)는 감상하는 사람의 심리에 따라서 작품에 대한 감상이 달라진다고 주장한다. 따라서 같은 사람이라도 그날의 기분에 따라서 작품의 평가가 달라진다면 (나)의 주장은 강화될 것이다.

020

정답 | ①

해설 | ㉠은 예술 감상이 경험과 감정에 따라 달라지는 주관적인 것이라고 주장한다. 따라서 ㉠은 예술 감상은 주관적이라고 주장하는 사람들을 지시한다. ㉡은 예술 감상이 객관적으로 이루어진다고 주장하는 사람을 지시한다. ㉢은 합의된 판단 기준이 있다고 주장하는 사람들이므로 예술 감상이 객관적으로 이루어진다고 주장하는 사람을 지시한다. ㉣은 동일한 작품이라도 사람에 따라 감상이 달라질 수 있다고 주장하는 사람들을 지칭하므로, 예술 감상은 주관적이라고 주장하는 사람들을 지시한다. 따라서 지시 대상이 동일한 것끼리 묶은 것은 '㉠, ㉣', '㉡, ㉢'이다. 정답은 ①번이다.

모의고사
16회

001 ④	**002** ③	**003** ②	**004** ③	**005** ③
006 ①	**007** ④	**008** ②	**009** ②	**010** ④
011 ②	**012** ④	**013** ③	**014** ①	**015** ④
016 ②	**017** ②	**018** ③	**019** ①	**020** ④

S#.16 겉보기에는 킬러 문제 같지 않은 논리 문제가 킬러 문제로 출제된다면...

킬러 ① 논리 [6번]
킬러 ② 논리 [16번]
킬러 ③ 화법 [18번]

이번 회차의 킬러 문제는 논리 2문제, 화법 1문제이다. 그런데 논리 문제는 겉보기에는 킬러 문제가 아닌 것처럼 보인다. 그러나 실상은 킬러 문제이다. 그렇기 때문에 학생들은 한 번 만에 문제가 풀리지 않아 당황할 수 있고, 어려운 문제임에도 넘어가지 못하고, 계속 풀어서 시험 풀이 시간이 부족해질 수도 있다. 지문의 길이는 7254자로 적당하며, 평균 정답률은 85%여서 쉬운 편에 속한다. 따라서 이번 회차에서 시간 부족을 겪었다면 어려운 문제를 쉬운 문제라고 착각해서 2~3번 풀다가 망할 수도 있구나 하는 교훈을 얻기 바란다.

001

정답 | ④

해설 | "이름 작성과 연락처를 남겨 주세요."에서 목적어는 '이름 작성과 연락처를'이다. 이때 접속 조사 '과'로 연결되었으므로, '이름 작성'과 '연락처' 각각 서술어 '남겨 주세요'와 대응되어야 한다. 그런데 "이름 작성을 남겨 주세요"와 같은 표현은 부자연스러우므로, "연락처를 남겨 주세요"와 대등한 구조로 바꿔야 문장이 자연스러워진다. 따라서 이 문장은 "이름을 작성하고 연락처도 남겨 주세요."로 수정하는 것이 바람직하다. (또는 "이름과 연락처를 모두 남겨 주세요."로 수정하는 것도 가능함.)

오답피하기 |

① 행위와 관련된 서술어 '제출해 주다'의 생략된 주어는 '신청인이'로 볼 수 있다. 이때 신청인은 '신청서를' 제출하는 것이므로, "신청서를 6월 10일까지 제출해 주시기 바랍니다."는 "신청서를 6월 10일까지 제출해 주시기 바랍니다."로 수정하는 것이 바람직하다.

② "예정에 있습니다"는 영어 "is scheduled to" 또는 "is on the schedule to"의 직역에 가까운 표현이므로, "회의는 10시에 시작합니다." 또는 "회의는 10시에 열릴 예정입니다."처럼 수정하는 것이 적절하다.

③ "주민등록증 사본 제출 필수 요망"은 명사 5개가 연속적으로 제시되어 간결하기는 하지만 권위적이고 딱딱한 느낌을 준다. 따라서 "주민등록증 사본을 반드시 제출해 주시기 바랍니다."로 수정하는 것이 바람직하다.

* **참고**: '요망'은 '어떤 희망이나 기대가 꼭 이루어지기를 간절히 바람'의 의미를 지닌 단어이다.

002

정답 | ③

해설 | 2문단에 따르면 용언 어간 뒤에 피동 · 사동 접미사 '-기-'가 결합하는 경우에는 예외적으로 경음화가 일어나지 않는다. '신기다'는 '신다'의 사동사로, 사동 접미사 '-기-'가 결합한 경우에 해당한다. 따라서 경음화가 일어나지 않은 [신기다]로 발음하는 것이 적절하다.

003

정답 | ②

해설 | '쌓이어 있네'는 맥락상 눈이 쌓인 상태로 남아 있음을 드러내는 완료상으로 해석할 수 있다. 따라서 해당 예문은 ⓛ에 해당하므로, ㉠에 해당하는 예로 적절하지 않다.

오답피하기 |

① '하고 있어'는 맥락상 국어 숙제를 하는 중임을 나타내는 진행상으로 해석할 수 있다. 따라서 해당 예문은 ㉠에 해당한다.

③ '앉아 있어'는 맥락상 앉은 상태로 남아 있음을 나타내는 완료상으로 해석할 수 있다. 따라서 해당 예문은 ⓛ에 해당한다.

④ '타고 있는'은 맥락상 버스에 타는 중임을 나타내는 진행상과, 버스에 탄 상태로 남아 있음을 드러내는 완료상으로 모두 볼 수 있다. 따라서 해당 예문은 ⓒ에 해당한다.

004

정답 | ③

해설 | 〈지침〉에 따르면 (다)에는 '온화한 기후로 인한 냉난방 수요 감소'에 대응하는 대책이 들어가야 한다. '재생 에너지 설비 확충을 통한 전력 공급 확대'는 오히려 전력 공급 과잉을 심화시키는 것이므로 (다)에 들어갈 내용으로 적절하지 않다.

오답피하기 |

① 〈지침〉에 따르면 (가)에는 보고서 작성의 필요성이 들어가야 한다. '전력 공급 과잉에 따른 안정적 수급 관리의 필요성'은 이에 해당하므로 (가)에 들어갈 내용으로 적절하다.

② 〈지침〉에 따르면 (나)에는 '발전량 감축을 통한 수급 균형 확보'에 대응하는 원인이 들어가야 한다. '태양광 발전 설비의 발전량 증대'는 이에 대응하므로 (나)에 들어갈 내용으로 적절하다.

④ 〈지침〉에 따르면 (라)에는 기대 효과가 들어가야 한다. '가을철 전력 수급 관리에 따른 전력망의 안정적 운영'은 이에 해당하므로 (라)에 들어갈 내용으로 적절하다.

005

정답 | ③

해설 | 1문단에 따르면 벤야민은 '영화는 카메라라는 기계를 매개로 편집 과정을 거쳐 만들어지는 예술이므로 배우와 관객이 직접 소통하고 교감하기 어려워 아우라가 드러나지 않는다'라고 주장한다. 따라서 ⓒ에도 그러한 벤야민의 주장이 반영되어야 한다. 그런데 ⓒ의 '영화 관객이 배우

에게 적극적으로 감정을 이입하며 몰입하려 노력한다'라는 진술은, 벤야민의 주장과 상반되는 내용이므로 적절하지 않다. 따라서 ③에서처럼 '영화 관객이 배우에게 몰입하지 못하고 비평가적 태도를 취하는 경우가 많다'라고 수정하는 것이 자연스럽다.

오답피하기
① 1문단에서는 "아우라는 한 사람이 예술 작품이나 대상을 깊이 감상하는 과정에서 경험하는 특별한 심리적 분위기이자 주관적 경험이다. ~ 연극처럼 관객이 배우와 한 공간에서 직접 만나 소통하는 예술에서 아우라는 뚜렷하게 드러난다."라고 설명한다. 즉, '몰입과 교감이 있을 때 아우라가 생긴다'라는 설명이므로, ①의 진술처럼 주체와 대상이 정서적으로 교감하고 감상자가 작품에 '몰입할 때, 아우라가 사라진다'라고 표현하는 것은 적절하지 않다.
② 바로 앞 문장에서는 "연극처럼 관객이 배우와 한 공간에서 직접 만나 소통하는 예술에서 아우라는 뚜렷하게 드러난다. 하지만 영화는~"이라고 설명하고 있다. 접속 부사 '하지만'에 주목하면, '관객이 배우와 한 공간에서 직접 만나 소통하는 연극'에서 '달리' '영화에서는 배우와 한 공간에서 직접 만나 소통하지 못한다'라고 해야 맥락상 자연스럽다. 따라서 "영화 관객은 배우와 직접적으로 소통하거나 교감하는 경험을 하게 될 가능성이 높다"라는 진술은 적절하지 않다.
④ 2문단의 "또한 영화에서는 끊임없이 장면이 전환되어"에 주목하면, '빠르게 변화하는 대도시의 일상처럼 정신없이 변화하는 현대인의 경험'은 영화와 '닮아있으므로' ㉣은 그대로 두는 것이 자연스럽다.

006
정답 | ①

해설 | 주어진 조건들을 기호화하면 다음과 같다.

> 조건1. ~김 시차 → 박 집약∧최 재택
> 조건2. 박 집약 → 정 스마트
> 조건3. (   )
> 결론. ~이 근무 → 김 시차

1) 결론인 '~이 근무 → 김 시차'를 도출하기 위해서는 '~이 근무'와 관련된 조건이 추가되어야 한다.
2) '정 스마트 → 이 근무'가 추가되면 조건1, 조건2와 결합하여 '~김 시차 → (박 집약∧최 재택) → 정 스마트 → 이 근무'가 되며, '~김 시차 → 이 근무'가 도출된다.
3) 2)에서 도출된 '~김 시차 → 이 근무'의 대우는 결론인 '~이 근무 → 김 시차'이다.
4) 따라서 정답은 '정 주무관이 스마트워크근무형을 선호한다면, 이 주무관은 근무시간선택형을 선호한다'이다.

오답피하기
선택지의 내용을 기호화하면 다음과 같다.

> ② '이 근무 → 박 집약'
> ③ '김 시차 → ~이 근무'
> ④ '이 근무 → ~정 스마트'

007
정답 | ④

해설 | 선지의 정답 구성으로 볼 때, 맨 처음 단락은 (가) 아니면 (다)다. 각각의 내용을 살펴보자. 우선 (가)는 동형 접합과 이형 접합의 개념을 설명하며 각각의 예를 들고 있다. 한편 (다)는 염색체와 상동 염색체의 개념을

설명하고 있다. 그런데 (가)와 (다)의 내용이 서로 다르고 연결 지점이 명확하지 않으므로, 이 둘의 내용만으로는 첫 문단을 결정하기 어렵다. 이 경우 ①번부터 내용을 따져가며 정답을 결정하는 수밖에 없다.
우선 ①의 경우 '(가)-(나)'의 흐름은 자연스럽다. (가)에서 먼저 동형 접합과 이형 접합의 개념을 제시한 후, (나)에서 그중 '이형 접합'의 경우에 한정된 개념인 우성과 열성 대립 유전자에 관해 설명하는 것이 자연스러운 전개 흐름이기 때문이다. 그런데 (나) 뒤에 (라)를 제시하면 흐름이 어색해진다. (라)에서는 '상동 염색체'와 관련된 '대립 유전자'를 소개하는데, (라) 뒤에 '상동 염색체'의 개념을 소개하는 (다)가 위치하는 것은 부자연스럽기 때문이다. 따라서 (다) 뒤에 (라)가 위치해야 한다. 다시 말해, (다)에서 '상동 염색체'의 개념을 소개한 후, (라)에서 '상동 염색체'와 관련된 '대립 유전자'를 설명하는 것이 맥락상 자연스럽다.
한편, (라)에서는 '대립 유전자'를 소개하고 있으므로, (라)는 (가) 앞에 위치해야 한다. (가)에서는 '대립 유전자'의 개념을 바탕으로 동형 접합과 이형 접합을 설명하고 있기 때문에, (가) 앞에는 '대립 유전자'에 대한 소개가 먼저 이루어져야 한다. 그런데 마침 (라)에서 '대립 유전자'의 개념을 설명하고 있으므로, '(라)-(가)'의 순서로 전개하는 것이 맥락상 자연스럽다. 마지막으로 이러한 내용을 종합하면 '(다)-(라)-(가)-(나)'의 순서가 되므로, 정답은 ④다.

(다): 염색체와 상동 염색체의 개념을 설명하고 있다.
(라): '상동 염색체'와 관련된 '대립 유전자'를 소개하고 있다.
(가): '대립 유전자'의 개념을 바탕으로 '동형 접합'과 '이형 접합'을 설명하고 있다.
(나): '이형 접합'의 경우에 한정된 개념인 '우성과 열성 대립 유전자'에 관해 설명하고 있다.

008
정답 | ②

해설 | 이 글은 '공공주택 공급 확대'와 '주거비 지원 정책' 두 가지 조건이 모두 충족되어야 '서민 주거 안정'이라는 결과를 반드시 얻을 수 있다는 주장을 하고 있다. 이를 기호화하자면 '공공주택 공급 확대∧주거비 지원 정책 → 서민 주거 안정'이 되겠다. 이를 약화하기 위해서는 '~(공공주택 공급 확대∧주거비 지원 정책 → 서민 주거 안정) ≡ (공공주택 공급 확대∧주거비 지원 정책)∧~서민 주거 안정'이 되어야 한다. ②번은 '(공공주택 공급 확대∧주거비 지원 정책)∧~서민 주거 안정'을 의미하므로 이 글의 논지를 약화하는 것이 된다.

오답피하기
① '(공공주택 공급 확대∨주거비 지원 정책)∧~서민 주거 안정'을 의미하므로 '(공공주택 공급 확대∧주거비 지원 정책)∧~서민 주거 안정'이 아니어서 정답이 될 수 없다.
③ '(~공공주택 공급 확대∧주거비 지원 정책)∧~서민 주거 안정'을 의미하므로 '(공공주택 공급 확대∧주거비 지원 정책)∧~서민 주거 안정'이 아니어서 정답이 될 수 없다.
④ '(~공공주택 공급 확대∧~주거비 지원 정책)∧~서민 주거 안정'을 의미하므로 '(공공주택 공급 확대∧주거비 지원 정책)∧~서민 주거 안정'이 아니어서 정답이 될 수 없다.

009

정답 | ②

해설 | 2문단의 "이 시기 소설들은 전쟁의 비극성과 참상을 이데올로기적 시각보다는 인간의 보편적 고통과 부조리로 형상화하는 경향이 뚜렷하다."를 통해, 한국 전후 소설은 전쟁의 참상을 '이데올로기적 시각으로 형상화'하기보다는 '인간의 보편적 고통과 부조리로 형상화'하는 경향이 많다는 것을 알 수 있다. 따라서 ②의 진술은 적절하지 않다.

오답피하기 |

① 2문단의 "많은 작품에서 전쟁의 직접적인 피해자인 개인이 겪는 상실, 트라우마, 소외와 같은 심리적 변화가 세밀하게 그려진다."를 통해 적절한 진술임을 알 수 있다.

③ 4문단의 "전후 작가들은 ~ 기존의 전통에 대한 탐구와 해체에 집중하였다. 이 과정에서 ~ 새로운 주체로서의 인간상 모색 등이 문학적으로 표현되었다."를 통해 적절한 진술임을 알 수 있다.

④ 3문단의 "서구의 실존주의, 허무주의가 국내에 유입되면서 ~ 주인공들은 종종 냉소적이고 무기력한 태도를 취하거나, 전후 사회에 적응하지 못하는 모습을 보인다."를 통해 적절한 진술임을 알 수 있다.

010

정답 | ④

해설 | 1문단에 따르면 한국 전후 소설은 '전쟁이 남긴 상흔'이나 '공동체의 붕괴' 그리고 '이를 극복하려는 심리'를 심도 있게 다룬다. ㉠은 '전쟁이 남긴 상흔'을 뜻하고, ㉡과 ㉣은 '공동체의 붕괴'를, ㉢은 '공동체의 붕괴를 극복하려는 심리'를 의미한다. 따라서 문맥적으로 동일한 의미를 띠는 것은 '㉡, ㉣'이다.

011

정답 | ②

해설 | 1문단에 따르면 문자 언어는 오랜 시간 보존되어 중요한 정보를 후세에 전달한다. 2문단에 따르면 음성 언어는 즉각적이고 생동감 있는 의사소통을 가능하게 하며, 감정과 태도를 풍부히 전달한다. 따라서 이를 요약한 ②번이 빈칸에 들어갈 말로 가장 적절하다.

오답피하기 |

① 문자 언어가 음성 언어보다 우선적이지는 않다. 또한 감정 전달 역시 문자 언어보다 음성 언어가 더 뛰어나다. 따라서 공감을 나눠야 하는 상황에서는 문자 언어보다 음성 언어가 더 적합하다.

③ 문자 언어가 공식적인 언어생활에서 중요한 도구로 사용되는 것은 옳다. 그러나 음성 언어가 고대 언어를 연구하는 데 중요한 도구로 사용된다는 내용은 지문에 나타나지 않는다.

④ 문자 언어가 감정을 세련된 형태로 드러낸다는 정보는 지문에 나타나지 않는다.

012

정답 | ④

해설 | 2문단의 "주요 인물들은 각기 다른 공간에서 시련을 겪고 성장하며"를 통해, ④의 '주요 인물들은 같은 공간에서 시련을 겪으며 성장해'라는 진술은 적절하지 않음을 알 수 있다.

오답피하기 |

① 1문단의 "이러한 공간 설정은 단순한 배경을 넘어 이야기 전개와 인물 형상화에 중요한 서사적 기능을 한다."와 2문단의 "주요 인물들은 각기 다른 공간에서 시련을 겪고 성장하며"를 통해 적절한 진술임을 알 수 있다.

② 1문단의 "천상계는 신적 존재와 초월적 힘이 개입하는 세계로, 인간의 운명과 도덕적 질서의 근원을 상징한다."를 통해 적절한 진술임을 알 수 있다.

③ 2문단의 "이처럼 꿈은 단순한 환상이 아니라 현실을 변화시키는 계기이자"를 통해 적절한 진술임을 알 수 있다.

013

정답 | ③

해설 | ㉠의 '겪다'는 '어렵거나 경험될 만한 일을 당하여 치르다.'라는 의미로 사용되었는데, ③의 '겪다'도 같은 의미로 사용되었다.

오답피하기 |

① '(사람이 손님을) 상대로 음식을 차려 대접하다.'라는 의미로 사용되었다.

②, ④ '(어떤 사람이 다른 사람을) 사귀거나 함께 지내며 경험하다.'라는 의미로 사용되었다.

014

정답 | ①

해설 | 2문단의 "금속 활자 제작 과정은 매우 복잡하다. 먼저 밀랍에 한 글자씩 새겨 활자를 만든 뒤, 이를 흙으로 감싸 주형틀을 만들고"를 통해 금속 활자본인 직지심체요절을 제작하는 과정에는 밀랍과 흙이 필요하다는 것을 알 수 있다.

오답피하기 |

② 1문단의 "직지심체요절은 ~ 공식적으로 현존하는 가장 오래된 금속 활자 인쇄본이다."를 통해, 직지심체요절은 '목활자본'이 아니라 '금속활자본'임을 알 수 있다.

③ 1문단의 "1377년 고려 말에 간행된 이 책은 불교 관련 서적으로"를 통해, 직지심체요절은 '조선 시대'가 아니라 '고려 시대'에 간행된 책임을 알 수 있다.

④ 3문단에서 "구한말 프랑스 공사가 구입해 여러 경로를 거쳐 프랑스로 넘어갔기 때문이다."라고 설명하고는 있지만, 이 정보만으로는 직지심체요절의 가치가 프랑스인에 의해 처음 발견되었는지는 알 수 없다.

015

정답 | ④

해설 | ㉠은 나무를 깎아 만든 활자이므로 목활자를 의미한다. ㉡은 목활자보다 기술이 발전된 활자로, 직지심체요절을 인쇄하는 데 쓰였으므로 금속 활자가 되겠다. ㉢은 목재를 활용해 깎아낸 활자이므로 목활자를 뜻하고, ㉣은 금속 활자를 만들기 전 밀랍으로 만든 활자를 뜻한다. 마지막으로 ㉤은 금속 활자를 의미하므로, 지시하는 대상이 동일한 것끼리 분류하면 ㉠-㉢, ㉡-㉤끼리 묶을 수 있다. ㉠-㉢은 선택지에 없으므로 정답은 ㉡-㉤이 있는 ④번이 되겠다.

016

정답 | ②

해설 | 주어진 조건들을 기호화하면 다음과 같다.

> 조건1. 심폐 지구력 → 유산소성 운동 ∨ 심혈관계 질환 낮음
> 조건2. 심혈관계 질환 낮음 → 스트레스 관리 능력
> 조건3. (   )
> 결론. 심폐 지구력 → 스트레스 관리 능력

1) 제시된 조건만으로 결론인 '심폐 지구력 → 스트레스 관리 능력'을 도출하기 위해서는 결합 법칙을 활용해야 한다.

2) 이때, 조건1에서 선언지 경우의 수를 따져보아야 한다.
　(1) '유산소성 운동, ~심혈관계 질환 낮음'
　(2) '~유산소성 운동, 심혈관계 질환 낮음'
　(3) '유산소성 운동, 심혈관계 질환 낮음'
3) 세 가지 경우 중에서 (2), (3)의 경우에는 조건2인 '심혈관계 질환 낮음 → 스트레스 관리 능력'에 따라 '심폐 지구력 → 스트레스 관리 능력'이 보장되지만, (1)의 경우에는 '심폐 지구력 → 스트레스 관리 능력'을 보장하기 어렵다.
4) 즉, (1)의 경우에도 '심폐 지구력 → 스트레스 관리 능력'을 보장하기 위해서는 '유산소성 운동 → 스트레스 관리 능력'이 추가되어야 한다.
5) 따라서 정답은 '유산소성 운동을 장시간 수행하는 사람은 모두 스트레스 관리 능력이 뛰어나다'이다.

017
정답 | ②
해설 | '얼굴 인식 기술을 활용하면 결제나 인증 시스템의 효율성은 떨어진다'라는 내용은 지문에서 확인할 수 없는 정보다. 또한 2문단의 "최근에는 얼굴 인식 기술 활용 범위가 급격히 넓어지고 있다. 상품 결제나 마케팅을 위한 고객 데이터 구축에까지 적용되면서 다양한 산업 분야에서 광범위하게 이용 중이다."를 고려할 때, 오히려 얼굴 인식 기술은 상품 결제에 유용하고 '효율적인' 방법이라고 볼 수 있으므로, ②의 진술은 적절하지 않다.
오답피하기 |
① 1문단의 "이러한 얼굴 인식 기술은 초기부터 주로 출입 통제와 같은 보안 분야에 사용되었으며, 건물 출입구나 사무실 입구에서 안전을 확보하는 데 큰 역할을 해왔다."와 3문단의 "얼굴 인식 시스템의 정확도가 99%에 달하는 사례도 있어"를 바탕으로 충분히 추론할 수 있는 진술이다.
③ 2문단의 "얼굴 인식은 비밀번호나 출입 카드처럼 도용될 위험이 적고, ~ 간단히 위조하기 어려워 보안성이 높다."를 통해 적절한 진술임을 알 수 있다.
④ 1~2문단에서 제시되는 '얼굴 인식 기술의 편리함'과, 3문단의 "얼굴 인식 기술 활용의 균형 잡힌 발전을 위해서는 안전성과 프라이버시 보호가 병행되어야 한다."를 통해 적절한 진술임을 알 수 있다.

018
정답 | ③
해설 | 갑의 두 번째 대화 "집단 내에서 모두가 협동하면 갈등도 줄고, 사회적 유대도 강해져."를 통해, 갑은 협동이 집단 결속에 긍정적으로 작용한다는 점에 대해 동의한다는 것을 알 수 있다. 한편, 을은 협동보다는 경쟁의 중요성을 강조한다. 하지만 을의 첫 번째 대화 "물론 이를 위해서는 협동도 필요하지만"을 고려할 때, 을 또한 사회의 발전이나 집단 결속에 협동이 긍정적으로 작용한다는 점에 반대하지는 않는다는 것을 알 수 있다. 다만 협동만 강조할 때 사회 발전이 정체될 수 있음을 우려했을 뿐이다. 따라서 사회의 발전에 협동이 필요하다는 점에 대해 '을은 동의하지 않는다'라는 ③의 진술은 적절하지 않다.
오답피하기 |
① 을의 첫 번째 대화 "나는 경쟁이 사회 발전의 핵심 동력이라고 생각해."와, 병의 첫 번째 대화 "집단 간에는 적절한 경쟁이 주어지면 동기도 커지고 집단과 개인 모두 발전할 수도 있어."를 통해, 을과 병 모두 경쟁이 개인 또는 집단의 발전을 이끈다는 점에 대해 동의한다는 것을 알 수 있다.

② 갑의 두 번째 대화 "집단 내에서 모두가 협동하면 갈등도 줄고, 사회적 유대도 강해져."와, 병의 첫 번째 대화 "집단 내에서 목표를 위해 협동하면 결속력이 강해지고"를 통해, 갑과 병 모두 협동이 집단 결속에 긍정적으로 작용한다는 점에 대해 동의한다는 것을 알 수 있다.
④ 병의 두 번째 대화 "결국 협동과 경쟁이 어떻게 균형을 이루며 상호 작용하는지가 중요하다고 생각해."를 통해, 병은 협동과 경쟁의 균형이 사회 발전에 중요하다는 점에 대해 동의한다는 것을 알 수 있다.

019
정답 | ①
해설 | 주어진 조건들을 기호화하면 다음과 같다.

> 조건1. 갑 기능성 ∨ 을 기능성
> 조건2. 을 기능성 → 병 착용 만족도 ∧ 병 내구성 ≡ ~병 착용 만족도 ∨ ~병 내구성 → ~을 기능성
> 조건3. 병 착용 만족도 ∧ 병 내구성 → ~정 안전성 ≡ 정 안전성 → ~병 착용 만족도 ∨ ~병 내구성
> 조건4. 정 안전성

1) 조건4에 따라 '정 안전성'이 확정된다.
2) 1)에 따라 '정 안전성'이 확정되므로, 조건3의 대우에 따라 '~병 착용 만족도 ∨ ~병 내구성'이 확정된다.
3) 2)에 따라 '~병 착용 만족도 ∨ ~병 내구성'이 확정되므로, 조건2의 대우에 따라 '~을 기능성'이 확정된다.
4) 3)에 따라 '~을 기능성'이 확정되므로, 조건1에서 선언지 제거에 따라 '갑 기능성'이 확정된다.
5) 따라서 정답은 '기능성'이다.

020
정답 | ④
해설 | ⓒ은 기존의 환경 보호법과 정책을 엄격하게 시행하는 것만으로도 자연 보호를 충분히 달성할 수 있다고 본다. 하지만 환경 보호법을 엄격히 시행하는 국가에서조차 환경 오염이 줄어들지 않는다면 ⓒ의 주장은 타당성을 잃게 된다. 따라서 ④의 진술은 적절하다.
오답피하기 |
① ⓐ은 법적 인격 확장을 긍정적으로 인식하여, 자연의 독립적 권리를 인정하고 자연을 보호해야 한다고 주장한다. 그런데 법적 인격의 개념을 지나치게 확장하면 법제적 실효성이 약화된다는 주장은 ⓐ과 상반되는 관점이므로, ⓐ의 주장을 '강화'하는 것이 아니라 '약화'한다.
② ⓐ은 자연의 독립적 권리를 인정하고 자연을 보호해야 한다고 보는 관점이다. 그런데 자연과 인간이 평등하며, 자연을 법적으로 보호해야 한다는 마오리족의 사상은 ⓐ의 관점과 유사하므로, ⓐ의 주장을 '약화'하는 것이 아니라 '강화'한다.
③ ⓒ은 자연에 법적 인격을 부여하자는 주장에 반대한다. 그런데 실제 현실에서 자연의 권리를 인정하고 있다면, ⓒ의 주장은 '강화'되는 것이 아니라 '약화'된다.

모의고사 17회

001 ③	002 ③	003 ③	004 ④	005 ④
006 ②	007 ④	008 ①	009 ③	010 ②
011 ③	012 ②	013 ④	014 ③	015 ①
016 ②	017 ②	018 ①	019 ②	020 ②

S#.17 독해가 어렵다면...

킬러 ① 독해 내용 일치 [8번]
킬러 ② 독해 추론 [11번]
킬러 ③ 강화 약화 [17번]

이번 회차는 독해 2문제를 어렵게 출제하였고, 강화 약화 1문제를 킬러 문제로 출제하였다. 강화 약화 문제도 독해 문제의 연장선으로 볼 수 있기 때문에 이 회차의 킬러 문제는 결국 독해라고 할 수 있겠다. 사실 킬러 문제의 기본은 독해 내용 일치이다. 독해 추론 역시 독해 내용 일치보다 말 바꾸기가 좀 더 이루어진 문제이므로, 이번 회차의 관건은 말 바꾸기이다. 지문의 글자 수는 7239자이고, 평균 정답률은 82%이다.

001
정답 | ③

해설 | '의뢰하다'는 '남에게 부탁하다'를 뜻하므로 문맥에 맞게 쓰였으나, '물건을 보내 달라고 주문하다'를 뜻하는 '발주하다'는 문맥에 맞지 않다. 따라서 '문맥에 맞는 정확한 어휘를 사용할 것'이라는 원칙에 따라 ⓒ을 수정하지 않고 그대로 두어야 한다.

오답피하기 |
① '그린 비즈니스'는 우리말로 바꾸어 써야 한다. 따라서 '생소한 외래어나 외국어는 우리말로 다듬을 것'이라는 원칙에 따라 ⊙을 '친환경 사업'으로 수정하는 것은 적절하다.
② 주어 '조사 대상은'은 서술어 '조사합니다'와 호응하지 않는다. 따라서 '주어와 서술어의 관계를 명확하게 표현할 것'이라는 원칙에 따라 ⓛ을 '사업입니다'로 수정하는 것은 적절하다.
④ '오염 지역 환경 개선 정책 수립'과 같은 명사 나열형 문장은 의미를 파악하기 어렵다. 따라서 '지나친 명사 나열을 피하고 적절한 조사와 어미를 활용하여 문장을 구성할 것'이라는 원칙에 따라 @을 '오염된 지역 환경을 개선하는 정책을 수립하고'로 수정하는 것은 적절하다.

002
정답 | ③

해설 | 2~3문단에서 바람이 해류 형성의 주요 원인이지만, 지구 자전으로 발생하는 '코리올리 효과'가 해류의 방향과 흐름에 큰 영향을 미친다고 설명하고 있다. 또한 3문단의 "난센의 발견은 해수가 바람과 다른 방향으로 움직인다는 사실을 알려 주었고, 후일 스웨덴 과학자 에크만이 이를 연구해 바람, 지구 자전, 해수의 흐름이 복합적으로 작용하는 원리를 밝혀냈다."를 통해서도 ③의 진술이 적절함을 알 수 있다.

오답피하기 |
① 3문단의 "난센은 북극 항해 중 빙산들이 바람과 동일한 방향이 아니라 바람 방향에서 약 20도에서 40도 정도 오른쪽으로 휘어져 움직이는 것을 관찰하였다."를 통해, 난센이 관찰한 빙산은 바람 방향의 '왼쪽'이 아닌 '오른쪽'으로 휘어져 움직였다는 것을 알 수 있다.
② 1문단의 "바람이 바다 표면에 불면, 바람과 바닷물 사이의 마찰력 때문에 표면의 바닷물이 일정한 방향으로 밀려가면서 해류가 만들어진다."를 통해, 바닷물 표면의 움직임은 '마찰력'으로 인해 발생한다는 것을 알 수 있다. 또한 2문단의 "특히 지구의 자전이 해류의 방향과 흐름에 큰 영향을 미친다."를 고려하면, 지구의 '자전' 또한 바닷물의 움직임에 영향을 미친다고 추론할 수 있다. 하지만 지문에서 '원심력'에 관한 언급은 전혀 찾아볼 수 없으므로, 바닷물의 이동 원인 중 하나로 원심력을 언급한 ②의 진술은 적절하지 않다.
④ 2문단의 "지구가 자전하면서 물체의 운동 방향에 오른쪽 또는 왼쪽으로 힘이 작용하는 '코리올리 효과'가 발생한다. ~ 남반구에서는 왼쪽으로 휘어지게 된다."를 통해, 코리올리 효과는 지구의 '공전' 때문이 아니라 '자전'으로 인해 발생한다는 것을 알 수 있다.

003
정답 | ③

해설 | 지문에서 "역사 서술은 과거의 사실 중 의미 있는 것만을 골라 기록하는 과정"(1문단)이며, "따라서 필요한 작업이 바로 사료 비판이다"(2문단)라고 명확히 밝히고 있다. 특히 사료 비판 없이는 의미 있는 사실을 객관적으로 골라내고 기록할 수 없다는 점을 강조하고 있다.

오답피하기 |
① 사료와 사료 비판 모두 중요하다. 사료가 사료 비판보다 더 중요하다는 내용은 제시되어 있지 않다.
② 2문단에서 사료 비판에는 유물 사료도 활용된다는 것을 알 수 있다. 따라서 유물 사료를 배제해야 한다는 진술은 적절하지 않다.
④ 2문단의 "기록자가 인간이기에 완전히 객관적일 수 없어 역사가는 신중해야 하며"를 고려할 때, 아무리 사료 비판을 거친다고 하더라도 완벽하게 객관적으로 역사를 서술하는 것은 불가능하다고 볼 수 있다. 다만 신중하고 꼼꼼한 사료 검증을 통해 최대한 객관적으로 역사를 서술할 수 있도록 노력할 뿐이다.

004
정답 | ④

해설 | @ 닭 앞에[달가페](×)→[다가페](○): '닭 앞에'의 '닭'과 같이 겹받침을 가진 말은 자음이 하나 탈락하여 대표음으로 바뀐 후, 뒤 음절의 초성으로 이동하여 [다가페]가 된다.

오답피하기 |
① ⊙ 밭에[바테](○): 받침이 모음으로 시작된 조사와 결합되는 경우에는, 제 음가대로 뒤 음절 첫소리로 옮겨 발음한다.

② ㉡ 넓이[널씨](○): 겹받침이 모음으로 시작된 조사와 결합되는 경우에는, 뒤엣것만을 뒤 음절 첫소리로 옮겨 발음한다. 이 경우, 'ㅅ'은 된소리로 발음한다.

③ ㉢ 꽃 위[꼬뒤](○): 받침 뒤에 모음 'ㅏ, ㅓ, ㅗ, ㅜ, ㅟ'들로 시작되는 실질 형태소가 연결되는 경우에는, 대표음으로 바꾸어서 뒤 음절 첫소리로 옮겨 발음한다.

005

정답 | ④

해설 | 이 글은 행복이 사람들과의 관계에서 나온다고 말하고 있다. 따라서 목표를 추구하며 사는 것도 중요하지만 목표를 향해 달려가는 과정 동안 주변 사람이라는 소중한 가치를 잊어서는 안 된다고 말하고 있다. 따라서 이 글의 주제는 "우리가 주변 사람으로부터 행복을 얻는다는 사실을 기억하라"가 되겠다.

오답피하기 |

① 이 글은 목표한 바를 이루는 것을 강조하기보다 주변 사람들을 중시하는 것을 더 강조하고 있다.

② 지문과 관련이 없는 내용이다.

③ 이 글은 후회에 대해서 다루고 있는 것이 아니다. 죽음을 앞둔 사람이 후회하는 것에 주변 사람에게 잘해주지 못한 것이 있다는 것으로 화두를 시작할 뿐이다.

006

정답 | ②

해설 | 2, 3문단에 따르면 포유류인 내집단과 파충류인 외집단은 모두 척추를 가지고 있다. 이렇게 모두 갖고 있는 특징을 공유 조상 형질이라고 한다. 한편 털은 내집단인 포유류만 갖고 있는 특징이므로 공유 파생 형질이 된다. 따라서 빈칸에 들어갈 말로 가장 적절한 것은 ②번이 되겠다.

오답피하기 |

① 척추와 같은 구조적 특징은 내집단과 외집단 모두에 존재하는 것이기 때문에 공유 조상 형질이 된다.

③ 털과 같은 특징은 내집단에만 존재하는 것이기 때문에 공유 파생 형질이 된다.

④ 털과 같은 특징은 내집단에만 존재하는 것이기 때문에 외집단과 내집단을 가르는 기준이 된다.

007

정답 | ④

해설 | 선지 구성을 봤을 때 맨 처음 문단은 (가) 또는 (나) 둘 중 하나라는 것을 알 수 있다. 그런데 (가)는 '국민 총소득'의 한계와 '1인당 국민 소득'을 소개하고 있고, (나)는 '국민 총소득'의 개념을 제시하고 있으므로, 가장 먼저 제시되어야 할 문단은 (나)라는 것을 알 수 있다. 국민 총소득의 개념[(나)]이 먼저 소개된 후 한계와 대안[(가)]이 제시되는 것이 자연스럽기 때문이다. 그렇다면 정답은 ③ 또는 ④ 둘 중 하나이므로, 이제부터는 (다)와 (라)의 순서를 결정하기만 하면 된다. 그런데 후반부에서 '1인당 국민 소득'을 소개하는 (가) 뒤에 '1인당 국민 소득'이 한계를 갖는 이유를 제시하는 것은 매우 어색하므로, (가) 뒤에는 (라)가 위치해야 한다는 것을 알 수 있다. 이렇게 순서를 바로잡으면 '(나) − (가) − (라) − (다)'가 된다.

바른 순서로 바꿔 각 단락의 흐름을 보여주면 다음과 같다.

(나): '국민 총소득'의 개념을 설명하고 있다.

(가): '국민 총소득'의 한계(국민의 평균적인 생활 수준은 파악하기 어려움)를 언급하며, 그때 필요한 개념으로 '1인당 국민 소득'을 소개하고 있다.

(라): 접속 부사 "그런데"로 시작하며 '1인당 국민 소득'의 한계(복지 수준을 정확히 나타내는 척도는 될 수 없음)를 제시하고 있다.

(다): '1인당 국민 소득'이 한계를 갖는 이유 두 가지를 제시하고 있다.

008

정답 | ①

해설 | 연료 전지는 수소를 공기 중의 산소와 화학 반응시켜 '전기를 생성'하는 에너지 변환 장치이므로 '발전기'의 하나라고 할 수 있다. 따라서 연료 전지를 '에너지를 저장하는 장치'로 보는 것은 적절하지 않다.

오답피하기 |

② 연료 전지는 화학 반응을 돕기 위해 백금 촉매가 도포된 전극을 사용한다.

③ 연료극에 공급된 수소는 산화 반응이 일어나 수소 이온과 전자로 분리된다.

④ 수소 이온은 전해질 막의 이온 전달 통로를 통해 공기극으로 이동한다.

009

정답 | ③

해설 | 2문단에서 "평생 학습이 개인의 자기 계발과 사회적 이동성, 국가 경쟁력 강화에 중요한 역할을 한다"라고 언급되어 있고, 3문단에서는 "교양 함양, 지식 습득, 정신적 건강 유지, 취업 및 이직·창업 지원 등 다양한 긍정적 효과"가 있다고 설명하고 있으므로, ③의 진술은 적절하다.

오답피하기 |

① 2문단에서 "실제로 소득이 높을수록 평생 학습 참여율이 높고, 저소득층이나 비정규직, 저학력층의 참여는 매우 낮은 것으로 나타났다."라고 명시되어 있다. 즉 소득이 낮을수록 오히려 참여율이 떨어지므로, ①의 진술은 적절하지 않다.

② 4문단에서는 정부와 기업의 지원이 평생 학습 활성화에 중요하다고 언급하지만, 금전적 지원만을 특별히 더 중요한 요소로 강조하지는 않는다. 오히려 제도적 지원과 다양한 구조적 장벽 해소가 함께 언급되고 있으므로, ②의 진술은 적절하지 않다.

④ 1문단에서 "지난 10년간 국내 평생 학습 참여율은 정체 또는 감소 추세를 보이고 있어"를 통해, 우리나라의 평생 학습 참여율이 꾸준히 증가하고 있다는 진술은 적절하지 않음을 알 수 있다.

010

정답 | ②

해설 | ㉠의 '보이다'는 '(사람이나 사물이 현상을) 밖으로 나타내다.'라는 의미로 사용되었는데, ②의 '보이다' 또한 같은 의미로 사용되었다.

오답피하기 |

① '(사람이 맛을) 미각을 통해 남에게 느끼게 하다.'라는 의미로 사용되었다.

③ '(어떤 사람이 다른 사람에게 공연이나 예술품을) 관람하게 하거나 감상하게 하다.'라는 의미로 사용되었다.

④ '(어떤 사람이 다른 사람에게 대상의 존재나 모습을) 눈으로 인식하게 하다.'라는 의미로 사용되었다.

011

정답 | ③

해설 | 3문단의 "이렇게 하면 색의 순도는 유지하면서 보는 이의 망막 위에서 색이 혼합되는 효과를 낳게 된다."를 고려할 때, 점묘법으로 그려진 그림의 작은 점들에서 나온 빛들은 인간의 망막에서 혼합되어 다른 색으로 인식됨을 알 수 있다. 따라서 ③의 진술은 적절하다.

오답피하기 |

① 인상주의 화가들은 대상에 대한 정밀 묘사보다는 즉흥 묘사를 통해 대상에서 받은 인상을 표현하려고 했으므로 적절하지 않다.

② 신인상주의 화가와 인상주의 화가 '모두' 원색을 사용하였으므로 적절하지 않다.

④ 점묘법은 기존에 없었던 새로운 기법이므로, '기존의 점묘법을 발전시켰다'는 진술은 적절하지 않다.

012

정답 | ②

해설 | ⊙의 '나타내다'는 '생각이나 느낌 따위를 글, 그림, 음악 따위로 드러내다.'라는 의미로 사용되었는데, ②의 '나타내다' 또한 같은 의미로 사용되었다.

오답피하기 |

① '내면적인 심리 현상을 얼굴, 몸, 행동 따위로 드러내다.'의 의미로 사용되었다.

③ '어떤 일의 결과나 징후를 겉으로 드러내다.'의 의미로 사용되었다.

④ '보이지 아니하던 어떤 대상이 모습을 드러내다.'의 의미로 사용되었다.

013

정답 | ④

해설 | 갑, 을, 병 누구도 상대 견해를 반박하거나 의문을 제시하지 않는다. 모두 서로의 의견에 공감하거나 확장하는 방향으로 대화가 진행되므로, '상대의 견해에 의문을 제시하는 사람이 있다'라는 ④의 진술은 적절하지 않다.

오답피하기 |

① 갑의 두 번째 대화 "여행이 삶에 미치는 영향이 지속되려면 일상에서 의식적인 노력이 필요하다는 생각도 들어."와, 을의 두 번째 대화 "여행에서 얻은 깨달음이 일상의 가치관과 행동으로 이어지려면, 경험을 반추하고 새로운 시선을 유지하는 자세가 필요해. 그렇지 않으면 여행은 단순한 일탈에 그칠 뿐이야."를 통해 적절한 진술임을 알 수 있다.

② 병의 "여행은 단순한 휴식이나 관광을 넘어서, 자기 자신과 마주하는 시간이라고 봐. 새로운 곳에서 경험하는 낯섦과 도전은 우리를 성장하게 하고, 더 깊은 자기 이해와 가치관의 확장을 돕는다고 생각해."를 통해 적절한 진술임을 알 수 있다.

③ 을의 첫 번째 대화 "나도 공감해. 특히 여행 중에 자신을 돌아보는 순간들이 늘어나면서, '내가 진짜 중요하게 생각하는 게 무엇인가?'를 다시 생각하게 되었지."를 통해 적절한 진술임을 알 수 있다.

014

정답 | ③

해설 | 제시된 전제를 기호화하면 다음과 같다.

> (가) 고전역학 → 전자기학
> (나) 고전역학∧양자역학

(나)에서 (가)를 활용하여 '전자기학∧양자역학'이 도출된다. 이를 말로 풀어 내면 '전자기학을 수강하는 학생 중 양자역학을 수강하는 학생이 있다'이다.

오답피하기 |

① '양자역학을 수강하는 학생은 반드시 전자기학도 수강한다'는 '양자역학 → 전자기학'이다.

② '고전역학을 수강하지 않는 학생은 전자기학도 수강하지 않는다'는 '~고전역학 → ~전자기학'이다.

④ '고전역학을 수강하면서 양자역학을 수강하지 않는 학생이 있다'는 '고전역학∧~양자역학'이다.

015

정답 | ①

해설 | 이 글은 의대 정원이 확대되더라도 의료 서비스의 질이나 의료 불균형 문제는 해소되지 않을 수 있다고 주장하고 있다. 따라서 이 글을 약화하기 위해서는 의대 정원 확대로 의사 수가 증가하여 의료 서비스의 질이나 의료 불균형 문제가 개선되는 사례를 보여주면 된다. ①번은 의사 수가 늘어나 의료 서비스가 개선된 사례를 담고 있으므로 정답이 된다.

오답피하기 |

② 의사 수가 많아졌지만 의료 불균형이 개선되지 않은 모습을 보여주고 있다. 이는 이 글의 주장을 강화하는 사례이다.

③ 의사 수가 많아졌지만 의료 인프라 부족으로 의료 서비스가 개선되지 않은 모습을 보여주고 있다. 이는 이 글의 주장을 강화하는 사례이다.

④ 의사 수가 늘어났지만 경쟁 심화로 의료 서비스의 수준이 저하된 모습을 보여주고 있다. 이는 이 글의 주장을 강화하는 사례이다.

016

정답 | ②

해설 | 지문의 핵심 논지는, '지식과 권력은 서로 깊은 관계를 맺고 있고, 지식 생산과 수용 과정에서 권력이 작용한다'라는 것이다. 이러한 논지를 약화하는 것은 ㄱ과 ㄷ이다.

ㄱ. 2~3문단에서 "지식은 완전한 객관성과 중립성을 갖추지 못한다"라는 견해가 소개되었다. 그런데 ㄱ은 과학적 "지식이 객관성과 중립성을 확보"하고 있음을 강조하므로, 지문의 핵심인 "지식과 권력이 연관되어 있고, 지식은 객관적이지 않다"라는 내용과 상반된다. 따라서 ㄱ은 지문의 핵심 논지를 약화한다.

ㄷ. 2문단에서는 "그 지식 자체가 진짜인지 아닌지도 권력과 관련되어 있다"라고 주장하며, 지식은 단순한 사실 이상의 사회적·정치적 의미를 지닌다고 설명한다. 하지만 ㄷ은 "수치, 통계는 정치적 해석과 무관하게 사실을 나타낸다"라며 객관성을 강조하므로, 지문의 논지를 약화한다.

오답피하기 |

지문의 핵심 논지는, '지식과 권력은 서로 깊은 관계를 맺고 있고, 지식 생산과 수용 과정에서 권력이 작용한다'라는 것이다.

ㄴ. 미셸 푸코 역시 지식과 권력의 불가분성, 권력에 의한 지식 조작 가능성을 주장하므로, 지문의 논지를 뒷받침한다. 따라서 ㄴ은 지문의 논지를 강화한다.

ㄹ. 권력이 지식을 조작하고 통제하는 경우를 제시하고 있으므로, ㄹ은 지문의 논지를 강화한다.

017

정답 | ③

해설 | 브레히트는 예술이 사회의 구조적 문제를 드러내고 관객이 사회 현실을 비판적으로 성찰할 수 있도록 이끌어야 한다고 주장하였다. 그러려면 '관객이 극 중 사건이나 인물에 감성적으로 몰입하게 두어서는 안 된다고 생각'했기에, 극 중 몰입을 방지하기 위한 다양한 장치를 마련하였다. 이러한 브레히트의 주장을 강화하는 사례는 ㄴ과 ㄷ이다.

ㄴ. 오페라 「마하고니 시의 흥망성쇠」는 단순한 조성과 반복적인 멜로디를 사용하여 '관객의 감정적 몰입을 차단'함으로써 관객이 사회 구조를 비판적으로 바라볼 수 있게 만들었다.

ㄷ. 「서푼짜리 오페라」는 전통적인 오페라 무대 구성에서 탈피해, 오케스트라를 무대 위에 배치해 관객이 음악과 연극을 동시에 인식하게끔 만들었다. 이를 통해 관객의 감성적 몰입을 방해하고 사회적 비판 의식을 고취시켰다.

오답피하기 |

ㄱ. 브레히트는 예술이 사회의 구조적 문제를 드러내어 관객이 현실을 비판적으로 성찰할 수 있게 만들려면 관객의 감성적 몰입을 막아야 한다고 생각했다. 다시 말해 관객으로 하여금 극 중 인물이나 사건에 몰입하게 만들어 감정의 과잉을 유발시키는 전통적인 오페라의 연출 방식으로는 예술의 사회적 기능을 수행할 수 없다고 본 것이다.

그런데 오페라 「오텔로」를 보는 '관객은 극 중 인물의 운명에 몰입'하면서도 사회 현실에 대해 비판적으로 성찰할 수 있었다. 이는 '감성적 몰입을 유도하는 전통 서정 오페라를 통해서도 충분히 사회 비판 의식을 고취시킬 수 있다'는 것을 보여주는 것이므로, ㄱ은 브레히트의 주장을 약화하는 사례로 봐야 한다.

018

정답 | ①

해설 | ㉠의 '이끌다'는 '사람, 단체, 사물, 현상 따위를 인도하여 어떤 방향으로 나가게 하다.'라는 의미로 사용되었는데, ①의 '이끌다' 또한 같은 의미로 쓰였다.

오답피하기 |

②, ④ '목적하는 곳으로 바로 가도록 같이 가면서 따라오게 하다.'라는 의미로 사용되었다.

③ '(사람이 불편한 신체를) 힘들여 움직이다.'라는 의미로 사용되었다.

019

정답 | ②

해설 | 제시된 조건을 기호화하면 다음과 같다.

> 갑: 공직자 → 신뢰
> 을: 공직자∧신뢰
> 병: 공직자 → ~신뢰
> 정: 공직자∧~신뢰

ㄱ. 갑의 '공직자 → 신뢰'가 확정되면, 병의 '공직자 → ~신뢰'는 거짓이 된다. '공직자 → 신뢰'는 공직자이면 반드시 국민에게 신뢰를 받는다는 의미이지만, '공직자 → ~신뢰'는 공직자이면 반드시 국민에게 신뢰를 받지 못한다는 의미이기 때문이다.

ㄹ. 정의 '공직자∧~신뢰'가 확정되면, 갑의 '공직자 → 신뢰'는 거짓이 된다. '공직자∧~신뢰'는 공직자 중에 국민에게 신뢰를 받지 못하는 공직자가 적어도 한 명 있다는 의미이지만, '공직자 → 신뢰'는 공직자이면 반드시 국민에게 신뢰를 받는다는 의미이기 때문이다.

오답피하기 |

ㄴ. 을의 '공직자∧신뢰'가 확정되어도, 정의 '공직자∧~신뢰'는 반드시 참이 되지 않는다.

ㄷ. 병의 '공직자 → ~신뢰'가 확정되어도, 을의 '공직자∧신뢰'는 반드시 참이 되지 않는다.

020

정답 | ②

해설 | 2문단에 따르면 비음화와 유음화 모두 비음이나 유음이 인접한 자음에 영향을 주어 음을 변화시킨다고 하였다. '밥물'은 [밤물]로 변화한 것으로 봤을 때 'ㅂ'이 'ㅁ'으로 바뀐 것이다. 이러한 변화는 인접한 비음이나 유음 때문에 일어난 것이므로 '물'의 'ㅁ'이 영향을 주었다고 봐야 한다. 따라서 (가)에 들어갈 말은 '비음'이 되겠다. 한편 '대관령'은 [대:괄령]으로 변화한 것으로 봤을 때 'ㄴ'이 'ㄹ'로 바뀐 것이다. 이러한 변화는 인접한 비음이나 유음 때문에 일어난 것이므로 '령'의 'ㄹ'이 영향을 주었다고 봐야 한다. 따라서 (나)에 들어갈 말은 '유음'이다. 이를 종합해 봤을 때 정답은 ②번이다.

모의고사 18회

001 ④	002 ③	003 ①	004 ④	005 ②
006 ①	007 ②	008 ③	009 ③	010 ③
011 ①	012 ②	013 ②	014 ②	015 ③
016 ②	017 ④	018 ④	019 ③	020 ②

S#.18 후반부에 킬러 문제가 몰린다면…

킬러 ① 공문서 수정하기 [1번]
킬러 ② 강화 약화 [12번]
킬러 ③ 독해 추론 [14번]
킬러 ④ 강화 약화(화법) [17번]

이번 회차는 지문 글자 수 7191자로 적당하며, 평균 정답률은 82%로 쉬운 편에 속한다. 킬러 문제가 4문제인데도 난도가 쉬운 이유는 전반부에는 정답률이 매우 높은 문제로 구성돼 있기 때문이다. 전반부의 쉬운 문제를 보고 난도를 착각해서 문제 풀이 시간에 여유를 두다 보면 후반부에는 매우 어려운 문제에 당황하게 될 것이다. 이미 이런 회차를 앞서서 겪어 보았을 것이다. 앞에서 교훈을 얻어서 문제 풀이 방식을 고치지 않았다면 이번 회차에서 그 대가를 받게 될 것이다.

001

정답 | ④

해설 | "안내문 확인과 문의 바랍니다."는 안내문을 누가 확인하는지, 누구에게 문의를 해야 하는지가 제시되지 않아 부자연스럽다. 하지만 이 문장을 "안내문을 확인하고 문의해 주시기 바랍니다."로 수정하더라도 여전히 '누가'(주어) 안내문을 확인하고 '누구에게'(필수적 부사어) 문의를 해야 하는지가 생략되어 부자연스럽다.

오답피하기 |

① '완료되어졌습니다'는 '-되'를 사용한 단형 피동과 '-어지다'를 사용한 장형 피동이 합쳐진 이중 피동 형태이므로, 둘 중 하나의 피동 표현만 사용하는 것이 바람직하다. 따라서 이 단어를 "완료되었습니다"와 같이 수정하는 것은 적절하다.

② '인큐베이팅(Incubating)'은 스타트업이나 벤처 산업에서 아이디어나 초기 기업이 안정적으로 성장할 수 있도록 다양한 지원을 제공하는 것을 뜻한다. 하지만 일반인들에게는 생소한 표현이므로 이를 '창업 지원'으로 순화하여 표현하는 것은 적절하다.

③ 명사 4개가 연달아 오는 구조이므로, 주격 조사 '이'와 동사 '제한되다'를 활용하여 수정하는 것이 바람직하다.

002

정답 | ③

해설 | 2문단의 "좌절된 상황에서 분노를 표출하거나 타인에게 화를 내는 경우가 있다. 이러한 공격적 반응은 단순한 감정의 분출인 동시에 좌절 상황을 벗어나려는 방어적 수단 역할을 한다."를 통해, 좌절로 인한 공격성은 '방어적 수단'으로 기능한다는 것을 알 수 있다. 따라서 결코 좌절을 극복하는 수단이 될 수 없다는 ③의 진술은 적절하지 않다.

오답피하기 |

① 3문단의 "따라서 좌절 상황을 잘 관리하고 예방하는 노력은 매우 중요하며, 이를 위해서는 자신의 감정을 인식하고 표현하는 법과, 좌절을 겪을 때 건강하게 대처할 수 있는 법을 배워야 한다."를 통해 적절한 진술임을 알 수 있다.

② 1문단의 "그중에서도 가장 큰 원인은 목표가 차단되는 상황으로, 사람이 이루고자 하는 바가 장애물에 막히거나 불가능해질 때 좌절감이 심해진다."를 통해 적절한 진술임을 알 수 있다.

④ 3문단의 "좌절에 대한 반응은 개인마다 다를 수 있다. 어떤 사람은 좌절을 극복하기 위해 자신을 다잡고 문제 해결에 집중하지만, 다른 사람은 ~ 사회적 갈등을 일으키기도 한다"를 통해 적절한 진술임을 알 수 있다.

003

정답 | ①

해설 | 3문단에 따르면 전이지대에서는 '베'와 '나락'이 다 쓰일 때 '베'는 논에 있을 때의 벼를 가리킴에 반해 '나락'은 볏단에서 턴 다음의 벼만을 가리키는 따위의 의미 분화가 일어나는 경우도 있다. 따라서 전이지대에서는 다른 의미의 '베'와 '나락'이 함께 쓰일 수 있다.

오답피하기 |

② 3문단에 따르면 전이지대에서 '베'와 '나락'이 다 쓰이지만 의미의 분화가 일어나는 경우도 있다. 따라서 전이지대에서는 다른 의미의 '베'와 '나락'이 함께 쓰일 수 없다는 진술은 적절하지 않다.

③, ④ 2문단에 따르면 전이지대에서 처음에는 '벼'를 의미하는 '베'와 '나락'이 거의 같은 세력으로 뒤섞여 쓰일 수 있다. 따라서 전이지대에서는 같은 의미의 '베'와 '나락'이 뒤섞여 쓰일 수 없다거나, '베'와 '나락' 모두 쓰일 수 없다는 진술 역시 적절하지 않다.

004

정답 | ④

해설 | '신약의 장기 안전성 검증 부족'은 Ⅲ의 개선 방안에 대응하는 발생 원인으로 적절하지 않다.

오답피하기 |

① '의사 처방 없이 온라인 불법 유통 및 무허가 제품 구매'는 Ⅲ-1의 '온라인 불법 유통 및 무허가 제품 단속 강화'에 대응하는 발생 원인으로 적절하다.

② '개인별 건강 상태와 약물 상호 작용 고려 부족'은 Ⅲ-2의 '개인별 특성을 반영한 세부 복용 지침 제공'에 대응하는 발생 원인으로 적절하다.

③ '부작용 사례에 대한 보고·관리 체계 미비'는 Ⅲ-3의 '부작용 발생 시 보고 의무화 및 관리 시스템 구축'에 대응하는 발생 원인으로 적절하다.

005

정답 | ②

해설 | ⓒ은 '자신에 대한 믿음과 긍정적인 마음가짐'이 면접 준비에 얼마나 효과적인지를 보여주는 내용이다. 그런데 실상은 '자만해서는 안 된다'라는 내용을 담고 있으므로, 이를 '그동안 쌓아 온 노력과 준비 과정을 신뢰하며'로 수정하는 것이 적절하다.

오답피하기 |

① ㉠에는 면접시험을 앞둔 이들의 긴장과 불안과 관련된 내용이 나와야 한다. 따라서 이를 수정할 필요가 없다.

③ 후술되는 내용을 보면 ⓒ에는 긍정적 자기 암시와 관련된 훈련이 들어가야 한다. 이는 심리적 훈련을 의미하지, 반복 훈련을 뜻하는 것은 아니므로 ⓒ은 수정할 필요가 없다.

④ ⓔ에는 긍정적인 자기 암시와 관련된 내용이 나와야 한다. 따라서 이를 수정할 필요가 없다.

006

정답 | ①

해설 | 지문은 미술 작품을 평가할 수 있는 기준이란 무엇인가에 대한 질문을 던지고 그것은 생명력이라고 답하고 있다. 이러한 제시문의 전개 순서로 가장 자연스러운 것은 '(다)-(가)-(라)-(나)'이다. (다) 미술 작품을 평가할 수 있는 보편타당한 기준은 무엇인가? → (가) 그것은 오랜 세월이 지났음에도 느껴지는 미술품의 생명력이다. → (라) 생명력은 시기에 따라 정해지는 것이 아니다. 8세기의 조각 작품들 중에도 생명력이 약한 작품이 존재할 수 있고 → (나) 9세기에도 생명력을 뿜는 작품이 있다. 결국 생명력은 작품의 완성도가 중요한 것이다.

007

정답 | ②

해설 | 1문단의 "전통적인 성리학에서는 '충'이란 한 임금에게만 충성을 다하는 것을 뜻하며"와 3문단의 "이러한 배경 아래 「용문전」은 충의 가치가 고정불변하지 않고 시대 상황에 따라 변화할 수 있음을 보여 준다."를 통해, 「용문전」은 '충'이라는 전통적인 '성리학적 가치'가 시대에 따라 변화할 수 있음을 보여 주는 작품이라는 것을 알 수 있다.

오답피하기 |

① 2문단의 "작품 속 주인공은 고루하게 원칙을 고수하기보다는 임금을 현명하게 선택하는 지혜를 중요하게 여긴다."를 통해, 「용문전」에서는 주인공이 '한 임금에게만 충성을 다하는' 것이 아니라, '임금을 현명하게 선택하는 지혜를 중요하게 여긴다'라는 것을 알 수 있다.

③ 1문단의 "'두 임금을 섬기지 않는다'라는 불사이군(不事二君)의 절대적 원칙을 바탕으로 삼았다. 이 원칙은 조선 사회에서 정치적 · 도덕적 질서 유지의 핵심으로 여겨져 왔다."와 2문단의 "하지만 「용문전」에서는 이러한 '충'의 절대성이 약화하여 충성을 다하는 방식이 상대적으로 변모하는 모습을 볼 수 있다."를 통해, 오히려 「용문전」에는 불사이군의 원칙이 흔들리는 모습이 담겨 있음을 알 수 있다. 따라서 ③의 진술은 적절하지 않다.

④ 3문단의 "당대 독자들은 명국에 대한 충성과 동시에 조국을 지키려는 이중적인 의식을 가지고 있었기에, ~ 이러한 배경 아래 「용문전」은 충의 가치가 고정불변하지 않고 시대 상황에 따라 변화할 수 있음을 보여 준다."를 통해, 「용문전」이 창작된 시기에는 명나라에 절대적으로 충성하려는 생각이 '지배적'이지 않았다는 것을 알 수 있다.

008

정답 | ③

해설 | 이 글은 '불사이군(不事二君)'으로서의 충의 개념과 변화된 충의 개념을 각각 소개하고 있다. ㉠, ⓒ과 ⓔ은 오직 한 임금만을 섬겨야 한다는 절대적 원칙으로서의 '충(忠)' 개념을 뜻하지만 ⓒ은 임금을 선택할 수 있을 정도로 기존의 원칙과 다른 의미의 '충(忠)' 개념을 뜻한다. 따라서 ㉠~ⓔ 중 지시하는 대상이 다른 하나는 ⓒ이 되겠다.

009

정답 | ③

해설 | 주어진 조건들을 기호화하면 다음과 같다.

조건1. 국민∧~모바일 신분증 발급
조건2. ( )
결론. 국민∧~참여 은행 이용

1) 결론인 '국민∧~참여 은행 이용'을 도출하기 위해서는 조건1인 '국민∧~모바일 신분증 발급'에서 '~모바일 신분증 발급'을 '~참여 은행 이용'으로 바꾸어 주면 된다.

2) 즉, '~모바일 신분증 발급 → ~참여 은행 이용'이 추가되어야 한다.

3) 따라서 정답은 '모바일 신분증을 발급받을 의향이 없는 국민 중 모바일 신분증 민간 개방 참여 은행을 이용하는 국민은 없다'이다.

오답피하기 |

선택지의 내용을 기호화하면 다음과 같다.

① '모바일 신분증 발급∧참여 은행 이용'
② '모바일 신분증 발급 → 참여 은행 이용'
④ '~모바일 신분증 발급∧~참여 은행 이용'

010

정답 | ③

해설 | 2문단의 "이 작품에는 현실에서 벗어나 자연에 의지하고자 했던 작가의 마음이 담겼으나, 임금과 나라를 끝내 완전히 잊지 못하는 조선 사대부의 내면 또한 간접적으로 스며 있다."를 통해, 「어부가」에는 '현실에서 벗어나 자연에 의지하고자(=속세를 떠나려고)' 하면서도, '임금과 나라를 끝내 완전히 잊지 못하는(=여전히 속세를 잊지 못하는)' 이중적인 정서가 담겨 있다는 것을 알 수 있다.

오답피하기 |

① 1문단의 "비록 높은 벼슬자리에 오르기도 했지만"을 통해 적절하지 않은 진술임을 알 수 있다.

② 1문단의 "특히 당파 싸움과 정치적 변동 속에서 자신의 포부와 반하는 현실에 부딪히며 내적으로 번민하는 시간이 많았다."를 통해, 이현보가 자신의 포부를 펼칠 수 없는 현실 때문에 괴로워했다는 점은 알 수 있다. 하지만 그로 인해 '나라를 원망하는 마음'을 품었는지는 지문의 내용만으로는 알 수 없다. 오히려 2문단의 "임금과 나라를 끝내 완전히 잊지 못하는 조선 사대부의 내면 또한 간접적으로 스며 있다."를 고려할 때, 이현보는 늘 나라를 사랑하는 마음을 품었다고 보는 것이 적절하다.

④ 1문단의 "관리로서 백성을 잘 다스리려는 유교적 이상"과 2문단의 "당시 사회가 겪는 혼란과 민중의 고통을 외면할 수 없었던 그의 사대부적 책임감이 작품에 배어 있어"를 통해, 「어부가」에는 '유교적 이상에서 벗어나려는' 모습이 아니라, 사대부로서의 사회적 책임(→ 백성을 잘 다스려 그들을 고통에서 벗어나게 하는 것)을 다함으로써 '유교적 이상을 실현하려는' 작가의 태도가 반영되어 있음을 알 수 있다.

011
정답 | ①

해설 | 이 글에서는 두 가지 공간에 대한 서술이 나온다. 하나는 이현보의 정치적 활동지인 속세, 현실이고, 다른 하나는 번민에서 벗어나 삶을 의지하려는 은거의 공간이자 자연 공간이다. ㉠은 이현보가 관직에 진출하여 정치적 임무를 수행했던 정치적 공간을 뜻하지만 ㉡, ㉢, ㉣은 이현보가 은거하고자 했던 자연 공간을 뜻한다. 따라서 ㉠~㉣ 중 문맥적 의미가 다른 하나는 ㉠이 되겠다.

012
정답 | ②

해설 | 2문단에 따르면 버크는 숭고의 본질을 공포, 불확실성, 자연의 거대함과 위력에서 찾았다. 다만 실제 그러한 위협 속에 있을 때가 아니라 그러한 위험이 없는 상황에서 공포와 두려움이 안도로 전환될 때 숭고의 감정이 생겨난다고 보았다. 따라서 '실질적인 위협이 되지 않은' 은하수를 바라보며 경외와 두려움, 그리고 안도감을 느끼며 숭고함을 경험했다면 버크의 주장은 '약화'되는 것이 아니라 '강화'될 것이다.

오답피하기 |

① 1문단에 따르면 롱기누스는 숭고를 단순한 언어적 기교가 아니라, 위대한 사상과 강렬한 감정이 결합되어 청중의 마음을 움직이는 힘으로 보고 있다. 셰익스피어의 비극적 대사가 단순한 기교를 넘어 정신적 깊이를 자극해 숭고함을 느끼게 한다면, 이는 롱기누스의 숭고 개념이 실제 경험에서 실현되는 사례로서 그의 주장을 강화한다.

③ 3문단에 따르면 칸트는 숭고가 인간의 정신이 한계에 부딪혔을 때 이성에 의해 그 한계를 넘어서는 주관적 체험이라고 보았다. 광활한 사막에서 무한함과 한계를 느끼며 이성적 사유가 확장되는 경험은 칸트의 숭고 개념에 부합되므로 칸트의 주장을 강화하는 사례로 볼 수 있다.

④ 3문단에 따르면 칸트는 숭고가 인간의 정신이 한계에 부딪혔을 때 '이성에 의해 그 한계를 넘어서는 주관적 체험을 통해서만 생겨날 수 있음'을 강조하고 있다. 그런데 자식에 대한 아버지의 희생과 헌신을 생각하면서 숭고함을 느낀 경험은, '이성에 의해 한계를 넘어서는 체험' 없이도 숭고함을 느낄 수 있음을 보여주는 사례이므로 칸트의 주장을 약화한다.

013
정답 | ②

해설 | ㉡의 '확립하다'는 '체계나 견해, 조직 따위를 굳게 서게 하다.'라는 의미이다. 반면 '정하다'는 '여럿 가운데 선택하거나 판단하여 결정하다.'라는 뜻이므로, '확립하다'와 바꿔 쓰기에는 적절하지 않다.

오답피하기 |

① ㉠의 '결합되다'는 '둘 이상의 사물이나 사람이 서로 관계를 맺어 하나가 되다.'라는 의미이므로 '합치다'의 피동 표현과 바꿔 쓰더라도 자연스럽다.

③ ㉢의 '전환되다'는 '다른 방향이나 상태로 바뀌다.'라는 의미이므로 '바뀌다'와 바꿔 쓰더라도 자연스럽다.

④ ㉣의 '확장되다'는 '범위, 규모, 세력 따위가 늘어나서 넓어지다.'라는 의미이므로 '넓어지다'와 바꿔 쓰더라도 자연스럽다.

014
정답 | ②

해설 | 2문단의 "정확한 데생이나 명암법, 사물의 고유색 등 전통적 요소는 더 이상 절대적 기준이 아니게 되었다."와 "인상파는 빛의 변화와 대기의 움직임이 색에 미치는 영향을 인식했고"를 통해, 인상파 화가들은 대상이 고유색을 지니고 있다는 생각을 부정했다는 것을 알 수 있다.

오답피하기 |

① 2문단의 "정확한 데생이나 명암법, 사물의 고유색 등 전통적 요소는 더 이상 절대적 기준이 아니게 되었다."를 통해 부적절한 진술임을 알 수 있다.

③ 3문단의 "그들은 전통 풍속화처럼 교훈적이거나 종교적 메시지를 담지 않고"를 통해 부적절한 진술임을 알 수 있다.

④ 1문단의 "인상파의 미술은 사실주의 전통을 이어받으면서도"를 통해 부적절한 진술임을 알 수 있다.

015
정답 | ③

해설 | ㉢의 '병치하다'는 '두 가지 이상의 것을 한곳에 나란히 두거나 설치하다.'라는 뜻으로, 해당 문장에서는 여러 색을 한데 '섞지 않고' 각각의 색 그대로 두는 것을 의미한다. 따라서 '합치다'와 바꿔 쓰는 것은 적절하지 않다.

오답피하기 |

① ㉠의 '포착하다'는 '(시간적으로 변화가 있는 대상을) 놓치지 않고 꼭 붙잡다.'라는 뜻이므로, '붙잡다'와 바꿔 쓰더라도 자연스럽다.

② ㉡의 '표현하다'는 '생각이나 느낌 따위를 언어나 몸짓 따위의 형상으로 드러내어 나타내다.'라는 뜻이므로, '나타내다'와 바꿔 쓰더라도 자연스럽다.

④ ㉣의 '집중하다'는 '한 가지 일에 모든 힘을 쏟아붓다.'라는 뜻이므로, '어떤 일에 온 정신을 다 기울여 열중하다.'의 의미인 '몰두하다'와 바꿔 쓰더라도 자연스럽다.

016
정답 | ②

해설 | 주어진 조건들을 기호화하면 다음과 같다.

조건1. 그린리더십 → 현장 실습
조건2. ~현장 실습 → ~그린리더십
조건3. (　　　　　)
결론. 현장 실습 ∧ ~현업 전문가 지도

1) 결론인 '현장 실습 ∧ ~현업 전문가 지도'를 도출하기 위해서는 '~현업 전문가 지도'와 관련된 조건이 추가되어야 한다.

2) '~현업 전문가 지도 ∧ 그린리더십'이 추가되면, 조건1에 따라 '~현업 전문가 지도 ∧ 현장 실습'으로 변형할 수 있다.

3) 2)에서 도출된 '~현업 전문가 지도 ∧ 현장 실습'은 교환 법칙에 따라 결론인 '현장 실습 ∧ ~현업 전문가 지도'로 변형할 수 있다.

4) 따라서 정답은 '현업 전문가의 지도를 받지 않는 어떤 대학생은 그린리더십에 참여한다'이다.

오답피하기 |

선택지의 내용을 기호화하면 다음과 같다.

① '그린리더십 → 현업 전문가 지도'
③ '~현업 전문가 지도 → ~그린리더십'
④ '그린리더십 ∧ ~현장 실습'

017
정답 | ④

해설 | ㄱ~ㄷ 모두 대화에 대한 평가로 적절하다.

ㄱ. 갑의 첫 번째 대화 "글쓰기가 창의적이어야 한다는 건 동의하지만, 그 전에 정확한 기본기가 탄탄해야 한다고 봅니다."와, 을의 "글쓰기 교육에서도 규범 교육과 창의적 표현 사이의 균형이 필요하다고 생각해요."를 통해, 갑과 을 모두 글쓰기 규범을 지키는 것과 창의적인 표현이 모두 필요하다는 점에는 동의한다는 것을 알 수 있다. 다만 갑은 규범의 중요성을, 을은 창의적 표현을 좀 더 중시할 뿐이다. 따라서 기본 문법 교육과 창의적 글쓰기 프로젝트를 병행해 학생들의 전반적 글쓰기 능력을 향상시킨 사례는 갑과 을의 입장을 모두 '강화'한다.

ㄴ. 갑은 "공식 문서나 학술 글이라면 더 엄격한 기준이 필요"하다고 주장한다. 그런데 규범의 엄격 적용으로 오히려 시민의 집단 불만이 제기된 사례는, 엄격한 기준을 주장하는 갑의 한계를 보여주므로, 갑의 입장을 '약화'한다.

ㄷ. 을은 "새로운 언어 사용과 파격적 표현이 언어 발전의 원동력으로 작용"한다고 주장한다. 그런데 문법 규범을 완화한 신문 기사들의 일부 내용이 독자에게 오해를 불러일으키고 불편을 초래했다는 주장은, 규범 완화가 언어 발전을 가져온다는 을의 주장과 상반되므로, 을의 입장을 '약화'한다.

018
정답 | ④

해설 | 2문단의 "이러한 문제를 해결하기 위해 미국과 유럽연합 등에서는 꿀벌 보호를 위한 정책과 살충제 사용 제한 등의 노력을 기울이고 있다."를 통해 미국뿐 아니라 유럽연합도 이미 꿀벌 보호 정책과 살충제 사용 제한 노력을 하고 있다는 것을 알 수 있다. 따라서 ④의 '유럽에서는 아직 꿀벌 보호 정책이 마련되지 않았다.'라는 진술은 적절하지 않다.

오답피하기 |

① 1문단의 "이러한 현상은 '군집붕괴현상'으로 불린다. 이는 꿀과 꽃가루를 채집하러 나간 일벌들이 벌집으로 돌아오지 못해 벌집에 남은 여왕벌과 유충, 미성숙한 벌들까지 집단으로 죽는 현상이다."를 통해 적절한 진술임을 알 수 있다.

② 2문단의 "이 현상은 농약과 화학물질, 무선 장비에서 발생하는 전자파 등이 꿀벌의 신경계를 마비시키거나 방향 감각을 방해하기 때문에 발생한다."를 통해, 농약이 군집붕괴현상의 주요 원인 중 하나라는 것을 알 수 있다.

③ 2문단의 "꿀벌이 사라지면 꽃의 수분 활동이 줄어들어 농산물의 생산량과 종류가 감소하고, 결국 인류는 식량 부족 문제에 직면하게 된다."를 통해, 적절한 진술임을 알 수 있다.

019
정답 | ③

해설 | 2문단의 "'그리고', '그러나'처럼 문장과 문장을 이어주는 접속부사도 독립어로 다루어진다."와, 3문단의 "이처럼 독립어는 문법적으로 독립적이면서도 의사소통에서 중요한 기능을 한다."를 통해 적절한 진술임을 알 수 있다.

오답피하기 |

① 1문단의 "예를 들어, "영희야, 여기에 와 봐."에서 '영희야'는 상대방을 직접 부르는 독립어로"를 통해, 호칭어는 '화자'가 아니라 '청자'를 직접 부르는 말임을 알 수 있다.

② 감탄사는 독립어로서 화자의 감정을 직접 전달하는 역할을 한다. 그러나 지문에 따르면 감탄사는 문장 속 다른 요소와 "문법적으로 독립적"이며 직접 연결되지 않는다. 따라서 "문장 속 다른 요소와 문법적으로 연결된다"라는 ②의 진술은 적절하지 않다.

④ 1문단의 "한국어에서 독립어는 문장 내 다른 성분과 독립적으로 쓰이는 특별한 말로, 형태 변화가 없으며 문법적 필수성이 낮다."를 통해, 독립어는 문법적 필수성이 '높지' 않고 '낮음'을 알 수 있다.

020
정답 | ②

해설 | 이 글은 A국의 도시 외곽 지역의 의료진이 부족한 문제를 해결하기 위해서는 급여 인상이나 단기적으로 인력 수를 늘리는 정책만으로 부족하다고 주장한다. 이 문제를 해결하기 위해 무엇보다 중요한 것은 외곽 지역 병원에 의료 인프라를 갖추는 것이라고 주장한다. ②번처럼 지방의 C병원에서 의료 인프라를 개선하자 의료진의 이직률이 낮아진다면 이 글의 논지를 강화한다.

오답피하기 |

① 이 글은 A국의 도시 외곽 지역의 의료진이 부족한 문제를 해결하기 위해서는 급여 인상이나 단기적으로 인력 수를 늘리는 정책만으로 부족하다고 주장한다. ①번은 대도시의 의료진 확충 문제를 다루고 있으므로 이 글의 논지와 상관이 없다.

③ 이 글은 A국의 도시 외곽 지역의 의료진이 부족한 문제를 해결하기 위해서는 급여 인상이나 단기적으로 인력 수를 늘리는 정책만으로 부족하다고 주장한다. ③번은 A국 정부가 단기적인 의료 인력 양성책으로 도시 외곽 지역의 의료 인력을 확충한 것이기 때문에 이 글의 논지를 약화한다.

④ 이 글은 A국의 도시 외곽 지역의 의료진이 부족한 문제를 해결하기 위해서는 급여 인상이나 단기적으로 인력 수를 늘리는 정책만으로 부족하다고 주장한다. ④번은 의료 인프라 확충 없이 사명감만으로도 외곽 지역의 의료진이 확충된 사례이므로 이 글의 논지를 약화한다.

모의고사 19회

001 ②	002 ①	003 ③	004 ③	005 ③
006 ①	007 ③	008 ②	009 ①	010 ②
011 ②	012 ④	013 ②	014 ①	015 ③
016 ②	017 ③	018 ④	019 ②	020 ①

S#.19 독해 문제로 어려운 과학 지문이 출제된다면...

킬러 ① 공문서 수정하기 [1번]
킬러 ② 빈칸 추론하기 [5번]
킬러 ③ 독해 내용 일치(과학) [9번]

이번 회차는 지문 글자 수가 7549자, 평균 정답률은 83%이다. 무난한 길이의 쉬운 난도 회차이다. 그러나 100점을 받기는 어렵게 구성했는데, 그 이유는 독해 내용 일치 문제를 과학 소재로 출제했기 때문이다. 사실 지문이 어려우면 문제는 쉽게 출제된다. 당황하지 말고, '끊어 읽고-끊어 풀기'를 통해서 선택지에 대응되는 지문의 내용을 찾아보면 정답을 어렵지 않게 찾아낼 수 있다. 그러나 이것이 가능한 학생은 별로 없다. 어려운 과학 문제가 출제되었을 때 어떻게 해야 할지를 이번 회차를 통해 공부했으면 한다.

001

정답 | ②

해설 | 접속 조사 '과'의 선행 성분인 '유려한 곡선 형태의 기둥'은 체언이 관형어의 수식을 받고 있는 명사구인 반면, 후행 성분인 '한쪽 벽면 전체를 유리창으로 채우고 있음'은 명사형 어미로 끝나는 명사절에 해당한다. 그러나 수정한 문장 역시 선행 성분은 명사절인 반면, 후행 성분은 명사구에 해당한다. 따라서 해당 문장을 ⓛ에 따라 "유려한 곡선 형태의 기둥과 한쪽 벽면 전체를 채우고 있는 유리창도 특징적이다."로 수정해야 한다.

오답피하기 |

① '구에서 하고 있는'은 '많은 정보'를 수식하는 말로 쓰였으나, '정보'와 의미상 어울리지 않는다. 따라서 해당 문장을 ㉠에 따라 "구청 소식지에는 지역 소식 같은 많은 정보가 실려 있다."로 수정하는 것은 적절하다.

③ '재건되다'는 '다시 일으켜져 세워지다'를 뜻하므로, '다시 재건되다'는 의미가 중복된다. 따라서 해당 문장을 ㉢에 따라 "10년 전 사고로 반 이상이 함몰되었던 건물이 재건되었다."로 수정하는 것은 적절하다.

④ '바우처'는 '상품권/이용권'으로 바꿔 쓰는 것이 좋다. 따라서 해당 문장을 ㉣에 따라 "정부는 개별 아동에게 직접 보육료를 지원하는 이용권 방식을 도입하였다."로 수정하는 것은 적절하다.

002

정답 | ①

해설 | 2문단에서는 "나트륨이 체내로 들어가면 세포가 수분을 흡수해 혈관을 압박하고, 그로 인해 혈압이 상승한다."라고 설명한다. 즉 나트륨이 유입되면, 수분을 흡수한 '세포가 혈관을 압박'하기 때문에 혈압이 상승하는 것이지, '나트륨이 직접적으로 세포를 압박해' 혈압이 상승하는 것이 아니다. 따라서 ①의 진술은 적절하지 않다.

오답피하기 |

② 3문단의 "하지만 소금이 무조건 해로운 것은 아니다. 땀을 많이 흘린 뒤 염분 섭취가 부족하면 체내 염도가 지나치게 낮아져 건강에 문제가 생길 수 있다."를 통해 적절한 진술임을 알 수 있다.

③ 3문단의 "독일과 미국의 연구진은 소금이 세균 감염에 대한 저항력을 높여준다는 사실을 밝혔으며(=규명되었으며)"를 통해 적절한 진술임을 알 수 있다.
   * 규명되다: 어떤 사실이 자세히 따져져 밝혀지다.

④ 1문단의 "소금은 음식의 맛을 내는 데 필수적일 뿐만 아니라, 음식의 부패를 막는 방부제 역할도 해왔다."를 통해 적절한 진술임을 알 수 있다.

003

정답 | ③

해설 | 2문단의 "이 바람길숲에는 대기 오염 물질을 흡착하고 도시 환경에 강한 나무와 관목을 다양하게 심을 계획이다. 실제로 도시 숲 1ha는 연간 168kg의 미세먼지를 흡수하고"를 통해 적절한 진술임을 알 수 있다.

오답피하기 |

① 2문단의 "바람길숲을 37곳에 조성하는 2차 사업을 진행하고 있다. 올해 상반기까지 남산 등 23곳이 추가로 만들어져 현재 총 30곳, 연내 목표는 37곳이다."를 통해, 37곳 조성을 목표로 상반기까지 30곳이 완공된 것은 바람길숲 '1차' 사업이 아니라 '2차' 사업의 수치임을 알 수 있다. 1차 사업에 대한 설명은 별도로 없으므로 ①의 진술은 적절하지 않다.

② 1, 2문단의 내용을 보면 서울시의 도시 숲 사업과 바람길숲 조성으로 도심의 한낮 평균기온과 미세먼지 농도가 낮아진 효과가 발생했음을 알 수 있다. 따라서 '도시 숲 사업의 효과가 미미'하다는 진술은 적절하지 않다.

④ 2문단의 "한낮 평균기온을 3~7℃ 낮추는 효과를 보였다. 동대문구 홍릉숲 등에서는 미세먼지 농도 역시 도심 평균보다 25% 이상 낮은 것으로 확인된다."를 통해, 25% 이상 낮다는 것은 '미세먼지 농도'에 대한 수치이지 '기온'에 대한 수치가 아님을 알 수 있다.

004

정답 | ③

해설 | 2문단에 따르면 연변어는 중국어와 인접해 있다는 사회적 배경 때문에 한국어와는 다른 독특한 언어 영역을 갖게 되었다.

오답피하기 |

① 언어가 언중들의 사고에 지대한 영향을 끼친다는 내용은 지문의 내용과 관련이 없다.

② 지문에서는 한국어와 연변어의 차이에 대해서 이야기하고 있다. 두 언어의 보편적인 규칙에 대한 내용은 지문에 나타나 있지 않다.

④ 2문단에서는 한국어에서 news를 소리 나는 대로 표기하고 있다고 설명하고 있다. 이를 영어에서 차용한 말로 볼 수 있으나, 그 의미를 파악하기 어려운 예로 볼 수 없다.

005
정답 | ③

해설 | 1문단의 "한국과 아시아·태평양 지역은 체질량지수(BMI) 25 이상을 비만으로 보는 반면, 미국과 세계보건기구(WHO)는 BMI 30 이상을 기준으로 한다."와 2문단의 "한국의 엄격한 비만 기준이 불필요하게 사회적 불안과 부작용을 유발하고 있다는 지적이 있다."를 고려할 때, 글쓴이는 우리나라의 비만 기준(BMI 25 이상)이 세계보건기구(BMI 30 이상)에 비해 너무 엄격하게 '낮게' 규정된 것을 비판하고 있다. 따라서 빈칸에는 우리나라의 비만 기준이 현재보다 '상향' 조정되어야 한다는 주장이 제시되어야 한다. 또한 3문단의 일본의 사례를 참고하자는 내용을 고려할 때, 빈칸에는 우리나라도 일본처럼 BMI 27 정도로 상향하는 것이 합리적이라는 내용이 들어가는 것이 적절한데, 이를 반영한 진술은 ③이다.

오답피하기 |

① 2문단의 "최근 연구에 따르면 아시아인은 BMI 22.8~27.5 구간에서 사망률이 가장 낮았다는 결과가 나와"와 3문단의 "이(일본의 사례)를 참고로 하여, 우리나라의 비만 기준도"를 고려할 때, 글쓴이는 우리나라의 비만 기준을 서구의 사례처럼 BMI 30 정도로 조정하는 것은 바람직하지 않다고 여긴다는 것을 알 수 있다.

006
정답 | ①

해설 | ㉠의 '퍼지다'는 '어떤 물질이나 현상 따위가 넓은 범위에 미치다.'라는 의미로 사용되었는데, ①의 '퍼지다'도 같은 의미로 사용되었다.

오답피하기 |

② '끓이거나 삶은 것이 불어서 커지거나 잘 익다.'라는 의미로 사용되었다.

③ '끝 쪽으로 가면서 점점 굵거나 넓적하게 벌어지다.'라는 의미로 사용되었다.

④ '지치거나 힘이 없어 몸이 늘어지다.'라는 의미로 사용되었다.

007
정답 | ③

해설 | 1문단에서는 존속적 혁신과 상반되는 파괴적 혁신의 특성 및 시장 장악 원리에 대해 서술하고 있다. 그리고 2문단에서는 파괴적 혁신을 활용하여 시장을 장악한 예로 온라인 스트리밍 콘텐츠 사업을 제시하였다. 따라서 글의 중심 내용을 담은 제목에는 파괴적 혁신이 시장을 장악한다는 내용이 들어가야 한다. 이를 고려할 때, 글의 중심 내용을 담은 제목으로는 '기존의 시장을 무너뜨리는 경쟁자, 파괴적 혁신 전략'이 가장 적절하다. 해당 제목에서는 존속적 혁신의 틈을 파고들어 시장을 새롭게 장악하는 파괴적 혁신의 특성을 드러내고 있다.

오답피하기 |

① 지문에서는 파괴적 혁신이 시장을 장악하는 원리에 대해서 서술하고 있다. 파괴적 혁신의 부정적인 면모에 대한 내용을 찾을 수 없으므로, '혁신의 명과 암', '파괴적 혁신의 양면성' 등은 적절하지 않다.

② 지문에서는 존속적 혁신과 다른 방법으로 시장을 장악하는 파괴적 혁신의 원리를 제시하고 있다. 혁신 기업이 딜레마를 겪는다는 내용은 확인할 수 없다.

④ 지문의 내용을 고려할 때, '밑바닥으로부터의 반란'은 파괴적 혁신을 의미한다는 것을 알 수 있다. 이때 지문에서는 이에 대한 존속적 혁신의 생존이 아니라, 파괴적 혁신이 어떻게 시장을 장악하는지에 대해 서술하고 있으므로 적절하지 않다.

008
정답 | ②

해설 | 선지 구성을 보면 첫 단락으로 적합한 것은 (나) 또는 (다)로 추정된다. 그런데 (나)는 드론의 개념을 제시한 후 드론 촬영을 소개하고 있고, (다)는 드론 촬영의 장점을 제시하고 있다. 일반적인 글의 구성에서 화제의 개념을 설명한 후, 구체적인 특징을 잡아나가는 경우가 많으므로 (나)를 첫 단락으로 설정하는 것이 바람직하다.

(나): 드론의 개념을 먼저 설명한 후, 핵심 화제인 '드론 촬영'을 소개하고 있으므로 첫 단락에 위치하는 것이 자연스럽다.

(라): 드론 촬영이 일반 촬영과 차별화되는 이유를 예를 들어 설명하고 있다. 드론은 헬기보다 역동적인 촬영이 가능하고, 소음이 적으며 기동성이 뛰어나다는 장점이 있다.

(다): 드론 촬영의 '또 다른 장점'에 대해 설명하고 있다. "드론 촬영은 조종 기술을 익히기가 비교적 쉽고, 헬기 등 유인 항공 촬영에 비해 비용이 적게 든다는 점도 큰 장점이다."에서 보조사 '도'에 주목한다면, 이 단락 앞에도 드론 촬영의 장점이 제시되어야 한다는 것을 알 수 있다. 따라서 (다)는, 드론 촬영의 장점을 제시하고 있는 (라) 뒤에 위치하는 것이 자연스럽다.

(가): (다)의 마지막 문장 "이러한 이유로 최근 방송이나 영화 등 다양한 매체에서 드론 촬영이 활발히 사용되고 있다."에 대한 예시이므로 (다) 뒤에 위치하는 것이 자연스럽다.

009
정답 | ①

해설 | 2문단에 따르면 다차원 분광법은 적어도 3면 이상의 방향에서 펨토초 레이저를 분자에 쬐어 준 후 빛이 반사되거나 산란되는 모양을 측정하여 분자의 구조를 파악하는 방법인데, 빛이 반사되거나 흩어지는(산란되는) 모양은 빛이 닿는 물체의 구조와 아주 가까운 연관이 있다. 즉 빛이 산란되는 모양은 빛이 닿는 '물체의 구조'와 밀접한 관련이 있는데, 펨토초 레이저의 빛이 닿는 물체는 '분자'이므로, 결국 '빛이 산란되는 모양은 분자 구조와 밀접한 관련이 있다'는 결론을 도출할 수 있다.

오답피하기 |

② 2문단에 따르면 펨토초 레이저는 분자에 '열'이 아닌 '빛'을 가해 대상의 구조를 파악한다.

③ 2문단의 "빛은 물체에 닿으면 반사되고, 이와는 달리 좁은 틈을 지나면 회절 현상을 일으켜서 산란된다."를 통해, '반사'와 '회절, 산란'은 서로 반대되는 현상임을 알 수 있다. 따라서 좁은 틈을 지난 '빛이 반사되어 회절 현상을 일으킨다'라는 진술은 적절하지 않다.

④ 여러 방향에서 레이저 펄스를 쬐면 분자 구조 분석의 정확도가 높아지는 것은 맞지만, '시간 차를 두고 빛을 쬘 때' 분석의 정확도가 높아지는지는 알 수 없다. 또한 2문단의 "여러 방향에서 '동시에 비춘' 빛들이 만들어 낸 그림자를 종합하여 분석하면 물체의 입체 정보를 얻을 수 있다."를 고려할 때, '시간 차를 두는 것'은 다차원 분광법에서 사용하는 방법이 아니라는 사실을 알 수 있다.

010

정답 | ②

해설 | (가)'물체의 입체 정보'는 다차원 분광법을 통해 얻을 수 있는 '분자 구조'이다. 따라서 ㉠~㉣ 중 문맥상 (가)의 의미와 가장 가까운 것은 ㉡'분자 구조'이다. 한편 ㉠은 분자 구조를 볼 수 없는 '우리 눈'을 의미하고, ㉢과 ㉣은 '빛'을 의미한다.

011

정답 | ②

해설 | 3문단의 "물이 오염되면 회복에 막대한 시간과 비용이 소요되므로, 사태가 악화되기 전에 효율적으로 관리하고 절약하는 것이 무엇보다 중요하다."를 통해, 수질이 악화되면 복구가 어려우므로 예방적 관리가 중요하다는 것을 추론할 수 있다.

오답피하기 |

① 3문단에서 정부가 지하수 저수지 댐 신설 등 물 관리 정책을 추진하고 있다고 설명하고는 있지만, 대규모 댐이 식수 공급과 에너지 생산 모두에 기여한다는 내용은 지문에서 찾아볼 수 없다.

③ 2문단의 "2023년 전라남도와 광주 지역에서는 4개월 이상 가뭄이 지속되어 주요 저수지의 수위가 절반 이하로 떨어졌다."를 고려할 때, 광주 시민들이 물 부족 위기에 처한 것은 사실이나, 광주 전 지역에서 실제로 수돗물 공급이 제한되었다는 직접적 근거는 지문에서 찾을 수 없다.

④ 1문단의 "2025년 현재 우리나라는 대수층 발달이 미약해 지하수 개발이 어렵고"를 통해, 우리나라는 지하수 개발이 쉽지 않다는 것을 알 수 있다. 따라서 ④의 '우리나라는 지하수 자원이 풍부하지만'이라는 진술은 적절하지 않다.

012

정답 | ④

해설 | '간섭하다'는 '직접 관계가 없는 남의 일에 부당하게 참견하다.'라는 뜻이므로, '어떠한 일을 적극적으로 또는 직업적으로 시작하다.'라는 의미인 ㉣의 '나서다'와 바꿔 쓰기에는 적절하지 않다.

오답피하기 |

① '증대되다'는 '양이 많아지거나 규모가 커지다.'라는 의미이므로, ㉠의 '커지다'와 바꿔 쓰더라도 자연스럽다.

② '경험하다'는 '자신이 실제로 해 보거나 겪어 보다.'라는 의미이므로, 맥락상 ㉡의 '겪다'와 바꿔 쓰더라도 자연스럽다.

③ '발생하다'는 '어떤 일이나 사물이 생겨나다.'라는 의미이므로, ㉢의 '일어나다'와 바꿔 쓰더라도 자연스럽다.

013

정답 | ②

해설 | 갈등 상황에서 모두에게 유리한 결과가 도출될 수 있다는 점에 대해 갑은 첫 번째 발화에서 동의하며, 병도 첫 번째 발화에서 동의한다. 병은 장기적 관점에서 보면 모든 당사자에게 더 큰 이익을 줄 수 있다며 을이 주장한 제로섬 게임을 부정하고 있다. 즉 병은 모두에게 유리한 결과가 도출될 수 있다고 보는 것이다.

오답피하기 |

① 현실적으로는 모두에게 유리한 결과를 낳는 협상이 진행되기 어렵다는 점에 대해 을은 첫 번째 발화에서 동의하지만, 갑은 첫 번째 발화에서 모든 갈등에서 윈-윈 상황이 충분히 가능하다며 동의하지 않는다.

③ 갈등 상황에서 양측 간의 권력 차이가 협상에 개입될 수 있다는 점에 대해 을과 병은 모두 두 번째 발화에서 동의한다.

④ 상대방의 이해관계를 탐색하면 갈등 상황을 원만하게 해결할 수 있다는 점에 대해 갑은 두 번째 발화에서 동의한다.

014

정답 | ①

해설 | 제시된 전제를 기호화하면 다음과 같다.

전제1. A센터 → ~B센터∧~E센터
전제2. B센터 → ~E센터
전제3. C센터∨D센터 → E센터 ≡ ~E센터 → ~C센터∧~D센터
전제4. ~F센터 → ~E센터

제시된 조건만으로는 확정되는 것이 없으므로 선택지를 살펴보아야 한다. 'B센터에서 음료를 제공하면 D센터에서는 제공하지 않겠네요'는 'B센터 → ~D센터'이다. 전제2와 전제3의 대우를 결합하면 'B센터 → ~E센터 → (~C센터∧~D센터)'가 된다. 따라서 'B센터 → ~D센터'가 도출된다.

오답피하기 |

② 'A센터에서 음료를 제공하지 않으면 B센터에서는 제공하겠네요'는 '~A센터 → B센터'이다.

③ 'C센터에서 음료를 제공하지 않으면 E센터에서는 제공하겠네요'는 '~C센터 → E센터'이다.

④ 'F센터에서 음료를 제공하면 C센터와 D센터 모두 제공하지 않겠네요'는 'F센터 → ~C센터∧~D센터'이다.

015

정답 | ③

해설 | 이 글은 '반복 학습'과 '실제 활용 기회 확보' 두 가지 조건이 모두 충족되어야 반드시 '외국어 학습 성공'이라는 결과를 얻을 수 있다고 주장하고 있다. 이를 기호화하자면 '반복 학습∧실제 활용 기회 확보 → 외국어 학습 성공'이 되겠다. 이를 약화하기 위해서는 '~(반복 학습∧실제 활용 기회 확보 → 외국어 학습 성공) ≡ (반복 학습∧실제 활용 기회 확보)∧~외국어 학습 성공'이 되어야 한다. ③번은 '반복 학습∧실제 활용 기회 확보∧~외국어 학습 성공'을 의미하므로 이 글의 논지를 약화하는 것이 된다.

오답피하기 |

① '실제 활용 기회 확보∧~외국어 학습 성공'을 의미하므로 '반복 학습∧실제 활용 기회 확보∧~외국어 학습 성공'이 아니어서 정답이 될 수 없다.

② '반복 학습∧실제 활용 기회 확보∧외국어 학습 성공'을 의미하므로 '반복 학습∧실제 활용 기회 확보∧~외국어 학습 성공'이 아니어서 정답이 될 수 없다.

④ '반복 학습∧실제 활용 기회 확보∧외국어 학습 성공'을 의미하므로 '반복 학습∧실제 활용 기회 확보∧~외국어 학습 성공'이 아니어서 정답이 될 수 없다.

016

정답 | ②

해설 | '복잡하고 다양한 현상들이 근본적으로는 하나의 원리 또는 하나의 통일된 전체를 이룬다'라는 헤라클레이토스의 관점이 지문의 핵심으로, 이러한 논지를 약화하는 것은 ㄱ과 ㄷ이다.

ㄱ. 다원성과 분열성을 강조하는 포스트모더니즘은 '하나의 통일된 전체'를 강조하는 헤라클레이토스의 관점과 상반된다. 따라서 ㄱ은 지문의 논지를 약화한다.

ㄷ. '전체를 아우르는 원리가 없을 수 있다'라는 내용은, 지문의 '복잡한 여러 모습이 하나의 통일된 전체를 이룬다'라는 논지와 정면으로 배치된다. 따라서 ㄷ은 지문의 논지를 약화한다.

오답피하기 |

ㄴ. 다양한 개별 사물들이 하나의 이상적 형태를 통해 통일성을 갖는다고 보는 헬레니즘 철학은, '하나의 통일된 전체'를 강조하는 내용이다. 따라서 ㄴ은 지문의 논지를 강화한다.

ㄹ. 양자역학은 입자의 서로 상반된 특성을 '하나의 현상으로 설명'한다는 점에서, '여럿'이 결국 '하나'로 통합된다는 글의 주제에 부합한다. 따라서 ㄹ은 지문의 논지를 강화한다.

017

정답 | ③

해설 | 2문단의 "이 소설에서 위경천과 소숙방은 우연히 만나 사랑에 빠지지만, 임진왜란이라는 역사적 사건과 사회적 규범, 부모의 결단 등 다양한 외적 요인에 의해 사랑이 방해받는다."를 통해, 임진왜란은 사랑을 방해하는 외적 요인이지, 사랑을 돈독하게 만드는 계기가 아님을 알 수 있다.

오답피하기 |

① 1문단의 "이러한 작품들은 개인의 순수한 사랑이 사회적 관습이나 운명, 전쟁과 같은 거대한 힘 앞에서 좌절되는 과정을 통해 인간의 욕망과 한계, 그리고 시대적 억압을 드러낸다."와 3문단의 "이러한 갈등과 좌절은 ~ 인간의 본질적 고독과 한계를 성찰하게 한다."를 통해 적절한 진술임을 알 수 있다.

② 3문단의 "특히 이 작품은 남녀 주인공이 자신의 욕망과 사회적 규범 사이에서 겪는 내적 갈등을 사실적으로 묘사한다."를 통해 적절한 진술임을 알 수 있다.

④ 2문단의 "소숙방 역시 정인(情人)의 죽음을 듣고 자결함으로써 두 사람의 사랑은 비극적으로 끝난다."를 통해 적절한 진술임을 알 수 있다.

018

정답 | ④

해설 | ㉠, ㉤은 여주인공인 '소숙방'을 가리키고, ㉡, ㉢, ㉣은 남주인공인 '위경천'을 가리킨다. 따라서 문맥상 ㉠~㉤ 중 지시 대상이 같은 것만으로 묶인 것은 '㉡, ㉢, ㉣'이다.

019

정답 | ②

해설 | 제시된 조건을 기호화하면 다음과 같다.

```
갑: 합격 → 집중력
을: 합격∧일기
병: 일기∧~집중력
```

ㄱ. '매일 일기를 쓰는 사람 중 집중력이 좋은 사람이 있다'는 '일기∧집중력'이다. 을의 '합격∧일기'에서 갑의 '합격 → 집중력'을 활용하여 '집중력∧일기'가 도출된다. 이는 교환 법칙에 따라 '일기∧집중력'으로 변환할 수 있다.

ㄷ. '매일 일기를 쓰는 사람 중 적어도 한 명은 공무원 시험에 합격한다'는 '일기∧합격'이다. 이는 교환 법칙에 따라 을의 '합격∧일기'로 변환할 수 있다.

오답피하기 |

ㄴ. '공무원 시험에 합격하지 않은 사람은 집중력이 좋지 않다'는 '~합격 → ~집중력'이다.

020

정답 | ①

해설 | ㉠: '속옷-내의'는 높임의 차이가 나타나지 않는 단어이다. 따라서 이는 높임의 정도에 차이를 보이는 경우로 보기 어렵다.

오답피하기 |

② ㉡: '사망-별세'는 고유어 '죽음'보다 높임의 의미를 가진 단어인데, '사망'과 달리 '별세'는 '윗사람의 죽음'을 뜻한다.

③ ㉢: '묻다-여쭙다'는 모두 고유어인데, '묻다'와 달리 '여쭙다'는 '윗사람에게 묻다', '윗사람에게 말씀을 올리다'라는 뜻이다.

④ ㉣: '미안하다-죄송하다'는 '자신의 잘못을 인정하고 용서를 빈다'라는 뜻이다. 그리고 '미안하다'는 서열이 같거나 아랫사람에게 또는 친분이 있는 관계에서 사용하고, '죄송하다'는 서열이 높거나 친분이 없는 관계에서 사용한다.

001 ①	**002** ③	**003** ④	**004** ③	**005** ①
006 ②	**007** ②	**008** ②	**009** ②	**010** ②
011 ④	**012** ④	**013** ③	**014** ③	**015** ③
016 ③	**017** ①	**018** ③	**019** ②	**020** ③

S#.20 문맥적 의미, 지시 대상 파악하기가 어렵다면...

킬러 ① 빈칸 추론하기 [5번]
킬러 ② 문맥적 의미 파악하기 [11번]
킬러 ③ 강화 약화 [17번]
킬러 ④ 지시 대상 파악하기 [18번]

이번 회차는 킬러 문제를 4개 배치하였다. 그러나 지문의 글자 수는 7409자, 평균 정답률은 82%로 쉽게 출제되었다. ㉠, ㉡, ㉢ 등의 기호를 주고 문맥적 의미나 지시 대상을 파악하는 문제를 킬러 문제로 2문제 배치해 두었다. 학생들 상당수가 이 문제를 감으로 풀다 보니, 조금만 어렵게 출제해도 정답을 정확히 구하지 못한다. 이 회차를 통해서 이러한 유형의 문제를 푸는 방법에 대해서 고민해 봤으면 좋겠다.

001

정답 | ①

해설 | "토끼를* 사냥꾼에게 잡혔다."처럼 일반적으로 피동 표현의 경우 '목적어'가 사용되면 문장이 어색해지는 경우가 많다. 마찬가지로 피동 표현인 수정 전 문장 또한 '안내문을 ~ 배포되었습니다.'의 구조이므로 자연스럽지 못하다. 따라서 '안내문을 ~ 배포하다.'와 같이 능동 형태로 수정하는 것이 바람직하다. 하지만 ①과 같이 수정하게 되면 여전히 '안내문이 ~ 배포했습니다.'의 구조이므로 문장이 어색해진다. 이 경우에는 목적어를 계속 사용하여 "행사 일정을 알리는 안내문을 모든 참여자에게 배포했습니다."처럼 수정하는 것이 적절하다.

오답피하기 |

② "교실에 학생이 모두 오지 않았다."는 '모든 학생이 오지 않았다' 또는 '학생 일부만 오지 않았다' 등과 같이 중의적으로 해석될 수 있다. 그런데 이 문장을 "교실에 학생 전원이 온 것은 아니다."로 수정하면 그러한 중의적 의미는 사라지므로 ②는 적절하다.

③ '혁신적'과 '창의적'은 창의성과 혁신의 차이가 있지만, 둘 다 '새롭고 변화를 추구한다'는 점에서 중복적인 느낌을 주므로 둘 중 하나만 표현하는 것이 적절하다.

④ 수정 전 문장에서는 신청서를 '누구'(주어)가 작성하는지, '어디로'(필수적 부사어) 제출해야 하는지 등이 빠져 있으므로, 필요한 문장 성분을 채워 "신청자는 신청서를 작성한 후, 담당자에게 제출해 주시기 바랍니다."로 수정하는 것이 바람직하다.

* 추가 설명: '제출하다'는 '주어'와 '목적어', '필수적 부사어'가 반드시 필요한 3자리 서술어이다.

002

정답 | ③

해설 | '값+있-(용언의 어간)+-는(어미)'은 겹받침 뒤에 실질 형태소가 오는 경우이다. 따라서 자음이 하나 탈락하여 대표음으로 바뀐 후 뒤 음절의 초성으로 이동하여 [가빈는]으로 발음된다.

오답피하기 |

① '넋+이(조사)'는 겹받침 뒤에 형식 형태소가 오는 경우이다. 따라서 앞 자음은 종성에서 발음되고, 뒤 자음은 뒤 음절 초성으로 옮겨 [넉씨]로 발음된다. 참고로 겹받침의 두 번째 자음이 'ㅅ'인 경우 연음이 될 때 'ㅅ' 대신 [ㅆ]으로 발음된다는 점은 주의할 필요가 있다.

② '젊-+-어(어미)'는 겹받침 뒤에 형식 형태소가 오는 경우이다. 따라서 앞 자음은 종성에서 발음되고, 뒤 자음은 뒤 음절 초성으로 옮겨 [절머]로 발음된다.

④ '핥-+-아(어미)'는 겹받침 뒤에 형식 형태소가 오는 경우이다. 따라서 앞 자음은 종성에서 발음되고, 뒤 자음은 뒤 음절 초성으로 옮겨 [할타]로 발음된다.

003

정답 | ④

해설 | 1문단 마지막 문장에서 세로토닌이 장운동에 관여한다는 것은 알 수 있지만, 세로토닌이 '근육의 수축과 이완을 직접적으로 담당'하는지 여부는 제시되지 않았다.

오답피하기 |

① 1문단의 "(체내 세로토닌의) 나머지 90% 이상은 장에서 생성되어 소화, 장운동, 심혈관 기능 등 신체 여러 기관의 기능에도 관여한다."를 통해 적절한 진술임을 알 수 있다.

② 1문단의 "체내 세로토닌의 약 5%는 뇌에서 만들어지며, ~ 신경 심리 및 행동 기능에 중요한 역할을 한다."를 통해 적절한 진술임을 알 수 있다.

③ 3문단의 "세로토닌이 부족하면 우울증, 불안, 불면증 등 다양한 정신적・신체적 문제가 발생할 수 있다."를 통해 적절한 진술임을 알 수 있다.

004

정답 | ③

해설 | 1문단에서는 흔히 질병이 없는 상태를 건강으로 이해하고 있으나, 건강의 사회적 성격을 생각해야 함을 제시하였다. 2문단에서는 거식증을 예로 들어 새로운 병이 사회문화적 가치관에 의해 발생한다는 점을 나타냈다. 필자는 결론으로 주변 환경이 개인에게 주는 영향은 지대하므로 이 환경을 바람직하게 가꾸어 나가야 할 것이라고 말하며 개인의 건강을 위해서는 올바른 문화를 갖추어야 한다는 주제를 전달하고 있는 것이다. 따라서 ③이 정답으로 가장 적절하다.

① 지문을 통해 질병과 사회문화적 요인이 관련되어 있음을 알 수 있다. 그러나 사회적 질서가 혼란할수록 생물학적 병이 유발된다는 것은 주제라고 보기 어렵다.
② 지문에서는 사회문화적 관점에 대한 언급은 나타나지 않는다.
④ 지문에서는 사회적 특성이 건강에 영향을 끼친다고 하였다. 따라서 ④의 언급은 글에서 밝힌 인과 관계와 반대되는 진술이다.

005
정답 | ①
해설 | ㉠에는 1문단의 핵심 내용이 반영되어야 한다. 그런데 1문단에서는 "회화에서 대상을 재현한다는 것은 ~ 눈에 보이는 모습만을 따라 그린다는 뜻이다. 배우가 연극에서 몸으로 인물을 흉내 내듯, 화가는 2차원인 캔버스 위에 시각적으로 비슷한 모습을 그려 넣는다."라고 설명한다. 그중 '따라 그린다', '흉내 내듯', '시각적으로 비슷한 모습을 그려 넣는다'에 주목할 때, ㉠에 들어갈 내용으로 적절한 것은 '순수[=다른 것이 조금도 섞이지 않음]'가 아니라 '모방[=본뜨거나 본받음]'이다.
마찬가지로 ㉡에는 2문단의 핵심 내용이 반영되어야 한다. 그런데 2문단에서는 "선과 색 자체만으로도 하나의 멋진 형태와 조화를 이루며 아름다움을 만들어 낸다. ~ 색과 형태 그 자체로도 예술이 된다는 뜻이다."라고 설명한다. 그중 '자체만으로도 ~ 만들어 낸다', '그 자체로도 예술이 된다'에 주목할 때, ㉡에 들어갈 내용으로 적절한 것은 '실용적인[=실제로 사용하기에 알맞은]'이 아니라 '독립적인[=다른 것에 딸리거나 기대지 않는]'이다. 따라서 ㉠과 ㉡에 들어갈 내용으로 가장 적절한 것만을 고르면, 정답은 ①이다.

006
정답 | ②
해설 | 2문단의 "특히 게임 중독은 단순한 시간 소비 문제가 아니라 정서적, 심리적 요인과 깊이 연결되어 있다. 많은 경우 중독에 빠진 사람들은 외로움, 스트레스, 불안 등의 감정을 해소하기 위해 게임에 몰두하게 된다."를 통해 적절한 진술임을 알 수 있다.
① 1문단의 "게임 중독은 특정 연령에 국한되지 않고 현대 사회 전반에 걸쳐 중요한 문제로 대두되고 있다. ~ 중독으로 인한 부작용은 청소년뿐만 아니라 성인, 심지어 노년층에 이르기까지 폭넓게 나타나고 있다."를 통해 적절하지 않은 진술임을 알 수 있다.
③ 2문단의 "따라서 중독 문제를 단순히 게임 이용 시간제한으로 해결하기는 어렵다."와 3문단의 "억압적인 규제보다는 자발적이고 심리적인 접근, 그리고 건강한 여가 문화를 조성하는 방향으로 정책과 치료가 이루어져야 한다."를 통해 적절하지 않은 진술임을 알 수 있다.
④ 3문단의 "가족, 친구, 그리고 사회적 지원체계가 게임 이용자의 감정을 공감하고 대화하는 것이 중독 극복에 큰 도움이 된다."를 통해, 게임 중독은 사회적 문제에 해당한다는 것을 알 수 있다. 하지만 2문단의 "특히 게임 중독은 단순한 시간 소비 문제가 아니라 정서적, 심리적 요인과 깊이 연결되어 있다. 많은 경우 중독에 빠진 사람들은 외로움, 스트레스, 불안 등의 감정을 해소하기 위해 게임에 몰두하게 된다."를 고려하면, 게임 중독은 개인적 측면의 문제이기도 하다. 즉 게임 중독은 개인적인 동시에 사회적 문제이므로, ④의 '게임 중독은 개인적 문제가 아니'라는 진술은 적절하지 않다.

007
정답 | ②
해설 | 선지의 정답 구성으로 볼 때, 맨 처음 단락은 (나) 아니면 (다)다. 각각의 내용을 살펴보자. 우선 (나)는 차익 거래의 원리와 개념을 소개하고 있다. 한편 (다)는 국가 간 차익 거래의 원리를 설명하고 있다. 그런데 (다)는 '이처럼 차익 거래가 동일 상품의 지역 간 가격 차이를 줄이는 원리는'으로 문장을 시작하고 있으므로, 첫 단락으로는 적합하지 않다. 앞 단락에 '차익 거래가 지역 간 가격 차이를 줄이는 원리'를 설명한 후에야 (다)가 진술될 수 있기 때문이다. 따라서 정답은 ① 아니면 ②로 좁혀진다.
이제 (나) 다음 문단으로 위치할 문단이 (다)와 (라) 중 어떤 것인지를 결정하면 된다. 일단 앞서 살펴본 것처럼 (나) 바로 뒤에 (다)가 위치하는 것은 부자연스럽다. (다)의 '이처럼'을 고려하면 (다) 앞에는 '차익 거래가 동일 상품의 지역 간 가격 차이를 줄이는 원리'에 관한 설명이 반드시 이루어져야 한다. 하지만 (나)에는 '차익 거래의 원리와 개념'만 언급되었을 뿐, 차익 거래가 동일 상품의 '지역 간 가격 차이를 줄이는 원리'에 관한 진술은 찾아볼 수 없기 때문이다. 이와는 달리 (라)에는 '차익 거래가 동일 상품의 지역 간 가격 차이를 줄이는 원리'에 관한 설명이 있으므로, (나) 뒤에 (라)가 위치하는 것이 가장 자연스럽다. 따라서 정답은 ②이다.

(나): 차익 거래의 원리와 개념 소개
(라): 차익 거래가 일어나면 가격이 어떻게 변하는지 설명
(다): 국가 간 차익 거래 원리 설명
(가): 국제 무역 활성화와 차익 거래의 경제적 역할 강조

008
정답 | ②
해설 | 이 글은 A국이 겪고 있는 가계의 어려움을 해소하기 위해서는 일시적인 자금 지급만으로는 한계가 있고, 장기적으로 일자리를 창출하는 정책이 필요하다고 주장하고 있다. ②번은 장기적인 일자리를 창출하는 정책을 시행했더니 가계가 안정화되었다는 내용을 다루고 있으므로 이 글의 논지를 강화하는 데 가장 적절하다.
①, ③, ④ 이 글은 A국이 겪고 있는 가계의 어려움을 해소하기 위해서는 일시적인 자금 지급만으로는 한계가 있다고 주장하고 있다. 그런데 나머지 선지는 일시적인 가계 지원만으로도 경기가 활성화되어 가계가 안정화되었을 것으로 예상되는 내용을 담고 있으므로 이 글의 논지를 약화한다.

009
정답 | ②
해설 | 2문단에서는 "베르그송은 이미지 기억은 '그림처럼 남는 것'이고, 습관 기억은 '몸이 하는 행동'이라고 구분했다. 그에 따르면 우리는 과거를 떠올릴 때 이 두 가지 기억을 번갈아 쓴다."라고 설명한다. 즉 습관 기억과 이미지 기억 어느 한쪽이 주로 작동한다고 단정하지 않았고, 두 기억이 번갈아 사용된다고 설명하고 있으므로, 회상의 과정에서 습관 기억보다 이미지 기억이 주로 작동한다는 ②의 진술은 적절하지 않다.
① 1문단의 "습관 기억은 여러 번 연습해서 몸으로 그대로 익혀 버린 기억으로, ~ 이런 기억은 반복 연습을 통해 만들어지고"와, 2문단의 "반대로 이미지 기억은 ~ 이런 기억은 몸의 습관처럼 정리되어 저장되지 않고, 그 순간의 모습이 그대로 머릿속에 남는다."를 통해, 적절한 진술임을 알 수 있다.

③ 2문단의 "베르그송은 이미지 기억은 '그림처럼 남는 것'이고, 습관 기억은 '몸이 하는 행동'이라고 구분했다."를 통해 적절한 진술임을 알 수 있다.

④ 2문단의 "베르그송은 ~ 그러한 과정을 통해 기억은 단순히 옛날을 생각하는 것을 넘어서 지금의 행동과도 이어지게 된다."를 통해 적절한 진술임을 알 수 있다.

010
정답 | ②

해설 | 1문단에서 '포유류와 달리 기생충은 복잡한 생활사를 갖는다'고 설명하고 있다. 그런데 인간은 포유류에 속하므로, ②의 '인간과 달리 기생충의 생활사가 복잡하다.'라는 진술은 적절하다. 한편 3문단에서는 기생충의 생활사가 복잡한 이유가 번식과 생존을 위해 최선의 선택을 해야 하기 때문이라고 설명하고 있다. 이는 기생충이 적자생존(=생물의 진화를 설명하는 이론 중 하나로, 환경에 적응하는 생물만이 살아남고, 그렇지 못한 것은 도태되어 멸망하는 현상을 말함.)을 위해 진화하다 보니 그 결과로 복잡한 생활사를 갖게 되었다는 것을 의미한다. 따라서 ②의 진술은 적절하다.

오답피하기 |
① 2문단의 "수직 전파는 숙주의 체내에서 숙주의 다음 세대로 전염되는 것을 말한다."를 통해, 기생충이 숙주의 체내에서 세대를 거쳐 전염되는 방식은 '수평 전파'가 아니라 '수직 전파'라는 것을 알 수 있다.

③ 3문단에서 회충이라 하더라도 지나치게 많은 회충이 한 숙주 안에 머물게 되면 생활 공간이 부족해져 자신들의 생존이 위험해질 수도 있다고 설명하고 있다. 즉 한 숙주 안에서 살아가는 개체수가 많을수록 생존에 불리해진다는 의미이므로, ③의 진술은 적절하지 않다.

④ 1문단을 보면, '기생 생물'이 '숙주'의 내부나 외부에서 영양분을 얻으며 살아가는 것이므로, ④의 진술은 적절하지 않다.

011
정답 | ④

해설 | ㉠은 기생충이 옮겨 다니는 '여기저기'를 의미하므로 곧 숙주를 뜻한다. ㉡은 기생충 주변 환경을 뜻하며, 기생충은 이 환경으로부터 자원을 획득하므로 이 역시 숙주를 뜻한다. ㉢은 기생물이 머물고 있는 곳으로 곧 숙주를 뜻하는데, ㉣만은 기생충 본체를 의미하므로 ㉠~㉣ 중 그 의미가 이질적인 것은 ④번 ㉣이 되겠다.

012
정답 | ④

해설 | 2문단에 따르면, 퍼블리시티는 언론사라는 제삼자가 보증하는 것으로, 대중들은 언론사의 게이트키핑 과정(뉴스 가치 평가, 편집, 검증 등)을 통해 선택된 정보를 객관적이라고 생각한다. 따라서 사람들은 퍼블리시티가 게이트키핑을 통해 객관적 검증을 거친 정보이므로 객관적일 것이라고 판단할 것이다.

오답피하기 |
① 2문단에서, 정보를 자발적으로 접근하는 경우 정보에 대한 신뢰도가 높아진다는 것을 알 수 있다. 하지만 '특이성'은 뉴스가 '뻔하지 않고 파격적인 정도'를 나타내는 개념이므로, 특이성 자체가 정보의 신뢰도를 높이는지 여부는 알 수 없다. 단지 특이성이 높을 때 뉴스 가치가 높아질 수 있을 뿐이다.

② 2문단에 따르면, 퍼블리시티는 상업 광고에 비해 신뢰성이 확보되므로 메시지의 전달 효과가 높다. 그렇다면 홍보의 효과 또한 높을 것이므로, 퍼블리시티가 홍보의 효과가 약하다는 진술은 적절하지 않다.

③ 3문단의 "퍼블리시티는 상업 광고와 달리 보도되는 내용을 기업이 마음대로 통제할 수 없다."를 통해 적절하지 않음을 알 수 있다.

013
정답 | ③

해설 | ㉠의 '거치다'는 '어떤 과정이나 단계를 겪거나 밟다.'라는 의미로 사용되었는데, ③의 '거치다' 또한 이러한 의미로 사용되었다.

오답피하기 |
① '무엇에 걸리거나 막히다.'의 의미로 사용되었다.
② '오가는 도중에 어디를 지나거나 들르다.'의 의미로 사용되었다.
④ '마음에 거리끼거나 꺼리다.'의 의미로 사용되었다.

014
정답 | ③

해설 | 을의 두 번째 대화 "하지만 사람들은 동화를 통해 현실에 대한 다양한 해석과 교훈을 얻어가."를 통해, 역사적 인물에 관한 전설과 동화가 현실 이해에 도움이 된다는 점에 대해 '을이 동의'한다는 것을 알 수 있다. 따라서 이 점에 대해 '을은 동의하지 않는다'라는 ③의 진술은 적절하지 않다.

오답피하기 |
① 갑의 첫 번째 대화 "동화는 상징과 교훈을 전달하는 이야기일 뿐 실제 사건과는 구분해야 해."와, 병의 첫 번째 대화 "나는 동화와 실제 사건의 구별이 중요하지만"을 통해, 동화와 실제 사건을 구별할 필요가 있다는 점에 대해 갑과 병은 동의한다는 것을 알 수 있다. 반면, 을의 두 번째 대화 "동화를 무조건 허구로만 치부하고 실제와 분리하는 게 항상 옳은 결정은 아닐 수 있어."를 통해, 동화와 실제 사건을 구별할 필요가 있다는 점에 대해 을은 동의하지 않음을 알 수 있다.

② 병의 첫 번째 대화 "나는 동화와 실제 사건의 구별이 중요하지만, 동화가 주는 정서적 효과나 가치도 무시할 수 없다고 생각해. 동화가 현실을 해석하고 설명하는 하나의 방식일 수 있다는 점에서 두 관점은 절충 가능하다고 봐."를 통해, 동화가 현실을 반영한 진실임을 인정하면서도, 동시에 실제 사건과는 구별해야 한다는 점에 대해 병은 동의한다는 것을 알 수 있다.

④ 을의 첫 번째 대화 "동화는 ~ 사회적 현실과 인간 심리를 반영하기도 해. ~ 동화가 진실의 한 형태가 될 수 있다고 봐."와, 병의 첫 번째 대화 "동화가 현실을 해석하고 설명하는 하나의 방식일 수 있다는 점에서 두 관점은 절충 가능하다고 봐."를 통해, 동화가 사회 현실을 반영해 진실의 한 형태가 될 수 있다는 점에 대해 을과 병은 동의한다는 것을 알 수 있다. 또한 을의 두 번째 대화 "하지만 사람들은 동화를 통해 현실에 대한 다양한 해석과 교훈을 얻어가."와, 병의 두 번째 대화 "결국 중요한 건 ~ 동화가 주는 교훈과 의미를 인정하는 균형 잡힌 이해라는 거지."를 통해, 동화에서 교훈을 얻을 수 있다는 점에 대해 을과 병은 동의한다는 것을 알 수 있다.

015

정답 | ③

해설 | 주어진 조건들을 기호화하면 다음과 같다.

> 조건1. 신규 공무원 전임자 → 선배 공무원
> 조건2. 신규 공무원 전임자 → 선배 공무원 → 인계·인수
> 조건3. (　　　)
> 결론. ~신규 공무원 전임자 → ~인계·인수

1) 조건2인 '신규 공무원 전임자 → 선배 공무원 → 인계·인수'에서 '신규 공무원 전임자 → 인계·인수'가 도출된다.
2) 그러나 명제의 이는 성립하지 않으므로, 결론인 '~신규 공무원 전임자 → ~인계·인수'는 도출되지 않는다.
3) 결론인 '~신규 공무원 전임자 → ~인계·인수'를 도출하기 위해서는 그 대우인 '인계·인수 → 신규 공무원 전임자'가 추가되어야 한다.
4) 따라서 정답은 '업무에 관한 사항이 구체적으로 나타나도록 인계·인수해야 할 책임이 있는 사람은 모두 신규 공무원 전임자이다'이다.

오답피하기 |

선택지의 내용을 기호화하면 다음과 같다.

> ① '선배 공무원∧~인계·인수'
> ② '신규 공무원 선임자 → ~인계·인수'
> ④ '~인계·인수 → ~신규 공무원 전임자'

016

정답 | ③

해설 | 2문단에서 반대 측은 "인터넷은 누구나 쉽게 의견을 개진할 수 있는 장을 제공하여 여론 형성과 사회적 논쟁을 촉진하는 역할을 하므로 과도한 규제는 이런 긍정적인 기능을 약화하는 동시에 사회적 혼란을 조장할 수도 있다고 주장"한다. 따라서 검열과 규제가 과도하게 이루어졌을 때 사회적 불신과 부작용(음모론, 반정부 감정)이 증가했다는 ③의 사례는, "표현의 자유 제한이 민주주의에 부정적이다"라는 반대 측 입장을 더욱 설득력 있게 만들어 주므로, 반대 측의 입장을 '강화'한다고 볼 수 있다.

오답피하기 |

① 2문단에서 반대 측은 "인터넷은 누구나 쉽게 의견을 개진할 수 있는 장"이라고 주장하며 '인터넷에서의 자유로운 의견 교환'의 중요성을 강조하고 있다. 따라서 ①의 익명성의 보장을 강조하는 주장은 "표현의 자유 제한에 반대하는 측"의 논리를 강화하므로, 찬성 측의 입장을 '강화'하는 것이 아니라 오히려 '약화'한다.

② 1문단에서 찬성 측은 "거짓 정보는 사회 혼란과 불신을 키울 수 있기 때문에 제한이 필요하다고 주장"한다. 따라서 ②의 코로나19 관련 허위 정보로 인한 사회 혼란 사례는 "표현의 자유에 제한이 필요하다"라는 찬성 측의 논지를 오히려 '강화'하는 대표 사례로 볼 수 있다.

④ 다양한 의견이 자유롭게 교환되는 것이 민주주의를 촉진한다는 이론은 "표현의 자유 제한 반대"의 논리를 '약화'하는 것이 아니라 오히려 '강화'하는 논거에 해당하므로, ④의 진술은 적절하지 않다.

017

정답 | ①

해설 | 3문단에 따르면 기존의 사조를 따르지 않는 파격적인 시도가 나타나는 시기에는 작품을 감상하는 기준이 2개로 통일되게 나타난다. 그런데 ①번처럼 기존 사조를 따르지 않는 파격적인 시도가 나타나지만 감상의 기준이 통일되지 않은 시기가 존재한다면 이는 지문에서 제시한 예술의 발전 과정을 따르지 않게 된다. 따라서 (가)를 강화하는 것으로 가장 적절한 것은 ①번이다.

오답피하기 |

②, ③, ④ 지문에 따르면 예술 발전 초기에는 각기 다양한 양식과 표현, 다양한 감상 방식이 존재한다. 그 후 시기에는 특정 양식이 주류 사조가 되면서 감상자들도 일관된 기준에 따라 감상한다.(②번은 이 시기의 특징을 드러낸다) 그 뒤 시기에는 기존 사조의 한계와 문제점을 꼬집기도 하고, 기존 사조를 따르는 작품이 주류로 존재한다. 이때에는 감상의 기준이 상반된 2개로 나타나고, 이 때문에 동일한 작품에 대한 평가가 극과 극으로 나누어지기도 한다.(③, ④번은 이 시기의 특징을 드러낸다)

018

정답 | ③

해설 | ㉠은 특정 양식이나 사조가 나타나기 이전 시기를 지칭하므로 초기 예술 발전 시기를 지시한다. ㉡은 전통을 비판하거나 파격적인 시도를 하는 시기이므로 기존 사조에서 전환되는 시기를 지시한다. ㉢은 기존 사조의 시기를 지시하고, ㉣은 다시 예술을 감상하는 기준이 변화하는 시기를 지시하므로 기존 사조에서 전환되는 시기를 지시한다. 따라서 지시하는 대상이 동일한 것은 '㉡, ㉣'이다.

019

정답 | ②

해설 | 주어진 조건들을 기호화하면 다음과 같다.

> 조건1. 강릉 → ~단양 ≡ 단양 → ~강릉
> 조건2. 태안∨통영 → 강릉 ≡ ~강릉 → ~태안∧~통영
> 조건3. (　　　)
> 결론. ~태안∧~통영

1) 결론인 '~태안∧~통영'을 도출하기 위해서는 조건2의 대우에 따라 '~강릉'이 확정되어야 한다.
2) 1)에서 도출된 '~강릉'을 확정하기 위해서는 조건1의 대우에 따라 '단양'이 확정되어야 한다.
3) 따라서 정답은 '단양 도로 노선 승격에 동의하는 전문가가 있다'이다.

020

정답 | ③

해설 | 2문단에 따르면 의미의 확대는 단어의 의미 영역이 넓어지는 일반화 현상으로, 대개 해당 단어의 사용 영역이 넓어지는 현상이다. ㉠의 '세수'는 '손을 씻음'의 의미에서 '얼굴을 씻음'으로 의미 영역이 넓어졌으므로 '의미의 확대'로 볼 수 있다. ㉢의 '아저씨'는 '숙부, 작은아버지'의 의미에서 '성인 남성'으로 의미 영역이 넓어졌으므로 '의미의 확대'로 볼 수 있다.

2문단에 따르면 의미의 축소는 단어의 의미 영역이 좁아지는 특수화 현상으로, 해당 단어의 사용 영역이 좁아지는 현상이다. ㉡의 '미인'은 '아름다운 사람'의 의미에서 '아름다운 여인'으로 의미 영역이 좁아졌으므로 '의미의 축소'로 볼 수 있다.

2문단에 따르면 의미의 이동은 단어의 의미 영역이 넓어지거나 좁아지는 일 없이 단어의 의미가 변화하는 현상이다. ㉣의 '어리다'는 '어리석다'의 의미에서 '나이가 적다'의 의미로 의미가 아주 변화하였으므로 '의미 이동'으로 볼 수 있다.

001 ②	002 ②	003 ②	004 ②	005 ①
006 ②	007 ③	008 ②	009 ③	010 ③
011 ④	012 ④	013 ④	014 ④	015 ④
016 ③	017 ①	018 ①	019 ①	020 ③

S#.21 과학, 경제 지문이 어렵게 출제된다면...

킬러 ① 문법 [3번]
킬러 ② 독해 추론(과학) [4번]
킬러 ③ 독해 추론(경제) [9번]
킬러 ④ 어휘 [10번]
킬러 ⑤ 문법 [13번]
킬러 ⑥ 논리 [17번]
킬러 ⑦ 강화 약화(화법) [18번]

이번 회차 지문의 글자 수는 6365자로 매우 짧은 편이며, 평균 정답률은 77%로 어려운 편에 속한다. 킬러 문제는 7개로 모의고사 통틀어 가장 많이 배치되었다. 그럼에도 가장 어려운 시험은 아니다. 즉 쉬운 문제는 쉽게 출제된 것이다. 이러한 문제에서 실수가 없어야 점수가 잘 나올 것이다. 한편 킬러 문제 중에서 2문제는 독해에서 출제되었는데, 지문의 소재가 과학과 경제이다. 전반부에 배치했는데, 만약 이 2문제를 먼저 풀려고 한다면 후반부에는 시간이 부족해질 수도 있을 것이다. 다시 말하지만 실전에서 가장 기본적인 태도는 '맞맞틀틀(맞힐 문제 맞히고, 틀릴 문제 틀린다)'이다.

001

정답 | ②

해설 | "선생님이 보고 싶어 하는 학생이 많다."는 중의성이 해소된 자연스러운 표현으로 수정할 필요가 없다. 반대로 이 문장을 "선생님이 보고 싶은 학생이 많다."로 수정하면 오히려 중의적인 의미를 띄게 되므로 적절하지 않다. '선생님이 학생을 보고 싶어 하는지' 아니면 '학생이 선생님을 보고 싶어 하는지' 등 문장의 의미가 모호해지기 때문이다.

오답피하기 |

① 주어 '기관은'은 개인정보를 보호하는 주체이므로 서술어 '보호됩니다'를 사용하면 문장이 어색해진다. 따라서 "기관은 여러분의 개인정보를 안전하게 보호합니다."로 수정하는 것은 적절하다.

③ '~에 의해'라는 표현은 영어의 'by'를 직역한 느낌이 강하다. 또한 이 문장은 주체가 불필요하게 뒤에 배치되어 부자연스러운 면이 있으므로, "담당자가 신청서를 검토합니다."처럼 수정하는 것은 적절하다.

④ 품사가 서로 다른 명사 '배포'와 동사 '확인해'가 접속 조사 '와'에 의해 연결되었기 때문에 문장이 자연스럽지 못하므로, 명사 '배포'를 동사 '배포해'로 바꾸어 동사 '확인해'와 대등한 관계를 만들어야 한다. 따라서 "나눠드린 안내문을 배포해 주시고, 안내문의 내용을 확인해 주세요."로 수정하는 것은 적절하다.

002

정답 | ②

해설 | 'Ⅱ-2'는 디지털 교육 격차의 현재 상황을 제시하고 있으므로, '디지털 교육 격차의 현황'은 적절하게 쓰였다. 따라서 ⓒ은 'Ⅱ-2'의 하위 항목을 포괄하지 않으므로 '디지털 교육 격차의 관련 개념'으로 바꾼다는 것은 적절하지 않다.

오답피하기 |

① '디지털 교육 격차의 폐해'는 디지털 교육 격차로 인한 부정적 측면을 다루어야 한다. 따라서 ㉠의 하위 항목으로 '계층 간 불평등의 고착화'를 추가한다는 것은 적절하다.

③ ⓒ에는 'Ⅱ-2-나'의 '농어촌 지역의 디지털 인프라 부족'에 대응하는 해소 방안이 들어가야 한다. 따라서 ⓒ에는 'Ⅱ-2-나'를 고려하여 '농어촌 지역의 디지털 인프라 확충을 위한 공공 투자 강화'라는 내용을 넣는다는 것은 적절하다.

④ '디지털 교육 축소를 위한 온라인 수업 중단'은 디지털 교육 격차를 해소하는 것이 아니라 디지털 교육 자체를 축소하는 것이므로 적절한 해소 방안으로 보기 어렵다. 따라서 ㉣은 'Ⅱ-2'와 대응하는 내용이 아니므로 삭제한다는 것은 적절하다.

003

정답 | ②

해설 | 2문단의 "가령 같은 충고일지라도 부드럽고 따뜻한 어투로 건네면 호의로 받아들여지지만, 퉁명스럽고 무례한 태도로 건네면 지적이나 비난처럼 느껴진다. ~ 이는 대화 참여자 간의 신뢰 형성을 방해한다."를 통해 적절한 진술임을 알 수 있다.

오답피하기 |

① 1문단에서는 "실제 대화에서 사람들이 상대를 평가할 때는 말의 내용보다 말하는 태도나 분위기에 더 주의를 기울이는 경우가 흔하다."라고 진술하고 있다. 그런데 이 진술은 사람들이 상대를 평가할 때 '말의 내용을 전혀 평가하지 않는다'라는 의미가 아니다. '말의 내용도 평가하지만', 태도와 분위기를 더 중시한다는 뜻이다. 따라서 '청자는 화자가 말하는 내용으로는 상대를 평가하지 않는다'라는 진술은 적절하지 않다.

③ 1문단에서는 "그래서 상대가 예의를 지키며 진심을 담아 말하면 그 자체로 긍정적인 인상을 남기지만"이라고 진술할 뿐, '듣는 이의 태도가 불쾌감 유발 여부에 영향을 미치는지'에 관한 내용은 지문에서 확인할 수 없다.

④ 3문단의 "더 나아가 대화에서는 메시지가 직접 전해지는 과정과 그 상황에서 공유되는 정서적 맥락이 매우 중요하다."를 통해, 대화에서는 메시지가 직접 전해지는 과정과 그 상황에서 공유되는 정서적 맥락이 '모두 중요'하다는 것을 알 수 있다. 이 내용은, 메시지가 전해지는 과정보다는 화자와 청자 간의 공유되는 정서적 맥락이 '더 중요'하다는 의미는 아니므로, ④의 진술은 적절하지 않다.

004

정답 | ②

해설 | 방사선 투과 검사를 진행한 후 필름을 현상하면, 결함이 없는 부분에 비해 결함 부분이 상대적으로 검게 나타난다.(2문단) 따라서 방사선 투과 검사 후 필름을 분석하면, 시험체의 어느 부분(위치)에 결함이 발생했는지를 파악할 수 있다.

오답피하기 |

① 2문단의 "(방사선의) 투과 정도는 시험체의 밀도나 두께 등에 따라 달라진다."를 통해 틀린 진술임을 알 수 있다.

③ 2문단의 "초음파 탐상 검사와 함께 내부 결함 검출에 이용되는 방사선 투과 검사는"을 통해 틀린 진술임을 알 수 있다.

④ 3문단의 "(방사선 투과 검사는) 방사선 피폭에 의한 위험 때문에 안전에도 문제가 발생할 수 있다."를 통해 방사선 투과 검사 과정에서 방사선 피폭이 일어날 수 있다는 것을 알 수 있다. 하지만 방사선 투과 검사는 '제품이나 재료를 손상시키지 않고' 제품이나 재료의 결함이나 이상 여부를 검사할 수 있는 대표적인 비파괴 검사이므로(1문단), "방사선 피폭으로 인해 제품이 손상될 수 있다"는 진술은 적절하지 않다.

005

정답 | ①

해설 | 지문에 따르면 전쟁 시기에 텔레비전 뉴스가 시청자들의 정치적 관심과 당시 대통령이었던 조지 부시에 대한 평가의 관점을 변경시켰다. 걸프전 발발 이후에는 전쟁 위기가 미국 사회의 주요 쟁점이 되었고 부시 대통령 평가의 관점 역시 외교 정책으로 선회하였다. 그리고 결국 언론이 초점을 두고 보도한 그대로 미국인들도 위기 해결 방안으로 무력 사용을 지지하게 되었다. 따라서 언론은 여론을 특정 방향으로 이끌어 간다는 내용을 도출할 수 있다.

오답피하기 |

②, ④ 언론이 과열된 여론을 누그러뜨리기도 한다거나, 흩어진 여론을 한곳으로 모으는 기능을 한다는 내용은 지문에서 직접적으로 확인할 수 없다.

③ 걸프전 발발 후에 언론이 개입하여 미국인들이 무력 사용을 지지하게 된 것이다. 즉 평화가 깨진 상태에서 언론이 개입한 것이지, 언론이 평화를 깬 것은 아니다.

006

정답 | ②

해설 | 지문은 자신의 문법 지식을 활용하여 생활 담화를 바르고 효과적으로 표현해야 함을 강조하고 있다. 이러한 지문의 순서로 가장 적절한 것은 '(가)-(다)-(나)'이다. (가) 생활 담화의 표현도 쉽지 않으며, 자신의 '문법적 지식을 충분히 활용'할 필요가 있다. → (다) '문법적 지식'을 잘 활용하여 발음의 정확성, 어휘의 선택, 문장의 구성 등의 주요 점검 사항을 중심으로 문제점을 찾고, 이를 해결하기 위한 최적의 방안을 마련할 수 있어야 한다. → (나) 이런 절차를 거쳐 정확하고 바르게 표현하게 되면, 원만한 인간관계를 유지할 수 있다.

007

정답 | ③

해설 | 2문단을 보면, 식품의 저온 저장법에서 냉각은 10℃ 이내의 범위 정도로 저장하는 것을, 동결은 18℃ 이하의 온도에서 저장하는 것을 의미한다. 즉 동결이 영하(0℃ 이하의 온도)에서 식품을 저장하는 것과 달리 냉각은 영상(0℃ 이상의 온도)에서 식품을 저장하므로, ③의 진술은 적절하다.

오답피하기 |

① 냉동기에는 '증발하기 쉬운' 냉매가 들어 있다.(3문단)

② 저장 기간이 단기간일 때나 유통 과정 중이라면 '동결'이 아니라 '냉각' 저장법을 사용한다.(2문단)

④ 팽창 밸브는 적정량의 액체 냉매를 '저압'의 증발기로 보내는 역할을 한다.(3문단)

008

정답 | ②

해설 | ⓛ의 '가리키다'는 '(특정 용어가 무엇을) 지칭하여 이르다.'라는 뜻이므로, '꼭 집어서 가리키다. 또는 허물 따위를 드러내어 폭로하다.'라는 의미인 '지적하다'와 바꿔 쓰기에는 적절하지 않다.

오답피하기 |

① ⓛ의 '일어나다'는 '어떤 일이 생기다.'라는 의미로 사용되었으므로, '어떤 일이나 사물이 생겨나다.'라는 의미인 '발생하다'와 바꿔 쓰더라도 자연스럽다.

③ ⓒ의 '부르다'는 '무엇이라고 가리켜 말하거나 이름을 붙이다.'라는 의미로 사용되었으므로, '사람, 사물, 사건 따위의 대상에 이름을 지어 붙이다.'라는 의미인 '명명하다'와 바꿔 쓰더라도 자연스럽다.

④ ⓔ의 '보내다'는 '전해지도록 하다.'라는 의미로 사용되었으므로, '자극, 신호, 동력 따위를 다른 기관에 전하다.'라는 의미인 '전달하다'와 바꿔 쓰더라도 자연스럽다.

009

정답 | ③

해설 | 3문단의 "케인스의 이론에 따르면, 현재 이자율이 미래에 비해 낮을 경우, 채권 가격 하락에 따른 자본 손실을 피하기 위해 사람들은 화폐를 보유하려는 경향이 강해진다."를 통해, 사람들은 '미래에 이자율이 높아질 것으로 예상(=현재 이자율이 미래에 비해 낮다고 판단)'되는 경우 자본 손실을 피하기 위해 화폐를 보유하려는 경향을 보인다는 것을 알 수 있다.

오답피하기 |

① 2문단의 "화폐를 일상적인 거래를 성립시키는 교환의 매개 수단으로 보는 거래적 동기"를 통해 적절하지 않음을 알 수 있다.

② 1문단의 "고전학파는 화폐의 유통 속도가 단기적으로 일정하다고 가정하여"를 통해 적절하지 않음을 알 수 있다.

④ 1문단의 "고전학파는 ~ 이자율이 화폐 수요에 영향을 미치지 않는다고 주장하였다."를 통해 적절하지 않음을 알 수 있다.

010

정답 | ③

해설 | ⓛ의 '피하다'는 '원치 않을 일을 당하거나 어려운 처지에 놓이지 않도록 하다.'라는 의미로 사용되었는데, ③의 '피하다'도 같은 의미로 사용되었다.

오답피하기 |

① '행사에 불길한 날을 택하지 않다.'라는 의미로 사용되었다.

② '비, 눈 따위를 맞지 않게 몸을 옮기다.'라는 의미로 사용되었다.

④ '몸을 숨기거나 다른 곳으로 옮기어 드러나지 않도록 하다.'라는 의미로 사용되었다.

011

정답 | ④

해설 | 2문단의 "「장자못 전설」에서는 인색한 부자가 시주를 온 주지승을 천대하였다가 주지승의 도술로 인해 천벌을 받게 되고, 그로 인해 그의 집터가 연못으로 변하게 된다. ~ 또한 「쥐의 둔갑 설화」에서는 집주인의 손톱과 발톱을 오래 주워 먹은 쥐가 주인으로 둔갑하여 진짜 주인을 쫓아내는 이야기가 나온다. 진짜 주인은 조력자의 조언으로 고양이를 데리고 집으로 돌아온다. 집으로 돌아온 고양이는 곧장 가짜를 죽인다."를 통해, 부정적인 인물이 스님의 저주를 받아 천벌을 받는 사건이 제시된 작품은 「장자못 전설」뿐이라는 것을 알 수 있다. 즉, 「쥐의 둔갑 설화」에는 '스님의 저주로 인한 천벌'이 나타나지 않으므로, 두 작품 모두에 그러한 사건이 제시된다는 ④의 진술은 적절하지 않다.

오답피하기 |

① 1문단의 "조선 후기에는 신흥 서민 부자가 사회에서 점차 힘을 가지기 시작하였다. 그러나 이들 중 일부는 자신의 이익만을 챙기며 이기적인 행동을 하는 경우가 많았다. ~ 이들을 비판하고자 「옹고집전」이라는 작품이 등장하였다."를 통해 적절한 진술임을 알 수 있다.

② 3문단의 "판결 결과 가짜 옹고집이 오히려 집안 내력과 세세한 것을 더 잘 알고 있어 진짜 옹고집이 패소한다."와, 2문단의 "「쥐의 둔갑 설화」에서는 집주인의 손톱과 발톱을 오래 주워 먹은 쥐가 주인으로 둔갑하여 진짜 주인을 쫓아내는 이야기가 나온다."를 통해 적절한 진술임을 알 수 있다.

③ 2문단의 "「장자못 전설」에서는 인색한 부자가 시주를 온 주지승을 천대하였다가 주지승의 도술로 인해 천벌을 받게 되고, 그로 인해 그의 집터가 연못으로 변하게 된다. 이는 부도덕함에 대한 자연의 응징을 상징한다."를 통해 적절한 진술임을 알 수 있다.

012

정답 | ④

해설 | (가)인 '부적'은 가짜를 사라지게 하는 역할을 한다. ㉠~㉣ 중 이러한 기능을 가지고 있는 것은 ㉣이다. 「쥐의 둔갑 설화」에서 '고양이'가 가짜를 죽이고 사라지게 만들었기 때문이다.

오답피하기 |

① ㉠은 부자의 윤리성을 시험하는 것을 의미한다.

② ㉡은 부자의 부도덕함에 대한 자연의 응징을 의미한다.

③ ㉢은 가짜가 진짜 행세를 하게 된 원인을 의미한다.

013

정답 | ④

해설 | '밤[밤]'은 소리의 길이가 짧고, '군밤[군:밤]'의 '밤' 역시 둘째 음절 이하에 위치하기 때문에 소리의 길이가 짧다.

오답피하기 |

① 국어의 경우 고저와 강약은 감정 표현 내지 장단에 따른 부차적 요소로 나타나므로 운소라고 하기 어렵다.

② [밤:]과 밤[밤], 눈[눈:]과 눈[눈]의 의미가 달라지는 것은 '자음의 길이'가 아니라 '모음의 길이'에 따른 것이다.

③ '밤[밤:]'의 '밤'과 '군밤[군:밤]'의 '밤'은 소리의 길이가 다르지만 뜻은 동일하다.

014

정답 | ④

해설 | 지문에 따르면 '빨리 골라라'의 '-아라'는 명령형 종결 어미이다. 따라서 '이것 좀 먹어 보아라'의 '-아라' 역시 명령형 종결 어미이므로, 해당 문장은 ㉠'명령형 종결 어미가 사용되지 않은 문장이 명령문의 기능을 하는 경우'의 예로 적절하지 않다.

오답피하기 |

① 해당 문장은 명령형 종결 어미 없이 화자가 청자에게 일을 쉬라고 강하게 요구하는 뜻에서 말하는 것이므로 ㉠의 예로 적절하다.

② 해당 문장은 명령형 종결 어미 없이 화자가 청자에게 떠들지 말라고 강하게 요구하는 뜻에서 말하는 것이므로 ㉠의 예로 적절하다.

③ 해당 문장은 명령형 종결 어미 없이 화자가 청자에게 문 앞에서 비켜 달라고 강하게 요구하는 뜻에서 말하는 것이므로 ㉠의 예로 적절하다.

015

정답 | ④

해설 | 제시된 전제를 기호화하면 다음과 같다.

> (가) ~충분한 수면 → ~건강 유지
> (나) 커피 → 체내 수분 부족∨~충분한 수면
> 결론. 커피 → ~건강 유지

(나)에서 (가)를 활용하여 '커피 → 체내 수분 부족∨~건강 유지'가 도출된다. 결론의 '커피 → ~건강 유지'가 도출되기 위해서는 '커피 → 체내 수분 부족∨~건강 유지'에서 '~체내 수분 부족'을 확정하여 선언지 제거에 따라 '커피 → ~건강 유지'가 되어야 한다. 따라서 '~체내 수분 부족'을 말로 풀어 내면 '체내 수분이 부족하지 않다'이다.

오답피하기 |

① '충분한 수면을 취한다'는 '충분한 수면'이다.

② '건강을 유지하기 어렵다'는 '~건강 유지'이다.

③ '커피를 많이 마시지 않는다'는 '~커피'이다.

016

정답 | ③

해설 | 제시된 조건을 기호화하면 다음과 같다.

> 갑: 주무관∧포상휴가
> 을: 주무관∧우수공무원
> 병: 우수공무원 → 포상휴가 ≡ ~포상휴가 → ~우수공무원
> 정: ~우수공무원 → ~포상휴가 ≡ 포상휴가 → 우수공무원

ㄱ. 갑의 '주무관∧포상휴가'에서 정의 대우 '포상휴가 → 우수공무원'을 활용하여 을의 '주무관∧우수공무원'이 도출된다.

ㄴ. 을의 '주무관∧우수공무원'에서 병의 '우수공무원 → 포상휴가'를 활용하여 갑의 '주무관∧포상휴가'가 도출된다.

오답피하기 |

ㄷ. 을의 '주무관∧우수공무원'과 정의 '~우수공무원 → ~포상휴가'가 확정되어도, 갑의 '주무관∧포상휴가'가 도출되지는 않는다.

017

정답 | ①

해설 | 주어진 조건들을 기호화하면 다음과 같다.

> 조건1. 중국∨베트남
> 조건2. ~(중국∧이탈리아) ≡ ~중국∨~이탈리아
> 조건3. 일본 → 중국 ≡ ~중국 → ~일본
> 조건4. ~이탈리아 → ~중국 ≡ 중국 → 이탈리아

1) 제시된 조건만으로는 도출되는 것이 없으므로, 조건1인 '중국∨베트남'에서 선언지 경우의 수를 따져보아야 한다.
  (1) '중국, ~베트남'
    '중국'이 확정되면 조건2에서 선언지 제거에 따라 '~이탈리아'가 확정되고, 조건4에 따라 '~중국'이 확정된다. 이는 모순이므로 경우의 수에서 제거해야 한다.
  (2) '~중국, 베트남'
    '~중국'이 확정되면 조건3의 대우에 따라 '~일본'이 확정된다. 확정된 것을 정리하면 '~중국, 베트남, ~일본'이며, '이탈리아'에 대해서는 알 수 없다.
  (3) '중국, 베트남'
    '중국'이 확정되면 조건2에서 선언지 제거에 따라 '~이탈리아'가 확정되고, 조건4에 따라 '~중국'이 확정된다. 이는 모순이므로 경우의 수에서 제거해야 한다.
2) 따라서 정답은 '베트남 전문가는 국제 학술토론회에 참여한다'이다.

018

정답 | ①

해설 | ㄱ~ㄷ 중 대화에 대한 평가로 적절한 것은 ㄷ이다.

ㄷ. 을은 표준어 기준이 "신중한 검토와 사회 합의를 거쳐 변화"한다고 강조한다. 따라서 기준 미달로 표준어 지정이 보류된 '오똑'의 사례는 을의 신중한 정책 입장을 지지하므로, 을의 입장을 '강화'한다고 할 수 있다.

오답피하기 |

ㄱ. 갑의 두 번째 대화 "빠른 시대 변화에 비해 표준어 정책은 너무 느리고 딱딱해 보여서, 실제 일상에서 쓰이는 말이 빨리 반영되면 좋겠어요."를 고려할 때, 갑은 시대 변화에 발맞춘 빠른 표준어 지정이 이루어져야 한다는 입장이다. 그런데 '나래'와 같이 오랜 시간 동안 검토를 거쳐 표준어로 인정된 사례는, 언중 현실을 반영한 빠른 표준어 지정을 원하는 갑의 입장과 반대되는 사례이므로, 갑의 입장을 '강화'한다고 할 수 없다.

ㄴ. 갑은 언중 현실을 반영한 빠른 표준어 지정을 원한다. 그런데 사회적 합의 없이 불시에 표준어로 변경된 사례가 없다는 주장은, 빠른 표준어 지정을 추구하는 갑의 입장과 상반되므로, 갑의 입장을 '강화'하는 것이 아니라 오히려 '약화'한다.

019

정답 | ①

해설 | (가)에서 외국인 근로자가 유발하는 생산 증가 효과가 소비 증가 효과보다 크다는 것을 알 수 있다. 따라서 외국인이 누리는 소비 수준에 비해 우리나라의 생산 증가에 기여하는 바가 부족하다는 사실을 지적한다는 내용은 적절하지 않다.

오답피하기 |

② (나)에서 우리나라로 들어오는 외국인들은 보이지 않는 제도적 차별에 시달리고 있음을 알 수 있고, (다)에서는 미국, 영국, 독일의 경우 주 정부에서 장기 연수자를 지원해 준다는 것을 알 수 있다. 따라서 우리나라는 다른 나라에 비해 외국인에 대한 정부의 제도적 배려가 미흡한 편이라는 점에 문제를 제기한다는 내용은 적절하다.

③ (나)에서 우리나라로 들어오는 외국인들의 수는 해마다 급속히 늘어나고 있으나 이들에 대한 사회의 시선이 여전히 차가운 상황임을 알 수 있다. 따라서 외국인의 증가에도 불구하고 우리의 사회적 인식과 대응은 그러한 변화를 따라가지 못하고 있다는 점을 밝힌다는 내용은 적절하다.

④ (가)에서 외국인 근로자가 유발하는 생산 증가 효과와 소비 증가 효과가 점차 커진다는 것을 알 수 있다. 따라서 외국인을 사회 구성원으로 수용하고 그들을 위한 정책을 펴는 것이 국가 경제 발전에도 유리하다는 점을 강조한다는 내용은 적절하다.

020

정답 | ③

해설 | ㄱ~ㄷ 중 대화에 대한 평가로 적절한 것은 ㄱ과 ㄷ이다.

ㄱ. 갑은 두 번째 대화에서 "일과 가정을 양립하기 쉽지 않아 여성들이 출산을 기피하는 현실은 멈출 기미가 안 보이네요"라며 현실 문제를 지적한다. 을 역시 두 번째 대화에서 갑의 우려에 동조하며 "기업 문화의 변화와 함께 사회적 인식이 개선되지 않는다면 결코 바뀔 수 없는 부분"이라고 강조하고 있다. 따라서 여성의 경력 단절 문제 심화를 지적하는 연구 결과는 갑과 을의 현실적 우려를 뒷받침함으로써, 갑과 을의 입장을 '강화'한다.

ㄷ. 을은 첫 번째 대화에서 "다양한 지원책 덕분에 출산율이 점차 회복되는 조짐도 보이고 있으니, 시간이 지나면 충분히 괜찮아질 거예요."라고 말하며, 정부의 지원책이 출산율 상승에 긍정적 효과를 낳고 있음에 주목한다. 그런데 그런 지원책이 예상보다 출산율 상승에 미치는 영향이 제한적이라는 연구 결과는 을의 생각에 반하는 자료이므로, 을의 입장을 '약화'한다.

오답피하기 |

ㄴ. 갑은 두 번째 대화에서 "정책 효과가 충분한 정도로 빠르게 나타나지는 않고 있다는 점이 문제예요."라고 말하며, 정책의 실효성에 관해 우려하고 있다. 그런데 일부 지방 정부의 복지 정책이 빠르게 좋은 결과를 만들어 냈다는 주장은, 정책 효과가 빠르게 나타나지 않는다는 갑의 우려와는 상반되므로, 갑의 입장을 '강화'하는 것이 아니라 '약화'한다.

모의고사 22회

001 ④	002 ③	003 ①	004 ③	005 ④
006 ③	007 ④	008 ④	009 ④	010 ③
011 ②	012 ②	013 ②	014 ②	015 ④
016 ④	017 ①	018 ③	019 ③	020 ②

S#.22 3문제 연속으로 어려운 문제가 나온다면...

킬러 ① 문법 [15번]
킬러 ② 강화 약화 [16번]
킬러 ③ 독해 추론 [17번]

이 회차는 지문의 글자 수 7059자로 짧은 편이고, 평균 정답률이 81%로 쉬운 편에 속한다. 킬러 문제는 3문제로 어찌 보면 무난한 시험 같지만 70~80%대의 문제를 대거 배치해 뒀기 때문에 하위권과 중상위권의 격차가 크게 벌어질 수 있는 형태로 출제되었다. 이 회차에는 킬러 문제를 연달아 3문제 배치하였다. 이런 경우 멘탈이 약한 학생들이 무너지는 경우가 꽤 발생한다. 어려운 문제 다음에 어려운 문제를 실전에서 만나면 무너지는 학생들이 많다. 이번 회차를 통해서 예방 효과를 얻어보자.

001
정답 | ④

해설 | '추진하다'는 추진하는 대상이 필요하고, '추진되다'는 추진되는 주체가 필요하다. 따라서 '능동과 피동 등 헷갈리기 쉬운 것에 유의할 것'이라는 원칙에 따라 ㉣을 '자율화 방안이 차질 없이 추진되는 중' 또는 '자율화 방안을 차질 없이 추진하는 중'으로 수정해야 한다.

오답피하기 |
① '패러다임'은 '틀/체계/방식'으로 바꿔 쓰는 것이 좋다. 따라서 '외국어나 외래어는 우리말로 다듬을 것'이라는 원칙에 따라 ㉠을 '체계'로 수정하는 것은 적절하다.
② '착수'는 '어떤 일을 시작함'을 뜻하므로, '착수 시작'은 의미가 중복된다. 따라서 '중복되는 표현을 삼갈 것'이라는 원칙에 따라 ㉡을 '착수'로 수정하는 것은 적절하다.
③ '~을 필요로 하다'는 영어 번역 투 표현에 해당한다. 따라서 '영어 번역 투를 우리말답게 바꿔 쓸 것'이라는 원칙에 따라 ㉢을 '현장에서 필요한'으로 수정하는 것은 적절하다.

002
정답 | ③

해설 | 1문단의 "우리 몸에 생기는 염증은 세균, 바이러스, 먼지 등 외부에서 들어온 해로운 물질이나 상처로 인한 조직 손상을 막기 위한 자연스러운 방어 작용이다. ~ 몸은 곧바로 염증 반응을 시작한다."와, 2문단의 "조직이 손상되면 ~ 백혈구와 같은 면역 세포가 상처 부위로 몰려가 세균이나 손상된 세포 조각을 제거한다. 이 과정에서 ~ 혈관 벽이 조금 헐거워진다. 그러면 면역 세포들이 더 쉽게 이동할 수 있다."를 통해 적절한 진술임을 알 수 있다.

오답피하기 |
① 2문단에 따르면 '사이토카인'과 '히스타민'은 혈관 벽을 헐거워지게 하여 면역 세포가 쉽게 이동하도록 돕는 역할을 한다. 즉 세균을 직접 방어하는 것이 아니라 면역 세포의 이동을 돕는 것과 같은 간접적인 기능을 하는 것이다. 실제로 세균 제거는 주로 면역 세포(백혈구)의 역할이므로, ①의 진술은 적절하지 않다.
② 3문단의 "몸은 상처가 회복되면 염증 반응을 서서히 줄이는 장치도 가지고 있다."를 통해, 상처가 회복되면 염증 반응이 '일어나는' 것이 아니라, 서서히 '줄어든다'라는 것을 알 수 있다. 인과관계를 잘못 제시한 ②의 진술은 적절하지 않다.
④ 1문단에서는 "우리 몸에 생기는 염증은 세균, 바이러스, 먼지 등 외부에서 들어온 해로운 물질이나 상처로 인한 조직 손상을 막기 위한 자연스러운 방어 작용이다."라고 설명한다. 즉 염증의 원인에는 세균, 바이러스뿐 아니라 '먼지' 등 외부 해로운 물질도 포함되므로, 무생물인 먼지가 염증의 원인이 아니라는 ④의 진술은 적절하지 않다.

003
정답 | ①

해설 | 지문에서는 여론에 국민의 의지가 깃들어 있다고 하더라도 여론을 항상 옳다고 봐서는 안 된다고 말한다. 즉 여론은 옳을 때도 있지만 옳지 않을 때도 있는 야누스적인 성격을 지니고 있다고 주장하는 것이다. 따라서 이 글의 핵심은 여론은 이중적 속성을 띠고 있다는 것이다. 정답은 ①번이 되겠다.

004
정답 | ③

해설 | 주어진 조건들을 기호화하면 다음과 같다.

조건1. ~관리자 협의 → ~다른 장소 근무
조건2. ( )
결론. 업무 효율성 → 관리자 협의

1) 결론인 '업무 효율성 → 관리자 협의'를 도출하기 위해서는 결합 법칙을 활용해야 한다.
2) '~다른 장소 근무 → ~업무 효율성'이 추가되면 조건1과 결합하여 '~관리자 협의 → ~다른 장소 근무 → ~업무 효율성'이 되며, '~관리자 협의 → ~업무 효율성'이 도출된다.
3) 2)에서 도출된 '~관리자 협의 → ~업무 효율성'은 결론인 '업무 효율성 → 관리자 협의'의 대우이다.
4) 즉, '~다른 장소 근무 → ~업무 효율성'이 추가되어야 한다.
5) 따라서 정답은 '다른 장소에서 근무하지 못하는 직원은 업무의 효율성이 높지 않다'이다.

선택지의 내용을 기호화하면 다음과 같다.

> ① '관리자 협의 → 업무 효율성'
> ② '다른 장소 근무 → 업무 효율성'
> ④ '~업무 효율성 → ~다른 장소 근무'

005
정답 | ④

해설 | ㄱ~ㄷ 중 대화에 대한 평가로 적절한 것은 ㄴ과 ㄷ이다.

ㄴ. 갑은 스마트 시티가 첨단 기술을 활용해 도시 문제를 해결하고 효율성을 높일 수 있다고 주장한다. 따라서 구도심에 스마트 기술 기반 교통 관리 시스템을 구축해 교통 체증을 크게 줄인 사례는, 첨단 기술의 효용성을 입증하는 근거로 작용하므로, 갑의 입장을 '강화'한다.

ㄷ. 을은 스마트 인프라 구축이 공동체를 붕괴시키고 지역 고유의 문화나 정체성을 사라지게 만들 수 있다고 주장하며, 스마트 인프라 구축을 부정적으로 바라본다. 따라서 스마트 시티 프로젝트로 인해 구도심 상권이 붕괴되고 전통 시장이 사라졌다는 보고는, 을의 우려를 뒷받침하는 근거에 해당하므로, 을의 입장을 '강화'한다.

오답피하기 |

ㄱ. 을은 스마트 인프라 구축이 공동체를 붕괴시키고 지역 고유의 문화나 정체성을 사라지게 만들 수 있다고 주장하며, 스마트 인프라 구축을 부정적으로 바라본다. 따라서 스마트 시티 구축 후 빈부격차가 심화되었다는 조사 결과는, 을의 우려를 뒷받침하는 근거에 해당하므로, 을의 입장을 '약화'하는 것이 아니라 오히려 '강화'한다.

006
정답 | ③

해설 | ㉠은 특정한 상품보다 보험사가 추구하는 가치를 표현한 감성적 광고이고, ㉡은 좋은 어른이 되기 위해서 모험이 필요하다는 점을 강조하여 여행을 떠나도록 동기를 유발하는 감성적 광고이다. 따라서 ㉡은 이성적 광고의 예로 적절하지 않다.

오답피하기 |

① ㉠은 티슈와 그리움이라는 이미지를 관련지은 감성적 광고이고, ㉡은 다운 패딩보다 보온력이 좋다는 제품의 속성을 강조한 이성적 광고이다.

② ㉠은 커피를 여행에 빗댐으로써 즐거움을 느끼게 하는 감성적 광고이고, ㉡은 바나나를 두 번이나 세척하여 껍질까지 깨끗하다는 차별성을 부각한 이성적 광고이다.

④ ㉠은 술과 고백이라는 사랑의 이미지를 관련지은 감성적 광고이고, ㉡은 스틱에 가루가 아닌 커피 원액을 넣었다는 차별성을 강조한 이성적 광고이다.

007
정답 | ④

해설 | 빈칸 앞부분에 따르면 가장 바깥쪽에 있는 대뇌피질을 향해 갈수록 후천적이며 해석이 필요한 내용과 관련이 있으며, 긍정적 정서를 담당하는 대뇌피질은 상대적으로 더 바깥쪽에 분포하고 있다. 따라서 빈칸에 들어갈 말로 가장 적절한 것은 '긍정적 정서를 느끼기 위해서는 후천적 노력이 필요하다는 것'이다.

오답피하기 |

①, ②, ③ 지문에 따르면 우리의 뇌는 일반적으로 내부와 중심으로 들어갈수록 본능, 즉 타고난 것들과 관련이 있으며, 일반적으로 부정적 정서를 담당하는 뇌 구조물들은 안쪽에 있다. 따라서 부정적 정서는 나 스스로가 만들어 낸 불행이라거나, 긍정적 정서를 추구하는 것이 인간의 생득적 본능이라거나, 부정적 정서가 나와 타인을 비교하기 때문에 발생한다고 보기는 어렵다.

008
정답 | ④

해설 | ㄱ에서 고사리의 부분 중 뿌리줄기에 대해 설명하고 있으므로, ㄱ 다음에도 고사리의 일부분에 대한 설명이 이어지는 것이 적절하다. 이때 ㄷ에서 고사리의 부분 중 식용으로 채취하는 것은 잎자루와 잎이라고 하며 잎자루에 대해 설명하고, ㅁ에서 잎에 대해 설명하고 있으므로, ㄱ 다음으로 ㄷ - ㅁ이 오는 것이 적절하다. 그리고 ㄴ에서는 고사리가 온난다습한 곳에 서식하며 경사진 곳에서도 잘 자라난다고 하였고, ㄹ에서 고사리가 이러한 습성과 생명력 덕분에 인류보다 긴 역사를 가지고 있다고 하였으므로 ㄷ - ㅁ 다음으로 ㄴ - ㄹ이 이어지는 것이 적절하다.

009
정답 | ④

해설 | 필자는 핵무기를 보유하는 국가가 많아질수록 전쟁은 결코 일어나지 않는다는 낙관론도 있지만, 이 입장은 자칫 잘못하면 그 낙관론 자체에만 빠질 우려가 있다고 지적하고 있다. 따라서 필자의 입장으로 가장 적절한 것은 핵무기의 위험에도 불구하고 핵 확산이 전쟁의 가능성을 낮춘다는 생각을 경계해야 한다는 것이다.

오답피하기 |

① 필자는 핵무기를 수단으로 해서 전쟁을 일으키려는 것은 자멸의 길을 택하는 격이 된다고 우려하고 있다. 따라서 정치적 패권을 장악하기 위해서 새로운 무기를 발명해야 한다는 것은 필자의 입장으로 보기 어렵다.

② 필자는 핵무기를 갖지 않은 모든 국가들이 핵무기 소유국에 의존하고 있는 것이 현실이므로, 독립 국가라는 의미도 다시 생각해 보아야 할 것이라고 말하고 있다. 그러나 이는 핵무기 소유와 관련된 불가피한 국제적 정세에 대한 설명일 뿐, 필자가 핵무기 소유국에 의존하지 말아야 한다고 주장하는 것은 아니다.

③ 필자는 핵무기를 수단으로 해서 전쟁을 일으키려는 것은 자멸을 길을 스스로 택하는 격이 된다고 지적하고 있다. 핵전쟁이 일어나지 않는다고 가정하는 것은 필자의 입장으로 보기 어렵다.

010
정답 | ③

해설 | 1문단의 "조선 후기에 창작된 「홍계월전」"과 2문단의 "또한 주인공이 사회적, 국가적 문제를 해결하는 과정에서 주도적으로 활약함으로써, 당대 여성의 사회 진출 가능성과 남녀 평등에 대한 여성들의 소망을 드러낸다."를 통해, 「홍계월전」은 조선 후기 여성들의 사회적 지위 향상과 평등에 대한 열망을 문학적으로 형상화하였다는 것을 알 수 있다.

오답피하기 |

① 2문단의 "이러한 전개는 기존의 영웅 소설과 차별되는 특징을 지닌다. 특히 이 작품에서는 남편 보국이 아내 평국(홍계월)의 도움을 받는 장면이 그러하다. ~ 이는 전통적인 남성 중심의 영웅 서사와는 달리, 여성의 능력이 남성보다 뛰어날 수 있음을 보여준다."를 통해 적절하지 않음을 알 수 있다.

② 1문단의 "홍계월은 처음에는 남성의 모습을 하고 활약하지만, 이후 다시 여성의 신분으로 돌아가면서도 나라를 위해 영웅적인 행동을 멈추지 않는다."를 통해 적절하지 않음을 알 수 있다.

④ 지문에서는 "이는 전통적인 남성 중심의 영웅 서사와는 달리, 여성의 능력이 남성보다 뛰어날 수 있음을 보여준다."라고 설명한다. 즉 남장한 모습은 남성의 능력이 뛰어나다는 점을 보여주는 것이 아니라, 오히려 여성의 능력이 남성보다 뛰어날 수 있음을 보여주는 예시로 볼 수 있으므로, ④의 진술은 적절하지 않다.

011
정답 | ②

해설 | ㉠은 '홍계월'을 뜻하는데, ㉡은 남장한 '홍계월', ㉢은 다시 여성의 모습으로 돌아간 '홍계월'을 지시하므로 ㉠과 지시 대상이 같다. '홍계월'은 소설의 주인공이므로 ㉤ 역시 ㉠, ㉡, ㉢과 지시 대상이 같다. 그러나 ㉣은 '홍계월'의 남편인 '보국'을 지시하고, ㉥은 남녀 평등을 소망한 당대 여성 전체를 지시하므로 ㉠, ㉡, ㉢, ㉤과 지시 대상이 동일하지 않다. 따라서 정답은 ②번이다.

012
정답 | ②

해설 | 3문단에서 염증 반응은 감염이 주변 조직으로 확산되는 것을 막아주는 역할을 한다고 하였다.

오답피하기 |
① 히스타민을 분비하는 것은 '대식세포'가 아니라 '비만 세포'이다. (3문단)
③ 상처 부위를 덮어 상처의 확산을 방어하는 것은 '백혈구'가 아니라 '혈소판'과 '혈액 응고 단백질'의 역할이다. '백혈구'는 대식세포와 함께 우리 몸에 침입한 박테리아를 잡아먹는 역할을 한다. (3문단)
④ 1문단에서 '비특이적 방어 체계'는 '선천적으로 주어진' 방어 체계라고 하였으므로 적절하지 않다.

013
정답 | ②

해설 | ㉡의 '실현되다'는 '꿈, 기대 따위가 실제로 이루어지다.'라는 의미이므로 '사라지다'와 바꿔 쓰기에는 적절하지 않다.

오답피하기 |
① ㉠의 '획득되다'는 '얻어 내게 되거나 얻어 가지게 되다.'라는 의미이므로, '얻다'와 바꿔 쓰더라도 자연스럽다.
③ ㉢의 '분비하다'는 '(동물이 침이나 소화액, 호르몬 따위의 물질을) 세포나 몸밖으로 배출하다.'라는 의미이므로, '밖으로 나가게 하다.'라는 의미의 '내보내다'와 바꿔 쓰더라도 자연스럽다.
④ ㉣의 '발생하다'는 '어떤 일이나 사물이 생겨나다.'라는 의미이므로, '생겨나다'와 바꿔 쓰더라도 자연스럽다.

014
정답 | ②

해설 | ㉡에는 관리적 요인에 해당하는 산업재해의 원인이 들어가야 한다. '근로자의 과도한 업무와 피로 누적에 따른 집중력 저하'는 관리적 요인보다는 인간적 요인에 가까우므로 ㉡에 들어갈 내용으로 적절하지 않다.

오답피하기 |
① ㉠에는 산업재해로 인한 문제의 제기가 들어가야 한다. '산업재해로 인한 인명 피해와 경제적 손실 증가'는 이에 해당하므로 ㉠에 들어갈 내용으로 적절하다.

③ ㉢에는 교육적 대책에 해당하는 산업재해 문제의 해결 방법이 들어가야 한다. '정기적인 안전 교육을 통한 근로자의 안전 의식 제고'는 이에 해당하므로 ㉢에 들어갈 내용으로 적절하다.
④ ㉣에는 앞서 다룬 내용에 대한 요약이 들어가야 한다. 따라서 '다양한 요인의 복합적 작용으로 인한 다각적 대책 마련'은 이에 해당하므로 ㉣에 들어갈 내용으로 적절하다.

015
정답 | ④

해설 | 2문단에 따르면 최소 대립쌍 여부가 두 소리가 별개의 음운인지 아닌지를 가르는 중요한 기준이 된다. 그러나 '잠'과 '종'은 모음 /ㅏ/와 /ㅗ/의 차이뿐만 아니라 끝소리 /ㅁ/과 /ㅇ/의 차이도 있으므로 최소 대립쌍이 아니다. 따라서 '잠'과 '종'을 통해 모음 /ㅏ/와 /ㅗ/가 별개의 음운이라는 것을 파악할 수 있다고 보기 어렵다.

오답피하기 |
① '마루'와 '머루'는 모음 /ㅏ/와 /ㅓ/의 차이만으로 의미가 달라진다. 따라서 '마루'와 '머루'는 같은 위치에서 하나의 음운 차이로 단어의 뜻이 달라진다고 볼 수 있다.
② 1문단에 따르면 '굴'과 '꿀'은 첫소리 /ㄱ/과 /ㄲ/의 차이만으로 의미가 달라지므로 최소 대립쌍이다. 따라서 '살'과 '쌀'은 자음 /ㅅ/과 /ㅆ/의 차이로 의미가 달라지는 최소 대립쌍이라고 볼 수 있다.
③ 2문단에 따르면 '불'의 [ㅂ]과 '이불'의 [ㅂ]은 발음 환경에 따라 전자는 무성음인 [p]로 나고 후자는 유성음인 [b]로 나지만, 이 차이가 단어의 뜻을 달라지게 하지는 않으므로 동일한 음운으로 인정된다.

016
정답 | ④

해설 | 이 글은 재택근무제를 시행한다고 업무 환경이 반드시 개선되는 것은 아니라고 주장하고 있다. 즉 이를 논리적 기호로 표현하자면 '~(재택근무제 → 업무 환경 개선) ≡ 재택근무제∧~업무 환경 개선'이 된다. 그리고 이를 약화하려면 전체에 부정 부호를 씌우면 되므로 '~~(재택근무제 → 업무 환경 개선) ≡ 재택근무제 → 업무 환경 개선 ≡ ~업무 환경 개선 → ~재택근무제'가 된다. ④번을 기호화하면 '~업무 환경 개선 → ~재택근무제'이므로 이 글의 논지를 약화하게 된다. 따라서 정답은 ④번이다.

오답피하기 |
① 이 글의 논지를 약화하기 위해서는 '재택근무제 → 업무 환경 개선 ≡ ~업무 환경 개선 → ~재택근무제'가 되어야 한다. ①번은 '업무 환경 개선∧재택근무제'이므로 정답이 될 수 없다.
② 이 글의 논지를 약화하기 위해서는 '재택근무제 → 업무 환경 개선 ≡ ~업무 환경 개선 → ~재택근무제'가 되어야 한다. ②번은 '업무 환경 개선∧~재택근무제'이므로 정답이 될 수 없다.
③ 이 글의 논지를 약화하기 위해서는 '재택근무제 → 업무 환경 개선 ≡ ~업무 환경 개선 → ~재택근무제'가 되어야 한다. ③번은 '~업무 환경 개선∧재택근무제'이므로 정답이 될 수 없다.

017
정답 | ①

해설 | 2문단에 따르면, 맹목의 영역은 "나는 모르지만 타인은 아는 부분"이고, 피드백은 "타인의 반응을 얼마나 잘 받아들이는지"를 설명하는 개념이다. 그런데 피드백이 부족하면 타인의 평가나 반응을 잘 받아들이지

못해, '타인은 알지만 자신이 모르는' 자신의 모습(=맹목의 영역)이 넓어진다. 따라서 ①의 진술은 적절하다.

② 2문단의 "미지의 영역은 나도 타인도 모르는 나의 모습이다."와 3문단의 "미지의 영역이 넓으면 고립형에 속한다."를 통해, 나도 타인도 모르는 나의 모습은 '신중형'이 아니라 '고립형'에 해당한다는 것을 알 수 있다.
③ 2문단에 따르면, '미지의 영역'은 "나도 타인도 모르는 나의 모습"이다. "나는 모르지만 타인은 아는 부분"은 '미지의 영역'이 아니라 '맹목의 영역'에 해당하므로, ③의 진술은 적절하지 않다.
④ 3문단에서는 자기 공개와 피드백에 대한 질문에 매긴 점수를 바탕으로 사각형의 네 영역을 나눌 수 있다고만 설명할 뿐, 점수와 사각형 영역 간의 상관관계에 대해 직접 설명하고 있지는 않다.

018

정답 | ③

해설 | ㉠은 '자신을 솔직하게 드러내는가'를 뜻하는 '자기 공개'이다. 반면 ㉡은 '타인의 반응을 잘 받아들이는가'를 뜻하는 '피드백'이다. 이는 곧 ㉣인 '나는 타인의 평가에 귀 기울이는가?'를 뜻한다. 한편 ㉢은 '맹목의 영역'으로 '나는 모르지만 타인은 아는 부분'을 뜻하고, ㉤은 '공개적 영역'으로 '나도 알고 있고 타인도 아는 나의 모습'을 뜻한다. ㉥은 '고립형'으로 '나도 타인도 모르는 나의 모습'인 '미지의 영역'이 넓은 것을 뜻한다. 이는 '자기 공개'나 '피드백'이라고 지칭할 수는 없는 것이다. 따라서 ㉠~㉥ 중 문맥적 의미가 동일한 것끼리 모두 묶은 것은 '㉡, ㉣'이다.

019

정답 | ③

해설 | 주어진 조건들을 기호화하면 다음과 같다.

> 조건1. 숙박세일페스타 → 비수도권 여행
> 조건2. 비수도권 여행∧~수도권 거주
> 조건3. (   )
> 결론. ~수도권 거주∧숙박세일페스타

1) 조건2인 '비수도권 여행∧~수도권 거주'는 교환 법칙에 따라 '~수도권 거주∧비수도권 여행'으로 변형할 수 있다.
2) 결론인 '~수도권 거주∧숙박세일페스타'를 도출하기 위해서는 1)에서 도출된 '~수도권 거주∧비수도권 여행'에서 '비수도권 여행'을 '숙박세일페스타'로 바꾸어 주면 된다.
3) 즉, '비수도권 여행 → 숙박세일페스타'가 추가되어야 한다.
4) 따라서 정답은 '비수도권 지역으로 여행을 가는 모든 사람은 숙박세일페스타 행사에 참여해요'이다.

선택지의 내용을 기호화하면 다음과 같다.

> ① '수도권 거주 → 숙박세일페스타'
> ② '수도권 거주∧~숙박세일페스타'
> ④ '비수도권 여행∧숙박세일페스타'

020

정답 | ②

해설 | 3문단에 따르면 '하다'라는 동사 뒤에는 오직 '-였-'만 올 수 있으며, 이처럼 특정 형태소에만 결합하는 형태소를 형태론적 이형태라고 한다. 즉, '-였-' 역시 앞말의 영향에 따라 사용 여부가 결정된다. 따라서 '-였-'은 앞말에 영향을 받지 않고 나타난다는 설명은 적절하지 않다.

① 3문단에 따르면 과거 시제를 나타내는 '-았-'과 '-었-' 역시 음운론적 이형태이다. 'ㅏ, ㅗ'로 끝나는 양성 모음 뒤에는 '-았-'이, 그 외 모음으로 끝나면 '-었-'이 결합한다. 따라서 '-았-'과 '-었-'은 앞 모음에 영향을 받는 음운론적 이형태라는 설명은 적절하다.
③ 3문단에 따르면 'ㅏ, ㅗ'로 끝나는 양성 모음 뒤에는 '-았-'이 결합한다. 따라서 '-았-'은 양성 모음 뒤에 나타나므로 '가다'에도 '-았-'이 결합한다는 설명은 적절하다.
④ 2문단에 따르면 주격 조사 '이'와 '가'의 경우 동일한 문법적 의미를 띠지만 앞말의 환경에 따라서 사용 여부가 달라진다. 따라서 '이'와 '가' 같은 조사는 동일한 의미를 띠지만 다른 형태로 나타난다는 설명은 적절하다.

모의고사 23회

001 ③	002 ②	003 ①	004 ④	005 ④
006 ③	007 ②	008 ①	009 ④	010 ③
011 ③	012 ③	013 ②	014 ④	015 ④
016 ②	017 ①	018 ③	019 ②	020 ③

S#.23 화법이 굉장히 어렵게 출제된다면...

킬러 ① 문법 [4번]
킬러 ② 화법 [13번]
킬러 ③ 강화 약화 [15번]
킬러 ④ 문학 [17번]

상위권 학생들도 화법을 킬러 문제로 출제하면 당황스럽다. 오히려 화법을 감으로 푸는 하위권 학생들은 화법이 어렵게 나와도 평상시와 동일한 방법으로 문제를 풀기 때문에 무난하게 넘어간다. 이 회차의 평균 정답률은 83%로 상당히 쉬운 시험에 속한다. 그렇기 때문에 상위권은 100점 욕심을 낼 수 있겠으나 화법 1문제의 정답률이 50%대로 매우 어렵다. 만약 100점 욕심 때문에 이 문제에 말려 버리면 시간이 부족해질 수도 있다. 주의하자. 지문의 글자 수는 7264자이다.

001

정답 | ③

해설 | '물건'을 수식하는 관형절의 길이가 지나치게 길어, '문 앞에 걸어두곤 하는'이 '대나무'를 수식하는 것으로 해석되기도 하고 '대나무로 만든 물건'을 수식하는 것으로 해석되기도 한다. 그러나 수정한 문장 역시 관형절의 길이가 지나치게 길다. 따라서 해당 문장을 ⓒ에 따라 "이것은 대나무로 만든 물건으로, 많을 복을 기원하면서 문 앞에 걸어두곤 하는 것이다."로 수정해야 한다.

오답피하기 |

① 서술어 '필요하다'는 목적어가 있어야 하는 서술어가 아니므로, '필요하다'와 호응할 수 있도록 주격 조사를 써서 '긴급 구호가'로 수정해야 한다. 따라서 해당 문장을 ⑤에 따라 "긴급 구호가 필요한 어린이와 여성에게 인도주의를 실천하고 있다."로 수정하는 것은 적절하다.

② 정부가 국민을 대상으로 어떠한 정책 등을 추진하고자 하는 것을 설명할 때 과도한 높임 표현이 사용되는 경우가 자주 발생한다. 따라서 해당 문장을 ⓛ에 따라 "정부는 국민의 조세 부담이 줄어들도록 해당 조치를 지속적으로 점검해 나가겠다고 밝혔다."로 수정하는 것은 적절하다.

④ '모니터링하다'는 '관찰하다/지켜보다'로 바꿔 쓰는 것이 좋다. 따라서 해당 문장을 ㉣에 따라 "외환시장을 자세히 지켜보고, 외환보유액을 확충하였다."로 수정하는 것은 적절하다.

002

정답 | ②

해설 | 1문단의 "엉덩이 근육은 비교적 두껍고 넓어 자극성 약물로 인한 조직 손상을 최소화할 수 있다."를 통해, 자극성 약물은 엉덩이 주사에 적합하다는 것을 알 수 있다. 2문단에서는, 팔 주사는 자극성이 약한, 즉 부작용 위험이 적은 약물에 사용된다고 설명하므로, 팔 주사가 자극성 약물로 인한 조직 손상을 줄인다는 ②의 진술은 적절하지 않다.

오답피하기 |

① 3문단의 "엉덩이 주사를 놓기 전 간호사가 엉덩이를 가볍게 두드리는 이유는 통증 전달을 담당하는 신경 중 굵은 신경을 자극해 통증 신호를 차단하기 위함이다."를 통해 적절한 진술임을 알 수 있다.

③ 2문단의 "팔 주사는 주로 예방 주사와 같이 부작용 위험이 적고, 약물이 천천히 흡수되어도 무방한 경우에 사용된다."를 통해 적절한 진술임을 알 수 있다.

④ 1문단의 "엉덩이 주사는 ~ 약물이 근육 내에서 빠르게 흡수되고, 혈관으로 직접 들어가는 것을 방지하여 쇼크 등 부작용을 줄일 수 있기 때문이다."를 통해 적절한 진술임을 알 수 있다.

003

정답 | ①

해설 | 지문에 따르면 '우리'는 화자와 청자를 모두 아우르는 1인칭 대명사지만, 화자만 지칭하기도 한다. 즉, '우리'가 나타내는 범위는 경우에 따라 '너(청자)'가 포함되거나 포함되지 않을 수 있다. 해당 문장의 '우리'는 청자인 '영이'를 제외한 '나(화자)'의 집단이므로 '너(청자)'를 포함하고 있지 않다. 나머지 선택지의 '우리'는 모두 '너(청자)'가 포함되어 있다.

오답피하기 |

② 해당 문장의 '우리'는 '나(화자)'와 '너(청자)'를 포함한 '우리 회사'의 구성원 모두를 지칭한다.

③ 해당 문장의 '우리'는 '나(화자)'와 '너(청자─부장님)'를 포함한 '야유회'에 참석할 인물 모두를 지칭한다.

④ 해당 문장의 '우리'는 함께 영화를 볼 '나(화자)'와 '너(청자─철수)'를 지칭한다.

004

정답 | ④

해설 | 2문단에 따르면 겹받침의 경우 첫 번째 자음만 발음되는 것이 원칙이지만, 뒤에 오는 음절의 첫소리나 조사에 따라 두 번째 자음이 드러나기도 한다. 예를 들어, '넓다'는 [널따]로 발음되지만 '넓으니'의 경우에는 [널브니]로 발음된다. 즉, '몫이'는 '몫'에 조사 '이'가 결합했기 때문에 두 번째 자음이 발음된다. 따라서 '몫이'의 'ㄳ'은 첫 번째 자음만 발음되는 것이 아니라 두 번째 자음도 발음된다.

오답피하기 |

① 1문단에 따르면 종성에 오는 자음들은 음절의 끝소리 규칙에 따라, 'ㅅ, ㅆ, ㅈ, ㅊ, ㅌ, ㅎ' 등은 모두 'ㄷ'으로 발음된다. 따라서 '있다'의 'ㅆ'은 대표음 'ㄷ'으로 바뀌어 발음된다.

② 2문단에 따르면 '밟다'는 첫 번째 자음이 아니라 두 번째 자음이 발음돼 [밥ː따]로 발음된다. 따라서 '밟다'나 '밟고' 모두 종성의 'ㅂ'은 발음된다.

③ 1문단에 따르면 모음으로 시작하는 형식 형태소가 올 경우에는 연음이 될 뿐, 대표음으로 바뀌지 않는다. 즉, '밖에'는 '밖'에 조사 '에'가 결합한 것이므로 [바께]로 발음되어야 한다. 따라서 '밖에'에서 'ㄲ'은 대표음으로 바뀌어 발음되지 않는다.

005

정답 | ④

해설 | 이 글은 시를 소리 내어 읽어 보아야 그 의미를 정확히 파악할 수 있다고 말하고 있다. 또한 여러 번 낭송하다 보면 그 의미를 다채롭게 파악할 수 있다고 말하고 있다. 따라서 이 글의 주제는 "시를 읽을 때에는 여러 번 소리 내어 읽어 보아야 한다."가 되겠다.

006

정답 | ③

해설 | 밀그램의 실험은 실험 대상자에게 어떤 협박 없이 단순히 실험을 계속 진행하라는 명령만 내리는 것뿐이다. 문제는 그 명령 때문에 사람의 목숨이 위태로울 수 있다는 것이다. 그럼에도 불구하고 피실험자는 주어진 명령에 충실하여 사람을 죽일 수도 있는 명령을 수행하였다. 따라서 실험을 통해 "인간은 권위에 복종함으로써 인간성을 포기할 가능성이 있다"라는 결론을 얻을 수 있다.

오답피하기 |

① 피실험자가 무조건적 복종을 요구받을 때 적대감을 가지게 되었다는 내용은 지문에 없다.

② 피실험자는 특별한 보상 없이 명령을 수행했다.

④ 피실험자는 처벌에 대한 공포 때문에 복종한 것이 아니다. 그저 명령이어서 묵묵히 수행했을 뿐이다.

007

정답 | ②

해설 | 선지의 정답 구성으로 볼 때, 맨 처음 단락은 (나) 아니면 (다)다. 각각의 내용을 살펴보자. 우선 (나)는 염료가 일정한 색으로 보이는 이유가 특정 파장의 빛만 흡수하는 공명 현상 때문이라고 설명하며, 공명의 개념을 제시하고 있다. 한편 (다)는 염료가 가시광선 중 특정 파장(예: 청색광)만 흡수하는 예시와, 그 결과 물체가 황색으로 보이는 원리를 설명하고 있다. 그런데 (다)는 'TV 수상기와 마찬가지로'로 문장을 시작하고 있으므로, 첫 단락으로는 적합하지 않다. 앞 단락에 'TV 수상기'에 대한 설명이 제시된 후에야 (다)가 진술될 수 있기 때문이다. 따라서 정답은 ① 아니면 ②로 좁혀진다.

이제 (나) 다음 문단으로 위치할 문단이 (다)와 (라) 중 어떤 것인지를 결정하면 된다. 그런데 (다) 앞에는 'TV 수상기'에 대한 설명이 제시되어야 하지만, 첫 단락인 (나)에는 TV 수상기에 대한 언급이 없다. 반면 (라)에는 그러한 내용이 존재하므로, (나) 다음에 위치할 단락은 (라)가 적합하다. 따라서 정답은 ②이다.

(나): 염료가 일정한 색으로 보이는 이유가 특정 파장의 빛만 흡수하는 공명 현상 때문이라고 설명하며, 공명의 개념을 제시하고 있다.

(라): TV 안테나가 여러 파장의 전파를 받지만, 특정 채널 전파만 선택해서 영상을 출력하는 원리를 설명한다.

(다): 염료가 가시광선 중 특정 파장(예: 청색광)만 흡수하는 예시와 그 결과 물체가 황색으로 보이는 원리를 설명한다.

(가): 염료 분자는 특정 파장의 빛을 흡수하는 원자단(채널)을 가지고 있고, 화학 구조를 바꾸면 색깔도 바뀌는 것을, TV 채널이 바뀌는 것에 비유해 설명한다.

008

정답 | ①

해설 | 2문단 마지막 부분의 "그는 ~ 페르소나에만 집착하거나 맨얼굴만 고집하는 극단에서 벗어나야 한다"를 통해, 에픽테토스는 페르소나(사회적 역할, 가면)와 맨얼굴(내면, 진짜 자아)의 균형을 유지하는 삶을 중요하게 생각한다는 것을 알 수 있다.

오답피하기 |

② 에픽테토스는 통제할 수 없는 것(페르소나, 지위, 평판 등)과 통제할 수 있는 것(내면, 믿음 등)을 구분할 뿐, 페르소나를 버리라고 말하지는 않았다.

③ 2문단의 "통제할 수 있는 것은 믿음이나 욕구와 같은 자신의 내면, 즉 맨얼굴과 관련된 것이다."를 통해, 에픽테토스는 믿음과 욕구 같은 자신의 내면을 통제할 수 있다고 생각한다는 것을 알 수 있다. 하지만 그가 '내면을 통제하기보다는 이해하고 수용해야 한다'라고 생각하는지는 알 수 없다. 또한 후술 내용인 "맨얼굴이 건강해야 페르소나를 효과적으로 쓸 수 있으며"를 통해, 그가 내면을 건강하게 만들어야 한다는 생각을 지니고 있다는 점을 알 수 있을 뿐, '내면을 이해하고 수용해야 한다'라고 생각하는지는 지문의 내용만으로는 알 수 없다.

④ 감정을 항상 솔직하게 드러내야 한다는 내용은 언급된 적이 없다.

009

정답 | ④

해설 | 1문단에 따르면 '라파엘 전파'는 당시의 이상적이고 교훈적인 미술, 관습적이고 인위적인 미술에 반발하여 르네상스 초기의 '순수하고 참신한 미술 세계로 돌아가자'는 운동을 주도한 모임이었다. (가)에는 이러한 내용이 반영되어야 하므로, '예술을 위한 예술'이 들어가는 것이 적절하다. 순수한 미술을 지향하는 라파엘 전파의 바람이 반영되어야 하기 때문이다. 반면 '사회를 위한 예술'은 예술이 예술 그 자체로 존재하는 것이 아니라 '사회를 위한 수단'으로 기능해야 한다는 의미를 내포하고 있으므로 라파엘 전파의 취지에 부합하지 않는다.

한편 2문단에서는, 대상을 이상화하거나 우의적으로 그렸던 당시 경향에 맞서, 라파엘 전파가 '인간적 고뇌와 순수한 정신, 상상력과 감정의 정화'를 예술의 본질로 여겼다는 점을 설명하고 있다. 따라서 (나)에는 이러한 라파엘 전파의 회화적 경향이 반영되어야 하므로 '내면적 본질과 감정'이 들어가는 것이 적절하다. '외부적 환경과 이성'은 2문단에서 제시한 라파엘 전파의 경향성과는 상반되는 내용이므로 (나)에 들어갈 내용으로는 적절하지 않다.

010

정답 | ③

해설 | ⓒ의 '추종하다'는 '좋아서 따르다.'라는 뜻이므로, '일정한 범위나 표준에서 벗어나다.'라는 의미인 '뛰어넘다'와 바꿔 쓰기에는 적절하지 않다.

오답피하기 |

① ⓐ의 '축적하다'는 '지식, 경험, 자금 따위를 모아서 쌓다.'라는 의미이므로, '쌓다'와 바꿔 쓸 수 있다.

② ㉣의 '주도하다'는 '주동적인 처지가 되어 이끌다.'라는 의미이므로, '이끌다'와 바꿔 쓸 수 있다.

④ ㉣의 '연출하다'는 '어떤 상황이나 상태를 만들어 내다.'라는 의미이므로, '만들어 내다'와 바꿔 쓸 수 있다.

011
정답 | ③

해설 | 면역 반응이란, 바이러스와 같은 항원이 우리 몸을 침투했을 때, 이전에 만들어졌다가 일부 '기억 세포로 남은 항체'가 항원(바이러스)을 신속히 제거하는 생체의 작용을 말한다. 다시 말해, '기억 세포'가 면역 반응을 일으킨다. 그런데 백신 예방 접종은 이러한 면역 반응을 만들어 내는 역할을 한다. 이 내용을 종합하면, "백신 예방 접종은 몸에서 면역 반응을 일으키는 기억 세포를 만드는 것"이라고 할 수 있다.

오답피하기 |

① '활성화된 보조 T세포'가 사이토카인을 분비하면 B세포가 활성화된다. 즉 '기억 보조 T세포'가 사이토카인을 분비하는 것이 아니다.(3문단)

② '항원'은 바이러스나 세균처럼 우리 몸에 침입한 외부 물질을 의미한다.(1문단) 대식세포는 백혈구의 일종으로 이러한 항원을 잡아먹는 역할을 한다. 즉 대식세포는 원래부터 우리 몸에 존재하는 세포로, '항원'이 아니다.(2문단)

④ 잘린 항원 조각은 세포 내에서 특정 단백질과 '결합'한 후 세포 표면으로 이동한다. 즉 특정 단백질과 '분리'되는 것이 아니다.(2문단)

012
정답 | ③

해설 | ㉢의 '분화되다'는 '(생물의 조직이나 기관이) 발생 과정에서 형태적, 기능적으로 역할에 알맞게 변화되다.'라는 뜻이므로, '작아지다'와 유사한 표현이 아니다. 따라서 바꿔 쓰기에는 적절하지 않다.

오답피하기 |

① ㉠의 '억제하다'는 '자극으로 흥분한 신경 세포의 활동을 다른 신경 세포가 억누르다.'라는 의미이므로, '억누르다'와 바꿔 쓰더라도 자연스럽다.

② ㉡의 '제거하다'는 '없애 버리다.'라는 의미이므로, '없애다'와 바꿔 쓰더라도 자연스럽다.

④ ㉣의 '저해하다'는 '막아서 못 하도록 해치다.'라는 의미이므로, '가로막다'와 바꿔 쓰더라도 자연스럽다.

013
정답 | ②

해설 |

ㄱ(○): 갑은 보상과 처벌 체계를 정교하게 설계하면 모든 행동을 통제할 수 있다고 주장한다. 반면 을은 당근과 채찍으로는 진정한 변화를 이끌어 낼 수 없다고 주장하며, 보상과 처벌 체계만으로는 행동 변화에 한계가 있음을 주장하고 있다. 따라서 이 둘의 주장은 서로 대립한다.

ㄷ(○): 병은 보상과 처벌이 행동 변화에 미치는 영향력은 분명히 존재하지만 모든 상황에 만능은 아니라고 말하며 보상과 처벌 체계만으로는 모든 행동을 통제할 수 없다고 주장한다. 반면 갑은 보상과 처벌 체계를 정교하게 설계하면 모든 행동을 통제할 수 있다고 주장한다. 따라서 이 둘의 주장은 서로 대립한다.

오답피하기 |

ㄴ(×): 을은 당근과 채찍으로는 진정한 변화를 이끌어 낼 수 없다고 주장하며, 보상과 처벌 체계만으로는 행동 변화에 한계가 있음을 주장하고 있다. 병 역시 보상과 처벌이 모든 상황에 만능은 아니라고 말하며 보상과 처벌 체계만으로는 모든 행동을 통제할 수 없다고 주장한다. 따라서 이 둘의 주장은 대립하지 않는다.

014
정답 | ④

해설 | 제시된 조건을 기호화하면 다음과 같다.

조건1. 김 주무관 → 이 주무관 ≡ ~이 주무관 → ~김 주무관
조건2. 이 주무관 → 박 주무관 ≡ ~박 주무관 → ~이 주무관
조건3. ~박 주무관 → ~최 주무관 ≡ 최 주무관 → 박 주무관

제시된 조건만으로는 확정되는 것이 없으므로 선택지를 살펴보아야 한다. '박 주무관이 필기시험장 점검에 참여하지 않으면, 김 주무관도 참여하지 않는다'는 '~박 주무관 → ~김 주무관'이다. 조건2의 대우와 조건1의 대우를 결합하면 '~박 주무관 → ~이 주무관 → ~김 주무관'이 된다. 따라서 '~박 주무관 → ~김 주무관'이 도출된다.

오답피하기 |

① '최 주무관이 필기시험장 점검에 참여하면, 이 주무관도 참여한다'는 '최 주무관 → 이 주무관'이다. 그러나 조건2의 역인 '박 주무관 → 이 주무관'은 성립하지 않아 조건3의 대우와 결합할 수 없으므로 '최 주무관 → 이 주무관'은 도출되지 않는다.

② '김 주무관이 필기시험장 점검에 참여하면, 박 주무관은 참여하지 않는다'는 '김 주무관 → ~박 주무관'이다. 그러나 조건1과 조건2를 결합하면 '김 주무관 → 이 주무관 → 박 주무관'이 된다. 따라서 '김 주무관 → 박 주무관'이 도출된다.

③ '이 주무관이 필기시험장 점검에 참여하지 않으면, 최 주무관은 참여한다'는 '~이 주무관 → 최 주무관'이다. 그러나 조건2의 이인 '~이 주무관 → ~박 주무관'은 성립하지 않아 조건3과 결합할 수 없으므로 '~이 주무관 → 최 주무관'은 도출되지 않는다. 조건2의 이와 조건3을 결합하여도 '~이 주무관 → ~최 주무관'이 도출된다.

015
정답 | ④

해설 | 글쓴이는 고대에 고도로 발달된 과학 문명이 있었을 것이라는 생각은 아직까지는 환상에 불과하다며, 안티키테라 기계가 천문학과 거리가 먼 것이라고 주장하고 있다. 그런데 만약 안티키테라 기계가 출현하기 전인 기원전 2세기경에 이미 오늘날과 유사한 고도의 천문학 저술서가 발견된다면, 글쓴이의 주장은 약화될 것이다. 따라서 ④번의 진술이 가장 타당하다.

오답피하기 |

① 천문학자들은 안티키테라 기계가 과학적 발명품이라고 주장하고 있다. 그런데 당시에 해와 달, 숫자가 장식적 요소로 쓰인 것이라면, 이러한 천문학자들의 주장은 약화될 것이다.

② 태양과 달이 과학적 기호가 아니라 기도의 대상이었다는 기록이 발견된다면, 안티키테라 기계를 과학적 도구가 아닌 종교적 장식물 정도로 주장하는 회의론자들의 주장은 강화될 것이다.

③ 안티키테라 기계에 실제로 과학적 기능이 있다면, 안티키테라 기계를 과학적 도구가 아닌 종교적 장식물 정도로 주장하는 회의론들의 주장은 약화될 것이다.

016

정답 | ②

해설 | ㉠은 고대인들이 놀라운 수준의 수리·천문 지식을 활용했다고 보는 사람들을 지칭하므로 천문학자들을 지시한다. ㉡은 고대인의 과학 수준이 과장되었다고 지적하는 사람들을 지칭하므로 고고학자를 지시한다. ㉢은 고도의 과학 수준을 이루지 못한 사람들을 지칭하므로 고대인을 지시한다. ㉣은 현대인과 동기와 관심이 다른 사람들을 지칭하므로 고대인을 지시한다. 따라서 ㉠~㉣ 중 지시하는 대상이 동일한 것은 '㉢, ㉣'이다.

017

정답 | ①

해설 | 2문단의 "박지원은 당시 격식에 치우친 '고문' 대신, 청나라의 영향을 받아 쉽고 풍자적인 신체문을 추구했다."를 통해, '고문' 대신 청나라의 영향을 받은 '신체문'을 추구했음을 알 수 있다. 그런데 ①의 '당시 청나라의 영향을 받아 유행했던 문체 대신, 풍자적인 성격의 신체문을 사용했다'라는 진술은, '고문'이 청나라의 영향을 받은 문체라는 의미를 내포하므로 적절하지 않다.

오답피하기 |

② 1문단의 "30대에는 실학자 홍대용, 박제가 등과 교류하며 새로운 지식을 적극적으로 받아들였다. ~ 친척의 청나라 사절단에 동행하며 북학 사상을 접하고 시야를 넓혔다. 이 경험을 바탕으로 〈열하일기〉 등 다양한 저술을 남겼으며"를 통해 적절한 진술임을 알 수 있다.

③ 1문단의 "박지원은 조선 후기의 대표적인 실학자이자 소설가로 활약했다."와, 3문단의 "연암의 문학은 현실의 문제를 직시하고, 변화와 개혁의 필요성을 강조하였다."를 통해 적절한 진술임을 알 수 있다.

④ 1문단의 "가문은 노론 명문가 출신이지만"과, 2문단의 "연암은 〈허생전〉, 〈호질〉, 〈양반전〉 등의 주요 작품을 남겼는데, 여기에는 양반 사회의 허위와 부조리, ~ 신랄하게 풍자하는 내용이 가득하였다."를 통해 적절한 진술임을 알 수 있다.

018

정답 | ③

해설 | 연암은 풍자적인 문체를 추구하였다. 또한 연암은 자신의 작품을 통해서 사회를 변혁하려 했었다. 즉 올바른 방향으로 사회를 이끌어 나가려 했던 것이다. 따라서 진정한 문학은 무언가를 아름답게 표현하는 것이 아닌 무언가를 올바른 방향으로 이끌어 가는 것이라는 주장이 받아들여진다면 연암의 주장은 약화되는 것이 아니라 강화될 것이다.

오답피하기 |

① 연암은 당대 격식 있는 문체를 기피하였다. 즉 정형적인 문체를 기피하고 재밌는 표현을 택했던 것이다. 따라서 효과적인 의사소통을 위해서는 재밌는 형식보다는 정확한 형식의 표현이 존중되어야 한다는 주장이 받아들여진다면 연암의 주장은 약화될 것이다.

② 연암은 당식의 격식에서 벗어나 문체적 자유를 추구하였다. 따라서 문학의 본질은 자유에 있는 것이므로 문체 역시 기존 문체에서 벗어나서 자유로울 수 있다는 주장이 받아들여진다면 연암의 주장은 강화될 것이다.

④ 연암의 문체는 당대에 유행하였다. 보수적인 지식인층은 그의 문체가 기존 문체를 어지럽힌다고 비판하였지만, 언어의 본질은 변화하는 데 있으며 언어가 당대 유행한다면 그 언어는 생명력을 얻은 것이라는 입장에서는 이러한 변화가 자연스러운 것이다. 따라서 사람이 쓰는 말은 변화하기 마련이며, 당대의 사람들에게 선호되는 언어가 생명력을 획득할 뿐이라는 주장이 받아들여진다면 연암의 주장은 강화될 것이다.

019

정답 | ②

해설 | 주어진 조건들을 기호화하면 다음과 같다.

조건1. 직업계고 졸업 → ~취업 비자
조건2. ( )
결론. ~국내 대학 진학∧~취업 비자

1) 결론인 '~국내 대학 진학∧~취업 비자'를 도출하기 위해서는 '~국내 대학 진학'과 관련된 조건이 추가되어야 한다.

2) '직업계고 졸업∧~국내 대학 진학'이 추가되면, 조건1에 따라 '~취업 비자∧~국내 대학 진학'으로 변형할 수 있다.

3) '~취업 비자∧~국내 대학 진학'은 교환 법칙에 따라 결론인 '~국내 대학 진학∧~취업 비자'로 변형할 수 있다.

4) 따라서 정답은 '직업계고를 졸업한 어떤 외국인 유학생은 국내 대학에 진학하지 않는다'이다.

오답피하기 |

선택지의 내용을 기호화하면 다음과 같다.

① '국내 대학 진학 → 직업계고 졸업'
③ '~취업 비자 → 직업계고 졸업'
④ '~취업 비자∧국내 대학 진학'

020

정답 | ③

해설 | ㉠의 '손'은 신체 부위를 가리키는 중심적 의미로 쓰였고, ㉡의 '손'은 '어떤 일을 하는 데 드는 사람의 힘이나 노력, 기술'을 뜻하는 주변적 의미로 쓰였다. 따라서 ㉠, ㉡의 밑줄 친 단어는 ㉮'하나의 어휘가 여러 개의 중심적 의미를 가지는 경우'의 사례에 해당하지 않는다.

오답피하기 |

① ㉠의 '말'은 사람의 소리를 뜻하는 중심적 의미로 쓰였고, ㉡의 '말'은 동물을 뜻하는 중심적 의미로 쓰였다. 따라서 ㉮'하나의 어휘가 여러 개의 중심적 의미를 가지는 경우'의 사례에 해당한다.

② ㉠의 '눈'은 신체 부위를 가리키는 중심적 의미로 쓰였고, ㉡의 '눈'은 하늘에서 내리는 눈을 뜻하는 중심적 의미로 쓰였다. 따라서 ㉮'하나의 어휘가 여러 개의 중심적 의미를 가지는 경우'의 사례에 해당한다.

④ ㉠의 '다리'는 신체 부위를 가리키는 중심적 의미로 쓰였고, ㉡의 '다리'는 구조물을 뜻하는 중심적 의미로 쓰였다. 따라서 ㉮'하나의 어휘가 여러 개의 중심적 의미를 가지는 경우'의 사례에 해당한다.

모의고사 24회

001 ④	002 ②	003 ②	004 ④	005 ④
006 ①	007 ③	008 ②	009 ③	010 ④
011 ②	012 ①	013 ②	014 ④	015 ②
016 ④	017 ①	018 ③	019 ④	020 ③

S#.24 굉장히 어렵게 출제된다면...

킬러 ① 문법 [3번]
킬러 ② 독해 내용 일치 [6번]
킬러 ③ 문맥적 의미 파악하기 [11번]
킬러 ④ 독해 추론(과학) [12번]
킬러 ⑤ 논리 [16번]
킬러 ⑥ 문법 [18번]

이번 회차는 전 회차를 통틀어 가장 어렵게 출제되었다. 평균 정답률은 75%로 굉장히 어렵다. 무엇보다 킬러 문제를 6개나 배치하여 문제 푸는 내내 힘들 것이다. 그러나 이 정도 난도의 문제를 많이 접하는 것이 좋다고 본다. 시즌1이기 때문에 75% 정답률을 가장 어려운 회차로 구성했지만 시즌2에는 70% 정답률을 가장 어려운 회차로 구성할 예정이다. 지문의 글자 수는 6337자로 길이는 매우 짧다. 시간이 부족해서 점수가 떨어지진 않을 것이다.

001

정답 | ④

해설 | 서술어 '진단하다'의 적절한 목적어가 필요하다. 그러나 '다양한 측면에서 종합적으로 진단하여' 역시 적절한 목적어가 필요하다. 따라서 '필요한 문장 성분이 생략되지 않도록 할 것'이라는 원칙에 따라 ㉣을 '보건 서비스 체계의 문제점을 종합적으로 진단하여'로 수정해야 한다.

오답피하기 |

① '개최'는 '모임이나 회의 따위를 주최하여 엶'을 뜻하므로, '개최 주최'는 의미가 중복된다. 따라서 '중복되는 표현을 삼갈 것'이라는 원칙에 따라 ㉠을 '개최'로 수정하는 것은 적절하다.

② '시민의 건강 증진'과 '쾌적한 생활 환경을 조성하기 위해'는 대등한 구조가 아니다. 따라서 '대등한 것끼리 접속할 때는 구조가 같은 표현을 사용할 것'이라는 원칙에 따라 ㉡을 '시민의 건강을 증진하고 쾌적한 생활 환경을 조성하기 위해'로 수정하는 것은 적절하다.

③ 주어 '본원은'이 직접 정기 연구를 수행하고 있는 것이므로, 피동이 아닌 능동으로 표현해야 한다. 따라서 '주어와 서술어를 호응시킬 것'이라는 원칙에 따라 ㉢을 '정기 연구를 수행하고 있습니다.'로 수정하는 것은 적절하다.

002

정답 | ②

해설 | 지문에서 「엄마 걱정」의 화자는 과거를 "슬픔과 아쉬움", "외로움과 상실감"으로 받아들이고, 「소년 시절의 맛」에서는 "순수하고 소박했던 감정", "깨달음과 따뜻한 추억"이 드러난다고 설명하고 있으므로, ②의 진술은 적절하다.

오답피하기 |

① 2문단에 따르면 「엄마 걱정」의 화자는 과거를 떠올릴 때 "슬픔과 아쉬움", "외로움과 상실감"을 느낀다. 3문단을 고려할 때, 과거의 추억이 현실을 따뜻하게 만든다는 내용은 「소년 시절의 맛」에 더 가깝고, 「엄마 걱정」에는 해당하지 않는다.

③ 2문단에 따르면 「엄마 걱정」에서도 과거는 "그리움의 대상이자, 되돌릴 수 없는 시간"으로 묘사된다. ③은 두 작품의 공통점을 차이점처럼 잘못 서술하고 있으므로 적절하지 않다.

④ 2문단의 "「엄마 걱정」의 화자에게 과거는 현재의 외롭고 고단한 삶 속에서 떠올릴 때 오히려 슬픔과 아쉬움이 더해지는 시간이다."와 3문단의 "글쓴이에게 과거는 잃어버린 시간이지만, 그 안에는 현재의 자신을 일깨우는 깨달음과 따뜻한 추억이 담겨 있다."를 통해, 두 작품 모두 과거에 대한 회상이 현재의 감정에 큰 영향을 미친다는 것을 알 수 있다.

003

정답 | ②

해설 | '피아노'는 '악기'의 하의어다. 그런데 2문단에서는 "가령 '동물'이 상의어라면, '개'는 하의어이며, 이때 '개'는 '동물'이 갖는 의미 성분에 더해 포유류라는 구체적인 특징을 추가로 포함한다. 따라서 하의어는 상의어보다 여러 의미 요소를 더 갖고 있는 경우가 많다."라고 설명하고 있다. 이 설명에 '피아노'와 '악기' 사례를 대입하면, '피아노'는 '악기'의 의미를 포함하면서 '악기'보다 더 많은 의미 요소를 지닌다고 할 수 있다. 따라서 ②의 진술은 적절하다.

오답피하기 |

① 1문단에서는 "하의어는 이처럼 특정한 대상을 가리키는 구체적인 의미를 지니고 있다."라고 설명한다. 이를 적용하면, '장미'와 '무궁화'는 모두 '꽃'의 하의어로 특정 대상을 가리킨다고 할 수 있다. 그런데 하의어인 '장미'와 '무궁화'가 상의어인 '꽃'에 비해 의미가 더 구체적이라고는 할 수 있지만, '장미'와 '무궁화' 모두 '꽃'의 하의어로 '서로 대등'하므로, '장미'가 '무궁화'보다 더 구체적이라고는 할 수는 없다.

③ 3문단의 "상의어는 전체 범주를 제시하고, 하의어는 그 범주 내의 부분적인 사례들을 구체화하는 방식으로 상호 보완적인 역할을 한다."를 통해, 범주 내의 부분적인 사례들을 구체화하는 방식은 '상의어'가 아니라 '하의어'에 해당하는 설명임을 알 수 있다. 따라서 ③의 진술은 적절하지 않다.

④ 3문단에서는 "상의어는 전체 범주를 제시하고, 하의어는 그 범주 내의 부분적인 사례들을 구체화하는 방식으로 상호 보완적인 역할을 한다."라고 설명한다. '소파'의 상의어가 '가구'이므로, 앞선 설명에 대입하면, '가구'가 전체 범주를 제시한다고 할 수 있다. 그런데 ④에서는 '소파'가 '가구'의 범주를 제시한다고 진술하고 있으므로 적절하지 않다.

004

정답 | ④

해설 | '피해 학생의 전학 의무화 제도 도입을 통한 분리 조치'는 Ⅱ의 발생 원인에 대응하는 개선 방안으로 적절하지 않다.

오답피하기 |

① '또래 관계 개선을 위한 실효성 있는 교육 실시'는 Ⅱ-1의 '또래 집단 내 왜곡된 권력 관계와 집단 심리'에 대응하는 개선 방안으로 적절하다.

② '학부모 상담 프로그램 운영과 가정 교육 지원 확대'는 Ⅱ-2의 '가정에서의 관심 부족과 부적절한 양육 태도'에 대응하는 개선 방안으로 적절하다.

③ '교사의 전문성 제고 및 학교 내 전담 부서의 상설화'는 Ⅱ-3의 '교사와 학교의 초기 대응 미흡 및 전담 부서 미비'에 대응하는 개선 방안으로 적절하다.

005

정답 | ④

해설 | 지문은 스마트폰 사용으로 인해 음성 통화가 줄어들게 됨으로써, 통화를 기피하는 현상이 나타났음을 설명하고 있다. 이와 같은 내용과, 스마트폰 모바일 메신저의 점유율에 대해 설명한 ㉣은 어울리지 않는다. 따라서 글의 통일성을 고려할 때, ㉣은 삭제하는 것이 적절하다.

006

정답 | ①

해설 | 1문단의 "바이러스는 박테리아 세포벽에 구멍을 내어 유전 물질을 투입한 후 세포 내에서 복제 과정을 거치며"를 통해, 바이러스는 박테리아 세포벽을 통과할 때 '자신의 단백질을 직접 투입'하는 것이 아니라, '유전 물질을 투입'한다는 것을 알 수 있다. 지문 어디에서도 '바이러스가 자신의 단백질을 투입한다'라는 내용은 언급되지 않았으므로, ①의 진술은 적절하지 않다.

오답피하기 |

② 2문단의 "과학자들은 바이러스의 유전자를 조작해 특정 단백질이 제대로 생성되지 못하게 할 수 있게 되었다."를 통해 적절한 진술임을 알 수 있다.

③ 2문단의 "박테리아 감염 바이러스인 파지는 ~ DNA가 들어 있는 머리"를 통해 적절한 진술임을 알 수 있다.

④ 1문단의 "바이러스는 ~ 단백질 껍질 안에 핵산이라는 유전 물질을 품고 있으며, ~ 각각의 바이러스는 숙주 세포 안에서 자신들의 유전 정보를 복제하고 증식하는 특성을 지녔는데"를 통해 적절한 진술임을 알 수 있다.

007

정답 | ③

해설 | 주어진 조건들을 기호화하면 다음과 같다.

```
조건1. 3월 ∨ 4월
조건2. (       )
조건3. 3월 → 이번 달 검토
결론. 이번 달 검토
```

1) 결론인 '이번 달 검토'를 도출하기 위해서는 '3월'이 확정되거나 '4월 → 이번 달 검토'가 추가되어야 한다.

2) 조건1에서 '3월'을 확정하기 위해서는 '~4월'을 추가하여 선언지 제거를 적용해야 한다. 그러나 선택지에는 이와 관련된 것이 없다.

3) ③번의 '4월 → 이번 달 검토'를 추가하면 '이번 달 검토'라는 결론이 도출되므로 정답은 ③번이다.

008

정답 | ②

해설 | 2문단의 "고향을 떠나 도시에서 생활하는 경우, 가족에 대한 그리움은 더욱 구체적인 모습으로 나타난다. ~ 도시 생활의 고단함과 외로움이 가족에 대한 그리움을 더욱 부각시키며, 작가는 이를 통해 가족의 소중함을 탐구하며 힘겨운 시간을 극복하려 한다."를 통해, 고향을 떠난 후에도 가족에 대한 그리움은 계속된다는 것을 알 수 있다. 따라서 고향을 떠난 후 가족 간의 정서적 유대는 끊어진다는 진술은 적절하지 않다.

오답피하기 |

① 1문단의 "육친을 소재로 한 작품은 개인적 경험을 넘어 보편적인 가족애와 인간의 정서를 찾아가는 문학적 통로가 된다."를 통해 적절한 진술임을 알 수 있다.

③ 1문단에서 "작가는 그리움과 외로움을 작품에 반영하여 독자와 공유한다."라고 하였으므로, 이별 경험을 글에 담아 내면의 슬픔을 독자와 공유한다는 진술은 적절하다.

④ 2문단의 "이러한 회상은 작품 속에서 고향에 대한 향수와 가족의 의미를 한층 더 깊이 있게 드러낸다. 또한 도시 생활의 고단함과 외로움이 가족에 대한 그리움을 더욱 부각시키며, 작가는 이를 통해 인간관계의 본질과 가족의 소중함을 탐구하며 힘겨운 시간을 극복하려 한다."를 통해 적절한 진술임을 알 수 있다.

009

정답 | ③

해설 | '표상하다'는 '추상적이거나 드러나지 아니한 것을 구체적인 형상으로 드러내어 나타내다'라는 의미이다. 이는 능동적 표현이기 때문에 ㉢에 어울리지 않는다. ㉢에는 '표상된다'가 들어가기에 적합하다.

오답피하기 |

① '탐구하다'는 '필요한 것을 조사하여 찾아내거나 얻어 내다'라는 의미이다.

② '투영하다'는 '어떤 일을 다른 일에 반영하여 나타내다'라는 의미이다.

④ '형상화하다'는 '어떠한 방법이나 매체를 통해 구상화하여 뚜렷한 형상으로 나타내다'라는 의미이다.

010

정답 | ④

해설 | 1문단에서 "시는 독자가 자신의 경험과 감정을 바탕으로 자유롭게 해석할 수 있는 예술 장르"라고 하였고, 2문단에서는 "시 감상에서의 주관적 해석은 아무런 제한 없이 허용되는 것은 아니다.", "작품의 맥락을 벗어나면 올바른 해석이 아니다."라고 설명하고 있으므로, ④의 진술은 적절하다.

오답피하기 |

① 1문단에서 "시는 독자가 자신의 경험과 감정을 바탕으로 자유롭게 해석할 수 있는 예술 장르"라고 하며, "시의 언어가 함축적이고 상징적이기 때문에 다양한 해석이 가능하다"라고 하였다. 따라서 상상력은 시 감상에서 중요한 역할을 하므로, 시의 해석에서 상상력은 중요하지 않다는 진술은 적절하지 않다. 2문단에서의 비약적 해석을 경계하는 내용은, 시 해석 시 언표에 근거를 둬야 한다는 것을 강조하는 것일 뿐, 상상력이 중요하지 않다는 것을 의미하지는 않는다.

② 3문단의 "따라서 시의 감상은 주관과 객관의 균형 속에서 이루어져야 하며, 시의 언어와 구조를 바탕으로 한 해석만이 문학적 소통의 장을 넓힐 수 있다."를 통해, 문학적 소통의 장이 넓어지기 위해서는 시를 감상할 때 주관과 객관의 균형이 중요하다는 것을 알 수 있다. 즉 주관적 해석과 객관적 언표 중 어느 한쪽에 기우는 태도를 경계하고 있으므로, ②의 진술은 적절하지 않다.

③ 1문단에서 "시를 읽으며 느끼는 감정이나 떠오르는 이미지는 각자 다를 수 있다."라고 했으나, 2문단에서는 설득력을 갖추려면 "시의 언표에 근거"해야 한다고 설명하고 있다. 즉 독자의 경험과 연결된다고 해서 반드시 보편적 설득력을 갖는 것은 아니며, 작품의 언표에 근거가 있어야 함을 강조하고 있으므로, ③의 진술은 적절하지 않다.

011
정답 | ②

해설 | 이 글은 시의 해석이란 아무렇게나 해도 되는 것이 아니라 시의 실제로 표현된 내용을 근거로 하여 주관과 객관이 결합된 올바른 감상이어야 한다고 말한다. 따라서 ㉠인 가능한 다양한 '해석'은 ㉢인 '올바른 감상'을 의미하며, ㉣ 역시 '시의 언표에 근거한 해석'이므로 ㉠, ㉢과 동질적인 의미라 하겠다. 그러나 ㉡은 '실제로 표현된 내용', 즉 시의 언표를 의미하므로 ㉠, ㉢, ㉣의 의미와는 거리가 있다. 따라서 ㉠~㉣ 중 문맥적 의미가 이질적인 것은 ㉡이 되겠다.

012
정답 | ①

해설 | 1문단에서는 "조석력은 천체 간 거리의 세제곱에 반비례하기 때문에, 천체 간의 거리의 제곱에 반비례하는 만유인력보다 거리에 더욱 민감하게 반응한다."라고 설명한다. 즉 천체 간 거리가 가까울수록 조석력은 만유인력에 비해 더 급격히 커진다(=더 민감하게 반응한다)는 뜻이므로, ①의 진술은 적절하다.

오답피하기 |

② 1문단의 "조석은 달과 지구 사이의 만유인력, 그리고 이 둘이 공통 무게중심을 기준으로 회전하면서 생기는 원심력의 차이로 인해 발생하는 힘인 '조석력'으로 설명된다."를 통해, 조석은 만유인력과 원심력 효과의 차이로 인해 발생하는 복합적 작용 결과임을 알 수 있다. 따라서 "조석은 만유인력이 아니라"라는 ②의 진술은 적절하지 않다.

③ 3문단의 "달과 태양이 같은 방향에 놓일 때는 조석력이 가장 강해지고, 서로 직각을 이룰 때는 조석력이 가장 약해진다. 그로 인해 각각 바닷물의 높낮이 차이가 가장 클 때인 사리, 가장 작을 때인 조금이 발생한다."를 통해, 사리는 달과 태양이 같은 방향일 때 생기는 것임을 알 수 있다. 즉 달과 지구의 거리 여부는 사리와 관련 없으므로, 사리는 달과 지구가 가장 가까워지는 시점에 발생한다는 진술은 적절하지 않다.

④ 3문단의 "달과 태양이 같은 방향에 놓일 때는 조석력이 가장 강해지고, 서로 직각을 이룰 때는 조석력이 가장 약해진다. 그로 인해 각각 바닷물의 높낮이 차이가 가장 클 때인 사리, 가장 작을 때인 조금이 발생한다."를 보면, 조금은 달과 태양이 서로 직각을 이룰 때 생긴다는 것을 알 수 있다. 달과 태양이 같은 방향에 위치할 때 발생하는 것은 '조금'이 아니라 '사리'이므로 ④의 진술은 적절하지 않다.

013
정답 | ②

해설 | (가)는 조석을 일으키는 원인인 '조석력'을 의미한다. 조석력은 '달과 지구가 공통 무게중심을 기준으로 회전하면서 생기는 원심력의 차이로 인해 발생하는 힘'을 의미한다. 따라서 ㉡은 (가)와 의미하는 바가 같다. 그러나 ㉠, ㉢, ㉣은 조석력에 영향을 주는 것이지 조석력 그 자체를 의미하는 것은 아니다. 따라서 ㉠~㉣ 중 지시하는 대상이 (가)와 동일한 것은 ㉡뿐이다.

014
정답 | ④

해설 | 2문단의 "후방 감지 센서는 초음파를 이용해 차량 뒤쪽의 장애물을 감지하는데, 그 과정에서 초음파가 물체에 부딪히고 반사되어 돌아오는 시간을 측정해 물체와의 거리를 계산한다."를 통해, 후방 감지 센서는 장애물까지의 '거리를 측정하여 → 시간을 계산'하는 것이 아니라, 장애물까지의 '시간을 측정하여 → 이를 바탕으로 거리를 계산'한다는 것을 알 수 있다. 따라서 과정의 순서를 반대로 진술한 ④는 적절하지 않다.

오답피하기 |

① 2문단의 "초음파가 물체에 부딪히고 반사되어 돌아오는"을 통해 적절한 진술임을 알 수 있다.

② 3문단의 "자동차 센서는 ~ 자동 긴급 제동 시스템이나 차선 이탈 경고 등 첨단 운전자 보조 시스템(ADAS) 구현의 기반을 제공한다."를 통해 적절한 진술임을 알 수 있다.

③ 1문단의 "센서는 ~ 다양한 정보를 감지한다. 이렇게 감지한 정보는 전자 제어 장치인 ECU에 전기 신호 형태로 전달되어 차량 시스템을 효율적으로 제어하게 한다."를 통해 적절한 진술임을 알 수 있다.

015
정답 | ②

해설 | 〈아르놀피니의 결혼〉은 유화로 제작된 작품이다. 이전까지는 템페라나 프레스코로 그림을 그렸는데, 이와 같은 기법으로 그린 그림은 유화에 비해 색감이 번지거나 광택도 뚜렷하지 못했다. 그렇기에 유화로 그린 〈아르놀피니의 결혼〉에는 전에는 전혀 볼 수 없었던 화려한 색채와 생생한 표현이 나타난다. 따라서 빈칸에 들어갈 말은 유화의 이러한 특징인 '화려한 색채'나 '생생한 표현'이 적절하다. ②의 '털 하나하나가 살아 있는 것처럼 정교하게' 그렸다는 것은 생생하게 표현했다는 의미이므로, 빈칸에 들어갈 말로 가장 적절하다.

오답피하기 |

① 〈아르놀피니의 결혼〉은 정교한 묘사가 나타나므로 치밀하지 못하게 묘사되었다는 말은 흐름에 맞지 않다.

③ 〈아르놀피니의 결혼〉은 화려한 색채로 유명하므로 색감이 뚜렷하지 못하다는 것은 적절하지 않다.

④ 유화가 템페라보다 광택이 더 많이 나타났으므로 적절하지 않다.

016
정답 | ④

해설 | 주어진 조건들을 기호화하면 다음과 같다.

조건1. ~소장 총괄 → ~연구소 개소 = 연구소 개소 → 소장 총괄
조건2. ~연구책임자 → ~소장 총괄
조건3. 연구소 개소∧연구센터 구성
조건4. 연구센터 구성∧연구책임자

ㄷ. '소장 총괄∧연구센터 구성'

조건1의 대우에 따라 '연구소 개소'는 '소장 총괄'로 대체할 수 있으므로, 조건3인 '연구소 개소∧연구센터 구성'은 '소장 총괄∧연구센터 구성'으로 변형할 수 있다.

ㄹ. '연구책임자∧연구센터 구성'

조건4인 '연구센터 구성∧연구책임자'는 교환 법칙에 따라 '연구책임자∧연구센터 구성'으로 변형할 수 있다.

오답피하기 |

ㄱ. '소장 총괄 → 연구소 개소'

조건1에 따라 '~소장 총괄 → ~연구소 개소'가 도출된다. 그러나 명제의 이는 성립하지 않으므로, '소장 총괄 → 연구소 개소'는 도출되지 않는다.

ㄴ. '~연구소 개소 → ~연구책임자'

조건2, 조건1을 결합하면 '~연구책임자 → ~소장 총괄 → ~연구소 개소'가 되고, '~연구책임자 → ~연구소 개소'가 도출된다. 그러나 명제의 역은 성립하지 않으므로, '~연구소 개소 → ~연구책임자'는 도출되지 않는다.

017

정답 | ①

해설 | ㄱ~ㄷ 중 대화에 대한 평가로 적절한 것은 ㄴ이다.

ㄴ. 갑은 온라인 수업 전면화로 인한 부정적 효과(사회적 상호작용 부족, 정서 문제)를 우려하고 있다. 그런데 온라인 수업을 전면적으로 도입하여 긍정적 효과를 낸 사례는 갑의 우려를 줄여줄 수 있으므로, 갑의 입장을 '약화'한다.

오답피하기 |

ㄱ. 을은 첫 번째 대화에서 "온라인 교육은 시간과 장소의 제한을 없애고 개별 학습을 촉진하는 강점이 있어. 그래서 오히려 교육 격차를 해소할 수 있는 현실적 방안이라 생각해."라고 언급하며, 온라인 교육이 지역 격차를 해소할 수 있는 수단이라고 주장한다. 그런데 전면 온라인 수업 도입으로 지역 간 교육 격차가 심화된 사례는 을의 주장을 반박하는 근거에 해당하므로, 을의 입장을 '강화'하는 것이 아니라 '약화'한다.

ㄷ. 을은 디지털 교육이 "다양한 학습자 맞춤형 교육을 구현"할 수 있는 좋은 수단이라고 본다. 따라서 디지털 교육 플랫폼 기업들이 AI 기반 맞춤형 학습 서비스를 확대하는 등 학습자 친화적으로 변화하고 있다는 주장은 을의 주장을 뒷받침할 수 있으므로, 을의 입장을 '약화'하는 것이 아니라 '강화'한다.

018

정답 | ③

해설 | '이만큼'은 대명사 '이'와 조사 '만큼'이 합성된 부사이다. 따라서 ㉠'어근 중에 부사가 없는 합성 부사'의 예로 가장 적절하다.

오답피하기 |

① '잘못'은 부사 '잘'과 부사 '못'이 합성된 부사이다. 따라서 ㉠'어근 중에 부사가 없는 합성 부사'의 예로 적절하지 않다.

② '또다시'는 부사 '또'와 부사 '다시'가 합성된 부사이다. 따라서 ㉠'어근 중에 부사가 없는 합성 부사'의 예로 적절하지 않다.

④ '이리저리'는 부사 '이리'와 부사 '저리'가 합성된 부사이다. 따라서 ㉠'어근 중에 부사가 없는 합성 부사'의 예로 적절하지 않다.

019

정답 | ④

해설 | 이 글은 '가족의 정서적 지지', '신뢰할 만한 친구의 존재' 두 가지 조건 중 하나 이상이 충족되면 '청소년 정서적 건강 유지'가 반드시 도출된다고 주장하고 있다. 이를 기호화하자면 '가족의 정서적 지지∨신뢰할 만한 친구의 존재 → 청소년 정서적 건강 유지'가 되겠다. 이를 약화하기 위해서는 '~(가족의 정서적 지지∨신뢰할 만한 친구의 존재 → 청소년 정서적 건강 유지) ≡ (가족의 정서적 지지∨신뢰할 만한 친구의 존재)∧~청소년 정서적 건강 유지'가 되어야 한다. ④번은 '가족의 정서적 지지∧~신뢰할 만한 친구의 존재∧~청소년 정서적 건강 유지'인데, 이는 곧 '(가족의 정서적 지지∨신뢰할 만한 친구의 존재)∧~청소년 정서적 건강 유지'를 의미하므로 이 글의 논지를 약화하는 것이 된다.

오답피하기 |

① '~가족의 정서적 지지∧신뢰할 만한 친구의 존재∧청소년 정서적 건강 유지'를 의미하므로 '(가족의 정서적 지지∨신뢰할 만한 친구의 존재)∧~청소년 정서적 건강 유지'가 아니어서 정답이 될 수 없다.

② '가족의 정서적 지지∧신뢰할 만한 친구의 존재∧청소년 정서적 건강 유지'를 의미하므로 '(가족의 정서적 지지∨신뢰할 만한 친구의 존재)∧~청소년 정서적 건강 유지'가 아니어서 정답이 될 수 없다.

③ '~가족의 정서적 지지∧신뢰할 만한 친구의 존재∧청소년 정서적 건강 유지'를 의미하므로 '(가족의 정서적 지지∨신뢰할 만한 친구의 존재)∧~청소년 정서적 건강 유지'가 아니어서 정답이 될 수 없다.

020

정답 | ③

해설 | 주어진 조건들을 기호화하면 다음과 같다.

> 조건1. 직무 관련 개인방송∨외부강의 → 사전 결재 ≡ ~사전 결재 → ~직무 관련 개인방송∧~외부강의
> 조건2. 직무 관련 개인방송∨수익 발생하지 않는 개인방송
> 조건3. ~사전 결재

1) 조건3에 따라 '~사전 결재'가 확정된다.
2) 1)에 따라 '~사전 결재'가 확정되므로, 조건1의 대우에 따라 '~직무 관련 개인방송∧~외부강의'가 확정된다.
3) 2)에 따라 '~직무 관련 개인방송'이 확정되므로, 조건2에서 선언지 제거에 따라 '수익 발생하지 않는 개인방송'이 확정된다.
4) 확정된 것을 정리하면 '~사전 결재, ~직무 관련 개인방송, ~외부강의, 수익 발생하지 않는 개인방송'이다.
5) 따라서 정답은 '갑은 수익이 발생하지 않는 개인방송 활동을 했다'이다.

모의고사 25회

001 ④	002 ③	003 ②	004 ②	005 ②
006 ④	007 ③	008 ④	009 ④	010 ①
011 ①	012 ①	013 ②	014 ④	015 ③
016 ④	017 ③	018 ①	019 ①	020 ①

S#.25 순서 맞추기가 어렵게 출제된다면...

킬러 ① 순서 [7번]
킬러 ② 논리 [14번]
킬러 ③ 강화 약화 [15번]

이번 회차는 지문의 글자 수 7495자, 평균 정답률 82%로 무난한 길이에, 무난한 난도로 출제되었다. 다만 순서 맞추기 문제를 어렵게 구성해서 이 유형에 약점이 있는 학생은 문제를 쉽게 해결하기 어렵게 만들었다. 그 외에는 전반적으로 지방직 9급과 유사하게 출제되었기 때문에 자신의 실력이 정확히 어느 정도인지 가늠하기에 적절한 시험이 될 것이다.

001
정답 | ④

해설 | 서술어 '반납하다'의 적절한 목적어가 필요하다. 그러나 수정한 문장 역시 목적어가 필요하다. 따라서 '필요한 문장 성분이 생략되지 않도록 한다'라는 지침에 따라 ㄹ을 '대학 자료를 반납할 때'로 수정해야 한다.

오답피하기 |
① '개요'는 '간결하게 추려 낸 주요 내용'을 뜻하므로, '개요 주요 내용'은 의미가 중복된다. 따라서 '제목을 중복된 표현 없이 간결하게 쓴다'라는 지침에 따라 ㉠을 '개요'로 수정하는 것은 적절하다.
② '매뉴얼'은 '설명서/안내서/지침'으로 바꿔 쓰는 것이 좋다. 따라서 '될 수 있으면 외래어는 다듬은 말로 쓴다'라는 지침에 따라 ㉡을 '설명서'로 수정하는 것은 적절하다.
③ 홍보할 수 있는 방법을 두 가지만 제시하고 있다. 따라서 '홍보할 수 있는 방법을 다양하게 제시한다'라는 지침에 따라 ㉢을 '배너, 알림창, 안내서, 공지 사항 등'으로 수정하는 것은 적절하다.

002
정답 | ③

해설 | 2문단의 "우리나라에서는 약사 협회의 요청을 받아 의약 분업이 법적으로 강제되었으나, 병원과 약국이 1km 이상 떨어진 도서 벽지 지역은 예외 지역으로 지정되어 있다."를 통해 적절한 진술임을 알 수 있다.

오답피하기 |
① 1문단의 "선진국인 독일과 프랑스의 경우, 의사의 조제 행위를 원천적으로 금지하는 강제 분업 제도를 운용한다."를 통해 적절하지 않은 진술임을 알 수 있다.
② 2문단의 "하지만 일부 지역에서는 병원 접근성이 좋지 않아 주민이 약국에서 바로 약을 받는 사례가 늘면서, 이를 악용한 불법 조제 등의 부작용도 발생하고 있다. 예를 들어, 경기도 등 일부 지역에서는 미리 약을 만들어 놓고 판매하는 등의 문제가 발생하기도 했다."를 통해, 경기도에서 적발된 사건은 '의사'가 아니라 '약사'로 인해 발생한 것임을 알 수 있으므로, ②의 진술은 적절하지 않다.
④ 3문단의 "또한 의약품 안전 사용 정보 시스템(DUR)이 구축되어 약물 상호작용과 부작용을 실시간으로 점검할 수 있게 되었다."를 통해 적절하지 않은 진술임을 알 수 있다.

003
정답 | ②

해설 | 지문에서는 기술 복제 시대에 아우라를 상실한 예술 작품을 감상하는 방식을 설명하고 있다. 따라서 '기술 복제 시대의 예술 작품을 감상하는 방식'이 제목으로 가장 적절하다.

오답피하기 |
① 지문에서는 아우라를 간직한 예술 작품과 관련된 설명을 담고 있지만 일부분에 불과하며 그것이 궁극적으로 말하고자 하는 바도 아니다.
③ 아우라의 파괴로 예술의 숭배 가치가 사라지게 된 것을 혁명적 변화라고 말하는 것은 글쓴이의 의도에서 벗어난다.
④ 아우라를 간직한 예술 작품은 전시 가치가 아닌 숭배 가치를 지닌 것이다. 따라서 지문의 내용과 일치하지 않는 제목이다.

004
정답 | ②

해설 | 해당 문장의 '사다'와 '팔다'는 반의 관계에 있는 대립어이다. ②번은 이를 활용하여 두 문장의 유의 관계를 표현하였으므로, 반의 관계에 있는 대립어에 의한 것으로 가장 적절하다.

오답피하기 |
① 해당 문장의 '물리다'는 '물다'의 피동사이므로, 반의 관계에 있는 대립어에 의한 것으로 적절하지 않다.
③ 해당 문장의 '허물어지다'는 '허물다'의 피동 표현이므로, 반의 관계에 있는 대립어에 의한 것으로 적절하지 않다.
④ 해당 문장의 '입히다'는 '입다'의 사동사이므로, 반의 관계에 있는 대립어에 의한 것으로 적절하지 않다.

005
정답 | ②

해설 | 2문단의 "이 깨달음은 한정된 대상에 머무르지 않고 유추적 사고, 즉 비슷한 성질이나 상황을 가진 다른 대상으로도 확장된다. 이처럼 한 대상을 깊이 탐구함으로써 여러 대상에 공통으로 적용되는 삶의 진리나 보편적인 가치까지 성찰하게 된다."를 통해 적절한 진술임을 알 수 있다.

오답피하기 |
① 수필에서 창의적 상상력이 필요하지 않다는 내용은 지문에서 확인할 수 없는 정보다. 또한 1문단의 "수필에서 글쓴이는 일상생활 속에서 경험을 통해 새로운 시각을 얻는다."와 2문단의 "이 깨달음은 한정된 대상에 머무르지 않고 유추적 사고, 즉 비슷한 성질이나 상황을 가진

다른 대상으로도 확장된다." 등으로 미루어 볼 때, 수필에서 창의적 상상력이 필요하지 않다는 진술은 적절하지 않다.

③ 2문단의 "글쓴이는 작은 경험에서 얻은 통찰을 바탕으로 보다 넓은 의미를 찾는다."를 통해, 수필에서 글쓴이는 '큰 문제'에서 얻은 깨달음이 아니라 일상의 '작은 경험'에서 얻은 통찰(=깨달음)을 바탕으로 한다는 것을 알 수 있다.

④ 3문단의 "글쓴이의 세심한 관찰과 사유 과정을 통해 독자 또한 보통의 일상에서 의미를 발견하고, 자신만의 깨달음을 얻을 수 있다."를 통해, 글쓴이와 마찬가지로 수필을 읽는 독자 또한 새로운 의미와 깨달음을 얻을 수 있다는 것을 알 수 있다. 따라서 수필에서 '독자의 경우 인식 확장을 경험하기 어렵다'라는 ④의 진술은 적절하지 않다.

006
정답 | ④

해설 | 지문에 따르면 주위에 사람들이 많아짐에 따라 도움 행동과 관련된 뇌 영역의 활동이 감소하였다. 주위에 사람들이 많아진다면 책임감이 분산될 것이고, 도움 행동과 관련된 뇌 영역의 활동이 감소한다면 도움 행동이 줄어들 것이다. 즉, 상황에 관여할 수 있는 사람의 수가 증가할 때 도움 행동이 '줄어들' 가능성이 커진다는 것을 보여 준다. 이것은 특정 상황에 관여하고 있는 사람의 수가 증가할수록 개인에게 돌아가는 책임감의 정도가 '작아지기' 때문으로 볼 수 있다.

007
정답 | ③

해설 | 선지의 정답 구성으로 볼 때, 맨 처음 단락은 (나) 아니면 (라)다. 각각의 내용을 살펴보자. 일단 (나)의 경우 '즉'으로 문장을 시작하고 있으므로 첫 단락으로는 적합하지 않다. '즉'은 앞의 내용을 받아 정보를 전개할 때 사용하기 때문이다. 반면 (라)는 첫 문장을 'Gehalt'의 개념 정의로 시작하고 있으므로, 첫 단락에 위치해도 자연스럽다. 따라서 정답은 ③ 아니면 ④로 좁혀진다.

③ 아니면 ④ 모두 '(라)-(나)'의 순서는 동일하므로, 이제 (나) 다음으로 위치할 문단이 (가)와 (다) 중 어떤 것인지를 결정하면 된다. 그런데 이를 위해서는 먼저 '(라)-(나)'의 내용 흐름을 살펴봐야 한다. (라)는 'Gehalt' 개념을 정의한 후, 음이 단순한 소리를 넘어 정신적 활동이라는 점을 설명하고 있다. 그런 다음 (나)에서는 작곡가가 음을 단순히 받아들이기만 하는 것이 아니라 "관계와 변화"를 상상하며 창조한다는 점을 언급하고 있다.

이제 (가)와 (다)의 내용을 비교해 보자. 일단 (가)는 "음"의 예술적 변화 가능성을 언급한 후, 작곡은 창조적 행위임을 강조하고 있으므로, (나) 뒤에 위치하여도 흐름이 자연스럽다. (나)에서 작곡가는 "관계와 변화"를 상상하며 창조한다는 점을 설명한 다음, (가)에서 작곡이 창조적 행위임을 다시 한번 강조하는 것이 흐름상 자연스럽기 때문이다. 이에 비해 (다)는 '요약하여 말하자면'의 의미인 '요컨대'로 문장을 시작하고 있다. 일반적으로 '요컨대'는 앞의 내용을 정리하고 마무리할 때 주로 사용하므로, (나) 뒤에 위치하기보다는 마지막 문단으로 활용하는 편이 자연스럽다. 이렇게 볼 때, 결과적으로 '(라)-(나)-(가)-(다)'의 순서가 바람직하므로, 정답은 ③이 된다.

(라): 'Gehalt' 개념을 정의한 후, 음이 단순한 소리를 넘어 정신적 활동이라는 점을 설명한다.

(나): 작곡가가 음을 단순히 받아들이는 것이 아니라 "관계와 변화"를 상상하며 창조한다는 점을 언급한다.

(가): "음"의 예술적 변화 가능성을 언급한 후, 작곡은 창조적 행위임을 강조한다.

(다): 글을 마무리하며, 'Gehalt' 개념이 음악을 감각적 경험이 아니라 내면적이고 능동적인 예술로 이해하게 한다고 설명하면서, 음들은 마음속에서 생명력을 얻어 음악이 확장됨을 강조한다.

008
정답 | ④

해설 | 1문단에서는 "법을 변경하려는 합법적 절차나 정당방위와 같은 예외 상황을 제외하면, 국가가 직접 나서 법을 위반하는 대부분의 행위를 강제적으로 막는다."라고 설명한다. 즉 국가는 법 위반 행위를 강제적으로 막아야 할 책임이 있지만, 법을 위반했음에도 불구하고 국가가 위반 행위를 막지 않는 '예외적 상황'도 분명 존재한다. 따라서 국가가 '어떤 상황에서도' 예외 없이 법 위반 행위를 막아야 한다는 ④의 진술은 적절하지 않다.

오답피하기 |

① 1문단의 "국가는 법 집행을 반드시 실현해야 할 책임이 있으며, 이를 통해 법의 권위와 실효성이 보장된다."를 통해 적절한 진술임을 알 수 있다.

② 3문단의 "제재는 법을 어긴 자에게 불이익을 주어 다시 반복하지 않도록 하는 것이다."를 통해 적절한 진술임을 알 수 있다.

③ 2문단의 "이러한 규범을 실현하는 절차와 방법을 규정하는 제2차적 법 규범으로 나뉜다. 가령 민사소송법, 형사소송법 등은 제2차적 법 규범으로"를 통해 적절한 진술임을 알 수 있다.

009
정답 | ④

해설 | 2문단의 "국내 이자율이 낮아지면 해외 투자가 늘어나면서 외환 수요가 증가해 국내 통화의 환율이 오르고, 반대의 경우 외국 투자자들이 국내에 투자해 외환 공급이 늘어나 국내 통화의 환율이 내려간다."를 통해, 국내 이자율이 낮아지면 환율이 오르고, 반대의 경우 즉 '국내 이자율이 높아지면 외환 공급이 늘어나 환율이 내려간다'는 것을 알 수 있다.

오답피하기 |

① 1문단의 "구매력 평가설은 환율의 장기적 추세를 설명하는 데 적합하지만, 단기적 변동을 설명하는 데는 한계가 있다."를 통해 적절하지 않은 진술임을 알 수 있다.

② 2문단의 "최근에는 국제 자본 시장이 크게 성장하면서 자본 거래가 경상 거래를 압도하고 있어"를 통해 적절하지 않은 진술임을 알 수 있다.

③ 2문단의 "단기적 환율 변동은 주로 자본 거래에 의해 결정된다고 평가된다."를 통해, 자본 거래는 '장기'가 아닌 '단기적' 환율 변동과 깊은 관련이 있다는 것을 알 수 있으므로 적절하지 않다.

010
정답 | ①

해설 |

㉠(○): 2문단에 따르면 국내 이자율이 낮아지면 외환 수요가 증가해 국내 통화의 환율이 오른다.

㉡(×): 2문단에 따르면 외국 투자자들이 국내에 투자해 외환 공급이 늘어나게 되면 국내 통화의 환율은 하락한다.

㉢(×): 특정 국가의 증시가 상승하는 추세일 경우 국내에 유입되는 외국 투자가 늘어나게 된다. 이는 ㉡과 동일한 경우이므로 국내 통화의 환율은 하락한다.

ⓔ(×): 고금리 정책을 펼친다는 것은 ㉠과 반대되는 정책을 펼친다는 것이다. 따라서 ㉠과 반대의 효과가 일어나 국내 통화의 환율이 하락한다.

011
정답 | ①

해설 | 빈칸에는 '제약 회사의 시장 확대를 위한 판매 전략'이 들어가야 한다. 즉 약이 더 많이 팔리도록 할 수 있는 내용이 들어가야 하는 것이다. 여기에 더하여, 바로 뒤의 문장에서 제시된 예(정상 상태를 비정상 상태로 규정함, 질병이 아닌 현상을 질병으로 포장함)를 모두 아우르는 내용이어야 한다. 이러한 조건에 가장 부합하는 것은 ①이다. '병의 범위를 전략적으로 넓히는' 것은, 제약 회사가 개발한 약을 많이 팔아 더 많은 이윤을 남기기 위해, 기존의 인식과 기준에서는 병으로 취급받지 않는 상태도 병으로 규정하는 것을 의미한다.

오답피하기 |
② 상식적으로 '병'은 원래 비정상적인 상태로 규정된다. 따라서 제약 회사가 병의 개념을 비정상적인 상태로 규정한다고 해서 약이 더 많이 판매되는 것은 아니므로, ②는 적절하지 않다.
③ 치료 방법을 다양하게 제시한다고 해서 환자가 약을 더 많이 사는 것은 아니다.
④ 완치에 대한 믿음을 심어 주는 것과, 약의 판매량이 증가하는 것은 상관관계가 부족하다.

012
정답 | ①

해설 | ㉠의 '소요되다'는 '필요로 되거나 요구되다.'라는 뜻이므로, '보태서 많게 하거나 늘려지다'라는 의미인 '더해지다'와 유사한 표현이 아니다. 따라서 바꿔 쓰기에는 적절하지 않다.

오답피하기 |
② ㉡의 '책정하다'는 '계획이나 방책을 세워 결정하다.'라는 의미이므로, 맥락상 '일정한 기준에 따라 사물의 값이나 등수 따위를 정하다.'의 의미인 '매기다'와 바꿔 쓰더라도 자연스럽다.
③ ㉢의 '추구하다'는 '목적을 이룰 때까지 뒤쫓아 구하다.'라는 의미이므로, '목표, 이상, 행복 따위를 추구하다.'라는 의미인 '좇다'와 바꿔 쓰더라도 자연스럽다.
④ ⓔ의 '기여하다'는 '도움이 되도록 이바지하다.'라는 의미이므로, '이바지하다'와 바꿔 쓰더라도 자연스럽다.

013
정답 | ②

해설 |
ㄷ(○): 갑은 완벽한 제도는 없다며 다수결에도 문제가 있다고 말하고 있다. 그러나 다수결이 가장 공평하고 합리적인 방식이라고 말하고 있다. 병 역시 다수결이 현실적으로 가장 공평한 해법이라고 말하고 있으므로 이 둘의 주장은 대립하지 않는다.

오답피하기 |
ㄱ(×): 갑은 완벽한 제도는 없다며 다수결에도 문제가 있다고 말하고 있다. 그러나 다수결이 가장 공평하고 합리적인 방식이라고 말하고 있다. 반면 을은 다수결은 어떻게 개선해도 공평할 수 없다고 말하고 있다. 따라서 이 둘의 주장은 서로 대립한다.

ㄴ(×): 을은 다수결은 어떻게 개선해도 공평할 수 없다고 말하고 있다. 반면 병은 다수결에 한계가 있지만 보완을 통해 현실적으로 공평한 해법으로 존재할 수 있다고 말한다. 따라서 이 둘의 주장은 서로 대립한다.

014
정답 | ④

해설 | 주어진 조건들을 기호화하면 다음과 같다.

조건1. 바나나∨망고∨파인애플∨두리안
조건2. 파인애플∧두리안 → 망고 ≡ ~망고 → ~파인애플∨~두리안
조건3. 망고 → 바나나 ≡ ~바나나 → ~망고
조건4. ~바나나

1) 조건4에 따라 '~바나나'가 확정된다.
2) 1)에 따라 '~바나나'가 확정되므로, 조건3의 대우에 따라 '~망고'가 확정된다.
3) 2)에 따라 '~망고'가 확정되므로, 조건2의 대우에 따라 '~파인애플∨~두리안'이 확정된다.
4) 1)과 2)에 따라 조건1은 '파인애플∨두리안'으로 변형할 수 있으므로, 3)에 따라 배타적 선언인 '(파인애플∨두리안)∧(~파인애플∨~두리안)'이 도출된다.
5) 확정된 것을 정리하면 '~바나나, ~망고, (파인애플∨두리안)∧~(파인애플∧두리안)'이다.
6) 따라서 정답은 '파인애플에 대한 할당관세 적용 조치가 종료되지 않는다면, 두리안에 대한 할당관세 적용 조치는 종료되겠군요'이다.

015
정답 | ③

해설 | 이 글은 '참신한 아이디어'와 '충분한 초기 자본' 두 가지 조건이 모두 충족되어야 '창업 성공'이라는 결과를 반드시 얻을 수 있다고 주장하고 있다. 이를 기호화하자면 '참신한 아이디어∧충분한 초기 자본 → 창업 성공'이 되겠다. 이를 약화하기 위해서는 '~(참신한 아이디어∧충분한 초기 자본 → 창업 성공) ≡ (참신한 아이디어∧충분한 초기 자본)∧~창업 성공'이 되어야 한다. ③번은 '참신한 아이디어∧충분한 초기 자본∧~창업 성공'을 의미하므로 이 글의 논지를 약화하는 것이 된다.

오답피하기 |
① '참신한 아이디어∧충분한 초기 자본∧창업 성공'을 의미하므로 '참신한 아이디어∧충분한 초기 자본∧~창업 성공'이 아니어서 정답이 될 수 없다.
② '~참신한 아이디어∧충분한 초기 자본∧창업 성공'을 의미하므로 '참신한 아이디어∧충분한 초기 자본∧~창업 성공'이 아니어서 정답이 될 수 없다.
④ '참신한 아이디어∧~충분한 초기 자본∧~창업 성공'을 의미하므로 '참신한 아이디어∧충분한 초기 자본∧~창업 성공'이 아니어서 정답이 될 수 없다.

016
정답 | ④

해설 | 이 글은 A국의 공무원의 업무 효율성이 떨어지는 문제를 해결하는 방법으로 공무원을 증원하거나 성과 평가 제도를 강화하는 방식은 옳지 않다고 주장하고 있다. 이 문제를 진정으로 해결하기 위해서는 불필요한 서류 작업이나 승인 단계를 축소해야 한다고 주장하고 있다. ④번의

경우, 서류를 전자화하고 서류 종류를 절반으로 줄여 불필요한 서류 작업을 줄였더니 민원 처리 시간이 30% 빨라질 정도로 효율성이 높아졌다. 따라서 ④번은 이 글의 논지를 강화하는 사례로 가장 적절하다.

오답피하기 |
① 이 글은 A국의 공무원의 업무 효율성이 떨어지는 문제를 해결하기 위해서는 불필요한 서류 작업이나 승인 단계를 축소해야 한다고 주장하고 있다. 그런데 ①번의 경우 승인 절차를 줄였더니 업무 효율이 감소되었는지는 알 수 없고, 예산 절감 효과만 나타났다면 이 글의 논지를 강화하는 것으로 보기 어렵다.
② 이 글은 A국의 공무원의 업무 효율성이 떨어지는 문제를 해결하는 방법으로 공무원을 증원하거나 성과 평가 제도를 강화하는 방식은 옳지 않다고 주장하고 있다. 그런데 ②번처럼 공무원을 증원하자 업무 효율성이 높아졌다면 이 글의 논지는 오히려 약화된다.
③ 이 글은 A국의 공무원의 업무 효율성이 떨어지는 문제를 해결하는 방법으로 공무원을 증원하거나 성과 평가 제도를 강화하는 방식은 옳지 않다고 주장하고 있다. 그런데 ③번처럼 성과 평가 제도를 강화하여 공무원의 업무 효율성이 높아졌다면 이 글의 논지는 오히려 약화된다.

017
정답 | ③

해설 | 펜에는 사람의 마음을 통제할 수 있는 힘이 있어, 눈앞의 현실을 부정시킬 수 있다는 내용은 역사 소설을 통해서 버젓이 존재하는 사실을 왜곡하여 독자에게 그것이 진실인 양 전달할 수 있다는 뜻이다. 따라서 ③번은 윗글의 주장을 강화하는 것으로 보기 어렵다.

오답피하기 |
① 상상이나 해석과 같은 보는 이의 관점이 반영되지 않은 서술은 오히려 사실의 왜곡일 수 있다는 주장은 역사 소설의 허구성을 옹호하는 것으로 볼 수 있다.
② 문학은 표현의 자유를 전제한다는 것은 문학이 허구의 내용이라고 할지라도 그것을 서술할 수 있다는 것이며, 현실을 얼마나 잘 반영했는지는 중요하지 않다는 말은 현실과 다소 거리가 있는 역사 소설이어도 괜찮다는 의미이므로, 윗글의 주장을 강화하는 것으로 볼 수 있다.
④ 독자의 관심과 감동을 이끌 수 없는 것이라면 무가치하다고 말하고 있는 것이므로 독자의 감동과 관심을 위해 다소 허구적이어도 상관없다는 의미로 받아들일 수 있다. 따라서 윗글의 내용을 강화하는 주장으로 볼 수 있다.

018
정답 | ①

해설 | (가)는 '역사가 가진 무거움'으로 허구와 반대되는 역사적 진실을 의미한다. ㉠은 '실제로 있었던 역사적 사건'이므로 (가)의 문맥적 의미와 유사하다. ㉡은 '역사학에서 인정하는 사실'로서의 '일부 인물이 벌인 사건'이므로 (가)의 문맥적 의미와 유사하다. 그러나 ㉢은 '실제 역사에서는 존재하지 않았던 인물'의 위기나 고난이므로 (가)의 문맥적 의미와 거리가 멀다. ㉣ 역시 '당시에 기록되지 않았던' 민중들의 심리와 바람이므로 (가)의 문맥적 의미와 거리가 멀다. 따라서 (가)와 문맥적 의미가 유사한 것을 모두 찾으면 '㉠, ㉡'이 된다.

019
정답 | ①

해설 | 제시된 조건을 기호화하면 다음과 같다.

> 조건1. 한글 → 표준어 ≡ ~표준어 → ~한글
> 조건2. ~로마자 → ~표준어 ≡ 표준어 → 로마자
> 조건3. ~외래어 → ~로마자 ≡ 로마자 → 외래어

제시된 조건만으로는 확정되는 것이 없으므로 선택지를 살펴보아야 한다. '갑이 표준어 규정을 공부하면, 외래어 표기법도 공부한다'는 '표준어 → 외래어'이다. 조건2의 대우와 조건3의 대우를 결합하면 '표준어 → 로마자 → 외래어'가 된다. 따라서 '표준어 → 외래어'가 도출된다.

오답피하기 |
② '갑이 로마자 표기법을 공부하면, 표준어 규정도 공부한다'는 '로마자 → 표준어'이다.
③ '갑이 한글 맞춤법을 공부하면, 로마자 표기법은 공부하지 않는다'는 '한글 → ~로마자'이다.
④ '갑이 한글 맞춤법을 공부하면, 외래어 표기법은 공부하지 않는다'는 '한글 → ~외래어'이다.

020
정답 | ①

해설 | '눕다'는 '-아/어 있-'이 결합하여 '누워 있다'라고 표현할 수 있다. 이는 눕기까지의 동작이 다 끝이 나고 그러한 상태를 계속 유지하고 있다는 의미이다. 따라서 '눕다'는 ㉠의 사례로 가장 적절하다.

오답피하기 |
② '먹다'는 '먹어 있다'라고 표현할 수 없으므로 ㉠의 사례로 적절하지 않다.
③ '뛰다'는 '뛰어 있다'라고 표현할 수 없으므로 ㉠의 사례로 적절하지 않다.
④ '울다'는 '울어 있다'라고 표현할 수 없으므로 ㉠의 사례로 적절하지 않다.

001 ④	**002** ③	**003** ③	**004** ④	**005** ④
006 ④	**007** ②	**008** ④	**009** ④	**010** ②
011 ③	**012** ②	**013** ②	**014** ①	**015** ③
016 ④	**017** ③	**018** ①	**019** ①	**020** ②

S#.26 킬러 문제가 5문제 출제된다면...

킬러 ① 문법 [4번]
킬러 ② 문법 [5번]
킬러 ③ 빈칸 추론하기 [7번]
킬러 ④ 논리 [15번]
킬러 ⑤ 강화 약화 [16번]

이번 회차는 지문 글자 수 7749자에 평균 정답률 79%이다. 평균 정답률만 보면 그렇게까지 어려운 시험은 아니겠지만 글자 수가 상당하다는 점을 생각하면 시험 풀이 시간이 부족한 학생들도 꽤나 있을 것이고, 5문제나 되는 킬러 문제에 당황한 학생들도 많이 있을 것으로 예상된다. 그러나 25 지방직 평균 정답률이 85%였다는 점을 고려하면 이렇게 출제될 가능성이 농후하다. 따라서 이번 회차를 풀어 보면서 어려운 시험에 대비할 수 있어야 할 것이다.

001

정답 | ④

해설 | '~에 있다'는 일본어 번역 투에 해당하므로 '~이다'로 바꿔 써야 한다. 그러나 수정한 문장 역시 일본어 번역 투에 해당한다. 따라서 해당 문장을 ㉣에 따라 "인문 과학의 궁극적 목표는 인간의 본질에 대한 답을 구하는 것이다."로 수정해야 한다.

오답피하기 |

① '금일'은 '지금 지나가고 있는 이날'을 뜻하는 한자어이다. 따라서 해당 문장을 ㉠에 따라 "오늘 안으로 서류를 작성하시오."로 수정하는 것은 적절하다.

② '향토기업'이라는 자격의 의미를 나타내므로 '로서'가 올바른 표기이다. 따라서 해당 문장을 ㉡에 따라 "향토기업으로서 지역 발전에 의미를 더하는 계기가 될 것입니다."로 수정해야 한다.

③ '벌금 부과'와 '영업 정지 처분을 당하게 된다'는 대등한 구조가 아니다. 따라서 해당 문장을 ㉢에 따라 "경찰의 단속에 적발된 업소는 벌금을 부과받거나 영업 정지 처분을 당하게 된다."로 수정하는 것은 적절하다.

002

정답 | ③

해설 | 2문단의 "훈구파 관료들이 여전히 정권을 장악하고 있던 때였다. 이들은 이성과 대화보다는 힘과 권력을 통해 정국을 운영하려고 하였다. 이러한 상황 속에서 ~ 이황은 왕권에 정면으로 맞서기보다는 지식인의 양성을 통해 이성적 사고를 각성시키고 여론을 투명하게 유지하는 우회적인 방식을 통해 왕권을 견제하려고 하였다."를 보면, 당시 정국을 주도한 이들은 '이황'이 아니라 '훈구파 관료들'이었다는 것을 알 수 있다. 따라서 이황은 '그들에 맞서기'보다는 '우회적인 방법으로 견제'하려 했고, '여론을 이용'하기보다는 '여론을 투명하게 유지'하는 데 힘을 쏟았다. 이상의 내용을 종합할 때, ③의 진술은 적절하지 않다는 것을 알 수 있다.

오답피하기 |

① 3문단의 "이이는 양시양비론을 통해 두 세력(→ 동인과 서인)의 화합을 꾀하였다."를 통해 적절한 진술임을 알 수 있다.

② 3문단의 "선조는 당시의 주도 세력이었던 동인을 억누르고 왕권을 강화하기 위해 서인을 대표하던 이이에게 힘을 실어 주었다."를 통해 적절한 진술임을 알 수 있다.

④ 1문단의 "군주의 절대 권력을 억누르려고 하였다. 이러한 생각은 유가의 오랜 전통으로, 곧 언로(言路)의 확대를 통한 정치를 의미하는 것이었고, 군주보다 사대부가 중심이 되는 정치를 의미하는 것이기도 하였다."를 통해 적절한 진술임을 알 수 있다.

003

정답 | ③

해설 | ㉢의 '쏟다'는 '마음이나 정신 따위를 어떤 대상이나 일에 기울이다.'라는 뜻이므로, '존경, 친근, 애정의 뜻을 나타내기 위하여 남에게 선물을 주다.'라는 의미인 '선사(膳賜)하다'와 바꿔 쓰기에는 적절하지 않다.

오답피하기 |

① '견제(牽制)하다'는 '일정한 작용을 가함으로써 상대편이 지나치게 세력을 펴거나 자유롭게 행동하지 못하게 억누르다.'라는 의미이므로, ㉠의 '억누르다'와 바꿔 쓰더라도 자연스럽다.

② '대립(對立)하다'는 '의견이나 처지, 속성 따위가 서로 반대되거나 모순되다.'라는 의미이므로, ㉡의 '맞서다'와 바꿔 쓰더라도 자연스럽다.

④ '편중(偏重)되다'는 '한쪽으로 치우치게 되다.'라는 의미이므로, ㉣의 '치우치다'와 바꿔 쓰더라도 자연스럽다.

004

정답 | ④

해설 | 지문에 따르면 'ㅎ'이 '-아/어'와 결합하면 어간의 '앟/엏'을 떼고 '-애/에'를 '-아/어' 대신 사용한다. 즉, '커다랗-+-았습니다'는 어간의 '앟'은 탈락하고 '-았습니다'는 '앴습니다'로 바뀌게 된다. 따라서 어간 '커다랗-'에 어미 '-았습니다'가 결합할 경우 '커다랐습니다'가 아닌 '커다랬습니다'로 활용될 것이다.

오답피하기 |

① 지문에 따르면 'ㅎ'이 '-아/어'와 결합하면 어간의 '앟/엏'을 떼고 '-애/에'를 '-아/어' 대신 사용한다. '그렇다'의 경우 무조건 '-애'가 결합한다. 따라서 어간 '그렇-'에 어미 '-어'가 결합할 경우 어간의 '엏'은 탈락하고 '-어'는 애로 바뀌어 '그래'로 활용될 것이다.

② 지문에 따르면 어미 '-니'가 결합할 때는 어간의 'ㅎ'이 탈락한다. 따라서 어간 '퍼렇-'에 어미 '-니'가 올 경우 어간의 'ㅎ'이 탈락하여 '퍼러니'로만 활용될 수 있다.

③ 지문에 따르면 'ㅎ'이 '-아/어'와 결합하면 어간의 '앟/엏'을 떼고 '-애/에'를 '-아/어' 대신 사용한다. 따라서 어간 '퍼렇-'에 어미 '-었다'가 결합할 경우 어간의 '엏'은 탈락하고 '-었다'는 '-엤다'로 바뀌어 '퍼렜다'로 활용될 것이다.

005
정답 | ④

해설 | 1문단에 따르면 격 조사에 의해 체언의 문장 성분이 결정되므로, 선행 체언이 문장의 주어임을 나타내는 조사는 주격 조사임을 알 수 있다. 이때, '는'은 보조사이므로 격 조사로 쓰일 수 없다. 따라서 해당 문장에서 '는'은 선행 체언이 문장의 주어임을 나타낸다는 설명은 적절하지 않다.

오답피하기 |

① 3문단에 따르면 체언과 체언을 동일한 문장 성분의 자격으로 이어서 명사구를 형성하는 조사를 접속 조사라고 한다. '이며'는 '수박'과 '참외'를 목적어의 자격으로 이어 주고 있다. 따라서 해당 문장에서 '이며'는 접속 조사라는 설명은 적절하다.

② 1문단에 따르면 체언에 결합된 조사가 '이/가'로 대체될 수 있는 '에서'가 결합하면 주어가 된다. '정부에서'는 '정부가'로 대체될 수 있으므로 주어로 쓰인 것이다. 따라서 해당 문장에서 '에서'는 주격 조사라는 설명은 적절하다.

③ 1문단에 따르면 체언에 '을/를'이 붙으면 목적어가 되며, 2문단에 따르면 보조사는 문법적인 관계보다는 앞말에 특별한 뜻을 보태주는 조사이다. '만'은 다른 것으로부터 제한하여 어느 것을 한정하는 뜻을 나타내므로 보조사로 쓰인 것이다. 따라서 해당 문장에서 '만'은 보조사이고, '을'은 목적격 조사라는 설명은 적절하다.

006
정답 | ④

해설 | 1문단의 "우리나라 국민의 하루 나트륨 섭취량이 주요 선진국과 비교해 현저히 높은 것으로 드러났다. ~ 최근 몇 년 동안 섭취량 감소 노력에도 실질적인 개선이 이루어지지 않은 상황이다."를 통해, ④의 '최근 실질적인 개선이 조금씩 이루어지고 있다.'라는 진술이 적절하지 않음을 알 수 있다.

오답피하기 |

① 2문단의 "젓갈이나 김치 등 염장 식품을 선호하는 것도 전체 섭취량을 높이는 주요 요인으로 지적된다."를 통해 적절한 진술임을 알 수 있다.

② 3문단의 "나트륨을 과다하게 섭취하면 고혈압, 심장 질환, 뇌졸중 등 심혈관계 질환의 위험이 증가한다. 물론 나트륨을 지나치게 적게 섭취해도 건강에 문제를 일으킬 수 있지만"을 통해 적절한 진술임을 알 수 있다.

③ 3문단의 "나트륨을 과다하게 섭취하면 고혈압, 심장 질환, 뇌졸중 등 심혈관계 질환의 위험이 증가한다. ~ 이에 보건 당국과 전문가들은 나트륨 줄이기 캠페인을 지속적으로 전개하고 있으며"를 통해 적절한 진술임을 알 수 있다.

007
정답 | ②

해설 | 3문단의 "이것은 다른 경제 변수와의 변화 속도에 차이를 나게 하는 이유가 된다. 속도 차이로 저속 변수인 금리도 균형 수준에 이르기까지 균형 수준보다 약간 올랐다가 다시 내려오고 균형 수준 이하로 갔다가

는 다시 올라오는 경향이 있는데 이를 '평균 회귀 현상'이라 한다."에 주목해 보자.

이 내용을 정리하면, 어떤 하나의 경제 변수는 다른 경제 변수와 변화 속도에 차이가 나므로, 그로 인해 균형 수준 이상으로 오버슈팅하거나 균형 수준 이하로 언더슈팅하면서 왔다 갔다 하는 가운데 균형점을 찾아가게 되는데, 이것을 평균 회귀 현상이라고 부른다는 것이다.

다시 말해, 주가와 금리 등의 경제 변수들은 변화의 속도가 동일하지 않다. 이러한 '경제 변수들 사이에 변화의 속도 차이가 존재하기' 때문에 균형점을 찾기까지 각 변수들은 오버슈팅과 언더슈팅을 반복하게 되는 평균 회귀 현상을 겪게 된다. 따라서 빈칸에 들어갈 내용은 ②가 가장 적절하다.

오답피하기 |

①, ③ 평균 회귀 현상이 필연적으로 일어나는 이유는, 서로 다른 경제 변수들 간에 속도 차이가 나기 때문이다. 따라서 이러한 내용과 관련 없는 진술인 ①과 ③은 적절하지 않다.

④ '하나의 경제 변수가 오버슈팅되면 반드시 다른 경제 변수가 언더슈팅된다'는 것은 지문에서 알 수 없는 내용이다.

008
정답 | ④

해설 | ㉠의 '느리다'는 '어떤 일이 이루어지는 과정이나 기간이 길다.'라는 의미로 사용되었는데, ④의 '느리다' 또한 같은 의미로 사용되었다.

오답피하기 |

① '성질이 누그러져 야무지지 못하다.'라는 의미로 사용되었다.

② '기세나 형세가 약하거나 밋밋하다.'라는 의미로 사용되었다.

③ '어떤 동작을 하는 데 걸리는 시간이 길다.'라는 의미로 사용되었다.

009
정답 | ④

해설 | 2문단의 "때로는 현실의 정치와 직접적으로 거리를 두고 전원에 머물지만, 여전히 세상의 소식이나 정세에 대한 미련, 걱정, 불안함을 완전히 떨치지 못하는 인간의 심리를 사실적으로 드러내기도 한다."를 통해 적절한 진술임을 알 수 있다.

＊ <참고> 양가감정: 논리적으로 서로 어긋나는 표상의 결합에서 오는 혼란스러운 감정

오답피하기 |

① 1문단의 "자연을 소재로 하는 고전 문학 작품은 주로 사계절의 변화나 자연 풍경 자체에 초점을 맞추지만, 전원생활을 소재로 한 작품에서는 인간의 다양한 삶과 그 내면이 좀 더 구체적으로 형상화된다."를 통해 적절하지 않은 진술임을 알 수 있다.

② 1문단의 "농촌 사람들의 생활상과 자연의 변화가 어우러지며, 일상의 노고와 보람, 더불어 살아가는 공동체의 따뜻함이 표현되기도 한다."를 통해, 전원생활을 소재로 한 고전 문학 작품에서 노동의 괴로움 없이 따뜻하기만 한 공간으로 묘사되지는 않는다는 것을 알 수 있다. 즉 노동의 노고와 보람이 함께 표현되므로, 농촌이 '노동의 괴로움이 없는' 공간이라는 진술은 적절하지 않다.

③ 2문단의 "때로는 현실의 정치와 직접적으로 거리를 두고 전원에 머물지만, 여전히 세상의 소식이나 정세에 대한 미련, 걱정, 불안함을 완전히 떨치지 못하는 인간의 심리를 사실적으로 드러내기도 한다."를 통해, '전원이 현실과 완전히 단절된 공간으로 그려진다'라는 ③의 진술은 적절하지 않음을 알 수 있다.

010

정답 | ②

해설 | 2문단의 "피부나 입안처럼 상재균 외의 균이 쉽게 붙어 증식할 수 있는 부위에는 태어날 때부터 특정 균이 자리 잡고 있어서 서식 공간과 영양분을 차지한다. 그 결과 새로운 균이 그곳에 정착하거나 자라기 어렵게 만든다."와, 3문단의 "상재균 중에는 외부 물질을 적극적으로 공격하는 종류도 있다. 이들은 직접 외부 물질을 억제하는 물질을 만들어 내거나"를 통해, 상재균은 우리 몸에 침입하는 병원균과 경쟁하며 적극적으로 병원균을 억제한다는 것을 알 수 있다. 따라서 ②의 '상재균은 병원균과 경쟁하지 않는다'라는 진술은 적절하지 않다.

오답피하기 |

① 1문단에서는 상재균이 항상 몸에 존재한다고 언급하고 있고, 2문단에서는 상재균이 병원균이 증식하기 어려운 환경을 조성해 병원균을 자연스럽게 억제한다고 설명하고 있으므로 적절한 진술이다.

③ 2문단의 "가령 피부 표면에서 상재균은 피지와 땀에 포함된 지질을 분해하면서 산성 물질을 만들어 낸다. 이 산성 물질 덕분에 피부는 약산성 상태를 유지하게 되고"를 통해 적절한 진술임을 알 수 있다.

④ 3문단의 "상재균 중에는 ~ 인체 내 물질이 병원균을 공격하도록 자극하는 역할을 한다. ~ 따라서 건강한 상재균 환경을 유지하는 것은 질병의 침입을 막고, 면역력을 높이는 데 필수적이다."를 통해 적절한 진술임을 알 수 있다.

011

정답 | ③

해설 | ㉠은 '사람의 몸에 항상 살고 있는 균'이므로 상재균을 지시한다. ㉡ 역시 '기존에 존재했던' 즉 '항상 살고 있는 균'이며, 외부 균들이 '살기 힘든 환경을 만드는 균'이므로 상재균을 지시한다. 그러나 ㉢은 상재균이 병원균을 공격하게끔 시키는 물질이므로 '상재균'을 지시하지 않는다. ㉣은 문장에서 상재균을 지시한다. 따라서 ㉠~㉣ 중 지시하는 대상이 다른 것은 ㉢이다.

012

정답 | ②

해설 | 2문단에 따르면 개념 미술에서는 미술 작품에서 중요한 것은 작품에 관한 예술가의 사고 자체라고 보았다. 반면 미니멀 아트에서는 작가의 주관이 작품에 끼어드는 것을 최소화하려 하였다. 따라서 개념 미술이 '미니멀 아트와 달리' 창작을 위한 작가의 사고가 무엇보다 중요하다고 보았다는 진술은 적절하다.

오답피하기 |

① 1문단에 따르면 작가의 주관적인 내면세계와 감성적 표현을 강조한 추상 표현주의가 그림을 자의적이고 임의적인 산물로 만들어 버렸다는 비판이 일어났고 이런 관점에서 미니멀 아트가 등장하였다. 따라서 미니멀 아트가 형태를 구체적으로 표현하는 방식에 대한 반발로 등장했다는 진술은 적절하지 않다.

③ 1문단의 "추상 표현주의가 그림을 자의적이고 임의적인 산물로 만들어 버렸다"를 통해, 추상 표현주의도 작가의 주관적인 내면세계와 감성적 표현을 강조해 '예술 작품이 작가에 의해 임의로 창작될 수 있는 것'이라고 보았음을 알 수 있다. 따라서 개념 미술이 '추상 표현주의와 달리' 예술 작품이 작가에 의해 임의로 창작될 수 있다고 보았다는 진술은 적절하지 않다.

④ 추상 표현주의는 작가의 주관적인 내면세계와 감성적 표현을 강조한다. 미니멀 아트는 이에 대한 비판을 토대로 등장한 것으로 작가의 주관이 작품에 개입되는 것을 최소화하고자 했다. 즉 ④는 대상의 특징을 반대로 진술하였으므로 적절하지 않다.

013

정답 | ②

해설 | ㉡의 '끼어들다'는 '자기 순서나 자리가 아닌 틈 사이를 비집고 들어서다.'라는 뜻이므로, '얼마간의 도움이 되다.'라는 의미인 '일조하다'와 유사한 표현이 아니다. 따라서 바꿔 쓰기에는 적절하지 않다.

오답피하기 |

① ㉠의 '일어나다'는 '어떠한 사건이나 현상이 발생하다.'라는 의미이므로, 맥락상 '어떤 세력이나 현상이 새롭게 나타나게 되다.'의 의미인 '대두되다'와 바꿔 쓰더라도 자연스럽다.

③ ㉢의 '만들어지다'는 맥락상 '예술 작품이 독창적으로 지어내어지다.'라는 의미인 '창작되다'와 바꿔 쓰더라도 자연스럽다.

④ ㉣의 '여기다'는 '마음속으로 그러하다고 인정하거나 생각하다.'라는 의미이므로, '생각하다'와 바꿔 쓰더라도 자연스럽다.

014

정답 | ①

해설 | 보은의 첫 번째 대화 "기술 발전이 인간관계 단절을 심화시키고 정서적으로 소외감을 느끼게 하는 부작용도 있다고 생각해."와, 은주의 "어떤 이들은 기술 덕분에 더 활발한 사회생활을 누리지만, 또 어떤 이들은 점점 더 고립될 수도 있잖아?"라는 말을 통해, 보은과 은주 모두 기술의 발전이 개인을 더욱 고립시킬 수 있다는 점에 대해 동의한다는 것을 알 수 있다. 따라서 이 점에 대해 '보은과 은주의 견해는 서로 다르다'라는 진술은 적절하지 않다.

오답피하기 |

② 소현의 "발전된 기술이 우리 모두에게 소외감을 안겨주었다고 생각해."라는 말을 통해, 소현은 '기술이 개인의 정서에 부정적 영향을 미친다'라고 생각한다는 것을 알 수 있다. 반면 은주의 "기술 발전이 각자의 사회적, 문화적 배경에 따라 다르게 받아들여진다는 점도 중요해. 어떤 이들은 기술 덕분에 타인과 유대감을 나누며 더 활발한 사회생활을 누리지만"이라는 말을 통해, 은주는 기술로 타인과 유대감을 나눌 수 있다고 보고 있다. 따라서 기술이 개인의 정서에 긍정적 영향을 미칠 수 있다는 점에 대해 소현은 동의하지 않을 것이다. 반면, 은주는 동의할 것이므로, 둘의 견해는 서로 다르다.

③ 보은의 두 번째 대화 "나는 인간 중심의 기술 발전이 필요하다고 봐. ~ 사람들이 소외되지 않도록 기술이 사람들 간의 정서적 유대감을 강화할 수 있는 방향으로 발전해야 해."와, 민규의 "기술이 인간을 대신하는 게 아니라, 도구로서 사람과 사람을 잇는 다리가 되어야 진정한 발전이라 할 수 있어."라는 말을 통해, 적절한 진술임을 알 수 있다.

④ 보은의 첫 번째 대화 "현대 사회에서 자동화 기술은 ~ 인간관계 단절을 심화시키고 정서적으로 소외감을 느끼게 하는 부작용도 있다고 생각해."와, 소현의 "자동화로 ~ 발전된 기술이 우리 모두에게 소외감을 안겨주었다고 생각해."라는 말을 통해, 적절한 진술임을 알 수 있다.

015

정답 | ③

해설 | 제시된 전제를 기호화하면 다음과 같다.

결론의 '~엑스레이 검사'가 도출되기 위해서는 전제1의 대우에 따라 '~구조적인 문제'가 확정되어야 하며, '~구조적인 문제'가 확정되기 위해서는 전제3의 선언지 제거에 따라 '급성 염좌'가 확정되어야 한다. '급성 염좌'가 확정되기 위해서는 전제2에 따라 '~초음파 검사'가 확정되어야 하므로, 추가해야 할 것은 '초음파 검사에서 이상 소견을 보이지 않는다'이다.

오답피하기 |
① '급성 염좌가 아니다'는 '~급성 염좌'이다.
② '어깨 관절에 구조적인 문제가 있다'는 '구조적인 문제'이다.
④ '급성 염좌가 아니면서 어깨 관절에 구조적인 문제가 있다'는 '~급성 염좌∧구조적인 문제'이다.

016
정답 | ④

해설 | 이 글은 사회적 배당금 제도로 인해 단기적으로 소비 증가와 일부 국민 생활의 안정을 불러올 수도 있으나 반드시 그러한 것은 아니며, 역으로 빈곤 감소나 소득 격차 해소가 생겼다고 그것이 사회적 배당금 제도 때문은 아니라고 주장하고 있다. 그런데 ④번처럼 특정 국가에서 생활 여건이 근본적으로 개선된 것이 사회적 배당금 제도를 도입했기 때문인 것으로 드러났다면 이 글의 주장을 약화하게 된다.

오답피하기 |
① 글쓴이는 사회적 배당금 제도 없이 다른 제도의 개선만으로도 긍정적 효과를 불러올 수 있다고 주장하고 있다. 따라서 사회 배당금 제도 없이 조세 제도를 개선하였더니 국민들의 생활이 안정화되었다면 글쓴이의 주장은 강화된다.
② 글쓴이는 사회적 배당금 제도가 반드시 경제적 불평등을 해소하지는 않는다고 주장하고 있다. 따라서 모든 국민들에게 일정 금액을 정기적으로 지급하였더니 빈부의 격차가 더 커지게 되었다면 글쓴이의 주장은 강화된다.
③ 글쓴이는 사회적 배당금 제도로 인해 단기적으로 소비 활성화가 일어날 수 있다고 주장하고 있다. 따라서 사회적 배당금 정책이 시행된 후에 얼마 지나지 않아 소비 증가로 내수 경제가 활성화되었다 하더라도 글쓴이의 주장을 약화하진 않는다.

017
정답 | ③

해설 | (가)는 항상 올바른 행동이 자연스럽게 이루어지는 상황은 이론적으로만 존재할 뿐, 현실적으로는 존재하지 않는다고 말하고 있다. 그런데 ③번의 경우, 절대적인 규칙을 따르면 해야 할 일을 수행하게 된다고 하였다. 이 말은 어떤 상황에도 흔들리지 않는 규칙에 따라 행동하면 옳은 일을 할 수 있다는 의미이므로, (가)의 주장을 강화한다고 보기 어렵다.

오답피하기 |
① 개인의 욕망과 사회적 이익이 충돌될 때 어떤 이익이 더 선호되어야 하는지, 즉 더 선한 것인지 불분명하다는 것은 현실에 따라서 도덕적으로 옳은 일이 무엇인지 판단하기 어렵다는 주장이다. 따라서 이는 (가)의 주장을 강화하는 것이다.
② 죽음이 명백한 사람이 극심한 고통 때문에 안락사를 원할 때 그의 욕망에 선악을 부여하기 어렵다는 것은 특정 행위의 선악 판단이 현실적으로 쉽지 않다는 것으로 (가)의 주장을 강화하는 것이 된다.

④ 무엇이 옳고 그른지가 상대적인 것이라는 것은 항상 옳은 행위는 없으며, 현실에 따라서 달라질 수 있다는 것이므로 (가)의 주장을 강화하는 것이 된다.

018
정답 | ①

해설 | ㉡, ㉢, ㉣은 모두 도덕적으로 옳은 행위가 무엇인지 쉽게 판단할 수 없는 상황, 즉 도덕적 딜레마의 상황을 뜻한다. 그러나 ㉠은 도덕적 판단이나 행동과 무관한 상황을 뜻하므로 ㉠~㉣ 중 문맥적 의미가 다른 하나는 ㉠이 되겠다.

019
정답 | ①

해설 | 제시된 조건을 기호화하면 다음과 같다.

조건1에 따라 '~갑 근속승진기간 단축', '~갑 성과평가 가점'이 확정된다. '~갑 성과평가 가점'이 확정되므로, 조건2의 선언지 제거에 따라 '정 성과평가 가점'이 확정된다. '정 성과평가 가점'이 확정되고 네 사람은 각기 다른 한 가지의 인사상 우대조치를 부여받아야 하므로, 조건3의 선언지 제거에 따라 '을 특별승진임용'이 확정된다. '을 특별승진임용'이 확정되므로, 조건1에 따라 '갑 포상휴가'도 확정된다. '갑 포상휴가'가 확정되고 네 사람은 각기 다른 한 가지의 인사상 우대조치를 부여받아야 하므로, '병 근속승진기간 단축'이 확정된다. 확정된 것을 정리하면 '갑 포상휴가, 을 특별승진임용, 병 근속승진기간 단축, 정 성과평가 가점'이다. 따라서 반드시 참인 것은 '갑은 포상휴가를 부여받는다'이다.

020
정답 | ②

해설 | 1문단의 "임철우의 소설 『사평역』은 1970~80년대 산업화 시대의 사회적 현실을 바탕으로 창작되었다. ~ 소외된 이들의 쓸쓸한 삶과 내면을 문학적으로 형상화하려는 의도에서 출발하였다."와 2문단의 "따뜻한 시선으로 인물들의 고단함과 연민을 포착해 작품 전체에 잔잔한 울림을 남긴다."를 통해 적절한 진술임을 알 수 있다.

오답피하기 |
① 1문단의 "임철우의 소설 『사평역』은 1970~80년대 산업화 시대의 사회적 현실을 바탕으로 창작되었다. 작품의 직접적 창작 동기는 곽재구 시인의 시 「사평역에서」에서 영향을 받은 것으로"를 통해, '시 「사평역에서」가 소설 『사평역』에서 영향을 받은' 것이 아니라, '소설 『사평역』이 시 「사평역에서」에서 영향을 받아' 창작되었음을 알 수 있다.
③ 2문단의 "이 작품의 표현상 특징 중 하나는 중심인물이 따로 없이 여러 인물군이 내면 풍경과 삶의 회한을 보여 준다는 점이다."를 통해, 『사평역』에서는 중심인물이 없다는 것을 알 수 있다. 따라서 '중심인물이 여러 인물의 내면 풍경을 그려낸다'라는 진술은 적절하지 않다.
④ 2문단의 "특히 '톱밥 난로', '하얀 눈', '막차를 기다리는 역' 등은 각기 상징적 의미를 가지며"를 통해, '눈'도 상징적 의미를 지닌다는 것을 알 수 있다. 따라서 '눈'이 상징적 의미를 지니지 않는다는 진술은 적절하지 않다.

001 ③	002 ④	003 ③	004 ④	005 ②
006 ①	007 ③	008 ③	009 ④	010 ④
011 ①	012 ③	013 ②	014 ④	015 ②
016 ③	017 ④	018 ③	019 ②	020 ①

S#.27 어려운 가운데 과학 지문도 어렵게 출제된다면...

킬러 ① 빈칸 추론하기 [6번]
킬러 ② 독해 내용 일치(과학) [11번]
킬러 ③ 화법 [13번]
킬러 ④ 강화 약화 [17번]

이번 회차는 지문의 글자 수 7253자, 평균 정답률은 79%로 다소 어려운 시험으로 출제되었다. 킬러 문제는 4문제로 주로 전반부에 배치하였다. 그렇기 때문에 어려운 문제를 풀기 위해서 고민을 많이 하다 보면 후반부의 쉬운 문제를 풀 시간이 부족할 수 있다. 항상 시험의 기본은 '맞맞틀틀(=맞힐 문제 맞히고, 틀릴 문제 틀린다!)'이다. 전반부의 어려운 문제를 풀기 위해서 고민을 많이 해서는 안 된다. 버릴 문제는 버리고 가야 한다. 이러한 교훈을 남기기 위해 이 회차에서는 정답률 44%의 빈칸 추론 문제와 어려운 과학 지문 문제, 62%의 화법 문제를 전반부에 배치해 두었다.

001

정답 | ③

해설 | '자살률 현황'은 서술어 '하다'와 호응하지 않는다. 따라서 '주어와 서술어를 호응시킬 것'이라는 원칙에 따라 ⓒ을 '자살률 현황을 보고하고'로 수정해야 한다.

오답피하기 |

① '늘어나고 있는'이 수식하는 명사가 명확하도록 어순을 수정한다. 따라서 '수식어구가 무엇을 수식하는지를 분명히 알 수 있는 표현을 사용할 것'이라는 원칙에 따라 ㉠을 '펜션 동반 자살이 늘면서 이를'로 수정하는 것은 적절하다.

② 서술어 '진행하다'의 적절한 목적어가 필요하다. 따라서 '필요한 문장 성분이 생략되지 않도록 할 것'이라는 원칙에 따라 ⓒ을 '교육을 진행했다'로 수정하는 것은 적절하다.

④ 명사 나열형 문장은 의미를 파악하기 어렵다. 따라서 '지나친 명사 나열을 피하고 적절한 조사와 어미를 활용하여 문장을 구성할 것'이라는 원칙에 따라 ㉣을 '화재를 예방하는 펜션 안전 교육을'로 수정하는 것은 적절하다.

002

정답 | ④

해설 | 3문단의 "영양 표시 대상 식품은 열량, 탄수화물, 단백질, 지방, 콜레스테롤, 나트륨 등 주요 영양 성분의 명칭과 함량, 영양소 기준치에 대한 비율을 표시해야 한다. 다만, 열량 · 당류 · 트랜스 지방에 대해선 비율 표시가 제외될 수 있다."를 통해, 탄수화물, 단백질은 영양소 기준치에 대한 비율을 표시해야 하지만, '트랜스 지방은 예외를 두고 있음'을 알 수 있다. 즉 트랜스 지방은 영양소 기준치에 대한 비율을 표시할 필요가 없으므로, ④의 진술은 적절하지 않다.

오답피하기 |

① 3문단의 "제과 · 제빵류, 아이스크림, 햄버거, 피자 등에 대해선 2010년부터 열량, 당류, 단백질, 포화지방, 나트륨 함량을 의무적으로 표시하도록 규정되어 있다."를 통해 적절한 진술임을 알 수 있다.

② 2문단의 "이 밖에도 표시 대상 식품군에 포함되지 않은 식품도 원하는 경우 영양 성분을 강조하여 표시할 수 있다."를 통해 적절한 진술임을 알 수 있다.

③ 1문단의 "영양 표시 제도는 가공식품의 영양적 특성을 일정한 기준과 방법에 따라 표시하여 소비자에게 정확한 정보를 제공하고, 합리적인 식품 선택을 돕기 위해 만들어졌다. 또한 이 제도는 허위나 과대광고로부터 소비자를 보호하고 국민 건강 증진에 기여하는 것을 목적으로 한다."를 통해 적절한 진술임을 알 수 있다.

003

정답 | ③

해설 | 2문단의 "또한 상대방이 말하는 내용을 경청하면서 그 마음을 존중하는 태도를 보이면, 자연스럽게 신뢰와 공감이 쌓이고 원활한 소통이 가능해진다."를 통해, 상대방이 말하는 내용을 '경청해야 → 신뢰와 공감이 쌓인다'라는 것을 알 수 있다. 그런데 ③에서는 반대로 '신뢰와 공감이 쌓여야 → 상대의 말을 경청할 수 있다'라고 진술하고 있다. 즉 ③은 인과관계가 뒤바뀐 진술이므로 적절하지 않다.

오답피하기 |

① 2문단의 "또한 상대방이 말하는 내용을 경청하면서 그 마음을 존중하는 태도를 보이면, 자연스럽게 신뢰와 공감이 쌓이고 원활한 소통이 가능해진다. 이러한 세심한 배려는 단순히 말의 선택을 넘어서 상대와의 관계를 더욱 깊고 건강하게 만드는 요인이다."를 통해 적절한 진술임을 알 수 있다.

② 2문단의 "피곤하거나 어려운 상황에 있는 상대에게는 직접적이거나 비판적인 말투 대신 부드럽고 이해심 있는 표현을 사용하는 것이 바람직하다."를 통해, 상대가 처한 상황에 따라 직접적이고 비판적인 말투를 피하는 것이 좋을 때도 있다는 것을 알 수 있다.

④ 1문단의 "상대방의 마음을 헤아려 기분이 상할 수 있는 말을 피하는 것은 대인관계에서 매우 중요한 부분이다."를 통해 적절한 진술임을 알 수 있다.

004

정답 | ④

해설 | '어느새'는 관형사 어근 '어느'와, '사이'를 뜻하는 명사 어근 '새'가 결합한 부사이다. 맨 끝 구성 성분인 명사 '새'와 부사인 '어느새'의 품사가 일치하지 않으므로 ㉠에 해당하는 예시로 적절하지 않다.

오답피하기 |

① '어린이'는 형용사의 관형사형 '어린'과 명사 어근 '이'가 결합한 명사이다.

② '남다르다'는 명사 어근 '남'과 형용사 어근 '다르다'가 결합한 형용사이다.

③ '앞서다'는 명사 어근 '앞'과 동사 어근 '서다'가 결합한 동사이다.

005
정답 | ②

해설 | 2문단에서는 "그로 인해 후기 가사에서는 사대부들의 몰락과 고달픈 생활상이 구체적으로 표현된다. 작가들은 정치적이나 경제적인 어려움 속에서 겪는 고통과 상실감을 솔직하게 드러내며, 가족과 사회에 대한 책임감 사이에서 갈등하는 모습을 보여 준다."라고 설명한다. 즉 조선 후기 가사의 작가층인 사대부들은, 몰락한 현실 가운데 가족을 부양하려는 마음과 선비로서 부여된 사회적 책무를 다하려는 마음 모두 지니고 있었지만, 두 마음 모두를 유지할 수 없는 현실로 인해 내적 갈등을 겪었다는 것이다. 따라서 조선 후기 가사에서 '가족과 사회적 책임감이 강조되지 않는다'라는 ②의 진술은 적절하지 않다.

오답피하기 |

① 2문단의 "그로 인해 후기 가사에서는 ~ 자연을 통해 위안을 받기도 하지만, 때로는 자연이 인간의 비참함과 대조되는 존재로 인식되기도 한다."를 통해 적절한 진술임을 알 수 있다.

③ 1문단의 "전기의 가사 작품들은 풍요로운 자연과 이상적인 세계를 상상하며 감상하는 데 중점을 두었다. 그러나 후기에는 몰락한 사대부 계층의 어려운 삶과 빈궁한 현실이 중요한 주제로 부상하였다."를 통해 적절한 진술임을 알 수 있다.

④ 2문단의 "후기 가사에서는 사대부들의 몰락과 고달픈 생활상이 구체적으로 표현된다. 작가들은 정치적이나 경제적인 어려움 속에서 겪는 고통과 상실감을 솔직하게 드러내며"를 통해 적절한 진술임을 알 수 있다.

006
정답 | ①

해설 | 빈칸에 들어갈 말은 철학이 단순히 현실을 해석해 온 것이 아니라 현실을 변화시켰다는 내용을 담고 있어야 한다. 따라서 정답은 ①이다. 현실을 기록한다는 것은 현실을 해석하는 것으로, 현실을 치유한다는 것은 현실을 변화시키는 것이라고 이해할 수 있기 때문이다.

오답피하기 |

②, ④ 시대를 회피하거나 문제에서 도피한다는 것은 현실을 변화시키는 것과 무관하다.

③ 역사를 반영한다는 것은 단순히 현실을 해석하거나 기록한 것이므로 현실을 변화시키는 것과 무관하다.

007
정답 | ③

해설 | 지문에서는 예술의 발전과 예술가의 지위 변화에 대해 설명하고 있다. 지문의 전개 순서로 가장 자연스러운 것은 '(나) – (가) – (마) – (다) – (라)'이다. (나) 순수 예술은 예술가를 기능인이 아닌 독자적이며 자율적 대상으로 정당화하는 과정에서 생겨났다. → (가) 예술가가 기능인과 구별되는 존재로 격상되고 예술은 개인의 독창적 산물이라는 의미를 지니게 되었다. → (마) 예술가의 지위 상승에는 재현 능력에 대한 경외감과 '아우라'가 중요한 요인으로 작용했다. → (다) 그러나 사진술이 등장하며 대상의 재현을 본질로 삼던 예술의 근간을 흔들어 놓았다. → (라) 이러한 위협에 맞서 예술은 새로운 미적 기준을 제시함으로써 감상자에게 충격을 주고자 하는 방향으로 발전해 나갔다.

008
정답 | ③

해설 | 1문단의 "서간체 수필은 여타 논리적이고 건조한 비문학 형식과 달리, 정서적 공감과 몰입을 유도한다."를 통해, 서간체 수필이 '비문학 형식과 달리' 정서적 공감과 몰입을 유도한다는 점은 알 수 있다. 하지만 서간체 수필이 '소설에 비해' 정서적 공감과 몰입을 더 잘 유도하는지는, 지문에 언급되지 않아 알 수 없는 정보다.

오답피하기 |

① 2문단의 "이러한 방식은 인간관계의 미묘한 감정을 자연스럽게 표현할 수 있게 도와주며, 때로는 연대감이나 위로를 전하는 데 효과적이다."를 통해 적절한 진술임을 알 수 있다.

② 1문단의 "서간체 형식으로 쓰인 수필은 오랜 시간 동안 독자와 작가 사이의 심리적 거리를 좁히는 독특한 역할을 해왔다."를 통해 적절한 진술임을 알 수 있다.

④ 2문단의 "독자는 작가의 사적 이야기를 엿보는 동시에, 자신을 투영하여 의미를 확장해 나갈 수 있다."를 통해 적절한 진술임을 알 수 있다.

009
정답 | ④

해설 | 3문단의 "그런데 최근의 영화 속 로봇은 이러한 원칙을 거부하고 인간과 갈등을 빚거나 긴장 관계에 놓이는 모습으로 변모하고 있다. 로봇이 독립적인 존재로 등장하면서, 인공지능과 자율 움직임이 결합하면 인간의 통제를 벗어난 새로운 형태의 로봇이 탄생할 수 있다는 가능성을 보여 준다."를 통해, 적절한 진술임을 알 수 있다.

오답피하기 |

① 2문단의 "로봇이라는 말은 체코의 소설가 카렐 차페크가 희곡 『R.U.R』에서 처음 사용했는데, 이 단어의 어원은 '강제 노동'을 뜻하는 체코어 'robota'이다."를 통해, 로봇의 어원인 체코어 'robota'는 희곡 『R.U.R』에 등장하기 이전부터 사용되던 단어였다는 것을 알 수 있다. 즉 'robota'는 카렐 차페크의 희곡 『R.U.R』에서 처음 사용된 단어가 아니므로 ①의 진술은 적절하지 않다.

② 1문단의 "우리는 일상생활에서 반복적인 행동을 하는 사람을 "로봇 같다"라고 비유하기도 한다."를 통해, "로봇 같다"라는 비유는 '사람이 무미건조하고 차가운 기계를 닮은 모습에서 비롯'된 것이 아니라, '(기계처럼) 반복적인 행동을 하는 사람'을 빗대어 나타낸 것임을 알 수 있다.

③ 2문단에서 아이작 아시모프가 제시한 로봇이 지켜야 할 원칙은 "로봇은 인간에게 해를 끼치거나 위험한 상황을 방관해서는 안 되고, 인간의 명령에 복종해야 하며, 자신을 보호해야 한다는 것"이라고 설명하고 있다. 특히 "이 원칙들은 인간 중심주의를 반영하며"를 고려할 때, 아시모프의 원칙은 로봇에 대한 인간의 통제를 강조하고 있음을 알 수 있다. 따라서 ③의 '이 원칙이 로봇과 인간의 협력과 자유를 강조한다'라는 진술은 적절하지 않다.

010
정답 | ④

해설 | 이 글은 인간의 통제에 놓여 있고, 인간에게 도움을 주는 인간 중심주의가 반영된 로봇 개념과 인간으로부터 독립하여 인간에게 통제받지 않는 로봇 개념을 함께 소개하고 있다. ㉠, ㉢은 인간에게 도움을 주는 인간 중심주의가 반영된 로봇을 뜻한다. ㉡은 스스로를 지키는 로봇이라는 의미지만 후술되는 내용을 보면 그 역시도 인간 중심주의가 반영된 로봇 개념이다. 그러나 ㉣은 인간의 통제에서 벗어난 로봇이라는 의미를 담고 있다. 따라서 ㉠~㉣ 중 문맥적 의미가 이질적인 것은 ㉣이 되겠다.

011

정답 | ①

해설 | 3문단에서, 에어포일에 부딪힌 '공기의 흐름이 아래로 바뀌면서' 속도가 변하고, 공기가 가속되어 유체가 힘을 받게 되는데, 이때 에어포일의 윗면과 아랫면을 따라 흐르는 유체의 흐름이 '양력으로 작용'하게 된다는 것을 알 수 있다. 즉 공기의 흐름이 바뀌지 않으면 양력도 발생하지 않으므로 ①은 적절하지 않다.

오답피하기 |

② 2문단의 "베르누이 원리에 따라 압력 차가 생겨서 양력이 존재한다는 설명 자체가 과학적으로 틀린 것은 아니다."에서 적절하다는 것을 알 수 있다.

③ 1문단의 "'긴 경로 이론'이 에어포일 윗면을 따라 흐르는 공기가 더 먼 거리를 이동해 더 빨라진다고 설명"을 통해, 이 이론은 에어포일(날개)의 윗면과 아랫면의 거리 차이로 인해 양력이 발생한다고 설명하고 있다는 것을 알 수 있다.

④ 1문단에서, 두 이론 모두 윗면의 공기가 아랫면보다 더 빠르게 흐른다고 가정하고 있음을 알 수 있다.

012

정답 | ③

해설 | ⓒ의 '비롯되다'는 '처음으로 시작되다.'라는 의미이다. 한편 '유래되다'는 '(사물이 무엇에서) 말미암아 일어나거나 전하여 오다.'라는 의미로, '유도는 씨름에서 유래된 것이다.'처럼 대상이 어딘가에서 전해져 올 경우에 주로 사용되므로, 윗글의 '비롯되다'와 바꿔 쓰면 어색하다. 이 경우 '어떠한 것에 원인을 두다.'라는 의미의 '기인하다'와 바꿔 쓰는 것이 맥락상 자연스럽다.

오답피하기 |

① ⓐ의 '흐르다'는 '공중이나 물 위에 떠서 미끄러지듯이 움직이다.'라는 의미이므로, '이동하다'와 바꿔 쓰더라도 자연스럽다.

② ⓑ의 '일어나다'는 '어떤 현상이 발생하다.'라는 의미이므로, '발생하다'와 바꿔 쓰더라도 자연스럽다.

④ ⓓ의 '말하다'는 '어떤 사정이나 사실, 현상 따위를 나타내 보이다.'라는 의미인데, 맥락상 받음각의 개념을 설명하기 위해 사용되고 있다. 따라서 '의미하다'와 바꿔 쓸 수 있다.

013

정답 | ②

해설 | 대화 중에 자신의 의견이 반박되는 사람이 있는지 확실치 않다. 갑은 요즘 젊은 사람들이 노약자에게 자리를 양보하지 않는 것이 이해가 되지 않는다고 했고, 이에 대해 병의 그럴 수도 있다는 말을 통해 갑의 이해를 더해 줬다고 볼 수 있기 때문이다. 갑이 병에 의해 반박당했다 할지라도 갑의 두 번째 발화는 자신의 주장을 수정하는 것이 아니다. 갑은 줄곧 젊은 사람들이 노약자에게 자리를 양보하지 않는 것은 잘못이라고 주장하고 있다.

오답피하기 |

① 병은 젊은 사람들이 노약자에게 자리를 양보하지 않는 문제의 원인을 개인주의에서 찾았으며, 이를 사회적 연대감이 무너지는 문제와 연관 짓고 있다.

③ 병은 을의 첫 번째 발화를 수용하여 젊은 사람들이 노약자에게 자리를 양보하지 않는 문제의 원인으로 젊은 사람들의 개인적 상황을 고려하고 있다.

④ 을은 두 번째 발화에서 문화적 차원에서 젊은 사람들이 노약자에게 자리를 양보하지 않는 이유를 찾고 있다.

014

정답 | ④

해설 | 주어진 조건들을 기호화하면 다음과 같다.

```
조건1. A → B
조건2. A∨C
조건3. A → ~B
조건4. B∨D
조건5. ~D → ~C ≡ C → D
```

1) 조건1인 'A → B'와 조건3인 'A → ~B'는 모순이다. 즉, 'A'가 거짓이므로 '~A'가 확정된다.

2) 1)에 따라 '~A'가 확정되므로, 조건2에서 선언지 제거에 따라 'C'가 확정된다.

3) 2)에 따라 'C'가 확정되므로, 조건5의 대우에 따라 'D'가 확정된다.

4) 확정된 것을 정리하면 '~A, C, D'이며, 'B'에 대해서는 알 수 없다.

5) 따라서 정답은 '전문관 C, D'이다.

015

정답 | ②

해설 | 1문단에서는 "수치가 높을수록 소득이나 부의 분배가 불공평함을 보여 주는 '지니 계수'를 살펴보면 ~ 우리나라의 경우 2025년 기준 지니 계수는 약 0.33으로 ~ 영국보다는 낮은 수준을 보인다."라고 설명한다. 즉 지니 계수가 높다는 것은 소득과 부의 분배 불공평 정도가 높다는 것을 보여 주는데, 반대로 우리나라는 영국보다 지니 계수가 낮으므로, 우리나라의 부의 분배 불공평 정도가 영국보다 낮다고 할 수 있다. 달리 말해, 부의 분배 불공평 정도는 영국이 우리나라에 비해 높다고 볼 수 있으므로, ②의 진술은 적절하다.

오답피하기 |

① 1문단의 "수치가 높을수록 소득이나 부의 분배가 불공평함을 보여 주는 '지니 계수'"와 2문단의 "저소득층과 고소득층 비중이 늘어나고 있어 사회의 구조적 불균형이 더욱 두드러진다"를 종합하면, 저소득층과 고소득층 비중이 늘어나 사회의 구조적 불균형이 심해지면, 지니 계수는 '줄어드는' 것이 아니라 '커진다'라는 것을 알 수 있다.

③ 2문단에서는 '상위 20% 가구가 전체 소득의 40% 이상을 차지한다'라고 설명하고 있으나, '상위 5% 가구의 소득 비중'에 대해 직접 언급하지는 않고 있다. 따라서 ③의 진술은 지문에서 확인할 수 없는 정보이므로 적절하지 않다.

④ 3문단에서는 "저출산과 고령화, 복지 정책으로 인한 저소득층의 노동 의욕 상실, 복지 정책에 대한 재원 마련 미비 또는 복지 정책의 비효율성 등 복합적 요인으로 인해 소득 격차 해소에는 한계가 있다. 또한 지역 간 소득 차이는 여전히 큰데"라고 설명한다. 이를 통해 '지역 간 소득 차이가 크다'라는 점을 확인할 수 있을 뿐, '남녀 간 소득 격차가 증가하고 있는지'에 대해서는 직접 언급하지는 않으므로 알 수 없다.

016

정답 | ③

해설 | (가)에서 정부는 '보편적 복지 제도'를 강화해야 한다고 주장한다. 그런데 일반적인 복지 정책, 즉 보편적 복지 정책보다 선별적 복지 정책이 효율성 측면에서 우수하다면 정부의 보편적 복지 제도 강화 주장은 '약화'될 것이다. 따라서 ③번의 진술은 적절하다.

오답피하기 |

① 정부는 보편적 복지 제도 강화를 주장하고 있다. 그런데 복지 정책을 위한 정책적 자금이 고갈될 수밖에 없다면 정부는 복지 정책을 영속적으로 시행하기가 어려워진다. 따라서 이럴 경우 정부의 주장은 '약화'될 것이다.

② 강력한 복지 정책이 오히려 최하층의 노동 의욕을 저하하였다면 그들은 결국 최하층에서 벗어나기 어려울 것이다. 이는 빈부 격차 완화에 도움이 되지 않을 것이다. 따라서 이럴 경우 정부의 주장은 '약화'될 것이다.

④ 정부의 재분배 정책이 활발하게 진행된 유럽에서 지니 계수가 더 감소했다는 것은 양극화가 줄어들었다는 의미이다. 따라서 이럴 경우 재분배를 주장하는 정부의 주장은 '강화'될 것이다.

017

정답 | ④

해설 | 지문에 따르면 '아도르노'는 문화 산업이 예술과 문화를 타락시키고, 예술의 실험성을 저해한다고 본다. 그러나 ④는 문화나 예술에 투입된 자본이 오히려 파격적이고 격이 높은 예술 작품을 만들어 내기도 한다며 이를 반박하고 있다. 따라서 '아도르노'의 견해를 반박하는 것으로 가장 적절한 것은 ④이다.

오답피하기 |

① 대중문화는 실험 정신이 결여되어 있기 때문에 저급한 것이라는 것은 '아도르노'의 입장과 동일하다. 따라서 '아도르노'의 견해를 반박하는 것으로 볼 수 없다.

② '아도르노'는 문화 산업에 투자되는 자본이 예술가의 생계와 무관하다고 말하지 않았다. 따라서 문화 산업에 투자되는 자본으로 생계를 유지하는 예술가들이 상당하다는 것은 '아도르노'의 견해를 반박하는 것으로 볼 수 없다.

③ '아도르노'는 대중 예술이 새로운 자극을 주지 못한다는 비판 이론가들과 비슷한 견해를 취하고, 재즈가 형식적으로 동일하다고 말했을 뿐이다. '아도르노'는 재즈가 현대인에게 위로와 안식을 주지 않는다고 말하지 않았다. 따라서 현대인의 지친 영혼에 재즈가 주는 위로와 안식을 무시해서는 안 된다는 것은 '아도르노'의 견해를 반박하는 것으로 볼 수 없다.

018

정답 | ③

해설 | 강연 내용에 따르면 씻김굿은 넋굿의 일종으로 죽은 사람은 물론, 살아남은 사람들의 한을 씻어 준다는 의미를 지니고 있다. 따라서 강연 내용에 대한 반응으로 '씻김굿은 넋굿의 일종이지만 살아 있는 사람을 위로하기도 하는군.'이 가장 적절하다.

019

정답 | ②

해설 | 제시된 전제를 기호화하면 다음과 같다.

```
전제1. ~A시 → B시 ≡ ~B시 → A시
전제2. (B시 ∨ C시) ∧ ~(B시 ∧ C시)
전제3. ~D시 → C시
결론. A시
```

결론의 'A시'가 도출되기 위해서는 전제1의 대우에 따라 '~B시'가 확정되어야 하며, '~B시'가 확정되기 위해서는 전제2의 배타적 선언에 따라 'C시'가 확정되어야 한다. 따라서 추가해야 할 것은 'C시에 미세 먼지 주의보를 발령한다'이다.

오답피하기 |

① 'B시에 미세 먼지 주의보를 발령한다'는 'B 시'이다.

③ 'D시에 미세 먼지 주의보를 발령한다'는 'D 시'이다.

④ 'A시에 미세 먼지 주의보를 발령하지 않는다'는 '~A 시'이다.

020

정답 | ①

해설 | (가)는 '우리는 바란다'라는 문장에 명사절 '노래가 유명해지기'와 관형절 '그가 부르는'이 안겨 있는 문장이다. 따라서 문장 전체의 서술어 '바란다'의 주어는 ⊙'우리는'이다. 그리고 안은문장의 목적어 역할을 하며 안겨 있는 명사절은 '노래가 유명해지기'이므로 명사절의 주어는 ⓒ'노래가'이다. 또한 관형어의 역할을 하며 안겨 있는 관형절은 '그가 부르는'이므로 관형절의 주어는 ⓒ'그가'이다.

모의고사
28회

001 ③	**002** ③	**003** ①	**004** ③	**005** ②
006 ③	**007** ③	**008** ②	**009** ②	**010** ④
011 ①	**012** ③	**013** ②	**014** ④	**015** ④
016 ③	**017** ④	**018** ④	**019** ④	**020** ①

S#.28 문법 때문에 시험이 어렵다면...

킬러 ① 문법 [2번]
킬러 ② 문법 [3번]
킬러 ③ 빈칸 추론하기 [9번]
킬러 ④ 강화 약화(화법) [14번]
킬러 ⑤ 강화 약화 [19번]

이번 회차는 문법을 어렵게 출제하였다. 심지어 어려운 강화 약화 문제도 문법을 소재로 출제하였다. 또한 지문을 읽지 않고 개념 이해만으로 문제가 쉽게 풀리지 않게 배치해 두었다. 지문의 글자 수는 7148자로 짧은 편에 속하지만 평균 정답률은 79%로 어려운 시험에 속한다. 사실 어려운 시험을 많이 풀어 보는 게 실력 향상이나 멘탈 관리에는 상당히 도움이 된다. 또한 동일한 이유로 어려운 시험보다는 다채로운 이유로 어려운 시험을 많이 겪는 것이 이러한 효과를 얻는 데 더 유리하다. 문법과 강화 약화에 약점을 보이는 학생은 이번 시험이 지옥과도 같을 것이다.

001
정답 | ③

해설 | 두음 법칙은 단어의 첫머리에 특정한 소리가 출현하지 못하는 현상을 말한다. '녀, 뇨, 뉴, 니'를 포함하는 한자어 음절이 단어 첫머리에 올 때는 'ㄴ'이 나타나지 못하여 '여, 요, 유, 이'의 형태로 실현된다. 따라서 해당 문장을 ⓒ에 따라 수정하지 않고 그대로 두어야 한다.

오답피하기 |
① '함께하다'는 '경험이나 생활 따위를 얼마 동안 더불어 하다'를 뜻하므로, '더불어 함께하여'는 의미가 중복된다. 따라서 해당 문장을 ⑤에 따라 "함께하여 사회적 가치를 지향하는"으로 수정하는 것은 적절하다.
② '~을 것'의 표현은 문맥에 따라 적절하게 '~어야 함' 또는 '~하세요'로 부드럽게 수정하여 표현하는 것이 좋다. 따라서 해당 문장을 ⓒ에 따라 "의사나 약사의 지시에 따라 복용하세요."로 수정하는 것은 적절하다.

④ '사업장이 여러 개인 개인사업자는 주된 사업장의 소재지를'의 적절한 서술어가 필요하다. 따라서 해당 문장을 ㉣에 따라 "사업장이 여러 개인 개인사업자는 주된 사업장의 소재지를 적고, 사업을 하지 않는 개인은 빈칸으로 두시면 됩니다."로 수정하는 것은 적절하다.

002
정답 | ③

해설 | 지문에 따르면 '줄' 뒤에는 '알다', '모르다'와 같은 서술어가 결합된다. 이는 의존 명사 뒤에 오는 서술어가 제약을 받는 경우이다. 이때, '잠든 줄 몰랐다'의 '줄'은 '잠든 줄을 몰랐다'처럼 목적격 조사와 결합이 가능하다. 따라서 '줄'이 목적격 조사의 결합이 제한된다는 설명은 적절하지 않다.

오답피하기 |
① 지문에 따르면 '뿐'은 서술격 조사 '이다'와만 결합한다. 따라서 '뿐'은 조사와 결합하여 서술어로서 기능할 수 있다는 설명은 적절하다.
② 지문에 따르면 '수'는 주격 조사 '가'와만 결합한다. 따라서 '국을 먹을 수를 모른다'처럼 쓰면 문장이 어색해진다는 설명은 적절하다.
④ 지문에 따르면 '바람' 앞에는 '-던', '-은', '-을'은 올 수 없다. 따라서 '급하게 입던 바람에 단추를 잘못 채웠다'처럼 쓰면 문장이 어색해진다는 설명은 적절하다.

003
정답 | ①

해설 | 2문단에 따르면 '-더-'는 과거 어느 때의 일이나 경험을 회상할 때에 사용하기도 한다. 또한 '여름에 푸르던 산이 붉게 물들었더라'에서 '-더-'가 '-았/었-'과 함께 쓰였음을 알 수 있다. 따라서 '-더-'는 '-았/었-'과 함께 쓸 수 없다는 설명은 적절하지 않다.

오답피하기 |
② 2문단에 따르면 '여름에 푸르던 산이 붉게 물들었더라'처럼 어간에 붙는 관형사형 어미 '-던'을 통해 과거 시제를 표현하는 데 사용하기도 한다. 이때, '-던'은 형용사 '푸르다'의 어간에 결합한 것이다. 따라서 '-던'은 형용사와 결합하여 과거 시제를 표현하는 관형사형 어미라는 설명은 적절하다.
③ 1문단에 따르면 '-았었/었었-'은 발화시보다 전에 발생하여 현재와는 단절된 사건을 표현하는 데 쓰일 수 있다. 따라서 '작년에는 물고기가 적었었다'는 현재는 물고기가 적지 않음을 나타낸다는 설명은 적절하다.
④ 2문단에 따르면 과거 시제 선어말 어미가 반드시 과거를 의미하지는 않는다. 해당 문장은 가뭄 때문에 올해 농사를 짓기 어려울 것이라는 의미이다. 따라서 '가뭄 때문에 올해 농사는 다 지었다'에서 '-었-'은 과거를 의미하지 않는다는 설명은 적절하다.

004
정답 | ③

해설 | 2문단의 "복덕방이라는 공간은 시대 변화에 적응하지 못해 소외된 인물들의 안식처이자 실패와 좌절이 집약되는 상징적 장소이다."를 통해, 복덕방이라는 공간은 소외된 인물의 '안식처'라는 것을 알 수 있다. 따라서 '복덕방이 안식처가 아니다'라는 ③의 진술은 적절하지 않다.

오답피하기 |
① 1문단의 "이태준의 「복덕방」은 1930년대 일제 강점기의 서울을 배경으로"와 2문단의 "가족 해체와 도덕적 가치관의 상실이 드러난다."를 통해 적절한 진술임을 알 수 있다.

② 1문단의 "1930년대 일제 강점기의 서울을 배경으로, 근대화와 사회 변동의 한복판에 놓인 인물들의 소외와 비애를 그린 작품이다. ~ 이 소설의 창작 배경은 ~ 급격한 근대화로 인해 전통적 가치관이 붕괴해 가는 사회 현실에 있다."를 통해 적절한 진술임을 알 수 있다.

④ 2문단의 "작품 속 서 참의, 안 초시, 박희완 영감 등은 모두 과거의 명예를 잃고 도시 변두리에서 삶을 이어 가는 인물들로, 새로운 사회에 적응하지 못하고 좌절하고 만다. 이 과정에서 이기적이고 물질주의적인 신세대와 대비되며"를 통해 적절한 진술임을 알 수 있다.

005
정답 | ②

해설 | 제시된 조건을 기호화하면 다음과 같다.

조건1. 태닝 → 까무잡잡한 피부
조건2. ~(까무잡잡한 피부∧자외선 차단제) ≡ ~까무잡잡한 피부∨~자외선 차단제
조건3. 피부 보호 → 자외선 차단제

제시된 조건만으로는 확정되는 것이 없으므로 선택지를 살펴보아야 한다. '정기적으로 태닝을 하면 모두 자외선 차단제를 챙겨 바르지 않는다'는 '태닝 → ~자외선 차단제'이다. '태닝'이 확정되면 조건1에 따라 '까무잡잡한 피부'가 확정되므로, 조건2의 선언지 제거에 따라 '~자외선 차단제'가 확정된다. 따라서 '태닝 → ~자외선 차단제'가 도출된다.

오답피하기 |
① '정기적으로 태닝을 하지 않으면 모두 까무잡잡한 피부가 아니다'는 '~태닝 → ~까무잡잡한 피부'이다. 그러나 조건1의 이인 '~태닝 → ~까무잡잡한 피부'는 성립하지 않는다.
③ '까무잡잡한 피부이면서 자외선 차단제를 챙겨 바르는 경우가 있다'는 '까무잡잡한 피부∧자외선 차단제'이다. 그러나 조건2에 따라 '~(까무잡잡한 피부∧자외선 차단제)'이다.
④ '자외선 차단제를 챙겨 바르면 모두 자외선으로부터 피부를 보호한다'는 '자외선 차단제 → 피부 보호'이다. 그러나 조건3의 역인 '자외선 차단제 → 피부 보호'는 성립하지 않는다.

006
정답 | ③

해설 | 3문단의 "이러한 시적 발상법은 추상적 정서의 구체화 과정을 통해 시와 독자 사이의 거리를 좁힌다."를 통해, 감정의 구체적 표현은 시와 독자의 거리를 '넓히는' 게 아니라 '좁힌다'는 것을 알 수 있다. 따라서 ③의 진술은 적절하지 않다.

오답피하기 |
① 2문단의 "구체적 상황과 결합한 감정은 시의 울림과 깊이를 더하며, 작품 전체의 분위기를 형성하는 데 중요한 역할을 한다."를 통해 적절한 진술임을 알 수 있다.
② 1문단의 "시인은 추상적인 정서나 감정을 효과적으로 전달하기 위해 주로 구체적인 상황을 빌려 오는 발상법을 사용한다. 추상적인 감정은 본래 언어로 직접 표현하기에는 모호하고, 독자의 공감을 이끌어 내기 어렵기 때문이다."를 통해 적절한 진술임을 알 수 있다.
④ 1문단의 "시인은 추상적인 정서나 감정을 효과적으로 전달하기 위해 주로 구체적인 상황을 빌려 오는 발상법을 사용한다. ~ 시인은 자연 현상, 일상 속 사건, 인물의 행동 등 구체적인 대상을 통해 그 감정을 드러낸다."를 통해 적절한 진술임을 알 수 있다.

007
정답 | ③

해설 | 지문에서는 특정 실험 결과를 바탕으로 확증 편향이 무엇인지 밝히고, 그와 같은 비합리적 사고를 피하기 위한 방안에 대해 설명하고 있다. 따라서 지문의 전개 순서로 가장 자연스러운 것은 '(나) – (가) – (라) – (다)'이다. (나) 사형 제도에 찬성·반대하는 사람들에게 상반된 연구 결과를 제공하는 실험이 이루어졌음을 제시하고 → (가) 그 결과 사람들은 자신과 입장이 동일한 연구 결과에 대해서는 긍정적으로 반응한다. → (라) 이처럼 자신의 생각이나 주장과 일치하는 정보만을 선택적으로 수집하는 것을 확증 편향이라고 한다. → (다) 이러한 확증 편향을 방지하기 위해서는 먼저 반대 입장에서 생각해 보아야 한다.

008
정답 | ②

해설 | ㉠에는 홈쇼핑 이용 증가에 따른 부작용이 생기는 원인에 대하여 개선 방안을 제시해야 하므로, '홈쇼핑 업체 사업 관련 정부 허가 및 규제 완화'는 ㉠에 들어갈 내용으로 적절하지 않다.

오답피하기 |
① 'Ⅱ-2'에서 '소비자의 비합리적 소비 행태'를 부작용이 생기는 원인으로 제시하고 있으므로, '소비자를 대상으로 한 합리적 소비 교육 실시'는 개선 방안으로 적절하다.
③ 'Ⅱ-2'에서 '홈쇼핑 업체의 사은품 제공 등 자극적 판촉 행위'를 부작용이 생기는 원인으로 제시하고 있으므로, '홈쇼핑 업체의 과다한 판촉 행위 규제 법안 공시 및 적용'은 개선 방안으로 적절하다.
④ 'Ⅱ-2'에서 '홈쇼핑 업체의 허위 과장 광고'를 부작용이 생기는 원인으로 제시하고 있으므로, '홈쇼핑 업체의 허위 과장 광고 신고 제도 운용 및 처벌 수위 강화'는 개선 방안으로 적절하다.

009
정답 | ②

해설 | 빈칸에 들어갈 내용은 '포괄적 호혜성의 바탕'에 해당하므로, 빈칸의 내용에는 '호혜성'의 개념이 내포되어야 한다. 그런데 2문단에 의하면 호혜성은 '한 개인이 어려움에 처했을 때 모두가 함께 돕는' 것이며, '상호 작용 과정에서 개인과 집단 모두에게 이익이 되는 방향으로 문제를 해결하고자 하는 경향성'을 의미한다. 따라서 빈칸에 들어갈 내용은 '현재 당장 자신에게 이익이 되지 않더라도 언젠가 자신이 어려울 때 공동체가 자신을 도와줄 것이라는 기대' 정도가 적합한데, 이러한 내용을 담고 있는 진술은 ②이다.

오답피하기 |
①, ③, ④ 빈칸 앞의 "호혜성이란 사회적 교환이나 상호 작용 과정에서 개인과 집단 모두에게 이익이 되는 방향으로 문제를 해결하고자 하는 경향성을 말한다."에서 "모두에게 이익이 되는 방향"을 고려할 때, 호혜성은 '타인과 집단뿐만 아니라 자신에게도 이익이 되는 방향을 고려해야 한다'는 것을 알 수 있다. 다시 말해 자신과 타인 중 '어느 한쪽이라도 이익이 발생하지 않는 상황'은 호혜성 개념에 해당하지 않는다. 따라서 개인의 이익을 우선시하거나(①), 자신에게 이익이 발생할 때만 남을 도와준다거나(③), 자신에게 보상이 주어지지 않음에도 불구하고 남을 도와준다(④)는 진술은 빈칸에 들어갈 내용으로는 적절하지 않다.

010
정답 | ④

해설 | ㄹ의 '수행하다'는 '생각하거나 계획한 대로 일을 해내다.'라는 뜻으로, '관례, 유행이나 명령, 의견 따위를 그대로 실행하다.'라는 의미의 '따르다'와 바꿔 쓰기에는 적절하지 않다.

오답피하기 |
① ㄱ의 '간주하다'는 '상태, 모양, 성질 따위가 그와 같다고 보거나 그렇다고 여기다.'라는 뜻이므로, '여기다'와 바꿔 쓰더라도 자연스럽다.
② ㄴ의 '방지하다'는 '어떤 일이나 현상이 일어나지 못하게 막다.'라는 뜻이므로, '막다'와 바꿔 쓰더라도 자연스럽다.
③ ㄷ의 '기반하다'는 '(어떤 대상이 다른 대상에) 바탕을 두다.'라는 뜻이므로, '바탕을 두다'와 바꿔 쓰더라도 자연스럽다.

011
정답 | ①

해설 | 2문단의 "소설 속 주인공이 겪는 가족 해체와 인간관계의 갈등은 이런 사회 구조적 변화와 밀접하게 연결되어 있다. 이처럼 사회적 배경은 단순한 배경이 아니라 인물의 행동과 감정 변화를 이해하는 중요한 열쇠가 된다."를 통해, 사회 구조적 변화로 인해 인물의 삶이 변화하게 되고, 그로 인해 인물의 행동과 감정이 변화하게 된다는 것을 알 수 있다. 그리고 이러한 내용을 바탕으로 ①처럼 추론할 수 있다.

오답피하기 |
② 3문단에서는 "소설에 나타난 사회 모습을 이해하면 작품의 주제나 인물의 심리, 갈등의 원인에 관해 깊이 있게 해석할 수 있다."라고 설명한다. 즉 사회적 배경을 먼저 이해해야 → 인물의 심리와 갈등을 해석할 수 있다는 것이다. 따라서 이러한 인과관계를 반대로 진술한 ②의 내용은 적절하지 않다.
③ 2문단의 "소설 속 주인공이 겪는 가족 해체와 인간관계의 갈등은 이런 사회 구조적 변화와 밀접하게 연결되어 있다"를 통해, 인간관계의 문제는 사회 구조적 변화에서 '벗어나지' 않고 '밀접하게 연결되어' 있다는 것을 알 수 있다. 따라서 ③의 '사회 구조적 변화에서 벗어난'이라는 진술은 적절하지 않다.
④ 2문단의 "일제 강점기 농촌은 일제의 수탈과 고리대금업자의 착취로 인해 매우 어려운 상황이었다. 그로 인해 공동체의 결속력이 약해지고"를 통해, ④의 '공동체의 결속을 다졌다'라는 진술은 적절하지 않음을 알 수 있다.

012
정답 | ③

해설 | 제시된 조건을 기호화하면 다음과 같다.

> 조건1. 정 주무관 → 이 주무관 ≡ ~이 주무관 → ~정 주무관
> 조건2. ~박 주무관 → 김 주무관∧최 주무관 ≡ ~김 주무관∨~최 주무관 → 박 주무관
> 조건3. (김 주무관∨이 주무관)∧~(김 주무관∧이 주무관)

제시된 조건만으로는 확정되는 것이 없으므로 선택지를 살펴보아야 한다. '박 주무관이 상여금을 받지 않으면, 정 주무관도 상여금을 받지 않는다'는 '~박 주무관 → ~정 주무관'이다. '~박 주무관'이 확정되면 조건2에 따라 '김 주무관'이 확정되므로, 조건3의 배타적 선언에 따라 '~이 주무관'이 확정된다. '~이 주무관'이 확정되므로, 조건1의 대우에 따라 '~정 주무관'이 도출된다. 따라서 반드시 참인 것은 '~박 주무관 → ~정 주무관'이다.

오답피하기 |
① '김 주무관과 이 주무관이 함께 상여금을 받을 수 있다'는 '김 주무관∧이 주무관'이다. 그러나 조건3의 배타적 선언에 따라 '~(김 주무관∧이 주무관)'이 된다.
② '이 주무관이 상여금을 받으면, 박 주무관은 상여금을 받지 않는다'는 '이 주무관 → ~박 주무관'이다. 그러나 '이 주무관'이 확정되면 조건3의 배타적 선언에 따라 '~김 주무관'이 확정되므로, 조건2의 대우에 따라 '박 주무관'이 도출된다.
④ '최 주무관이 상여금을 받지 않으면, 박 주무관도 상여금을 받지 않는다'는 '~최 주무관 → ~박 주무관'이다. 그러나 '~최 주무관'이 확정되면 조건2의 대우에 따라 '박 주무관'이 도출된다.

013
정답 | ②

해설 | 1문단에 따르면 농산물 원산지 표시 제도는 농산물을 원료로 사용한 가공품의 정보를 소비자에게 제공하는 것이다. 따라서 가공품 역시 원재료를 표기해야 한다. 따라서 ㄴ의 '가공품은 원재료를 표기하지 않아도 된다'라는 말은 잘못된 것이므로 '가공품은 주요 원재료의 원산지를 표시해야 한다'라는 내용으로 수정되어야 한다.

오답피하기 |
① ㄱ 뒤의 내용을 보면 농산물 원산지 표시 제도는 소비자에게 정보를 제공하는 제도이다. 따라서 ㄱ은 수정할 필요가 없다.
③ ㄷ 앞의 내용을 보면 표시할 때에는 선명히 해야 한다. 이를 따르기 위해서는 지워지지 않는 잉크를 사용해야지, 잘 지워지는 잉크를 사용할 필요가 없다. 따라서 ㄷ은 수정할 필요가 없다.
④ ㄹ 앞의 내용을 보면 글자 크기는 포장재 표면적에 따라 비율적으로 정해지는 것이다. 즉 글자 크기가 포장재의 표면적에 따라 달라질 수 있는 것이다. 따라서 ㄹ은 수정할 필요가 없다.

014
정답 | ④

해설 | ㄱ~ㄷ 모두 대화에 대한 평가로 적절하다.
ㄱ. 갑은 "전통적인 언어 사용 방식을 지키는 것이 중요하다고 생각해."라고 주장한다. 그런데 전통적인 언어 규범을 고수하는 방송 프로그램이 시청률 감소로 폐지된 사례는, 전통적인 언어 규범을 고수해야 한다는 갑의 주장을 '약화'하는 근거로 작용한다.
ㄴ. 을은 신조어와 축약어가 언어를 더욱 풍부하고 다채롭게 만든다고 주장한다. 그런데 신조어를 빈번하게 사용하는 세대일수록 공식 문서 작성 시 어려움을 겪을 확률이 높아진다는 조사 결과는, 빈번한 신조어의 사용이 사회적인 소통을 방해하는 요인으로 작용한다는 것을 보여주므로, 신조어의 사용을 긍정적으로 인식하는 을의 입장을 '약화'한다.
ㄷ. 갑은 "세대 간에 언어 차이가 클수록 상호 이해가 어려워지고 사회적 소통에 장벽이 생겨. 그러니 교육적 장치를 마련해서라도 균형을 잡아야 해."라고 주장한다. 따라서 학교에서 세대별 언어 교육을 도입하여 세대 간의 언어 차이가 극복된다면, 교육을 통해 세대 간 언어 차이를 줄여야 한다는 갑의 입장은 '강화'된다.
한편, 을은 "각 세대가 서로의 언어 특성을 이해하고 그것을 존중하는 태도가 훨씬 중요하다고 봐. 문제가 되는 부분은 사회적 교육이나 개인적 노력을 통해 얼마든지 극복 가능하다고 생각해."라고 주장한다. 따라서 학교에서 세대별 언어 교육을 도입하여 세대 간의 언어 차이가 극복된다면, 세대 간 언어 차이로 인한 심각한 소통 단절은 교육을 통해 극복 가능하다고 주장하는 을의 입장은 '강화'된다.

015

정답 | ④

해설 | 1문단에서는 음악 해석이 지휘자와 연주자들의 개성과 창의성을 반영하는 과정임을 강조한다. 또한 2문단의 "지휘자 토스카니니는 베토벤이 의도한 빠른 템포와 추진력을 강조해 연주하였고, 그의 해석은 음악의 긴장감과 역동성을 극대화하였다."를 통해, 지휘자가 음악 해석을 통해 곡의 긴장감과 역동성을 조절한다는 것을 알 수 있다.

오답피하기 |

① 1문단에서는 "악보에는 음표와 템포, 연주 방식이 명시되어 있지만, 이를 어떻게 해석해 연주할지는 지휘자와 연주자들의 몫이다."라고 설명한다. 그런데 이는 악보를 바탕으로 해석이 이루어진다는 뜻이지, 악보(음표)를 무시해도 된다는 의미가 아니다. 따라서 음악 해석에서 음표를 읽을 필요가 없다는 진술은 적절하지 않다.

② 1문단의 "악보에는 음표와 템포, 연주 방식이 명시되어 있지만"을 통해, 악보에는 연주 방식이 명시되어 있지 않다는 진술은 적절하지 않음을 알 수 있다.

③ 2문단에 따르면 토스카니니는 베토벤이 명시한 메트로놈 108이라는 빠른 템포를 충실히 따랐으며, 자신의 음악적 느낌보다 악보에 충실한 해석을 한 것으로 서술되어 있다. 반면 푸르트벵글러가 자신의 음악적 느낌을 우선시하여 느린 템포로 연주했다는 점에서, ③의 진술은 적절하지 않다.

016

정답 | ③

해설 | '속기되다'는 '꽤 빨리 적히다.'라는 뜻이므로, ⓒ의 '적히다'와 바꿔 쓰기에 적절하지 않다. 맥락상 악보에 기호가 적히는 것이 반드시 '빨리 적힌 것'을 의미하지는 않기 때문이다.

오답피하기 |

① '구현하다'는 '어떤 내용을 구체적인 사실로 나타나게 하다.'라는 의미이므로, ㉠의 '나타내다'와 바꿔 쓰더라도 자연스럽다.

② '신속하다'는 '매우 날쌔고 빠르다.'라는 의미이므로, ⓛ의 '빠르다'와 바꿔 쓰더라도 자연스럽다.

④ '수용하다'는 '어떠한 것을 받아들이다.'라는 의미이므로, ⓔ의 '받아들이다'와 바꿔 쓰더라도 자연스럽다.

017

정답 | ④

해설 |

ㄴ(○): 을은 인간의 발달에서 유전자보다 환경이 더 큰 영향을 끼친다고 주장한다. 병은 유전자와 환경은 상호작용을 한다고 할 뿐, 무엇이 더 큰 영향을 끼친다고 말하지 않았다. 따라서 을과 병의 주장은 대립하지 않는다.

ㄷ(○): 갑은 인간의 능력 및 성격 형성에 유전자가 결정적으로 영향을 끼친다고 주장한다. 그에 따르면 환경은 촉매 역할을 할 뿐이다. 한편 병은 유전자와 환경은 상호작용을 한다고 할 뿐, 무엇이 더 큰 영향을 끼친다고 말하지 않았다. 따라서 병과 갑의 주장은 대립하지 않는다.

오답피하기 |

ㄱ(×): 갑은 인간의 능력 및 성격 형성에 유전자가 결정적으로 영향을 끼친다고 주장한다. 반면 을은 인간의 발달에서 유전자보다 환경이 더 큰 영향을 끼친다고 주장한다. 따라서 갑과 을의 주장은 서로 대립한다.

018

정답 | ④

해설 | 제시된 전제를 기호화하면 다음과 같다.

전제1. ~출장 → ~초과 근무 ≡ 초과 근무 → 출장
전제2. 초과 근무 ∧ ~출근

전제2에서 전제1의 대우를 활용하여 '출장∧~출근'이 도출된다. 이는 교환 법칙에 따라 '~출근∧출장'으로 변환할 수 있다. 이를 말로 풀어 내면 '오늘 출근을 하지 않은 어떤 사람은 저번 주말에 출장을 다녀왔겠네요'이다.

오답피하기 |

① '저번 주말에 출장을 다녀온 어떤 사람은 오늘 출근을 했겠네요'는 '출장∧출근'이다.

② '오늘 출근을 하지 않은 사람은 모두 저번 주말에 출장을 다녀왔겠네요'는 '~출근 → 출장'이다.

③ '어제 초과 근무를 하지 않았지만 오늘 출근을 한 사람이 있겠네요'는 '~초과 근무∧출근'이다.

019

정답 | ④

해설 | 3문단에 따르면 게리 베커는 저개발국 여성에게 직업 교육과 사회 진출 기회를 제공해 출산 기회비용을 높이면 자연스럽게 인구 증가와 빈곤 문제가 해결될 수 있다고 제안했다. 여기서 '출산 기회비용을 높인다'는 것은, '출산으로 인해 사회·경제적으로 포기해야 하는 기회의 값을 높인다', 즉 '육아 비용을 높인다'는 것을 의미하며, 이는 출산율을 낮추게 하는 원인이 된다. 따라서 여성 교육과 사회 진출 기회가 늘어나면서 출산율이 낮아지는 현상은 베커의 주장을 '약화'하는 것이 아니라 '강화'하므로 ④의 진술은 적절하지 않다.

오답피하기 |

① 애덤 스미스는 빈곤을 재화의 부족 현상으로 보고, 인구 증가와 생산력 증대가 빈곤 해결의 열쇠라고 주장했다. (1문단) 따라서 인구가 많아 분업이 활성화된 사회에서 생산성이 증가하고, 이로 인해 최하 계층까지 부가 공유되어 빈곤이 줄어드는 현상은 애덤 스미스의 주장을 강화한다.

② 맬서스는 인구가 기하급수적으로 증가하지만 식량 생산은 산술급수적으로 증가할 뿐이라며, 인구 증가가 오히려 빈곤의 원인이 될 것이라고 경고했다. (1문단) 그러나 현대에는 기술 발전으로 인구 증가를 뛰어넘는 식량 생산이 가능해졌으므로, 이는 맬서스의 주장을 약화한다.

③ 풍요론자들은 인구 증가가 기술 개발과 자원 개발을 자극해 식량 생산을 증대시키고 빈곤을 없앨 수 있다고 주장했다. (2문단) 따라서 인구 증가로 시장이 확대되고 경제가 성장한 사례는 풍요론자들의 주장을 강화한다.

020

정답 | ①

해설 | ㉠의 '펼치다'는 '(사람이나 단체가 행동이나 행사를) 실제로 행하다.'라는 뜻으로 사용되었다. 그런데 '토로하다'는 '마음에 있는 것을 죄다 드러내어서 말하다.'라는 뜻이므로, ㉠과 바꿔 쓰기에는 적절하지 않다.

오답피하기 |
② '해소하다'는 '어려운 일이나 문제가 되는 상태를 해결하여 없애 버리다.'라는 의미이므로, ⓛ의 '없애다'와 바꿔 쓰더라도 자연스럽다.
③ '감소하다'는 '양이나 수치가 줄다.'라는 의미이므로, ⓒ의 '줄어들다'와 바꿔 쓰더라도 자연스럽다.
④ '기피하다'는 '꺼리거나 싫어하여 피하다.'라는 의미이므로, ⓔ의 '꺼리다'와 바꿔 쓰더라도 자연스럽다.

모의고사 29회

001 ③	002 ①	003 ①	004 ③	005 ②
006 ①	007 ④	008 ②	009 ①	010 ④
011 ②	012 ④	013 ①	014 ③	015 ③
016 ④	017 ③	018 ③	019 ④	020 ④

S#.29 킬러 문제가 죄다 50%대 정답률의 문제로 출제된다면...

킬러 ① 문법 [2번]
킬러 ② 빈칸 추론하기 [9번]
킬러 ③ 논리 [20번]

이번 회차는 지문의 글자 수가 7553자, 평균 정답률은 81%로 무난하게 출제되었다. 그러나 킬러 문제 3문제는 모두 정답률 50%대로 출제되었다. 즉 쉬운 문제는 상당히 쉽게 출제되었지만 어려운 문제는 매우 어렵게 출제되었다. 어쩌면 감으로 상위권 점수를 받는 학생들은 이번 회차에서는 상위권이 아닐 수도 있을 것이다. 실력으로 문제를 풀지 않으면 이번 회차가 전반적으로 쉽게 느껴지겠지만 막상 채점해 보면 점수가 잘 안 나올 것이다.

001

정답 | ③
해설 | ⓝ와 ⓓ는 피동문이면서 대응하는 능동문을 만들 수 없다.
오답피하기 |
㉮ '숲속에서 벌레가 동생을 물었다'라는 능동문을 만들 수 있다.
㉱ '반장이 선생님의 오해를 풀었다.'라는 능동문을 만들 수 있다.

002

정답 | ①
해설 | '오염시키다'는 '더럽게 물듦'을 뜻하는 '오염'에 '사동'의 뜻을 더하고 동사를 만드는 접미사 '-시키다'가 결합한 것이다. 따라서 해당 문장은 올바른 사동문이므로, ㉠'잘못된 사동 표현'의 예로 적절하지 않다.
오답피하기 |
② '개선하다'는 '잘못된 것이나 부족한 것, 나쁜 것 따위를 고쳐 더 좋게 만들다'를 뜻하므로, 이미 사동의 의미가 부여돼 있다. 따라서 해당 문장의 '개선시키기'는 '개선하기'로 고쳐야 하므로, ㉠'잘못된 사동 표현'의 예로 적절하다.

③ '소개하다'는 '서로 모르는 사람들 사이에서 양편이 알고 지내도록 관계를 맺어 주다'를 뜻하므로, 이미 사동의 의미가 부여돼 있다. 따라서 해당 문장의 '소개시켰다'는 '소개했다'로 고쳐야 하므로, ㉠'잘못된 사동 표현'의 예로 적절하다.

④ '분리하다'는 '서로 나누어 떨어지게 하다'를 뜻하므로, 이미 사동의 의미가 부여돼 있다. 따라서 해당 문장의 '분리시킨'은 '분리한'으로 고쳐야 하므로, ㉠'잘못된 사동 표현'의 예로 적절하다.

003
정답 | ①

해설 | 2문단에서는 「만흥」에 대해 "임금의 은혜를 잊지 않는 연군지정도 나타나 사대부 시조의 전통을 계승한다."라고 명확히 언급되어 있다. 반면 「탄궁가」에 임금에 대한 충성심(연군지정)이 나타난다는 내용은 언급되지 않았다. 따라서 「탄궁가」와 달리 「만흥」에서는 임금에 대한 충성심이 드러난다는 진술은 적절하다.

오답피하기 |

② 3문단의 "「탄궁가」는 빈곤한 현실을 구체적으로 묘사하면서도, 그 속에서 안빈낙도를 실천하는 태도를 보여준다."를 통해, 「탄궁가」는 자연 속에서 유유자적하는 삶이나 현실 도피적 태도가 아니라, 현실의 고통을 직시하면서도 도를 즐기려는 노력을 보여주는 작품이라는 것을 알 수 있다.

③ 지문에 따르면 「만흥」은 자연 속에서 유유자적하며 살아가는 삶, 즉 자연 속 삶의 평온함을 긍정적으로 노래하는 작품인 데 반해, 「탄궁가」는 빈곤한 현실을 구체적으로 묘사하는 작품이므로, 자연 속 삶의 평온함이 주된 주제가 아님을 알 수 있다. 즉 ③은 두 작품의 특징을 반대로 연결한 진술이므로 적절하지 않다.

④ 두 작품 모두 현실의 빈곤을 극복하는 구체적 방안을 제시하지는 않는다.

004
정답 | ③

해설 | ㉢의 '넓히다'는 '내용이나 범위 따위를 널리 미치게 하다.'라는 의미로 사용되었으므로, '새로운 영역, 운명, 진로 따위를 처음으로 열어 나가다.'라는 뜻으로 사용되는 '개척하다'와 바꿔 쓰기에는 적절하지 않다.

오답피하기 |

① ㉠의 '마련하다'는 '헤아려서 갖추다.'라는 의미로, 맥락상 '새로 만들어 정해 두다.'라는 의미의 '설정하다'와 바꿔 쓰더라도 자연스럽다.

② '간주하다'는 '상태, 모양, 성질 따위가 그와 같다고 보거나 그렇다고 여기다.'라는 뜻이므로, ㉡의 '여기다'와 바꿔 쓰더라도 자연스럽다.

④ '부각하다'는 '어떤 사물을 특징지어 두드러지게 하다.'라는 의미로, 맥락상 ㉣의 '드러내다'와 바꿔 쓰더라도 자연스럽다.

005
정답 | ②

해설 | 제시된 조건을 기호화하면 다음과 같다.

조건1. 갑∨병 → ~정 ≡ 정 → ~갑∧~병
조건2. ~을 → 정
조건3. ~무 → ~병 ≡ 병 → 무

제시된 조건만으로는 확정되는 것이 없으므로 선택지를 살펴보아야 한다. '을이 스마트 빌리지 사업의 예산을 받지 않으면, 갑도 예산을 받지 않는다'는 '~을 → ~갑'이다. 조건2와 조건1의 대우를 결합하면 '~을 → 정 → (~갑∧~병)'이 된다. 따라서 '~을 → ~갑'이 도출된다.

오답피하기 |

① '갑이 스마트 빌리지 사업의 예산을 받으면, 병도 예산을 받는다'는 '갑 → 병'이다.

③ '병이 스마트 빌리지 사업의 예산을 받지 않으면, 정은 예산을 받는다'는 '~병 → 정'이다.

④ '정이 스마트 빌리지 사업의 예산을 받으면, 무는 예산을 받지 않는다'는 '정 → ~무'이다.

006
정답 | ①

해설 | 2문단의 "이들 작품은 중국 소설의 특정 장면이나 줄거리를 그대로 가져오는 것이 아니라, 시대적 상황과 독자의 흥미에 맞게 내용을 축약하거나 주제를 변모시켰다. 이러한 변화는 이들 작품이 단순 번역이 아닌 주체적인 해석과 창작의 결과임을 알 수 있다."를 통해 적절한 진술임을 알 수 있다.

오답피하기 |

② 3문단에서는 "특히 19세기가 되면서 중국 중심의 인식과 차별화를 동시에 드러내는 경향이 강화되기 시작했다."라고 설명한다. 즉 이 시기에는 '중국 문학의 권위와 인기가 상승'한 것이 아니라 오히려 '중국 중심 세계관에서 벗어나려는 흐름이 강화'되었으므로, ②의 진술은 적절하지 않다.

③ 3문단의 "우리나라에서 창작한 고전 소설에서도 중국을 배경으로 한 작품들이 많다. 중국을 배경으로 활용함으로써 역사적 신뢰성을 빌려오려는 목적과, 조선이라는 현실에서 충족되지 못한 서사적 환상을 채우려는 목적이 복합적으로 작용했기 때문이다."를 통해, 우리나라 고전 소설에 등장하는 중국 배경은 역사적 신뢰성을 '떨어뜨린' 것이 아니라, 오히려 '높이기' 위한 목적에서 설정한 것임을 알 수 있다.

④ 1문단의 "「항장무전」은 중국 소설 「서한연의」의 한 장면인 홍문연의 항장무 부분을 주인공과 내용 구성을 바꿔 우리 소설로 탈바꿈시킨 사례이다."를 통해, 「항장무전」은 중국 소설 「수호전」이 아니라 「서한연의」를 각색한 작품임을 알 수 있다. 「수호전」을 각색한 고전 소설은 「홍장군전」이므로, ④의 진술은 적절하지 않다.

007
정답 | ④

해설 | 지문은 사진을 찍는 일에는 의도가 담겨 있음을 설명하고 있다. 이러한 지문의 순서로 가장 자연스러운 것은 '(나)-(라)-(가)-(다)'이다. (나) 사람들은 사진을 찍는 것은 사건에 개입하지 않고 있는 것이라고 착각한다. → (라) 하지만 사진에는 의도가 개입되어 있고, 그 의도는 어떤 평가를 해주기를 바라는 마음과 관계가 깊다. → (가) 사진을 찍는 일 자체가 세계에 의미를 부여하는 과정이 되는 것이다. → (다) 연예인의 사진을 모으거나, 그림엽서를 모는 일 등은 세계와 관계를 맺는 형태의 예이다.

008
정답 | ②

해설 | ㉡에는 Ⅲ-1의 '노후 경유차 운행 제한 및 물류 차량에 대한 배출가스 저감 장치 지원'에 대응하는 교통 부문 관련 발생 원인이 들어가야 한다. 그러나 '화력 발전소 등 국내 산업 시설에서의 배출 관리 미흡'은 산업 부문 관련 발생 원인이므로 ㉡에 들어갈 말로 적절하지 않다.

① '고농도 미세먼지의 개념과 건강·환경상의 위험성'은 중심 소재의 개념 정의와 문제 제기를 다루는 서론에 해당하므로 ㉠에 들어갈 말로 적절하다.

③ '고농도 미세먼지 저감을 위한 국가 간 공동 협의체 활성화'는 Ⅱ-2의 '인접국 산업 활동에서 발생한 미세먼지의 국내 유입'에 대응하는 저감 대책에 해당하므로 ㉢에 들어갈 말로 적절하다.

④ '대기질 개선을 위한 지속적 정책 마련과 국제 협력 강화 필요'는 향후 과제를 다루는 결론에 해당하므로 ㉣에 들어갈 말로 적절하다.

009

정답 | ①

해설 | 지문에 따르면 적도의 따뜻한 해류는 극지방으로 이동하며 적도의 열을 이동시킨다. 그런데 빈칸 뒤에서 극지방의 얼음이 녹아 더 많은 빙산이 떨어지면서 적도에서 올라오는 해류가 극지방에 닿기 한참 전에 찬 바다에 막힌다고 설명하고 있다. 즉, 적도의 따뜻한 해류가 극지방에 열을 전달하지 못하게 되는 것이다. 이로 인해 극지방은 열을 전달받지 못하고 남극은 더 추워질 수 있을 것이다. 따라서 빈칸에 들어갈 말로 가장 적절한 것은 '남극이 더 추워질 수 있다'이다.

② 빈칸에는 적도의 따뜻한 해류가 극지방에 열을 전달하지 못하게 됨으로써 일어나는 결과가 제시되어야 한다. 이는 지구의 평균 반사율이 올라가는 것과 관련이 없다. 그리고 극지방의 빙하가 녹으면 지구의 평균 반사율이 떨어질 것이다.

③ 극지방의 얼음이 녹아 더 많은 빙산이 떨어지면서 적도에서 올라오는 해류가 극지방에 닿기 한참 전에 찬 바다에 막힌다고 설명하고 있다. 따라서 해수의 순환 주기가 더 빨라지지 않을 것이다.

④ 적도의 따뜻한 해류가 남극으로 열을 전달하지 못하면 남극은 더 추워질 것이다. 그런데 이산화탄소는 물이 차가울수록 더 잘 용해되므로, 남극이 더 추워진다면 바닷속의 이산화탄소 농도는 증가할 것이다. 따라서 바닷속 이산화탄소 농도가 급감할 수 있다고 한 것은 지문의 내용과 일치하지 않는다.

010

정답 | ④

해설 | (가)는 원작은 기술적 복제품과 달리 아우라를 갖고 있기 때문에 아무리 기술이 발전한다고 하더라도 기술적 복제품이 원작을 대체할 수 없다는 베냐민의 주장으로, 이러한 주장을 강화하는 사례는 ㄷ과 ㄹ이다.

ㄷ. 사진으로 복제된 이미지는 색감을 전달할 수 있지만, 빛의 각도에 따라 변화하는 실제 스테인드글라스의 신성함은 사진으로는 느낄 수 없는 원본만이 지닌 고유한 아우라에 해당한다.

ㄹ. 온라인에서 고화질로 감상 가능해졌지만, 원작을 직접 마주할 때 느껴지는 감동은 기술적 복제로 재현되지 않는다는 것을 보여준다.

ㄱ. 원작이 찢김으로써 원작만의 아우라는 파괴되었지만, 이후로 오히려 상징성이 확대되며 작품 가치가 높아진 경우이므로, 베냐민의 주장을 약화하는 사례로 볼 수 있다.

ㄴ. 실시간 스트리밍이 관객과의 소통을 강화해 새로운 아우라를 창출하고 있는 사례로, 베냐민이 예측하지 못한 기술적 아우라가 등장했음을 보여준다. 따라서 (가)를 약화하는 사례이다.

011

정답 | ②

해설 | ㉠의 '어려워지다'는 '(일 따위가) 이루거나 해결하기 어렵게 되다.'라는 의미로 사용되었는데, ②의 '어려워지다'도 같은 의미로 쓰였다.

① '(말이나 글 따위가) 이해하기 어렵게 되다.'의 의미로 사용되었다.

③, ④ '(살림이나 사정 따위가) 살아가기 어렵거나 좋지 않게 되다.'라는 의미로 사용되었다.

012

정답 | ④

해설 | 주어진 조건들을 기호화하면 다음과 같다.

조건1. 의약품 → 의약외품 ≡ ~의약외품 → ~의약품
조건2. (   )
결론. ~의료기기∧~의약품

1) 결론인 '~의료기기∧~의약품'을 도출하기 위해서는 '~의료기기'와 관련된 조건이 추가되어야 한다.

2) '~의약외품∧~의료기기'가 추가되면, 조건1의 대우에 따라 '~의약품∧~의료기기'로 변형할 수 있다.

3) 2)에서 도출된 '~의약품∧~의료기기'는 교환 법칙에 따라 결론인 '~의료기기∧~의약품'으로 변형할 수 있다.

4) 따라서 정답은 'B 의약외품 허가에 찬성하지 않는 어떤 사람은 C 의료기기 허가에 찬성하지 않는다'이다.

선택지의 내용을 기호화하면 다음과 같다.

① '~의약품∧의약외품'
② '~의약외품 → 의료기기'
③ '의료기기 → ~의약품'

013

정답 | ①

해설 | 1문단의 "산은 가까이에서 바라볼 때와 멀리서 바라볼 때, 그리고 여러 거리에서 보는 각도마다 전혀 다른 모습을 보여 준다."와 2문단의 "또한 산은 정면에서 보는 모습과 측면에서, 그리고 뒷면에서 바라보는 모습이 모두 다르다."를 통해, 산의 형상[=물건의 생긴 모양이나 상태]은 관찰자의 위치와 시점에 크게 영향을 받는다는 것을 알 수 있다.

② 1문단의 "산의 전체적인 형상이나 특징을 한눈에 파악하기란 쉽지 않다"와, 3문단의 "이처럼 산은 변덕스럽고 다채로운 모습으로 우리 앞에 나타나며, 그만큼 자세히 알기 어렵고 깊이 탐구할수록 새로운 면모를 발견하게 되는 자연의 신비한 존재이다."를 통해, 다양한 시점으로 바라보더라도 산의 전체 형상이나 특징을 '한눈에 파악하기'란 쉽지 않다는 것을 알 수 있다.

③ 3문단의 "산의 다면성은 결국 자연의 복잡성과 변화무쌍함을 상징하며"를 통해, 자연은 복잡하고 변화무쌍하다는 것을 알 수 있다. 따라서 ③에서 '자연은 일반적으로 단순한 모습을 보인다'라고 진술한 내용은 적절하지 않다.

④ 3문단의 "이처럼 산은 변덕스럽고 다채로운 모습으로 우리 앞에 나타나며, 그만큼 자세히 알기 어렵고 깊이 탐구할수록 새로운 면모를 발견하게 되는 자연의 신비한 존재이다."를 통해, 계속 깊이 탐구하더라도 산의 면모를 정확하게 파악하기 어렵다는 것을 알 수 있다.

014
정답 | ③

해설 | 2문단에서는 "작가는 독자가 쉽게 이해할 수 있도록 동물의 본래 특징뿐만 아니라 이미 널리 알려진 관습적인 이미지를 적극적으로 활용한다."라고 설명한다. 즉 작가는 '이미 널리 알려진 관습적인 동물 이미지'를 적극 활용하는 것이지, '새롭게 설정한 이미지'를 활용하는 것이 아니므로, ③의 진술은 적절하지 않다.

오답피하기 |

① 1문단의 "예를 들어 '사자'는 용맹하고 '토끼'는 소심하다는 식의 고정 관념이 대표적이다."를 통해 적절한 진술임을 알 수 있다.

② 3문단의 "동물에 대한 고정된 이미지는 문화마다 조금씩 차이가 있지만, 대체로 비슷한 역할을 한다."를 통해 적절한 진술임을 알 수 있다.

④ 2문단의 "이를 통해 복잡한 감정이나 상황을 간결하면서도 효과적으로 표현할 수 있다. ～ 이러한 동물 상징은 독자의 상상력을 자극하고 작품의 메시지를 강화하는 데 큰 힘이 된다."를 통해 적절한 진술임을 알 수 있다.

015
정답 | ③

해설 | (나)'목적론적 관점'은 인간의 의지와 도덕, 이상 등이 세계의 변화에 본질적으로 관여하며, 사회제도나 기술, 문화의 발전 역시 특정한 목적을 이루기 위한 노력의 결과로 간주한다. 따라서 도시 계획이 편리함, 아름다움, 효율성과 같은 인간을 이롭게 하는 목적을 추구하는 방향으로 설계되고 있다는 주장은 (나)'목적론적 관점'을 강화한다.

오답피하기 |

① 법, 제도, 문화가 인간의 이상을 실현하기 위해 발전해 왔다는 주장은 (나)'목적론적 관점'에 해당한다. 따라서 이 주장은 반대 관점인 (가)'기계론적 관점'을 '강화'하는 것이 아니라 '약화'한다.

② 시계, 자동차, 로봇이 부품들의 인과적 작동에 의해 움직인다는 사실은 (가)'기계론적 관점'을 '강화'하므로 적절하지 않다.

④ 생물이 환경에 적응하기 위해 진화한 것을, 생존과 번식이라는 목적을 위해 움직인 결과로 해석하는 관점은 (나)'목적론적 관점'에 부합한다. 따라서 (나)'목적론적 관점'을 '약화'하는 것이 아니라 '강화'한다.

016
정답 | ④

해설 | ②의 '보이다'는 '특정한 현상이나 성질이 드러나다.'라는 의미로 사용되었으므로, '많이 만들어 내다.'라는 의미의 '양산하다'와 바꿔 쓰기에는 적절하지 않다.

오답피하기 |

① ⊙의 '바라보다'는 '어떤 현상이나 사태를 자신의 시각으로 관찰하다.'라는 의미로 사용되었는데, 맥락상 '사물을 분별하고 판단하여 알다.'라는 의미인 '인식하다'와 바꿔 쓰더라도 자연스럽다.

② ⓒ의 '움직이다'는 '어떤 사실이나 현상이 바뀌다. 또는 다른 상태가 되게 하다.'라는 의미로 사용되었으므로, '사물의 성질, 모양, 상태 따위가 바뀌어 달라지다.'라는 뜻의 '변화하다'와 바꿔 쓰더라도 자연스럽다.

③ ⓒ의 '이루다'는 '뜻한 대로 되게 하다.'라는 의미이므로, '실현하다'와 바꿔 쓰더라도 자연스럽다.

017
정답 | ③

해설 | 갑의 두 번째 대화 "그렇다고 해서 모든 암기를 무시해서는 안 돼. ～ 창의성과 기초가 함께 갖추어져야 진정한 학습이 완성된다고 봐."와, 병의 "기초 지식 암기는 분명 필요하지만, 창의성과 자기 주도 학습도 반드시 도입되어야 해. 그래서 나는 주입식과 자기 주도 학습을 적절히 조화시키는 것이 바람직하다고 생각해."라는 말을 통해, 갑과 병 모두 창의적 사고와 기본 암기의 균형이 필요하다는 점에 대해 동의함을 알 수 있다.

오답피하기 |

① 갑의 첫 번째 대화 "암기와 주입식 학습은 배제해서는 안 되는 중요한 교육 방법이지."와, 을의 첫 번째 대화 "단순한 암기에 매몰되는 교육은 한계가 있어."를 통해, 전통적 암기 학습이 필요하다는 점에 대해 '갑은 동의'하지만 '을은 동의하지 않는다'라는 것을 알 수 있다.

② 병의 "기초 지식 암기는 분명 필요하지만, 창의성과 자기 주도 학습도 반드시 도입되어야 해. 그래서 나는 주입식과 자기 주도 학습을 적절히 조화시키는 것이 바람직하다고 생각해."라는 말을 통해, 병은 '암기식 학습이 창의성 교육과 양립할 수 있다'라고 생각한다는 것을 알 수 있다. 따라서 암기식 학습은 창의성 교육과 양립할 수 없다는 점에 대해 '병은 동의한다'라는 진술은 적절하지 않다.

④ 병의 "기초 지식 암기는 분명 필요하지만, 창의성과 자기 주도 학습도 반드시 도입되어야 해."라는 말을 통해, 학생 주도적 학습 방식이 필요하다는 점에 대해 '병도 동의한다'라는 것을 알 수 있다.

018
정답 | ③

해설 | 2문단의 "결국 이런 모순이 1789년 바스티유 감옥 습격이라는 폭발적 사건으로 이어졌고, 이는 혁명의 불씨가 되었다."를 통해, '바스티유 감옥 습격 사건이 → 프랑스 혁명의 불씨가 된' 것이지, '프랑스 혁명이 → 바스티유 감옥 습격 사건으로 이어진' 것은 아님을 알 수 있다. 즉 ③의 진술은 선후 관계가 반대이므로 부적절하다.

오답피하기 |

① 2문단의 "18세기에 들어 계몽사상과 시민계급의 성장, 그리고 국가 재정의 파탄이 복합적으로 맞물리면서 사회적 긴장이 고조되었다. ～ 결국 이런 모순이 ～ 혁명의 불씨가 되었다."를 통해 적절한 진술임을 알 수 있다.

② 1문단의 "'구체제'의 구조적 모순에서 비롯되었다. 신으로부터 왕권을 부여받았다는 왕권신수설에 기반을 둔 이 체제에서는 절대군주와 소수의 귀족, 성직자들만이 특권을 누렸다."를 통해 적절한 진술임을 알 수 있다.

④ 3문단의 "혁명은 ～ 그로 인해 자유와 평등, 국민주권이라는 근대적 이념이 확산하였으며 ～ 하지만 동시에 폭력과 혼란, 그리고 새로운 권력의 등장 같은 부정적 측면도 나타났다."를 통해 적절한 진술임을 알 수 있다.

019
정답 | ④

해설 | (가)는 왕정 시대, 즉 중세 봉건 시대의 구조적 모순을 의미한다. ⊙은 왕과 귀족만이 가지고 있었던 권리이므로 (가)와 동일한 의미이며, ⓒ은 민중들의 의사에 반하는 불평등한 표결을 뜻하므로 (가)와 동일한 의미이며, ⓒ은 귀족과 왕에게만 허용되었던 자유이기 때문에 (가)와 동

일한 의미이다. 그러나 ㉣은 혁명 이후에 나타나는 부작용을 뜻하므로 (가)와 동질적인 의미는 아니다. 따라서 ㉠~㉣ 중 (가)의 문맥적 의미와 가장 이질적인 것은 ㉣이 되겠다.

020
정답 | ④
해설 | 주어진 조건들을 기호화하면 다음과 같다.

> 조건1. 갑∨을
> 조건2. 병 → 갑 ≡ ~갑 → ~병
> 조건3. ~정 → ~갑 ≡ 갑 → 정
> 조건4. ~(갑∧정) ≡ ~갑∨~정

1) 제시된 조건만으로는 도출되는 것이 없으므로, 조건1인 '갑∨을'에서 선언지 경우의 수를 따져보아야 한다.
   (1) '갑, ~을'
       '갑'이 확정되면 조건3의 대우에 따라 '정'이 확정되고, 조건4에서 선언지 제거에 따라 '~갑'이 확정된다. 이는 모순이므로 경우의 수에서 제외해야 한다.
   (2) '~갑, 을'
       '~갑'이 확정되면 조건2의 대우에 따라 '~병'이 확정된다. 확정된 것을 정리하면 '~갑, 을, ~병'이며, '정'에 대해서는 알 수 없다.
   (3) '갑, 을'
       '갑'이 확정되면 조건3의 대우에 따라 '정'이 확정되고, 조건4에서 선언지 제거에 따라 '~갑'이 확정된다. 이는 모순이므로 경우의 수에서 제외해야 한다.
2) 따라서 반드시 참이라고 할 수 없는 것은 '정은 전면번호 스티커 부착 시범 사업에 참여를 신청하지 않는다'이다.

모의고사
30회

001 ①	002 ③	003 ④	004 ②	005 ③
006 ②	007 ②	008 ①	009 ③	010 ②
011 ③	012 ②	013 ③	014 ②	015 ④
016 ①	017 ③	018 ④	019 ①	020 ③

S#.30 킬러 문제가 6개라면...

킬러 ① 문법 [3번]
킬러 ② 개요 [4번]
킬러 ③ 어휘 [8번]
킬러 ④ 강화 약화 [16번]
킬러 ⑤ 강화 약화(화법) [17번]
킬러 ⑥ 논리 [20번]

이번 회차의 평균 정답률은 80%이지만 킬러 문제를 6개나 배치하여 수험생들이 당황할 수 있게 하였다. 여러 유형으로 킬러 문제를 배치했기 때문에 상위권들도 킬러 문제를 모두 맞히는 게 쉽지 않을 수 있다. 다만 쉬운 문제는 상당히 쉽게 출제하였다. 만약 쉬운 문제에서 시간을 절약하지 못하면 킬러 문제들 때문에 문제 풀이 시간이 부족했을 것이다. 지문의 글자 수는 7001자로 짧은 편에 속한다.

001
정답 | ①
해설 | 주어 '누전 차단기가'는 직접 작동하는 것이므로 사동이 아닌 주동으로 표현해야 하며, '작동하다'는 '기계 따위가 작용을 받아 움직이다, 또는 기계 따위를 움직이게 하다'의 의미로서 이미 사동 의미를 포함하고 있으므로 '작동하게 되다'는 올바른 표현이 아니다. 그러나 '작동시키다' 역시 사동 표현에 해당한다. 따라서 '불필요한 사동 표현을 쓰지 않을 것'이라는 원칙에 따라 ㉠을 '작동하여'로 수정해야 한다.
오답피하기 |
② '~이 불편하다'의 문형으로 쓰이므로 적절한 주어가 필요하다. 따라서 '필요한 문장 성분이 생략되지 않도록 할 것'이라는 원칙에 따라 ㉡을 '거동이 불편한'으로 수정하는 것은 적절하다.
③ '발생 시'의 '시'는 의존 명사이므로 앞말과 띄어 써야 한다. 따라서 "사전에 한 단어로 올라 있는 일부 단어를 제외하고 '시(時)'는 앞말과 띄어 쓸 것"이라는 원칙에 따라 ㉢을 '발생 시'로 수정하는 것은 적절하다.

④ '점검에 철저를 기하다'는 되도록 쉽고 자연스럽게 쓰는 것이 좋다. 따라서 '어렵고 상투적인 한문 투 표현을 피할 것'이라는 원칙에 따라 ㉣을 '점검을 철저히 해야 합니다'로 수정하는 것은 적절하다.

002

정답 | ③

해설 | 2문단의 "그는 평생 단종을 그리워하며 살았고, 이러한 그의 삶은 후대에 충절의 상징으로 평가받는다. 고전 소설 '이생규장전'은 김시습의 이러한 삶을 우의적으로 형상화한 작품이다."를 통해, '이생규장전'에는 단종에 대한 김시습의 신의와 충절이 형상화되어 있음을 알 수 있다. 하지만 3문단의 "'금오신화' 등 많은 문학 작품을 남겨 오늘날까지 큰 영향을 끼쳤다."라는 언급 외에, 지문에서 '금오신화'에 대한 추가적인 설명은 찾아볼 수 없다. 즉 '금오신화'에 단종에 대한 신의와 충절이 형상화되었다는 내용은 지문에서 확인할 수 없는 정보이므로, ③의 진술은 적절하지 않다.

오답피하기 |

① 2문단의 "고전 소설 '이생규장전'은 김시습의 이러한 삶을 우의적으로 형상화한 작품이다. 소설 속 인물 중 ~ 최랑은 단종을 의미하며, ~ 도적은 세조를 상징한다."를 통해 적절한 진술임을 알 수 있다.

② 3문단의 "김시습은 유교적 가치관을 바탕으로 하면서도 불교적 사색을 병행했으며, '금오신화' 등 많은 문학 작품을 남겨 오늘날까지 큰 영향을 끼쳤다."를 통해 적절한 진술임을 알 수 있다.

④ 1문단의 "계유정난으로 세조가 단종의 왕위를 빼앗고 사육신이 죽임을 당하자, 김시습은 크게 충격을 받았다. 그는 사육신의 시신을 수습해 정성껏 장사 지내고"를 통해 적절한 진술임을 알 수 있다.

003

정답 | ④

해설 | 3문단에 따르면 종속적으로 이어진문장의 경우 선행절과 후행절에 보조사 '은/는'이 결합하면 어색해진다. 따라서 선행절과 후행절 모두에 보조사 '은/는'이 결합되었을 때 문장이 어색해진다면 종속적으로 이어진 문장은 아니라는 설명은, 이를 반대로 설명한 것이므로 적절하지 않다.

오답피하기 |

① 1문단에 따르면 이어진문장이란 두 개의 홑문장이 나란히 놓인 겹문장을 의미하며, 보조 용언이 쓰인 문장은 겹문장이 아닌 홑문장으로 보아야 한다. '먹고 싶다'는 '본용언+보조 용언'의 구성이므로, '나는 밥을 먹고 싶다'는 이어진문장으로 보기 어렵다.

② '소리도 없고 빛도 없었다'는 선행절 '소리도 없고'와 후행절 '빛도 없었다' 사이에 연결 어미 '-고'가 있다. 해당 문장은 연결 어미 '-고'로 대등하게 이어진문장이다.

③ '노래를 부르며 춤을 췄다'의 경우 '춤을 추며 노래를 불렀다'처럼 선행절과 후행절의 위치를 바꾸어도 문장의 의미가 달라지지 않는다.

004

정답 | ②

해설 | 〈지침〉에 따르면 (나)에는 '근무 성적 평가 시 육아휴직 불이익 금지 규정 마련'에 대응하는 문제점이 들어가야 한다. '육아휴직으로 인한 업무 공백 발생'은 이에 대응하지 않으므로 (나)에 들어갈 내용으로 적절하지 않다.

오답피하기 |

① 〈지침〉에 따르면 (가)에는 보고서 작성의 배경이 들어가야 한다. '공무원 육아휴직 제도의 활용 제약에 따른 실효성 저하'는 이에 해당하므로 (가)에 들어갈 내용으로 적절하다.

③ 〈지침〉에 따르면 (다)에는 '자녀의 나이 기준과 실제 돌봄 수요 간의 괴리'에 대응하는 개선 방안이 들어가야 한다. '자녀의 나이 기준 확대로 실제 돌봄 수요 충족'은 이에 대응하므로 (다)에 들어갈 내용으로 적절하다.

④ 〈지침〉에 따르면 (라)에는 기대 효과가 들어가야 한다. '육아 친화적 공직문화 조성을 통한 국민 서비스 질 향상'은 이에 해당하므로 (라)에 들어갈 내용으로 적절하다.

005

정답 | ③

해설 | 앞의 문맥을 고려하면 ㉢에는 일의 능률을 높이기 위해 가벼운 운동을 권하는 내용이 와야 한다. 그러나 '무더운 여름이라서 실내에서 적당한 휴식을 취하는 것'은 이와 반대되는 내용이다. 따라서 ㉢은 ③번처럼 수정하는 것이 타당하다.

오답피하기 |

① ㉠에는 후술되는 내용을 고려해 봤을 때, 충분한 수면을 취하지 못한 경우를 서술하는 것이 좋다.

② ㉡에는 후술되는 내용을 고려해 봤을 때, 적당한 잠이 수면에 도움이 된다는 내용이 오는 것이 좋다.

④ 앞 문맥을 고려했을 때 ㉣에는 균형 잡힌 식사를 못 하는 경우가 오는 것이 좋다. '빠르게 먹는 것'이 균형 잡힌 식사를 못 하는 것과는 거리가 있으므로 ㉣은 ④번처럼 수정하지 않는 것이 좋다.

006

정답 | ②

해설 | 지문은 개인과 사회의 관계에 대해서 설명하고 있다. 이러한 지문의 전개 순서로 가장 자연스러운 것은 '(가) – (마) – (나) – (라) – (다)'이다. (제시문) '개인과 사회'의 관계는 어떻게 되는가? → (가) 어떤 사람들은 '둘 사이(개인과 사회)'가 '원자와 물질'의 관계와 같다는 입장을 보인다. → (마) '원자 없이는 물질'은 존재하지 않는다.(개인 없이는 사회도 존재하지 않는다) → (나) 존재성을 기준으로 본다면 개인과 사회의 관계도 이(원자와 물질)와 유사할 것이다. → (라) 그러나 이와 다른 입장도 있다. → (다) 그 사람들은 개인과 사회의 관계를 세포와 유기체 같은 관계라고 생각한다.

007

정답 | ②

해설 | 2문단의 "이러한 미성숙함은 작품에 유머와 따뜻함, 때로는 안타까움을 불어넣는다."를 통해, 미성숙한 서술자는 안타까움을 불러일으킬 수도 있다는 것을 알 수 있다. 하지만 지문 어디에도 미성숙함이 작품의 신뢰성을 떨어뜨린다는 언급은 없으므로 ②의 진술은 적절하지 않다.

오답피하기 |

① 2문단의 "중요한 사건이나 갈등의 본질을 이해하지 못해 오해하거나, 엉뚱한 결론에 이르기도 한다. 이러한 미성숙함은 작품에 유머와 따뜻함, 때로는 안타까움을 불어넣는다."를 통해 적절한 진술임을 알 수 있다.

③ 2문단의 "평범한 가족 식사나 동네 풍경도 아이의 눈에는 신기하고 흥미로운 사건으로 비쳐진다. 때로는 어른들이 미처 인식하지 못한 사소한 변화나 감정을 예리하게 잡아내기도 한다."를 통해 적절한 진술임을 알 수 있다.

④ 1문단의 "어린 서술자는 ~ 바로 그 미숙함과 순수함이 작품에 신선한 매력을 더한다. ~ 현실을 있는 그대로 전달하는 동시에, 자신의 경험과 감정을 솔직하게 드러내며 독자에게 새로운 해석의 여지를 제공한다."를 통해 적절한 진술임을 알 수 있다.

008

정답 | ①

해설 | ⓐ의 '잡아내다'는 '숨겨져 있는 사람이나 물건, 의미 따위를 들추어서 찾아내다'의 의미로, '포착하다'와 그 의미가 유사하다. 이와 문맥적 의미가 가장 유사한 것은 ①번의 '잡아내다'이다.

오답피하기 |

②, ③ '결점이나 틀린 곳을 찾아내다'라는 의미로 쓰였다.

④ '야구에서 투수가 타자를 아웃시키다'의 의미로 쓰였다.

009

정답 | ③

해설 | 주어진 조건들을 기호화하면 다음과 같다.

```
조건1. 교사 → 교원
조건2. 교사 → 교원 → 윤리적 책임감
조건3. (      )
결론. ~교사 → ~윤리적 책임감
```

1) 조건2인 '교사 → 교원 → 윤리적 책임감'에서 '교사 → 윤리적 책임감'이 도출된다.

2) 그러나 명제의 이는 성립하지 않으므로, 결론인 '~교사 → ~윤리적 책임감'은 도출되지 않는다.

3) 결론인 '~교사 → ~윤리적 책임감'을 도출하기 위해서는 그 대우인 '윤리적 책임감 → 교사'가 추가되어야 한다.

4) 따라서 정답은 '매사에 윤리적 책임감을 가져야 할 필요가 있는 사람은 모두 교사이다'이다.

오답피하기 |

선택지의 내용을 기호화하면 다음과 같다.

```
① '교사 → ~윤리적 책임감'
② '교원∧~윤리적 책임감'
④ '~윤리적 책임감 → ~교사'
```

010

정답 | ②

해설 | 1문단의 "특히 제주도는 ~ 대한민국 대표 여행지 중 하나다.", 2문단의 "제주도는 한라산, 성산일출봉, 거문오름 용암동굴계 등 빼어난 자연 풍광을 갖추고 있어", 3문단의 "여행의 즐거움은 풍경에만 그치지 않는다. ~ 다양한 향토 음식도 빼놓을 수 없다."를 통해, 적절한 진술임을 알 수 있다. 참고로, '식도락'이란 '여러 가지 음식을 두루 맛보는 것을 즐거움으로 삼는 일'을 의미한다.

오답피하기 |

① 2문단에서는 "거문오름은 ~ 그런데 오름 관람은 오전 9시부터 오후 1시까지 제한되어 있고, 하루 450명까지만 입장이 가능해 사전 예약이 필요하다."라고 설명한다. 즉 입장이 제한되어 사전 예약이 필요한 것은 거문오름이지 한라산이 아니다. 한라산에 관한 입장 제한이나 예약 요구는 지문에 언급되지 않았으므로 ①의 진술은 적절하지 않다.

③ 3문단의 "고기국수는 돼지고기로 낸 육수와 탄력 있는 면발이 어우러져"를 통해, 고기국수의 국물을 해산물로 만들었다는 진술은 적절하지 않음을 알 수 있다.

④ 2문단의 "성산일출봉은 해가 떠오르는 모습을 바라볼 수 있는 명소로"를 통해, 성산일출봉에서 유명한 것은 '일몰'이 아니라 '일출'임을 알 수 있다. 따라서 성산일출봉에서 바라보는 일몰이 큰 볼거리라는 진술은 적절하지 않다.

011

정답 | ③

해설 | 1문단의 "주로 시나 문학 작품에서 활용되며, 간결한 표현 속에 깊은 의미를 숨겨 감상자에게 해석의 여지를 주고 여운을 남긴다."를 통해 적절한 진술임을 알 수 있다.

오답피하기 |

① 2문단의 "중의법은 특히 감정을 직접적으로 드러내기보다 간접적으로 암시하고 싶을 때 효과적으로 사용되는데"를 통해, 중의법은 감정을 '직접 드러내는' 것이 아니라 '간접적으로 드러내는' 표현 기법임을 알 수 있다.

② 1문단의 "주로 시나 문학 작품에서 활용되며, 간결한 표현 속에 깊은 의미를 숨겨 감상자에게 해석의 여지를 주고 여운을 남긴다.", 2문단의 "이러한 표현은 시적 언어의 다의성과 함축성을 살려 독자로 하여금 다양한 관점에서 작품을 읽을 수 있게 한다."를 고려할 때, 지문에서는 중의법이 표현을 풍부하고 다의적으로 만드는 예술적 장치로 긍정적으로 평가되고 있다. 따라서 '정확한 전달을 방해한다'와 같은 ②의 진술은 지문의 내용에 비추어 볼 때 적절하지 않다.

④ 1문단의 "중의법은 한 단어나 문장이 겉으로는 하나의 의미처럼 보이지만, 해석에 따라 둘 이상의 뜻을 드러낼 수 있도록 구성된 표현 기법이다."를 통해, 중의법은 '결과적으로 의미가 명확해지는 표현 기법'이 아니라, 독자로 하여금 여러 해석이 가능하게 함으로써 '시적 언어에 다의성과 함축성을 부여하는 표현 기법'임을 알 수 있다.

012

정답 | ②

해설 | ⓐ~ⓓ을 '중의법'으로 대체했을 때, 문맥상 적절한 것은 ⓐ, ⓒ, ⓓ이다. 따라서 ⓐ, ⓒ, ⓓ은 지시하는 대상이 '중의법'으로 동일하다. 그러나 ⓑ은 독자가 작품의 표면을 통해 파악한 일차적 의미를 지시하므로 ⓐ, ⓒ, ⓓ과 지시하는 대상이 다르다. 따라서 정답은 ②번이다.

013

정답 | ③

해설 | ⓐ, ⓑ, ⓓ은 무용수의 신체 움직임을 뜻한다. 이것은 가변적이고 재확인이 불가능한 속성을 띠는 것으로, 무용의 이론화를 어렵게 만드는 요인이다. 반면, ⓒ은 무용의 움직임과 달리 일정한 모습을 유지하는 것이다. 따라서 ⓐ~ⓓ 중 문맥적 의미가 다른 하나는 ⓒ이다.

014

정답 | ②

해설 | 2문단의 "처음에 서로 관계가 없던 존재들이 연결되고 변화하면서, 그 과정의 흔적이 '주름'이라는 형태로 남아 각 존재가 이전과는 다른 새

로운 모습으로 다시 태어남을 뜻한다. 인간과 사물은 이처럼 끊임없이 상호작용하며 새로운 의미를 창조해 나간다."를 고려하면, 주름은 인간만이 아니라 인간과 관계 맺는 사물에도 흔적을 남기며, 이를 통해 인간과 사물 모두 이전과는 다른 새로운 존재로 태어날 수 있게 된다는 것을 알 수 있다. 즉 주름은 인간과 사물이 연결될 때 인간과 사물 각각에 생기는 것이므로, 인간만이 주름을 갖는다는 ②의 진술은 적절하지 않다.

오답피하기 |

① 3문단의 "들뢰즈는 욕망이 억압되지 않고 자유롭게 발현될 때 세상과 새롭게 관계 맺고 변화할 수 있으며, 억압된 욕망은 경직된 관계에 집착하게 된다고 보았다."를 통해, 욕망이 자유롭게 흐르지 못하면 새로운 관계를 만들지 않고, 기존의 연결 관계만 고수하게 된다는 것을 알 수 있다.

③ 3문단의 "이처럼 들뢰즈는 욕망을 통해 인간의 생성 가능성과 창조성을 부각하며, 욕망을 단순한 결핍이 아니라 의미 생성의 원천으로 제시하고자 했다."를 통해, 들뢰즈는 인간의 욕망을 의미 생성의 원천으로 보았다는 것을 알 수 있다. 즉 들뢰즈는 인간 내부에 의미를 생성하는 힘인 '욕망'이 존재한다고 본 것이다. 따라서 ③의 진술은 적절하다.

④ 2문단의 "들뢰즈는 인간과 사물이 만나 상호작용하는 과정에서 새로운 의미가 만들어진다고 보았다. 그는 이 과정을 '아장스망'이라 불렀는데"를 통해, 적절한 진술임을 알 수 있다.

015

정답 | ④

해설 | 3문단의 "국가적 차원에서는 환경 정책을 수립하거나 행정 행위를 할 때 환경 영향을 충분히 고려해야 하며, 위반 시 행정소송을 통해 책임을 물을 수 있다."를 통해 적절한 진술임을 알 수 있다.

오답피하기 |

① 2문단의 "환경권의 대상이 되는 '환경'은 자연환경과 생활환경으로 나뉘며, 자연환경은 생물과 비생물의 조화를 포함한 자연적 요소 전체를 말하고,"를 통해, 비생물적인 요소도 환경권의 고려 대상임을 알 수 있다. 따라서 비생물적인 요소는 환경권의 고려 대상이 아니라는 진술은 적절하지 않다.

② 2문단의 "환경권의 주체는 자연인, 즉 살아 있는 개인에게만 인정된다."를 통해, 환경권의 주체로 법인과 단체도 포함된다는 진술은 적절하지 않음을 알 수 있다.

③ 1문단의 "협의의 환경권은 오염된 환경으로 인해 건강을 해치거나 해칠 위험에 처했을 때, 그 원인을 제거하거나 방지해 달라고 요구할 수 있는 권리를 말한다. 반면 광의의 환경권은 이것뿐만 아니라 깨끗하고 쾌적한 환경에서 살아갈 수 있도록 국가에 환경 조성을 요구할 수 있는 권리까지 포함한다."를 통해, 청정한 환경을 조성해 달라는 내용은 '협의'의 환경권이 아니라 '광의'의 환경권 개념임을 알 수 있다.

016

정답 | ①

해설 | '환경은 당연한 것이지만 당연한 것이라고 항상 존재하는 것은 아니다.'라는 말은 환경이 항상 존재하지 않을 수 있으니 소중히 대하자는 의미로 받아들일 수 있다. 따라서 이는 ㉠을 약화하는 주장으로 보기 어렵다.

오답피하기 |

② 환경권을 법적 권리로 인정하기 어렵다는 주장이므로 ㉠을 약화하는 것으로 볼 수 있다.

③ ㉠에는 환경권이 그 어떤 가치보다 우선시되어야 한다는 내용이 포함되어 있다. 따라서 환경권이 제1 순위가 아니라는 ③번의 언급은 ㉠을 약화하는 것으로 볼 수 있다.

④ 인간의 필수적인 생산 활동 중에서 환경에 피해를 주지 않는 일은 하나도 없다면 실질적으로 인간의 생존을 위해서는 환경에 피해를 주어야 한다는 결론을 내릴 수 있다. 따라서 이는 ㉠을 약화하는 주장으로 볼 수 있다.

017

정답 | ③

해설 | ㄱ~ㄷ 중 대화에 대한 평가로 적절한 것은 ㄱ과 ㄷ이다.

ㄱ. 갑은 "뉴스나 공적 방송에서는 정확하고 표준적인 언어 사용이 사회 전반의 언어 수준을 유지하는 데 필수적"이라고 주장한다. 따라서 뉴스 프로그램에서 표준어 사용 강화로 시청자들의 이해도를 높인 사례는 방송에서의 표준어 사용을 주장하는 갑의 입장을 '강화'한다.

ㄷ. 을은 방송에서의 언어 규범의 중요성을 인정하면서도, 변화와 다양성을 수용해야 한다고 주장한다. 즉 을은 방송에서의 언어 규범 준수의 중요성과 새로운 언어 사용의 현실을 인정하고 있으므로, 방송에서의 '다양한 언어 표현 허용과 언어 사용 기준 마련' 정책은 을의 입장을 '강화'한다.

오답피하기 |

ㄴ. 을은 "대중 매체는 시대 변화에 발맞춰 자연스러운 언어 변화를 반영해야 한다"라고 주장하며, 방송에서의 신조어, 줄임말 등 다양한 언어 표현의 사용을 강조한다. 따라서 신조어 사용 금지가 젊은 층과 매체 간 소통 단절을 초래했다는 연구 결과는, 방송에서의 변화와 다양성 수용을 주장하는 을의 입장을 '약화'하는 것이 아니라 오히려 '강화'한다.

018

정답 | ④

해설 | 주어진 조건들을 기호화하면 다음과 같다.

> 조건1. 충전기 고장
> 조건2. 배터리 정보 수집 → 배터리 정보 분석 ≡ ~배터리 정보 분석 → ~배터리 정보 수집
> 조건3. 충전기 고장 → ~배터리 정보 분석
> 조건4. 배터리 정보 수집, 배터리 이상 징후 조기 진단, 실시간 충전 제어 중 적어도 두 가지

1) 조건1에 따라 '충전기 고장'이 확정된다.
2) 1)에 따라 '충전기 고장'이 확정되므로, 조건3에 따라 '~배터리 정보 분석'이 확정된다.
3) 2)에 따라 '~배터리 정보 분석'이 확정되므로, 조건2의 대우에 따라 '~배터리 정보 수집'이 확정된다.
4) 3)에 따라 '~배터리 정보 수집'이 확정되므로, 조건4에 따라 '배터리 이상 징후 조기 진단, 실시간 충전 제어'가 확정된다.
5) 확정된 것을 정리하면 '충전기 고장, ~배터리 정보 분석, ~배터리 정보 수집, 배터리 이상 징후 조기 진단, 실시간 충전 제어'이다.
6) 따라서 정답은 '배터리 이상 징후 조기 진단이 가능하다'이다.